民 法 研 究 系 列

民法概要

第二版

王泽鉴 著

北京市版权局著作权合同登记号　图字:01-2009-3921

图书在版编目(CIP)数据

民法概要/王泽鉴著. —2版. —北京:北京大学出版社,2011.1
(民法研究系列)
ISBN 978-7-301-17758-7

Ⅰ.①民… Ⅱ.①王… Ⅲ.①民法-法的理论-教材 Ⅳ.①D913.01

中国版本图书馆CIP数据核字(2010)第176302号

简体中文版由元照出版有限公司(Taiwan)授权出版发行
民法概要,王泽鉴著
2008年9月版

书　　　名:	民法概要(第二版)
著作责任者:	王泽鉴　著
责 任 编 辑:	陈晓洁
标 准 书 号:	ISBN 978-7-301-17758-7/D·2682
出 版 发 行:	北京大学出版社
地　　　址:	北京市海淀区成府路205号　100871
网　　　址:	http://www.yandayuanzhao.com　电子邮箱:law@pup.pku.edu.cn
电　　　话:	邮购部62752015　发行部62750672　编辑部62117788
	出版部62754962
印 刷 者:	三河市博文印刷有限公司
经 销 者:	新华书店
	965毫米×1300毫米　16开本　40.25印张　635千字
	2009年12月第1版
	2011年1月第2版　2021年10月第15次印刷
定　　　价:	68.00元

未经许可,不得以任何方式复制或抄袭本书之部分或全部内容。
版权所有,侵权必究
举报电话:010-62752024　电子邮箱:fd@pup.pku.edu.cn

总　　序

　　拙著民法研究系列丛书包括《民法学说与判例研究》(1—8册)、《民法思维：请求权基础理论体系》《民法概要》《民法总则》《债法原理》《不当得利》《侵权行为》及《民法物权》，自2004年起曾在大陆发行简体字版，兹再配合法律发展增补资料，刊行新版，谨对读者的鼓励和支持表示诚挚的谢意。

　　《民法学说与判例研究》的写作期间长达二十年，旨在论述1945年以来台湾地区民法实务及理论的演变，并在一定程度上参与、促进台湾地区民法的发展。《民法思维：请求权基础理论体系》乃在建构请求权基础体系，作为学习、研究民法，处理案例的思考及论证方法。其他各书系运用法释义学、案例研究及比较法阐述民法各编（尤其是总则、债权及物权）的基本原理、体系构造及解释适用问题。现行台湾地区"民法"系于1929年制定于大陆，自1945年起适用于台湾地区，长达六十四年，乃传统民法的延续与发展，超过半个世纪的运作及多次的立法修正，累积了相当丰富的实务案例、学说见解及规范模式，对大陆民法的制定、解释和适用，应有一定的参考价值，希望拙著的出版能有助于增进两岸法学交流，为民法学的繁荣与进步作出贡献。

　　笔者多年来致力于民法的教学研究，得到两岸许多法学界同仁的指教和勉励，元照出版公司与北京大学出版社协助出版发行新版，认真负责，谨致衷心的敬意。最要感谢的是，蒙　神的恩典，得在喜乐平安中从事卑微的工作，愿民法所体现的自由、平等、人格尊严的价值理念得获更大的实践与发展。

王泽鉴

二〇〇九年八月一日

"民法"修正与民法发展

（第二版序言）

本书系以概要的方式，全面论述"民法"总则、债、物权、亲属、继承的基本制度及思维方法。近年来"民法"各编相继修正，兹为对民法的发展有较宏观的理解，先将修正年代列表如下，再作说明：

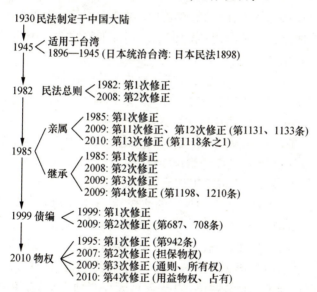

据前揭年表可知，现行"民法"制定于1930年，迄今已达80年，适用于台湾地区长达65年（1945—2010）。这部制定于大陆的"民法"，之所以能在台湾稳定成长，其主要原因之一，系台湾曾受日本统治（1896—1945），而日本与中华民国的民法基本上同系继受德国民法，具有共同的历史基础，使台湾的私法秩序不因政权的更替而受影响，得以继续发展，

更为成熟。1945年至1981年是"民法"在台湾的调适时期,借助判例学说,累积案例,建构理论体系。1982年后直至今日,则为立法调整阶段,以因应台湾社会经济的变迁,在这28年间(1982—2010),"民法"各编皆已修正,修正次数最多的是亲属编,多达13次,反映台湾家庭婚姻制度的重大演变。各编的修正均经纳入本书相关部分加以说明,兹提出其要点,以便参照。

总则编第一次修正(1982年)的范围包括死亡宣告、法人及消灭时效。值得特别提出的是,于第18条第1项后段增设:"人格权有受侵害之虞时,得请求防止之"的规定。第148条第2项明定:"行使权利,履行义务,应依诚实及信用方法。"这使诚实信用成为民法最高原则。第二次修正(2008年)系将"禁治产宣告"修正为"成年监护制度"(修正第14条、第15条及第22条;增订第15条之1及之2),以维护受监宣告者的人格尊严,并确促其权益。

债编系民法的核心,修正范围较广。在契约方面,为贯彻契约原则,将悬赏广告明定为一种契约(第164条)。关于契约类型,于债编分则增设旅游契约(第514条之1以下)、合会(第709条之1以下)、人事保证(第756条之1)。此外,并增订定型化契约条款的控制机制(第247条之1)及情事变更原则(第227条之2)。在侵权行为方面,其修正重点系明定第184条第2项关于违反保护他人法律的规定系一种独立侵权行为类型,建构一般侵权行为三个类型体系。此外,另创设三种现代的特殊侵权行为,即商品制造人责任(第191条之1)、动力车辆驾驶人责任(第191条之2),经营或从事危险工作或活动者责任(第191条之3),均采过失推定原则。民事责任方面的重要的演变,系规定缔约上过失(第245条之1)及不完全给付(第227条),使民事责任体系更为周全。在损害赔偿方面,系扩大金钱赔偿的方法,使债权人亦得请求支付恢复原状所必要之费用,以代恢复原状(第213条第3项)。值得特别指出的是,关于侵害人格权的非财产损害的金钱赔偿(慰抚金),废弃了列举主义,予以原则化,即人格法益遭受侵害时,被害人均有慰抚金请求权(第195条第1项)。新增设第227条之1规定:"债务人因债务不履行,致债权人之人格权受侵害者,准用第192条至第195条及第197条之规定,负损害赔偿责任。"肯定契约责任及侵权责任的竞合,使人格权获得更周全的保护。

物权法是一个较稳定的领域,直至2007年才开始重大修正,其重点在于担保物权,创设了最高限额抵押权(第881条之1以下),以解决法无明文规定在实务上发生的争议。2009年修正系针对通则及所有权,其要点为:明定物权亦得依习惯(法)加以创设(第757条);增订不动产物权善意取得的规定(第759条之1);调整不动产相邻关系(第774条至800条之1);改进共有制度,对共有物的管理,由共有人全体同意改采多数决原则(第820条),对共有物的裁判分割设明确规定(第824条),明定关于共有物使用、管理、分割等约定对第三人的拘束力,使债权约定具有物权效力(第826条之1)。2010年再对用益物权作全面性的修正,调整用益物权的种类及内容,将地上权分为普通地上权及区分地上权两个次类型(第832条,第841条之1)。删除永佃权,增设农育权(第850条之1),以发挥农业用地的使用价值;将地役权修正为不动产役权以扩大其客体(包括土地及定着物)及设定人的范围,并使不动产所有人得就自己的不动产设定不动产役权(第859条之4);修正典权的内容,期望其能多被利用,免予式微消逝。用益物权的修正特别重视土地永续利用的原则,并体现于具体的规定,包括使用土地应保持其得永续利用;使用方法的约定得经登记对抗第三人(第836条之2、第841条之6、第859条之2等);并对区分地上权和不动产役权的排他性及优先效力设较具弹性的规定(第841条之5,第851条之1)。

亲属编自1985年至2010年共修正13次,前已提及,其中多次系回应大法官关于亲属法部分规定违反"宪法"的解释。修正或增订的条文,数以百计,对亲属作全面性的革新,以贯彻两性平等及促进未成年子女最佳利益的立法原则,重构新的婚姻(尤其是结婚、夫妻财产制)、离婚、父母子女及监护制度。若干规定曾数度更改,例如子女的从姓(第1059条)、收养的方式(第1079条)、未成年人的法定监护人(第1094条)等,体现了亲属法的社会变迁。

继承编曾三度修正,其最值得重视的是,第二次修正(2008年)增订了第1148条第2项规定:"继承人对于继承开始后始发生代负履行责任之保证契约债务,以因继承所得之遗产为限,负清偿责任。"以及第1153条第2项规定:"继承人为无行为能力人或限制行为能力人对于被继承人之债务,以所得遗产为限,负清偿责任。"2009年第三次修正,删除此两个增订规定,而于第1148条第2项明定:"继承人对于被继承人之债务,以因继承所得遗产为限,负清偿责任。"对继承采全面法定限定责任,调整传统的概括继承原则。

"民法"修正旨在因应台湾社会经济的变迁,在长达28年期间对全部"民法"作通盘的检讨,创造了若干重要原则及制度,例如,权利行使负有义务,人格权保护的强化,在私法自治上调和契约自由与契约正义;采推定过失的方式调整侵权行为过失责任的归责原则,完善民事责任体系;强调所有权的保护须顾及公益,使人们选择物权种类,形成其内容有更多的自由,并提升物尽其用效率;贯彻两性平等以及未成年子女的最佳利益。值得强调的是,"民法"修正更进一步促进实践以人为本位,自由、平等及人格尊严的价值理念:

(1) 修正"成年监护制度",立法目的在保护受监护宣告之人,维护其人格尊严,并确保其权益。

(2) 在一件关于"三七五减租条例"违反"宪法"争议的案件,大法官释字第580号解释谓:"基于个人之人格发展自由,个人得自由决定其生活资源之使用、收益及处分,因而得自由与他人为生活资源之交换,是'宪法'于第15条保障人民之财产权,于第22条保障人民之契约自由。惟因个人生活技能强弱有别,可能导致整体社会生活资源分配过度不均,为求资源之合理分配,'国家'自得于不违反'宪法'第23条比例原则之范围,以法律限制人民缔约之自由,进而限制人民之财产权。"此项解释意旨得作为债法(尤其是契约)及物权法修正或解释适用的"宪法"基准。

(3) 物权编修正的目的主要在于促进物的使用价值及效率,但其所涉及的,系以所有权为核心的私的财产权,诚如大法官释字第400号解释所强调:"'宪法'第15条关于人民财产权应予保障的规定旨在确保个人依财产之存续状态行使其自由使用、收益及处分之权能,并免予遭受公权力或第三人之侵害,俾能实现个人自由、发展人格及维护尊严。"

(4) 亲属法关于贯彻两性平等及促进未成年子女最佳利益的改革,亦在于实现个人自由、发展人格及维护尊严。值得特别指出的是,2007年修正的"亲属法"第1063条第3项规定:"前项否认之诉,夫妻之一方自知悉该子女非为婚生子女,或子女自知悉其非为婚生子女之时起两年内为之。但子女于未成年时知悉者,仍得于成年后两年内为之。"此乃在回应大法官释字第587号解释,肯定子女获知其血统来源,确定真实父子关系,攸关子女之人格权,应受"宪法"保障。

(5) 继承编最具突破性的变动,系第1148条第2项规定:"继承人对于被继承人之债务,以因继承所得遗产为限,负清偿责任。"提案理由特别强调现行"民法"继承采概括继承原则,继承人对继承之债务负无限清偿责任,衍生社会问题,如未成年子女因为父母或隔代清偿牵绊,背负重债,此完全不符合社会之公平正义。为符合人民"宪法"上财产权、人格权等基本权之保障,纠正"父债子还"造成之不正义结果,应改采限定继承为原则,继承人对被继承人之债务,以因继承所得之遗产为限,负清偿责任。

"民法"修正使民法得以持续不断的成长,保持其丰富的生命力,因应台湾社会的需要,以"宪法"保障人格尊严、人格权及财产权、男女平等为基础,建构私法秩序的规范体系。本书在有限的篇幅对增修的规定作较详细的说明,借以显现民法自由、平等、正义价值理念的实践及其发展过程。

王泽鉴

二〇一〇年六月二日

序　　言

（第一版序言）

　　2008年5月23日公布"民法总则及亲属编修正条文"，废止禁治产制度，创设成年监护制度，以保护受监护宣告者的人格尊严及权益，规定"监护宣告"及"辅助宣告"（第14条至第15条之2，第1110条以下），将自公布后一年六个月施行（请参阅"民法总则施行法修正条文"第4条、第4条之1、第4条之2）。兹参照修正条文，于本书相关部分加以说明。林清贤先生协助校阅全书，谨再致诚挚谢意。

王泽鉴

二〇〇八年九月一日

序　言

（2002年版序言）

　　拙著"民法概要"系为学习民法者提供基本参考教材，兼作初学入门及综合复习之用。现行"民法"多达1274条，如何加以"概要化"，诚属不易。本书内容着重于阐释民法的价值理念，分析讨论权利体系、法律行为、债之关系（尤其是契约及侵权行为）、物权、亲属、继承等重要制度的功能，并提供若干相关统计资料，使读者能较宏观地了解攸关个人权益及社会经济发展之私法秩序的理论架构与实际运作。

　　民法为"众法之母"，由民法建立法律上的基本概念、体系构造及利益衡量、价值判断的思考方法，为本书重点所在，希有助于能较深刻把握法律的解释适用及论证说理。此乃学习法律应具备的基本素养，在此意义上本书亦具法学入门的功用。

　　本书设计157个例题，阐释民法上的立法政策、规范模式及解释适用的核心问题。此等例题具有多种功能，可启发思考，可促使更敏锐的分析争点、探索解决途径，可培养法律想象力，亦可供复习检讨学习成果之用。请耐心、细心阅读，若能写成书面，相互讨论，更有助益。

　　关于民法的学习，初学者最感困惑的是须否记忆条文。法律体现于条文，条文系由概念构成，组成体系，以一定的要件及法律效果规范人民的权利义务关系。法律条文需要"理解"，始能妥适解释适用，但某种程度的"记忆"亦属必要，其最有效率的学习方法，系"来回穿梭于法律条文与教科书之间"，即阅读教科书时，务必查阅相关法条，阅读法条，亦须对照教科书，并注意及于实例的演习，期能互相启发。现行"民法"文字典雅、精确，蕴涵各种类型法律条文的构造模式，若能细心揣摩体会，必能培养法律人的思考方法。

学习法律,本属不易,概要之书,尤多困难。内容过于简要,语焉不详,不免于条文的排列组合;但若详为阐释,势必增加篇幅,不符概要之旨。此类书籍,至少须读三次,始能得其要义。第一次为粗读,窥其大要,不宜一开始即逐字逐句阅读,非弄懂不可;其次系精读,作较深入彻底的理解;最后则致力于融会贯通,综合整理其原理原则,构成理论体系。

本书的撰述纯属意外,承蒙学林出版社林金水先生、庄品秀女士的鼓励和催促,谨致谢意。马纬中君协助搜集资料,并致谢忱。林清贤先生细心校阅全书,提供改正意见,助益良多,实深感荷。

编写本书,耗时四个月,可谓夙夜匪懈,疏误难免,敬请指正。蒙　神的恩典、家人的爱心和体谅、读者的支持,使我仍能在喜乐中持续不断地从事一些卑微的工作。

王泽鉴
二〇〇二年八月八日

目 录

第一编 绪 论

第一章 民法的意义与性质 …………………………………… (3)
第二章 民法与私法 …………………………………………… (6)
- 第一节 民法制定、民商合一与特别民法 ………………… (6)
- 第二节 民法的编制体例 …………………………………… (7)
- 第三节 体系构成 …………………………………………… (9)

第三章 民法的法源及民法的解释适用 ……………………… (11)
- 第一节 请求权基础的思考方法 …………………………… (11)
- 第二节 民法的法源 ………………………………………… (12)
- 第三节 民法的解释适用 …………………………………… (14)

第四章 台湾社会变迁、民法基本原则及私法秩序的发展 … (21)
- 第一节 民法与台湾社会变迁 ……………………………… (21)
- 第二节 民法与"宪法" ……………………………………… (21)
- 第三节 民法的基本原则 …………………………………… (23)
- 第四节 私法秩序的变动与维护 …………………………… (24)

第二编 民法总则

第一章 绪说 …………………………………………………… (29)
- 第一节 民法总则的构成 …………………………………… (29)
- 第二节 权利体系 …………………………………………… (30)

第二章 人:权利主体 ………………………………………… (37)
- 第一节 自然人 ……………………………………………… (37)

第二节　法人 ……………………………………………………（47）

第三章　权利客体 ……………………………………………………（56）
　　第一节　概说 ……………………………………………………（56）
　　第二节　物的概念、种类及物权标的物特定原则 ………………（56）
　　第三节　物的成分：重要成分与非重要成分 ……………………（59）
　　第四节　主物与从物 ……………………………………………（60）
　　第五节　物的孳息：天然孳息与法定孳息 ………………………（60）

第四章　权利变动 ……………………………………………………（62）
　　第一节　权利得丧变更与法律事实 ……………………………（62）
　　第二节　私法自治与法律行为制度 ……………………………（65）
　　第三节　法律行为内容的限制 …………………………………（73）
　　第四节　法律行为的方式 ………………………………………（78）
　　第五节　行为能力 ………………………………………………（80）
　　第六节　意思表示 ………………………………………………（84）
　　第七节　条件与期限 ……………………………………………（95）
　　第八节　代理 ……………………………………………………（98）
　　第九节　法律行为的效力
　　　　　　——无效、得撤销及效力未定 …………………………（107）

第五章　期日与期间 …………………………………………………（112）

第六章　消灭时效 ……………………………………………………（114）

第七章　权利的行使 …………………………………………………（121）
　　第一节　行使权利及履行义务 …………………………………（121）
　　第二节　权利的自力救济 ………………………………………（122）

第三编　债（一）：债之通则

第一章　债编的体系构成及债之关系 ………………………………（127）
　　第一节　民法债编的体系构成 …………………………………（127）
　　第二节　债之关系 ………………………………………………（128）

第二章　债之发生 …………………………………………… (135)
  第一节　概说 ……………………………………………… (135)
  第二节　契约 ……………………………………………… (136)
  第三节　无因管理 ………………………………………… (149)
  第四节　不当得利 ………………………………………… (152)
  第五节　侵权行为 ………………………………………… (158)
  第六节　债权请求权的竞合：擅行出版他人的写真集 …… (175)

第三章　债之标的 …………………………………………… (177)
  第一节　种类之债 ………………………………………… (177)
  第二节　货币之债 ………………………………………… (178)
  第三节　利息之债 ………………………………………… (178)
  第四节　选择之债与任意之债 …………………………… (179)
  第五节　损害赔偿之债 …………………………………… (180)

第四章　债之效力 …………………………………………… (193)
  第一节　行使债权、履行债务 …………………………… (193)
  第二节　债务不履行 ……………………………………… (193)
  第三节　债权的保全 ……………………………………… (211)
  第四节　契约的效力 ……………………………………… (214)

第五章　多数债务人及债权人 ……………………………… (222)
  第一节　可分之债 ………………………………………… (222)
  第二节　连带之债 ………………………………………… (223)
  第三节　不可分之债 ……………………………………… (227)

第六章　债之移转 …………………………………………… (228)
  第一节　债权让与 ………………………………………… (228)
  第二节　债务承担 ………………………………………… (232)
  第三节　并存的债务承担 ………………………………… (234)

第七章　债之消灭 …………………………………………… (235)
  第一节　债之消灭的意义、原因及效力 ………………… (235)
  第二节　清偿 ……………………………………………… (235)
  第三节　提存 ……………………………………………… (239)

第四节　抵销 ·· (239)
　　第五节　免除 ·· (241)
　　第六节　混同 ·· (241)

第四编　债(二):各种之债

第一章　总说 ·· (245)
　　第一节　各种之债(契约)及其社会机能 ·················· (245)
　　第二节　契约的类型分析 ·································· (246)
　　第三节　多层次的法律适用关系 ·························· (254)

第二章　让与财产权的契约 ·································· (256)
　　第一节　买卖 ·· (256)
　　第二节　互易 ·· (275)
　　第三节　赠与 ·· (276)

第三章　以物供他人使用或收益的契约
　　　　　——租赁、使用借贷、消费借贷 ·················· (280)
　　第一节　租赁 ·· (281)
　　第二节　使用借贷 ·· (294)
　　第三节　消费借贷 ·· (296)

第四章　劳务及工作给付契约
　　　　　——雇佣、承揽、旅游、委任、寄托等 ·········· (299)
　　第一节　劳务给付契约的典型契约化 ··················· (299)
　　第二节　雇佣 ·· (300)
　　第三节　承揽 ·· (302)
　　第四节　旅游 ·· (309)
　　第五节　委任 ·· (314)
　　第六节　寄托 ·· (321)

第五章　具共同团体性的契约
　　　　　——合伙、隐名合伙、合会 ························ (328)
　　第一节　合伙 ·· (328)

第二节　隐名合伙 ……………………………………………（335）
　　第三节　合会 ……………………………………………………（336）

第六章　债权的有价证券化
　　　　——指示证券、无记名证券 ……………………………（342）
　　第一节　指示证券 ………………………………………………（342）
　　第二节　无记名证券 ……………………………………………（346）

第七章　承担风险的契约
　　　　——终身定期金、和解、保证、人事保证 ……………（351）
　　第一节　终身定期金 ……………………………………………（351）
　　第二节　和解 ……………………………………………………（352）
　　第三节　保证 ……………………………………………………（355）
　　第四节　人事保证 ………………………………………………（361）

第五编　物　　权

第一章　总论 ……………………………………………………（367）
　　第一节　物权法的体系与原则 …………………………………（367）
　　第二节　物权通论 ………………………………………………（370）
　　第三节　物权法的发展 …………………………………………（377）

第二章　物权变动 ………………………………………………（379）
　　第一节　规范模式及现行法上的制度 …………………………（379）
　　第二节　不动产物权变动 ………………………………………（382）
　　第三节　动产物权变动 …………………………………………（385）
　　第四节　综合体系构成 …………………………………………（387）

第三章　所有权 …………………………………………………（389）
　　第一节　所有权的意义、性质、权能及限制 …………………（389）
　　第二节　基于所有权而生的请求权 ……………………………（391）
　　第三节　所有权及其他财产权的时效取得 ……………………（395）
　　第四节　不动产所有权的范围及相邻关系 ……………………（399）
　　第五节　动产所有权 ……………………………………………（406）

第六节　共有 ……………………………………………… (413)

第四章　用益物权
　　　——地上权、农育权、不动产役权、典权 …………… (426)
　　　第一节　概说 ……………………………………………… (426)
　　　第二节　地上权 …………………………………………… (430)
　　　第三节　农育权 …………………………………………… (435)
　　　第四节　不动产役权 ……………………………………… (439)
　　　第五节　典权 ……………………………………………… (445)

第五章　担保物权 ……………………………………………… (450)
　　　第一节　概说 ……………………………………………… (450)
　　　第二节　抵押权 …………………………………………… (451)
　　　第三节　质权 ……………………………………………… (469)
　　　第四节　留置权 …………………………………………… (476)

第六章　占有 …………………………………………………… (481)
　　　第一节　占有的意义及社会功能 ………………………… (481)
　　　第二节　占有的分类及占有状态 ………………………… (483)
　　　第三节　占有的取得及消灭 ……………………………… (487)
　　　第四节　占有的效力 ……………………………………… (489)
　　　第五节　准占有 …………………………………………… (498)

第六编　亲　　属

第一章　概说 …………………………………………………… (501)
　　　第一节　亲属法的制定及发展 …………………………… (501)
　　　第二节　亲属法的基本原则及其具体化 ………………… (503)
　　　第三节　亲属法上身份行为的特质与民法总则
　　　　　　　规定的适用 …………………………………… (504)
　　　第四节　身份行为的要式性 ……………………………… (505)

第二章　亲属关系 ……………………………………………… (506)
　　　第一节　亲属的种类、亲系及亲等 ……………………… (506)

第二节　亲属关系的发生及消灭 ……………………………（509）
　　第三节　亲属关系的法律效力 ……………………………（509）
第三章　婚约 ………………………………………………………（511）
　　第一节　婚约的意义及成立 ………………………………（511）
　　第二节　婚约的效力 ………………………………………（512）
　　第三节　解除婚约 …………………………………………（512）
　　第四节　礼物返还 …………………………………………（514）
第四章　结婚 ………………………………………………………（515）
　　第一节　结婚的意义及要件 ………………………………（515）
　　第二节　结婚的普通效力 …………………………………（520）
　　第三节　夫妻财产制 ………………………………………（522）
　　第四节　离婚 ………………………………………………（534）
第五章　父母子女 …………………………………………………（541）
　　第一节　概说 ………………………………………………（541）
　　第二节　婚生子女及非婚生子女 …………………………（541）
　　第三节　收养 ………………………………………………（547）
　　第四节　父母子女间的权利义务关系 ……………………（557）
第六章　监护 ………………………………………………………（563）
　　第一节　未成年人的监护 …………………………………（563）
　　第二节　成年人之监护及辅助 ……………………………（567）
第七章　扶养 ………………………………………………………（570）
　　第一节　概说 ………………………………………………（570）
　　第二节　扶养义务的范围及扶养的顺序 …………………（571）
　　第三节　扶养义务的发生及扶养的方法 …………………（572）
第八章　家及亲属会议 ……………………………………………（574）
　　第一节　概说 ………………………………………………（574）
　　第二节　家 …………………………………………………（574）
　　第三节　亲属会议 …………………………………………（575）

第七编　继　承

第一章　继承法的"宪法"基础及结构原则 (579)
　第一节　继承、私有财产及"宪法" (579)
　第二节　继承法的基本原则 (580)

第二章　遗产继承人 (582)
　第一节　法定继承人、应继份及继承权的丧失 (582)
　第二节　继承恢复请求权 (586)

第三章　遗产的继承 (588)
　第一节　继承的效力 (588)
　第二节　概括继承有限责任制度 (589)
　第三节　共同继承与遗产分割 (595)
　第四节　抛弃继承 (599)
　第五节　无人承认的继承 (601)

第四章　遗嘱 (604)
　第一节　遗嘱制度 (604)
　第二节　遗嘱的意义及遗嘱的内容 (604)
　第三节　遗嘱能力及遗嘱生效 (605)
　第四节　遗嘱的方式、撤回及执行 (605)
　第五节　遗赠与特留份 (609)

第五章　继承法的体系构成及实例解说 (613)
　第一节　继承法的体系构成 (613)
　第二节　实例解说 (614)

第一编 绪 论

第一章　民法的意义与性质*

例题1：甲驾车故意闯红灯，撞倒路人乙，致其重伤，不为救助而逃逸，为警察查获。试问甲违反何种法律，应受何种制裁，其管辖法院为何。并说明"公法与私法"的区别，民法的意义和性质。

一、法律与社会规范

鲁宾逊独居孤岛，不必受他人的拘束或限制，而得为所欲为。人群共处则须有一定的规范（社会游戏规则），诸如习惯、宗教、道德及法律，以共同协力维持社会秩序，促进社会生活。法律系具有国家公权力强制性的社会规范，其中以规定买卖、租赁、雇佣、所有权、婚姻、继承等一般社会生活关系的民法，最属重要。要了解民法（或其他法律）的意义和性质，必须将其置于由诸法律所组成的法秩序中加以观察，在法律体系上加以归类定性，此乃法律人的一种重要思考方法，应予注意。

二、公法与私法

（一）区别标准

法律在传统上分为公法及私法。任何法律上的分类均涉及两个问题：一为区别标准，二为区别实益。关于公法及私法的区别标准，有四种主要见解：① 利益说：以公益为目的者，为公法；以私益为目的者，为私法。② 从属规范说：规范上下隶属关系者，为公法；规范平等关系者，为私法。③ 主体说：法律关系主体的一方或双方为国家或机关者，为公法；法律关系的主体双方均为私人者，为私法。④ 特别法规说（新主体说）：国家或机关以公权力主体地位作为法律关系的主体者，该适用的法律为

---

* 本书中法律条文如无特别注明，皆为台湾地区现行"民法"之规定。——编者注

公法；该法律对任何人皆可适用者，则为私法。

关于公法与私法的区别标准，学说分歧，难有定论。须强调的是，无论采取何说，民法系属私法，则无争议。民法乃在规范个人间的利益，以平等为基础，其主体为私人或非基于公权力的地位，对任何人皆可适用。国家或其他公权力主体与人民订立买卖、租赁等契约时，亦应受民法的规范。民法的主要特征及规范意义在于自由与平等，即个人得自主决定，自我负责地形成彼此间的权利义务关系（私法自治）。

其属公法的，例如宪法、行政法（如所得税法、大学法、建筑法）。由于现代社会生活复杂，为有效率合理规范的必要，于属私法性质的法律中设公法规定的，颇为常见，并有日益增加的趋势。例如公司法为民法的特别法，系属私法，但亦设有刑罚的规定，及行政法的规定。

须要强调的是，私法与公法有不同的规范原则：私法以个人自由选择为特征，公法则以强制或拘束为内容；前者强调自主决定，后者须有法律依据及一定的权限。任何社会在决定如何以公法或私法形成国民生活时，对于此种区别应有清楚的认识，并建构最妥适的规范。为保障个人自由权利，应遵循有疑义时为自由的原则，以私法为优先，其主要理由系个人乃自己事务的最佳判断者及照顾者，个人自主决定，就其行为负责，有助于促进社会进步及经济发展。国家必须保障私法制度能有发挥其功能的条件，并排除契约自由的滥用。国家为更高的价值或公益而为强制或干预时，应有正当理由。

（二）区别实益

公法与私法的区别，除有助于认识二者规范功能的特色外，其主要实益在于诉讼时的法院管辖及救济程序，此涉及"宪法"第16条规定的人民诉讼权的保障及其实践问题，应由立法机关衡酌诉讼案件的性质及诉讼制度的功能而为设计。台湾系采普通诉讼（民事诉讼、刑事诉讼）与行政诉讼二元制度。"法院组织法"第2条规定："法院审判民事、刑事及其他法律规定诉讼案件，并依法管辖非讼事件。"所称"法院"指普通法院；"民事诉讼案件"指私法案件而言；"其他法律规定"，例如，"公职人员选举罢免法"第108条规定选举、罢免之诉讼属普通法院管辖。至于公法上的争议，依"行政诉讼法"第2条规定，除法律别有规定外，得依本法，提起行政诉讼，归行政法院管辖。所称"法律别有规定"，除上揭"公职人员选举罢免法"外，尚有"国家赔偿法"（第5条以下）等。

关于诉讼案件的法院管辖，公法与私法的区别应就具体个案加以认定。"国家行为"涉及公权力行使的,例如课征税捐、核发建照等,系属公法行为。其属私经济行为的,如租用办公厅舍,对地震灾民出售公民住宅,经营公车捷运等,则属私法上行为。私法上契约的争议属民事诉讼案件,由普通法院管辖。但所谓公法上契约(如医学院公费生与教育部门缔结的契约),具公法性质,属于公法上争讼事件,则由行政法院审判之。

三、例题 1 解说及体系构成

在前揭例题 1,乙得否向甲请求损害赔偿,系民事案件,由普通法院审判。民事,应先依法律规定(第 1 条),此包括民法及其他民事特别法。乙得向甲请求损害赔偿的规范基础为第 184 条第 1 项前段、第 2 项,或第 191 条之 2 规定。

甲驾车肇事致乙重伤,犯"刑法"第 284 条第 1 项规定过失伤害罪,即因过失伤害致人重伤者,处一年以下有期徒刑、拘役或 500 元以下罚金。此为告诉乃论之罪("刑法"第 287 条,并请参阅"道路交通管理处罚条例"第 86 条)。又依"刑法"第 185 条之 4 规定:"驾驶动力交通工具肇事,致人死伤而逃逸者,处 6 月以上 5 年以下有期徒刑。"

依"道路交通管理处罚条例"第 61 条规定:"汽车驾驶人,驾驶汽车肇事致人受伤或死亡,应即采取救护或其他必要措施,并向警察机关报告,不得驶离;违者吊扣其驾照 3 个月至 6 个月;逃逸者吊销驾驶执照。"(同条例第 67 条第 1 项规定终身不得考领驾照,关于其"合宪性",参阅大法官释字第 531 号解释)。此项交通处罚乃行政法上的制裁,具公法性质,但道路交通处罚条例规定由普通法院处理(第 87 条以下)。

由上述可知,私法与公法的区别实益在于法律的适用、管辖法院及救济程序。同一行为得同时构成民事责任、刑事责任及行政责任。私法与公法具有不同的规范功能,并以"宪法"为最高规范,由大法官职掌"宪法"的解释及"合宪性"审查,以维护实践"宪法"上法治原则,保障人民的基本权,而建构如下的法秩序:

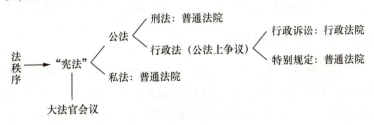

第二章　民法与私法

例题2：甲大学毕业后，受雇于乙，倾其积蓄向丙建筑公司购买A屋，并向丁银行贷款，并以其自丙受让其所有权的房屋设定抵押权。甲与戊结婚，半年后，甲遭遇车祸死亡，由戊及寡母庚继承其遗产。试问现行法如何规定此所涉及的各种私法上之法律关系。请查阅六法全书，找出相关条文，并思考现行民法所采的立法技术。

第一节　民法制定、民商合一与特别民法

一、民法的制定

为规范私法上的法律关系，近代各国多制定有民法典，此乃基于罗马法两千余年法学的发展，并有其特殊的政治社会背景。1804年的《法国民法》(通称《拿破仑法典》)，旨在建构法国大革命推翻旧政权后的法律秩序，以贯彻自由、平等、博爱的理想。1900年的《德国民法》乃在实践一个民族、一个国家、一个法律的目标。1898年公布施行的《日本民法》，则是明治维新的产物。民律草案制定的背景，与《日本民法》相似，亦在变法图强。历经数次草案，才公布民法总则。其后陆续制定债编、物权编、亲属编及继承编，而于1929年完成民法的制定。

二、民商合一与民商分立

关于如何规范私法上法律关系(尤其是财产上关系)，立法例上有采"民商分立"制度，即除规范个人间法律关系的"民法法典"外，尚制定有规范商事交易关系的"商法法典"，法国、德国、日本多采此制度。台湾地

区民法立法之际,决定仿照瑞士立法例,采取"民商合一"制度,即于"民法法典"外,不另立"商法法典"。因此,一方面将以前商人通例中的经理人与代办商,及商行为中的交互计算、行纪、仓库、运送、承揽运送等编入民法债编之中;一方面关于公司、票据、海商、保险,各订为单行法规,以适应实际需要。基于传统沿革的理由,通常仍将公司、票据、海商、保险合称为商事法。

三、民法与特别民法

民法以外关于私法事项的法律,称为特别民法,除前揭商事法外,尚有"土地法"及"土地登记规则"、"耕地三七五减租条例","著作权法"、"商标法"、"专利法"等。值得注意的是,20世纪60年代后,为应对社会经济发展,制定了很多重要的民事法律,俟于相关部分,再行说明。

第二节 民法的编制体例

现行民法制定时共有1225个条文,如何能以少量的条文规范错综复杂,变化万端的私法关系?此涉及民法编制体例及其立法技术:① 五编制的体例。② 通则化的规范模式。③ 抽象概括规定。④ 准用。

此四者对了解民法的构造及其解释,至为重要,分述如下:

一、五编制的体例

民法共五编,即总则、债、物权、亲属及继承。此种编制体例系建立在"由抽象到具体","由一般到特殊"的立法技术之上。易言之,即尽量将共同事项归纳在一起。债编规定契约、无因管理、不当得利及侵权行为四种债之发生原因;其构成"债之关系"的共同因素,非其社会功能,而是其法律效果,即当事人的一方得向他方当事人请求给付,自得请求的一方言,是为债权,自应为给付的一方言,则为债务。债权系相对性的权利,所有权及其他物权则为绝对权,此乃民法于债编之外,另设物权编的主要理由。亲属编及继承编的体系结构基础在于相类似的社会生活事实,即亲属编系规定因婚姻而生的配偶、亲子、扶养及家的关系。继承编系规定因人的死亡而发生的财产法上效果。总则编所规定的,乃民法其他各编的共同原则。

民法的编制体例(尤其是民法总则),将私法上的共同事项加以归纳,具有避免重复的合理化作用。例如,对法律行为的生效要件(如行为能力等)不必就各种债权契约、物权契约等另设规定。此种体系构成有助于培养法律人归纳演绎、抽象思考方法,及形成法律原则的能力;其缺点系必须创设例外。例如法律行为包括买卖、赠与、租赁、所有权移转、婚姻等不同性质和功能的契约,须就该契约另设规定,因而形成各种原则及例外,竞合或特别规定的复杂关系。又抽象化的规定脱离了实际的法律生活,增加理解及法律适用的困难。例如,关于汽车的分期付价买卖,一般人多能望文生义,但将此类买卖抽象地定性为法律行为时,除法律人外,实难知其究何所指。学习民法的过程,系由"一般到特殊",即先学习民法总则,后学习债编;就债编言,则先学习债编通则(债总),再学习各种之债(债各)。但关于法律的适用,则反其道而行之,即由"特殊到一般",由"后"到"前",须无特别规定时,始适用一般原则。因此必须读完民法各编,融会贯通,始能有全盘了解,而为正确的解释适用。

二、通则化的规范模式

民法各编多设有"通则",亦属共同事项的归纳。民法总则第一章法例,可谓是民法总则的"通则"。第二章第二节第一款设有通则,作为"法人"的共同规定。第四章第一节亦设有通则,作为"法律行为"的共同规定。其他各编亦多如此。请读者自行查阅民法相关规定,以增加了解。

三、抽象、概括规定

现行民法的法条构造主要系采抽象、一般化的风格,借着精确界定的概念形成法律的构成要件及法律效果。例如第184条第1项前段规定:"因故意或过失,不法侵害他人之权利者,负损害赔偿责任。"第767条规定:"所有人对于无权占有或侵夺其所有物者,得请求返还之。对于妨害其所有权者,得请求除去之。有妨害其所有权之虞者,得请求防止之。"此项立法技术有助于促进法律的安定及预见性。又现行民法尚设有若干概括条款,例如第72条规定:"法律行为,有悖于公共秩序或善良风俗者,无效。"第148条第2项规定:"行使权利,履行义务,应依诚实及信用方法。"均具有方针规定及对法院授权的功能,期能于具体案件予以具体化,顾及个案正义,并适应社会发展。

四、准用

关于现行民法的立法技术,应再提出说明的是,广泛使用准用性法条,即对某一事项,不径设明文,而"比附援引"其他规定,其用语不一,诸如"准用"(第81条第2项)、"比照"(第89条)、"依……规定"(第221条)、"亦同"(第75条后段)。此类准用性规定有助于简约法条,但亦使法律的适用趋于复杂,并造成解释上的疑义。值得特别提出的是,最近民法债编修正将判例学说上填补法律漏洞的"类推适用",纳入民法,明定为"准用",有助于促进法律进步(第177条第2项、第217条第3项)。

第三节 体系构成

据上所述,可知私法系由民法及其他有关民事法律所组成。民法旨在规范民事上的基本权利义务关系,系属实体法。此外尚有民事诉讼法,规定民事法院依当事人请求解决民事纠纷的程序(程序法)。民法适用于所有人及一般事项,称为普通法(一般法),其他民事法律则为特别法。其所涉及的体系构成及法律适用关系,兹以例题2加以说明:

在例题2,甲受雇于乙,成立雇佣契约(第482条),甲向丙公司购屋,成立买卖契约(第345条),甲向丁银行贷款,成立消费借贷契约(第474条),此三种契约称为债权契约(债权行为),乃"各种之债",其共同事项(如成立要件、债务不履行、清偿),系于"债编通则"加以规定。甲自丙受让房屋所有权及设定抵押权于丁银行,涉及物权行为(物权契约)及物权变动(第758条、第860条),于物权编规定之。学说上将债及物权的法律合称为财产法。关于亲属及继承,民法分设专编加以规范,学说上合称为身份法。公司为以营利为目的的社团法人("公司法"第1条),银行亦为法人,其组织以股份有限公司为原则("银行法"第52条),二者均为民法的特别法。对公司而言,银行法亦具特别法的性质。甲、乙、丙公司,丁银行均得为权利义务主体,关于其权利能力、行为能力,及其作成法律行为的成立与生效要件,权利行使等一般原则,则于民法总则加以规定。兹将民法体系构成及多层次的普通法及特别法的法律结构,图示如下:

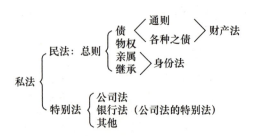

关于私法上的法律适用关系,应说明者有二:

(1) 就民法本身言,总则编的规定,除各编有特别规定者外,均应"适用"之。各编的规定(如债编第153条以下关于契约成立的规定),得"类推适用"于其他各编。

(2) 对民法言,关于同一事项,特别法有规定者,应适用特别法,其无规定时,始适用民法,此乃特别法优先于普通法的原则。1961年台上字第1000号判例谓:"支票之背书如确系他人逾越权限之行为,按之'票据法'第10条第2项之规定,就权限外部分,即应由无权代理人自负票据上之责任,此乃特别规定优先于一般规定而适用之当然法理,殊无适用'民法'第107条之余地。"可资参照。

第三章　民法的法源及民法的解释适用

第一节　请求权基础的思考方法

例题3：第798条规定："果实自落于邻地者，视为属于邻地。但邻地为公用地者，不在此限。"甲驾车违规超速撞到乙庭院的苹果树，若干苹果落于非直接毗连的丙所有的屋顶阳台，由承租该屋的丁占有该苹果。试说明乙得否对丁请求返还苹果或向甲请求损害赔偿？

对于初学民法的人，一开始就要处理实例，面临学习法律的重要挑战。法律概念可以记忆，条文可以背诵，但处理具体案例，则须融会贯通确实了解民法相关规定，学习若干技巧，并要有相当的实例演练，始能为之。民法乃实用之学，学习民法（纵使仅是民法概要），除认识其理念价值、概念体系、基本制度外，尚须培养一定程度处理实例的思维方式和论证方法。前揭例题3所提出的问题是，乙得对甲或丁主张何种权利，此一问题可以抽象化为下列思考模式：

谁（诉讼上为原告）：乙

得向谁（诉讼上为被告）：甲或丁

有所请求（诉讼标的）：返还某物、返还某物所有权、损害赔偿

一方当事人向他方得为某种请求时，必须要有一定的法律规范基础（请求权基础）。处理实例题乃在探寻此种支持一方当事人得向他方当事人有所请求的规范基础，此种请求权通常是民法某一个规定，例如第179条、第184条第1项前段、第767条、第962条。在前揭例题3，有何法律规范得支持乙向丁请求返还苹果，向甲请求损害赔偿？在请求权基础

的思考方法,首先要确定的是请求的标的。所谓请求返还"苹果",系指"苹果"的占有,而非指"苹果所有权",二者应严予区别,不能混为一谈。须强调的是,请求权规范基础的探寻乃法的发现过程,涉及法律适用的两个核心问题:① 民法的法源。② 法律的解释。

第二节　民法的法源

一、"民法"第 1 条的规范意义

法源指法律存在的形式,第 1 条规定:"民事,法律所未规定者,依习惯;无习惯者,依法理。"本条具有三个重要规范意义:① 规定民事(私法关系)的法源及其适用次序。② 就法学方法论言,克服了 19 世纪的法实证主义,肯定制定法的漏洞,明定其未规定者,得以习惯或法理加以补充。③ 当事人本于私法关系起诉请求保护其权利,法院不得以法无明文规定而拒绝裁判。

第 1 条明定民法的直接法源。法律为制定法(成文法),后两者(习惯、法理)为不成文法。此外尚有所谓间接法源,指判例及学说而言。

二、直接法源:法律、习惯、法理

（一）法律

第 1 条所称法律,应从广义解释,不仅指公布的法律("宪法"第 170 条),并且包括行政规章(如"土地登记规则")、自治法规及条约。条约经公布后,即有法律同等的效力,无须再经由特别立法程序,法院即得径行援用。条约内容与法律相抵触时,条约原则上具有优先效力,应优先适用。

法律可分为强行法与任意法。强行法,指不得以当事人的意思排除其适用的法规。任意法,指得以当事人的意思排除其适用的法规,其功能乃在于补充当事人的意思,当事人未为排除者,仍具强行性而应适用之。民法关于身份及物权的规定多属强行法,因亲属关系涉及人伦秩序,物权关系为社会经济制度的基础,不应任由个人的意思加以变更。民法总则关于权利能力及法律行为能力的规定,因攸关人的权利主体性及行为自由,亦属强行规定。至于有关法律行为,尤其是契约部分则几乎全属任意

法,旨在实践私法自治原则。民法上个别条文,究属强行规定,抑仅具任意性质,有疑义时,应依其规范目的加以认定。

(二) 习惯法

第 1 条所称习惯,指习惯法而言,其是否存在,除主张的当事人依法提出证据外,法院应依职权调查。习惯法须以多年惯行之事实及普通一般人之确信心为其成立基础(积极要件)。所适用的习惯法,以不违背公共秩序或善良风俗者为限(消极要件,第 2 条)。"最高法院"曾认为,卖产应先问亲属的习惯,限制所有权的作用,于经济上流通及地方发达均有障碍,且足助长把持勒掯之风,于社会经济毫无实益,违背公共秩序,不能认为有法之效力。又须注意的是,民法各编所谓习惯(如第 314 条、第 790 条),非指习惯法而言,而是一般的习惯(惯行),其所以应先予适用,不是因为习惯法优先于成文法,而是基于法律的规定。由于社会变迁迅速,习惯法形成不易,习惯法作为一种法源,已丧失其重要性。在商业交易上一定的惯行(惯例、事实上习惯),虽不具习惯法的效力,但具有解释契约或补充契约漏洞的功能。

(三) 法理

法理,指自法律精神演绎而出的一般法律原则,为谋社会生活事物不可不然之理,与所谓条理、自然法、通常法律的原理,殆为同一事物的名称。

法理的基本功能在于补充法律及习惯法的不备,使司法者得自立于立法者的地位,寻求就该当案件所应适用的法则,以实现公平与正义,调和社会生活上相对立的各种利益。现行民法体系严密,使用的概念甚为抽象,复多设概括条款,然须以法理作为裁判依据的,亦属不少,其最重要的,系基于平等原则的法理而为的类推适用。

三、间接法源

(一) 判例

法院就具体案件所作成的判断,对外发生一定效力的,称为裁判(包括判决及裁定),成为以后裁判的先例。判决先例制度各国不同。在台湾,"最高法院"就其历年众多的判决,经由判例会议慎重审核讨论,选定若干"足堪为例"的,采为判例,录其要旨,称为"判例要旨"。"法院组织法"第 57 条规定:"'最高法院'之裁判,其所持法律见解,认有编为判例之必要者,应分别经由院长、庭长、法官组成之民事庭会议、刑事庭会议或民、刑事庭总会决议后,报请'司法院'备查。'最高法院'审理案件,关于法律上之见解,认有变更判例之必要时,适用前项规定。"该院自 1927 年至 1998 年著有民事判例 4576 大则,可谓"取舍严谨,难能而可贵",对于维持各级法院判决品质及促进法律的进步与安定,具有贡献。

(二) 学说

学者关于成文法的解释、习惯法的认知、法理的探求等所表示的见解,是为学说。在制定法律时,权威著作的见解,常被接受而订立于法典条款,成为成文法拘束公民的规范。法律制定后,在适用上遇有疑义时,多借学说理论加以阐释。学说虽非属法源,不具法律上的拘束力,但对于法律的发展及法院审判,甚属重要,其主要理由之一系在成文法的国家和地区,法律解释适用有待学说的阐释;法官多在大学受法律教育,长期受到学者见解的影响。学者多想自创见解,常造成各种学说理论,其为大多数学者所赞同的,成为"通说",常为法院实务所采纳,有助于法律解释适用的安定。对通说的检讨,亦属必要,此常为法律进步发展的契机。

第三节 民法的解释适用

一、法律适用的逻辑构造

前揭例题 3 涉及两个法律问题,一为乙得否向丁请求返还苹果,二为乙得否向甲请求损害赔偿,均属"民事",须"依法律"加以判断,即以某条法律规定为其请求权基础。就乙对丁言,其可能的请求权基础为第 767 条规定:"所有人对于无权占有或侵夺其所有物者,得请求返还之。"就乙对甲,其可能的请求权基础为第 184 条第 1 项前段规定:"因故意或过失,不法侵害他人之权利者,负损害赔偿责任。"此类请求权基础系属所谓完全法条,包括一定的构成要件(T)及法律效果(R),而构成要件(T)多由多数要件特征所组成。法律适用过程称为涵摄(Subsumtion),即将具体的案例事实(S),置于法律规范的要件(T),以获致一定结论(R)。易言之,即认定某特定事实是否该当于法律规范的要件,而发生一定的权利义务关系。以涵摄为核心的法律适用过程,得以逻辑三段论加以表示,即:① 法律规范(T)为大前提。② 具体的案例事实(S)为小前提。③ 以一

定法律效果的发生为其结论(R)。此种法律适用的逻辑结构,可简单表示如下:

$$T = M^1 + M^2 \rightarrow R$$
$$S = M^1 + M^2$$
$$S \longrightarrow R$$

就第767条言,其构成要件(T)有二:① 须为物之所有人(M^1)。② 须该物为他人无权占有或侵夺(M^2)。其法律效果为请求返还所有物(R)。所应论断的是,乙是否为该苹果的所有人,丁是否无权占有。然而乙是否为苹果(物)的所有人,则须适用第798条规定。此一条文亦具有一定的要件(果实自落于邻地)及法律效果(视为属于邻地),在涵摄过程中,必须分解其要件和效果,而对其使用的法律概念(如果实、自落、邻地等)加以"解释",借以认定特定事实(如甲撞乙苹果树致若干苹果掉落丙地),是否为果实"自落"于邻地。(请读者自行分析第184条第1项前段规定的要件及法律效果)

二、法律解释

(一) 第798条的疑义

第798条规定,初视之下,似甚明确,实则疑义甚多(请先运用您的法学想象力,加以思考),例如:

(1)"果实",包括苹果、梨、枇杷等,系植物学上的概念,较无争议。

(2)"自落",如何认定涉及利益衡量与价值判断,学说上有三种见解:① 指果实自然成熟掉落(狭义说)。② 兼指因其他自然力振动(如风吹雨打)(广义说)。③ 更包含因人(包括果树所有人)之动摇而掉落(最广义)。

(3)"邻地",须否以毗邻者为限,是否包括水面、阳台、屋顶?

(4)"视为属于邻地",此系法律上的拟制,其取得果实所有权者,究限于邻地所有人,抑包括邻地承租人或无权占有人?果实自落于果树所有人土地与邻地的"疆界"时,如何定其所有权,究系共有(如何定其应有部分),抑由邻地所有人单独取得?

由上述说明可知,在法律适用过程中,须对法律的概念加以解释。法律解释乃法律适用上最重要、最困难的工作,所谓法律人的素养,多取决于其解释法律及论证说理的能力。

(二) 法律解释的目的与方法

法律解释的目的,不是在于探求立法者的意思(主观说),而是在于探究法律的客观规范意旨(客观说)。法律解释的主要方法有四:① 法律文义。② 法律体系。③ 立法史与比较法。④ 立法目的。分述如下:

(1) 法律文义。文义是法律解释的开始,也是法律解释的终点。法律概念具多义性,具有核心领域及边际地带,其射程远近,依法律意旨而定,在边际灰色地带容有判断余地。缩小法律文义的范围,使其限于或接近法律概念核心,是为限制解释。扩张解释乃扩大解释法律文义的范围,但不能逾越其可能的文义。逾越法律文义时,即超越法律解释的范畴,而进入另一阶段的法院造法活动,尤其是类推适用。

(2) 法律体系。法律体系可分为外在体系及内在体系。法律外在体系指法律的编制体例,如民法第几编、第几章、第几节、第几项、第几款,及前后条文的关联位置,此均可资阐明法律的规范意旨。法律的内在体系指法律秩序的内在构造、原则及价值判断而言。法秩序是个阶层结构,犹如金字塔,宪法居其顶层,其下为一般法律,再其下则为命令,基于法秩序统一性的理念,应使其互相谐合,不生冲突。须使下位阶层的规范不与上位阶层的规范发生矛盾。若有矛盾存在,则应依规范冲突的规则处理,例如法律与宪法抵触者无效;命令与法律或宪法抵触者无效。有解释的可能时,应维持该下级规范的存在,作符合宪法的解释。

(3) 立法史及比较法。立法史与比较法,有助于探寻立法者制定法律时的立法政策及其所欲实践之目的,就现行民法言,其值得参考的,有民律草案(尤其是立法理由书)、第二次民律草案及历次民法修正的相关立法资料。台湾地区"民法"及其他特别法多继受其他地区法,立法例及判例学说,可供发现各种规范模式及共同的正义观念,均可作为解释的参考。

(4) 立法目的。任何法律均有其规范意义和目的,解释法律乃在实践法律的意旨。立法目的之探求,乃阐明疑义的钥匙。解释法律时必须想到:"为何设此规定,其目的何在?"须注意的是,法律目的具有多种层面:有为具体的规范目的;有为抽象目的,例如法律的社会作用、经济效率以及公平正义等。应视情形,一并加以斟酌。

(三) 法律解释客观性

据上所述,法律解释的目的,有主观说及客观说的不同见解,法律解释方法又具多样性,而每一种解释方法又有不同的诠解,解释者各持一端,致生歧异,导致众说纷纭,莫衷一是,难有定论。为期获致较客观的解释,必须认识法律之目的,系在实现正义,法律解释的各种方法乃实践正义的手段或途径。法律文义、法律体系、立法史及比较法,立法目的诸因素不是可凭己之好恶任意选择的解释方法,而是不同的活动,必须加以结合,使解释臻于完善。各种解释方法具有协力的关系,乃属一种互相支持、补充,彼此质疑,阐明的论辩过程。法律文义有疑义时,得依法律体系关联、立法资料予以澄清。有多种解释可能性时,得借比较法的规范模式、法律之规范目的,排除或肯定某种解释。解释方法不必然能保证结论的正确,但确可减少个人判断的主观性。切勿任意选择一种解释方法,应作通盘性的思考检讨,始能获致合理结果,而在个案中妥当调和当事人利益,贯彻正义的理念。

(四) 例题3的解说

1. 乙得否向丁请求返还苹果?

乙得向丁请求返还苹果的规范基础,系第767条,此须以乙为苹果所有人,丁为无权占有为要件。苹果系物的成分,于分离后,除法律另有规定外,仍属于其物所有人(第766条)。第798条本文规定"果实自落于邻地者,视为属于邻地。"此乃第766条所谓的"法律另有规定"。苹果系属果实。所谓"自落",除由成熟、自然力掉落外,尚应包括因第三人过失行为使其掉落的情形。此项广义解释,仍在自落的文义范围之内,并符合第798条维持相邻人间和平相处的意旨。又据此立法意旨,其所谓"邻地"亦不以直接相毗连为限,并应包括土地上的建筑物。其取得所有权人,除邻地所有人外尚应及于租赁权人。是在本例,应由丁取得苹果所有权,乙非苹果所有人,不得向丁请求返还苹果。兹将法律适用过程图示如下(阿拉伯数字为"民法"条文):

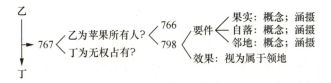

2. 乙得否对甲请求损害赔偿?

乙得对甲请求损害赔偿的规范基础,系第184条第1项前段规定。

甲驾车不慎,撞到乙所有之苹果树,致若干苹果落于丁承租的屋顶阳台,由丁依第 798 条规定取得苹果所有权,甲因过失不法侵害乙的所有权,侵害行为与权利受侵害之间具有相当因果关系,甲应依第 184 条第 1 项前段规定,对乙负损害赔偿责任(第 213 条以下)。

三、类推适用

(一)法律漏洞

关于某一个法律问题,法律依其内在目的及规范计划,应有所规定,而未设规定,是为漏洞。所谓未设规定,系指不为法律的可能文义所涵盖。法律漏洞的基本特征在于违反计划。假如法律是一座墙,则墙的缺口,即法律的漏洞,墙依其本质本应完整无缺,其有缺口,实违反墙之为墙的目的及计划,自应予以修补。与法律漏洞应严予区别的是立法政策上的考量,学说上称为"非固有的漏洞",即关于某项问题,自立法政策言,应设规定而未设规定。

(二)类推适用

类推适用系填补法律漏洞的一种方法。所谓类推适用,乃比附援引,即将法律于某案例类型 A 所明定的法律效果,转移适用于法律未设规定的案例类型 B 之上。此项转移适用系基于一种认识,即基于其类似性,A 案例类型的法律效果,应适用于 B 案例类型,盖相类似者,应作相同的处理,系本诸平等原则,乃正义的要求。至于 A 案例类型与 B 案例类型是否相类似,应依法律规范意旨加以判断。由此可知类推适用首先应探求某项法律规定之规范目的(法律理由);其次则在判断得否基于"同一法律理由",依平等原则,将该项法律规定类推及于其他法律所未规定的事项。此项基于平等原则而为的价值判断,一方面用于决定法律漏洞与立法政策错误的界限,作为认定法律漏洞的依据,另一方面则作为类推适用的基础。

(三)第 180 条第 4 款规定对侵权行为损害赔偿请求权的类推适用

现行民法规范虽属周全,但施行以来却发现"法律漏洞"甚多,有赖类推予以填补,实务上案例甚多。此因社会变迁迅速,问题丛生,法律有时而穷,必须加以补充,以促进法律进步。法学方法论上的自觉性的加强,使法院认识到造法的必要。一个社会民法的进步,可以"类推适用"作为测试的指标,七十余年来,民法因类推适用而渐趋成熟,更向前发展。

兹以 1967 年台上字第 2232 号判例为例加以说明。所以录其全文,乃在使初习法律之始即能有机会阅读"最高法院"裁判,认识其体裁风格及论证的方法,并逐渐培养分析判决的能力。

1. 1967 年台上字第 2232 号判例

上诉人:黄文贵

被上诉人:陈明开、朱以炎、王年淀、陈显汀、刘德富

右当事人间请求损害赔偿事件,上诉人对于 1967 年 5 月 22 日台湾高等法院第四次更审判决提起上诉,本院判决如下:

主文:原判决除假执行部分外废弃,发回台湾高等法院。

理由:按为行使基于侵权行为之损害赔偿请求权,有主张自己不法之情事时,则应类推适用第 180 条第 4 款之规定,认为不得请求赔偿,本件被上诉人等主张,被上诉人等均曾参加 1964 年"考试院"举办之中医师特种考试,于同年 6 月 20 日放榜,被上诉人等均榜上无名,事为在逃之袁庆梁获悉,竟于同年 6 月 21 日分别至被上诉人家中,诈称被上诉人考试均有合格,合格与及格不同,及格者立即登报,合格人员,须缴纳规费每人新台币 25000 元,方可领到执照,并谓伊有朋友即上诉人黄文贵是"保密局"高级人员知其事,可带同往访,翌日即 6 月 22 日果带同被上诉人等至上诉人家,上诉人当出示"司法行政部"派令,谓渠系"调查局"专员,知悉被上诉人等系属合格人员,每人须缴纳规费 25000 元,嘱照办,被上诉人等信以为真,当日晚上各以 25000 元交与袁庆梁,由其出具收据交执,嗣被上诉人等收到"考试院"通知均未及格,始知被骗,当经刑事法院判处上诉人诈欺罪刑确定在案。被上诉人被诈欺之款,嗣由调解人何汝经手返还被上诉人朱以炎 5000 元、刘德富 3000 元、王年淀 7000 元,其余均未返还,自应由上诉人负损害赔偿之责等情,求为命上诉人给付陈明开及陈显汀各 25000 元,朱以炎 20000 元、刘德富 22000 元、王年淀 18000 元之判决,递查被上诉人就拟用金钱力量,使"考试院"举行之考试,发生不正确之结果,而受上诉人诈欺,但其为此不法目的而支出之金钱,按诸首开说明,是否得以被诈欺为理由,而请求损害赔偿,要尚有待审认,原审未见及此,就为被上诉人有利之判决,殊嫌速断,上诉论旨声明废弃,非无理由。

据上论结,本件上诉为有理由,依"民事诉讼法"第 474 条第 1 项,第 475 条第 1 项,判决如主文。

2. 分析讨论

无法律上之原因而受利益,致他人受损害者,应返还其利益(第179条第2项)。但因不法之原因而为给付者,不得请求返还(第180条第4款)。例如赌博,违反善良风俗(第72条)而无效。赢家受领赌款,应构成不当得利,但因系不法原因而为给付,输家不得请求返还。在上揭判决,上诉人对被上诉人施以诈欺,应成立侵权行为(第184条第1项)。"最高法院"认为:"基于侵权行为之损害赔偿请求权,有主张自己不法情事时,则应类推适用第180条第4款之规定,不得请求赔偿。"系认第180条第4款蕴涵一项法律原则,即任何人行使权利不得主张自己不法情事,应类推适用于侵权行为损害赔偿请求权。兹将其思考过程图示如下:

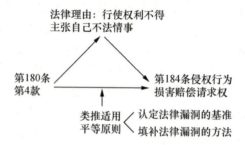

"最高法院"将上揭判决编为判例,作成如下要旨:"为行使基于侵权行为之损害赔偿请求权,有主张自己不法之情事时,例如拟用金钱力量,使'考试院'举行之考试发生不正确之结果,而受他人诈欺者,是其为此不法之目的所支出之金钱,则应适用第180条第4款前段之规定,认为不得请求赔偿。"

由上述可知,所谓"判例要旨",系将具体案件的判决理由加以抽象化,使其具有规范的性质。本件判决明确指出应"类推适用"第180条第4款规定,裁判要旨则简称为"适用",就法学方法论言,保留"类推适用"较能凸显其乃在填补法律漏洞,贯彻第180条第4款所蕴涵行使权利,不得主张不法情事的法律原则。

第四章　台湾社会变迁、民法基本原则及私法秩序的发展

第一节　民法与台湾社会变迁

民法于1929年制定,迄今已届满80年,实际上则有超过100年的历史基础。1895年,清王朝因甲午战争失败将台湾割让给日本。日本于1898年公布民法典,其内容体例基本上系采德国立法例,渐次施行于台湾,并建立司法、户籍、土地登记等制度。1945年日本败战,台湾归还中国。台湾地区现行"民法",原亦系继受德国民法,并受日本民法的影响。此种历史的巧合或命运,使台湾的私法秩序未因主权的更易而遭破坏,能够在既有的基础上成长发展,而作出三项重要贡献:① 使台湾法律制度科学化,建立了较精确的法律概念、较严谨的法律体系,以及法律适用上的逻辑及论证方法。② 引进了私法的理念及权利意识。③ 为台湾经济发展提供了必要的私法秩序。

近五十年来,台湾社会变迁及科技的进步,劳工、妇女、环保及消费者保护运动,1987年以来的民主化运动及"宪政改革",民法的修正及民事特别法律的制定,都使民法的内在价值及外在体系发生重大变动,更能维护人的尊严,保障个人的自由平等,实践社会正义。

第二节　民法与"宪法"

一、民法与"宪法"的相互作用关系

"民法"第1条所称法律,不包括"宪法"在内。"宪法"非属私法的法

源,法院不能直接适用"宪法"以处理民事问题。但"宪法"上基本权("宪法"第7条以下),不仅是一种对抗公权力的权利,更是一种客观的价值秩序,乃立法、行政及司法机关行使职权时所应遵循的客观规范,以保障人民免于遭受公权力或其他人(即第三人)不法的侵害。"宪法"基本权与民法的规范关系,乃建立在此种具保护义务客观价值秩序之上,分两点言之:

(1) 法律命令违反"宪法"者,无效("宪法"第171条、第172条)。大法官为强化基本权的保障,将"违宪"审查的客体扩张及于"最高法院"(及"最高行政法院")的判例、决议(释字第153号、第154号、第374号解释)。兹将若干重要解释,列表如下:

解释字号	解释客体	解释内容要旨
362	民988	一夫一妻制度。重婚无效,但后婚的信赖应受保护
365	民1089	父母对于未成年子女行使权利应符合平等原则,由父行使违反男女平等原则
399	命令	姓名权为人格权的一种,人之姓名为其人格表现,如何命名为人民之自由
400	命令	"宪法"第15条关于人民财产权应予保障之规定,旨在确保个人依财产之存续状态行使其自由使用、收益及处分之权能,并免于遭受公权力或第三人之侵害,俾能实现个人自由、发展人格及维护尊严
457	命令	人民无分男女,在法律上一律平等;应促进两性地位之实质平等。行政机关为达成公行政任务,以私法形式所为之行为,亦应遵循上开"宪法"之规定
479	命令	"宪法"第14条规定,人民有结社自由,旨在保障人民为特定目的,以共同之意思组成团体并参与其活动之自由,包括团体名称之选定

(2) 基本权利的第三人效力。"宪法"基本权对第三人(私法关系的当事人)具有所谓的"间接效力",即基本权得通过民法的概括条款或不确定法律概念(如第72条、第184条第1项后段),而实践"宪法"的基本价值。例如劳动契约上的单身条款,应认系违反"宪法"保障人民的工作权或婚姻自由的权利,悖于公共秩序善良风俗(第72条)而无效("两性工作平等法"第11条)。

由上述可知,"宪法"非系"私法中立",私法亦非"'宪法'中立","宪法"的价值体系及不确定概念经由立法、行政命令和司法裁判而获得实现。立法、行政命令与司法裁判(判例及决议),亦应受"宪法"的规范,二者具有相互作用的关系。

二、私法与经济秩序

"宪法"对社会经济亦设有规定("宪法"第142条以下),私法系经济秩序的重要部分,在"宪法"的基础上亦具有形成、规范经济秩序的功能,与市场经济具有密切不可分的关系。"宪法"对人民生存权、工作权、职业自由、财产权等的保障,使人民得以供给者及需要者在市场上以私法的方式从事交易活动,以满足个人生活的需要,并使社会资源作有效率的使用与分配。私法具有两种重要的功能,而与经济秩序产生一种互动的过程:

(1)保障合法权益,此为"物权法"、"侵权行为法"、"不当得利法"的机能;

(2)使个人得依合法正当的方法取得财产,能有机会参与财货的交换,在竞争的市场上取得财产利益及各种给付,此为契约的作用。

第三节　民法的基本原则

民法,旨在实践若干基本原则,亦即民法基本目的或基本价值。此等原则或价值,乃历史经验的沉淀、社会现实的反映、未来发展的指标,可综合归纳为五项:

(1)人的尊严。此包括实现个人自由,发展人格及维护尊严,其在民法最直接的体现,系人的权利能力的一般化,于第6条明定:"人的权利能力,始于出生,终于死亡。"第16条规定:"权利能力及行为能力,不得抛弃。"第17条第1项规定:"自由不得抛弃。"其他民法原则乃建立在此种以人为本位的伦理基础之上。

(2)私法自治。即个人得依其意思决定,形成其私法上的权利义务,以契约自由、所有权自由及遗嘱自由(遗产自由处分)为其主要内容。但为保护相对人的信赖保护,维护社会公益及为顾及其他继承人的利益,民法对此等自由设有必要合理的限制(第247条之1、第767条、第1187条)。

(3)私有财产。即私人得依法享有不动产、动产及其他财产权,得自由使用收益处分,并排除他人干涉。私有财产制度旨在实现个人自由,发展人格及维护人的尊严,并有效率地使用社会资源。但为防止妨碍他人自由,避免紧急危难,维持社会秩序或增进公共利益的必要,得以法律对财产权加以限制。

(4)过失责任。即因侵权行为或债务不履行而应负损害赔偿,须以行为人具有故意或过失为要件(第184条、第220条第1项),此亦在保障个人活动的自由,并顾及他人权益的保护。须注意的是,在侵权行为方面,为合理分配意外事故所生的损害,民法债编修正更就商品缺陷、汽车事故、危险工作或活动,采过失推定责任(第191条之1、之2、之3),责任主体须证明其于防止损害的发生,已尽相当注意,始可免责。

(5)两性平等。夫妻在其婚姻、财产及子女亲权关系上居于平等地位,不因其性别,而受不合理的差别待遇。

第四节 私法秩序的变动与维护

民法与民事特别法共同构成私法秩序,而私法的发展,除民法的修正及判例学说外,特别法的变迁亦值重视。民法虽采民商合一,但基于编制体例的考量,另设公司、票据、保险、海商等单独立法(合称商事法),前已提及。民法系以"物"为权利客体,关于"精神创造"的法律关系,另制定著作权法、专利法及商标法等加以规定。此等法律多制定于20世纪30年代,并因应社会经济发展,多次修正。40年代时,因实施土地改革而制定的"耕地三七五减租条例",实施平均地权条例等,改变了台湾所有权制度及社会政治经济结构。

值得注意的是,1960年(尤其是1990年)以后,为因应台湾地区急速的社会、经济、科技发展,更制定许多重要的民事特别法,例如"劳工保险条例"(1958)、"动产担保交易法"(1963)、"儿童福利法"(1973)、"劳动基准法"(1984)、"少年福利法"(1989)、"公平交易法"(1991)、"公害纠纷处理法"(1992)、"消费者保护法"(1994)、"公寓大厦管理条例"(1995)、"营业秘密法"(1996)、"信托法"(1996)、"强制汽车责任保险法"(1996)、"政府采购法"(1998)、"土地征收条例"(2000)、"电子签章法"(2001)及"两性工作平等法"(2002)等。此等民事特别法依其规范内容得分为三类：

（1）维护促进竞争秩序。使个人或企业得在自由、公开的市场从事私法上的交易活动，属之者，如"公平交易法"、"营业秘密法"、"政府采购法"。

（2）保护弱者。所谓弱者，系指相对于居于弱势，较有组织，有较多资讯企业的劳工与消费者。为保护劳工，"劳动基准法"修正民法上的契约自由原则，以具强行性的劳动契约，取代了民法上个人主义的雇佣契约。为保护消费者，"消费者保护法"在契约方面设有特种买卖，及控制定型化契约的机制；在侵权行为方面规定商品及服务的无过失责任，并创设消费者保护团体诉讼。

（3）社会安全。"劳工保险条例"、"强制汽车责任保险法"、"少年福利法"、"儿童福利法"等，乃在实践社会福利的理念，并作为私法秩序的基础。

民事特别法各有其自己的原则，为适应社会变迁的发展趋势，须时加修正，并逐渐引进英美法（尤其是美国法）的制度（特别是动产担保交易法、信托法、惩罚性赔偿等）及思考方法（如法律经济分析），具有多样丰富的内容，补充民法的价值体系，扩大了私法的功能和作用。为维护私法外在体系和内在原则的有机发展，在立法过程、法律的解释适用及法学理论研究等层面，必须强化民法与特别民法间的对话沟通和协力，以建立和谐、合理、有效率的私法秩序。

第二编 民法总则

第一章 绪 说

第一节 民法总则的构成

一、权利及法律行为

民法采五编制体例,其第一编为总则,系关于民法原则的总括规定,得适用于民法其他各编及民事特别法未规定的事项。民法总则系由"权利"及"法律行为"两个基本制度构成。权利指人格权、身份权、债权、物权等而言;凡权利皆有其主体、客体,并涉及权利的行使。法律行为则指因人的意思表示而引起权利得丧变更的法律事实(例如买卖、设定抵押权、结婚、遗嘱)。兹将民法总则"各章"简示如下:

民法总则 ⎰
① 法例
② 人:权利主体
③ 物:权利客体
④ 法律行为:权利的得丧变更
⑤ 期日及期间:权利成立或消灭在时间上的计算
⑥ 消灭时效:权利行使在时间上的限制
⑦ 权利之行使:权利行使在目的及方法上的限制

二、法例

民法总则第一章规定"法例",此相当于民法总则的"通则"。第1条规定民法的法源,第2条规定习惯法成立的消极要件,前已论及。兹就其他规定说明如下:

(一)亲自签名、代签名

第3条规定:"Ⅰ依法律之规定,有使用文字之必要者,得不由本人自写,但必须亲自签名。Ⅱ如有用印章代签名者,其盖章与签名生同等之效力。Ⅲ如以指印、十字或其他符号代签名者,在文件上,经两人签名证明,亦与签名生同等之效力。"本条规定的是法定文书的制作方式,其适用对象不及于和解、消费借贷等非要式行为。

签名,法律上并未规定必须签其全名,如仅签姓或姓名者,亦生签名的效力。所盖印章虽未包括姓名的全部,但能证明确系出于本人意思的,亦生签名的效力。印章并无一定的形式,以机器印录方式(facsimile)签章,其印版亦属印章的一种。须注意的是,为推动电子交易的普及运用,"电子签章法"(2001年11月14日公布,2001年4月1日起施行)第9条规定,依法令规定应签名或盖章者,经相对人同意,得以电子签章为之(参阅相关条文及该法施行细则)。

(二) 决定数量的标准

第4条规定:"关于一定之数量,同时以文字及号码表示者,其文字与号码有不符合时,如法院不能决定何者为当事人之原意,应以文字为准。"所以设此规定,系以文字的书写通常较为慎重。又依第5条规定:"关于一定之数量,以文字或号码为数次之表示者,其表示有不符合时,如法院不能决定何者为当事人之原意,应以最低额为准。"例如甲交付账单予乙,其中载明:"积欠货款25300元。此33500元货款,应于×月×日偿还。"依上述规定,如不能决定当事人原意,应以25300元为准。

第二节 权 利 体 系

例题4:请就下列情形说明何谓法律关系,当事人间有何权利义务:① 甲擅自拍摄乙与他人的隐私行为,制造光碟,发售获利。② 甲与乙结婚,生子丙。甲嗜赌彩券,常殴打其妻乙,乙回娘家,拒不同居。误传甲中头奖,其7岁之子丙遭丁绑架。③ 甲盗用乙教授的公民身份证,嫖妓被警察查获,伪称系某乙,而出示其身份证。④ 甲自绘某画,出售予乙,交付前夕,被丙所盗。⑤ 甲向乙购某车,受领后1个月发现该车机件具有严重缺陷,向乙表示退车还钱。⑥ 甲积欠乙网路咖啡店费用5000元,甲以乙两年间未行使其请求权,拒不返还。

在前揭例题,我们看到若干日常生活上重要民事法律关系,法律关系指法律所规范的一定权利义务关系。"权利"除身份权、物权、债权等外,尚有请求权、抗辩权、形成权等。义务乃相应于权利,包括作为及不作为。认定法律关系上的各种权利及其所构成之权利体系,乃学习民法入门的阶梯,初学者常感难懂,请耐心阅读,力求甚解。

一、权利的意义及功能

权利一语,系外国法律概念的迻译,在英文称为 right,在德文称为 Recht。无论 right 或 Recht 均蕴含合理正当的意思,均指合理正当而得有所主张,并非"争权夺利"。人群共处,各有需求,涉及不同的利益,不免发生冲突,为定纷止争,法律乃在一定要件之下,就其认为合理正当的,赋予个人某种力量,以享受其利益。是所谓权利者,指享受特定利益法律之力。权利为主观化的法律,法律为客观化的权利,认真对待权利,乃为法律而奋斗,寓有伦理的意义。兹就物权及债权加以说明。

物权系直接支配其标的物,而享受其利益的具有排他性的权利。所谓"支配其标的物而享受其利益",系物权的特定利益;"直接支配,具有排他性"则为物权的法律之力。例如物之所有人于法令限制之范围内,得自由使用、收益、处分其所有物,并排除他人之干涉(第 765 条)。

债权系请求特定人为特定给付(作为、不作为)的权利。所谓"特定人为特定给付",系债权的特定利益,"请求"则为债权的"法律之力"。例如,物的买受人得向出卖人请求交付其物,并使其取得该物所有权(第 348 条),出卖人得请求买受人交付约定的价金及受领标的物(第 367 条)。

二、人格权、身份权与财产权;绝对权与相对权

权利可以从各种不同的观点加以分类,组成体系,以认识各种权利的特征、区别及关联。应先说明的是,人格权、身份权与财产权系依权利的客体(享受的利益)为标准而为的分类,分述如下:

(一) 人格权与身份权

人格权指以人的价值、尊严为内容的权利(一般人格权),并个别化于特别人格法益(特别人格权),例如生命、身体、健康、名誉、自由、信用、

隐私、贞操(第 194 条、第 195 条)。

身份权,指因一定身份关系而发生的权利,如夫妻间的配偶权,包括互负同居(第 1001 条)及互守诚实不得与他人通奸的义务。父母与未成年子女间的亲权,亦属一种身份权。

人格权与身份权均不具财产价值,学说上合称为非财产权。此两种权利专属于权利人,不得与权利人分离而为让与或继承,又称为专属权。又须注意的是,身份权亦具有人格权的性质(第 195 条第 3 项)。

(二) 财产权:债权、物权与无体财产权

财产权,指具有财产价值的权利,可分为债权、物权与无体财产权。债权指一方当事人(债权人)基于债之关系得向他方当事人(债务人)请求给付(作为、不作为)的权利。所谓债之关系,如买卖、租赁等债权契约,侵权行为损害赔偿等。

物权得直接支配其物,而享受其利益,并排除他人干涉的权利,例如所有权、地上权、抵押权。无体财产权系以精神创造为客体的权利,包括著作权、专利权、商标权,合称为智能财产权。兹举一例加以说明,甲绘制 A 画,将该画出售予乙。于此情形,甲对该美术著作有著作权("著作权法"第 5 条、第 10 条),甲对该画(动产)有所有权,出售予乙,则成立债权,即乙得向甲请求交付该画,并移转其所有权(第 348 条),甲得请求乙支付约定价金,并受领该画(第 367 条)。

(三) 绝对权与相对权

权利以其效力所及的范围为标准,可分为绝对权及相对权。绝对权,指得对于一般人请求不作为的权利,如人格权、身份权、物权等;有此权利者,得请求一般人不得侵害其权利,又称对世权。相对权,指得对于特定人请求其为一定行为的权利,如债权;有此权利者,仅得请求特定人不得侵害其权利,并得请求其为该权利内容的行为,又称为对人权。

债权相对性与物权绝对性的区别,甚为重要。债权系相对权,仅得对抗特定人,即仅以特定人为义务人,而要求其为一定行为的权利,适用平等原则,即债权不论发生先后,均居于同等地位。物权具绝对性,并有排他的优先效力,与社会公益攸关,其得丧变更,须有一定的公示方法,以维护交易安全,乃产生物权法定原则,即"物权,除本法或其他法律有规定外,不得创设。"(第 757 条)。债权因仅具相对性,当事人原则上得依契约加以创设(契约自由原则)。

兹举一例加以说明债权与物权的不同。甲有某电脑,先后出售于乙、丙二人时,其买卖契约均属有效,由乙、丙分别对甲取得请求交付该电脑并移转其所有权的债权。此两个债权居于平等的地位。甲将该电脑交付予丙,并依让与合意移转其所有权时,即由丙取得该电脑所有权,乙的买卖契约虽成立在前,先取得债权,仍不能对丙主张任何权利,而仅得向甲请求债务不履行的损害赔偿(第226条)。又在甲将该电脑交付予乙或丙前夕,该电脑被丁所盗时,亦仅所有人甲得向丁有所有物返还请求权(第767条),乙或丙不能本其债权向丁请求返还该电脑,或请求赔偿其不能如期取得该电脑所有权所遭受的损害(参阅下图)。

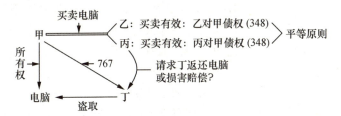

三、形成权

形成权,指得依权利人一方的意思而使法律关系发生、内容变更或消灭的权利。例如:法定代理人对限制行为能力人所订立买卖契约的承认,使该买卖契约发生效力(第79条)。买受人行使选择权(第208条),使买卖标的得以确定;买受人因买卖标的物具有瑕疵而解除契约(第359条)。

形成权的行使,依当事人的意思表示为之(称为单纯形成权)。然若干形成权的行使,须提起诉讼(形成之诉),而由法院作成形成判决,学说上称为形成诉权,如暴利行为的减轻给付(第74条)、诈骗行为的撤销(第244条第2项)、撤销婚姻(第989条以下)、否认子女之诉(第1063条第2项)等。此等形成权的行使所以须经由诉讼为之,系因其影响相对人利益甚巨,或为创设明确的法律状态,有由法院审究认定形成权的要件是否具备的必要。关于形成权行使,法律多设有一定期间的限制,称为除斥期间(第90条、第93条)。

形成权赋予权利人单方形成之力,为保护相对人,并维护法律关系的明确及安定,形成权的行使原则上不得附条件或期限。但条件的成就与否系依相对人意思而定,或期限明确者,不在此限。例如甲向乙表示,某年某月某日前不付清积欠租金时,终止租约。

四、请求权与抗辩

(一) 请求权

1. 请求权的意义及种类

请求权乃要求特定人为特定行为(作为、不作为)的权利,在权利体系中居于枢纽的地位,因为任何权利,为发挥其功能,或恢复不受侵害的圆满状态,均须借助于请求权的行使。

请求权系由基础权利而发生。依其所由发生基础权利的不同,可分为人格权上的请求权、身份权上的请求权(如第1001条)及财产权上的请求权。须注意的是,请求权乃权利的表现,而非与权利同属一物,此点于债权及其请求权最须明辨。债权的本质内容在于有效受领债务人的给付,请求权则为其作用。请求权虽因罹于时效而消灭,其债权尚属存在。债务人仍为给付者,不得以不知时效为理由,请求返还(第144条第2项前段)。

2. 请求权竞合及请求权基础

因同一原因事实而发生两个以上的请求权,而其内容不同时,得为并存;其内容相同时,则发生请求权竞合,由权利人选择行使之。兹举一例加以说明:甲有某屋出租于乙,租赁契约消灭后,乙拒不返还,仍为无权占用。在此情形甲得向乙主张的请求权,图示如下:

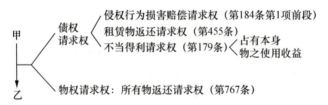

在上举之例,甲得对乙行使诸种请求权中,得为并存者,例如所有物返还请求权与侵权行为损害赔偿请求权。其属请求权竞合者,就物的返还言,例如租赁物返还请求权、不当得利请求权、所有物返还请求权。各种请求权基础的构成要件、举证责任、内容各有不同,从而在处理具体案件时,均须确实检讨每一个请求权基础,始终维护当事人的利益。

(二) 抗辩及抗辩权

一方当事人行使权利时,他方当事人所提出的对抗或异议,称为抗辩,广义言之,包括狭义的抗辩及抗辩权。狭义的抗辩包括权利障碍抗辩(请求权根本不发生的抗辩,如买卖契约不成立或无效),及权利毁灭抗辩(请求权虽曾一度发生,但已归消灭,债务业已清偿)。此两种抗辩足使请求权归于消灭,故在诉讼进行中当事人纵未提出,法院亦应审查事实,如认为有抗辩事由的存在,为当事人利益,须依职权作有利的裁判。

抗辩权可分为永久(灭却)的抗辩权与一时(延期)的抗辩权。前者可使请求权的行使永被排除,在诉讼上可使原告受驳回的判决,例如消灭时效抗辩权(第144条第1项)。后者,非得永久拒绝相对人的请求,仅能使请求权一时不能行使而已,例如同时履行抗辩权(第264条)。抗辩权,其效力不过对已存在的请求权,发生一种对抗的权利而已,义务人是否主张,有其自由。义务人不行使抗辩权利时,法院不得予以审究;惟他方在诉讼上主张时,法院即有审究的义务。

五、例题4解说及思考模式

为使初学民法者对民法法律关系上各种权利有更清楚的认识,兹就例题4(请再阅读之,先行思考),作如下简要的解说:

(1)甲擅自拍摄乙的隐私行为,系侵害乙的人格权(尤其是隐私人格法益)。乙得请求法院除去其侵害(如命甲销毁光盘),不得贩卖,防止其侵害(不得再从事侵害行为)。此外,乙并得对甲请求损害赔偿(第184条第1项、第195条第1、2项)。

(2)甲嗜赌,殴打其妻乙,乙有不能同居的正当理由(第1001条但书)。丁绑架7岁之丙,除侵害丙的人格权外,尚侵害甲、乙对丙的亲权(监护权),丁负交还丙于其父母的义务,并须负损害赔偿责任(第184条第1项、第195条第3项)。

(3)身份证,系由政府机构所制发,乃证明身份的文书,其所有权属于身份证记载名义人所有。身份证被不法扣留或窃盗时,所有人得请求返还(第767条),并请求损害赔偿。其擅用他人身份证表明其系记载名义人时,得成立侵害他人姓名权或名誉权,负侵权行为损害赔偿责任(第184条、第195条)。

(4)甲自绘某画,取得该画所有权,出售予乙,成立买卖契约,交付前夕,丙盗该画系侵害甲的所有权,甲得向丙请求返还该画(第767条),并请求损害赔偿(第184条)。乙对甲虽有请求交付该画,并移转其所有权的债权,但此属相对权,故乙不得对丙主张请求交还该画。

(5)甲向乙购某车,发现其刹车机件有严重瑕疵,乃向乙表示退车还钱,此系行使解除权(形成权),使买卖契约消灭,发生恢复原状的义务(第359条、第259条)。

(6)甲积欠乙网路咖啡店费用5000元,乙对甲的债权请求权因两年间不行使而消灭(第127条第1款),甲得拒绝给付(消灭时效抗辩权)。

以上实例的简要解说,在于使初习民法的人能认识具体法律关系上的权利义务。然而须强调的是,学习法律不能记忆个别案例,必须了解基本概念、体系及思考方法,相互启发,彼此印证。兹将其所涉的基本模式,列表如下,俾便参照:

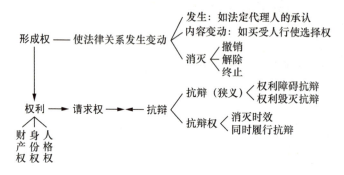

第二章 人:权利主体

第一节 自 然 人

例题5:25岁的甲因精神丧失受禁治产宣告,精神恢复期间向19岁刚离婚的某乙购买机车后,驾车违规超速撞到丙女。丙怀孕3月的胎儿丁,亦受有伤害,试问:① 甲与乙间法律行为的效力。② 丙及胎儿丁得否向甲请求损害赔偿? ③ 设甲的住所在台北,居所在台南,行为地在高雄,而丙的住所在台中时,丙得在何处地方法院对甲提起诉讼?

凡权利均有其主体。人为权利的主体,分为自然人与法人。自然人为权利主体,乃本诸人的尊严及价值,具有伦理性,体现以人为本位的私法理念。其应说明的基本问题有三:① 自然人的能力(权利能力、行为能力及责任能力)。② 人格的保护。③ 住所。

一、自然人的能力

(一) 权利能力

1. 第6条的规范意义

第6条规定:"人之权利能力,始于出生,终于死亡。"所谓人,指由出生而存于自然界的人类。权利能力指享受权利、负担义务的能力。其享有权利能力的,即为权利主体。出生指与母体完全分离(出),而能独立呼吸,保有生命(生)而言,脐带是否剪断,已否发出哭声,在所不问。死亡的时期,原则上以心脏跳动停止(呼吸断绝)为判断基准。自尸体摘取器官施行移植手术,其死亡得依法定程序脑死判断之(参照"人体器官移植条例"第4条)。关于人的出生、死亡及其时间,主张自己利益(如遗产继承)者,应负举证责任。户籍簿上的身份登记,固为重要的证明方法,但非绝对,医生证明或其他资料亦得作为证明方法。

应特别强调的是,"民法"借着第 6 条关于权利能力的规定确立了一项最具伦理性的基本原则,即任何人因其出生而当然取得权利能力,除死亡外,不得加以剥夺。不分男女、种族、国籍、阶级,一切自然人皆平等地享有权利能力。此项原则的确立,历经长久的历史发展,始自家属自家长权的解放,奴隶制度的废除,实乃人类法律文明的伟大成就,肯定了人的价值、尊严和主体性。

2. 胎儿的权利能力

第 7 条规定:"胎儿以将来非死产者为限,关于其个人利益之保护,视为既已出生。"由是可知,民法将自然人的人格提前至胎儿阶段,采概括原则,凡关于胎儿利益的保护,均视为既已出生,但不及于义务的负担。胎儿得取得的权利,并无限制,包括侵权行为损害赔偿请求权、继承权、"非婚生胎儿"对其生父的认领请求权等。所谓"以非死产者为限,视为既已出生",指胎儿于出生前,即取得权利能力,倘将来死产时,则溯及的丧失其权利能力(法定的解除条件说)。

3. 权利能力消灭

(1) 真实死亡。人的权利能力,终于死亡,前已说明。

(2) 死亡宣告。

① 死亡宣告制度。人若失踪,离去其住所居所,而生死不明,则其有关的权利义务,如财产的管理或继承、配偶的婚姻等,将无法确定。此种状态,若任其长久继续,对于利害关系人及社会均属不利。民法乃设死亡宣告制度,使之发生与真实死亡同等的法律效果。自 1996 年迄至 2001 年,台湾办理死亡宣告终结案件,约在六百件与一千件之间(参阅下表,资料来源:"司法院"统计处编印司法统计提要):

年度	1996	1997	1998	1999	2000	2001
死亡宣告件数	665	697	1010	776	725	634

② 死亡宣告的要件。第 8 条规定:"失踪人失踪满七年后,法院得因利害关系人或检察官之声请,为死亡之宣告。失踪人为八十岁以上者,得于失踪满三年后,为死亡之宣告。失踪人为遭遇特别灾难者,得于特别灾

难终了满一年后,为死亡之宣告。"由此规定,声请死亡宣告的要件有四:

A. 须有失踪人。失踪指生死不明,即不能证明其人的生存或死亡而言。若死亡通常可认定时(如飞机高空爆炸),纵未发现尸体,仍得径为死亡的认定。

B. 失踪期间。民法设有两种:a. 普通期间为 7 年;b. 特别期间,即失踪人为 80 岁以上者,期间满 3 年;遭遇特别灾难者,于灾难终了满一年后。所称灾难,指出自自然或外在的不可抗力,例如遭遇海难。若于船上失足落水,则不属之。

C. 得声请死亡宣告之人。第 8 条所称利害关系人,指对于死亡宣告于法律上有利害关系之人而言,例如失踪人的配偶、继承人、受遗赠人、债权人、不动产的共有人等。检察官系代表公权力行使职权,不论有无利害关系人,均得单独声请;惟于有利害关系人(尤其是有父母、配偶、子女)时,宜征询其意见,衡酌情况,审慎加以决定。

D. 死亡宣告应由法院为之。如受死亡宣告人尚生存或确定之时不当时,检察官或有利害关系之人提起撤销死亡宣告之诉。关于此等程序,"民事诉讼法"设有规定(第 625 条以下)。

③ 死亡及其时期的推定。第 9 条规定:"受死亡宣告者,以判决内所确定死亡之时,推定其为死亡。前项死亡之时,应为前条各项所定期间最后日终止之时。但有反证者,不在此限。"例如某甲于 1973 年 5 月 5 日失踪,法定失踪期间为 7 年,是法院于其判决内所确定死亡之时,应为 1980 年 5 月 5 日下午 12 时,并系推定其为死亡。失踪人的死亡,属"推定"(推定主义),而非"视为死亡"(拟制主义),故设失踪人未死亡或非在判决内确定死亡之日死亡,在撤销死亡宣告前,亦得提出反证推翻死亡宣告所为的推定,但仅限于特定当事人间有其效力。

④ 死亡宣告的效力。失踪人于失踪后,未受死亡宣告前,其财产之管理依"非讼事件法"之规定。失踪人一旦被宣告死亡,即发生如同"真实死亡"的效果,继承即行开始,配偶即得再婚,受死亡宣告者,事实上果已死亡者,其权利能力归于消灭。实际上尚生存时,其权利能力则仍属存在,行为能力与责任能力亦均不受影响。盖死亡宣告的效力,仅在使失踪人于失踪期间届满时,以其住所为中心的私法关系,归于消灭,并非欲置之于死地,剥夺其权利能力也。

受死亡宣告者,尚生存归来时,得声请法院撤销死亡宣告。死亡宣告未经撤销者,关于已结束的法律关系虽不能复活,惟归来后的法律关系,仍可有效成立。值得注意的是,"民事诉讼法"第640条规定:"撤销死亡宣告或更正死亡之时之判决,不问对于何人均有效力。但判决确定前之善意行为,不受影响。因宣告死亡取得财产者,如因前项判决失其权利,仅于现受利益之限度内,负归还财产之责。"例如甲受死亡宣告,其配偶乙再婚,并变卖其所继承甲的房屋,投资股票失利,价值减少一半。其后甲生存归来,撤销死亡宣告时,其法律效果为:

A. 关于再婚,通说认为若后婚当事人双方均系善意,前婚因生存配偶之再婚同时消灭。倘后婚当事人之任何一方系恶意,既使另一方系善意,前婚即时复活,后婚为重婚,应属无效(第985条第1项)。

B. 关于继承的财产,乙就其所继承甲的房屋,负有返还的义务。若乙善意,其处分的效力不受影响,乙以出售价金所得投资股票,乃财产的变形,就其现受利益之限度内,负归还之责。

(3) 同时死亡

二人以上同时罹难,不能证明其死亡先后时,推定其同时死亡(第11条)。例如甲、乙、丙父子三人参加某旅行团,遭遇空难死亡,不能证明其死亡时,则推定其同时死亡。推定同时死亡的主要法律效果,系死亡者之间不能相互继承。

(二) 行为能力

1. 行为能力制度

权利能力,指享受权利、负担义务之能力,任何人因其出生而当然取得。自然人欲基于自己的意思,依法律行为(如买卖、设定抵押)而取得一定的权利或负担一定的义务时,须有行为能力。行为能力制度旨在保护思虑未臻成熟之人,并兼顾交易安全。

现行民法,以行为人的意思能力(识别能力)为基础,依其是否达一定年龄为判断标准,分完全行为能力人、限制行为能力人及无行为能力人。

2. 完全行为能力人

满20岁为成年(第12条)。成年人有完全行为能力。未成年人已结婚者,亦有行为能力(第13条第3项),立法理由谓:"盖因已结婚之人,已能独立组织家庭,智识当已充足,故不应认为无行为能力也。"未成年人离婚后,其已取得的行为能力,不因此而受影响。

须注意的是,未成年人已结婚者,虽为有行为能力人,但不因此而成年,仍为未成年人,虽得有效为财产上的行为(如买卖、租屋、受雇他人),但其身份行为仍受限制,其两愿离婚应得法定代理人同意(第1049条但书)。限制行为能力人无须经法定代理人的允许,得为遗嘱;但未满16岁者,不得为遗嘱(第1186条第2项)。

3. 限制行为能力人

限制行为能力人,指满7岁以上的未成年人(第13条第2项)。关于未成年人所为法律行为的效力,第79至85条设有详细规定,俟于相关部分再行详论。

4. 无行为能力人

"民法"规定两种无行为能力人,其所为法律行为无效,由其法定代理人代为意思表示并代受意思表示:① 未满7岁的未成年人(第13条第1项)。② 受监护宣告之人(新修正第15条)。

5. 成年监护宣告

例题5-1:2008年5月23日公布"民法总则编、亲属编修正条文"创设成年监护宣告制度(第14条,第15条及第15条之1、之2)。① 请比较说明禁治产宣告及成年监护宣告制度之不同。② 请说明监护宣告与辅助宣告的要件及法律效果。③ 受监护宣告之人与受辅助宣告之人受他人关于不动产的赠与,或对他人为不动产赠与时,其法律效力如何?

旧"民法"第14条规定:"对于心神丧失,或精神耗弱致不能处理自己事务者,法院得因本人、配偶、最近亲属二人或检察官之声请,宣告禁治产。禁治产之原因消灭时,应撤销其宣告。"

禁治产宣告旨在保护心神丧失、或精神耗弱致不能处理事务之人,并顾及交易安全,具有重大社会功能。

关于1996至2007年间台湾地方法院办理禁治产宣告的终结案件,有如下的统计资料(资料来源:台湾各地办理民事事件收结件数统计):

年度	1996	1997	1998	1999	2000	2001	2002	2003	2004	2005	2006	2007
禁治产件数	1020	1225	1450	1690	1778	1908	2092	2386	2790	3207	3692	3347

据上统计资料，可知禁治产宣告案件有逐年增加的趋势。年长者人口增加（如患老年痴呆症），车祸肇致植物人等，当为主要原因。禁治产人（受监护宣告之人）应置监护人（第1110条），为财产的管理，养护医治，此常涉及当事人及亲属间利益冲突，应值重视。

2008年5月23日公布"民法总则编、亲属编修正条文"，创设成年监护制度，以保护受监护宣告者的人格尊严及权益，规定"监护宣告"及"辅助宣告"（第14条至第15条之2规定），将自公布后一年六个月施行（请参见"施行法修正条文"第4条、第4条之1、第4条之2）。兹分述如下：

(1) 监护宣告。① 宣告事由及声请人。新修正"民法"第14条规定："对于因精神障碍或其他心智缺陷，致不能为意思表示或受意思表示，或不能辨识其意思表示之效果者，法院得因本人、配偶、四亲等内之亲属、最近一年有同居事实之其他亲属、检察官、主管机关或社会福利机构之声请，为监护之宣告。"② 法律效果。第15条规定："受监护宣告之人，无行为能力。"立法理由谓：按其他地区立法例，虽有将成年受监护人之法律行为，规定为得撤销者（例如《日本民法》第9条）：亦即受监护宣告之人不因监护宣告而完全丧失行为能力。惟因本法有关行为能力制度，系采完全行为能力、限制行为能力及无行为能力三级制；而禁治产人，系属无行为能力，其所为行为无效。此一制度业已施行多年，且为一般民众普遍接受，为避免修正后变动过大，社会无法适应，爰仍规定受监护宣告之人，无行为能力。

(2) 辅助宣告

现行"民法"有关禁治产宣告之规定，采宣告禁治产一级制，缺乏弹性，不符社会需求，"民法"修正特于监护宣告之外，增加"辅助宣告"，俾充分保护精神障碍或其他心智缺陷者之权益。

① 辅助宣告之原因及声请人。新修正"民法"第15条之1规定："Ⅰ 对于因精神障碍或其他心智缺陷，致其为意思表示或受意思表示，或辨识其意思表示效果之能力，显有不足者，法院得因本人、配偶、四亲等内

之亲属、最近一年有同居事实之其他亲属、检察官、主管机关或社会福利机构之声请,为辅助之宣告。Ⅱ 受辅助之原因消灭时,法院应依前项声请权人之声请,撤销其宣告。Ⅲ 受辅助宣告之人有受监护之必要者,法院得依第十四条第一项规定,变更为监护之宣告。"

又须注意的是,新修正"民法"第 14 条第 3 项规定:"法院对于监护之声请,认为未达第一项之程度者,得依第十五条之一第一项规定,为辅助之宣告。"第 4 项规定:"受监护之原因消灭,而仍有辅助之必要者,法院得依第十五条之一第一项规定,变更为辅助之宣告。"

② 法律效果。新增"民法"第 15 条之 2 规定辅助宣告的法律效果,分为四项:

A. 受辅助宣告之人为下列行为时,应经辅助人同意。但纯获法律上利益,或依其年龄及身份、日常生活所必需者,不在此限:a. 为独资、合伙营业或为法人之负责人。b. 为消费借贷、消费寄托、保证、赠与或信托。c. 为诉讼行为。d. 为和解、调解、调处或签订仲裁契约。e. 为不动产、船舶、航空器、汽车或其他重要财产之处分、设定负担、买卖、租赁或借贷。f. 为遗产分割、遗赠、抛弃继承权或其他相关权利。g. 法院依前条声请权人或辅助人之声请,所指定之其他行为。

B. 第 78 至 83 条规定,于未依前项规定得辅助人同意之情形,准用之。

C. 第 85 条规定,于辅助人同意受辅助宣告之人为第 1 项第 1 款行为时,准用之。

D. 第 1 项所列应经同意之行为,无损害受辅助宣告之人利益之虞,而辅助人仍不为同意时,受辅助宣告之人得径行声请法院许可后为之。

(三) 责任能力

自然人在法律上的能力,除权利能力及行为能力外,尚有所谓的责任能力,即因其行为不适法而应负责的能力,包括侵权能力及债务不履行能力。

1. 侵权能力

第 187 条第 1 项规定:"无行为能力人或限制行为能力人,不法侵害他人之权利者,以行为时有识别能力为限,与其法定代理人连带负损害赔偿责任。行为时无识别能力者,由其法定代理人负损害赔偿责任。"由是可知,无行为能力人或限制行为能力人应否负侵权责任,视其有无识别能力而定。所谓识别能力,指对于事务有正常认识及预见其行为能发生法律效果的能力,此应就个案依具体情事加以判断。

2. 债务不履行能力

第221条规定:"债务人为无行为能力人或限制行为能力人者,其责任依第187条之规定定之。"是债务不履行能力之有无,亦以行为人于行为时实际上有无识别能力为断。兹举一例加以说明:18岁的某甲,为筹措学费,经其父同意于夜间摆摊贩卖烤香肠,因食物不洁,致顾客乙中毒时,应认甲有识别能力,须对乙负侵权行为(第184条第1项前段)或债务不履行(不完全给付)的损害赔偿责任(第227条、第227条之1)。

(四)体系构成

民法以人为本位,任何人皆为权利义务主体而有权利能力,得以自己之意思及行为取得权利、负担义务(行为能力),并于具有识别能力时,应就其侵权行为或债务不履行负损害赔偿责任。私法上的人格者,系由权利能力、行为能力及责任能力所构成,为民法上基本制度。综上所述,列表如下(请自行查阅相关条文):

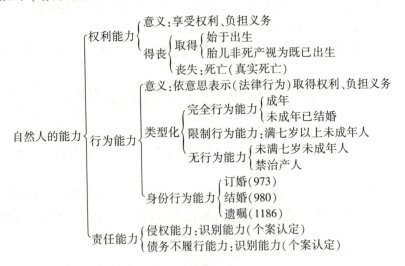

二、人格的保护

(一)人格保护为民法的首要任务

民法以人为本位,以人之尊严为其伦理基础,人格的保护为民法的首要任务。人格包括能力、自由及人格关系。人、权利能力及权利主体构成三位一体,不可分割。第 16 条规定:"权利能力及行为能力,不得抛弃。"盖抛弃前者,人失其权利义务的主体;抛弃后者,则成为无行为能力,不但其人格受损,亦妨害公益,故法律不许之。又自由包括法律行为上的自由及权利行使的自由,为人格活动的基础,且为一种使命,故第 17 条亦明定:"自由不得抛弃。"惟人类共营社会生活,其依契约而为自由的限制,仍有必要,惟不得违背公共秩序或善良风俗,例如甲男与乙女约定终生不为结婚时,应认其违背公共秩序或善良风俗者,无效(第 72 条)。

(二) 侵害人格权的保护

现在社会人口集中,交通便捷,大众传播普遍深入,新工艺器材,如窃听器、远距离照相机、录音机、针孔摄影机等发明及进步,人格有随时遭受侵害之虞。又行政机关滥用权力,更唤起个人对于人格的自觉,社会对个人人格的重视。

第 18 条规定:"人格权受侵害时,得请求法院除去其侵害;有受侵害之虞时,得请求防止之。前项情形,以法律有特别规定者为限,得请求损害赔偿或慰抚金。"所称人格权,系指"一般人格权",乃关于人的存在价值及尊严的权利。一般人格权经具体化而形成各种特别人格权。"民法"明定特别人格权的主要理由,在使被害人得请求慰抚金(非财产上的金钱赔偿),第 195 条第 1 项规定不法侵害他人之身体、健康、名誉、自由、信用、隐私、贞操,或不法侵害其他人格法益而情节重大者,被害人虽非财产上之损害,亦得请求赔偿相当之金额。其名誉被侵害者,并得请求恢复名誉之适当处分。此属侵权行为法的问题,俟于相关部分,再详为说明。

三、住所与居所

吾人营社会生活,必有一定的地域,作为法律关系的中心,例如债务的清偿地(第 314 条)、诉讼的管辖("民事诉讼法"第 1 条,"刑事诉讼法"第 5 条)、诉讼书状的送达处分("民事诉讼法"第 136 条,"刑事诉讼法"第 55 条)。此种法律生活的中心地域有两种,一为住所,二为居所。

(一) 住所与居所的设定及区别

"民法"第 20 条第 1 项规定:"依一定事实,足认以久住之意思,住于一定之地域者,即为设定其住所于该地。"第 24 条规定:"依一定事实,足认以废止之意思离去其住所者,即为废止其住所。"是关于决定住所的标准,系兼采主观主义与客观主义,其认定住所的要件有二:① 久住的意思,即长期居住的意思,当事人有无久住的意思,应依一定事实加以认定。所谓"一定事实",诸如户籍登记、居住情形、家属概况,及是否在当地工作等事实。易言之,即依客观事实认定主观的意思。② 居住的事实,即事实上住于该地的事实。关于住所的废止,亦须具备废止的意思(主观要件)及离去的事实(客观要件)。又依第20条第2项规定,一人不得同时有两住所,以避免使法律关系趋于繁杂。

关于居所,"民法"未设定义性规定,解释上应认系指无久住的意思而事实上居住的处所而言。住所与居所的区别,在于有无久住的意思,与居住期间的长短无关,例如在监狱服徒刑,虽有长期居住事实,但无久住的意思,不能认为设定住所于该地,仅能认系设定居所而已。

(二) 意定住所与法定住所

住所,由当事人所设定的,为意定住所(任意住所)。住所为法律所规定的,为法定住所,其情形有五:

(1) 夫妻之住所,由双方共同协议之;未为协议或协议不成时,得声请法院定之。法院为前项裁定前,以夫妻共同户籍地推定为其住所(第1002条)。

(2) 未成年之子女,以其父母之住所为住所(第1060条)。

(3) 住所无可考者(第22条第1款)。

(4) 在中国无住所者,但依法须依住所地法者,不在此限(第22条第2款)。

(5) 因特定行为选定居所者。关于其行为,视为住所(第23条)。例如金门的某甲来台北经商,而在台北选定居所时,无论其在金门有无住所,关于其经商的法律关系,即以台北的居所为住所。

四、例题 5 解说

例题 5 涉及自然人能力、人格权保护及住居所的基本问题。分述如下:

(1) 25 岁的甲因精神丧失受禁治产宣告,系无行为能力人,其意思表示无效(第75条),在禁治产宣告期间,甲纵精神恢复,仍为无行为能力人。19 岁的乙,为未成年人,因结婚而有行为能力,其行为能力不因离婚而受影响。但甲为无行为能力人,其关于机车的买卖及所有权的移转的意思表示(第761条),均属无效,甲不能取得该机车所有权,所有人乙得向甲请求返还该车(第767条)。

(2) 甲系禁治产人,为无行为能力人,清醒期间购车驾驶肇祸,应认为具识别能力,而有侵权能力,其因过失不法撞伤某丙,侵害其人格权(尤其是身体、健康),丙得对甲请求侵权行为损害赔偿(第184条第1项、第213条以下,第195条第1、2项)。又胎儿丁以将来非死产者为限,关于其个人利益之保护,视为既已出生,享有权利能力,亦得依侵权行为规定向甲请求损害赔偿,以其母丙为法定代理人。

(3) 丙或丁胎儿具在民事诉讼上有当事人能力("民事诉讼法"第40条),得起诉向甲请求损害赔偿(诉讼能力、"民事诉讼法"第45条),其诉讼由被告甲住所地的台北地方法院管辖("民事诉讼法"第1条)。本件系因侵权行为而涉诉,亦得由行为地的高雄地方法院管辖("民事诉讼法"第15条第1项)。

第二节 法 人

例题6:试就下列团体说明何谓法人、社团及财团,有何社会机能,如何设立以取得权利能力:①民主进步党。②京华城百货公司。③第一商业银行。④海峡交流基金会。⑤松山慈佑宫。⑥伊甸基金会。⑦文化大学。⑧长庚纪念医院。⑨主妇联盟环保基金会。

例题7:甲公司与乙公司皆经营进口牛肉,竞争激烈。甲公司董事A散布不实消息,伪称乙公司自澳洲进口的牛肉混有袋鼠肉,致乙公司商誉受损,减少营业收入甚巨。试问乙公司得向甲公司及A主张何种权利?

一、法人制度

(一) 法人的意义、机能及本质

法人指自然人以外,由法律创设,得为权利义务的主体。其主要机能为:①使多数的人及一定的财产得成为权利义务主体(社团、财团),便于从事法律交易;②将法律的责任限定于法人的财产,避免个人的财产因此而受影响。③使法人能超越个人而长期存续。法人乃一种目的性的创造,而非自然人的拟制,在社会实际生活有其自我活动作用的领域,在此意义上亦具有社会的实体性,在例题6,我们可以看到,社团或财团在政治、职业团体、金融经济、宗教、教育、弱势者的保护、环保科技、医疗等方面具有重大社会作用。

须注意的是,甲社团(如政党、公司),得为乙社团的社员,亦得捐助财产设立丙财团,而丙财团亦得捐助财产另设立丁财团,而丁财团亦得为戊社团的发起人,造成复杂的政经关系,在某种程度影响或支配着政治、社会经济的发展。本书偏重于论述法人制度的基本法律结构,希望读者能多留意各种法人的实际运作及法律规范效能。

(二) 法人的"宪法"基础

"宪法"第14条规定:"人民有集会及结社之自由。"此为法人制度的"宪法"基础。一方面,政府对人民为一定目的而组织团体,除为防止妨碍他人自由、避免紧急危难、维持社会秩序,或增进公共利益所必要者外,不得以法律限制("宪法"第23条)。政府还应制定相关法律,规定团体(法人)得以成立及活动的制度。另一方面,结社自由构成私法自治的重要内容,包括设立法人自由、加入法人(社团)自由,以及法人自主(尤其是社团),即得经由章程及社员总会决议,决定其内部事项。为贯彻"宪法"保障人民结社的自由,大法官解释肯定教育事业技工、工友有组织工会的权利(释字第373号解释),法人有选定团体名称的自由(释字第479号解释)。

(三) 法人的种类

依公法而设立的法人,为公法人,例如地方自治团体(包括省、市、县市等地域团体;但台湾省已不具公法人地位,参照大法官释字467号解释)。依私法而设立的法人,为私法人。私法人得再分为社团与财团。社团系以社员为其成立基础的法人(人的组织体),政党、公司、学会为其著例。财团系以捐助财产为其基础的法人(财产组织体)。社团法人与财团法人的区别甚属重要,为简约文字的说明,兹列表如下(务请查阅相关条文):

种类	成立基础	设立行为	种类	设立依据	组织	消灭（解散）	定性
社团	人：社员（包括自然人、法人）	二人以上的共同行为	营利社团 公益社团	1. 营利社团依特别法 2. 公益社团应经主管机关核准	1. 社员总会 2. 董事 3. 监察人	1. 一般事由 2. 特别事由	自律法人
财团	财产	单独行为：遗嘱	公益财团	应得主管机关核准	1. 董事 2. 监察人	1. 一般事由 2. 特别事由	他律法人

关于法人的分类，须特别指出的，财团法人系为社会公益而存在，必为公益法人。社团法人，依"民法"规定，分为营利社团及公益社团。所谓营利社团，指从事经济行为，并将利益分配于各社员为其目的之社团而言，例如公司、银行等。公益社团，指以社会上不特定多数人之利益为目的之社团，如农会、工会、商会、渔会等。在社团中，有既非以公益，又非以营利为目的者，如同乡会、同学会、宗亲会、俱乐部等，称为中间社团，得依"民法"规定取得法人资格，不必得主管机关的许可。

由上述可知，关于私法人法律上系采类型强制，仅有社团及财团两种法人。在社团法人，就公司言，"公司法"第2条明定为四种公司（无限公司、有限公司、两合公司、股份有限公司），不得另为创设。此项结社自由的限制，乃出于维护社会秩序及公共利益的必要，与"宪法"第23条意旨并无不符。

（四）法人的设立

1. 须有法律依据

法人的设立乃法人开始取得人格。第25条规定："法人非依本法或其他法律之规定，不得成立。"所谓其他法律，如"公司法"、"私立学校法"等。就设立的准据言，系兼采许可原则、准则原则、特许原则及强制原则：

（1）采许可原则的，为公益社团及财团之设立。此两种法人的设立，均应得主管机关之许可（第46条、第59条）。所谓主管机关，指主管法人目的事业的行政机关而言，例如文化事业属"教育部"，寺庙属"内政部"，工商事业属"经济部"。

（2）采准则原则的，为营利社团，例如公司依"公司法"所规定的条件，即可设立（"公司法"第1条）。

(3) 采特许原则的,例如,商业银行系依据商业银行条例。

(4) 采强制原则的,例如工会的设立("工会法"第6条)。

2. 须经登记

第30条规定:"法人非经向主管机关登记,不得成立。"此之所谓主管机关,非指主管其目的事业之机关,乃指法人事务所所在地之法院而言("民总施行法"第10条第1项)。社团法人中的营利社团(例如公司),依特别法("公司法")规定而设立,不必向法院办理登记。

兹为便于参照,将法人设立的准据列表如下:

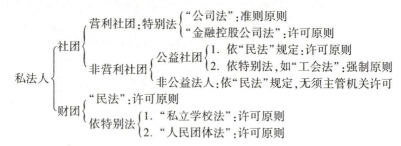

(五) 法人的能力

1. 权利能力、行为能力与责任能力

第26条规定:"法人于法令限制内,有享受权利,负担义务之能力。但专属于自然人之权利义务,不在此限。"由是可知法人亦享有权利能力,始于成立,终于解散后清算终结之日。法人与自然人虽同具人格,但本质究不相同:法律之所以赋予自然人以人格,系基于伦理的要求,其所以赋予法人以人格,则系基于吾人的社会生活需要。因此,法人权利能力的范围,与自然人即有差异,受有两种限制:

(1) 法令上的限制,例如"公司法"第16条规定:"公司除依其他法律或公司章程规定得为保证者外,不得为任何保证人。"

(2) 性质上的限制,即专属于自然人的权利义务,法人不得享受负担。所谓专属于自然人的权利义务,系指以自然人的身体或身份的存在为基础者而言,应说明者有三:① 就人格权言,生命权、身体权及健康权系以自然人的身体存在为前提,自非法人所得享有,但名誉权、信用权及姓名权等,法人得享有之。② 就身份权言,以自然人的身份存在为前提的,如遗产继承权、亲权、家长权亦非法人所得享有。但监护权、社员权及遗赠等,法人则得享有之。③ 就财产权而言,除以人的身体劳务为给付的债务外,法人均得享受权利,负担义务。

关于法人的行为能力,虽无规定,然法人既为权利主体,为从事法人的目的事业的必要,应有行为能力,而由法人的机关(尤其是董事)代表为法律行为(第27条),或其他之人代理之。法人既有行为能力,就其法律行为而发生债务不履行,应为负责,乃属当然。

关于法人的侵权行为,第28条规定:"法人对于其董事或其他有代表权之人因执行职务所加于他人之损害,与该行为人连带负损害之责任。"本条乃在肯定法人的侵权能力,其侵权责任的成立,须具备三项要件:① 行为人须为董事或其他有代表权之人(如法人的清算人、监察人)。② 须因执行职务。③ 须具备第184条所定一般侵权行为的要件。须注意的是,为侵害行为之人,非属法人的董事或其他有代表权之人,而为法人的受雇人(如职员、司机)时,应适用第188条规定。

2. 例题7解说

在例题7,乙公司得向甲公司及其董事A行使如下的权利:

(1)乙公司系属法人,有权利能力,享有商誉及信用权等人格法益(第26条),因受甲公司董事A的不法侵害,得请求法院除去其侵害,有受侵害之虞时,得请求防止之(第18条第2项)。

(2)A是甲公司的董事,因营业竞争,散布不实消息,系执行职务而故意不法侵害乙公司的商誉及信用权,致营业收入减少,乙公司得依"民法"第28条请求甲公司与A负连带损害赔偿责任,并得请求恢复名誉的适当处分,如登报道歉(第195条第1项)。须注意的是,法人系依法组织之法人,其名誉遭受损害,无精神上痛苦之可言,登报道歉已足恢复其名誉,自无依第195条第1项规定请求精神慰抚金余地(1973年台上字第2806号判例,以下简称1973年台上2806)。

(六)法人的住所

法人既为权利主体,应有住所为其法律关系的中心,故第29条规定:"法人以其主事务所之所在地为住所。"

(七)法人的机关

法人的机关为法人组织体的构成部分。社团应有的机关为董事及社员总会。财团应有的机关为董事。

董事有数人者,法人事务之执行,除章程另有规定外,取决于全体董事过半数之同意。董事就法人一切事务,对外代表法人。董事有数人者,除章程另有规定外,各董事均得代表法人。对于董事代表权所加之限制,不得对抗善意第三人(第 27 条)。法人之财产不能清偿债务时,董事应即向法院声请破产,不为前项声请,致法人之债权人受损害时,有过失之董事,应负赔偿责任,其有二人以上者,应连带负责(第 35 条)。

又法人得设监察人,监察法人事务之执行。监察人有数人者,除章程另有规定外,各监察人均得单独行使监察权(第 27 条第 4 项)。

(八) 法人的消灭

1. 法人的解散

法人的消灭,指法人权利能力的终止,犹如自然人的死亡,须经解散及清算两种程序。法人解散,乃消灭法人人格的程序。其解散事由,有为法人所共同者,如因违反设立许可,主管机关得为撤销(第 34 条、第 35 条、第 36 条),有为社团独有的(第 57 条、第 58 条),亦有财团所独有的(第 65 条),均请参阅相关规定。

2. 法人的清算

清算指结束解散法人后的法律关系的程序。担任清算者,称为清算人。法人解散后,其财产之清算,由董事为之,但其章程有特别规定,或总会另有决议者,不在此限(第 37 条、第 38 条、第 39 条)。清算人的职务为了结现务;法人至清算终结止,在清算之必要范围内,视为存续(第 40 条)。清算之程序,除本通则有规定外,准用股份有限公司清算之规定(第 41 条)。

法人解散后,除法律另有规定外,于清偿债务后,其剩余财产之归属,应依其章程之规定,或总会之决议。但以公益为目的之法人解散时,其剩余财产不得归属于自然人或以营利为目的之团体。如无前项法律或章程之规定或总会之决议时,其剩余财产归属于法人住所所在地之地方自治团体(第 44 条)。

(九) 法人的监督

法人的监督,指公权力行政机关对于法人所施的监察督导。关于法人业务属于主管机关监督,主管机关得检查其财产状况及其有无违反许可条件与其他法律之规定(第 32 条)。关于法人之清算,属于法院监督。法院得随时为监督上必要之检查及处分(第 42 条)。

二、社团法人

(一) 社团法人的意义及设立

社团法人(简称社团),乃人的组织体而享有人格者。社团成立前须先设立,设立人究须几人,其他法律设有规定时,应依其规定(如"公司法"第 2 条、"工会法"第 6 条),"民法"未设明文规定,解释上至少须有二人,最多则无限制。法人亦得为设立人。社团设立行为,通说认为系共同行为,即各设立人以创造社团,使其取得法律上人格为共同目的,而为的平行意思表示的一致。

社团经设立后,尚须经主管机关的许可,办理登记,而取得法人资格。此通常需要经过一段相当期间。对于此种处于设立程序中的社团,学说上称为设立中社团。此种设立中社团尚未具有权利能力,不得享有权利、负担义务,在此过渡阶段中,系由设立人或社员取得权利、负担义务,其地位相当于无权利能力社团。应注意的是,"土地登记规则"第 104 条规定,法人在未完成设立登记前,取得土地所有权或他项权利者,得以筹备人公推之代表人名义声请登记(请阅读该条全文)。

(二) 社团章程

设立社团,应订定章程。章程对设立人及所有未来的社员均有拘束力,惟不具法律规范性,其对未来社员所以有拘束力,乃基于其自愿地加入社团而发生。章程应记载如下事项:① 目的。② 名称。③ 董事之人数、任期及任免。设有监察人者,其人数、任期及任免。④ 总会召集之条件、程序及其决议证明之方法。⑤ 社员之出资。⑥ 社员资格之取得与丧失。⑦ 订定章程之年、月、日(第 47 条)。又社团的组织,及社团与社员的关系,以不违反第 50 条至第 58 条之规定为限,得以章程定之(第 49 条)。

(三) 社员及社员总会

1. 社员

(1) 社员资格的取得与丧失。社员资格的取得方法有二:① 参与社团的设立,设立人因法人的成立,当然为社员。② 入社,即依章程所定程序加入成立后的社团而成为社员。

社员资格的丧失事由亦有二:① 社员退社(第 54 条);② 开除社员(第 50 条第 2 项第 4 款)。已退社或开除之社员,对于社团之财产,无请求权。但非公益法人,其章程另有规定者,不在此限。前项社员对于其退社或开除以前应分担之出资,仍负清偿之义务(第 55 条)。

(2) 社员的权利义务。社员与社团之间发生一定的权利与义务。社员的权利义务,依章程规定,章程未规定时依法律规定。

关于社员的义务,民法未设明文规定。社团章程通常规定社员有缴纳会费参与社团行政等义务。基于社团系人的结合关系,社员负有一般的忠实义务,一方面不得从事侵害社团目的或妨害社团活动的行为;另一方面须协力促进实现社团之目的及参与社团活动。

社员的权利可分为共益权与自益权两种。共益权指以完成法人所担当的社会作用为目的,而参与其事业的权利,例如表决权(第52条第2项)、请求或自行召集总会之权(少数社员权,第51条),请求法院撤销总会决议之权(第56条第1项)等。自益权指专为社员个人的利益所有之权,例如利益分配请求权、剩余财产分配请求权及社团设备利用权。此种因社员资格而发生,兼括一定权利或义务的地位,学说上称为社员权。第184条第1项前段所称权利,应包括社员权在内,因故意或过失不法侵害社员权者,应负损害赔偿责任。

2. 社员总会及总会决议

法人赖其机关而行为,社团必备的机关,除董事外,尚有社团总会。社团总会为社团的最高机关,有广泛的权限。第50条第2项规定:"下列事项应经总会之决议:① 变更章程。② 任免董事及监察人。③ 监督董事及监察人职务之执行。④ 开除社员。但以有正当理由时为限。"社团总会须经召集,始能集会(第51条),作成决议。

总会决议乃出席会议之一定人数的表决权人所为意思表示,而趋于一致的共同行为。此系一种集体意思形成的行为,只要其同意的人数达于法律规定,其决议即可成立。总会决议,除"民法"有特别规定外,以出席社员过半数决之(普通决议),社员有平等的表决权。所谓"特别规定",指特别决议而言,其情形有二:变更章程(第53条)及解散社团(第57条)。

总会决议有拘束全体社员的效力。总会之召集程序或决议方法,违反法令或章程时,社员得于决议后3个月内请求法院撤销其决议。但出席社员对召集程序或决议方法未当场表示异议者,不在此限。总会决议之内容违反法令或章程者,无效(第56条)。

(四) 无权利能力社团

无权利能力的社团,系指与社团法人有同一实质,但无法人资格的团体而言。所谓与社团法人有同一实质,指其系由多数人为达一定之共同目的而组织的结合体。其与社团法人主要的区别在于未依法律规定,取得法人资格。无权利能力社团既具组织体的构造,其实质同于社团,不论对内、对外关系,原则上均应类推适用社团的规定。

值得特别提出的是,大法官释字第486号解释认为,自然人及法人为权利义务的主体,固为"宪法"保护的对象。惟为贯彻"宪法"对人格权及财产权的保障,非具有权利能力之团体,亦应受"宪法"保障。在诉讼法上,无权利能力社团属于"民事诉讼法"第40条第3项所谓非法人团体,设有代表人或管理人者,有当事人能力。例如甲、乙、丙等成立某电脑网络俱乐部,具有相当于社团的组织,但未依法取得法人资格,于其姓名或名誉遭受侵害时,该俱乐部得以非法人团体地位起诉,请求法院除去其侵害,有受侵害之虞时,得请求防止之,受有损害时,并得请求损害赔偿。

三、财团法人

财团,指以财产的集合为成立基础的法人。设立财团须捐助财产。此种捐出财产,以设立财团为目的行为,称为捐助行为,性质上属于无相对人的单方行为,得于生前为之,是为生前捐助行为,应订立捐助章程,订明法人目的及所捐财产(第60条第1项),故为要式行为。捐助行为亦得以遗嘱为之。此种遗嘱捐助,无另定章程的必要。如无遗嘱执行人时,法院得依主管机关、检察官或利害关系人之声请,指定遗嘱执行人(第60条第3项)。

财团设立时,应办理登记(第61条)。财团于登记前,应得主管机关之许可(第59条)。财团之组织及其管理方法,由捐助人以捐助章程或遗嘱定之。捐助章程或遗嘱所定之组织不完全,或重要之管理方法不具备者,法院得因主管机关、检察官或利害关系人之声请,为必要之处分(第62条)。为维持财团之目的或保存其财产,法院得因捐助人、董事、主管机关、检察官或利害关系人之声请,变更其组织(第63条)。财团董事,有违反捐助章程之行为时,法院得因主管机关、检察官或利害关系人之声请,宣告其行为为无效(第64条)。因情事变更,致财团之目的不能达到时,主管机关得斟酌捐助人之意思,变更其目的及其必要之组织,或解散之(第65条)。

第三章 权利客体

第一节 概　说

权利必有其主体,亦必有其客体。权利的主体为人(法人与自然人),客体则依权利种类的不同而异。人格权的客体为存在于权利人自身的人格利益。身份权的客体为存在于具有一定身份关系的他人的利益。债权的客体为债务人的给付。无体财产权(如著作权)为权利人的精神创造。权利本身亦得为其他权利的客体,如权利租赁(第463条之1)、权利抵押(第882条)。

民法总则第三章规定"物",作为权利客体,旨在维护民法体系的完备。其所以仅以"物"为内容,一方面是因为对各种权利的客体难设概括性规定;另一方面系物不仅为物权的客体,且涉及一切财产关系,例如债之关系、夫妻财产关系、继承,甚至"刑法"上的窃盗侵占等罪的成立,亦与物的概念有关。须注意的是,民法总则关于物的规定,系属定义性条文,须就其他相关规定一并加以观察,始能了解规范意义。

第二节　物的概念、种类及物权标的物特定原则

例题8:甲在A笔及B笔土地上盖小型漫画图书馆,藏书1000册,书架8个,电脑两部,庭院植树两棵。试问在本例题中共有多少物,不动产、动产,多少所有权。甲将该图书馆连同土地出售予乙时,如何移转其所有权?

一、物的概念

"民法"对物的意义未设规定,解释上应认物者,指除人的身体外,凡能为人力所支配,独立满足人类社会生活需要的有体物及自然力而言。应说明者有四点:

（1）物不包括人的身体。人的身体为人格所附,不能为物。身体的部分与人体分离后,则为物,例如头发、血液、器官。义手、义足、义齿与人体结合的则构成人身的一部分。尸体,已非属有生命的人身,应认为物,归属于继承人,以尸体为客体的行为,不得违背公序良俗。

（2）物须为吾人所能支配,其不能由吾人为支配的(如日、月、星辰),均不足作为权利客体。

（3）物必须独立为一体,能满足吾人社会生活的需要。一滴油、一粒米,不能独立满足人类的生活的需要,非法律上之物。

（4）物的概念以有体物为限,不包括权利在内。至于固体、液体、气体、电气及其他自然力,凡能为吾人控制而足为吾人生活资料的,均属于物。

二、物的种类

（一）不动产与动产

物可分为不动产及动产。第66条第1项规定："称不动产者,谓土地及其定着物。"称动产者,为第66条所称不动产以外之物(第67条)。第66条所称定着物,系指固"定",且附"着"于土地之物,例如已完工的房屋。其属临时搭设(如庙会戏台),可随时移动(如地震后为灾民所建厕所,或货柜改制的房屋)的,系属动产。花草树木、围墙等与土地密切不可分离的,乃不动产的成分。在实务上具有争议的是,未完工房屋。"最高法院"从功能的观点,认为屋顶尚未完全完工的房屋,其足以避风雨而达经济上使用的目的者,为定着物。其未构成定着物的未完工房屋,系属动产,而非土地的成分。

不动产与动产的区别具有重大的实益,例如不动产及动产上存在的物权种类(所有权与其他物权),及物权得丧变更要件的不同(第757条以下)。其见于债编的,于债权人受领迟延后,如给付物为不动产时,债务人始得抛弃(第241条)。其他区别实益,请参阅第1101条、"强制执行法"第45条、第75条等相关规定。

(二) 单一物、合成物、集合物

物依其他的观点,更可为消费物,及非消费物(第474条、第602条),代替物及不代替物(第474条、第602条)等。应特别提出的是,所谓的单一物、合成物、集合物。单一物,指形态上为独立一体,且各构成部分已失其个性之物,例如牛、马、土地。合成物,指数个之物,未失其特性,而结合成一体,例如汽车、手表、衣服。集合物,指多数的单一物或合成物,未失其个性及经济上价值,而集合成为有独立经济上价值的一体性(或称为聚合物),可分为事实上的集合物(如畜群),及法律上的集合物(财产或企业)。

三、物权标的物特定原则

物权标的物特定原则,指每一物权的标的物,应以一物为原则而言,故又称为一物一权原则。单一物(如土地)及合成物(如房屋)在法律上为独立之物,得为一个所有权的客体。集合物(财产或企业),系由数个独立之物集合而成,其本身不能成为物权之标的物。所有权仅得存在于各个独立物之上,此非出于逻辑的必要,乃在于使标的物的特定性与独立性得以确实,而便于公示,以保护交易安全。

四、例题 8 解说

在例题 8,土地系不动产,土地有地籍,市县内分区,区内分段,段内分宗,按宗编号("土地法"第40条),例如台北市南港区新光段二小段,501地号。地号俗称为笔,每一笔土地为一个不动产。甲有 A、B 两笔土地,系两个不动产(两个不动产所有权)。图书馆本身为定着物,亦属不动产。漫画书 1000 册,为 1000 个动产(1000 个动产所有权)。8 个书架,两部电脑亦均为动产(共计 10 个动产),庭院中大树两棵,则系土地的成分。是在本例题中,共有 3 个不动产(所有权),10010 个动产(动产所有权)。甲得以一个买卖契约将该图书馆连同土地等出卖于乙,但关于物权的移转,依上述物权标的物特定原则,应就个别之物为之,即就每个不动产,须有物权让与合意(物权行为)及登记(第758条),就每一个动产亦须有让与合意(物权行为)及交付(第761条)。

第三节 物的成分:重要成分与非重要成分

例题9:甲有某名车,遭盗车集团解体后,将该引擎出售于知情之乙,而装于乙车。半年后,甲查知其事,得否向乙请求拆还该引擎?

一、重要成分与非重要成分的区别

物的成分,指物的构成部分。第66条第2项所称不动产之出产物,尚未分离者,为该不动产之"部分",乃指成分而言。物的成分有两种:

(1)重要成分。此指物的各部分互相结合,非经毁损或变更其性质,不能分离时,则各该部分,均属重要成分。第811条所称动产因附合而为不动产之"重要成分",即指此而言,例如房屋的栋梁、瓷砖地板,或在他人土地种植竹木、果树。又第812条所称"动产与他人之动产附合,非毁损不能分离,或分离需费过巨者。"亦系指数动产附合而为合成物的重要成分,例如,书的纸张、画的颜料、衣服的丝线。

(2)非重要成分。凡不属于重要成分者均是,就不动产言,例如房屋活动门窗;就动产言,例如画的框架、汽车的轮胎。

二、例题9解说

区别物的重要成分与非重要成分的主要实益,在于重要成分不得单独为权利的客体。第811条规定:"动产因附合而为不动产之重要成分者,不动产所有人,取得动产所有权。"即明示此项原则。例如甲取乙的栋梁,修建己屋,栋梁因附合而成为房屋的重要成分,甲取得其所有权(第816条)。至于非重要成分,则得单独为权利的客体,不必与合成物同一法律上的命运。兹就例题9加以说明:

甲得向乙请求拆还引擎的依据,为第767条。此须以甲为该引擎所有人,而乙为无权占有为要件。引擎为汽车的成分,于分离后,仍属于该车的所有人(第766条)。引擎可随时拆除,不致毁损,费用亦非过巨,不是汽车的重要成分,虽装置于乙车,乙仍不能依第812条规定取得其所有权。该引擎系属盗赃,乙系恶意,不能主张善意取得(第801条、第948

条)。故甲得依第767条规定向乙请求返还该引擎。纵乙为善意,甲自其车被盗之时起,两年之内,仍得向乙请求返还其物(第949条)。

第四节 主物与从物

一、主物与从物的区别

物,可分为主物及从物。第68条第1项规定:"非主物之成分,常助主物之效用,而同属于一人者,为从物。但交易上有特别习惯者,依其习惯。"从物所从属的,即为主物。从物的要件有四:① 非主物的成分。② 须常助主物的效用。③ 须与主物同属一人。④ 须交易上无特别习惯。依此要件,其具有从物与主物关系的,例如车库之于房屋,书架之于图书馆,灯罩之于台灯,眼镜盒之于眼镜,鼠标之于电脑。

二、主物的处分及于从物

第68条第2项规定:"主物之处分,及于从物。"此为区别主物与从物的实益,立法目的在于维护物的经济上利用价值。因为某物既常助他物之效用,以之分属二人,势必减少其效用,对社会经济,实属不利。所谓处分,应从宽解释,除物权行为外,尚兼包括债权行为在内。此项使从物的命运从属于主物的规定,不具强行性,当事人得排除其适用。兹举两例加以说明:

(1) 遥控器之于电视机具有从物与主物的关系。电视机买卖契约的效力,除另有约定外,亦及于遥控器。

(2) 工厂中的机器生财,如与工厂同属一人,自为工厂的从物。若以工厂设定抵押权,除有特别约定外,其抵押权的效力当然及于机器生财(第862条,院字第1514号解释)。

第五节 物的孳息:天然孳息与法定孳息

孳息,指原物(物及权利)所生的收益,可分为天然孳息及法定孳息。

一、天然孳息

谓果实、动物之产物,及其他依物之用法所收获之出产物(第 69 条第 1 项)。出产物包括有机的出产物(如树木的果实、动物的乳雏),及无机的出产物(如矿山的矿物、石山的石林)。所谓"依物之用法",应作广义解释,认为系指依原物之种种使用方法,故牧牛之乳,固为孳息,耕牛之乳亦属孳息。第 70 条第 1 项规定:"有收取天然孳息权利之人,其权利存续期间内,取得与原物分离之孳息。"可知民法系采原物原则,而不采生产原则,即对原物有收取权之人,天然孳息一旦分离,当然即归其取得,对于原物施以生产手段的,究为何人,在所不问。至于收取权人,除法律另有规定,或当事人间另有约定外,为原物所有人(第 765 条、第 766 条)。所谓另有规定,例如,第 798 条本文规定:"果实自落于邻地者,视为属于邻地。"

二、法定孳息

称法定孳息者,谓利息、租金及其他因法律关系所得之收益(第 69 条第 2 项)。所谓法律关系,系指一切法律关系,包括法律行为及法律规定而言。收益,指以原本(物或权利)供他人利用而得之对价,利息与租金最为常见,法律特为例示之。依第 70 条第 2 项规定:"有收取法定孳息权利之人,按其权利存续期间内之日数,取得其孳息。"

第四章 权利变动

第一节 权利得丧变更与法律事实

权利是民法的核心,权利有其主体,亦有其客体,前已说明。应进一步研究的是,权利如何发生、变动和消灭?此涉及权利得丧变更的态样,及引起权利变动的法律事实,分述如下:

一、权利得丧变更

(一) 权利的取得

权利的取得,指权利归属于主体,可分为原始取得及继受取得。原始取得,指非基于他人既存的权利,而独立取得新权利,例如甲新建房屋(原始取得所有权),乙向甲购买该屋(原始取得债权)。继受取得,指就他人既存的权利取得其权利,其态样有二:

(1) 移转继受取得(如乙自甲受让房屋所有权)与创设继受取得(如乙将其所有房屋设定抵押权予丙)。

(2) 特定取得(如受让某屋所有权)与概括取得(如继承遗产)。

(二) 权利的变更

权利的变更,指权利形态及内容的变更,其情形有三:

(1) 主体的变更,亦即权利的移转。

(2) 客体变更,如因给付不能而使请求给付特定物债权,变为损害赔偿之债(第226条)。

(3) 效力变更,如请求权因一定期间不行使而消灭,使债务人取得消灭时效抗辩权,得拒绝给付(第144条)而减损其效力。

（三）权利的消灭

权利的消灭,乃权利离去主体,可分为绝对的消灭及相对的消灭。权利的绝对消灭,指权利本身客体失其存在而言,例如权利客体灭失、权利抛弃。权利的相对消灭,乃权利主体的变更,亦即权利的移转。

二、法律事实

权利的取得、变更及消灭,此种法律现象的发生,系因法律适用于一定事实而引起。此种因法律的适用,足以发生权利得丧变更的事实,学说上称为法律事实。法律事实可作类型上的观察,区别为人的行为及人的行为以外的其他事实。

（一）人的行为

人的行为可再分为适法行为及违法行为。适法行为又可分为表示行为及非表示行为。

（1）表示行为,指表示某种心理状态的行为,其最主要者为意思表示。由一个意思表示即可构成法律行为的,称为单独行为(一方行为),例如抛弃所有权,行使解除权。法律行为由双方当事人互相表示意思合致始能成立的,则为契约。法律行为因其所欲发生效果的不同,可分为:① 债权行为(如买卖、租赁)与物权行为(如移转所有权及设定抵押权),二者合称财产行为。② 亲属行为(如结婚、收养)与继承行为(如限定继承、抛弃继承),二者合称身份行为。

（2）非表示行为,乃无关心理状态的行为,亦称为事实行为,例如,无主物的先占(第802条)、遗失物的拾得(第807条)、添附(第811条以下)等。

违法行为中最主要的,是侵权行为及债务不履行。

（二）人的行为以外的其他事实

人的行为以外的其他事实,非因人的行为所构成,故亦称自然事实,可分为两类:① 事件,即具体的自然事实,例如出生、死亡,果实自落于邻地。② 状态,即抽象的自然状态,例如生死不明、成年、时间的经过、善意、恶意等。

三、私法上权利变动的基本规范模式

例题 10：10 岁之甲在深山拾获一块稀有玉石,被乙所盗,乙请人雕成名贵玉杯,以高价出售予丙,依让与合意交付之。丙其后病故,由丁继承其遗产。您能否引用条文分析本例题的权利得丧变更,及引起此项权利变动的法律事实?

（一）规范模式

据前所述,可知法律事实与权利得丧变更(法律现象),系处于"原因"与"结果"的关系,可组成如下的规范模式。此可适用于一切私法上的权利,具有模式作用,虽属抽象,但若能经由具体案例而彻底了解,实有助于培养分析私法上法律关系的基本能力。

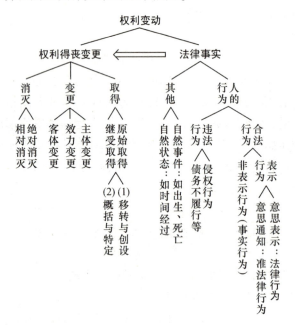

（二）例题 10 的解说

例题 10 的案例有助于更精确、深刻了解法律事实与权利得丧变更的关系,图示如下(务请阅读相关条文):

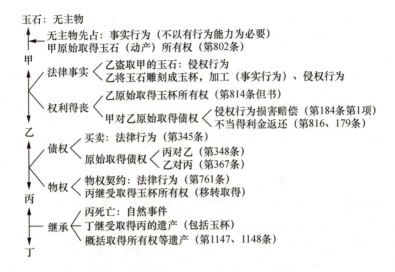

第二节 私法自治与法律行为制度

一、私法自治

(一) 私法自治原则

私法自治,指个人得依其自主的意思,自我负责地形成其私法上的权利义务。此为民法最重要的基本原则,旨在保障实践个人的自主决定及人格尊严。私法自治原则体现在各种制度之上:

(1) 所有权自由,即所有人于法令限制之范围内,得自由使用收益处分其所有物,并排除他人之干涉(第 765 条)。

(2) 遗嘱自由,即个人于其生前,得以遗嘱处分财产,决定死后其财产的归属(第 1186 条以下)。

(3) 契约自由,此在法律交易上最为重要。契约自由,指当事人得依其意思之合致,缔结契约而取得权利,负担义务,其基本内容有四:① 缔结自由,即缔结契约与否,由当事人自由决定。② 相对人自由,即与何人缔结契约,由当事人自由选择决定。③ 内容自由,即契约的内容,由当事人自由决定。④ 方式自由,即契约原则上仅依意思合致即可成立,不以践行一定方式为必要。以契约自由为基础的私法自治,有助于促进市场经济的运作,得经由个人意思决定、市场自由竞争,对劳力、资本等社会资源作更有效率的分配和利用。

（二）私法自治与法律行为制度的建构：法律行为上程序自由与实质自由

私法自治原则经由法律行为（尤其是契约）而实践，法律行为乃实践私法自治的主要机制。立法者面临一个重大而困难的任务，即如何建构法律行为制度。此涉及两个基本问题：

（1）如何保障从事法律行为的自由，尤其是缔结契约及内容形成的自由。

（2）如何促进当事人作成其决定的实质上的自由。

前者重在程序过程，后者顾及实质内容，形成一定的紧张关系。现行民法的出发点偏重于在程序上维护法律行为（契约）上的自由。

私法自治的精义在于"个人自主"。个人既能自主决定，就其行为理应"自我负责"，相对人的信赖及交易安全亦须兼筹并顾。民法总则对于行为能力、意思与表示不一致、意思表示不自由等，所以不惮其烦，详设规定，即在调和"个人自主"及"自我负责"此两项原则。必须以此观点探究民法总则关于法律行为每一个条文的规范意义，始能于具体案件作合理的解释适用！至于如何促进维护法律行为上实质自由，涉及契约正义问题，俟于相关部分再行说明。

二、法律行为的概念及要件

（一）法律行为的概念

例题11：您能否区辨下列行为的法律性质及其法律上的效力？①甲请友人乙购买某特定号码的电脑乐透彩，乙选错号码。②甲抛弃某旧电脑玩具，6岁的乙捡回家使用。③甲发函催告承租人乙，清偿积欠租金。④妻原谅其夫的"性派对"行为。

1. 法律行为的意义

法律行为，指以意思表示为要素，因意思表示而发生一定私法效果的法律事实，例如所有权的抛弃、订立买卖契约、结婚。分三点言之：

（1）法律行为系一种法律事实：因法律行为的作成得发生一定权利或法律关系的变动，故法律行为系一种法律事实。

（2）法律行为以意思表示为要素：法律行为至少须有一个以发生私

法上效果为目的之意思表示。意思表示为法律行为的核心。须注意的是,法律行为与意思表示并非相同,在概念上应严予区别。法律行为有由一个意思表示构成的,如撤销权的行使,所有权的抛弃。有须由多数意思表示构成的,例如契约(如买卖、结婚)系由双方当事人两个意思表示趋于一致而成立,在前的意思表示,称为要约,在后的意思表示,称为承诺(第153条以下)。

(3)法律行为在于发生私法上效果:法律行为旨在实现私法自治,依当事人的意思表示而由法律赋予一定私法上效果,发生私法上权利的变动,例如,因买卖契约而取得债权;因动产的让与合意及交付而移转动产所有权。

2. 法律行为、事实行为与准法律行为

(1)法律行为与"好意施惠行为"。法律行为上法律效果的发生,系基于当事人的意思,从而应与法律行为加以区别的,系所谓的"好意施惠行为",例如甲请朋友乙购买某特定号码的乐透彩,乙不负购买的义务;乙购买乐透彩而选错号码时,亦不负赔偿责任。于此等行为,当事人既无受其拘束的意思,不能产生法律上的权利或义务。

又若干行为虽具有法律上意义,但其效果的发生系基于法律规定,是否为当事人所意欲,在所不问,例如事实行为及所谓的准法律行为。其应研究的是,关于法律行为规定的适用或类推适用。

(2)事实行为。事实行为,指事实上有此行为,即生法律上效果,行为人有无取得此种法律效果的意思,在所不问,又称为非表示行为,例如无主物的先占(第802条)、埋藏物的发现(第808条)、遗失物的拾得(第805条)。关于事实行为,不适用或不类推适用行为能力的规定。故5岁孩童捕捉海龟,仍能取得其所有权,禁治产人拾获遗失的珠宝时,亦得主张拾得人的权利。

(3)准法律行为。准法律行为,指以表现一定的意思内容,并基于其表现而发生法律效果的行为。例如出租人对承租人支付租金的催告(意思通知),召集社团总会的通知(观念通知),妻对其夫通奸行为的宥恕(感情表示,第1053条)。

意思通知、观念通知及感情行为三者的效力虽由法律的规定当然发生,但均以表示一定心理状态于外部为特征,与法律行为(意思表示)相类似,学说上称为准法律行为,"民法"关于意思表示及法律行为的规定在如何范围内,得为类推适用,应视各该行为的性质而定,就催告(意思通知)言,应为肯定。

(二) 法律行为的成立与生效

法律行为的成立或生效,必须具备一定的要件:

1. 成立要件

法律行为的成立要件,可分为一般成立要件与特别成立要件。前者系一切法律行为所共通的要件,即:① 当事人。② 标的。③ 意思表示。后者系个别法律行为特有的要件,例如要式行为须践履一定方式,要物行为须交付标的物。

2. 生效要件

法律行为的生效要件亦可分为一般生效要件与特别生效要件。前者系一般法律行为所共通的生效要件:① 当事人须有行为能力。② 标的须可能、确定、适法、妥当。③ 意思表示须健全。后者系个别法律行为特有的要件,如附条件或附期限法律行为于条件成就或期限到来时发生效力,法律行为为处分行为时,当事人须有处分权。

3. 区别成立要件及生效要件的意义

法律行为成立要件乃突显在整个构成要件上,以当事人所意欲者作为法律行为(私法自治)核心的意义。生效要件则为达成其所意图法律效果,尚须具备的其他要件(多基于公益的考虑)。法律行为不成立与无效,就其效果言,并无不同。例如甲出卖某地于乙,虽有让与合意(物权行为),但未办理登记时,无论认该项登记系成立要件或生效要件(第758条),乙均不能取得其所有权。法律行为须兼具成立要件及生效要件,始能发生一定的法律效果。

三、法律行为的种类

例题 12:试区别下列三类法律行为并说明其意义及功能:① 捐助财产设立财团、以遗嘱处分财产、终止承揽契约。② 买卖、租赁、保证。③ 设立社团、社员总会开除社员决议。

法律行为可以从不同的观点加以分类,此分两类,说明如下:

(一) 财产行为及身份行为

法律行为以其内容为标准,可分为财产行为与身份行为。财产行为可分为:

(1) 债权行为。此指以发生债之关系为目的之法律行为,例如买卖、保证。

(2) 物权行为。此指以直接发生物权得丧变更为目的之法律行为,例如所有权的移转,抵押权的设定。

(3) 准物权行为。此系以物权以外的财产权的变动为内容(如矿业权、债权的让与)的法律行为。

身份行为可分为以发生亲属法上身份效果的亲属行为(如结婚、收养)及发生继承法上效果的继承行为(如继承权的抛弃、遗嘱)。

(二) 单独行为、契约行为及合同行为

法律行为依其是否由一方或多方的意思表示所构成,可分为单独行为(单方行为)及多方行为。多方行为更可分为契约行为及合同行为,分述如下:

1. 单独行为

单独行为,指由当事人一方的意思表示而成立的行为,有发生债权法上效果者,例如捐助财产设立财团(第60条)。有发生物权法上效果,例如所有权的抛弃(第764条)。有发生亲属法上效果的,例如非婚生子女的认领(第1065条)。有发生继承法上效果的,如遗嘱(第1186条)。解除权、终止权的行使亦属单方行为。

单独行为又可分为有相对人的单独行为及无相对人的单独行为。前者如撤销、解除契约,于其意思表示到达相对人时发生效力(须受领的意思表示),后者如遗嘱、捐助行为。尚须说明的是,为单独行为之一方得为一人或多数人,例如甲、乙向丙承租某屋,共同对丙终止契约,亦属单方行为。兹将单独行为的法律结构图示如下:

2. 契约

契约为法律行为的一种,因当事人互相意思表示一致而成立。此种互相意思表示一致的两个意思表示,其在前者称为要约,其在后者称为承诺(第153条以下)。契约因其法律效果的不同分为债权契约(买卖、保证)、物权契约(所有权让与合意、抵押权的设定)、亲属契约(结婚、离婚、

收养)。又须注意的是,债权契约的各当事人得为一人或多人,例如,甲、乙向丙、丁购买其共有名画。兹将其法律结构图示如下:

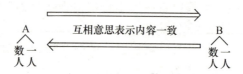

3. 合同行为

合同行为(协同行为),与契约同属所谓的"多方契约"。其与契约不同的是,契约系由内容互异而相对立的意思表示的合致所构成,合同行为则由同一内容的多数意思表示的合致而成立。其属合同行为的,例如社团的设立行为、社员总会决议(开除社员等),具有两点特征:① 其意思表示不是向其他社员为之,而是向社团为之。② 决议系采多数决,对不同意的社员亦具有拘束力。兹将其法律结构图示如下:

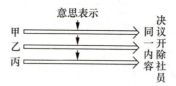

由上揭法律行为的分类可知,法律行为制度提供不同的机制,使个人得在法律规范的基础上,本诸私法自治原则,单依自己意思,或与他人协力,而发生身份上及财产上各种法律关系。在诸此法律行为中,契约最有助于满足个人相互间不同社会经济生活上的需要。

四、负担行为与处分行为:民法上的任督二脉

例题13:甲有A、B两册哈利波特,各以500元出卖予乙。甲乙双方一手交钱(1000元大钞),一手交货。试问:① 在现行民法上甲乙共作成多少法律行为,何种法律行为? ② 若该两册书中,A书系丙遗失,为甲拾得,B书系丁借甲阅读,甲擅将二书作为己有出售予乙时,其法律关系如何? ③ 甲系禁治产人时,当事人间的法律关系如何?

前揭例题13对学习民法的人,颇为困难,但极为重要,因其涉及民法上最重要的两类法律行为:负担行为及处分行为。这两个法律行为系由

法学家所创设,具高度技术性,因其贯穿整个民法,可以说是民法上的任督二脉,必须彻底了解,始能对现行民法作正确的解释适用。

(一)负担行为与处分行为的意义

负担行为,指以发生债权债务为其内容的法律行为,亦称为债务行为或债权行为。负担行为包括单独行为(如捐助行为)及契约(如买卖、租赁等),其主要特征在于因负担行为的作成,债务人负有给付的义务。例如,物之出卖人负交付其物于买受人,并使其取得该物所有权之义务;权利之出卖人,负使买受人取得其权利之义务,如因其权利而得占有一定之物者,并负交付其物之义务(第348条)。买受人对于出卖人,有交付约定价金及受领标的物之义务(第367条)。

处分行为,指直接使某种权利发生、变更或消灭的法律行为,其处分的客体为权利。处分行为包括物权行为及准物权行为,包括契约(如所有权的移转、抵押权的设定)及单独行为(如所有权的抛弃)。第758条规定:"不动产物权,依法律行为而取得、设定、丧失及变更者,非经登记,不生效力。"其所称法律行为,系指物权行为而言。又第761条第1项规定:"动产物权之让与,非将动产交付,不生效力。但受让人已占有动产者,于让与合意时,即生效力。"其所称让与合意,系指物权让与合意(物权契约)而言。

区别负担行为与处分行为,在法律上的实益有二:

(1)关于处分行为,应适用所谓标的物特定原则,即物权行为或准物权行为至迟于其生效时,其标的物须属特定,并须就一个标的物作成一个物权行为或准物权行为(一物一权原则)。反之,负担行为则不受此限制。

(2)有效的处分行为,以处分人有处分权为要件。原则上凡财产权人,就其权利标的物皆有处分权,具有处分该标的物的权能(处分能力)。无处分权而处分权利标的物者,为无权处分,效力未定(第118条)。反之,于负担行为,则不以处分人有处分权为必要。

据上所述,在前揭例题13,我们看到了甲、乙间共作成四个法律行为:一个负担行为(买卖契约),以A、B两册哈利波特为标的;两个移转哈利波特所有权(A书、B书)的物权行为;一个移转1000元货币所有权的物权行为。为期醒目,将例题13上的法律行为图示如下:

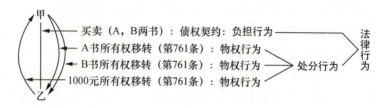

(二) 负担行为与处分行为的分离

负担行为与处分行为各自分离,故应就各该行为本身判断其是否成立或生效。在例题 13,设该 A、B 两书非属甲所有时,其买卖契约有效,因买卖契约系负担行为,不以出卖人为所有人或有处分权为必要,出售他人之物的买卖契约仍属有效。就物权行为言,因直接涉及所有权的变动,须以处分人有处分权为"生效要件",就 A、B 两书言,甲均属无权处分,效力未定(第 118 条)。A 书为遗失物,乙纵为善意,其所有人丙自该书遗失时起两年内,仍得向乙请求返还其物(第 801 条、第 948 条、第 949 条)。至于 B 书,乙则得径主张善意取得。由上述可知,负担行为与处分行为的区别与分离,有助于更明确判断当事人间的法律关系。

(三) 处分行为的有因性与无因性

关于负担行为(债权行为)与处分行为(物权行为)区别与分离,已详上述。处分行为的作成多在履行负担行为所生的义务,出卖人所以要移转某物所有权于买受人,目的在于清偿买卖契约上的债务,买卖契约(债权行为)乃成为物权行为(处分行为)的原因,学说上称为原因行为。于此发生一个重要问题:原因行为不成立、无效或被撤销时,处分行为是否同其命运?此即为民法上著名之处分行为有因性或无因性的问题。

通说认为,台湾民法系采处分行为无因性,即将负担行为从处分行为中抽离,不以负担行为的存在作为处分行为的内容,使处分行为的效力,不因原因行为(负担行为)不存在而受影响。1999 年台上字第 1310 号判决明确表示:"查法律行为分为债权行为与物权行为,前者系发生债的关系为目的之要因行为,后者之目的则在使物权直接发生变动,以避免法律关系趋于复杂,影响交易安全,乃使之独立于原因行为之外而成为无因行为。"关于法律的适用及当事人间的法律关系,兹参照例题 13,应说明者有两点:

(1) 甲出售 A 书给乙,并依让与合意交付之。其后发现买卖契约不成立、无效或被撤销时,其移转该书所有权的物权行为,仍属有效。于此情形,乙取得 A 书所有权系欠缺法律上原因,致甲受损害,甲得依不当得利规定向乙请求返还其所受利益(A 书所有权)。

(2)物权行为与债权行为有同一无效(如当事人无行为能力)或被撤销(如受胁迫)的原因时,物权行为本身亦应为无效,或因被撤销而视为自始无效(第 114 条)。乙不能取得 A、B 两书所有权,甲得向乙请求返还其所有物(第 767 条)。

据上所述,可知仅债权行为不成立、无效或被撤销时,发生不当得利请求权。在物权行为具同一瑕疵时同为无效或被撤销时,则发生所有物返还请求权。前者为债权请求权,后者为物权请求权,有不同的要件及效果。因此于具体案例认定其具有瑕疵的是,究仅债权行为,抑及于物权行为,关系当事人利益甚巨,应予注意。

第三节　法律行为内容的限制

一、概说

法律行为的内容(或称标的),指行为人于为法律行为时所欲发生的法律效果。法律行为的内容须可能实现,若属自始客观不能,例如出卖的房屋,于订约之际业已灭失时,法律行为(契约)无效(第 246 条第 1 项)。又法律行为的标的,亦须自始确定或可得而确定,否则法律行为无效,例如甲对乙曰:"承蒙照顾,将有所赠与。"若甲对乙曰:"愿赠 A 书或 B 书,由你决定。"此属选择之债,可得确定(第 208 条),其赠与有效。应特别提出的是,法律行为的内容必须适法、妥当,民法总则设有三个规定:

(1)法律行为不得违反强制或禁止规定(第 71 条)。
(2)法律行为不得悖于公共秩序或善良风俗(第 72 条)。
(3)暴利行为的禁止(第 74 条)。

二、法律行为不得违反强制或禁止规定

例题 14:试说明法律行为违反下列规定的法律效果:①"电子游戏场业管理条例"第 9 条第 1 项规定:"电子游戏场业场所,应距离小

学、高中、职校、医院五十公尺以上。"②"公司法"第163条第2项规定:"发起人之股份非于公司设立登记一年后,不得转让……"③"证券交易法"第60条第1项规定:"证券商不得收受存款,办理放款……"

第71条规定:"法律行为,违反强制或禁止之规定者,无效。但其规定并不以之为无效者,不在此限。"关于本条适用,应依如下层次加以思考:

(1)所违反的规定是否为强制或禁止规定?

(2)违反强制或禁止规定的,究为何种法律行为,尤其是究为债权行为,抑为物权行为?

(3)违反的法律效果如何?

(一)强制或禁止规定的违反

强制规定,指应为某种行为的规定,例如第1189条规定遗嘱应依法定方式之一为之。禁止规定,指禁止为某种行为或有某种内容的行为的规定,例如"刑法"关于禁止杀人、贩卖鸦片、赌博的规定("刑法"第271条、第257条、第266条);"公司法"第16条第1项规定:"公司除依其他法律或公司章程规定得为保证者外,不得为任何保证人。"此等强制或禁止规定包括法律、行政规则,及地方政府颁布的命令;除"民法"外,多见于"刑法",商事法规及警察法规。

须注意的是,并非违反"禁止规定",皆有第71条的适用。实务上将"禁止规定"区分为"取缔规定"及"效力规定"。1979年台上字第879号判例谓:"'证券交易法'第60条第1项第1款乃取缔规定,非效力规定,无'民法'第71条之适用。证券商违反该项规定而收受存款或办理放款,仅主管机关得依'证券交易法'第66条为警告、停业或撤销营业特许之行政处分,及行为人应负同法第175条所定刑事责任,非谓其存款或放款行为概为无效。"

禁止规定何者为效力规定,何者为取缔规定,应综合法规的意旨,衡酌相冲突的利益、法益的种类、交易安全,其所禁止者,究系针对双方当事人或仅一方当事人等,加以认定。例如某一法令(如"电子游戏场业管理条例"第9条第1项)禁止在特定时间、地点营业者,仅涉及缔结法律行为的外部情况,非在禁止特定行为的内容,应认系取缔规定,不影响该法律行为的效力。

(二) 违反强制或禁止规定的法律行为

违反强制或禁止规定的法律行为,有为身份行为,例如未成年之夫妻自行离婚,第1049条既明定应得法定代理人之同意,但同法对于违反该条,并无不以为无效之规定。自应依同法第71条所定,认为无效(院字1543)。在财产行为,原则上应认为其违反的,仅为债权行为,而不及于物权行为。1994年台上字第1931号判决谓:"本件两造关于系争股份之买卖,违反'公司法'第163条第2项之禁止规定,其让与契约(债权行为)无效。"其移转股份的物权行为,则属有效。

(三) 法律行为违反强制或禁止规定的效果

法律行为违反强制或禁止规定,应属无效。"但其规定不以之为无效者,不在此限。"(第71条但书)例如第912条规定:"典权约定期限不得逾三十年。逾三十年者,缩短为三十年。"

某种法律交易涉及债权行为及物权行为,而仅其债权行为无效时,发生不当得利请求权。在前揭违反"公司法"第163条第2项规定的情形,"最高法院"一方面认为其让与契约(债权行为)无效,一方面更进一步认为:"依'民法'第113条规定,得请求被上诉人恢复原状,返还价金,本质上仍为返还不当得利,惟本件两造交付股票及价金,均基于不法原因所为之给付,且双方均有所认识。上诉人请求返还价金非特必须主张自己之不法行为,且无异鼓励为不法行为,自不应准许。"

(四) 脱法行为

脱法行为,指以迂回手段规避强行规定。被回避的强行规定,多为禁止规定,例如租税法规等。当事人所采迂回手段行为系利用契约自由(内容形成自由),其目的则在达成法律所不许的效果。脱法行为的禁止,法律设有明文规定的,例如第206条规定,于约定利率,债权人不得以折扣或其他方法,巧取超过周年20%利率的利息。法律未规定时,应探求其所违反规定的意旨,类推适用第71条规定。例如为清偿赌债而将之变更为负担其他新债务时,系属脱法行为,不能因之取得请求权(1955年台上字第421号判例)。

三、法律行为不得违反公序良俗

例题15:下列法律行为是否违反公共秩序或善良风俗?① 甲女

受雇于乙信用合作社，约定任职中结婚时，即为辞职。② 甲男为维持与乙女同居，赠与乙某屋，约定一旦终止同居关系，乙应返还该屋。

（一）规范功能

第72条规定："法律行为，有悖于公共秩序或善良风俗者，无效。"公共秩序或善良风俗者，指社会一般利益或伦理道德观念，不以当事人明知其行为违反公序良俗为必要，只要认识其相关事实，即为已足，原则上以行为时为其判断时点。

本条规定旨在维护法律及伦理秩序，具有实践"宪法"基本权的重要功能，使"宪法"上的价值得间接地经由此项概括条款，进入私法领域，规范私人间的法律关系。1998年台上字第2000号判决谓："权利之抛弃，不得违背法律之强制或禁止规定或公序良俗，否则其抛弃行为无效。又'宪法'第16条规定，人民有诉讼之权，旨在确保人民有依法定程序提起诉讼及受公平审判之权利。查系争协议书第4条虽约定两造'不得再以任何方式追究他方刑责'，其真意倘系抛弃刑事诉讼权，即有违'宪法'第16条保障诉讼权之意旨，难谓有效。"由此可知，第72条具有所谓的"气孔的作用"，得将"宪法"上基本权价值及变迁中伦理观念导入民法，使民法得发挥其规范私法自治的功能（参阅下图）。

（二）概括条款的具体化及类型构成

第72条系属概括条款。在现代多元化开放的社会，关于公共秩序或善良风俗，难期有定于一尊的见解，在审判上终究有赖于法官个人的认知，但须克服个人的主观性，排除可能的偏见，而使评价"事理化"，应就法律行为的内容、附随情况以及当事人的动机、目的及其他相关因素综合加以判断，在思考上并须区别公共秩序或善良风俗，以求严谨，并特别留意于社会变迁。

概括条款须在个案予以具体化，此为法院的任务，学说的任务系将具体个案加以类型化，此可依不同的观点为之，其案例甚多，例如代理孕母契约、色情电话、购买车速雷达侦测器，以无资力的未成年人为父母的巨额贷款为连带保证人等，在此难以详论，应说明者有二：

(1) 单身条款。女性劳动者受雇之初，预立于任职中结婚之辞职书，系违反"宪法"保障男女平等原则,并且限制人民有关结婚的基本自由及权利,该结婚即辞职的约定违反公共秩序与善良风俗,依第 72 条规定,应属无效("两性工作平等法"第 11 条)。

(2)性的关系。关于同居关系上的金钱给付,1976 年台上字第 2436 号判例谓:"上诉人为有妇之夫,涎被上诉人之色,诱使同居,而将系争土地之所有权移转登记予被上诉人,复约定一旦终止同居关系,仍须将该地返还,以资钳制,而达其久占私欲,是其约定自系有悖善良风俗,依第 72 条规定应属无效。"但为断绝不正常关系,约定给付金钱,即无违于公序良俗,仍属有效。

四、暴利行为

第 74 条规定:"法律行为,系乘他人之急迫、轻率或无经验,使其为财产上之给付或为给付之约定,依当时情形显失公平者,法院得因利害关系人之声请,撤销其法律行为,或减轻其给付。前项声请,应于法律行为后一年内为之。"本条的主要规范在于维护法律行为上实质的自由与公平,其适用须具备两个要件:

(1)主观上须乘他人之急迫、轻率或无经验。所称轻率,系指行为人对其行为的结果,因不注意或未熟虑,不知其对自己的意义而言。出卖人不知买卖标的之价值,而率先与买受人订立契约,亦在轻率之列。

(2)客观上须财产上之给付,或为给付之约定,依当时情形,显失公平。

此两个要件均应就具体事实决之,由原告负举证责任。实务上有一则案例可供参照:A 年逾不惑,迭膺军职,于起程赴海外参加游击任务之际,受妻 B 提出离婚要求之刺激,与 B 协议离婚,同时并由 A 赠与 B 房屋一栋。"最高法院"认为离婚系身份行为,非财产上给付,无适用第 74 条规定之余地。关于房屋之赠与,依 A 之年龄、职务,不能谓无经验,按诸情理,亦不能认其赠与行为有急迫轻率之主观情事(1953 年台上字第 651 号判决)。

关于"暴利行为",第 74 条规定利害关系人得向法院声请撤销或减轻其给付。利害关系人,指法律行为的当事人、其继承人或债权人。为避免法律行为的效力久不确定,影响交易安全,利害关系人的声请期间为一年。法院究应撤销法律为,抑减轻其给付,应斟酌当事人的利益及交易安全决之。又由"使其为财产上之给付"的用语,可知法院得撤销者,除债权行为外,尚包括物权行为在内,于此情形,为某物的给付(如急迫贱售某画),得主张所有物返还请求权。

五、第71条、第72条及第74条的适用关系

为控制法律行为的内容,"民法"设有第71条(强制、禁止规定)、第72条(公序良俗)、第74条(暴利行为),其构成要件及法律效果,已详上述。关于第72条与第71条的适用关系,虽有采竞合说,但依第71条"但其规定并不以之为无效者,不在此限"的规范意旨,应认某法律行为同时违反公序良俗及违反法律强制禁止规定时,须优先适用第71条规定,避免因适用第72条规定,而淘空第71条但书的规范意旨。又关于第74条与第72条的适用关系,暴利行为乃违反公序良俗的特殊情形,应优先适用之(参阅下图,数字为"民法"条文)。

第四节　法律行为的方式

一、要式行为

(一) 方式自由原则及法定方式

方式自由系私法自治的主要内容。法律行为(尤其是契约)的作成原则上不以践行一定方式为必要。法定方式的强制(要式行为)则属例外,此系为达成一定法律政策上之保护目的(保护性方式):① 有为警告目的,使当事人了解其法律行为的意义及利害关系,避免为仓促、轻率的决定。② 有为证据或内容明确之目的,期能有助于确定法律行为是否成立及其内容。③ 有为确保一定法律关系的公开性(尤其是关于不动产交易)。④ 有为促进一定的债权(如有价证券)的流通性。

（二）民法上的要式行为

1. 要式行为的类型及方式

现行"民法"规定的要式行为，多为书面，例如设立社团章程、设立财团的捐助行为，均应以书面为之（第47条、第60条）。要式行为多见于身份行为，例如结婚（第982条）、夫妻财产制契约（第1007条）、两愿离婚（第1050条）、收养（1079条第1项）、继承权抛弃（第1174条）、遗嘱（第1189条）（请阅读条文，查知其方式类型）。

"民法债编修正"增设三种要式行为，一为合会（第709条之3）；二为人事保证（第756条之1）。此二者均采书面方式。又新增设的第166条之1规定："契约以负担不动产物权之移转、设定或变更之义务为标的者，应由公证人作成公证书。未依前项规定公证之契约，如当事人已合意为不动产物权之移转、设定或变更而完成登记者，仍为有效。"在此规定之前，不动产的负担行为（尤其是买卖）系属不要式行为，在此之后，则为要式行为。鉴于"民法"第166条之1规定对不动产交易（尤其是不动产买卖）的重大影响，"民法债编施行法"第36条规定："本施行法自民法债编施行之日施行。民法债编修正条文及本施行法修正条文自2000年5月5日施行。但第166条之1施行日期，由'行政院'会同'司法院'另定之。"

2. 违反法定方式的法律效果

法律行为，不依法定方式者，"无效"（第73条）。例如遗嘱应依法定方式为之，于自书遗嘱，依第1190条之规定，应自书遗嘱全文，记明年月日，并亲自签名。其非依此方式为之者，遗嘱无效。"但法律另有规定者，不在此限。"（第73条但书）。例如第422条规定："不动产之租赁契约，其期限逾一年者，应以字据订立之。未以字据订立者，视为不定期限之租赁。"

法律行为不依法定方式而无效时，虽不发生法律行为上的效果，但不排除得发生其他法律效果。例如一方当事人明知某种法律行为的要式性，故意不为告知时，致他方因信契约为有效，而受损害者，得依侵权行为规定（第184条第1项后段），请求损害。此外，并有第245条之1关于先契约责任规定的适用。

二、约定方式

基于私法自治原则，契约当事人亦得约定其契约须用一定方式。第

166 条规定:"契约当事人约定其契约须用一定方式者,在该方式未完成前,推定其契约不成立。"当事人得反证证明方式的履行非契约的成立要件,仅为保全证据的方法。例如,消费借贷与保证均属不要式契约,故甲与乙虽未订立书面,消费借贷仍属有效;甲与丙约定其保证契约须经法院公证者,则有第 166 条规定的适用。

第五节　行为能力

例题 16:试说明行为能力制度的功能及其与私法自治的关系,并研讨下列法律行为的效力:① 19 岁已婚的甲赠与某电动机器人玩具给邻居 6 岁之乙,乙之父对甲表示谢意。其后,乙以该玩具与邻居 7 岁之丙的漫画书互易。② 甲赠某屋给 18 岁的乙,该屋设有抵押权(或有租赁关系)。③ 18 岁的甲经其父母允许受雇于乙便利商店。甲以其积存的半年薪资,向丙购买钻戒,赠与其 17 岁女友丁。

一、行为能力制度的功能

法律行为系实践私法自治的手段,私法自治的理念在于个人自主及自我负责,因此法律行为须以行为人具有意思能力(或识别能力)为前提,即对事务有正常识别及能预见其行为可能发生如何效果的能力。然而,对各个人的行为是否赋予法律上的效果,如必于个案逐一审查,以决定其行为能力的有无,事实上殆不可能,且易滋争议,对当事人不利,实非保护交易安全之道。民法乃以人的年龄为基础,将行为能力分为三种:即① 完全行为能力,② 限制行为能力,③ 无行为能力,而对其所为的法律行为赋予不同的效力。应先说明的有三:

(1) 行为能力系民法上的重要制度,属强行规定,行为能力不得抛弃(第 16 条)。

(2) 无行为能力人及限制行为能力人的保护,优先于交易安全,一方当事人不得因善意信赖相对人为有行为能力,而主张其法律行为有效。

(3) 台湾 2001 年度现住人口中,无行为能力人约为 9%,限制行为能力人约占 20%,在法律生活上甚属重要(参阅下列统计,资料来源:"内政部"户籍人口统计)。

2001年度台闽地区现住人口总数:22405568			
无行为能力人	1~6岁	2074803	9.3%
限制行为能力人	7~17岁	3587718	16%
	18~19岁	767710	3.4%
完全行为能力人	成年人	15975337	71.3%
	未成年人已结婚	14361	0.6%

二、完全行为能力人

完全行为能力人有两类：

（1）满20岁的成年人（第12条）。

（2）未成年人已结婚者（第13条第3项）。其后离婚时，其行为能力不因此而受影响。

完全行为能力人的法律行为有效。须注意的是，未成年人虽因结婚而有行为能力，但不因此而成年，仍属未成年人，两愿离婚时，应得法定代理人的同意（第1049条但书）。

三、无行为能力人

无行为能力人有两类：

（1）未满7岁的未成年人。

（2）禁治产人。

无行为能力人之意思表示无效（第75条）。无行为能力人，由法定代理人代为意思表示，并代受意思表示（第76条）。向无行为能力人或限制行为能力人为意思表示者，以其通知达到其法定代理人时，发生效力（第96条）。例如甲出租房屋于乙，其后乙受禁治产宣告，甲终止租约的意思表示于到达乙的法定代理人时始生效力。

须注意的是，虽非无行为能力人，但其意思表示，系在无意识或精神错乱中（例如睡梦中、泥醉中、疾病昏沉中、偶发的精神病在心神丧失中）所为时，亦属无效（第75条）。

四、限制行为能力人

关于限制行为能力人的法律行为,如何在"有效"及"无效"之间加以规范,应考量的因素包括对智虑不周者保护的必要,如何促进未成年人参与法律交易,为其成年后的行为而准备,以及兼顾交易安全。民法以法定代理制度为基础,设如下的规范模式:

(一) 法定代理人得代为意思表示或代受意思表示

无行为能力人,"应由法定代理人代为意思表示,并代受意思表示。"在限制行为能力人,其法定代理人"得"代为意思表示或代受意思表示。例如代理限制行为能力人出租房屋。

(二) 允许原则及其例外

1. 法定代理人的允许(事先同意)

限制行为能力人为意思表示及受意思表示,应得法定代理人之允许(第77条)。此项允许得就个别意思表示(法律行为)为之,例如购买机车,承租某屋。此项允许亦得在一定范围内概括为之,其情形有二:

(1) 特定财产处分的允许。第84条规定:"法定代理人允许限制行为能力人处分之财产,限制行为能力人,就该财产有处分之能力。"例如法定代理人允许限制行为能力人使用某笔款项环岛旅行时,限制行为能力人得处分该笔款项于购买车票、租车、住宿等。

(2) 独立营业行为的允许。第85条规定:"法定代理人允许限制行为能力人独立营业者,限制行为能力人,关于其营业,有行为能力。限制行为能力人,就其营业有不胜任之情形时,法定代理人得将其允许撤销或限制之。但不得对抗善意第三人。"本条规定对未成年人参与社会经济活动甚为重要。"独立营业"包括经营一定事业(如开网路咖啡店)及受雇于他人。"关于其营业",包括租屋、进货、销售、雇用店员、终止雇佣关系等相关行为。由所谓"关于营业有行为能力",可知法律限制行为能力人有"部分行为能力"。

2. 原则的例外:不必得允许的法律行为

关于法定代理人允许原则,法律设有例外,即限制行为能力人所为的法律行为不必得法定代理人允许,其情形有二:① 纯获法律上利益。此指在法律上纯受利益,而不负担任何义务,例如对无偿赠与的允受。低价买进某屋,虽属有利,但须负担支付价金,非属纯获法律上利益。② 依其年龄及身份,日常生活所必需。例如购买通常衣物、看电影、同学聚餐等,应就限制行为能力人个人情形加以认定。

(三)未得法定代理人允许所为法律行为的效力

限制行为能力人未得法定代理人允许所为法律行为的效力,其情形有三:

(1)单独行为无效。第78条规定:"限制行为能力人未得法定代理人之允许,所为之单独行为,无效。"立法意旨系认单独行为(如抛弃所有权、免除他人债务、终止租约等),要皆有损于行为人,故明定其无效,以保护限制行为能力人的利益。

(2)契约行为效力未定。第79条规定:"限制行为能力人未得法定代理人之允许,所订立之契约,须经法定代理人之承认,始生效力。"此项契约包括债权契约(如买卖)及物权契约(如所有权的移转)。在未经法定代理人承认前,其契约效力未定。为顾及契约相对人利益,法律赋予催告权及撤回权:

① 催告权:即契约相对人,得定1个月以上之期限,催告法定代理人,确答是否承认。于此项期限内,法定代理人不为确答者,视为拒绝承认(第80条)。

② 撤回权:限制行为能力人所订立之契约,未经承认前,相对人得撤回之。但订立契约时,知其未得有允许者,不在此限(第82条)。限制行为能力人于限制原因消灭后,承认其所订立契约者,其承认与法定代理人之承认,有同一效力。相对人于未承认前,亦得撤回之(第81条)。

(3)强制有效的行为。第83条规定:"限制行为能力人用诈术使人信其为有行为能力人或已得法定代理人之允许者,其法律行为为有效。"例如使用伪造的户籍簿抄本,伪造法定代理人允许的信件。其法律行为包括契约及单独行为。

(四)例题16解说

(1)19岁之甲因结婚而有行为能力,赠与电动机器人玩具给6岁之乙,乙系无行为能力人,得由其法定代理人代为意思及代受意思表示,而有效成立赠与契约,并取得该机器人所有权。乙以该玩具与7岁之丙的漫画书互易,丙系限制行为能力人,乙为无行为能力人,其互易契约及所有权的移转均属无效(第75条)。乙、丙各得主张所有物返还请求权(第767条)。

(2) 甲赠某屋给乙,该屋设有抵押权时,乙是否纯获法律上利益,不无疑问,但应采肯定说,因其仅涉及房屋的价值,乙并未因此而负担法律上义务。若该屋有租赁关系,乙受让该屋所有权时,该租赁契约对乙继续存在(第 425 条),乙应负出租人的义务,非属纯获法律上利益,故该项赠与须经法定代理人同意(事先允许或事后同意),始生效力。

(3) 18 岁的甲经其父母允许受雇于乙,其营业(雇佣关系),有行为能力。其所得薪资属甲所有,非属所谓的特有财产(第 1088 条)。甲得其父母允许处分该财产时,就该财产有处分能力。甲未得其父母允许向丙购买钻戒赠与丁,其买卖及赠与契约均属效力未定,非经法定代理人承认,不生效力(第 79 条以下)。

第六节　意思表示

一、意思表示的意义,表示方法及生效

例题 17:① 甲参加乙举行的字画拍卖场,因见友人举手招呼,乙认甲系对叫价 10 万元的某画为应买而拍定时,甲有无支付价金的义务？② 甲请乙为丙作保,乙于保证书上签名,放入信封,贴妥邮票,是否发出,其意未定。乙家中菲佣发现该信,而投寄之。乙应否负保证责任？

(一) 意思表示的意义及要件

私法自治系借法律行为而实践,法律行为则以意思表示为要素。意思表示,指将企图发生一定私法上效果的内心意思,表示于外部,内心的意思因外部表示而客观,合为一体,可分为客观要件及主观要件:

(1) 客观要件。在客观上可认识其在表示某种法律效果意思。例如以传真订购书籍,停车于收费停车场、含羞点头答应男友的求婚等。

(2) 主观要件。指内心的意思,更可分为:① 行为意思,即表意人自觉地从事某种行为,例如签名于慈善乐捐簿。② 表示意识,即行为人认识其行为具有某种法律行为上意义,例如以 E-mail 订货,投币咖啡自动贩卖器。③ 效果意思,即行为人欲依其表示发生一定法律效果的意思,如表示购买 A 书,兼具表示意识及效果意思。

(二) 意思表示的表示方法

意思表示，得以明示或默示的方法加以表示。明示，指行为人直接将其效果意思表示于外，例如甲告知乙愿承租其屋。默示，指由特定行为间接推知行为人的意思表示。例如甲在自助早餐店，自取三明治，置钱于柜台。明示或默示同具表示价值，法律亦有规定以明示为必要，例如第272条规定，连带债务之成立，除法律规定者外，应以明示为之。与默示意思表示，应予区别的是"沉默"。沉默，指单纯不作为而言，即当事人既未明示其意思，亦不能借他项事实，推知其意思。沉默原则上不具意思表示的价值，其例外得作为意思表示的情形有二：

(1) 当事人约定，以沉默作为意思表示的方法。

(2) 法律于特定情形对于沉默，拟制其为意思表示，或为不同意（参照第80条第2项、第170条第2项），或为同意（第387条、第451条）。

(三) 意思表示的生效

意思表示何时生效，应视意思表示有无相对人；在有相对人的情形，尚应区别对话意思表示及非对话意思表示。分述如下：

1. 无相对人之意思表示

无相对人的意思表示何时生效，"民法"未设明文规定，解释上应认与其意思表示成立之同时发生效力。例如，所有权的抛弃于其抛弃行为完成时（如将旧衣物丢弃于回收箱），发生效力。

2. 有相对人的意思表示

有相对人的意思表示，通常经过四个阶段，① 意思表示的作成（如写好传真稿、信件）。② 发出。③ 到达相对人。④ 相对人了解意思表示内容。应采何者作为意思表示生效的时点，涉及当事人利益甚巨。为合理分配其所生的危险（如意思表示未到达、迟到或相对人未能适时了解），民法就对话意思表示采"了解原则"，就非对话意思表示，采"到达原则"。分述如下：

(1) 对话意思表示：了解原则

第94条规定："对话人为意思表示者，其意思表示，以相对人了解时，发生效力。"对话，指意思表示可直接沟通而言，例如对面相谈，打电话，使用旗语。虽近在咫尺，以纸条为传达时，不能直接表达其意思，仍应适用非对话的规定。所谓了解，指依通常情形，客观上可能了解而言，故对不懂中文的泰劳、菲佣，以中文为解雇的意思表示，不生效力。

(2) 非对话的意思表示:到达原则

① 到达及撤回 第 95 条第 1 项规定:"非对话而为意思表示者,其意思表示,以通知达到相对人时,发生效力。但撤回之通知,同时或先时到达者,不在此限。"分两点言之:

A. 到达,指意思表示已进入相对人的支配范围,置于相对人可了解的状态而言。例如解除契约的信函于通常时间投入相对人的信箱时,即为到达,纵未阅读,理由如何,均所不问。

B. 第 95 条但书肯定意思表示的撤回性。例如甲某日致 A 函于乙表示解除买卖契约,其后改变心意,即发 B 函表示不欲解约,若邮差将两函一起投入于乙的信箱时,乃同时到达,纵乙先阅读 A 函,后读 B 函,或仅读 B 函,未读 A 函,均不影响甲撤回 A 函意思表示的效力。

② 意思表示发出后表意人死亡、丧失行为能力,或其行为能力受限制。第 95 条第 2 项规定:"表意人于发出通知后死亡或丧失行为能力,或其行为能力受限制者,其意思表示,不因之失其效力。"所谓发出,指表意人已作成使其内心意思表示明确地表示于外的行为。所谓通知,指使意思表示进入得预期其到达受领者的过程,如将书信投入邮筒,将电报交付于电信局,将文件交与友人送达,发出传真。所谓丧失行为能力,指受禁治产宣告而言,所谓行为能力受限制,究指何而言,不无疑问。立法理由认为系指第 85 条第 2 项情形。

(四) 体系构成及例题 17 解说

1. 体系构成

意思表示为法律行为所必备,乃实践私法自治的核心概念,兹将其成立及生效要件,列表如下,以期醒目:

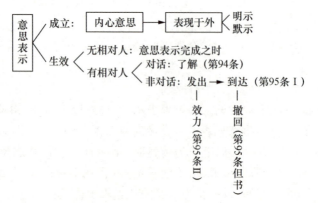

2. 例题 17 解说

（1）拍卖场举手招呼友人。传统见解认为法律行为的基础在于当事人的自主决定，行为人欠缺表示意识，不知其表示行为具有法律上意义不应使其因此受法律行为上的拘束。故欠缺表示意识时，意思表示即失其存在，不生效力。最近通说则认为，当事人因其外部行为而有所表示，相对人就其客观上的表示行为的信赖，须予保护，表意人应对其表示行为负责，以维护交易安全，惟得类推适用关于意思表示错误的规定（第88条），撤销其意思表示，但须对相对人的信赖利益，负赔偿责任。

（2）菲佣误寄保证书。意思表示须依表意人的意思而发出，始生效力。然为保护相对人的信赖，若表意人对意思表示之进入交易过程，依其支配及管理范畴，有可归责的事由时（如将贴好邮票的信件放置桌上），应认定其意思表示已为发出。准此以言，在菲佣误寄保证书之例，乙应负保证人责任。反之，表意人无可归责的事由时（如甲抢夺乙的皮包，发现某信件，代为投邮），则应认定其意思表示未为发出，不生效力，虽不必撤销，但应类推适用意思表示错误的规定（第91条），对相对人负信赖利益的损害赔偿责任。

上揭两例涉及表意人的意思自主与相对人信赖保护调和的难题，容有不同意见，难有定论。但此项问题的提出有助于更深刻思考私法自治与意思表示的规范意义。须注意的是，在前揭两例，表意人对其欠缺表示意识，或意思表示系违反其意思而发出，应负举证责任。此项举证责任的分配亦具保护交易安全的功能。

二、意思表示的瑕疵

（一）概说

例题18：请先阅读第86条至第93条规定，运用想象力构思案例，并思考意思表示瑕疵（不健全）的基本问题，可能的规范模式，现行法的规定及其所以就不同瑕疵情形设不同规定的利益衡量和价值判断。

意思表示系由内心的意思及外部表示所构成，已详前述。内心意思（尤其是效果意思）与外部表示不一致，或意思表示不自由，而具有瑕疵，时常有之。前者有出于表意人的故意（如单独虚伪表示、通谋虚伪表

示),有为表意人有不知(错误)。后者指受诈欺或被胁迫而为意思表示(参阅下图):

意思表示具有瑕疵时,应如何加以规范,定其效力,学说上有三种见解:① 意思说。以表意人内心的意思为准,以保护表意人。② 表示说。以外部的表示为准,以保护相对人的信赖及交易安全。③ 折中说。认为意思说及表示说属极端,顾此失彼,故须折中于二者之间,或以意思说为原则,而以表示说为例外,或以表示说为原则,而以意思说为例外,期能适当调和表意人及相对人的利益,兼筹并顾,以维护交易安全。

第 86 条至第 93 条针对意思表示瑕疵的态样,而定其要件及效果,为增进了解法律上的利益衡量,兹将其规范模式列表如下:

效力 态样	条文	有效	无效	得撤销	善意相对人保护	善意第三人的保护		
						不得对抗	得对抗	善意取得
单独虚伪	86	相对人 不知	相对人 明知			类推适用 (87 但)		1. 适用 801、 886、948 以 下
通谋虚伪	87					(87 但)		
错误	88 89			除斥期间 (90)	信赖利益 损害赔偿			
诈欺	92			第三人诈 欺(92)		92 Ⅱ		2. 适用"土 地法"43
胁迫	92			除斥期间 (93)			92 Ⅱ 反面推论	

(1)由上揭可知,现行民法系采折中主义,并以表示主义为原则,分就意思表示不同的瑕疵规定其为有效、无效或得撤销;于得撤销的情形,并设不同的除斥期间(比较第 90 条及第 93 条,思考其区别的理由)。

(2)"民法"就若干意思的无效或撤销明定其不得对抗善意第三人(第 87 条但书、第 92 条第 2 项),即第三人得主张其该法律行为法系属有效。此多发生于物权行为无效或被撤销的情形。须注意的是,在得对抗善意第三人的情形,第三人仍得主张善意取得(第 801 条、第 948 条、"土地法"第 43 条)。

(二) 意思与表示不一致

1. 意思与表示故意不一致

(1) 单独虚伪表示(心中保留)。第 86 条规定:"表意人无欲为其意思表示所拘束之意,而为意思表示者,其意思表示,不因之无效。但其情形为相对人所明知者,不在此限。"原则上采表示主义(意思表示有效),例外采意思主义(意思表示无效)。例如甲开画展,乙再三赞赏,甲表示愿赠 A 画,原期待乙拒绝,不料乙竟为允受。因在公开场合,甲于展览后不得不将该 A 画交付予乙时,其意思表示有效,乙取得该画所有权。设乙明知甲无欲为其意思表示所拘束时,其债权及物权的意思表示均属无效,乙不能取得该画所有权。设乙将复该画出售或赠与丙而移转其所有权时,甲不得以其无效对抗善意第三人(第 87 条第 1 项但书类推适用),即善意第三人得主张甲乙间的法律行为系有效,乙为所有人,非无权处分。丙亦得主张善意取得(第 801 条、第 948 条)。

(2) 通谋虚伪表示。第 87 条规定:"表意人与相对人通谋而为虚伪意思表示者,其意思表示无效。但不得以其无效对抗善意第三人。虚伪意思表示,隐藏他项法律行为者,适用关于该项法律行为之规定。"关于本条解释适用应说明者有三:

① 通谋而为虚伪意思表示,指表意人与相对人互相故意为非真意之表示而言,相对人不仅须知表意人非真意,并须就表意人非真意之表示与为非真意合意,始为相当,若仅一方无欲为其意思表示所拘束之意,而表示与真意不符意思者,尚不能指为通谋而为虚伪意思表示。通谋虚伪表示包括契约、合同行为,及有相对人的单独行为等,无论其为财产上行为或身份上行为(如通谋虚伪假离婚),均有适用余地。实务上最为常见的是,为诈害债权人而通谋虚伪为不动产的买卖或设定抵押权。

② 通谋虚伪的意思表示,无效。在通谋虚伪买卖不动产的情形,其买卖契约及移转所有权的物权行为均属无效,受让人不能取得所有权。受让人将该不动产所有权再让与第三人时,不得以其无效对抗善意第三人。第三人亦得主张善意取得("土地法"第 43 条)。

③ 适用隐藏行为的规定。例如甲欲将某电脑赠与乙,为避免人情困扰,乃作成买卖契约。赠与系被隐藏的法律行为,不因隐藏而无效,仍应适用关于赠与的规定。

2. 意思表示错误

例题 19：试就下列情形，说明其意思表示的效力：① 甲向乙购 A 画，欲赠丙作为结婚礼物，不知丙业已离婚。② 甲误乙为丙赠与某画。③ 甲欲赠乙 A 画，误说为 B 画。④ 甲赠乙 A 画，误取 B 画交付之。⑤ 甲误其继承的 A 画为赝品，而抛弃之。乙捡取该画，以高价让售于丙。（本题有助加强区辨案例的能力，请多思考）

"人非圣贤，孰能无错"，如何规范意思表示错误的效力，诚属困难。为调和表意人的意思自主及相对人的信赖保护，民法在一定要件下，使表意人得撤销其意思表示，但须对相对人负损害赔偿责任。分述如下：

（1）撤销错误意思表示的要件。第 88 条规定："意思表示之内容有错误，或表意人若知其事情即不为意思表示者，表意人得将其意思表示撤销之。但以其错误或不知事情，非由表意人自己之过失者为限。当事人之资格，或物之性质，若交易上认为重要者，其错误，视为意思表示内容之错误。"据此规定，意思表示错误之撤销的要件有三：须为法律规定的错误态样；其错误须在交易上为重要；须表意人无过失。

① 须为法律规定的错误态样

A. 动机错误原则上不得撤销。何种错误的意思表示，得为撤销？依第 88 条规定，动机错误原则上不得撤销。动机错误乃意思表示缘由的错误，即表意人在其意思形成的过程中，对其决定为某特定内容意思表示具有重要性的事实，认识不正确。例如误认某地将升值而购买之；不知女友已与他人结婚而购买订婚钻戒。动机存于内心，非他人所得窥知，若许表意人撤销，势将害及交易安全。此项意思形成上错误的风险应由表意人自己承担，自我负责。表意人为避免此项风险，得与相对人约定，使一定的缘由成为法律行为的内容，尤其是作为法律行为的条件。

B. 得撤销的错误意思表示

a. 意思表示内容错误：表意人为其所欲为的表示，但误认其表示的客观意义（表示意义错误），其典型情形有三：一是关于当事人本身的错误，例如误认某人为地震救命恩人而为赠与，此种所谓"当事人同一性错误"，多适用于赠与、借贷、雇佣、委任等注重当事人其人的法律行为。二是关于标的物本身的错误，例如误甲酒为乙酒，而购买之。三是关于法律行为性质的错误，例如误买卖为赠与，而为承诺。

b. 表示行为错误：此为第 88 条第 1 项所谓："表意人若知其事情即不为意思表示者"，即表意人误为表示其所意欲者，例如，误言（欲赠 A 画，误说 B 画）、误写（某书售价 320 元，误书为 230 元），或误取（欲赠乞妇 100 元，误给 2000 元大钞；误 A 笔为 B 笔而抛弃）。

在表示行为错误，表意人使用了其所不欲使用的表示方法。在内容错误，表意人使用了其所欲使用的表示方法，但误认其意义。二者均属表示与意思不一致，故第 88 条将二者等同视之，使表意人得撤销其意思表示。

c. 当事人之资格或物之性质的错误：此为动机错误不得撤销的例外。当事人之资格或物之性质之错误，原属动机错误，本不影响意思表示的效力，但法律为保护表意人的利益，特例外将其拟制（视为）为意思表示内容错误，使表意人亦得撤销之。当事人之资格，指性别、职业、健康状态、刑罚前科、支付能力等特征而言。所谓物之性质，指足以影响物的使用及价值的事实或法律关系而言。此等事实或关系须以物的本身为基础，例如建地的可建筑性，艺术品的来源及真实，汽车的制造年份、公里数及是否发生事故等。

d. 传达错误：意思表示，因传达人或传达机关传达不实者，得比照第 88 条之规定，撤销之（第 89 条）。

② 其错误须在交易上为重要。错误须在交易上为重要，"民法"系就当事人之资格或物之性质的错误而设的规定，但通说将之一般化，适用于其他错误的情形。此应就个案加以认定。妇女怀孕，仅属一时性，非属重要的资格，故女工纵未告知其怀孕，雇主亦不得以当事人资格错误为理由撤销劳动契约。在跳蚤市场以廉价购买玉镯，不得以其非属真品，而主张撤销。

③ 其错误非由表意人的过失。意思表示内容的错误，或不知事情，其撤销限于其错误非由表意人自己之过失。所谓"过失"，究指重大过失、具体轻过失或抽象轻过失，颇有争论，通说倾向于采抽象轻过失，认为较能兼顾当事人利益。

④ 举证责任。错误涉及内心效果意思，难以客观认定，由谁负举证责任，而承担不能证明的不利益，攸关诉讼的成败。依一般原则，关于错误的存在，错误交易上的重要性，应由表意人负举证责任。表意人的过失则应由相对人负举证责任。

(2) 撤销权的行使及其法律效果

① 撤销权的行使及除斥期间。表意人得将其错误的意思表示撤销之。此项撤销的意思表示，不以明示"撤销"为必要，只要使相对人认识其有撤销的意思，即为已足，提起请求返还之诉，亦包括在内。表意人的撤销权，自意思表示后，经过 1 年而消灭（第 90 条）。

② 错误表意人的赔偿责任。第 91 条规定："依第 88 条及第 89 条之规定撤销意思表示时，表意人对于信其意思表示为有效而受损害之相对人或第三人，应负赔偿责任。但其撤销之原因，受害人明知或可得而知者，不在此限。"此项规定旨在"平衡"表意人的"撤销权"，以保护相对人的信赖。应说明者三：第一，表意人系负无过失责任，相对人明知撤销原因或可得而知者，无保护必要，不得请求损害赔偿。第二，受有损害的"相对人"，指有相对人意思表示的受领人。所称"第三人"，系指于无相对人意思表示而受损害之人，非指从相对人受让标的物所有权之人，应予注意。第三，所谓"信其意思表示为有效而受损害"，指信赖损害而言，有别于履行利益的损害赔偿，其范围包括所受损害及所失利益在内（第 216 条），如订约费、准备履行所需费用或丧失订约机会的损害。

(3) 例题 19 解说

例题 19 旨在使读者能认识各种错误的类型及其法律关系：

① 不知他人已离婚，购画作为结婚礼物，系动机错误，不得撤销。

② 甲误乙为丙而赠与某物，系意思表示内容（当事人）错误，得为撤销。

③ 赠 A 画，误书 B 画，乃表意人若知其事情，即不为表示，亦得撤销。

④ 赠 A 画而误取 B 画交付之（第 761 条），乃物权行为错误，亦得为撤销。纵未撤销或撤销权因除斥期间经过而消灭，亦得主张不当得利请求权。

⑤ 甲误认继承的某画为赝品，而抛弃之，乙捡取之。此系关于物之性质的错误，在交易上具重要性，其错误视为意思表示内容错误，亦得撤销。须注意者有三：第一，其被撤销的，系物权行为（单独行为）。第二，乙系第 91 条所谓第三人。第三，乙捡取甲抛弃的 A 画，系对无主物先占，取得其所有权。甲撤销其抛弃意思表示时，溯及发生效力而恢复其所有权，乙将该画出卖于丙（出卖他人之物）虽仍属有效，移转该画所有权则

为无权处分(第118条)。第三人丙得主张善意取得。于此情形,甲对乙有不当得利请求权(第179条)。

(三) 意思表示不自由

例题20:请先阅读第92条规定,分析讨论下列的法律关系:甲受乙"诈欺"或"胁迫"赠与某古董车给丙,丙非因过失不知甲受"诈欺"或"胁迫"的情事。丙将该车让售于善意的丁,并移转其所有权。

第92条规定:"因被诈欺或被胁迫,而为意思表示者,表意人得撤销其意思表示。但诈欺系由第三人所为者,以相对人明知其事实或可得而知者为限,始得撤销之。被诈欺而为之意思表示,其撤销不得以之对抗善意第三人。"又依第93条规定:"前条之撤销,应于发现诈欺或胁迫终止后,一年内为之。但自意思表示后,经过十年,不得撤销。"此等规定旨在保护表意人的意思自由,并延长其撤销权的除斥期间(请比较第93条与第90条)。分述如下:

1. 诈欺

(1) 要件。诈欺者,指故意欺罔他人,使其陷于错误,并因之而为意思表示而言。其要件有四:① 须有诈欺行为。此指对不真实的事实表示其为真实,而使他人陷于错误,加深错误,或保持错误。诈欺得为积极作为,如捏造事实,伪称某车系原厂产品;某雕刻系真品。然单纯之缄默,除在法律、契约或交易习惯上就某事项负有告知之义务者外,其缄默并无违法性,不成立诈欺。② 须诈欺行为与表意人陷于错误及为意思表示具有因果关系。③ 须有诈欺的故意。④ 须施行诈欺之人为相对人。施行诈欺者为第三人时,须以相对人明知其受诈欺,或可得而知者,始得撤销之,善意无过失的相对人既未参与,不应使其蒙受不利。为合理分配当事人承担的危险,所称第三人应作限制解释,不包括相对人使用于缔约行为的代理人或辅助人。故甲向乙购车,乙的业务员丙伪称该车并未遭车祸或非泡水车时,纵乙不知其事,甲仍得撤销其意思表示。

(2) 撤销权的行使,除斥期间及法律效果。受诈欺之人得于除斥期间内行使撤销权,其撤销的客体包括单独行为(如所有权抛弃)、债权契约(如买卖),或物权契约(如所有权的移转)。被诈欺而为意思表示的撤销,不得对抗善意第三人。

2. 胁迫

(1) 要件。胁迫者，指相对人或第三人故意告以危害致生恐惧而为意思表示之行为而言。其要件有四：① 须有胁迫行为。② 须相对人因胁迫发生恐惧及为意思表示（因果关系）。③ 须胁迫人有胁迫之故意。为胁迫者系第三人时，亦得为撤销，相对人知之与否均所不问。因胁迫影响意思表示的自由较诈欺为严重，故设不同的规定。④ 须其胁迫系属不法。胁迫之构成不法，其主要情形有二：第一，手段不法。例如"若不出卖某画，即杀害之"。买卖虽为法之所许，但以杀害为达成的手段，因其手段不当而具不法性。第二，目的不法。例如"若不出资参与经营六合彩，即告发漏税之事。"告发漏税，虽属合法，但因出于达成法律禁止或违反公序良俗的行为而具不法性。

(2) 撤销的行使、除斥期间及法律效果

受胁迫之人亦得于除斥期间内行使撤销权，其撤销对象亦包括单独行为、契约（债权契约及物权行为）及合同行为。须注意的是，其撤销得对抗善意第三人。但第三人得主张善意取得。

(四) 意思表示、法律行为及契约的解释

例题21：甲与乙结婚多年，因感情不合，协议离婚，其离婚书载明："甲愿将坐落某处房屋过户于乙。"乙据此契约向甲请求移转该屋基地所有权，有无理由？

第98条规定："解释意思表示，应探求当事人之真意，不得拘泥于所用之辞句。"此项规定经由实务及学说的阐释，逐渐形成一套解释方法论，在此难以详述，但请读者多加留意，盖此乃法律人在处理当事人争议解释契约时，所应具备的基本能力。兹提出三项解释原则，以供参考：

(1) 解释意思表示所要探求当事人的真意，依意思表示有无相对人而有不同：① 在无相对人的意思表示（如权利的抛弃、书立遗嘱）。不生相对人信赖保护问题，其应探求的当事人真意，指内心意思而言。例如甲嗜酒如爱书，常称图书馆为酒窖，其遗嘱载明："以图书馆遗赠某乙。"某乙为甲的酒友，探求甲的真意，应认定甲遗赠与乙者，乃酒窖的藏酒。② 在有相对人的意思表示（尤其是契约），应以客观上的表示价值作为认定意思表示内容的准据。

(2) 意思表示（尤其是契约）解释的思考方法，同于法律解释，须综合其文义、体系(条款的关联性),发生史(缔约的磋商过去的事实等)及契约目的(经济目的或交易目的),本诸经验法则及诚信原则而为判断,并应详为论证,落实于个案的检验。

(3) 契约的解释在思考层次上应分为"阐释性的解释"和"补充解释"。前者在阐明契约条款的疑义。后者在于以当事人可推知的意思(假设的当事人意思),填补契约漏洞。

1997年度台上字第1843号判决:"系争离婚协议书第5条虽仅记载'男方某名下坐落于台北市复兴南路二段一四八巷一号房屋一幢(原判决载为一栋)过户给女方',惟两造均非专习法律之人,其用字遣词自难与法律所规定完全一致,参酌两造系约定'房屋一栋过户'及社会一般人之通念,应认定两造约定赠与者,除系争房屋外,尚包括该房屋坐落之基地。""最高法院"的见解,诚值赞同。此非属"阐释性解释",因"房屋一栋过户"在文义上实难包括基地在内。在方法论上应认此乃在考虑离婚协议的目的及保护相对人,依诚实信用原则及社会一般人的通念,对房屋过户契约所为的"补充解释"。

第七节 条件与期限

例题22:① 试就下列两例说明何谓条件(停止条件、解除条件)及期限(始期、终期),具有何种功能:A. 甲向乙承租某屋,约定自某年某日起,惟须以甲考取某大学始生效力。B. 甲出售某车给乙,先为交付,并约定于乙付清分期付款的价金前,甲仍保留该车所有权。② 甲对乙曰:"你考上法律系时,赠此珍本六法全书。"于乙考上某大学法律系前,甲将该六法全书出售予丙,并为交付。乙得对甲、丙主张何种权利?

一、概说

(一) 条件与期限的功能

任何人为法律行为时,多基于对现状的认识及对其将来发展的预期。为使当事人得计划未来,排除不确定的风险,法律乃本乎私法自治原则,创设两种制度,俾供利用,一为条件,二为期限。此两种法律行为的附款亦具有引导相对人为特定行为的功能,例如:"倘你能于半年内戒毒,赠你此车。"

(二) 条件与期限的区别

条件,指法律行为效力的发生或消灭,系于将来成否客观上不确定事实。期限,指法律行为效力的发生或消灭,系于将来确定发生的事实。条件与期限均以将来的事实为内容,其主要区别在于条件系针对客观上不确定的事实,期限则为确定发生的事实。其属条件的,例如"你成年之日,赠某车",因成年时期虽属确定,但未达成年前死亡,亦属可能。其属期限的,如"自今年3月8日起至9月30日止,承租此屋。"

须注意的是,于同一法律行为得同时附以期限或条件,例如:"自今年3月8日起承租你屋,但须考取某大学始生效力。"其租赁契约附有期限(始期),及条件(停止条件)。

(三) 不容许附条件或期限的法律行为

基于私法自治原则,法律行为以得附条件或期限为原则,其例外不许附条件或期限者有二:① 婚姻、离婚、收养、认领等身份行为。禁止的理由在于维护公序良俗。② 第335条第2项规定,抵销之意思表示附有条件或期限者,无效。此蕴涵一般法律原则,即解除权、撤销权等单独行为不得附有条件或期限,以免法律关系不确定,易陷相对人于不利。惟其附加条件或期限经相对人同意者,不在此限。

二、条件

(一) 停止条件及解除条件的区别

条件分为停止条件及解除条件。停止条件乃限制法律行为效力发生的条件,即法律行为于条件成就时发生效力,于条件不成就时不发生效力(第99条第1项)。例如:"你今年考上会计师时,借你某屋,以供开业。"此系债权行为(使用借贷)附停止条件;"售你此车,先为交付,俟价金全部付清时,始移转其所有权。"在此情形,买卖契约未附条件,但于移转所有权的物权行为(第761条)附有停止条件("动产担保交易法"第26条称之为附条件买卖),系以保留所有权的方法,确保分期支付价金的清偿。

解除条件乃限制法律行为效力消灭的条件,即已发生效力的法律行为于条件不成就时保持其效力,于条件成就时,则失其效力(第99条第2项)。例如:"借你此屋,但于我返台定居时,应即返还。"

(二) 条件之成就与不成就

第 99 条第 1、2 项规定："附停止条件之法律行为,于条件成就时,发生效力。附解除条件之法律行为,于条件成就时,失其效力。"第 3 项规定："依当事人之特约,使条件成就之效果,不于条件成就之时发生者,依其特约。"由此可知条件成就的效力,应自条件成就时发生,并不溯及既往。惟当事人得以特约,使条件成就之效果,不于条件成就时发生,而溯及于法律行为作成之时发生。关于条件不成就的效力如何,"民法"无明文规定。在解释上应认为停止条件不成就时,法律行为确定不生效力;解除条件不成就时,法律行为继续发生期限效力。

须注意的是,因条件成就而受不利益之当事人,如以不正当行为阻其条件之成就者,视为条件已成就(第 101 条第 1 项)。例如甲对乙曰:"我与丙女订婚时,你即应即返还所借房屋。"乙伪造谣言,破坏甲与丙女的婚约时,视为条件成就。因条件成就而受利益之当事人,如以不正当行为促其条件之成就者,视为条件不成就(第 101 条第 2 项)。例如甲乙约定:"你今年考上会计师时,借你某屋开业。"乙以舞弊方法考取会计师时,视为条件不成就。

(三) 附条件利益(期待权)的保护

法律行为附条件时,于条件成就前处于未确定的状态,在此期间,当事人仍应受其法律行为的拘束,不得单方予以撤回;当事人并负有注意义务,使法律行为所企图实现的法律效果于条件成就时,得获实现。此种因条件成就而取得某种权利的先行地位,学说上称为期待权,应有保护的必要。第 100 条乃规定:"附条件之法律行为当事人,于条件成否未定前,若有损害相对人因条件成就所应得利益之行为者,负赔偿损害之责任。"

兹举一例加以说明。甲与乙约定:"你若考上法律系时,赠此珍本六法全书。"若甲毁损该书,而乙考上法律系(条件成就)时,乙得依第 100 条规定向甲请求损害赔偿。此是否须以甲有故意或重大过失(可归责事由)为要件(参阅第 410 条),第 100 条未设明文,但应肯定之。过失责任为民法基本原则,于此情形亦应有其适用。

在上举之例,设甲将该六法全书出卖与丙,并移转其所有权,乙于条件成就时,虽得依第 100 条规定向甲请求损害赔偿,但不得向丙请求返还该六法全书。丙系自所有人甲受让该书所有权,乙于条件成就时所取得的,乃基于赠与契约而生的债权,无第767条规定的适用。第三人因过失毁损该六法全书时,乙于条件成就时,亦不得依第184条第1项前段规定向加害人请求损害赔偿(参阅例题22)。

三、期限

期限系使法律行为效力的发生或消灭,系于将来确定事实的附款。期限分为始期与终期。附始期的法律行为(如明年1月1日借你此车;你父死亡时,每月赠与扶养费5万元),于期限届至时,发生效力(第102条第1项),与停止条件相当。附终期的法律行为(如明年1月1日返还借用你的房屋),于期限届满时,失其效力(第102条第2项),与解除条件相当。在同一法律行为同时附始期及终期者,颇为常见,例如约定雇佣(或租赁)契约"始自某年某月某日"(始期),"终于某年某月某日"(终期)。第100条关于附条件利益保护的规定,于附期限的法律行为准用之(第102条第3项)。

第八节 代 理

一、代理制度的功能及法律结构

例题23:某甲年18岁,考上北部某大学,由其寡母乙以甲名义向丙房屋公司的经理丁订约承租某屋。试就此例说明何谓代理、法定代理、意定代理及代理制度的社会功能。

(一) 代理与私法自治

1. 代理的意义

代理,指代理人于代理权限内,以本人(被代理人)名义向第三人所为意思表示或由第三人受意思表示,而对本人直接发生效力的行为(第103条)。在前揭例题23乙以甲名义对丙公司的经理丁表示承租丙公司的房屋,丁以丙公司名义为承诺,而在甲与丙公司间成立租赁契约。为便于观察,图示如下:

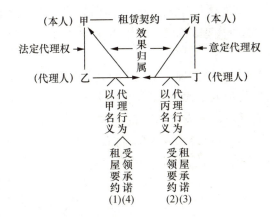

2. 代理制度与私法自治

在上举例题,有两个代理,一为法定代理(乙代理未成年人甲),二为意定代理(丁代理丙公司)。法定代理的作用在于补充私法自治,使无行为能力人或限制行为能力人得因此取得权利义务。意定代理的作用则在于扩张私法自治,无论公司或个人,均可借助代理人为其作各种法律行为,尤其是订立契约,以满足社会生活的需要。吾人日常生活,诸如乘坐公车、超市买报纸、速食店买汉堡、到KTV唱歌、受雇于某公司,实际上不必皆与相对人的代理人订立契约。

(二) 代理制度在"民法"上的规定

"民法"将代理制度分置两处,于总则规定一般原则(第103条至第110条);关于代理权的授予、共同代理及无权代理的部分,则规定于债编通则(第167条至第171条),此种立法体例诚非妥当,本书在此作统一的说明。

(三) 代理的分类

(1) 法定代理与意定代理。代理依其发生原因,可分为法定代理及意定代理。代理权的发生由于法律规定的(第1086条、第1098条、第1113条),称为法定代理。其依法律行为发生的(第167条),称为意定代理。二者的社会作用不同,前已论及。

(2) 积极代理与消极代理。第103条第1项规定:"代理人于代理权限内,以本人名义所为之意思表示,直接对本人发生效力",学说上称为积极代理(主动代理),例如向第三人为承租某屋的意思表示。同条第2

项:"前项规定,于应向本人为意思表示,而向其代理人为之者,准用之。"则指消极代理(被动代理)而言,例如由第三人受领承租房屋的意思表示。

(3) 直接代理与间接代理。学说上有将代理分为直接代理与间接代理。直接代理,指代理人于代理权限内,以本人名义所为之意思表示或所受之意思表示,直接对本人发生效力的代理。间接代理乃以自己名义为本人之计算而为法律行为,其法律效果首先对间接代理人发生,再依内部关系移转于本人。关于间接代理,"民法"于行纪设有规定(第576条),于其他情形(如委任),应依其内部法律关系处理之。须注意的是,民法所称"代理",指直接代理而言,所谓"间接代理",乃代理的类似制度,而非真正的代理。故直接代理与间接代理非系"代理"的分类。

(四) 代理的容许性及适用范围

任何法律行为原则上均得为代理,包括债权行为及物权行为。但身份行为(如订婚、结婚、离婚、遗嘱),因须尊重本人意思,不许代理。

代理的适用,限于为意思表示及受意思表示,仅于法律行为方能成立。对准法律行为(如催告、物之瑕疵的通知)得类推适用之。事实行为,例如占有、无主物先占、遗失物拾得,或侵权行为,则无代理的适用,应分别适用关于占有辅助人(第942条),或雇用人侵权责任(第188条)的规定。

(五) 代理与其他类似制度的区别

例题24:甲公司的董事乙以公司名义授予代理权于职员某丙,出卖某车,丙嘱其公司工友某丁告知戊,甲公司欲以某价格出售某车。试说明乙、丙、丁的法律地位,其在法律行为上的意义和功能。

1. 代理人、使者

代理人与使者不同。代理人系"自为"意思表示,或受意思表示;使者则在"传达"他人的意思表示。其区别的实益有三:① 代理人须非无行为能力人(参阅第104条)。使者得为无行为能力人。② 代理人的意思表示有错误等情事时,其事实之有无依代理人决之(第105条)。使者系传达他人的意思表示,有无错误等情事,应就表意人决之。意思表示因传达人传达不实者,表意人得依第88条规定撤销之(第89条)。③ 身份行为不许代理,但可借使者传达其意思表示。

2. 代理人与代表

第27条第2项前段规定:"董事就法人一切事务,对外代表法人。"董事为法人的代表。代理与代表的主要区别有二:① 代理人系自为意思表示,而其效果归属于本人。代表以法人名义所为之行为,系属本人(法人)的行为。代表与代理的法律性质虽异,功能则相类似,故"民法"关于代理的规定得为类推适用。② 代理限于法律行为。代表除法律行为外,兼及事实行为及侵权行为。代理人使用诈术与相对人订立契约时,本人不因此而负侵权行为责任(但代理人同时为受雇人者,第188条)。代表使用诈术与相对人订约时,法人应依第28条规定负损害赔偿责任。

二、代理的要件及法律效果

代理系由本人、代理人与相对人所构成,而发生三面关系,即:① 本人与代理人间的代理权关系(内部关系)。② 代理人与相对人间的关系,主要为代理行为问题。③ 本人与相对人间的关系,以法律行为效力的归属为核心。前两者涉及代理的要件,后者涉及代理的法律效果,分述如下:

(一) 代理的要件

例题25:试区别下列两种情形,说明代理权授予的法律性质、独立性及无因性。① 甲授予代理权于18岁的乙,向丙购买某特定号码的乐透彩,乙未前往购买或填错号码,致未中奖时,乙应否负赔偿责任?② 甲雇用18岁的乙为店员,乙父母不同意此雇佣契约,乙仍以甲的名义,与他人订立买卖契约时,其效力如何?

代理须具备的要件有五:① 代理权。② 法律行为上的意思表示。③ 以本人名义为之。④ 代理人其人的要件。⑤ 代理行为的容许性。关于代理行为容许性,前已述及,以下就前四者加以说明。

1. 代理权

(1) 代理权的意义及性质。代理权系使以代理人名义所为法律行为上的效力得直接归属于本人的权能、资格或地位。代理权依法律规定而发生者,称为法定代理。代理权依法律行为授予者,称为意定代理。第167条规定:"代理权系以法律行为授予者,其授予应向代理人或向代理

人对之为代理行为之第三人,以意思表示为之。"对此代理权授予行为,应说明者有三:

① 意定代理权的授予,是一种有相对人的单独行为,不以相对人承诺为必要。代理权的授予仅在赋予代理人以一种得以本人名义而为法律行为的资格或地位,代理人并不因此享有权利或负担义务,故对限制行为能力人亦得为有效的代理权授予,不必得法定代理人同意(参阅例题25)。第104条规定:"代理人所为或所受意思表示之效力,不因其为限制行为能力人而受影响。"

② 代理权的授予系向代理人为之者,为内部授予代理权(简称内部授权)。其向第三人为之者,为外部授予代理权(简称"外部授权")。

③ 代理权得同时或先后对数人授予之,称为共同代理,其代理行为应共同行使。但法律另有规定或本人另有意思表示外,不在此限(第168条)。

(2) 代理权授予行为的独立性与无因性。最值得注意的是代理权授予行为的独立性。代理权之授予,通常有其基本法律关系(内部关系),例如甲委任乙售屋、丙雇用丁为店员,而授予代理权。早期学说及立法例多认为代理权之授予,乃委任或雇佣的外部关系,并不独立存在。其后终将代理权的授予从委任或雇佣内部关系予以分离,使代理权的授予成为一个独立的制度。民法亦采此项原则,表现于第167条规定之上。

代理权之授予及基本法律关系的结合具有三种态样:一为仅有代理权之授予,而无基本法律关系。二为有基本法律关系,而无代理权之授予。三为因基本法律关系而授予代理权。例如甲委任乙出售某地,而授予代理权。于此情形,共有两个法律行为,一为委任(契约),一为代理权之授予(单独行为)。例如甲雇用18岁大学生某乙为店员,并授予代理权,乙父母不为同意时,雇佣契约虽不生效力,但代理权授予行为本身仍属有效。于此情形,代理权之授予行为本身是否因基本法律关系(如雇佣)无效、不生效力或被撤销而受影响? 易言之,代理权授予行为究为有因行为,抑为无因行为? (参阅下图):

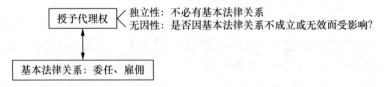

对此问题,本书认为除当事人另有意思表示外,原则上应肯定代理权授予行为的无因性,应说明者有四:

① 肯定无因性,并不违反授权人的意思或利益,因其本得独立授予代理权。此亦无害于代理人,盖其并不因授权行为而负有义务,并可保护未成年不负无权代理人的责任。

② 可使第三人(相对人)不必顾虑代理人的内部基本法律关系,有助于促进交易安全。

③ 第108条第1项规定:"代理权之消灭,依其所由授予之法律关系定之。"固在表示代理权之授予应受其基本法律关系的影响,但亦仅限于基本法律关系消灭的情形。例如甲雇用乙,并授予代理权,则期间届满,代理权自应随之消灭,故法律特设此项规定。

④ 代理权的授予仅赋予代理人得以本人名义为法律行为的地位,代理人不因此负有为该法律行为的义务,代理权的授予本身不是债之发生原因。例如甲授予代理权给18岁的乙,购买某特定号码彩券,乙未为购买或填错号码时,不负债务不履行责任(参阅例题25)。

(3) 意定代理权的范围。代理权的范围,由本人自由决定,可分为三类:① 特定代理权,即授权为特定行为,例如出租某屋。② 种类代理权,即授权为某种类的行为,例如买进股票。③ 概括代理权,即授权代理的行为不予限制。授权范围如何,系解释的问题,应依诚实信用原则及斟酌交易惯例加以认定。

(4) 意定代理权的消灭。关于意定代理权的消灭,民法亦设有规定:① 第108条第1项规定:"代理权之消灭,依其所由授予之法律关系定之。"例如店员被解雇时,其代理权归于消灭。② 第108条第2项规定:"代理权,得于其所由授予之法律关系存续中撤回之。但依该法律关系之性质不得撤回者,不在此限。"其不得撤回者,例如债务人授权其债权人出售某物,就其价金受偿,为兼顾代理人的利益,应认不得撤回。代理权消灭或撤回时,代理人须将授权书,交还于授权者,不得留置(第109条)。

2. 法律行为上的意思表示

代理人于代理权限内,所为的意思表示或所受的意思表示,包括单独行为(如解除、终止等形成权的行使)、订立契约的要约或承诺、在社员总会的投票等。

3. 以本人名义为意思表示或受意思表示(显名原则)

代理人于代理权限内所为的意思表示(或受意思表示),须以"本人名义为之",学说上称为显名原则(公开原则),其目的在于保护相对人,俾得知悉本人究为何人。为缓和显名原则,判例学说尚承认所谓的"隐名代理",即代理人虽未以本人的名义为法律行为,而实际上有代理的意思,且为相对人所明知或可得而知时,亦得发生代理的效果。

4. 代理人其人的要件

第104条规定:"代理人所为或所受意思表示之效力,不因其为限制行为能力人而受影响。"(请思考立法理由!)。无行为能力人不得为代理人。

(二) 代理的法律效果

例题26:① 甲委任乙并授予代理权向丙承租某屋。若乙受丙诈欺时,谁得撤销其意思表示? ② 甲委任乙,向丙购买某唐三彩并授予代理权。设甲不知该物系属盗赃,而乙知之时,甲得否主张善意取得其所有权?若甲知该物系属盗赃,而乙不知时,其法律效果是否相同?

1. 代理行为效力的归属

代理人于代理权限内,以本人名义所为之意思表示或所受之意思表示,"直接对本人发生效力"。此在理论上系采所谓的代理行为说,即认为代理行为乃代理人的行为,仅其效果归属于本人。

2. 代理行为的瑕疵

代理的效力虽直接归属于本人,但代理行为系由代理人为之,第105条前段规定:代理人之意思表示,因其意思欠缺、被诈欺、被胁迫或明知其情事,或可得而知其情事,致其效力受影响时,其事实之有无,应就代理人决之。须注意的是,其应就代理人决之者,乃其事实的有无,得主张其效力者,则为本人。例如代理人受诈欺而为租屋时,其撤销权人为本人,代理人得否撤销,视本人有无授权而定,此应就个案加以认定。对于上述原则,第105条设有例外规定:"但代理人之代理权,系以法律行为授予者,其意思表示,如依照本人所指示之意思而为时,其事实之有无,应就本人决之。"例如代理人依本人授权向他人购买某画,本人明知该画系盗赃时,其是否善意,应就本人决之,纵代理人不知其为盗赃,本人仍不得主张善意取得该画所有权(参阅例题26)。

3. 自己代理与双方代理

第106条规定:"代理人非经本人之许诺,不得为本人与自己之法律行为,亦不得既为第三人之代理人,而为本人与第三人之法律行为。但其法律行为,系专履行债务者,不在此限。"本条旨在规范自己代理与双方代理。自己代理指代理人为本人与自己的法律行为,例如代理人将自己房屋出租于本人。双方代理,指既为第三人的代理人而为与本人的法律行为,例如甲为乙、丙二人的代理人,而以乙、丙的名义订立房屋租赁契约。法律所以禁止此类代理,旨在避免利益冲突。违反时,其法律行为效力未定,须得本人承认始生效力。对此禁止原则,法律设有两个例外:① 得本人之许诺(事先同意)。② 专为履行债务。须注意的是,法定代理人赠与金钱或房屋等给未满7岁之未成年人,虽系依自己代理为之,但对受赠人系纯获法律上利益,并不发生利害冲突,为保护未成年人,应对第106条规定的适用范围作"目的性限缩",不必加以禁止。

三、无权代理

例题27:试区别下列三种情形,说明当事人间的法律关系:① 甲授予代理权给乙,向丙购买某车,其后发现甲为禁治产人。② 甲向丙表示,授权于乙向其租屋。其后甲对乙为代理权的撤回,乙仍以甲的名义,与善意的丙订立租赁契约。③ 甲将身份证及印章交给乙,办理户籍迁移,乙凭该证件及印章以甲的名义与丙订立保证契约,担保乙的债务。

代理以其代理权之有无为标准,可分为有权代理与无权代理两种。民法上所称代理以有权代理为限,故仅称"代理"而未标明有权或无权时,乃指有权代理而言。无权代理有广义及狭义之分。无权代理包括所谓"表现代理"与"狭义无权代理"。分述如下:

(一) 无权代理(狭义)

1. 无权代理的要件

无权代理,指无代理权人以代理人之名义而为法律行为。代理权的欠缺,其情形有四:① 未经授予代理权。② 授权行为无效或被撤销。③ 逾越代理权的范围。④ 代理权消灭。

2. 法律效果

（1）效力未定。无代理权人以代理人之名义所为的法律行为，非经本人承认，对于本人，不生效力。于此情形，法律行为之相对人，得定相当期限，催告本人确答是否承认，如本人逾期未为确答者，视为拒绝承认（第170条）。无代理权人所为之法律行为，其相对人于本人未承认前，得撤回之。但为法律行为时，明知其无代理权者，不在此限（第171条）。

（2）无权代理人的责任。第110条规定："无代理权人，以他人之代理人名义所为之法律行为，对于善意之相对人，负损害赔偿之责。"应说明者有四：

① 本条的适用须以该无权代理人的法律行为，因本人拒绝承认（或视为拒绝承认），确定不生效力为要件。

② 须相对人为善意（不知无权代理），有无过失，在所不问。此项无权代理人责任，系直接基于民法规定而发生的特别责任，并不以无权代理人有故意或过失为其要件，乃属于所谓原因责任、结果责任或无过失责任的一种，而非基于侵权行为的损害赔偿（1967年台上字第305号判决）。

③ 该条所谓损害赔偿，无论履行利益或信赖利益，相对人均得主张；但信赖利益的请求，不得大于履行利益。

④ 第110条规定于"无权代表"，应予类推适用。

（二）表现代理

须特别指出的是，在无权代理，原则上无善意保护问题。例如甲未获乙授予代理权，擅以乙的名义与丙订立买卖，或移转乙所有A画的所有权时，丙纵善意信赖甲有代理权，亦不受保护。其构成例外的，是表现代理，指无权代理人，具有代理权存在的外观，足令使人信其有代理权时，法律规定本人应负授权责任，以保护相对人的信赖及交易安全，其类型有二，分述如下：

1. 代理权继续存在的表现代理

第107条规定："代理权之限制及撤回，不得以之对抗善意第三人。但第三人因过失而不知其事实者，不在此限。"例如甲对丙表示，授权予乙，向其购买汽车。其后甲对乙表示撤回代理权，但未通知丙，致丙信赖乙有代理权，而与其订立买卖契约。在此情形，丙得主张代理权未撤回，代理行为直接对甲发生效力时，甲不得以代理人欠缺代理权限而为对抗（参阅例题27）。

2. 授予代理权的表现代理

第 169 条规定:"由自己之行为表示以代理权授予他人,或知他人表示为其代理人而不为反对之表示者,对于第三人应负授权人之责任。但第三人明知其无代理权或可得而知者,不在此限。"此为关于授予代理权的表现代理,实务上甚为重要,兹举两则判例,以供参照:

(1) 公司许他人以其公司名义为同一营业者,他人所经营之公司,固不因此而成为本公司之一部,惟其许他人使用自己公司名义与第三人为法律行为,即系第 169 条所谓表示以代理权授予他人之行为,如无同条但书情形,对于第三人自应负授权人之责任。(1956 年台上 461)。

(2) 由自己之行为表示以代理权授予他人者,对于第三人应负授权人之责任,必须本人有表现之事实,足使第三人信该他人有代理权之情形存在,始足当之。中国人将自己印章交付他人,委托他人办理特定事项者,比比皆是,倘持有印章之他人,除受托办理之特定事项外,其他以本人名义所为之任何法律行为,均须由本人负表现代理之授权人责任,不免过苛。是不能以印章交付的事实,即认保证契约之订立应负表现代理之授权人责任(1981 年台上 657)。(参阅例题 27)。

第九节　法律行为的效力
——无效、得撤销及效力未定

一、控制法律行为效力的三种机制

法律行为具备成立要件及生效要件时,即发生当事人所欲实现的法律效果,成为有效的法律行为,学说上称为完全法律行为。法律行为不具备成立要件者,不能成立。具备成立要件,而不具备生效要件时,应如何处理?此在立法政策涉及两个基本问题:

(1) 应赋予何种效力?民法所采的规范机制有三种,即无效、得撤销与效力未定。

(2) 对不具备生效要件的特定法律行为,应赋予何种效力?此为评价问题,应视其所欠缺生效要件的性质及其严重性的程度而定。民法所采的原则为:其欠缺的要件,如属有关公益,则使之无效。如仅关私益,则使之得撤销。如仅属于程序(如未得他人同意)的欠缺,则使之效力未定,俾资补正。

请读者自行综合整理民法总则关于法律行为无效、得撤销及效力未定的规定,尤其是深刻思考法律所以就某法律行为规定"无效"、"得撤销"或"效力未定"的立法理由。此对学习法律甚有助益,务请耐心为之。例如将限制行为能力人未得法定代理人所为的契约规定为"无效"或"得撤销"时,您是否赞同?

二、法律行为之无效

(一) 无效的意义

无效,指法律行为当然、自始、确定不发生的效力。分三点言之:

(1) 当然无效,指无效的法律行为无须任何人主张,当然不发生效力,任何人皆得主张其为无效。无效亦得对任何人主张之(绝对无效)。但法律为保护交易安全,亦有规定不得以其无效对抗善意第三人(相对无效,如第87条第1项但书)。

(2) 自始无效,指于法律行为成立时,即自始不发生当事人所意欲发生的效力。

(3) 确定无效,指无效的法律行为在其成立时,即不发生效力,且以后无再发生效力的可能,亦不因情事变更而恢复其效力,纵经当事人承认,亦不能使其发生效力。法律行为当事人知其无效,而为追认者,于其具备法律行为的有效要件时,视为重新为法律行为,自追认时起发生效力。法律行为是否无效,当事人有争执时,得向法院提起确认之诉。

(二) 一部无效、全部无效

第111条规定:"法律行为之一部分无效者,全部皆为无效。但除去该部分亦可成立者,则其他部分,仍为有效。"是否具备"但书"情形,应解释当事人之意思加以认定。例如甲向乙购A、B二书,订约时,A书业已灭失,设A、B系某小说的上下册,应认其买卖契约全部无效(自始客观不能,第246条第1项)。若A、B系不同的二书,不相牵连时,综合法律行为全部的旨趣,当事人订约时的真意、交易习惯,并本于诚信原则予以斟酌,得认为关于B书的部分,仍为有效。

(三) 无效法律行为的转换

第112条规定:"无效之法律行为,若具备他法律行为之要件,并因其情形,可认为当事人若知其无效,即欲为他法律行为者,其他法律行为,仍为有效。"此为解释当事人意思的规定,其目的在贯彻私法自治原则。其典型案例系不具备法定方式的票据无效时,可转换为普通债券;设定地上权无效时,可转换为土地租赁契约。

(四)无效的法律效果

法律行为无效时,不发生当事人依该法律行为所欲实现的法律效果。买卖契约无效时,不生买卖契约的效力。基于无效买卖契约而交付标的物,并移转其所有权(第761条)时,得成立不当得利请求权。其买卖契约及物权行为俱为无效时,则发生所有物返还请求权。值得注意的是,第113条设有特别规定:"无效法律行为之当事人,于行为当时,知其无效或可得而知者,应负恢复原状或损害赔偿之责任。"本条规定有无必要,解释适用上甚有疑问。

三、法律行为之撤销

法律行为的撤销,指对有瑕疵意思表示(或法律行为)的撤销,例如因错误、误传、被诈欺、被胁迫等而为意思表示的撤销。撤销者,指因撤销权人行使撤销权,使法律行为的效力溯及地归于消灭。撤销应以意思表示为之,如相对人确定者,此项意思表示,应向相对人为之(第116条)。撤销与无效之不同,在于得撤销的法律行为业已发生效力,须经撤销始失其效力,视为自始无效(第114条第1项),其法律效果同于无效。依第114条第2项规定,当事人知其法律行为得撤销,或可得而知者,其法律行为撤销时,准用第113条规定。

四、法律行为之效力未定

例题28:甲委任乙于1个月内出售某名画。甲交付该画于乙,并授予代理权。1个月后,乙仍以甲的名义将该画出售于丙,并为交付该画移转其所有权。丙复将该画转售予丁,并移转其所有权。丙、丁均属善意。试问甲得否向丁请求返还该画?

(一)效力未定的意义

于特定法律行为,法律规定其效力的发生须得他人同意。所谓同意,包括事先同意及事后同意。"民法"条文称"事先同意"为"允许",称事后同意为"承认。"法律行为应经他人事先同意而未得其允许时,其效力处于不确定的状态,效力未定,须待相对人承认或拒绝,其效力始能确定。兹分须得第三人同意及无权处分两种情形加以说明。

(二) 须得第三人同意的法律行为

此指以第三人同意为生效要件的法律行为,例如限制行为能力人所订立的契约,无权代理人所为的法律行为。第三人的同意或拒绝须向当事人的一方为之(第116条、第117条)。

(三) 无权处分

第118条规定:"无权利人就权利标的物所为之处分,经有权利人之承认始生效力。无权利人就权利标的物为处分后,取得其权利者,其处分自始有效。但原权利人或第三人已取得之利益,不因此而受影响。前项情形,若数处分相抵触时,以其最初之处分为有效。"此项规定在理论及实务上甚为重要,分三点言之:

(1) "处分",指处分行为而言,包括物权行为及准物权行为,但不包括负担行为(如买卖契约),出卖他人之物,非属本条所称处分,应属有效。"权利标的物"包括物权(所有权及其他物权)、准物权及债权在内。"无权利人",指无处分权者而言。其有处分权者,例如所有人,破产管理人("破产法"第75条、第92条)。法定代理人对未成年子女的特有财产亦有处分权(第1088条第2项)。无权处分因有权利人的承认,其处分自始发生效力(第115条)。须注意的是,无权利人就权利标的物为处分时,如其行为合于侵权行为成立要件,虽其处分已经有权利人之承认而生效力,亦不得谓有权利人之承认,当然含有免除处分人赔偿责任之意思表示(1934年台上字2510号判决)。

(2) 甲有碧眼波斯猫,设质予乙,乙出国托丙照顾该猫,丙擅将该猫赠其女友丁,并移转其所有权(无权处分),丁明知该猫为甲所有。其后甲将该猫赠与丙,并移转其所有权时(第761条),丙因取得该猫所有权,而使其无权处分自始有效,由丁取得该猫所有权,但乙的质权不因此而受影响。

(3) 甲擅将其父乙对丙的债权,先让与丁,再让与戊。其后甲继承乙时,其处分自始有效,因数处分相抵触,以最初的处分为有效,由丁取得对丙的债权。

(四) 例题28解说

在例题28甲得否依第767条规定向丁请求返还该画,须以甲仍为该画所有人,而丁为无权占有为要件。甲将其所有A画委任乙于1个月内出售,并授予代理权。其代理权的授予包括债权行为及物权行为,乙逾一个月期间,仍将该画让售于丙,系属无权代理,其买卖契约及物权行为均属效力未定,丙纵为善意,仍未能取得 A 画所有权。丙复将该 A 画出卖予丁,属出卖他人之物,其买卖契约有效,但移转该画所有权的物权行为,乃无权处分,本为效力未定(第 118 条第 1 项),但丁系善意,得依第 801 条、第 948 条规定取得该 A 画所有权。甲不得依第 767 条规定向丁请求返还该画。兹将其法律关系图示如下:

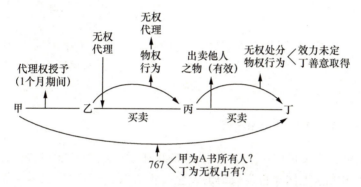

例题 28 涉及无权代理、无权处分、出卖他人之物、第三人善意保护等基本问题,应补充说明者有三:

(1)甲委乙于一个月内出售 A 画,并授予代理权,此一个月期间系原代理权的范围,非属对第 107 条所谓"代理权之限制",此项限制,系指依本人的意思,对代理人原有之权限加以限制而言。

(2)无权代理的法律行为包括负担行为(如买卖)及物权行为。无权处分仅指处分行为(尤其是物权行为),不包括负担行为。

(3)无权代理的法律行为,效力未定,除法律明定的表现代理外,相对人的善意信赖不受保护。无权处分亦属效力未定,有善意取得制度(第 801 条、第 886 条、第 948 条)。

第五章　期日与期间

例题29：甲于3月1日上午9:00向乙购买某中古机车，约定甲于下午3:00前（或3日内）得解除契约。试说明解除权行使期间的起算与终止（本题请读者自行研究）。

一、规范意义及适用范围

时间系重要的法律事实，举凡人的出生、死亡、权利能力、行为能力、公法上或私法上法律行为效力的发生与消灭等，皆与时间发生关系。时间是由"期日"与"期间"所构成，总则第五章就时间计算方法详设规定，并明定："法令、审判或法律行为所定之期日及期间，除有特别订定外，其计算，依本章之规定。"（第119条）

二、期日

期日，指不可分或视为不可分的一定时间，乃时的静态，可喻为时之点，例如2000年1月1日，或1月1日下午3:15。第122条规定，于一定期日，应为意思表示或给付者，其期日为星期日、纪念日或其他休息日时，以其休息日之次日代之。

三、期间

（一）期间的意义及起算

期间指期日与期日之间而言，乃时间动态的一定长度，有其开始及终止。以时定期间者（如上午8:00至下午3:00），即时起算。以日、星期、月或年定期间者，其始日不计算（120条）。称月或年者，依历计算。月或年，非连续计算者，每月为30日，每年为365日（第123条）。

(二) 期间的终止

第121条第1项规定:"以日、星期、月或年定期间者,以期间末日之终止,为期间之终止。"第121条第2项规定:"期间不以星期、月或年之始日起算者,以最后之星期、月或年与起算日相当日之前一日,为期间之末日。"又依第122条规定:"于一定期日或期间内,应为意思表示或给付者,其期日或其期间之末日,为星期日、纪念日或其他休息日时,以其休息日之次日代之。"

关于年龄的计算,第124条设有特别规定:"年龄,自出生之日起算。出生之月、日,无从确定时,推定其为7月1日出生。知其出生之月,而不知出生之日者,推定其为该月15日出生。"年龄本为一种期间,所以不适用"始日不算入",而自出生之日起算,旨在保护自然人的权利能力。出生之"年"不能确定时,应依医学鉴定,或其他方法确定出生之年。

第六章 消灭时效

例题30：法律系学生某甲向乙租屋，积欠租金3万元。5年后，甲回校就读博士班，乙知其事，向甲请求返还租金，甲以乙的请求权因5年间不行使而消灭，而拒绝给付，双方发生争吵，甲拿出六法全书，乙认为此项法律"岂有此理"。您能否为"消灭时效制度"而辩护？

例题31：甲有A画于1990年2月10日被窃，甲遍寻无着。迄至2003年5月5日查知被乙所盗，即向乙请求返还，乙辩称该画为其父遗物，拒不返还。甲积极搜集该画为其所有证据，预定于2005年2月初提起诉讼权利，不料于2005年2月10日发生空前大地震，甲住所地法院遭严重毁损，迟至2月13日始正常办公。试问甲对乙的请求是否已罹于消灭时效？

一、消灭时效与除斥期间

（一）消灭时效的意义

消灭时效，指因一定期间不行使权利，致其请求权消灭的法律事实。例如甲出售某地给乙，乙对甲请求交付该地，并移转其所有权的请求权（第348条），因15年不行使而消灭。为何要设此种消灭时效制度（参阅例题30）？其理由有四：① 保护债务人，避免因时日久远，举证困难，致遭受不利益。② 尊重现存秩序，维护法律平和。③ 权利上的睡眠者，不值保护。④ 简化法律关系，减轻法院负担，降低交易成本。

（二）消灭时效与除斥期间

时间的经过，影响权利存续或行使的，除消灭时效外，尚有除斥期间。除斥期间，乃权利预定存续期间，亦称预定期间。法律所定期间究为除斥期间,抑为消灭时效,须斟酌条文所使用"因不行使而消灭"或"时效"等字样、权利性质,以及法规实质具体内容而为判断。二者的不同,可分四点言之:

(1) 立法精神。除斥期间系为维持继续存在的原秩序。消灭时效则在维持新建立的秩序。

(2) 适用客体。除斥期间的客体为形成权(如撤销权、解除权、终止权)。消灭时效的客体则为请求权。

(3) 期间计算。除斥期间为不变期间,除法律别有规定外(第93条、第245条),自权利发生时起算,短者6个月,最长者不超过10年(第93条),并不得展期,以早日确定当事人间的关系。消灭时效,自请求权可行使时起算,以不行为为目的之请求权,自为行为时起算(第128条)。时效期间最短者为两个月(第563条),最长者为15年(第125条),有中断或不完成的规定(第129条以下)。

(4) 效力。除斥期间经过后,权利当然消灭,当事人纵不援用,法院亦应依职权加以调查。请求权罹于消灭时效时,请求权仍得行使,惟权利人行使请求权时,义务人得主张拒绝给付的抗辩权,故消灭时效非经当事人援用,法院不得依职权以之作为裁判的依据。

二、消灭时效的客体

消灭时效的客体为请求权。请求权指特定人得向特定人请求一定行为的权利,有为债权请求权,有为物上请求权,有因身份关系而生的请求权,是否均为消灭时效适用的客体? 此应就时效制度的作用及权利的性质而为判断。分述如下:

(一) 债权的请求权

凡债权请求权,无论其发生原因及请求权内容为何,均为消灭时效的客体,包括契约履行请求权、债务不履行损害赔偿请求权、缔约上过失损害赔偿请求权、不当得利请求权,及侵权行为损害赔偿请求权等。

(二) 物上请求权

(1) 物权请求权,指于物权为他人所侵害时,以恢复物权之圆满状态为标的请求权,如所有人对于无权占有或侵夺其所有物者,得请求返还之(所有物返还请求权),对于妨害其所有权者,得请求除去之(妨害除去请求权),有妨害其所有权之虞时,得请求防止之(妨害防止请求权)(第767

条)。须注意的是,依大法官第 107 号及第 164 号解释,已登记不动产所有人的物上请求权不罹于消灭时效。未登记不动产及动产所有人的物上请求权(第 767 条),则仍应适用第 125 条规定。

(2) 占有人的物上请求权,自侵夺或妨害占有,或危险发生后,一年间不行使而消灭(第 963 条)。

(三) 基于身份关系而生的请求权

请求权基于纯粹身份关系而生者,不适用消灭时效的规定,例如配偶同居请求权(第 1001 条)、履行婚约请求权、父母对第三人请求交还未成年子女的请求权,均不罹于时效。至于非纯粹身份关系,如夫妻间的损害请求权等,具财产权的性质,仍有消灭时效的适用。

(四) 基于人格关系而生的请求权

以人格权为内容的请求权,如侵害除去请求权(第 18 条第 1 项),为维护人格利益所必要,不因时效而消灭。但人格权被侵害而生的损害赔偿请求权,则有消灭时效的适用(第 197 条第 1 项)。

三、消灭时效的期间及其起算

(一) 消灭时效期间

如何定消灭时效的期间,系立法上的重大问题。第 125 条规定:"请求权,因十五年间不行使而消灭。但法律所定期间较短者,依其规定。"期间较短者,有在"民法"规定(第 126、127、197、514、563 条),有于特别法规定(如"票据法"第 22 条、"保险法"第 65 条)。

须特别提出的是,第 126 条规定:"利息、红利、租金、赡养费、退职金及其他一年或不及一年之定期给付债权,其各期给付请求权,因五年间不行使而消灭。"又依第 127 条规定:"左列各款请求权,因二年间不行使而消灭:① 旅店、饮食店及娱乐场之住宿费、饮食费、座费、消费物之代价及其垫款。② 运送费及运送人所垫之款。③ 以租赁动产为营业者之租价。④ 医生、药师、看护生之诊费、药费、报酬及其垫款。⑤ 律师、会计师、公证人之报酬及其垫款。⑥ 律师、会计师、公证人所收当事人物件之交还。⑦ 技师、承揽人之报酬及其垫款。⑧ 商人、制造人、手工业人所供给之商品及产物之代价。"其设短期时效的意旨在使日常生活的交易尽速了结其法律关系。

时效制度攸关公益,当事人不得以法律行为延长或减短(第 147 条)。

(二) 消灭时效期间的起算

时效期间的进行,如何定其起算点,至属重要。第128条规定:"消灭时效,自请求权可行使时起算。以不行为为目的之请求权,自为行为时起算。"分述如下:

1. 以作为为目的之请求权

以"作为"为内容的请求权,自请求权可行使时起算。例如:

（1）附停止条件或期限的权利,自其条件成就或期限届至时起算。

（2）请求权定有清偿期者,自期限届满时起即可行使,其消灭时效应自期限届满时起算。

（3）债权未定清偿期者,债权人得随时请求清偿(第315条)。此项请求权自债权成立时即可行使,应自债权成立时起算。

（4）基于法律规定而生的债权,例如不当得利请求权、对无权代理人的损害赔偿请求权等,于其成立时即可行使,开始时效进行。关于侵权行为损害赔偿请求权,第197条设有特别规定。

（5）出租人对于承租人返还租赁物之请求权,其消灭时效应自租赁关系消灭时起算。

2. 以不作为为目的之请求权

以不作为为目的之请求权,自义务人有违反行为时起算。例如甲与乙约定,不在同一地区为同种营业,乙的不作为请求权的消灭时效,于甲违约经营同种事业时起算。

四、消灭时效中断与消灭时效不完成

消灭时效开始进行后,如有行使权利的事实时,得发生"时效中断",使已进行的时效溯及地归于消灭。时效期间届满时,有特殊的情事发生时,得停止时效的进行,发生"时效不完成",而将时效期间延长。"时效中断"与"时效不完成"合称为时效障碍。

(一) 消灭时效中断的事由

1. 中断事由

第129条规定:"消灭时效,因下列事由而中断:① 请求。② 承认。③ 起诉。"

（1）请求,乃请求权之行使,无须何种的方式,须债权人对债务人表示请求履行债务的意思即为已足。时效因请求而中断的,若于请求后6

个月内不起诉,视为不中断(第130条),即视为未有请求,时效仍从原开始之时,继续进行。

(2) 承认,乃义务人对权利人承认其权利之存在(如请求缓期清偿、支付利息)。承认足以表示权利人确有权利,明确推翻过去无权利之事实状态,故"民法"规定其为确定的中断事由,其已经过的时间,自承认之表示生效时起归于消灭,另一时效同时开始进行(绝对中断的效力)。

(3) 起诉,乃于民事诉讼法上行使权利的行为。时效因起诉而中断者,若撤回起诉,或因不合法而受驳回之裁判,其裁判确定,视为不中断(第129条第2项、第131条、第132条至第136条)。

2. 时效中断的效力

时效中断发生时的效力及人的效力。关于时的效力,第137条第1项规定:"时效中断者,自中断之事由终止时,重新起算。"关于人的效力,第138条规定:"时效中断,以当事人、继承人、受让人之间为限,始有效力。"

(二) 消灭时效不完成

时效不完成,指于时效期间将近终止之际,因有请求权无法或不便行使之事由,法律乃使已应完成之时效,于该事由终止后,在一定期间内,暂缓完成,俾因时效完成而受不利益之当事人,得利用此不完成之期间,行使权利的制度。消灭时效不完成关系当事人利益甚巨,"民法"明定限于下列五种法定事由:

(1) 不可避事变。第139条规定:"时效之期间终止时,因天灾或其他不可避之事变,致不能中断其时效者,自其妨碍事由消灭时起,一个月内,其时效不完成。"

(2) 关于继承财产之权利。第140条规定:"属于继承财产之权利或对于继承财产之权利,自继承人确定或管理人选定或破产之宣告时起,六个月内,其时效不完成。"

(3) 无行为能力人或限制行为能力人欠缺法定代理人。第141条规定:"无行为能力人或限制行为能力人之权利,于时效期间终止前六个月内,若无法定代理人者,自其成为行为能力人或其法定代理人就职时起,六个月内,其时效不完成。"

(4) 无行为能力人或限制行为能力人对法定代理人之权利。第142条规定:"无行为能力人或限制行为能力人,对于其法定代理人之权利,于代理关系消灭后一年内,其时效不完成。"

(5) 夫妻相互间之权利。第 143 条规定:"夫对于妻或妻对于夫之权利,于婚姻关系消灭后一年内,其时效不完成。"

五、消灭时效完成的效力

(一) 债务人得拒绝给付

第 144 条第 1 项规定:"时效完成后,债务人得拒绝给付。"系采抗辩权发生原则,即消灭时效完成后,权利自体本身不消灭,其诉权亦不消灭,仅使义务人取得拒绝给付抗辩权而已。

(二) 消灭时效及于从权利的效力

第 146 条本文规定:"主权利因时效消灭者,其效力及于从权利。"此乃原则。法律有特别规定时,依其规定(第 146 条但书)。又第 880 条规定:"以抵押权担保之债权,其请求权已因时效而消灭,如抵押权人于消灭时效完成后,五年间不实行其抵押权者,其抵押权消灭。"此 5 年期间,系除斥期间,而非时效期间。

(三) 消灭时效完成后的给付

消灭时效完成后的效力,即仅在发生债务人拒绝给付之抗辩权,其债权本身仍未消灭,第 144 条明定:"请求权已经时效消灭,债务人仍为履行之给付者,不得以不知时效为理由,请求返还。其以契约承认该债务或提出担保者,亦同。"所谓"不得以不知时效为理由,请求返还",指债权人系本诸债权受领给付,具有法律上原因,不成立不当得利。

(四) 时效利益的抛弃

第 147 条规定:"时效期间,不得以法律行为加长或减短之。并不得预先抛弃时效之利益。"旨在保护债务人。倘时效业已完成,无保护必要,时效利益自得为抛弃。时效完成的利益一经抛弃,即恢复时效完成前之状态,债务人不得再以时效业经完成拒绝给付。惟得援用抛弃时效利益后重行起算新时效利益。

六、时效的动态过程

在实务上,消灭时效甚为重要,债务人被请求给付时,首先想到的是,债权人的请求权是否罹于时效,而拒绝给付。时效乃一种动态过程,其应思考的,包括该请求权是否为时效的客体,其时效期间长短,何时起算,已否中断或不完成。又消灭时效涉及请求权竞合的问题。试就例题 31 加以说明：

甲有 A 画,于 1990 年 2 月 10 日被乙所盗,甲得对乙主张侵权行为损害赔偿请求权(第 184 条第 1 项)、占有人的物上请求权(第 962 条)及所有物返还请求权(第 767 条)。

关于因侵权行为所生损害赔偿请求权,自请求权人知有损害及赔偿义务人之时,两年间不行使而消灭;自有侵权行为时起,逾 10 年亦同。关于占有人的物上请求权,自侵夺后,1 年间不行使而消灭(第 963 条)。因此,甲对乙此两种请求权均已罹于消灭时效。

至于甲对乙得主张的 A 画(动产)所有物返还请求权,其时效期间为 15 年(第 125 条),自被盗日(1990 年 2 月 10 日)起即可行使(第 128 条),甲于 2003 年 5 月 5 日查知乙盗其画,而向其请求返还,其时效因请求而中断(第 129 条第 1 项),但因未于请求后 6 个月内起诉,时效视为不中断,时效继续进行。甲的请求权时效期间应于 2005 年 2 月 10 日终止(第 120 条、第 121 条),于终止时因天灾致不能中断其时效,自其妨碍事由消灭时(法院恢复上班,2005 年 2 月 13 日)起,1 个月内,至 2005 年 3 月 13 日止,其时效不完成。兹为便于观察,图示如下：

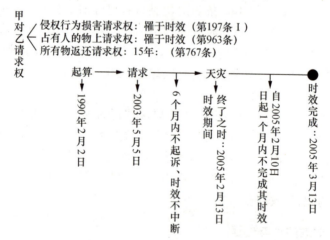

第七章 权利的行使

权利旨在使个人得享受其法律上的利益，惟权利非自己所独有，他人亦享有之，不能只知有己，不知有人，违反彼此尊重的法律伦理原则。为维护共存共荣、和谐的社会生活，权利的行使须受限制，乃属当然。总则第七章规定乃对权利行使本身权利及自力救济设必要的限制。分述如下。

第一节 行使权利及履行义务

一、权利的行使不得违反公共利益

"权利之行使，不得违反公共利益"（第148条第1项前段），乃在强调私权的公共性，为权利社会化的重要内涵。公共利益，指不特定多数人利益，包括社会与个人利益在内，乃促进社会生存发展不可或缺的合理秩序，应于个案就权利人的行为客观地加以判断。例如请求拆除系争土地上所建的变电设施，将使大都会区居民的生活陷于瘫痪，所有生产工厂均将停顿时，其行使权利显然违反公共利益。

二、权利的行使不得以损害他人为主要目的

权利的行使不得以损害他人为主要目的。所谓"权利"，指一切权利而言。权利的行使，是否以损害他人为主要目的，应就权利人因权利行使所能取得的利益，与他人及社会因其权利行使所受的损失，比较衡量而定之。倘其权利的行使，自己所得利益极少而他人及社会所受的损失甚大时，非不得视为以损害他人为主要目的，此乃权利社会化的基本内涵所必然之解释（1982年台上字第737号判决）。此项利益衡量判断基准，实值

赞同。例如甲建筑十层楼大厦,因过失越界侵入乙的土地数尺,乙仅得请求以相当价额购买越界部分之土地,如有损害,并得请求赔偿,但不得请求拆屋还地(第796条)。

三、行使权利、履行义务应依诚实信用原则

第148条第2项规定:"行使权利、履行义务,应依诚实及信用方法。"诚实信用系属概括条款(学说上称之为帝王条款),具有授权法院,得就个案予以具体化的功能,并组成类型,以促进法律适用的安定性及可预见性。

诚实信用原则,系在具体的权利义务的关系,依正义公平的方法,确定并实现权利的内容,避免当事人间牺牲他方利益以图利自己,应以权利人及义务人双方利益为衡量依据,并应考察权利义务的社会上作用,于具体事实妥善运用(1997年台再字第64号判决)。例如甲与债务人乙约定于某日中午12:00交付订购商品,若乙迟延30分钟,而其交货无害于甲的利益时,甲拒绝受领,有违诚实信用。

第二节 权利的自力救济

例题32:请研读以下三则案例,分析讨论第149条、第150条及第151条所规定"正当防卫"、"紧急避险"及"自助行为"的法律性质,构成要件(受保护的权利、侵害方式、救济方法)及法律效果的不同及其理由:① 被强暴妇女咬伤施暴者的舌头;② 甲、乙落海,为抢夺救生圈,甲伤害乙。③ 甲知其债务人某乙欲潜逃国外,即赶赴机场,夺其护照、行李,阻其出境。

一、正当防卫

"对于现时不法之侵害,为防卫自己或他人之权利所为之行为",称为正当防卫,性质上属适法行为,可阻却违法,不负赔偿责任(第149条)。例如银行的职员持电击棍击伤抢劫的暴徒;被强暴妇女为排除侵害,咬伤施暴者的舌头。正当防卫系权利的自力救济,虽属以"正对不正",仍应受合理限制,而有比例原则的适用,不得逾越必要程度,有多种防御方法

时,应选择反击较轻而相当的方法为之,否则仍应负赔偿之责(第 149 条但书)。例如孩童闯入果园,驱逐即可,不必殴打。正当防卫具有违法阻却的效果,不成立侵权行为。正当防卫、紧急避难及自助行为的性质虽有不同,但均非不法行为,不得再对之实施正当防卫。误以为有应防卫的状态存在而为防卫行为(误想的防卫行为),其对误想防卫状态的存在有过失时,应依侵权行为规定负损害赔偿责任。

二、紧急避险

"因避免自己或他人生命、身体、自由或财产上急迫之危险所为之行为",亦可阻却违法,不负赔偿责任(第 150 条第 1 项)。例如遭恶徒追杀、驾驶他人机车逃避。海上遭难,仅有一小救生圈,得之则生,失之则亡,数人互夺,法律无从保护,只得任其发展,故紧急避险系属所谓放任行为。又由救生圈之例可知,紧急避险较诸正当防卫更涉及不同的利益的取舍及其牺牲,除必要性及比例原则外,尚有所谓"法益权衡原则"的适用,即须以避免危险所必要,并未逾越危险所能致的损害程度,否则仍应负赔偿责任(第 150 条第 1 项但书),例如见狼犬追逐某孩童,击伤足以避险时,不必击毙;不及避险时,则得击杀之,因人身安全重于财物利益也。又在紧急避险的情形,其危险的发生,行为人有责任时,如挑逗邻居的狼犬,引起追逐,而在危险中将之击毙时,须负赔偿责任(第 150 条第 2 项)。所谓行为人有责任,指因行为人的行为而引发危险,有无过失,在所不问。

三、自助行为

"为保护自己权利,对于他人之自由或财产施以拘束、押收或毁损者",称为自助行为,为法律所容许的权利保全措施(适法行为),不负赔偿责任,但以不及受法院或其他有关机关援助,并非于其时为之,则请求权不得实行或其实行显有困难者为限(第 151 条)。例如债务人变卖财物准备搭机潜逃外地,债权人得扣留其人或护照证件。此等行为虽侵害他人权利,亦可阻却违法。自助行为所保护的权利,系请求权,包括债权的请求权及物权的请求权。自助行为须不逾越保全权利的必要限度,现行法对此未设明文规定,但自助行为与正当防卫、紧急避险同系例外救济途径,第 149 条及第 150 条规定应予类推适用。

第三编　债(一):债之通则

第一章　债编的体系构成及债之关系

本章旨在说明债编的体系构成及债之关系的法律结构，对初学者，甚为抽象而难懂，但却是债法理论最基本、最重要的部分，可先不求甚解，俟于读完债编后再为复习。

第一节　民法债编的体系构成

"民法"第二编称为债。债编分为两章，一为通则，二为各种之债，此在体例上系采民法由"抽象到具体、一般到特殊"的立法技术。"通则"一章规定债的发生原因(契约、无因管理、不当得利、侵权行为)，及适用于所有之债的一般规定，包括债之标的、债之效力、多数债务人及债权人、债之移转及债之消灭。"各种之债"一章规定了27种(尤其是契约)。兹将债编的体系构成图示如下：

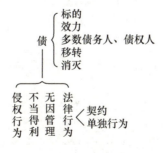

第二节 债之关系

一、债之意义

(一) 债之概念的形成

研究债编,在方法论上首先须提出一个基本问题,即契约、无因管理、不当得利、侵权行为具有不同的规范功能,不同的构成要件,立法者究竟基于何种共同因素,将不同的法律事实归纳在一起,建立"债"之概念,组成"债编"体系？构成各种之债内在统一性的,乃其法律效果的相同性,即上述各种法律事实,在形式上均产生相同的法律效果:一方当事人得向他方当事人请求特定行为(给付)。举例言之:

(1) 甲出卖某车给乙,基此买卖契约,乙得向甲请求交付该车,并移转其所有权(第348条);甲得向乙请求支付价金及受领标的物(第367条)。

(2) 甲为乙修缮遭地震毁损的屋顶,基此无因管理,甲得向乙请求偿还其所支出的费用(第173条、第176条)。

(3) 甲不知买卖契约不成立,仍依让与合意交付某车予乙,基此不当得利,甲得向乙请求返还该车所有权(第179条)。

(4) 甲偷拍乙的隐私行为,烧制光碟贩卖,基此侵权行为,乙得向甲请求损害赔偿(第184条第1项前段)。

据上所述,可知债是一种法律关系,基此法律关系,特定人间得请求特定行为(给付,如支付价金、损害赔偿),其得请求给付的一方当事人,享有债权,称为债权人;其负有给付义务的一方当事人,称为债务人。给付则为债之标的,包括作为及不作为。第199条规定:"债权人基于债之关系,得向债务人请求给付。给付不以有财产价格者为限。不作为亦得为给付。"

(二) 狭义债之关系与广义债之关系

债之关系可分为"狭义债之关系"与"广义债之关系"。狭义债之关系,指个别的给付关系,自得请求给付的一方当事人言,是为债权,自负有给付义务的一方当事人言,则为债务。例如,物之出卖人对于买受人所负交付其物及移转其所有权的义务,买受人对出卖人所负支付价金及受领标的物的义务,均属狭义债之关系。第 199 条所谓债权人基于"债之关系",得向债务人请求给付,乃指狭义债之关系。广义债之关系,指包括多数债权、债务(即多数狭义债之关系)的法律关系。债编第二章所称各种之"债",即指此而言。例如买卖契约为广义债之关系,产生当事人各负交付其物及移转其所有权,或交付价金及受领标的物之义务等。兹为便于观察,图示如下:

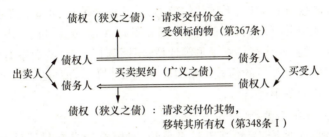

狭义债之关系与广义债之关系的区别,对于了解债法及其解释适用,甚为重要。在广义之债(如买卖),得产生各种权利义务。个别狭义债之关系(如出卖人交付其物,并移转其所有权的义务),虽因清偿而消灭,买卖契约本身仍继续存在。个别债权得让与于第三人(第 294 条以下),个别债务得由第三人承担(第 300 条以下),买卖契约(广义债之关系)的同一性并不因此而受影响。又买卖契约当事人亦得订立第三人利益约款,使第三人得直接向买卖契约一方请求给付(第三人利益契约,第 269 条)。

二、债权的性质:相对性、平等原则

例题 33:甲有 A 地,先卖予乙,再卖予丙。试问:① 甲与丙得否有效成立买卖契约?是否因丙明知甲与乙间已有买卖契约而不同?② 设甲先将 A 地交乙占有,其后再办理登记给丙时,丙是否取得该地所有权?丙得否对乙请求返还其占有的 A 地?

(一) 债权的性质

权利旨在将某种利益在法律上归属某人。债权系将债务人的给付归属于债权人。债权的本质,系有效受领债务人的给付,债权人得向债务人请求给付,乃债权的作用或权能。债权与请求权应予区别。债权请求权罹于消灭时效时,债权本身尚属存在,债务人仍为履行的给付时,不得以不知时效消灭为理由,请求返还(第 144 条第 2 项)。

(二) 债权的相对性

债权人基于债之关系,得向债务人请求给付。债务人的义务与债权人的权利,乃同一给付关系的两面。此种仅特定债权人得向特定债务人请求给付的法律关系,学说上称为债权(或债之关系)的相对性,有别于物权所具得对抗一般不特定人的绝对性。

(三) 债权平等原则

债权既仅具相对性,无排他的效力,因此数个债权,不论其发生先后,均以同等地位并存(债权平等性)。例如甲有 A 屋,先后与乙、丙、丁等人订立租赁契约,各债权均立于平等地位,不因其订立在先,而享有优先性,得排除其他发生在后的债权。甲得将该屋交付任何债权人时,但应对其他债权人负债务不履行责任。

(四) 一物二卖:例题33 解说

甲出卖 A 地给乙,乙基于买卖契约,对甲有请求交付该地及移转其所有权的债权。甲复将该地出卖予丙时,其买卖契约的效力不因丙明知甲与乙间就该地已先订有买卖契约而受影响,乙、丙对甲的债权得同时并存,并居于平等地位。甲先将 A 地交付予乙,嗣后登记于丙时,依第758条规定,应由丙取得该地所有权。在此情形,丙为 A 地所有人,乙与甲间虽先有买卖契约,但不得对丙有所主张(债之关系的相对性),对丙而言,乙系无权占有,丙得依第 767 条规定向乙请求返还该地,乙则得依债务不履行的规定向甲请求损害赔偿(第 226 条)。法律所以肯定一物二卖的效力,旨在维护市场经济的竞争秩序,使物得归于最能利用之人,以发挥物尽其用的效率,而以损害赔偿补偿债权人的期待利益。须注意的是,此种交易亦应受一定的法律规范,即丙自甲购买 A 地,受让其所有权,系出于故意悖于善良风俗方法加损害于乙时,丙应对乙负侵权行为损害赔偿责任(第 184 条第 1 项后段)。兹将其法律关系图示如下:

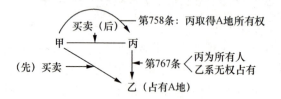

三、债权的实现及自然债务

(一) 债权的实现

债权人基于债之关系,得向债务人请求给付(请求力)。债务人怠于履行其义务时,法律并不主动采取行动,而是让债权人自行决定是否实现其权利。债权人一旦决定行使其权利时,法律则提供其权威、力量及制度,使债权人得诉请履行(执行力),必要时并得强制执行;于特殊情形更容许债权人自力实现其债权,例如采取自助行为(第151条)。债务人自动或受法律的强制而为给付时,债权人得保有此项给付,债权乃成为保持此项给付的法律上原因(保持力)。

(二) 不完全债权与自然债务

1. 不完全债权

债权通常均具有前述请求力、强制执行力、实现力及保持力。债权欠缺某种效力的,亦属有之,学说上称为不完全债权。例如婚约不能强迫履行(第975条),债权请求权罹于消灭时效时,债务人得拒绝履行(第144条)。其有请求力,但欠缺执行力的,例如关于夫妻履行同居义务的判决,不得强制执行。

2. 自然债务

自然债务的概念源自罗马法,有时用于不能依诉请求的给付义务(如罹于消灭时效的债务),有时指基于道德上义务而发生的"债务",有时指因不法原因而发生的"债务",有时更不加区别,兼指诸此情形而言。用语存在分歧。使用之际,须明确指出系指何种情形而言,并避免由此导出不合理的推论。须注意的是,赌博系违反法令(或违反公序良俗)的行为,应属无效,故赌债非债,不得请求给付,其已为给付者,具不法原因,不得请求返还(第180条第4款)。

四、债务与责任

债务,指应为一定给付的义务。责任,指强制实现此项义务的手段,亦即履行此项义务的担保。在古代法上,债务人系以其人身负责,债务人不履行债务时,债权人得径为直接强制,拘束其人身,贩卖为奴。现代法则采财产责任,债务人原则上应以财产全部负无限责任(但参阅"强制执行法"第53条、第122条)。其负有限责任的则属例外,例如限定继承,继承人得依一定的程序,将遗产与继承人的自有财产分开,限定以因继承所得之遗产,偿还被继承人之债务(第1154条以下)。

债务人就其债务,原则上既应以财产全部负其责任,此项责任财产的减少,关系债权人利害至巨,民法为确保债权的实现,设有债权保全机制(第242条以下)。此外民法更设有人的保证及物的担保两种制度,对于融通资金,活络经济活动,助益甚巨。

五、债之关系上的义务群

　　例题34:甲出售某名马给乙,并为交付。该马患有疾病,传染给乙的马群,因乙怠于采取必要措施,发生重大损害。又甲迟未交付该名马血统证明书,致乙难以转售该马,乙乃向甲解除契约,并请求损害赔偿。请就此例分析甲或乙违反何种契约上的义务?解除契约后发生何种法律关系?

债之关系的核心在于给付,除给付义务以外,尚有所谓的附随义务及不真正义务。债法的内容是建立在债之关系上各种义务的形成和发展。此等义务群的建构,及其违反的法律效果,乃债法上最为重要的问题,并为民法上分析思考的基本工具,请读者特为注意。

(一) 给付义务

1. 主给付义务及从给付义务

(1) 主给付义务。债之关系系建立在"给付义务"之上,例如在租赁契约,物之出租人负交付其物义务,承租人负支付租金的义务。在无因管理,本人应偿还管理人所支出的费用。在不当得利,受益人应返还其无法律上原因所受的利益。在侵权行为,加害人应赔偿被害人所受的损害。此等义务因债之关系的成立而发生,为债之关系所必备,并决定债之关系(尤其是契约)的类型,学说上称之为债之关系上的"主给付义务"。

(2) 从给付义务。在债之关系,除主给付义务外,尚有所谓的从给付义务,其发生的原因有三:① 基于法律明文规定。例如受任人应将委任事务进行之状况,报告委任人,委任关系终止时,应明确报告其颠末(第540条,报告义务);受任人因处理委任事务,所收取之金钱、物品及孳息,应交付于委任人。受任人以自己名义,为委任人取得之权利,应移转于委任人(第541条,计算义务)。② 基于当事人的约定。例如,甲出卖某涮锅店给乙,约定甲不得在特定地区开店营业。③ 基于诚实信用原则及补充的契约解释。例如稀有古董出卖人应交付专家鉴定书;出售某名马,应交付血统证明书。

从给付义务具补助主给付义务的功能,以确保债权人的利益能够获得最大的满足。

2. 原给付义务及次给付义务

(1) 原给付义务。债之关系上的原给付义务,指基于特定债之关系第一次发生的义务,就契约言,例如名画的出卖人所负交付及移转其所有权的义务(主给付义务),及交付该画鉴定书的义务(从给付义务)。

(2) 次给付义务(第二次义务)。原给付义务于履行过程中,因特定事由演变而生的义务,称为次给付义务,其主要情形有二:① 因原给付义务的给付不能、给付迟延或不完全给付而生的损害赔偿义务。此种损害赔偿义务,有系替代原给付义务(如给付不能,第 226 条),亦有与原给付义务并存的(如给付迟延,第 231 条)。② 契约解除时所生恢复原状的义务(第 259 条)。次给付义务亦系根基于原来债之关系,债之关系的内容虽因此有所变更,但其同一性仍维持不变。

(二) 附随义务

债之关系在其发展的过程中,除前述给付义务外,尚会发生其他附随义务,例如房屋出租人应协力使承租人取得建筑执照,以从事必要的修缮(协力义务);雇主应为受雇人加入劳工保险(照顾义务);医生不得泄露病患的隐私等。此类义务的发生,系以诚实信用原则为依据。附随义务的功能有二:① 促进实现主给付义务,使债权人的给付利益获得最大可能地满足(辅助功能)。② 保护他方当事人的人身或财产上的利益(保护功能)。例如汽锅的出卖人应告知其使用上应注意事项,一方面使买受人在给付上的利益,得获满足;另一方面保护买受人的人身或财产上的利益不因汽锅爆破而遭受损害。给付义务(主给付或从给付义务)的违反,得成立债务不履行(给付不能、给付迟延或不完全给付)。附随义务的违反,则得构成不完全给付(尤其是加害给付),而发生损害赔偿责任(第 227 条)。

(三) 不真正义务

债之关系,除给付义务及附随义务外,尚有所谓的不真正义务(间接义务)。此为一种强度较弱的义务,其主要特征在于相对人通常不得请求履行,而其违反并不发生损害赔偿责任,仅使负担此项义务者,遭受权利减损或丧失的不利益。第 217 条第 1、2 项规定:"损害之发生或扩大,被害人与有过失者,法院得减轻赔偿金额,或免除之。重大之损害原因,为债务人所不及知,而被害人不预促其注意或怠于避免或减少损害者,为与有过失。"例如机车骑士因不戴安全帽致因车祸而受重伤。在此情形,被害人违反对自己利益的照顾义务(不真正义务),即所谓对自己之过失。被害人在法律上虽未负有不损害自己权益的义务,但既因自己的疏懈造成损害的发生或扩大,与有过失,依公平原则,自应依其程度承受减免赔偿金额的不利益。

第二章　债 之 发 生

第一节　概　说

债之发生原因可分为两类：一为基于法律行为，二为基于法律规定。基于法律行为而发生之债，称为意定之债。因法律行为而发生之债，除法律另有规定外，以契约为必要，是为契约原则。因单独行为而发生之债，则属例外，例如遗赠（第 1200 条以下）。基于法律规定而发生之债，称为法定之债，民法债编所规定的有：缔约上过失、无因管理、不当得利及侵权行为，于其他各编规定的，例如，法人的侵权行为（第 28 条）、遗失物拾得人的报酬请求权（第 805 条第 2 项）、亲属间的扶养请求权（第 1114 条）、遗产管理人的报酬请求权（第 1183 条）。兹将债之发生原因列表如下（请查阅相关条文）：

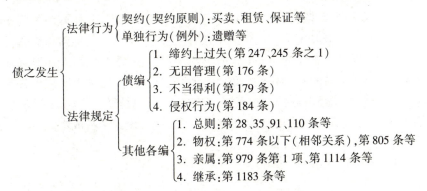

第二节 契 约

一、契约的意义、成立、生效及悬赏广告

(一) 契约的意义、社会作用与契约法

1. 契约的意义

债编所称契约,系指债权契约,即由双方当事人互相意思表示一致,而以发生债权债务为内容而成立的法律行为。应说明者有二:① 债权契约为法律行为的一种,总则编关于法律行为及意思表示的规定均应适用。② 第153条以下关于债权契约成立的规定,对于物权契约及身份契约,应予"类推适用"。为行文方便,以下所称契约均指债权契约而言。

2. 契约的社会作用

人类社会的发展是由身份到契约,形成了以契约为主的私法社会。契约的功能在使买卖、租赁、雇佣、借贷等各种经济活动,经由市场上自愿的交易,满足消费者的需要,增进资源利用及分配的经济效率。在一个自由的社会,商品或劳务的生产、提供或分配,不是由政府决定,而是借着市场经济与契约机制而达成。契约与市场经济具密切不可分离的关系,二者相伴而生,彼此依存,同其兴衰。以契约为机制的市场经济,是建立在信用体系之上。市场经济、契约和信用是不可分割的三位一体。

3. 契约法的机能

契约系当事人依其合意自主决定其权利义务。法律对契约的规范(契约法),其主要功能有二:① 经由任意法规,对契约上的危险作合理的分配,以补当事人意思的不备(所谓契约漏洞),并提供当事人谈判商议的基础,降低交易的不确定性。② 借着强行规定,在程序及实质上保障交易的公平。就经济分析的观点言,契约法可以说是经济活动的润滑剂,有助于扩大交易的数量及规模,增进分工及效率,减少交易成本。

(二) 契约的成立与生效

1. 契约的成立

例题35:甲在某大学福利社摆设咖啡自动贩卖器,乙投入50元硬币,咖啡出来,乙取而饮之。您能否分析其法律关系?设乙投入硬币后,因咖啡已售毕,且机器故障,硬币不能退还时,乙得向甲主张何种权利?

关于契约的成立,第153条规定:"当事人互相表示意思一致者,无论其为明示或默示,契约即为成立。当事人对于必要之点,意思一致,而对于非必要之点,未经表示意思者,推定其契约为成立,关于该非必要之点,当事人意思不一致时,法院应依其事件之性质定之。"其"互相意思表示一致"的方式有三:① 要约与承诺。② 交错要约。③ 意思实现。分述如下:

(1) 要约与承诺

① 要约

A. 要约与要约引诱。要约,系以订立契约为目的之须受领的意思表示,其内容须确定或可得确定,得因相对人的承诺而使契约成立。应予区别的是要约引诱,此乃诱使他人向其为要约的一种手段,非属意思表示。二者的不同在理论上虽甚明确,实际上则颇难分辨,应依如下原则加以认定:a. 表意人表示其为要约,或要约引诱者,依其表示。b. 表意人未为表示时,适用"民法"为通常情况而设的规定,即:"货物标定卖价陈列者,视为要约。但价目表之寄送,不视为要约。"(第154条第2项)。此为任意规定。时装店得于其橱窗内的衣服上标示"样本"等文字,而排除其为要约。所谓货物标定卖价陈列者,亦适用于超级市场或自助商店。顾客的承诺,应向商店主人或其店员为之,在此之前,虽将商品放置购物篮内,仍可随时放回原处。c. 于其他情形,应解释当事人的意思加以认定,其所应考虑的因素包括表示内容是否具体详尽,是否注重相对人的性质,要约是否向多数人为之,以及当事人间的磋商过程与交易惯例。登报征求家庭教师、秘书、司机,或出租房屋的广告,因系向多数人为之,而且注重当事人的性质,应认系要约引诱,而非要约。

B. 要约的拘束力。契约之要约人,因要约而受拘束(第154条第1项本文)。此指要约生效后,在其存续期间内,要约不得撤回或变更的效力,学说上称"要约不可撤回性"或"要约的形式拘束力"。但要约当时预先声明不受拘束,或依其情形或事件之性质,可认当事人无受其拘束之意思者,不在此限(第154条第1项但书)。于此等情形,当事人的意思究为得随时撤回已生效的要约,或仅为要约的引诱,应解释当事人的意思加以认定。

"民法"规定于下列情形,要约失其"拘束力":a. 要约经拒绝(第155条)。b. 对话为要约者,非立时承诺(第156条)。c. 非对话为要约者,依通常情形可期待承诺之到达时期内,相对人不为承诺时(第157条)。d. 要约定有承诺期间者,非于期间内为承诺。须注意的是,此之所谓失其拘束力,指实质拘束力,即要约归于消灭,不得再对之为承诺。

C. 要约的撤回。要约系属意思表示,得予撤回,阻止其发生拘束力,其撤回通知,与要约同时或先时到达时发生效力(第95条)。为保护相对人,第162条规定:"撤回要约之通知,其到达在要约到达之后,而按其传达方法,通常在相当时期内应先时或同时到达,其情形为相对人可得而知者,相对人应向要约人即发迟到之通知。相对人怠于为前项通知者,其要约撤回之通知,视为未迟到。"本条规定于承诺的撤回准用之(第163条)。

② 承诺。乃要约受领人对要约人所为欲以要约内容为内容而订立契约的意思表示。受领人将要约扩张、限制或为其他变更而为承诺者,视为拒绝原要约而为新要约(第160条第2项)。又承诺应于"要约存续期间"内为之,迟到的承诺视为新要约(第160条第1项),惟承诺之通知,按其传达方法,通常在相当长时期内可达到而迟到,其情形为要约人可得而知者,应向相对人即发迟到之通知。要约人怠于为前项通知者,其承诺视为未迟到(第159条第2项)。

承诺的方法,因涉及保全证据及承诺期间,原则上应以与要约相同的方法为之,例如以限时专送函件为要约时,原则上亦应以限时专送函件为承诺,除要约人有特别表示外,亦得以传真为承诺。

(2) 要约交错。要约交错,指当事人偶然的互为要约,而其内容完全一致。例如甲向乙为出卖某套CD,价金1万元的要约,乙亦恰向甲为愿以1万元购买该套CD的要约。在要约交错,虽非互相表示,但双方当事人均有订约的意思,应认亦得成立契约。

(3) 意思实现。意思实现,指承诺无须通知,于有可认为承诺之事实时,契约成立。第161条第1项规定:"依习惯或依其事件之性质,承诺无须通知者,在相当时期内,有可认承诺之事实时,其契约为成立。"立法目的在于便利契约的成立。习惯上,旅客订旅馆,旅馆主人不必对旅客为承诺,只要登记预留房间,其契约即告成立。此项规定,于要约人要约当时预先声明承诺无须通知者准用之(第161条第2项)。例如,甲致函乙书局:"订购民法概要十册,即寄。"于乙发寄书籍时,其买卖契约成立。

(4) 例题35解说。甲在某大学福利社摆设咖啡贩卖机,系属要约,乙投入约定硬币,系对要约的承诺,因互相意思表示一致,买卖契约成立。硬币的投入,在乙而言,系为履行债务(第367条),而移转其所有权(第761条)。咖啡出来,乙取用之,在甲而言,亦为履行其债务及移转其所有权。在当事人间共作成一个买卖契约,两个物权行为。若贩卖机已无存货时,应认为其要约附停止条件,故乙投入硬币,不能成立契约,得依不当得利规定向甲请求返还。

2. 契约的生效

契约因当事人互相意思表示一致而成立。其是否生效,须视其是否具备生效要件而定,诸如当事人的行为能力,内容的适法妥当,意思表示的健全等,此应适用总则相关规定,前已详述,请参照之。

(三) 悬赏广告

例题36:甲悬赏寻找走失的老人及其所携带重要稿件。乙系禁治产人,不知悬赏广告而收留该老人,保存其稿件。其后乙知有甲悬赏广告,而向甲请求报酬,甲以乙不知悬赏广告,且为无行为能力人而为拒绝,有无理由?

1. 悬赏广告的"契约化"

债编通则于第164条以下设"悬赏广告",体系上相当特殊,此涉及悬赏广告的法律性质。立法者原认悬赏广告为单独行为,债编修正(1999年4月21日)为贯彻契约原则,改采契约说,认悬赏广告者,乃广告人以广告声明,对于完成一定行为之人,给予报酬之一种契约,而于第164条规定:"① 以广告声明对完成一定行为之人给予报酬者,为悬赏广告。广告人对于完成该行为之人,负给付报酬之义务。② 数人先后分别完成前项行为时,由最先完成该行为之人,取得报酬请求权;数人共同或同时分别完成行为时,由行为人共同取得报酬请求权。③ 前项情形,广告人善意给付报酬于最先通知之人时,其给付报酬之义务,即为消灭。④ 前三项规定,于不知有广告而完成广告所定行为之人,准用之。"须说明者有二:

(1) 本条第4项以准用的立法技术明示采契约说。例如甲悬赏寻找走失的老人及遗失的稿件,乙收留老人,捡获稿件,虽事先不知有广告之事,无从对甲为承诺,但仍能取得报酬请求权。为进一步贯彻此项意旨,应认本条前3项规定对完成广告所定行为之人系无行为能力人或限制行为能力人时,亦应为"类推适用",使其亦得有报酬请求权(参阅例题36)。

(2) 第164条之1规定,因完成悬赏广告行取得一定权利的(如专利权、著作权),其权利属于行为人,以保护其心血及劳力的结晶,但广告另有声请时不在此限。

2. 悬赏广告的撤回

广告人于行为完成前,得撤回其悬赏广告。但广告定有完成行为之期间者,推定广告人抛弃其撤回权(第165条第2项)。预定报酬之广告,如于行为完成前撤回时,除广告人能证明行为人不能完成其行为外,对于行为人因该广告善意所受之损害应负赔偿之责,但以不超过预定报酬额为限(第165条第1项)。

3. 优等悬赏广告

以广告声明对完成一定行为,于一定期间内为通知,而经评定为优等之人给予报酬的,为优等悬赏广告。此多用于征求稿件、纪念歌曲、建筑设计、科学发明等情事。广告人于评定完成时,负给付报酬之义务(第165条之1)。优等悬赏广告,因优等评定而发生效力,倘广告中已指定评定人时,由该经指定之人评定。如广告中未为指定时,则由广告人决定其评定之方法而评定之。评定之结果,广告人及应征人均应受其拘束(第165条之2),不得以评定不公而诉请法院裁判,以代评定。被评定为优等之人有数人同等时,除广告另有声明外,共同取得报酬请求权(第165条之3)。第164条之1的规定,于优等悬赏广告准用之(第165条之4)。

二、缔约上过失

例题37:甲委任乙,并授予其代理权,与丙商议订立购买某专利权的契约。乙知悉丙明示应予保密的营业秘密,因故意或重大过失泄露,致丙遭受重大损害。试问丙得否向甲请求损害赔偿,何种损害赔偿?是否因该买卖契约成立与否而有不同?

(一) 问题的说明

契约因当事人互相表示意思一致而成立,然在缔约过程中,有因可归责于一方当事人的事由(故意或过失)而发生如下情事:

(1) 一方当事人于长期磋商谈判后,于订约前夕,突然无故中断签约。

(2) 土地所有人决定不出卖其物,但未告知相对人,致其支出无益的费用。

(3) 土地买受人以意思表示内容错误,而撤销买卖契约。

(4) 代理人不知其代理权已消灭,仍以本人名义承租某屋。

(5) 古瓶所有人不知该瓶业已灭失,仍为出卖。

(6) 房屋出卖人恶意隐匿该屋系辐射屋。

(7) 一方当事人故意或过失泄漏因商议订立契约而知悉他方的营业秘密。

前揭情形涉及所谓缔约上过失(culpa in contrahendo,此为民法学上有名的概念,请记住),即在缔约过程中当事人未尽告知、公开、说明、守密等所谓先缔约义务,致他方受有损害。在此等情形,固得适用关于侵权行为的规定,但因其多涉及纯粹经济上损失,而非权利被侵害,第184条的要件常难具备,因而发生应否设特别规定,加以规范的问题。

(二) 民法上的特别规定

"民法"就若干缔约上的行为设有规定,例如第91条规定错误表意人的赔偿责任。第110条规定无权代理人的赔偿责任。其属典型缔约上过失责任者,系第247条规定:"契约因以不能之给付为标的而无效者,当事人于订约时知其不能或可得而知者,对于非因过失而信契约为有效致受损害之他方当事人,负赔偿责任。"

(三) 第245条之1

关于缔约上过失,应否经由判例或立法创设一般原则,系民法上的重要问题。1999年债编修正时,增设第245条之1规定:"契约未成立时,当事人为准备或商议订立契约而有下列情形之一者,对于非因过失而信契约能成立致受损害之他方当事人,负赔偿责任:① 就订约有重要关系之事项,对他方之询问,恶意隐匿或为不实之说明者。② 知悉或持有他方之秘密,经他方明示应予保密,而因故意或重大过失泄漏之者。③ 其他显然违反诚实及信用方法者。前项损害赔偿请求权,因两年间不行使而消灭。"立法理由谓:"近日工商发达,交通进步,当事人在缔约前接触或磋商之机会大增。当事人为订立契约而进行准备或商议,即处于相互信赖之特殊关系中,如一方未诚实提供资讯、严重违反保密义务或违反进行缔约时愿遵守之诚信原则,致他方受损害,既非侵权行为,亦非债务不履行之范畴,现行法对此未设有赔偿责任之规定,有失周延。而1940年

《希腊民法》第197条及第198条,《意大利民法》第1337条及第1338条,均有'缔约过失责任'之规定。为保障缔约前双方当事人间因准备或商议订立契约已建立之特殊信赖关系,并维护交易安全,我们实有规定之必要,爰增订第1项规定。"应说明者有四:

(1) 本条旨在创设"缔约过失责任"的一般原则,深具意义。但就其内容及立法技术言,难谓系妥适明确的规定。其适用上的关键问题在于"契约未成立时",究应如何解释。如认本条适用范围限于"契约未成立",而其损害赔偿且仅限于信赖利益,则尽失其规范功能,难有适用机会。第1项前2款规定,均与契约成立与否,无逻辑上的必然关联,如何解释,实值研究。

(2) 本条肯定基于诚实信用得发生告知、守密等先契约义务,扩大诚实信用原则的规范功能,就此点而言,具有意义。

(3) 缔约上过失责任,系介于契约与侵权行为之间的一种民事责任,得与侵权行为损害赔偿请求权发生竞合。在适用上应依契约法的一般原则,尤其是当事人对其法定代理人或使用人关于缔约上的故意或过失,应负同一责任(第224条)。

(4) 在例题37,丙获知甲的代理人乙泄漏应保密的秘密,而未订立买卖契约时,丙得请求的损害赔偿,不限于"非因过失而信契约能成立"而受的损害,尚应包括因泄密而遭失的损失。又丙不知乙泄密,因其他事由未订立买卖契约,或仍订立买卖契约时,就结论言,固应肯定丙对甲的损害赔偿请求权,惟如何解释适用第245条之1规定,仍有疑问。由此例题可知本条规定,尚有检讨修正余地。

三、契约自由与契约正义神圣

例题38:① 某甲遭黑道人士杀成重伤,到乙医院诊治,乙医师为避免麻烦,借故拒绝,致甲不能及时医治,造成残废。试问甲得否向乙请求损害赔偿,其请求权基础何在?② 某银行发行的信用卡契约条款订定:"持卡人之信用卡如有遗失或被窃,发卡银行承担挂失前二十四小时起遭冒用之损失。"持卡人认此条款使挂失前二十四小时以前的消费仍由消费者负担,"有违诚信原则,显失公平",应属无效,有无理由?试就此两例思考契约自由及其限制,尤其是契约形式自由与实质正义的基本问题。

(一) 概说

契约自由包括五种自由：① 缔约自由，即得自由决定是否与他人缔结契约。② 相对人自由，即得自由决定究与何人缔结契约。③ 内容自由，即双方当事人得自由决定契约的内容。④ 变更或废弃的自由，即当事人得于缔约后变更契约的内容，甚至以后契约废弃前契约(合意解除)。⑤ 方式自由，即契约的订立不以践行一定方式为必要。任何自由皆应受必要合理的限制，契约自由亦不例外，期能维护当事人的自由与平等，并合理分配契约上的危险，实践正义。无限制的自由，乃契约制度的自我扬弃。关于方式自由与法定方式，前已详述。以下专就强制缔约及定型化契约加以说明。

(二) 强制缔约

强制缔约，指个人或企业负有应相对人的请求，与其订立契约的义务，对相对人的要约，非有正当理由不得拒绝承诺。此为对缔约自由及相对人自由的限制，其主要情形有二：

(1) 公用事业的缔约义务。邮政、电信、电业、自来水、铁路、公路等事业，非有正当理由，不得拒绝客户或用户供用的请求("邮政法"第11条、"电信法"第22条、"电业法"第57条、"自来水法"第61条、"铁路法"第48条、"公路法"第50条)。上述事业居于独占的地位，一般民众事实上依赖此等民生需要的供应，欠缺真正缔约自由的基础，法律特明定其负有缔约的义务。

(2) 医疗契约的缔结。医师、兽医师、药师、助产士非有正当理由，不得拒绝诊疗、检验或处方之调剂("医师法"第21条、"兽医师法"第11条、"药师法"第12条、"助产士法"第22条)。法律所以设此规定，乃出于对生命健康的重视。

强制缔约并不取代订立契约所必要的承诺的意思表示。由于强制缔约的存在，缔约义务者对要约的沉默，通常可解为系默示承诺。缔约义务者拒绝缔约时，相对人得提起诉讼，并依"强制执行法"的规定强制执行。上述强制缔约的规定，系属第184条第2项所谓保护他人的法律，缔约义务者，非有正当理由，拒绝订立契约，致相对人因而受有损害时，应依此项规定，负损害赔偿责任(参阅例题38)。

(三) 定型化契约

1. 问题的说明

当事人订立契约时,个别磋商,讨价还价,议定条款的,系传统的缔约方式。在现代大量交易经济活动,契约条款多由一方当事人(通常为企业经营者),为与多数人订约而事先拟定,而由相对人决定是否接受,称为定型化契约条款,已成为现代交易的基本形态。

交易条件的定型化,可以促进企业合理经营,创设非典型契约(如信用卡契约、融资租赁契约),具有便利交易,减少交易成本的功能。问题在于企业经营者难免利用其优越的经济地位,订定有利于己,而不利于消费者的条款(如免责条款、失权条款、法院管辖地条款等),对契约上的危险及负担作不合理的分配。一般消费者对此类条款多未注意,不知其存在;或虽知其存在,但因此种契约条款多为冗长,字体细小,不易阅读;或虽加阅读,因文义艰涩,难以理解其真意;纵能理解其真意,知悉对己不利条款的存在,亦多无讨价还价的余地。由于某类企业具有独占性,或因各企业使用类似的契约条款,消费者实无选择机会。如何在契约自由的体制下,对定型化契约内容加以控制乃现代法律的重大任务,特于本书作较详细的说明。

2. 规范体系

"民法"对定型化契约(又称为附合契约)原未设明文规定,实务上多适用第72条规定。1994年制定的"消费者保护法"(以下简称"消保法")设有专节规范定型化契约(第11条至第17条,施行细则第9条至第15条),其主要特色在于将规制基准,由"公序良俗"移向"诚实信用,显失公平"。1999年4月21日通过的"民法债编修正条文"增订第247条之1规定:"依照当事人一方预定用于同类契约之条款而订定之契约,为下列各款之约定,按其情形显失公平者,该部分约定无效:① 免除或减轻预定契约条款之当事人之责任者。② 加重他方当事人之责任者。③ 使他方当事人抛弃权利或限制其行使权利者。④ 其他于他方当事人有重大不利益者。"

关于定型化契约条款的规制,有多种规范体制并存。第72条规定仍有适用余地,但其规范功能有限,自消保法实施后,实务上已不再援用。消保法旨在规范为企业经营者与消费者间的定型化契约,对于企业经营者间的定型化契约(所谓商业型定型化契约)得否适用,虽有争议,但应采肯定说。至于"消保法"与第247条之1规定之间,并不具特别法与普通法的关系,相对人得选择主张之。由于消保法的规定较为周全,实务上多适用之,以下专就消保法规定加以说明。

3. "消保法"对定型化契约的规范

"消保法"对定型化契约的规范,已发展成为一个专门研究领域,非本书所能详述。适用上应依下列次序加以思考检讨:

(1) 其所争执的,是否为定型化契约条款?定型化契约(条款),指企业经营者为与不特定多数人订立契约之用,而单方预先拟定之契约条款("消保法"第2条)。定型化契约条款通常多以书面为之,但概念上不以此为必要。就其形式言,有的与契约结合在一起;有的为单独文件。就其范围言,有的印成细密文件,长达数页;有的则以粗体字或毛笔字书写,悬挂于营业场所。

(2) 定型化契约条款已否成为契约的内容?定型化契约条款须经由双方当事人意思表示的合致,始能成为契约内容。企业经营者应依明示或其他合理适当方式,告知相对人欲以定型化契约条款订立契约,并使相对人得了解条款的内容。惟有具备此两项要件,定型化契约条款始能因相对人的同意而成为契约的内容。准此以言,汽车停车场于订约后始行交付的收据上记载:"对于任何事故,本场概不负责",因未于订约时表示,不成为契约内容。

"消保法"第13条规定:"契约之一般条款未经记载于定型化契约中者,企业经营者应向消费者明示其内容;明示其内容显有困难者,应以显著之方式,公告其内容,并经消费者同意受其拘束者,该条款即为契约之内容。前项情形,企业经营者经消费者请求,应给与契约一般条款之影本或将该影本附为该契约之附件。"本条多适用于火车、汽车、捷运等运送企业经营者所订定型化契约,例外如于售票处悬挂旅客须知等。所谓经消费者"同意"受其拘束,包括明示或默示在内。

又依同法第14条规定:"契约之一般条款未经记载于定型化契约中而依正常情形显非消费者所得预见者,该条款不构成契约之内容。"此项条款学说上称异常条款(突袭条款)。为进一步保护消费者,"消保法施行细则"第12条乃规定:"契约之一般条款不论是否记载于定型化契约,如因字体、印刷或其他情事,致难以注意其存在或辨识者,该条款不构成契约之内容。但消费者得主张该条款仍构成契约之内容。"

(3) 定型化契约条款的解释。定型化契约条款于订入契约,成为契约的部分后,应经由解释确定条款的内容。"消保法"第 11 条第 2 项规定:"定型化契约条款如有疑义时,应为有利于消费者之解释。"立法目的在使条款由使用人承担条款不明确的危险性。

(4) 定型化契约条款内容的控制。"消保法"第 11 条第 1 项规定:"企业经营者在定型化契约中所用之条款,应本平等互惠之原则。"第 12 条规定:"定型化契约中之条款违反诚信原则,对消费者显失公平者,无效。定型化契约中之条款有下列情形之一者,推定其显失公平:① 违反平等互惠原则者。② 条款与其所排除不予适用之任意规定之立法意旨显相矛盾者。③ 契约之主要权利或义务,因受条款之限制,致契约之目的难以达成者。"

此两条为控制定型化契约条款的核心规定。条款是否违反诚信原则,显失公平,应就个案,斟酌契约之性质、缔约目的、全部条款内容、交易习惯及其他事项判断之。为提供较明确的判断标准,"消保法"特"推定"其"显失公平"的情形。关于违反平等互惠原则,"消保法施行细则"第 14 条规定,其情形有四:① 当事人间之给付与对待给付显不相当者。② 消费者应负担非其所能控制之危险者。③ 消费者违约时,应负担显不相当之赔偿责任者。④ 其他显有不利于消费者之情形者。

所谓"条款与其所排除不予适用之任意规定之立法意旨,显相矛盾。"例如居间者使用的定型化契约条款订定,无论媒介是否成功,均得请求报酬,违反第 565 条"称居间者谓当事人约定,一方为他方报告订约之机会,或为订约之媒介,他方给付报酬之契约"的立法意旨。所谓"契约之主要权利或义务,因受条款之限制,致契约之目的难以达成者。"例如出卖人排除物之瑕疵担保请求权(第 354 条以下);定型化旅行契约订定,旅行业者就其代理人或使用人的故意或过失不负责任(第 224 条)。

(5) 定型化契约条款无效与契约的效力。"消保法"第 16 条规定:"定型化契约中之一般条款,全部或一部无效或不构成契约内容之一部者,除去该部分,契约亦可成立者,该契约之其他部分,仍为有效。但对当事人之一方显失公平者,该契约全部无效。"定型化契约条款全部或一部无效,而契约仍属有效时,其因此而发生的"契约漏洞",应先适用任意规定,无任意规定时,则依契约解释原则加以补充。此为排除第 111 条"法律行为之一部分无效者,全部皆为无效。但除去该部分亦可成立者,则其他部分,仍为有效"的特别规定,旨在保护消费者。

4. 实务案例

关于定型化契约条款的控制,实务上案例日增,其广受重视的是,信用卡契约条款常订定:"持卡人的信用卡如有遗失或被窃,发卡银行承担挂失前二十四小时起遭盗用的损失。"此项条款使消费者承担挂失前24小时以前的损失,是否违反诚信原则,显失公平(参阅例题38),引起争议。台北地方法院(1997年度简上字第582号判决)采肯定见解,其判决理由具有法律经济分析的论证方法,摘录如下,以供参照:

(1) 依"优势之风险承担原则",应将风险分配于支付最少成本即可防阻风险发生之人,始能达成契约最高经济效率之目的。信用卡在挂失前被冒用的风险,包括由发卡机构内部职员、或其履行辅助人(特约商店)的故意、重大过失、或抽象轻过失所生之损失等,发卡机构显然较持卡人更有能力避免此等损失。

(2) 就专业能力言,发卡机构具有专业素养及训练,较诸持卡人对于冒用信用卡等行为损失可能招致损害,更有预防能力,而联合信用卡中心与特约商店签订契约时,亦可与特约商店一定程度之注意义务,谨慎辨明持用人与持卡人之同一性。

(3) 就经济观点而言,发卡机构具有较强之经济能力,可借由保险或其他方式转嫁风险,或以较强之谈判实力与特约商店约定风险比例分担(例如保险等),故由发卡机构承担冒用之风险,较之经济能力较弱之持卡人承担此一风险,更符合效益与经济成本之考量。

四、契约神圣与情事变更原则

(一) 契约神圣

契约系因当事人互相意思表一致而成立,双方当事人均应受契约的拘束,严予遵守。对此所谓的契约神圣(pacta sunt servanda),"民法"虽未明确规定,但早在"民法"施行之际,"最高法院"即再三宣示此项原则,强调当事人缔结契约,一经合法成立,其私法上之权利义务,即应受其拘束;除两造同意或有解除原因发生外,不容一造任意反悔请求解约或无故撤销,尤其是不得事后主张增减其权利义务(1929年上127,1931年上985,1931上632)。

契约的拘束乃契约的忠实,建立在对自己承诺应予遵守的伦理性、交易安全及信赖保护之上,为契约法最基本的原则,乃私法社会及市场经济以存在运作的基础。

(二) 情事变更原则

1. 情事变更原则的意义

契约固应严守,但契约成立后发生非当事人可预料的障碍或情况,为期公平,亦有调整其权利义务的必要,而有情事变更原则的适用。此项原则规定于"民事诉讼法"(第397条),债编修正时,特增订第227条之2:"契约成立后,情事变更,非当时所得预料,而依其原有效果显失公平者,当事人得声请法院增、减其给付或变更其他原有之效果。前项规定,于非因契约所发生之债,准用之。"此项修正肯定情事变更为民法的基本原则,在法制发展上实具意义。

2. 构成要件

第227条之2所定情事变更的适用,须具备如下要件:

(1) 须有情事变更。所谓情事,系指一切为契约成立基础或环境之客观事实。情事变更之事实,例如突发战争、灾害、暴动、罢工、经济危机、币值大幅滑落、物价涨幅过巨、汇率发生大幅波动等客观事实。

(2) 此项情事变更须发生于契约成立后,契约关系消灭前。

(3) 须非当事人当时所得预料。

(4) 须依其原有效果显失公平。此应依客观交易秩序,依诚实信用原则加以认定。土地之买卖,买卖双方未于约定期限办理所有权移转登记,至嗣后办理时,所缴纳之土地增值税较原应纳之数额增加,仅生该税款差额应由何人负担的问题,无情事变更原则的适用。

3. 法律效果

具备第227条之2所定情事变更要件时,当事人得声请法院,增减其给付或变更其他原有的效果。所谓"当事人得声请法院为之",指法院不得依职权为之。其给付的增减,非全以物价变动为根据,并应依客观的公平原则,审酌一方因情事变更所受之损失,他方所得之利益,及其他实际情事,以定其应增减给付的适当数额(参照1977年台上字第2975号判决)。所谓变更其原有效果,例如得许当事人解除契约、终止契约或请求除去保证责任等。

第三节　无因管理

例题39：试区别下列四则案例，分析讨论当事人间的法律关系的不同，并尝试由此而建立无因管理制度的体系构成：① 甲雇工修缮乙所有遭地震毁损的房屋，支出费用2万元。② 在上举情形，甲不知乙早已预定拆除该屋，而修建大厦。③ 甲误乙所有A画（时值10万元）为其父遗产，以12万元让售予善意之丙，并移转其所有权。④ 在上举情形，甲明知该A画为乙所有。

一、无因管理制度的功能及成立要件

无因管理，指无法律上义务而为他人管理事务，例如修缮他人遭地震毁损的房屋。在法律规范上，首须考虑此乃干预他人事务，原则上应构成侵权行为。惟人之相处，贵乎互助，见义勇为，实为人群共谋社会生活之道。因此，法律一方面需要维护"干涉他人之事为违法"的原则，另一方面亦须在一定要件下，容许干预他人事务具有阻却违法性，俾人类互助精神，得以发扬。为此，第172条乃规定："未受委任，并无义务，而为他人管理事务者，其管理应依本人明示或可得推知之意思，以有利于本人之方法为之。"前段所规定者，系无因管理的构成要件，后段所规定者，系管理的方法。无因管理的构成要件有四：① 管理事务。② 管理"他人"事务。③ "为他人"管理事务。④ 未受委任，并无义务（无法律上义务）。

关于无因管理，日常生活中很常见，例如收留迷失孩童。邻居出国、修缮其漏水的屋顶，救助车祸受伤之人、代收邻居包裹函件等。无因管理多未受委任，其利益状态相当于委任，第178条乃规定："管理事务经本人承认者，除当事人有特别意思表示外，溯及管理事务开始时，适用关于委任之规定。"

二、正当的无因管理与不当的无因管理

无因管理，依其管理事务的承担本身是否利于本人，合于本人的意思，可分为"正当的无因管理"与"不当的无因管理"。分述如下：

（一）正当的无因管理

正当的无因管理，指无因管理的承担本身利于本人，合于本人的意

思,例如收留迷途孩童、修缮他人遭地震毁损漏雨的屋顶等,此得阻却违法,又称为适法无因管理。管理人开始管理时,以能通知为限,应即通知本人,如无急迫情事,应俟本人的指示。关于本人与管理人的关系,并准用第540条至第542条关于委任的规定。

管理人应依本人明示或可得推知的意思,以有利于本人的方法为之。例如收留的宠物生病时,应送医诊治。修缮他人漏雨的屋顶,应注意不毁损屋内物品。管理人因故意或过失(有可归责事由)违反此项管理义务时,应依债务不履行(不完全给付)规定,负损害赔偿责任(第227条)。管理人为免除本人之生命、身体或财产上之急迫危险而为事务之管理者,对于因其管理所生之损害,除有恶意或重大过失者外,不负赔偿之责(第175条)。

管理事务利于本人,并不违反本人明示或可得推知之意思者,管理人为本人支出必要或有益之费用,或负担债务,或受损害时,得请求本人偿还其费用及自支出时起之利息,或清偿其所负担之债务,或赔偿其损害(第176条第1项)。管理事务虽不利本人或违反本人的意思,但其管理系为本人尽公益上义务,或为其履行法定扶养义务,或本人意思违反公共秩序善良风俗(如自杀)时,管理人仍有前项请求权(第176条第2项)。

(二) 不当的无因管理

不当的无因管理,指管理事务的承担本身不利本人或违反本人明示或可得推知的意思。例如,明知他人不愿出售某稀有邮票,而代为出售;明知他人不愿粉刷外墙,而代为粉刷。此乃过分干预他人事务,应不阻却违法,故又称为不适法无因管理。其法律效果有二:

(1) 管理人违反本人明示或可得推知之意思,而为事务之管理者,对于其因管理所生之损害。虽无过失,亦应负赔偿之责(第174条第1项)。前项之规定,如其管理系为本人尽公益上之义务,或为其履行法定扶养义务,或本人之意思违反公共秩序善良风俗者,不适用之(第174条第2项)。

(2) 本人得享有因管理所得之利益,而本人所负第176条第1项对于管理人之义务,以其所得之利益为限。若本人不主张享有因无因管理所得之利益时,应适用不当得利的规定。例如甲修缮乙原定拆除重建的房屋,而乙不主张享有因此项管理所得利益时,甲得对乙主张不当得利,但乙得以该屋原预定拆除,其未因此而受有利益,不负返还义务。

三、不真正无因管理

(一) 误信管理

误信管理,指误信他人的事务为自己的事务,而为管理。此类管理仅发生于客观的他人事务。例如某甲误乙所有的 A 画为继承的遗产,将以让售予善意之丙,由丙取得其所有权。关于误信管理,不能准用无因管理的规定,亦不能经本人承认而适用委任之规定。甲因让售该画于丙(由丙善意取得)所受的利益,应依不当得利之规定(第 179 条以下),负返还之义务,此项利益应客观计算之。设甲有过失时,尚应依侵权行为规定(第 184 条第 1 项前段),负损害赔偿责任。

(二) 不法管理

不法管理,乃明知为他人的事务,仍作为自己的事务而为管理。例如,甲明知其父遗留的 A 画为乙所有而将之让售予丙,由丙善意取得之。在此情形,乙对甲得主张侵权行为损害赔偿请求权(第 184 条第 1 项前段),或依不当得利规定请求甲返还所获得利益。值得注意的是,第 177 条第 2 项规定,此种不法管理得准用同条第 1 项规定,故本人得主张享有因管理所得利益。关于此点,立法理由书作有如下说明:无因管理之成立,以管理人有"为他人管理事务"之管理意思为要件。如因误信他人事务为自己事务(误信的管理),或误信自己事务为他人事务(幻想的管理)而为管理,均因欠缺上揭主观要件而无适用无因管理规定之余地。同理,明知系他人事务,而为自己之利益管理时,管理人并无"为他人管理事务"之意思,原非无因管理。然而,本人依侵权行为或不当得利之规定请求损害赔偿或返还利益时,其请求之范围却不及于管理人因管理行为所获致之利益;如此不啻承认管理人得保有不法管理所得之利益,显与正义有违。因此宜使不法之管理准用适法无因管理之规定,使不法管理所生之利益仍归诸本人享有,俾能除去经济上之诱因而减少不法管理之发生。

四、无因管理的体系构成:例题 39 解说

据上所述,可知无因管理可分为真正无因管理,及不真正无因管理。前者为民法所规定的无因管理,所以称为"真正",旨在与"不真正无因管理"加以区别。无因管理依其管理事务的承担,是否利于本人,合于本人的意思,可分为正当(适法)无因管理及不当(不适法)无因管理。后者可

分为误信管理及不法管理。兹依此体系构成,就例题39所涉及当事人间的权利义务(请注意于不真正无因管理,本人得请求的金额),列表如下:

类型\内容		要件	效果
无因管理	正当无因管理	管理事务利于本人,合于本人意思	管理人得请求本人偿还费用及自支出时之利息等(第176条)
	不当无因管理	管理事务不利本人,不合于本人意思	1. 本人得主张享受利益,负担义务(第177条第1项) 2. 本人不主张享受利益时,适用不当得利(第179条)
不真正无因管理	误信管理	误他人事物为自己事务而为管理	1. 不当得利(10万元) 2. 侵权行为(10万元)
	不法管理	明知他人事物,仍作为自己事务而为管理	1. 不当得利(10万元) 2. 侵权行为(10万元) 3. 准用第177条第1项(12万元)

第四节 不当得利

一、不当得利的意义、功能及体系构成

(一) 意义及功能

不得损人利己乃衡平的理念,实体法化于民法上的不当得利制度。第179条规定:"无法律上之原因而受利益,致他人受损害者,应返还其利益。虽有法律上之原因,而其后已不存在者,亦同。"不当得利制度具有两个基本功能:

(1) 矫正法律关系的财货移转。例如不知债务未发生,或债务已消灭而为清偿(非债清偿)时,得依不当得利规定请求返还。

(2) 保护财货归属,例如无权占用或出租他人房屋,应返还其所受利益。

"不当得利法"的规范目的在于去除受益人无法律上原因而受的利益,而非在于赔偿"受损人"所受的损害,故受益人是否有故意或过失,其行为是否具有可资非难的违法性,均所不问。例如误认某屋为其父遗产,

而在屋顶悬挂广告,虽未致屋顶受有损害,仍得成立不当得利,应返还使用他人之物所获利益。

(二)构成要件及类型化

依第179条规定,不当得利请求权的成立要件有三:① 受有利益。② 致他人受损害。③ 无法律上原因。如何认定此等要件(尤其是无法律上原因),有采统一说,认为一切不当得利的基础,应有其统一的概念,因而所谓无法律上的原因,亦应有其统一的意义,而提出统一的基准(如公平、正义、权利等),对任何情形的不当得利作统一的说明。

本书采非统一说,认为应将不当得利请求权区分为"给付不当得利"、"非给付不当得利"两个基本类型,分别认定其成立要件,期能突显二者不同的功能,以利法律的解释适用。

二、不当得利请求权的发生

(一)给付不当得利

例题40:甲售A车给乙,乙转售予丙,均依让与合意交付。其后发现,甲、乙间买卖契约不成立,乙、丙间买卖契约不成立或甲与乙间、乙与丙间买卖契约均不成立时,甲得对乙、丙主张何种权利?

1. 给付不当得利请求权的成立

(1)功能及要件

给付不当得利,指一方因他方的给付而受有利益,致他人受损害(当事人具有给付关系),无法律上原因(欠缺给付目的)。此项不当得利旨在矫正"失败"的法律上交易。其要件有三:① 给付,此指有意识地,基于一定目的而增加他人财产。② 受利益,包括财产权的取得,占有登记、债务消灭,劳务的提供,物的使用等。③ 欠缺给付目的,此指当事人间欠缺为某种给付的法律关系(尤其是债的关系)。兹举数例如下:

① 甲欠乙10万元,不知其妻已为清偿,仍向乙为给付时(非债清偿),甲得向乙主张不当得利请求权。

② 甲售某电脑给乙,交付后,甲以意思表示错误,撤销买卖契约时(债权行为不存在,物权行为无因性),甲得对乙主张不当得利请求权。

③ 甲误认其未成年之子毁损乙的汽车,而对乙为损害赔偿时(误偿他人之债),甲得对乙主张不当得利请求权。

(2) 三人关系的不当得利

甲出售 A 车给乙，乙转售予丙，并依让与合意交付该车。甲乙间的买卖契约不成立时，甲得向乙主张不当得利请求返还该车所有权。乙丙间的买卖契约不成立时，乙得向丙主张不当得利请求权。于甲乙间、乙丙间的买卖契约均不成立时(双重给付瑕疵)，甲得否对丙主张不当得利请求权？

对此夙有争议的问题(参阅例题 40)应采否定说，因丙受利益(取得该车所有权)系基于乙的给付，而非基于甲的给付，甲丙间无给付关系，其财产变更不具直接性。因此，应在甲与乙间、乙与丙间分别成立不当得利，以维持当事人间的抗辩，及不受第三人抗辩的影响。甲得依不当得利规定，请求乙让与其对丙的不当得利请求权(参阅下图)：

2. 给付不当得利请求的排除

第 180 条规定："给付有下列情形之一者，不得请求返还：① 给付系履行道德上之义务者。② 债务人于未到期之债务，因清偿而为给付者。③ 因清偿债务而为给付，于给付时明知无给付之义务者。④ 因不法之原因而为给付者，但不法之原因仅于受领人一方存在时，不在此限。"在此四款不得请求返还的不当得利中，以第 4 款规定因不法原因而为给付，不得请求返还，在理论和实务上最属重要，其规范意旨系认为当事人因其不法行为，将自己置诸法律规范之外，无保护之必要，不得主张自己之不法情事，而行使权利。所谓不法之原因，指违反公序良俗及法律禁止规定，其最典型的案例，系赌博因违反公序良俗而无效，其清偿赌债，乃无法律上原因而为给付，虽成立不当得利，但具不法原因，不得请求返还。

(二) 非给付不当得利

例题 41：甲无权占用乙所有的空地作为停车场。试问甲受有"何种利益"，甲得否主张乙久住国外，根本无使用该地的计划，其并未致"乙受损害"，不成立不当得利？

非给付不当得利，指非因给付而发生不当得利，以侵害他人权益最属常见,即侵害应归属他人的权益,系无法律上原因而受利益,致他人损害者,应成立不当得利。例如无权占用他人土地,其所受利益,系使用他人之物。所谓致他人受损害,乃侵害应归属于所有人对其物得为使用的权益内容,所有人是否有使用计划,是否因此受有不能使用的不利益,在所不问,盖不当得利的功能在于去除无法律上原因所受利益,非在填补损害。此项使用他人之物的利益,依其性质,不能"原物返还",应依通常须支付的租金计算其偿还的价额(第181条)。又例如甲擅将乙所有的电脑,出卖予丙(出卖他人之物),并依让与合意交付该电脑予丙(无权处分),丙善意取得其所有权时,甲系侵害乙的所有权,受有取得价金的利益,应依不当得利规定返还其所获价金利益。

三、不当得利请求权的效力

例题42:甲售A瓶给乙,其店员误交B瓶(时值10万元)予乙,乙不知其事,将该瓶转赠与丙,丙以12万元让售该B瓶予丁,并依让与合意交付之。试说明甲得对乙、丙、丁主张何种权利?

(一) 不当得利请求权的客体:原物范围、价额偿还

1. 所受利益及更有所取得的"原物"返还

(1) 所受利益。第181条本文规定:"不当得利之受领人,除返还其所受之利益外,如本于该利益更有所取得者,并应返还。"所受之利益指受领人因给付或非给付所受利益本身,例如某种权利、物的占有使用、土地登记、债务免除等。至其返还方法,系采"原物"返还的原则。关于权利,应依各该权利的移转方法,将其权利移转予受损人(债权人)。例如不动产物权应依第758条规定,动产物权应依第761条规定,债权应依让与合意(第294条)为之。关于物的占有,应依交付为之(第946条)。关于土地登记(如基于无效的买卖而为所有权移转登记),得请求移转登记。经免除的债务应恢复之。所受利益为金钱时(如某千元大钞),其应返还的,为该金钱本身,于不能原物返还时(如业已存入银行、使用消费),应偿还其价额。

(2) 更有所取得。所谓本于该利益更有所取得,指:① 原物的用益,包括原物的孳息及使用利益。② 基于权利的所得,例如原物为债权时,其所受的清偿;电脑乐透彩券的中奖。③ 原物的代偿,例如原物因毁损,

由第三人取得的损害赔偿、保险金、因被征收而取得的补偿费等。须注意的是,所谓本于该利益更有所取得,不包括基于法律行为而取得的对价,例如受领的利益为某车所有权,其所受利益不包括出售该车的对价。

2. 价额偿还

所受之利益,或本于该利益更有所取得者,依其性质或其他情形,不能返还者,"应偿还其价额"(第181条但书)。所谓"依其性质",例如所受之利益为劳务、物的使用或消费、免除他人的债务等。其他情形,例如因房屋遭地震灭失,或物因法律之禁止规定而不能返还,受领人将受领标的物出售、赠与或与他人之物互易而移转其所有权等。受领之物部分毁损时,亦属不能原物返还,就其毁损部分,亦应以价额偿还之。此项价额的计算,应依客观交易价值定之(客观说),以价额偿还义务成立时为准据时点。

3. 返还范围

关于"不当得利法"上应返还的范围,通说认为损害大于利益时,应以利益为准,利益大于损害时,则应以损害为准(1972年台上字第1695号判决)。所受利益依其性质或其他情形不能返还时,其应偿还的价额,系交易上的客观价额。在无权处分他人之物,侵害他人的智能财产权等情形,其所受利益的返还范围亦应限于客观价额,不包括超过此项客观价额的获利。

(二) 善意受领人的返还责任

第182条第1项规定:"不当得利之受领人不知无法律上之原因,而其所受之利益,已不存在者,免负返还或偿还价额之责任。"此项规定体现不当得利责任的特色,分三点说明之:

(1) 立法目的在使善意受领人的财产状态,不致因发生不当得利而受不利的影响,其不知无法律上原因有无过失,在所不问。

(2) 所谓"其所受之利益已不存在",非指受益之原形不存在者而言,原形虽不存在,而实际上受领人所获财产总额之增加现尚存在时,不得谓利益已不存在(1952台上字第637号判决)。因消费其所受利益而其他财产得免消费,结果获得财产总额之增加,其利益应视为现尚存在。将溢领之款项,用以还债,则因清偿债务而获免减少财产之利益,仍应认其所受利益现尚存在。

(3) 于计算现存利益时,利得人苟因该利益而生具因果关系的损失,如利得人信赖该利益为应得权益而发生之损失者,于返还时亦得扣除之(如支出的运费、缴纳的税捐),盖善意之利得人只须于受益之限度内还尽该利益,不能因此更受损害(1998 台上字第 937 号判决)。

(三) 恶意受领人的返还责任

第 182 条第 2 项规定:"受领人于受领时知无法律上之原因或其后知之者,应将受领时所得之利益,或知无法律上之原因时所现存之利益,附加利息,一并偿还。如有损害,并应赔偿。"恶意受领人不能主张所受利益不存在,而免返还义务。附加利息适用于受领的金钱。恶意受领人返还其所受利益(金钱须附加利息),如仍不足以赔偿受损人的损失,就其不足部分,并应另行赔偿。例如明知无法律上原因而受让某屋所有权,将该屋出售后,屋价大涨时,应偿还客观的价额,尚不足赔偿受损人的损失,应另为损害赔偿。

(四) 第三人的返还义务

第 183 条乃规定:"不当得利之受领人,以其所受者,无偿让与第三人,而受领人因此免返还义务者,第三人于其所免返还义务之限度内,负返还责任。"此乃第 179 条规定的例外,立法目的于保护债权人。其要件有三:① 须为无偿之让与,例如赠与或遗赠。② 赠与之物须为原受领人所应返还的,包括所受的利益及基于所受利益更有所取得。③ 原受领人因无偿让与而免返还义务,即须原受领人因第 182 条第 1 项规定免负返还或偿还价额之责任。恶意受领人将所受领之利益无偿让与第三人时,仍应对受损人负偿还价额之义务,无第 183 条规定的适用。

四、例题 42 解说

例题 42(请再阅读,先自行解答,写成书面)有助于较深刻了解不当得利规定解释适用的基本问题。乙因甲的给付而受有甲移转 B 瓶所有权的利益,致甲受损害。买卖契约的标的为 A 瓶,不包括 B 瓶,自始欠缺给付目的,无法律上原因,乙负返还其所受利益(B 瓶所有权)的义务。误交付 B 瓶系属所谓物权行为的错误,不当得利请求权的发生,不以撤销该物权行为(第 88 条)为必要,其撤销权纵因除斥期间经过而消灭(第 90 条),其不当得利请求权仍不受其影响。

不当得利受领人乙将应返还的 B 瓶所有权赠与丙,并移转其所有权,致不能返还,应偿还其价额 10 万元(第 181 条但书)。乙不知无法律上之原因,而其所受之利益已不存在,免负返还或偿还价额的责任(第 182 条第 1 项)。

乙以其所受的 B 瓶所有权,无偿让与第三人丙,乙因此免负返还义务,已如上述,第三人丙于乙所免返还义务的限度内,负返还责任(第 183 条)。甲得向丙请求返还 B 瓶所有权。丙将该时值 10 万元的 B 瓶,以 12 万元让售予丁,不能返还 B 瓶,应对甲偿还该瓶的客观价额(10 万元)。丁非自甲受有给付,丙不免返还价额的义务,故甲不得依第 179 条规定对丁主张不当得利,亦无第 183 条的适用或类推适用(参阅下图):

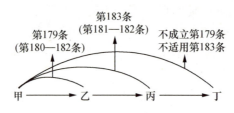

第五节 侵权行为

一、侵权行为及侵权行为法

侵权行为,指因故意或过失侵害他人的权利或利益,应负损害赔偿的违法行为。在现代社会,劳动灾害、车祸、空难、商品缺陷、公害、医疗过失等危害事故,层出不穷,造成各种损害。显然的,不是所有造成危害事故的行为,皆应构成侵权行为,而归由某人负责。侵权行为法的任务在于决定应采取何种立法技术(列举或概括),规定何种行为(作为、不作为),在何种归责要件(过失或无过失),就侵害何种权益(人格权、物权、债权、纯粹经济上损失等),所生何种损害(财产上损害、非财产上损害),应负赔偿责任,以达成填补损害、预防意外危害的目的。

侵权行为法的立法技术和规范内容因时而异,因各国(地区)情况而不同,反映着当时社会经济状态和伦理道德观念,并随着社会发展而经常调整变动。现行法在体例上系于规定一般侵权行为(第 184 条)及若干特别侵权行为(第 185 条以下),基本上采过失责任原则。关于若干意外事故,则于特别法加以规定,例如"核子损害赔偿法"、"民用航空法"、"铁路法"、"公路法"、"消费者保护法"（产品责任、服务责任），采取推定过失责任或无过失责任（危险责任）。值得注意的是，在台湾，近年来逐渐建构无过失补偿及社会安全制度，形成多元损害补偿体系，期能调和个人责任及集体补偿的机制，更公平、有效率地填补各种损害，实属重大成就。兹为便于观察，列表如下：

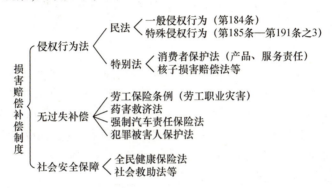

本书旨在论述民法上的侵权行为，其重点有二：① 阐释侵权行为法的规范模式及思考方法。② 突显侵权行为法在使被害人得自主决定依私法程序寻求救济，令加害人就其侵权行为负责，以维护个人权益，及促进社会损害的合理分配。鉴于侵权行为法的重要性，特作论深入的说明。

二、一般侵权行为

（一）第184条的体系构造

例题43：甲开掘地下街，不慎挖断乙的电缆，致丙因停电不能营业受有损害时，丙得否对甲请求损害赔偿，请参照此例，阅读第184条规定，思考下列三个问题：① 为何立法者不规定："故意或过失不法侵害'他人'者，负损害赔偿责任"，或"故意或过失不法侵害'他人之权利'者，负赔偿责任"而设第184条规定？② 为何第184条第1项前段规定"侵害他人之权利"，第1项后段或第2项均未设此要件？③ 第184条分设第1项前段、后段及第2项规定具有何种规范目的及正义内涵？

第184条规定："因故意或过失，不法侵害他人之权利者，负损害赔偿责任。故意以悖于善意善良风俗之方法，加损害于他人者亦同。违反保护他人之法律，致生损害于他人者，负赔偿责任。但能证明其行为无过失

者,不在此限。"学说上称为一般侵权行为(或通常侵权行为),兹先将其体系结构图示如下,再分三点加以说明:

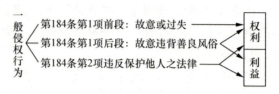

1. 三个请求权基础

第184条规定了三个独立的侵权行为,即:① 故意或过失不法侵害他人之权利(第184条第1项前段)。② 故意以悖于善良风俗之方法加损害于他人(第184条第1项后段)。③ 违反保护他人之法律(第184条第2项)。此三者为个别的请求权基础,得为竞合,因其构成要件不同,在处理具体案例时,须明确指出究以何者为依据,不能广泛地依所谓"侵权行为法则",加以论断。

2. 过失责任原则

民法系采过失责任原则,其主要理由有三:① 道德观念:个人就自己行为所肇致的损害,应负赔偿责任,乃正义的要求;反之,若行为非出于过失,行为人已尽注意的能事时,在道德上无可非难,应不负侵权责任。② 社会价值:任何法律必须调和"个人自由"与"社会安全"两个基本价值。过失责任被认为最能达成此项任务,因为个人若已尽其注意,即得免负侵权责任,则自由不受束缚,聪明才智可得发挥。人人尽其注意,损害亦可避免,社会安全亦足维护。③ 人的尊严:过失责任肯定人的自由,承认个人抉择、区别是非的能力。个人基于其自由意思决定,从事某种行为,造成损害,因其具有过失,法律予以制裁,使负赔偿责任,最足表现对个人尊严的尊重。

3. 区别性的权益保护

第184条为调和"行为自由"和"保护的权益"此两个基本利益,乃区别不同的权益的保护,而构成侵权行为责任体系。于侵害他人"权利"时,只要加害人具有故意或过失,即应依第184条第1项前段负损害赔偿责任。其被侵害的非属"权利"时,须加害行为系出于故意悖于善良风俗方法(第184条第1项后段),或违反保护他人之法律(第184条第2项)时,被害人始得请求损害赔偿。易言之,第184条第1项前段所保护的,限于权利,不及于财产上利益,尤其是纯粹财产上损害(纯粹经济上损失)。所谓纯粹经济上损失,指经济上损失系直接被侵害的客体,而不是因权利被侵害而生的不利益。例如甲挖断乙的电缆,致丙证券公司不能营业,受有损害。在此情形,乙的所有权受到侵害,得依第184条第1项前段向甲请求损害赔偿其所有权受侵害所生的损害(包括因此所生的经济上损失)。丙所受侵害则是纯粹经济上损失,丙须证明甲系故意以悖于善良风俗的方法致加损害,始得依第184条第1项后段规定请求损害赔偿。立法者所以作此"区别性的权益保护",系鉴于一般财产损害范围广泛,难以预估,为避免责任泛滥,特严格其构成要件,期能兼顾个人的行为自由。

(二)故意或过失不法侵害他人之权利(第184条第1项前段)

1. 概说:侵权行为的三层结构

第184条第1项前段规定,因故意或过失不法侵害他人之权利者,负损害赔偿责任,旨在宣示过失责任原则。至其成立要件,通说认为须具备者有:须有加害行为;行为须不法;须侵害他人之权利;须致生损害;须加害行为与损害有因果关系;须有责任能力;须有故意或过失。前四者为属客观要件;后二者属主观要件。此等要件在体系结构上可归纳为构成要件、违法性、及故意或过失,是为侵权行为的三层结构,图示如下:

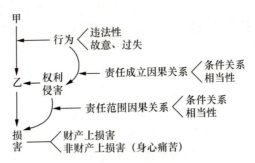

兹设一例加以说明:甲驾车违规超速撞伤乙,乙住院一周,支出费用5万元,减少工作收入两万元,住院期间家中搜集多年的古典唱片遭盗,乙精神痛苦不堪。所谓"构成要件",指侵害他人之权利的行为(例如驾车撞伤行人),其组成因素包括行为、侵害权利、造成损害及因果关系。行为与侵害权利之间的因果关系称为责任成立因果关系,侵害权利与所生损害(财产上损害及非财产上损害)之间的因果关系,称为责任范围因果关系。构成要件一旦具备,通常即可认定其违法性,故在违法性层次上所要检讨的是有无违法阻却事由存在。在侵权行为结构上属于最上层的是故意或过失,并涉及责任能力问题。

2. 行为

侵权行为,顾名思义,须有侵害他人的"行为",此指受意思支配,有意识之人的活动,例如言语、驾车、手术、制造药物等。行为可分为作为与不作为。作为指有所而为,可由外部认识之,例如以针孔摄影机拍摄他人隐私行为。不作为指有所不为,不作为之成立侵权"行为",须以作为义务的存在为前提,此有基于契约,即因契约而负担作为义务而不作为,例如,保姆见婴儿吞食玩具而未适时阻止;亦有基于法律,例如第1084条第2项规定,父母对于未成年子女,有保护及教养之权利义务。

3. 侵害他人的权利

> 例题44:试就下列情形,被害人得否依第184条第1项前段规定向加害人请求损害赔偿:① 甲私录乙的性爱谈话,发行卡带。② 甲向乙购某电视机,该电视机因线路设计不当,爆炸全毁。③ 甲盗乙所有的小发财车后,该车复被丙所盗,致甲不能使用该车营业受有损失。④ 甲驾车不慎撞伤歌星乙,致其不能登台演唱,致丙歌厅受有损失。

权利,指私权而言,私权包括人格权、身份权、物权及智慧财产权等,择其重要的,简述分述:

(1) 人格权,指一般人格权而言,即关于人的价值与尊严的权利,性质上是一种母权,衍生出个别人格权,例如生命、身体、健康、名誉、自由、信用、隐私、贞操、姓名等。法律明定个别人格权,在将一般人格权具体化,便于解释适用,尤其是使被害人得请求慰抚金(第194条、第195条)。隐私指个人的私密,不受他人干扰的领域,其主要侵害形态有二:① 侵入私人独处生活领域,例如,窃听电话、在他人房间装设电眼、对他人幽会加以录影、窃视少妇入浴、长期深夜电话干扰他人、未经同意对他人谈话录音。② 公开揭露个人秘密,例如,擅行出版他人日记、公布他人病历或病史、离婚之夫传播其妻所告知的私事。然而最具伤害性(有时最可憎恶)的是,媒体报导个人不欲人知的陈年旧事。

(2) 身份权,指基于特定身份而发生的权利,其主要的有二:① 亲权,指父母对于未成年子女有保护及教养的权利(第1084条)。其侵害亲权,例如抱走他人的婴儿。② 配偶权,指配偶之间因婚姻而互负诚实义务的权利。与有配偶者通奸,系侵害他方配偶对圆满生活的权利。

(3) 物权、智慧财产权,均应受第184条第1项前段规定的保护。兹以所有权为例加以说明。所有权,指全面支配某物,在法令限制范围内得为占有、自由使用、收益、处分的权利(第765条)。凡侵害所有权的权能的,即构成对所有权的侵害,其主要情形有:① 无权占有他人之物,例如占用他人土地摆设地摊。② 物之实体的侵害,例如,对他人的汽车轮胎放气、在他人的墙壁贴广告等。③ 侵害所有权的归属(或所有人的法律地位),如无权处分他人之物。④ 侵害他人的应有部分,如超过应有部分而对共有物为使用收益。须注意的是,购买某物,而该物因其原有瑕疵而灭失,如电视机因设计不当而爆破时,乃物的瑕疵担保问题,不构成对所有权的侵害(参见例题44)。

(4) 占有,指对物有事实上管领力,系一种事实,而非权利。侵害占有,得否适用第184条第1项前段,应视情形而定:① 侵害单纯占有(尤其是无权占有),例如,甲盗乙车用于营业,而该车复丙所盗时,甲不得以"权利"受侵害向丙请求赔偿不能使用该车所受的损害(参阅例题44)。② 侵害得"占有的权利",例如甲向乙承租某车,作为营业之用,而该车被丙所盗(或毁损)时,甲之占有因有本权(租赁权)而强化,得向加害人请求损害赔偿。

(5) 债权。第184条第1项前段所称权利不包括债权,其理由为:① 债权系属相对权,存在于特定当事人间,债权人对于给付标的物或债务人的给付行为并无支配力。② 债权不具典型的社会公开性,第三人难以知悉,同一个债务人的债权人有时甚多,加害人的责任将无限地扩大,不符社会生活上损害合理分配原则。③ 避免干预债务人的意思自由及社会经济生活的竞争活动。是以高薪挖角、购买已出售他人之物、不慎毁损买卖标的物、伤害歌星致其不能演唱,歌厅遭受损失(参阅例题44)等,原则上均不适用第184条第1项前段规定。惟若以高价唆使某专家离职,旨在破坏某电子公司的重要研究计划,或为报私怨,唆使房东终止租赁契约,逼使承租人搬家,乃以故意以违背善良风俗方法加损害于他人,应依第184条第1项后段规定负损害赔偿责任。

4. 损害

侵权行为的成立，须以侵害他人权利发生损害为必要。侵权行为损害赔偿请求权，以受有实际损害为成立要件，若无损害即无赔偿之可言。所谓损害，除财产损害外，尚包括精神或肉体痛苦等非财产上损害。例如，录制散布他人性爱行为的光碟，致其痛不欲生。

5. 因果关系

> 例题45：甲在高速公路驾车超速撞到乙车，乙追撞丙车，丙车燃烧，丙跳车时，掉落河谷，身受重伤，名贵手表遗失，送院医治期间，家中遭盗。丙得否就其权利被侵害所生的损害，向甲请求损害赔偿？应如何判断？

因果关系是侵权行为及损害赔偿法的核心问题。应区别"责任成立因果关系"及"责任范围因果关系"，判断侵权行为是否成立，及损害赔偿的范围。分述如下：

(1) 责任成立因果关系

① 理论构造：因果关系上的条件关系及相当性。所谓责任成立的因果关系，指可归责的行为与权利受侵害之间具有因果关系，例如乙的"死亡"是否"因"遭甲下毒？乙的"身体受侵害"是否"因"甲公司制造的药物具有缺陷？乙的果树是否"因"甲工厂扫泄的废弃物致枯萎？对此种因果关系的认定，通说系采相当因果关系说，认为：无此行为，必不生此损害，有此行为，通常即足生此种损害者，即有因果关系。无此行为，必不生此种损害，有此行为通常亦不生此种损害者，即无因果关系。此项因果关系理论系由"条件关系"及"相当性"所构成的，故在适用时应区别两个阶段加以判断：先审究其条件上的因果关系。如为肯定，再认定其条件的相当性：

A. 条件关系。此指某甲之行为与某乙的权利受侵害之间，具有条件关系。学说上有称之为"事实上的因果关系"。条件关系的判断，系采"若无，则不"的检验方式。通说所谓"无此行为，必不生此种损害"，即指条件的因果关系而言，例如"若无甲之下毒，乙必不死亡"（作为），"若非医生迟不开刀，乙必不死亡"（不作为），应认其具有条件关系。

B. 相当性。肯定某一原因事实与结果的条件关系，尚不足即令加害人就所生的损害负赔偿责任。为避免因果循环，牵连永无止境，必须确定其界限,通说系以条件的"相当性"作为判断基准,此系以行为人之行为所造成的客观存在事实为观察的基础,并就此客观存在事实,依吾人知识经验判断,通常均有发生同样损害结果的可能者,该行为人的行为与损害之间,即有"相当"因果关系。学说上有称之为"法律上的因果关系"。

② 实例分析。因果关系不能纯作理论上的讨论,必须就具体个案予以认定,并分就医业、公害、产品等类型加以观察,非本书所能详论。兹仅举一例加以说明。在 1987 年台上字第 158 号判决,加害人驾车追撞前行车辆,造成连环车祸,并起火燃烧,被害人下车后,又见火势猛烈,惟恐车身爆炸,遂将桥缝误为安全岛纷纷跳下而造成伤亡。"最高法院"谓:"依此项客观存在之事实观察,如车身爆炸而不及时走避,其造成之伤亡将更为惨重,且当时又系夜晚,更易引起慌乱,在此紧急情况之下,欲求旅客保持冷静,安然离开现场,殆无可能,故依吾人一般知识经验,上述旅客在慌乱中跳落桥下伤亡,是否与陈荣辉驾车追撞而造成之上开车祸,无相当因果关系,非无研究余地。"就其判决内容观之,"最高法院"系认为车祸与被害人落桥伤亡,有条件关系,并具相当性(参阅例题 45)。

(2) 责任范围因果关系

责任范围的因果关系,指权利受侵害与损害之间的因果关系,例如驾车撞伤乙,乙支出医药费,住院期间感染传染病,家中财物被盗时,其须探究的是,乙支出医药费,住院期间感染传染病,或家中财物被盗等"损害"与"其身体健康被侵害"之间是否具有因果关系。此亦应分就"条件关系"及"相当性"两个层次加以判断,但实际上多涉及相当性的问题。院字第 1662 号解释谓:"侵权行为之赔偿责任,以加害人之故意或过失与损害有因果联络者为限,来问所称事主被盗失牛,悬红寻觅,此项花红如有必要,即不能谓无因果联络,至其数额是否相当,则属于事实问题。"此项解释肯定"悬红寻觅"(损害)与"被盗失牛"(权利受侵害)之间存有相当因果关系。又例如母亲因婴儿在医院被他人抱走,而支出的必要悬赏广告或侦探费用,亦具有相当因果关系,得向医院请求损害赔偿。

相当因果关系的构造可分为"条件关系"及"相当性"两个组成部分,已详上述。应特别说明的是,所谓"条件关系"并非仅在观察自然的、机器的、无价值事物的发生过程,仍含有一定程度规范性判断。至于"相当性"则属价值判断,具有法律上归责的机能,旨在合理地移转或分散因侵权行为而生的损害。

6. 违法性:违法阻却与利益衡量

侵害他人的权利,原则上具有违法性,但得因某种事由阻却其违法性,例如正当防卫、紧急避险、自助行为、无因管理、权利行使等。被害人的允诺,亦具阻却违法性,此在医疗行为最属重要。医疗行为(如手术),系侵害他人身体,因病患同意而阻却违法,此项同意须以医生的说明为必要(被告知的同意,informed consent),医生未尽说明义务时,不生阻却违法的效力,对所生损害,仍应负损害赔偿责任。

名誉(或隐私)不具明确的保障范畴,且涉及言论自由的保障,其侵害是否构成违法性,应依利益衡量加以判断。值得注意的是,大法官释字第509号解释认为:"言论自由为人民之基本权利,'宪法'第11条有明文保障,应给予最大限度之维护,俾其实现自我、沟通意见、追求真理及监督各种政治或社会活动之功能得以发挥。惟为兼顾对个人名誉、隐私及公共利益之保护,法律尚非不得对言论自由依其传播方式为合理之限制。'刑法'第310条第1项及第2项诽谤罪即系保护个人法益而设,为防止妨碍他人之自由权利所必要,符合'宪法'第23条规定之意旨。至'刑法'同条第3项前段以对诽谤之事,能证明其为真实者不罚,系针对言论内容与事实相符者之保障,并借以限定刑罚权之范围,非谓指摘或传述诽谤事项之行为人,必须自行证明其言论内容确属真实,始能免予刑责。惟行为人虽不能证明言论内容为真实,但依其所提证据资料,认为行为人有相当理由确信其为真实者,即不能以诽谤罪之刑责相绳,亦不得以此项规定而免除检察官或自诉人于诉讼程序中,依法应负行为人故意毁损他人名誉之举证责任,或法院发现其为真实之义务。就此而言,'刑法'第310条第3项与'宪法'保障言论自由之旨趣并无抵触。"此项解释意旨,于民事上的侵害名誉,亦应有适用余地。

7. 故意过失

第184条第1项前段侵权行为的成立,须以加害人具有故意或过失为要件。此须以加害人具有得认识其行为具有法律上意义的识别能力为前提。

故意,指行为人对于构成侵权行为的事实,明知并有意使其发生(直接故意);或预见其发生,而其发生并不违背其本意(间接故意或未必故意)。就直接故意言,例如明知某人夜行于小巷,有意致其于死而开车撞之。就间接故意言,如开车蛇行于小巷,预见有人夜行,虽认识到有撞到的可能,仍超速驾驶而撞伤之。

过失,指应注意能注意而不注意,即行为人得预见其行为的侵害结果而未为避免。此项注意义务,应以善良管理人的注意(抽象的轻过失)为基准,其认定过程系将具体加害人的"现实行为",衡诸善良管理人于同一情况的"当为行为",若认定其有差距,即加害人的行为低于其注意标准时,即属过失。例如手术时将纱布遗留腹内,显未尽善良管理医生的注意义务,应负医疗上过失责任。善良管理人的注意,乃通常合理人的注意,属一种客观化或类型化的过失标准,即行为人应具其所属职业(如医生、建筑师、律师、药品制造者),某种社会活动的成员(如汽车驾驶人)或某年龄层(老人或未成年人)通常所具的智识能力。"过失"是个不确定的法律概念,应于个案考量行为肇致危险或侵害的严重性,行为的效益及防范避免的负担(成本)等因素加以认定。例如餐厅主人将毒鼠药物,放在厨房果酱瓶内,未加标记,新雇用厨师误为使用,致食客中毒时,应认餐厅主人有过失,因其危险性甚巨,而防范甚易也。

(三) 故意以悖于善良风俗加损害于他人(第184条第1项后段)

第184条第1项前段规定:"因故意或过失,不法侵害他人之权利者,负损害赔偿责任。"后段则规定:"故意以悖于善良风俗之方法,加损害于他人者亦同。"比较言之,第1项后段具有两个特色:① 其受保护的利益,除"权利"外,尚包括其他利益,其范围较广。② 侵害行为须出于故意以违背善良风俗的方法,其要件较严。以善良风俗作为判断侵权行为的基准,使侵权行为法得以开放,而与社会伦理价值相接,以适应社会的发展。

第184条第1项后段系属一种独立的请求权基础,应具备三个要件:① 侵害他人权利或利益,致生损害。② 悖于善良风俗。③ 侵害的故意。实务上常见的案例包括:A. 明知有配偶之人仍与其通奸。B. 侵害他人债权,例如唆使他人为二重买卖,通谋虚伪设定抵押权,以诈害债权。C. 诈欺。D. 滥用诉讼制度,例如诉讼中故意作不实陈述,或贿赂证人而取得不正确判决(或执行名义),并据此而为强制执行。

(四) 违反保护他人的法律(第184条第2项)

第184条第2项规定:"违反保护他人之法律,致生损害于他人者,负赔偿责任。但能证明其行为无过失者,不在此限。"此亦为独立的侵权行为,其主要功能有三:① 以客观法律规范的违反作为侵权行为的要件,使侵权行为法得与整个法律规范体系相接轨。② 将保护的客体及于权利以外的利益,尤其是纯粹财产上损害(纯粹经济上损失)。③推定加害人的过失。所谓证明其无过失,非仅指对保护他人法规的违反,并及于对他人权益的侵害。第184条第2项侵权行为的成立,须具备如下要件:

(1)其所违反的,须为保护他人的法律,此指以保护个人权益为内容的法律规范,包括法律及命令,个人权益的保护得与一般利益并存,但不包括保护专以维护社会秩序的法律。

(2)被害人须属于受保护人的范围。

(3)其所受的损害,须为法律所要保护的利益。例如第794条规定:"土地所有人开掘土地或为建筑时,不得因此使邻地之地基动摇或发生危险,或使邻地之工作物受其损害。"此为保护他人的法律,其受保护之人,为邻地的所有人,不包括承租人。其保护的利益为邻地的地基或工作物不受一定的危害,不及于人身或其他财产。

关于违反保护他人的法律,实务上常见的例如上诉人明知加害人未领有驾驶执照,仍将该小客车交其驾驶,显违"道路交通管理处罚条例"第21条第1项第1款、第28条之规定,应推定其有过失(1978年台上字第2111号判决)。又"劳工保险条例"关于雇主应为劳工加工保险的规定,亦属保护他人的法律,劳工因雇主未为其加入劳工保险,致不能领取劳保给付所受的不利益(纯粹经济上损失),得依第184条第2项规定请求损害赔偿。

(五)侵权行为的举证责任

侵权行为的举证责任,指不能证明侵权行为的要件的存在,而使法院获得确信时,应由何方当事人承担败诉的不利益。依一般举证责任,被害人应主张,并证明加害人的侵害行为,因权利被侵害,受有损害与因果关系,以及加害人的故意或过失。关于违法性,加害人应对违法阻却事由,负举证责任。

被害人应对侵权行为的成立要件负举证责任,就一般情形言,符合事理,并具保护加害人的作用,实际上多不生问题。但在若干特殊情形,使被害人对于加害人的过失,因果关系负举证责任,将使其有难获赔偿之虞,因此法律特就若干侵权行为类型调整举证责任的分配,推定加害人有过失(甚至采无过失责任),推定因果关系的存在,期能更合理分配社会的损害。此为侵权行为法发展的关键,为法律创设"特殊侵权行为"的核心问题。

三、特殊侵权行为

(一) 特殊侵权行为法的体系构成及发展

例题46：请先阅读第185条至第191条之3的规定，思考"民法"为何规定此等所谓特殊侵权行为，其特殊性何在、立法政策及解释适用上的基本问题。

侵权行为因各种事由或事故而发生，自有侵权行为法以来，既设有所谓特殊侵权行为，于民法或特别法设其规定，并随着社会经济发展、科技进步及价值观念改变，产生新的侵权行为类型，例如产品责任、服务责任等。此类侵权行为的特殊性在于其规范对象及规范内容。就规范对象言，大体上可分为两类：① 为对其所监督或使用之人；② 对其所管领或生产之物。就规范内容言，则在调整归责原则（采过失推定、无过失责任），推定因果关系的存在，扩大受保护权益。兹简要说明如下。

(二) 共同侵权行为

第185条规定："数人共同不法侵害他人之权利者，连带负损害赔偿责任，不能知其中孰为加害人者，亦同。造意人及帮助人，视为共同行为人。"本条规定共同侵权行为，其特殊性在于行为人为多数，须负连带责任，规范内容在处理因果关系问题。分三种类型，说明如下：

1. 共同加害行为

共同加害行为指数人共同不法侵害他人之权利。所谓"共同"，不以共同侵权行为人间有意思联络为必要。数人因过失不法侵害他人之权利，苟各行为人之过失行为均为其所生损害之共同原因，即所谓行为关联共同，亦足成立共同侵权行为。是本条适用情形有二：

(1) 甲、乙、丙共谋杀害丁。甲开枪，乙开车，丙把风，各为侵害行为的分担，应构成共同侵权行为。

(2) 甲、乙、丙各驾车违规，发生车祸，撞伤路人丁，其加害部分不明，因具行为关联共同，虽无意思联络，亦成立共同侵权行为。

2. 共同危险行为

共同危险行为指数人共同侵害他人的权利，不知其中孰为加害人，学说上称为"共同危险"行为，此应就造成危害行为的时空关连加以判断。其规范目的在于处理因果关系难以认定的困境，以保护被害人。其典型案例为数人狩猎,各人开枪,其中一枪击中路人,究为何人,不能确知。至于森林因有人丢弃烟蒂引起火灾,则不能认为当日登山者,皆应负共同侵权行为。

3. 造意及帮助

造意人及帮助人视为共同行为人,例如,甲教唆乙杀丁,丙提供手枪。实务上认赃物的故买(或收受、搬运、寄藏或为牙保)已在被害人因窃盗、抢夺、强盗等侵权行为受有损害之后,盗赃的故买人(或收受、搬运、寄藏之人)对被害人不构成共同侵权行为。

(三) 公务员的侵权责任

第186条规定:"公务员因故意违背对于第三人应执行之职务,致第三人受损害者,负赔偿责任。其因过失者,以被害人不能依他项方法受赔偿时为限,负其责任。前项情形,如被害人得依法律上之救济方法,除去其损害,而因故意或过失不为之者,公务员不负赔偿责任。"本条系规定公务员侵权责任,其特殊性在于其侵害主体为公务员,保护客体不限于权利,并设有保护公务员的特别规定,此涉及"国家赔偿法"(尤其是第2条第2项),请注意及之。

(四) 未成年人及法定代理人的侵权责任

第187条规定:"① 无行为能力人或限制行为能力人,不法侵害他人之权利者,以行为时有识别能力为限,与其法定代理人连带负损害赔偿责任。行为时无识别能力者,由其法定代理人负损害赔偿责任。② 前项情形,法定代理人如其监督并未疏懈,或纵加以相当之监督,而仍不免发生损害者,不负赔偿责任。③ 如不能依前两项规定受损害赔偿时,法院因被害人之声请,得斟酌行为人及其法定代理人与被害人之经济状况,令行为人或其法定代理人为全部或一部之损害赔偿。④ 前项规定,于其他之人,在无意识或精神错乱中所为之行为致第三人受损害时,准用之。"本条规定了未成年人及法定代理人的侵权责任,其特殊性有三:

(1) 肯定侵权行为的成立须行为人有识别能力。

(2) 肯定法定代理人侵权行为的责任,并推定其"监督过失"及"监督过失与损害发生"有因果关系。

(3) 创设衡平原则(本条第3项、第4项)。

(五) 雇用人的侵权责任

第188条规定:"① 受雇人因执行职务,不法侵害他人之权利者,由雇用人与行为人连带负损害赔偿责任。但选任受雇人及监督其职务之执行已尽相当之注意或纵加以相当之注意而仍不免发生损害者,雇用人不负赔偿责任。② 如被害人依前项但书之规定,不能受损害赔偿时,法院因其声请,得斟酌雇用人与被害人之经济状况,令雇用人为全部或一部之损害赔偿。③ 雇用人赔偿损害时,对于为侵权行为之受雇人,有求偿权。"此为关于雇用人侵权责任的规定,例如沙石车公司应就其司机超速撞伤路人,负侵权责任。本条规定的特殊性在于"推定雇用人选任及监督的过失",及此项过失与损害间的"因果关系"。雇用人侵权责任在实务上甚为重要,其成立要件有三:

(1) 行为人须为受雇人,此非仅限于雇佣契约所称之受雇人,凡客观上被他人使用为之服劳务而受其监督者,均系受雇人。

(2) 须因执行职务,此不仅指受雇人因执行其所受命令,或委托之职务自体,或执行该职务所必要之行为,而不法侵害他人之权利者而言,即受雇人之行为,在客观上足认为与其执行职务有关,而不法侵害他人之权利者,就令其为自己利益所为,亦应包括在内(1953年台上字第1224号判决)。

(3) 须受雇人的行为具有故意或过失,成立第184条的侵权行为。

实务上对雇用人的"举证免责",采严格认定标准,第188条第2项规定的"衡平责任",甚少适用。雇用人对于受雇人为求偿,实务上亦罕见其例,如若有之,应类推适用第217条规定,衡酌雇用人的与有过失(如工作时间、地点、指示及提供的工具等),决定其求偿数额。

(六) 定作人的侵权责任

第189条规定:"承揽人因执行承揽事项,不法侵害他人之权利者,定作人不负损害赔偿责任。但定作人于定作或指示有过失者,不在此限。"本条旨在分配因承揽而生的侵权责任。承揽人与定作人得依第185条规定成立共同侵权行为,例如,承揽人依定作人的指示将废土倒入他人土地。

(七) 动物占有人的侵权责任

第190条规定:"动物加损害于他人者,由其占有人负损害赔偿责任。但依动物之种类及性质,已为相当注意之管束,或纵为相当注意之管束而仍不免发生损害者,不在此限。动物系由第三人或他动物之挑动,致加损害于他人者,其占有人对于该第三人或该他动物之占有人,有求偿权。"本条规定动物占有人的责任,其特殊性在于推定占有人"管束过失"及"其与损害发生的因果关系"。

所谓占有人包括直接占有人与占有辅助人(通说)。动物限于受管束者,包括动物园的野兽、实验室培养的细菌。损害须出于动物的独立动作。驱虎伤人者,应依第184条规定负责。损害包括财产上损害及非财产上损害。饲养之犬每夜狂叫,致邻居彻夜难眠,精神痛苦者,亦得成立侵权行为。

(八) 工作物所有人的侵权责任

第191条规定:"土地上之建筑物或其他工作物所致他人权利之损害,由工作物之所有人负赔偿责任。但其对于设置或保管并无欠缺,或损害非因设置或保管有欠缺,或于防止损害之发生,已尽相当之注意者,不在此限。前项损害之发生,如别有应负责任之人时,赔偿损害之所有人,对于该应负责者,有求偿权。"此为关于工作物所有人侵权责任的规定。其特殊性在于推定工作物所有人就设置或保管的欠缺具有过失,及其与损害之间具有因果关系。所谓设置有欠缺,指土地上之建筑物或其他工作物,于建造之初即存有瑕疵而言。所谓保管有欠缺,指于建造后未善为保管,致其物发生瑕疵而言。

(九) 动力车辆驾驶人的侵权责任

第191条之2规定:"汽车、机车或其他非依轨道行驶之动力车辆,在使用中加损害于他人者,驾驶人应赔偿因此所生之损害。但于防止损害之发生,已尽相当之注意者,不在此限。"此为关于动力车辆驾驶人侵权责任的规定。其特殊性在于推定防止损害发生的过失及其因果关系。所谓"加损害于他人",就其文义言,不限于侵害他人的权利,如何解释适用,不无疑问。例如甲在高速公路上因违规超速,造成车祸,对他人之物(所有权)及人身所致侵害,固应赔偿。但对因车祸受困于车阵,不能出外观光,从事商业交易等所受纯粹经济上损失,应不负赔偿责任。

(十) 从事危险事业或活动者的侵权责任

第191条之3规定:"经营一定事业或从事其他工作或活动之人,其工作或活动之性质或其使用之工具或方法有生损害于他人之危险者,对他人之损害应负赔偿责任。但损害非由于其工作或活动或其使用之工具或方法所致,或于防止损害之发生已尽相当之注意者,不在此限。"本条旨在规定从事具危险性一定事业或活动者的侵权责任,甚为重要,并具发展性。其特殊性在于推定过失及因果关系，立法意旨在于公平分配危险事业或活动者的损害。其适用情形，例如，工厂排放废水或废气、简装瓦斯厂装填瓦斯、爆竹厂制造爆竹、举行赛车活动、使用炸药开矿或开山或燃放焰火，对他人致生损害。又本条所保护客体，不限于"权利"，如何解释适用，实值研究。

（十一）商品制造人的侵权责任

第 191 条之 1 规定："① 商品制造人因其商品之通常使用或消费所致他人之损害，负赔偿责任。但其对于商品之生产、制造或加工、设计并无欠缺或其损害非因该项欠缺所致或于防止损害之发生，已尽相当之注意者，不在此限。② 前项所称商品制造人，谓商品之生产、制造、加工业者。其在商品上附加标章或其他文字、符号，足以表彰系其自己所生产、制造、加工者，视为商品制造人。③ 商品之生产、制造或加工、设计，与其说明书或广告内容不符者，视为有欠缺。④ 商品输入业者，应与商品制造人负同一之责任。"本条系债编修正时增设的规定，乃新类型的侵权行为，其特殊性有二：

（1）以"商品"为规范对象，并对"商品"的"缺陷"，制造人的"过失"，及因果关系设推定的规定。

（2）扩大责任主体，包括商品制造人及视为"商品制造人"（本条第 2 项）及商品输入业者。例如甲饮用乙生产的饮料，因含有不洁物而致中毒，若乙不能证明该食物的制造并无欠缺（缺陷），其并对损害的防止已尽相当注意，或甲所受损害非因食物的缺陷所致（不具因果关系）时，应依此规定负损害赔偿责任。

（十二）"消费者保护法"上的产品责任与服务责任

关于特殊侵权行为的发展，最值得注意的是，"消保法"所规定的产品责任和服务责任，其第 7 条规定："Ⅰ 从事设计、生产、制造商品或提供服务之企业经营者应确保其提供之商品或服务，无安全或卫生上之危险。Ⅱ 商品或服务具有危害消费者生命、身体、健康、财产之可能者，应于明显处为警告标示及紧急处理危险之方法。Ⅲ 企业经营者违反前两项规定，致生损害于消费者或第三人时，应负连带赔偿责任。但企业经营者能证明其无过失者，法院得减轻其赔偿责任。"（第 8 条至第 10 条，"消保法施行细则"第 5 条以下规定）其特殊性在于对商品或服务采无过失责任，此涉及甚广，非本书所能详论，应指出者有四：

(1)"消保法"创设了一种比较法上罕见的无过失责任,即加害人能证明其无过失时,法院得减轻其赔偿责任。

(2)关于产品责任,"民法"及"消保法"均设有规定,形成双轨体系,其规范内容多有不同(如商品的范围、责任主体、归责原则、商品缺陷、判断基准及时点、受保护的权益、因果关系、举证责任,请读者自行比较),应认为二者得竞合并存,立法政策是否妥当,应有研究余地。

(3)关于服务责任,采无过失责任,为现行法律所创设,比较法上少见其例,其主要争议在于服务是否包括医疗行为,解释上的主要困难在于"安全或卫生上危险"的认定,其服务(医疗行为)是否符合当时科技专业水准。

(4)关于产品责任,实务上有一则汽车"暴冲案件"(台北地方法院民事判决1998年诉字第2253号)。关于服务产任(医疗责任),实务有"肩难产案件"(高等法院民事1998年台上字第151号判决,2001年台上字709号判决),均具启示性,请查阅读之!

四、侵权行为的效力

侵权行为的效力,系加害人应对被害人所受的损害负赔偿责任。此将于论及"损害赔偿之债"时再行说明。于此须特别提出的,系第197条第1项规定:"因侵权行为所生之损害赔偿请求权,自请求权人知有损害及赔偿义务人时起,两年间不行使而消灭。自有侵权行为时起,逾十年者亦同。"此为法律所规定的短期时效。又同条第2项规定:"损害赔偿之义务人,因侵权行为受利益,致被害人受损害者,于前项时效完成后,仍应依关于不当得利之规定,返还其所受之利益于被害人。"此在肯定侵权行为损害赔偿与不当得利请求权的竞合。

第198条规定:"因侵权行为对于被害人取得债权者,被害人对该债权之废止请求权,虽因时效而消灭,仍得拒绝履行。"例如甲受乙诈欺或胁迫出售某地,甲的撤销权于第93条所定除斥期间经过外,仍得本于侵权行为的损害赔偿请求权,请求废止乙的债权。此项废止请求权虽因时效而消灭,乙仍得拒绝履行,其已履行时,得依关于不当得利规定请求返还。

五、侵权行为法的发展

民事责任体系由"契约法"与"侵权行为法"所构成,前者保护契约当事人的期待,后者在保护权益不受侵害,二者攸关个人的自由、尊严,为市场经济的法律基础构造,乃私法秩序的磐石。侵权行为法与社会变迁具有密切的互动关系,此须与其他法令(尤其是行政管制,如汽车考照、交通规则)及补偿制度相配合,期能更公平、有效率,预防意外事故,分配损害。侵权行为法本身亦须有所调整,尤其是归责原则,综据上述,图示如下,以便参照:

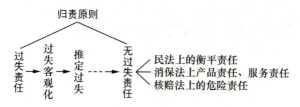

第六节 债权请求权的竞合:擅行出版他人的写真集

例题47:甲女受雇于某教会电台主播福音节目。甲请乙摄影师拍照裸体写真集,言明系供自家欣赏之用,乙绝不得保留底片,作任何用途。乙违反约定自行出版甲女写真集,获利甚巨,甲遭解雇,受人耻笑,精神痛苦。试问甲得对乙主张何种权利?

债编通则第一节规定契约、无因管理、不当得利及侵权行为。此四者为债的发生原因,也是四种债权请求权基础,为民事责任的主要机制,具不同的规范功能,成立要件及法律效果,得发生请求权竞合。兹就例题47加以说明:

(1)甲女请乙拍摄写真集,成立承揽契约,乙违反约定,擅自利用拍摄的照片,自行出版甲女写真集,应成立不完全给付,并同时侵害甲的肖像(人格权),应依第227条及第227条之1规定,负损害赔偿责任。

(2)肖像为人格法益的一种,得为市场交易的客体,予以商业化,兼具财产权的性质。乙未得甲女的同意,擅行出版其写真集,乃不法管理甲女的事务,甲得依第177条第2项规定准用同条第1项规定,请求乙交付管理事务所得的利益,但应扣除甲管理事务所支出的费用。

(3)肖像为人格法益的一种,兼具财产权的性质,已如上述,具有排他的专属性。乙擅行出版甲女的写真集,乃取得应归属他人权益内容的利益,欠缺法律上原因,应成立不当得利。其所受利益,系对此等人格法益的使用,依其性质不能返还,应偿还其使用此等权益客观上所应支付的对价。权利人是否有将此等人格法益变价的意思,对不当得利的成立不生影响,仅涉及应支付价额的计算。①

(4) 乙违反甲女的意思擅行出版其写真集,系故意不法侵害甲的人格权(肖像),应依第184条第1项前段规定负损害赔偿责任。甲女就其非财产上损害,尚得依第195条第1项规定,请求相当金额的赔偿(慰抚金)。

---

① 参见拙著:《不当得利》,北京大学出版社2009年版,第140页。

第三章　债之标的

债的标的为债务人的给付,给付则为债务人的行为,包括作为与不作为,不以有财产价格为限(第199条)。例如甲与邻居乙约定不在星期日上午弹奏钢琴,其契约系以不作为为内容,不具财产价格。债编通则规定债之标的,包括种类之债、货币之债、利息之债、选择之债及损害赔偿之债。其中以"损害赔偿之债"最为重要,将作较详细的说明。

第一节　种类之债

种类之债,指仅以种类指示给付物。例如约定买卖标的物为梨山福寿山生产的苹果1000斤,其相对称的为"特定物之债",例如"此苹果100斤"。种类之债不能依法律行为的性质(如样品买卖)或依当事人意思(如约定最高等级苹果)定其品质时,应给付中等品质之物(第200条第1项)。种类之债,须经特定,始能履行,其特定方法(种类之债的集中)有二(第200条第2项):

(1)债务人完结交付其物的必要行为。例如,在所谓"往取之债"(以债务人住所地为清偿地的债务),债务人已将给付物包装妥当,并加标识,以待领取。

(2)经债权人同意指定其应交付之物,例如,指定福寿山某农场某特定果树的苹果。

须注意的是,债务人应给付之物经特定而确定后,原则上不得变更,于其毁损灭失时,发生给付不能与危险负担的问题。

第二节 货币之债

货币之债,指以给付一定数额的货币为标的之债,亦称为金钱之债。于本土货币之债,债务人得给付任何通用货币。但当事人约定以特种通用货币之给付为债之标的者,如其货币至给付期失通用效力时,应给付以他种通用货币(第201条)。

以外国通用货币定给付额者(外国货币之债),债务人得按给付时,给付地之市价,以本土通用货币给付之。但订明应以外国通用货币为给付者,不在此限(第202条)。此乃任意规定,不具强行性,在国际贸易中,契约当事人约定债之给付应以外国通用货币为之时,债权人得请求债务人折付新台币者,不能认系违反强制规定而无效(1999年台上字第3459号判决)。

第三节 利息之债

一、法定利息、约定利息

利息之债,指以给付利息为标的之债。利息,乃使用他人原本的对价,系比例原本数额及其存续期间,而依一定比率,以金钱或其他代替物为给付的一种法定孳息。利息的发生有基于法律规定的(法定利息),亦有基于当事人的合意(约定利息)。法定利息及约定利息得同时发生,例如迟延的债务(第233条)。

二、法定利率及约定利率

利率乃计算利息的一定比率的方法,可分为法定利率及约定利率两种。第203条规定:"应付利息之债务,其利率未经约定,亦无法律可据者,周年利率为5%。"此为法定利率。

在约定利息,当事人多约定有利率,为保护债务人,第204条规定:"约定利率逾周年12%者,经一年后,债务人得随时清偿原本。但须于一个月前预告债权人。前项清偿之权利,不得以契约除去或限制之。"又为防止重利盘剥,第205条规定:"约定利率,超过周年20%者,债权人对于超过部分之利息,无请求权。"债务人就超过部分的利息任意给付,经债权人受领时,不得谓系不当得利,不得请求返还。

三、复利

复利,指将债务人尚未清偿的利息,滚入原本,再生的利息。复利易使原本增大,加重债务人负担,为保护经济弱者,第 207 条第 1 项乃规定:"利息不得滚入原本,再生利息。但当事人以书面约定,利息迟付逾一年后,经催告而不偿还时,债权人得将迟付之利息滚入原本者,依其约定。"如商业上另有习惯时,依其习惯(第 207 条第 2 项)。

第四节 选择之债与任意之债

一、选择之债

例题48:甲有 A、B、C 三画,出售其中之一给乙,约定由乙选择其一。因甲的过失致 A 画灭失时,乙得否选择 A 画,并请求甲就该画的给付不能负损害赔偿责任?

选择之债,指于数宗给付中,得选定其一为给付标的之债(第 208 条)。例如约定由买受人选择 A 物或 B 物的给付。其相对称为单纯之债,例如以某特定物为买卖的标的。选择之债的数宗给付,须选定其一,给付内容始能确定,其确定方法有二:

(一)选择权的行使

选择权的行使,原则上属于债务人,但法律另有规定或契约另有订定者,不在此限(第 208 条)。选择权定有行使期间者,有选择权人如于该期间内不行使者,其选择权移属于他方当事人。选择权未定有行使期间者,债权至清偿期时,无选择权之当事人,得定相当期限催告他方当事人行使其选择权,如他方当事人不于所定期限内行使选择权者,其选择权移属于为催告之当事人。若当事人双方均不欲选择,而约定由第三人为选择者,如第三人不能或不欲选择时,选择权属于债务人(第 210 条)。

选择权是形成权的一种,债权人或债务人选择时,须向他方当事人以意思表示为之。由第三人为选择时,应向债权人及债务人为意思表示,始生效力(第 209 条)。

(二) 给付不能

数宗给付中,有自始不能或嗣后不能给付者,债之关系仅存在于余存之给付。但其不能之事由,应由无选择权之当事人负责者,不在此限(第211条)。例如,甲有 A、B、C 三画,出售其一予乙,约定由乙选择。设 A 画意外灭失时,其选择范围缩小,乙得就 B 画或 C 画选择其一。但不得选择 A 画。设 A、B 二画意外灭失时,则其标的物确定于 C 画,成为单纯之债。设 A 画因甲的过失而灭失时,乙得选择 A 画,溯及于买卖契约发生时,发生效力(第212条),乙并得依给付不能的规定向甲请求损害赔偿(第226条)(参阅例题48)。

二、任意之债

(一) 任意之债的意义

任意之债,指债权人或债务人得以他种给付代替原来给付之债。此种得为代替给付的权利,称为代替权或补充权。现行"民法"对此未设明文规定,但应肯定之。任意之债之发生多基于当事人的约定,例如甲出售 A 画给乙,但约定甲亦得以 B 画给付之(债务人有代替权),或约定乙亦得请求 B 画(债权人有代替权)。其基于法律规定而发生的代替权,例如,第202条规定得以本土通用货币代替外币而为给付。

(二) 任意之债与选择之债

任意之债与选择之债的不同,在于其系非于数宗给付(A 画或 B 画)选择其一,而是得以他种给付(B 画)代替原定给付(A 画),其给付物(A 画)为特定,代替给付(B 画)仅居于补充的地位。故债权人有代替权时,债务人应为原定的给付,债务人有代替权时,债权人只得请求原定的给付。代替权的行使为要物行为,除意思表示外,尚须提出代替物,始生效力。

第五节 损害赔偿之债

例题49:甲公司沙石车司机违规横行于高速公路,发生车祸,致乙受重伤,乙新购名车半毁。试问:① 乙得向甲请求何种损害赔偿,得否选择请求恢复原状或请求恢复原状所需费用?试分析讨论现行法关于损害赔偿的方法的规定,思考其是否符合当事人的公平原则及经济效益。② 设乙系丙电子公司晶圆工程师,丙因乙受伤,致丙公司生产停顿受有损害时,得否向甲请求赔偿?③ 乙妻丁于乙住院期间,日夜看护,得否请求相当看护的费用?

一、发生原因,社会经济意义及损害的分类

(一) 损害赔偿之债的请求权基础

损害赔偿之债,指以损害赔偿为标的之债,系民事责任的核心问题。损害赔偿之债的发生原因,有基于法律行为,例如保险契约("保险法"第1条)、人事保证契约(第756条之1)。有基于法律规定,例如债务不履行、侵权行为等。兹依请求权基础的观点,将损害赔偿之债归类如下(务请查阅条文):

损害赔偿之债
- 契约
  - 保险契约("保险法"第1条)
  - 债务不履行(第226、231条)
- 缔约上过失(广义)
  - 意思表示错误撤销(第91条)
  - 无权代理(第110条)
  - 缔约上过失(第245条之1、第247条)
- 无因管理(第174、175条)
- 不当得利(第182条第2项)
- 侵权行为(第184条至第191条之3)
- 其他
  - "民法"第794、1056条等
  - 特别法:"国家赔偿法"(第5条)

(1) 处理实例题,应依上开次序检讨其损害赔偿请求权。损害赔偿之债的请求权基础,各有不同的责任原因、归责原则及内容,应就各该请求权基础加以认定。

(2) 于第213条至第217条设有关于损害赔偿的一般规定,于第192条至第196条就侵权行为设有若干特别规定,构成损害赔偿的规范体系,于民法及其他特别法,原则上均有适用余地。

(二) 损害赔偿法的机能及社会意义

损害赔偿法的目的,在于决定何种损害应予赔偿,及应为如何的赔偿,其基本机能系填补损害,而非惩罚加害人,故与刑事责任上的刑罚不同。值得注意的是,近年来若干特别法引进了美国法上的惩罚性赔偿(Punitive Damages),例如"消费者保护法"第51条规定:"依本法所提之诉讼,因企业经营者之故意所致之损害,消费者得请求损害额三倍以下之

惩罚性赔偿金;但因过失所致之损害,得请求损害额一倍以下之惩罚性赔偿金。"其发展趋势实值注意。

在现代社会,造成损害的事故层出不穷,损害赔偿的数额庞大。何种损害应予赔偿?其赔偿方式如何?如何建立损害赔偿机制(如责任保险、社会保险)?涉及社会资源公平有效率的利用与分配,具有重大社会经济意义。

(三) 损害的意义及分类

损害乃被害人于其权益所受的不利益,得为如下的分类,以了解其内容:

1. 财产上损害及非财产上损害

财产上损害,指损害可以金钱加以计算,例如因身体受侵害而支出医疗费用或减少的收入,物因受侵害而减损其价值。此应比较损害前及损害发生后的财产状态加以认定(所谓的差额说)。非财产上损害,指精神或肉体上的痛苦。

须注意的是"财产上损害与非财产上损害"与"侵害财产权与非财产权",应予区别。侵害财产权(如某古董车)或非财产权(人格权或身份权),各得发生财产上损害及非财产上损害。

2. 履行损害及信赖损害

此系关于法律行为所生损害的分类:履行损害(积极利益),指因一方当事人不履行法律行为(尤其是契约)上义务所生的损害,例如丧失转售某买卖标的物所可获得的利益(即契约履行的利益)。信赖损害,指因信赖其法律行为为有效而受的损害,例如订约费用、准备履行费用、丧失订约机会所受损害(第91条、第247条)。

3. 直接损害及间接损害

直接损害,指受侵害权益本身的损害,例如身体健康受侵害。间接损害,指因权益受侵害所生的结果损害,例如身体健康受侵害致收入减少,支出伤害证明书费用。无论何种损害均应予赔偿。

4. 直接被害人与间接被害人

甲过失不法伤害乙或致乙死亡,乙的雇主丙因此工作停顿遭受损失,乙的寡母丁不能获得乙的扶养时,乙为直接被害人,得依第184条第1项前段规定请求损害赔偿;丙或丁系间接被害人,受有纯粹财产上损失,须法律有特别规定,始得请求损害赔偿(第193条)(参阅例题49)。

二、损害赔偿的方法

损害赔偿的方法涉及经济效率及当事人间公平的问题,民法以恢复原状为原则,金钱赔偿为例外。分述如下:

(一) 恢复原状及金钱赔偿的基本原则

1. 恢复原状

第213条第1项规定:"负损害赔偿责任者,除法律另有规定或契约另有订定外,应恢复他方损害发生前之原状。"例如刮伤他人汽车,应予修复;侵夺他人珠宝,应予返还。致他人汽车灭失,应赔偿以相同价值的汽车,亦属恢复原状。又同条第2项规定:"因恢复原状而应给付金钱者,自损害发生时起,加给利息。"例如侵占他人的金钱,应附加利息返还。其依第214条及第215条规定请求金钱赔偿时,亦得依此项规定要求加给利息。

须特别指出的是,恢复原状的原则对于非财产上损害亦有适用。医治受侵害的身体健康,亦在减少其身心的痛苦,登报道歉,乃在恢复对侵害他人名誉所致非财产上损害。

2. 金钱赔偿

(1) 金钱赔偿的原则

① 请求恢复原状所须费用。债编修正时,于第213条增设第3项规定:"第1项情形,债权人得请求支付恢复原状所必要的费用,以代恢复原状。"立法理由系以恢复原状,若必由债务人为之,对被害人有时可能缓不济急,或不能符合被害人之意愿。为期合乎实际需要,并使被害人获得更周密之保障,被害人得请求支付恢复原状所必要之费用,以代恢复原状。此为损害赔偿法上一项重大突破,使损害赔偿更能保护被害人的利益,更具效率。此项增设规定多适用于人身或物遭受伤害的情形,例如遭车祸受伤,汽车受损,被害人得向加害人请求必要的费用,其是否用于恢复原状(尤其是在物受损毁情形),在所不问(参阅例题49)。

② 恢复原状迟延。第214条:"应恢复原状者,如经债权人定相当期限催告后,逾期不为恢复时,债权人得请求以金钱赔偿其损害。"在第213条增订第3项后,本条规定已不具重要实益。

③ 不能恢复原状或恢复原状显有困难。第215条规定:"不能恢复原状或恢复显有重大困难者,应以金钱赔偿其损害。"不能恢复原状,例如

某古董灭失时,其金钱赔偿应以同类物品的市场价额计算之。恢复显有困难者,应以金钱赔偿其损害,旨在保护债务人,其要件是否具备,应于个案衡量当事人利益加以认定。例如毁损某车,其修复费用远超过新车的价值时,应以金钱赔偿之。

(2) 非财产上损害

无论财产上损害及非财产上损害,皆应恢复原状,而于财产上损害得请求金钱赔偿,已详如前述。关于非财产上损害,须以法律有特别规定者为限,始得请求相当金额的赔偿(慰抚金),此为民法损害赔偿法上的一项重要原则,应予注意。

(二) 法律关于损害赔偿方法的"另有规定"

例题50:甲医生因医疗过失致乙病患的身体健康遭受重大侵害,丧失劳动力,长期住院精神痛苦。试问:① 乙主张甲应负侵权责任时,得请求何种损害赔偿? ② 设乙主张甲应负契约债务不履行时,得请求何种损害赔偿? ③ 设乙死亡时,其配偶丙如何请求损害赔偿?应否承担乙对损害发生的与有过失(如乙未告知特殊体质或病史)?

关于损害赔偿方法,法律另有规定时,应依其规定。分就侵权行为及债务不履行说明如下:

1. 关于侵权行为的特别规定

(1) 侵害生命权。不法侵害他人致死者,被害人的生命因受侵害而消灭,其为权利主体的能力即已失去,损害赔偿请求权亦无由成立,特设第192条及第194条规定:

① 对第三人财产上损害的赔偿,第192条规定:"Ⅰ 不法侵害他人致死者,对于支出医疗及增加生活上需要之费用或殡葬费之人,亦应负损害赔偿责任。Ⅱ 被害人对于第三人负有法定扶养义务者,加害人对于该第三人亦应负损害赔偿责任。Ⅲ 第193条第2项之规定,于前项损害赔偿适用之。"此乃间接被害人得请求损害赔偿的特例。此项请求权,自理论言,虽系固有之权利,然其权利系基于侵权行为之规定而发生,间接被害人自不能不负担直接被害人之过失,倘直接被害人于损害之发生或扩大与有过失时,依公平之原则,亦应有第217条过失相抵规定之适用(1984年台再字第182号判决)(参阅例题50)。

② 对第三人非财产上损害的赔偿(慰抚金),第 194 条规定:"不法侵害他人致死者,被害人之父、母、子、女及配偶,虽非财产上之损害,亦得请求赔偿相当之金额。"须注意的是,胎儿以将来非死产者为限,关于其个人利益之保护,视为既已出生,第 7 条定有明文,慰抚金之数额如何始为相当,应酌量一切情形定之,但不得以子女为胎儿或年幼为不予赔偿或减低赔偿之依据(1977 年台上字第 2759 号判决)。

(2) 侵害身体健康财产上损害赔偿

第 193 条规定:"不法侵害他人之身体或健康者,对于被害人因此丧失或减少劳动能力或增加生活上之需要时,应负损害赔偿责任。前项损害赔偿,法院得因当事人之声请,定为支付定期金。但须命加害人提出担保。"关于本条解释适用,应注意者有三:

① 因被强奸所生子女而支出之扶养费,为侵权行为所生之财产上损害,被害人固得依第 184 条第 1 项规定请求赔偿损害,但非同法第 193 条第 1 项所定之被害人因此增加生活上之需要(1973 年台上字第 2693 号判决)。

② 被害人因身体健康被侵害而丧失劳动能力所受之损害,其金额应就被害人受侵害前之身体健康状态、教育程度、专门技能、社会经验等方面酌定之,不能以一时一地之工作收入为准。又商人之经营能力固为劳动能力之一种,但营业收入乃出于财产之运用,资本及机会等为其要素,不能全部视为劳动能力之所得(1974 年台上字第 1394 号判决)。

③ 所谓增加生活上的需要,包括住院期间支付的膳食、看护费等。由亲属看护时,虽无现实看护费之支付,但应衡量及比照雇用职业护士看护情形,认为被害人即被上诉人受有相当于看护费之损害,得向上诉人请求赔偿,乃实务上所采之见解,亦较符公平正义原则(1999 年台上字第 1827 号判决)(参阅例题 50)。

(3) 侵害人格法益的非财产上损害(慰抚金)

第 195 条第 1、2 项规定:"不法侵害他人之身体、健康、名誉、自由、信用、隐私、贞操,或不法侵害其他人格法益而情节重大者,被害人虽非财产上之损害,亦得请求赔偿相当之金额。其名誉被侵害者,并得请求恢复名誉之适当处分。前项请求权,不得让与或继承。但以金额赔偿之请求权已依契约承诺,或已起诉者,不在此限。"此为第 18 条所定侵害人格权得请求"慰抚金"的特别规定,对保护人格法益具有重大意义。须注意者有二：

① 实务上认为公司系依法组织之营利性社团法人，其名誉遭受损害，无精神上痛苦之可言，登报道歉已足恢复其名誉，自无依第195条第1项规定请求精神慰抚金之余地。(1973年台上字第2806号判决)。

② 关键问题在于量定慰抚金的因素，实务上认为应斟酌加害人与被害人双方身份、资力、与加害程度及其他各种情形核定相当之数额(1962年台上字第223号判决)。其应予指出的是，实务上未将加害人的故意或过失轻重列入考量因素，此涉及慰抚金所具"填补损害"及"慰抚"功能，是一个值得深入研究的问题。

(4) 侵害身份法益的非财产上损害赔偿(慰抚金)

第195条第3项规定："前二项规定，于不法侵害他人基于父、母、子、女或配偶关系之身份法益而情节重大者，准用之。"此为债编修正时所增设，旨在强化的身份法益的保护。立法理由系以身份法益与人格法益同属非财产法益，本条第1项仅规定被害人得请求人格法益被侵害时非财产上之损害赔偿。至于身份法益被侵害，可否请求非财产上之损害赔偿？则付之阙如，有欠周延，宜予增订。惟对身份法益之保障亦不宜太过宽泛。鉴于父母或配偶与本人之关系最为亲密，基于此种亲密关系所生之身份法益被侵害时，其所受精神上之痛苦最深，故明定"不法侵害他人基于父母或配偶关系之身份法益而情节重大者"，始受保障。例如，未成年子女被人掳掠时，父母监护权被侵害所受精神上之痛苦。又如配偶之一方被强奸，他方身份法益被侵害所致精神上之痛苦等是，爰增订第3项准用规定，以期周延。

(5) 侵害物的损害赔偿

第196条规定："不法毁损他人之物者，被害人得请求赔偿其物因毁损所减少之价额。"此为债编修正时对旧条文"不法毁损他人之物者，应向被害人赔偿其物因毁损所减少之价额"的修正，其立法理由，系认物因毁损所减少之价额，有时难于估计，且被毁损者有恢复原状之可能时，被害人有时较愿请求恢复原状。为使被害人获得周密之保护，不宜剥夺被害人请求恢复原状，赋予被害人选择之自由，使被害人得向不法毁损其物者请求赔偿其物因毁损所减少之价额，亦不排除其选择请求恢复原状。此项修正使被害人对物的损害赔偿方法有多种选择，有助于保护被害人及促进资源利用的经济效率。

2. 债务不履行侵害人格权的特别规定

第227条之1规定："债务人因债务不履行，致债权人之人格权受侵害者，准用第192条至第195条及第197条之规定，负损害赔偿责任。"例如，甲因病就医，因乙医师过失致其身体健康遭受侵害（或死亡）时，被害人得以债务不履行为理由主张依侵权行为所得请求之损害赔偿（参阅例题50）。

此项规定为债编修正时所增设，立法理由强调债权人因债务不履行致其财产权受侵害者，固得依债务不履行之有关规定求偿。惟如同时侵害债权人之人格权致其受有非财产上之损害者，依现行法规定，仅得依据侵权行为之规定求偿。是同一事件所发生之损害竟应分别适用不同之规定解决，理论上尚有未妥，且因侵权行为之要件较之债务不履行规定严苛，如故意、过失等要件举证困难，对债权人之保护亦嫌未周。为免法律割裂适用，并充分保障债权人之权益，爰增订本条规定，俾求公允。此项增设规定强化人格权的保护，调整了民事责任体系，在实务及理论上具有重大意义。

三、损害赔偿的范围

例题51：(此例对了解损害赔偿制度，甚有助益，请耐心阅读)。某甲遭九·二一地震，家破人亡，开计程车以维持生计，因过失撞到乙所驾驶丙公司小发财车。乙受重伤，住院1个月未能营业，由其母丁日夜看护，乙终告不治，丁痛不欲生，请领丧葬津贴及遗族津贴若干元。丙公司的小发财车毁损，减少价值50万元，其恢复原状费用则须60万元，丙公司因该车不能使用于营业损失10万元。又查乙对该车祸的发生，与有30%的过失。试问乙、丙、丁得向甲请求何种损害的赔偿，如何计算其应赔偿的损害？

关于损害赔偿的范围，应依下述过程加以思考，计算其应赔偿的损害：

（1）损害赔偿除法律另有规定或契约另有订定外，应以填补债权人所受损害及所失利益为限（第216条）。

（2）所受利益的扣除（损益相抵）（第216条之1）。

（3）过失相抵（第217条）。

(4) 债务人生计的斟酌(第218条)。

(一) 所受损害及所失利益

损害赔偿的范围,契约有订定时,依其约定。其于损害发生前约定的,例如违约金(第250条);其于损害发生后的约定,多基于和解契约。法律的特别规定,例如第217条、第218条。除此二者外,损害赔偿应填补债权人所受损害及所失利益,学说上称为全部赔偿原则。

第216条第1项所谓"所受损害",即现存财产因损害事实的发生而致减少(积极的损害)。所谓"所失利益",指新财产的取得,因损害事实的发生而受妨害(消极的损害)。人身健康受侵害时,其所受损害,如医疗费、看顾费、精神痛苦,其所失利益为不能工作致收入减少。在物受侵害时,其所受损害为物本身的毁损灭失,其所失利益为不能使用该物而受的损害。毁损某套稀有善本书(或邮票、茶具等)之一部分时,应赔偿其全部因此减少的价值。在债务不履行的情形,例如,承揽工程违约未予完成时,其所受损害为应另行标建,须支付的酬金,其所失利益则为房屋如已完成可获转售的预期利益。

须注意的是,所失利益,其范围颇难确定,第216条第2项乃明定:"依通常情形或依已定之计划、设备或其他特别情事,可得预期之利益,视为所失利益。"例如:计程车遭窃,该失窃车若系专供出租之用,则该车失窃的营业损失,即系所失利益。至营业损失,则应考量该失窃车及其他出租车出租之频率(因未必每天都租得出去)等,而为计算,并自失窃翌日起算。出卖人违约不交付标的物或移转其所有权时,买受人得请求预定转售、出租,或建厂而受的损失。

(二) 损益相抵

1. 损益相抵原则

损益相抵,指基于同一原因事实受有损害并受有利益,其请求之赔偿金额,应扣除所受之利益。例如计程车遭窃,被害人固得请求营业上的损失,但应扣除该车毋庸供营业用所节省的费用。损益相抵为损害赔偿的一大法则。损害赔偿的目的,虽在排除损害,恢复损害发生前的同一状态,然非在使被害人因此而受不当的利益,故如被害人基于同一原因事实受有损害并受有利益时,即应由损害额中扣除利益额,以其余额为请求的赔偿额。损益相抵原则,早经法院确认(1933年上字第353号判决、1938年沪上字第73号判决),且"民法"中亦不乏寓有此原则的规定(如第267

条但书),惟尚无专条,债编修正时特增订第216条之1,加以规定。

其应扣除的利益,须与损害的发生基于同一原因事实,具相当因果关系,并符合损害赔偿的责任的意义和目的,斟酌双方当事人利益,加以判断。其应扣除的利益,例如计程车遭窃期间未为营业而节省的费用,前已论及,此外,如赛马骑士违反马主指示,而过度役使马匹,虽得头奖,但致马匹死亡时,骑士应对马匹的价值负赔偿责任,惟应扣除马主所获奖金。其不应扣除的,例如因侵权行为(如遭车祸)而得请领的保险金。保险制度旨在保护被保险人,非为减轻损害事故加害人之责任,保险给付请求权之发生,系以定有支付保险费之保险契约为基础,与因侵权行为所生之损害赔偿请求权并非出于同一原因。后者之损害赔偿请求权,殊不因受领前者之保险给付而丧失,两者除有"保险法"第53条关于代位行使之关系外,不生损益相抵问题(1979年台上字第42号判决)。

2. 让与请求权

第218条之1规定:"关于物或权利之丧失或损害,负赔偿责任之人,得向损害赔偿请求权人,请求让与基于其物之所有权或基于其权利对于第三人之请求权。第264条之规定,于前项情形准用之。"例如甲借某自行车给乙,因乙的过失,该车被丙所盗。在此情形,甲得向乙请求债务不履行损害赔偿,并得向丙请求返还该车(第767条)。设甲向乙请求损害时,乙得请求甲让与该自行车所有权,并得依第264条规定主张同时履行抗辩。此项让与请求权乃基于损益相抵原则,原规定于第228条,"民法"修正时特移列于债之标的损害赔偿部分。但依其规范意旨,列为第216条之2,更为妥适。

(三)过失相抵

损害的发生,因被害人或第三人与有过失时,使加害人全负赔偿责任,难免苛酷,宜在一定要件下,得减免赔偿金额,以符公平原则。第217条规定:"Ⅰ 损害之发生或扩大,被害人与有过失者,法院得减轻赔偿金额,或免除之。Ⅱ 重大之损害原因,为债务人所不及知,而被害人不预促其注意或怠于避免或减少损害者,为与有过失。Ⅲ 前两项之规定,于被害人之代理人或使用人与有过失者,准用之。"本条在实务及理论上甚为重要,分三点说明如下:

1. 构成要件

须被害人与有"过失",此乃违反对自己事务的注意,仍须以有识别能力为前提。此项过失包括作为(如超速驾车相撞),及不作为(如未使用安全带或配戴安全帽;配偶一方纵容他方与人通奸)。实务上认为双方互殴乃双方互为侵权行为,与双方行为为损害之共同原因者有别,无第217条过失相抵原则的适用(1978年台上字第967号判决)。

被害人所与有的过失,得存在于损害发生时(如超速驾车相撞、未戴安全帽),亦得发生于损害发生后(如车祸受伤迟延赴医救治)。关于"不作为之与有过失",第217条第2项就两种情形特设规定:① 重大之损害原因,为债务人所不及知,而被害人不预促其注意。例如未告知托运的瓷器系名贵古董,价值不菲。② 怠于避免或减少损害者。例如,托送货品未为合适的包装;因车祸受重伤之人(如断足),未为必要的医疗诊治。被害人虽患有肝硬化等病症,而为加害人所不知,若被害人的死亡,系由于加害人殴打行为所致,不能以被害人未预为告知其已患有何疾病,而谓其就其死亡之发生,亦与有过失(1984年台上字第4045号判决)。

2. 适用范围

被害人与有过失,只须其行为与加害人之行为,为损害之共同原因,而其过失并有助成损害之发生或扩大者,即属相当,不论加害人应负故意、过失或无过失责任,均应适用。又此项规定的适用,不以侵权行为的法定损害赔偿请求权为限,即契约所定的损害赔偿,除有反对的特约外,于计算赔偿金额时,亦难谓无其适用。

3. 法律效果

损害的发生或扩大,被害人与有过失者,法院得减轻或免除赔偿金额。法院对于赔偿金额减至何程度,抑为完全免除,虽有裁量之自由,但应斟酌双方原因力之强弱与过失之轻重以定之。加害行为出于故意时,通常不斟酌被害人的与有过失。被害人与有过失的程度,多以一定的百分比(如30%)加以表示。须注意的是,此项基于过失相抵之责任减轻或免除,系属一种抗辩,而非抗辩权,法院得依职权为之,不必待当事人的主张(1996年台上字第1756号判决)。

4. 第三人与有过失的准用

第217条第1项、第2项规定,于被害人的代理人或使用人与有过失时,准用之。在加害人与被害人之间有债之关系存在时,此项准用,应无问题。其无偿的关系存在时,被害人应承担其使用人的与有过失,例如驾驶机车有过失致坐于后座之人(如驾驶者之妻或朋友),被他人驾驶之车撞死时,后座之人系因借驾驶人载送而扩大其活动范围,驾驶人为之驾驶机车,应认系后座之人之使用人,得准用第217条第1项规定减轻加害人的赔偿金额。若后座之人系未成年人之子女,由其父驾驶机车送其上学或者看病时,乃发生未成年人应否承担其法定代理人与有过失的问题。实务上系采肯定说(1984年台上字第2201号判决),惟法定代理制度旨在保护未成年人,使未成年人承担法定代理人的过失,是否合理,仍有研究余地。①

须注意的是,不法致人于死者,第三人依第192条规定请求损害赔偿,依第194条规定请求慰抚金时,亦应承担被害人(死者)的与有过失。此项请求权,自理论言,虽系固有之权利,然其权利系基于侵权行为的规定而发生,自不能不负担直接被害人的过失,倘直接被害人于损害的发生或扩大与有过失时,依公平原则,亦应有第217条过失相抵规定的适用(1984年台再字第182号判例),前已论及,兹再强调之。

(四)生计减轻

第218条规定:"损害非因故意或重大过失所致者,如其赔偿致赔偿义务人之生计有重大影响时,法院得减轻其赔偿金额。"立法意旨在缓和全部赔偿原则,具有社会伦理意义。就要件言,须限于损害非因故意或重大过失所致。此为强行规定,当事人不得以约定加以排除。

(五)损害赔偿的计算方式

据上所述,关于损害赔偿范围的计算,原则上应包括所受损害及所失利益,扣除基于发生损害同一原因事实而受益,并乘以与有过失的比例,并得依第218条减轻其赔偿金额。在侵权行为损害赔偿事件,如有请求慰抚金又符合过失相抵的情形,慰抚金先与其他赔偿金额合计后,再依过失相抵规定计算最后应赔偿额。若以财产上损害为 A,所受损害及所失利益为 a、b,所受利益为 c,非财产损害金额赔偿(慰抚金)为 B,与有过失为 C,则关于损害赔偿基本上可采如下的计算方式:

损害赔偿:$[A(a+b-c)+B] \times C$

---

① 参见拙著:《民法学说与判例研究》(第一册),北京大学出版社2009年版,第58页。

(六) 损害赔偿的体系构成

损害赔偿是实务及理论上的重要问题,"民法"关于损害赔偿的规定适用于私法及公法(如"国家赔偿法"),限于篇幅,不能作更详尽深入的论述,特设例题51,以供研究,其涉及层面甚广,包括损害赔偿的请求权基础、财产上损害及非财产上损害,恢复原状及金钱赔偿的原则及法律特别规定、赔偿范围、损益相抵、被害人与有过失、第三人与有过失,生计减轻等基本问题,请读者参照本书相关部分的说明,自行解说(务必写成书面,惟有如此才能确实了解)。为便于参照,提出如下简要思考模式(所引条文务请阅读)。

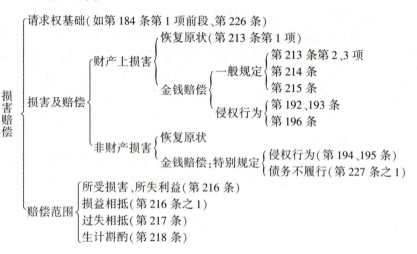

第四章 债之效力

债编通则第三节规定"债的效力",分为给付、迟延、保全、契约四款,是债法的核心领域,其应先行说明的是行使债权,履行债务。分述如下:

第一节 行使债权、履行债务

债的关系成立后,债权人基于债之关系,得向债务人请求给付(第199条第1项),发生行使权利、履行义务的问题,此应受诚实信用原则的规范(第148条第2项)。就行使债权言,债务人履行义务,影响债权人利益轻微,其拒绝受领造成损害甚大,不合比例原则时,其行使债权违反诚实信用。例如,甲欠乙10万元,乙不得以甲偿还时,短欠100元而拒绝受领。又例如甲应于某日12时中午交付水果1000斤予乙,甲迟延20分钟,而此项迟延不影响乙处理该水果时,乙拒绝受领,有违诚实信用原则。就履行债务言,例如甲欠乙10万元,甲欲全以10元硬币偿还,造成乙不便时,其履行债务不符诚信原则。

须注意的是,诚实信用原则,除规范行使债权,履行债务的方法外,尚具两项重要机能,一为创设缔约上的注意义务,而为缔约上过失责任的基础;二为扩张契约上的给付义务及于附随义务,而得发生不完全给付债务不履行。此二者对民事责任的建立与发展,至为重要,应特为注意。

第二节 债务不履行

一、规范模式及适用范围

例题52:① 甲赠与A、B、C三犬给乙,约定于某日交付。A犬于交付前因甲的受雇人看顾过失而死亡。B犬虽如期交付,但患有疾病,传染于乙的犬群。C犬届清偿期仍未交付,试说明其法律关系。
② 在上举之例,设甲系各以1万元出卖A、B、C三犬给乙时,其法律关系又如何?试思考其基本问题,现行采取何种规范模式?(请先阅读第220条至第241条)。

(一) 规范模式

读者如果深入思考上揭例题52及相关法律规定,应能发现其涉及债务不履行的四个基本问题:

(1) 债务不履行的类型化。现行"民法"对债务不履行未设概括统一的规定,而是加以类型化,分为三种形态:① 给付不能(A犬死亡);② 不完全给付(B犬患有传染病);③ 给付迟延(C犬届期未交付)。

(2) 归责事由。债务人应就何种事由对其债务不履行负责?现行"民法"系采过失原则,以债务人具有故意或过失为必要,但亦就若干之债(尤其是契约)另设较严格或较轻的归责事由。

(3) 债务人的责任。债务人的责任,依其对债务不履行有无归责事由而定。其无归责事由时,不负债务不履行责任,于给付不能的情形,并免其给付义务(第225条)。其有可归责的事由时,债权人得请求债务不履行损害赔偿,或解除契约。

(4) 双务契约与单务契约的区别。债务不履行责任,因双务契约或单务契约而有不同。双务契约指具有对价的契约,例如买卖、互易、租赁等。其无对价的,则为单务契约,如赠与、使用借贷。在单务契约,仅一方当事人负债务,他方并不负债务,于债务不履行时,亦仅发生债权人得主张损害赔偿等问题。在双务契约,因双方当事人互负债务,乃发生如何处理对待给付的问题,例如买卖的犬给付不能时,如何处理价金?

(二) 适用范围

"民法"关于债务不履行的规定,除契约外,亦适用于无因管理、不当得利及侵权行为等债的关系。例如,收留迷失孩童,或拾得遗失物时,应成立无因管理,其因过失致孩童受伤,遗失物毁损时,本人应负债务不履行责任(第227条),不当得利返还义务人迟于返还其所受利益时,应负给付迟延责任。又例如甲毁损乙的汽车,交由丙汽车修理厂修理,丙修车不善,具有缺陷,致乙发生车祸时,应认丙是甲的使用人,甲应对丙的过失负同一责任,而对乙负不完全给付的损害赔偿责任(第224条、第227条)。

二、债务不履行的归责事由

例题53:甲参加乙旅行社(公司)所提供的环岛旅游,于行经清境农场到合欢山路段,因司机丙驾车未尽注意,致掉落山谷,身受重伤。查当事人的旅游契约载明:"旅游服务提供人对其使用人的故意或过失概不负责。"试问甲得对乙或丙主张何种权利,并说明第188条与第224条规定的不同。

(一) 归责事由与故意或过失

债务不履行的成立,须以有可归责于债务人的事由为要件,此对任何债务不履行均有适用余地(第226条、第227条、第231条),属于"通则"事项,特先为说明:

(1) 归责事由系债务不履行上的概念。侵权行为系以故意或过失作为判断行为人主观上的归责性。在侵权行为法上不能以"可归责之事由"的概念替代故意过失。

(2) 在债务上不履行,其可归责于债务人的事由,不等同于债务人的故意或过失。第226条第1项规定:"因可归责于债务人之事由,致给付不能者,债权人得请求赔偿损害。"第220条第1项规定:"债务人就其故意或过失之行为,应负责任。"初视之下,可归责事由系指"故意或过失"而言,实则不然,因为债务人有仅就故意或重大过失而负责(如第410条);有就重大过失而负责(如第434条);亦有就事变(如第606条),或不可抗力(如第231条第2项、第525条)而负责。

(二) 可归责于债务人的事由

1. 归责事由及归责能力

(1) 归责事由。其可归责于债务人的"事由",可分为故意、过失及事变三者,分述如下:

① 故意:此指行为人对于构成债务不履行的事实,明知并有意使其发生,或预见其发生而其发生不违背其本意。

② 过失:此指行为人对于构成债务不履行的事实,交易上应注意、能注意而不注意,或其虽预见其能发生,而确信其不发生过失。过失可分为三种:A. 抽象轻过失:欠缺善良管理人的注意。即欠缺依交易上一般观

念认为有相当知识经验及诚意之人应有的注意。B. 具体轻过失:此为欠缺与处理自己事务为同一注意。值得注意的是,应与处理自己事务为同一注意者,如有重大过失,仍应负责(第 223 条),以保护相对人。C. 重大过失:显然欠缺一般人应有的注意。

③ 事变:此指非因债务人之故意或过失所发生的变故。事变可分通常事变及不可抗力两种。通常事变,指债务人纵尽其应尽的注意义务而仍不免发生的事故。不可抗力,指人力所不能抗拒者,即任何人纵加以最严密的注意,亦不能避免,例如台风、地震、战争等。

(2) 归责能力。侵权行为的成立,以故意或过失为要件,而此须以加害人有识别能力(意思能力)为前提(第 187 条)。在债务不履行,债务人应就故意或过失之行为负责任者,亦应具备一定的意思能力。第 221 条规定:"债务人为无行为能力人或限制行为能力人者,其责任依第 187 条规定定之。"如何"准用"第 187 条规定,颇有争议,本书认为应仅准用关于识别能力(归责能力)的部分,而不及于法定代理人责任。例如未成年人得其法定代理人允许,经营涮锅店,因食物不洁致客人健康受侵害,于其有识别能力时,应负债务不履行责任(第 227 条)。法定代理人虽应依第 187 条规定与未成年人负连带侵权责任,但不与未成年人连带负债务不履行责任,其理由为契约责任,应限于契约当事人,不应扩张包括法定代理人在内。

2. 约定归责事由

基于契约自由,当事人得约定债务不履行的归责事由,例如关于过失程度或对事变事项应否负责。但故意或重大过失的责任,不得预先免除(第 222 条)。此等约定,无论是基于个别约定或定型化契约条款,均属无效,例如医院手术自愿书虽载明:"本院对任何事故,概不负责",仍不能因此免除重大过失的责任。

3. 法律规定的归责事由

(1) 一般原则。关于归责事由,当事人无约定时,应依法律的规定。第 220 条规定:"债务人就其故意或过失之行为,应负责任。过失之责任,依事件之特性而有轻重,如其事件非予债务人以利益者,应从轻酌定。"此为一般规定,适用于法律未另为特别规定的情形(如买卖、互易、雇佣等)。

(2) 法律的特别规定。为合理分配归责事由上危险,现行"民法"就若干债的关系(尤其是契约),另设有轻重或较重的归责事由。其较轻者,例如在赠与契约,债务人仅就故意或重大过失负其责任(第410条)。承租人就失火致租赁物毁损、灭失时,仅就重大过失对出租人负赔偿责任(第434条)。其较重者,例如旅店或其他供客人住宿为目的之场所主人,对于客人所携带物品之毁损、丧失,应负责任。但因不可抗力或因物之性质或因客人自己或其伴侣、随从或来宾之故意或过失所致者,不在此限(场所主人的事变责任,第606条)。债务人迟延者,债权人得请求其赔偿因迟延而生之损害。债务人,在迟延中,对于因不可抗力而生之损害,亦应负责。但债务人证明纵不迟延给付,而仍不免发生损害者,不在此限(迟延债务人的不可抗力责任,第231条)。请读者在研读各种之债时,特别注意此种特别归责事由,了解法律的规范意旨。

(三) 代理人或使用人的故意过失

第224条规定:"债务人之代理人或使用人,关于债之履行有故意或过失时,债务人应与自己之故意或过失负同一责任。但当事人另有订定者,不在此限。"学者称之为履行辅助人责任。在现代分工的社会,此项规定在理论及实务上至为重要,并有广泛适用余地。例如,甲雇用乙公司修缮屋顶,因乙的工人丙施工具有缺陷,发生漏水,污损甲的墙壁、地毯时,乙应就丙的故意或过失负同一责任,依债务不履行(不完全给付)规定,负损害赔偿责任。关于本条的解释适用,应说明的有四:

(1) 本条的适用须以当事人间具有债之关系为要件。

(2) 债务人的代理人包括意定代理人及法定代理人。使用人指由债务人使用于履行债务之人,有无契约关系,使用人是否知悉其所从事的,系履行债务,均所不问。使用人不以居于从属地位为必要,独立企业者(如运送公司)亦得为履行辅助人。须注意的是,于缔约过程中,所使用之人,乃在履行先缔约义务,亦属本条所称使用人(缔约辅助人)。

(3) 所谓债务人应与自己之故意或过失负同一责任,性质上属担保责任的一种,其归责事由,尤其是过失程度应依债务人本身定之。例如债务人仅应就重大过失负责任时,须履行辅助人有重大过失时,债务人始负债务不履行责任。

(4) 当事人得约定排除其应就履行辅助人负同一责任。此项免责系依定型化契约条款为之时,应受较严格的控制。在广受注意的肯亚旅行社案件,"最高法院"认为旅行契约系指旅行业者提供有关旅行给付之全部于旅客,而由旅客支付报酬之契约。故旅行中食宿及交通之提供,若由于旅行业者洽由他人给付者,除旅客已直接与该他人发生契约行为外,该他人即为旅行业者之履行辅助人,如有故意或过失不法侵害旅客之行为,旅行业者应负损害赔偿责任。纵旅行业者印就之定型化旅行契约附有旅行业者就其代理人或使用人之故意或过失不负责任之条款,但因旅客就旅行中之食宿交通工具之种类、内容、场所、品质等项,并无选择之权,此项条款殊与公共秩序有违,应不认其效力(1991年台上字第792号判决)。本件判决系适用第72条,在现行法上亦得以第247条之1及"消保法"第12条,作为控制此项免责条款的依据。

(四) 举证责任

第230条规定:"因不可归责于债务人之事由,致未为给付者,债务人不负迟延责任。"乃在表示不可归责的事由,应由债务人负举证责任。此项举证责任的分配原则应予一般化,适用于其给付不能及不完全给付,其理由系有无故意或过失属于债务人得控制的范围,债权人难以查知其事由,由债务人负举证责任,较为公平。

(五) 体系构成:例题53解说

1. 体系构成

关于债务不履行的归责事由,第220条至第224条等,设有一般规定及特别规定,为便于观察,列表如下(务请阅读相关条文):

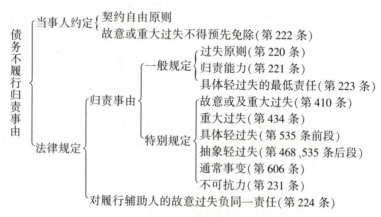

2. 例题53解说

在例题53,甲得依第188条规定请求乙旅行社(雇用人)及其司机丙

(受雇人)就其身体健康所受侵害,负损害赔偿责任。甲亦得依第227条及第227条之1,向乙主张应负不完全给付的损害赔偿责任,此须以有归责于甲的归责事由为要件。关于旅游营业人债务不履行的归责事由,"民法"未设特别规定,依第220条,应就其故意或过失负责,在旅游契约,其过失责任,应从重认定,以尽相当管理人的注意义务为必要(抽象轻过失)。债务人乙应就司机丙的故意或过失负同一责任(第224条)。此项责任不得依定型化契约予以免除。故乙应依第227条及第227条之1,对甲负损害赔偿责任,而与第188条规定的侵权责任,发生竞合关系。关于司机丙的地位,就第188条规定言,系属受雇人,就第224条言,则为履行债务的使用人,二者的区别,在于受雇人须由雇用人选任监督,使用人则不以居于从属地位为必要,独立企业者亦属之。关于第188条及第224条规定的不同,应说明者有三:

(1)第224条的适用,须有债之关系的存在;于第188条,则不以此为要件。

(2)第224条不是独立的请求权基础,乃在规定债务不履行的归责事由。债务不履行损害赔偿的请求权基础系第226条、第227条、第231条等。第188条则为独立的请求权基础。

(3)第224条系规定对"他人之故意或过失"负同一责任,债务人不得主张对其代理人或使用人已尽必要的注意而免责。第188条基本上系规定雇用人自己的故意过失责任,雇用人得证明其对受雇人选任监督已尽相当注意义务而免责。

三、给付不能

例题54:甲有某中古车,市值50万元,于某年6月2日以40万元出售予乙,试就下列情形说明当事人间的法律关系。①该车于6月1日遭人纵火灭失。②该车于6月3日因地震灭失(或甲将该车让售予丙,并移转其所有权)。③乙于6月4日试用该车,因过失致该车灭失。④乙于6月8日试车,因甲过失未告知该车刹车有瑕疵,乙疏于检查,发生车祸,该车全毁(请阅读第225条、第226条、第266条、第267条规定)。

(一)给付不能的意义及分类

给付不能,指不能依债的本旨而为给付。给付不能须具永久性(永久不能),例如标的物业已灭失。其仅一时不能而未为给付的,例如,出卖的货物因船舶遭遇海难而未到达,因工厂遭遇地震、泥石流尚未复工生产,乃给付迟延问题。给付不能究为永久或一时,常不易判断,应依法律行为的性质,并视可否期待"债务人等待",就个案加以判断。债务人无支付能力,按照社会观念,不能谓为给付不能。在以种类指示之债,于特定之前,亦不生给付不能问题。

关于给付不能的类型,以自始不能及嗣后不能,客观不能及主观不能的区别最为重要,民法之此项分类为基础建立了复杂的给付不能的规范体系责任。

(二) 自始不能

1. 自始客观给付不能

(1) 意义及要件

自始不能,指债之关系(尤其是契约)成立时,给付既属不能。客观不能,指任何人皆不能为给付,例如租赁物业已灭失(物理上不能),法令禁止某种货物买卖(法律不能)。又钻石别针掉落台湾海峡黑水沟时,海底捞针理论上虽属可能,实际上殆不可期望,亦构成给付不能(经济上不能)。

(2) 法律效果

① 契约无效原则及例外。第246条第1项规定:"以不能之给付为契约标的者,其契约为无效。"此之所谓不能,系指自始客观不能。对此项无效的原则,法律设有两项例外:A. 其不能情形可以除去,而当事人订约时并预期于不能之情形除去后为给付者,其契约仍为有效(第246条第1项但书)。例如,出卖遭查封之物,系自始客观不能,但当事人约定于查封解除后再为给付时,其契约仍为有效。B. 附停止条件或始期之契约,于条件成就或期限届至前,不能之情形已除去者,其契约为有效(第246条第2项)。例如买卖标的物于订约时法律禁止交易,但于条件成就或期限届至前,禁令业已废止。

② 信赖利益的损害赔偿。第247条规定:"Ⅰ 契约因以不能之给付为标的而无效者,当事人于订约时知其不能或可得而知者,对于非因过失而信契约为有效致受损害之他方当事人,负赔偿责任。Ⅱ 给付一部不能而契约就其他部分仍为有效者,或依选择而定之数宗给付中有一宗给付不能者,准用前项之规定。Ⅲ 前两项损害赔偿请求权因两年间不行使而

消灭。"本条第 1 项所规定的损害赔偿,乃所谓消极的契约利益,亦称为信赖利益,例如订约费用、准备履行所需费用或另失订约机会的损害等。至于积极的契约利益,即因契约履行所得之利益,不在得为请求赔偿之列。

③ 第 246 条及第 247 条非属强行规定。第 246 条及第 247 条规定不具强行性,契约当事人得约定其契约于自始客观不能的情形,仍为有效,债务人应负履行利益的损害赔偿。

2. 自始主观不能

自始主观不能,指债之关系成立时,债务人已不能为给付,例如出卖他人之物,或出卖之物被盗。就第 246 条第 1 项规定反面推论之,其以自始主观不能之给付为契约标的者,其契约为有效。债务人届期不能给付时,应负履行利益的损害赔偿责任。有争论的是,归责事由,通说认为,于此情形,亦须以债务人有可归责事由(明知或应知其不能为给付)为要件。

(三) 嗣后不能(客观不能及主观不能)

嗣后不能,指债之关系(尤其是契约)成立后所发生的不能,不分客观不能或主观不能均同其法律效果。兹分一般规定及双务契约的特殊问题,说明如下:

1. 一般规定

(1) 不可归责于债务人的事由致给付不能。第 225 条规定:"因不可归责于债务人之事由,致给付不能者,债务人免给付义务。债务人因前项给付不能之事由,对第三人有损害赔偿请求权者,债权人得向债务人请求让与其损害赔偿请求权,或交付其所受领之赔偿物。"例如甲赠乙某车,非因不可归责于甲的事由(如甲无故意或重大过失,第 410 条)致该车毁损灭失时,甲免给付该车的义务,由乙(债权人)承担给付危险。设该车系因第三人行为而灭失,而甲对该第三人有损害赔偿请求权时,乙得向甲请求让与其损害赔偿请求权或赔偿物(第 225 条第 2 项,学说上称为代偿请求权)。

(2) 因可归责于债务人的事由致给付不能。① 履行利益的损害赔偿。第 226 条第 2 项规定:"因可归责于债务人之事由,致给付不能者,债权人得请求赔偿损害。"例如甲赠与某车给乙,因可归责于甲的事由,致该车(或某车)灭失,给付不能时,乙得向甲请求损害赔偿。此项损害赔偿系指履行利益而言。② 一部给付不能。第 226 条第 2 项规定:"前项情形,给付一部不能者,若其他部分之履行,于债权人无利益时,债权人得拒绝该部之给付,请求全部不履行之损害赔偿。"一部给付不能的情形,例如购买三部汽车,其中两部因火灾毁失。出卖人虽交付不动产,但不能办理登记移转其所有权。出卖某屋及基地,房屋遭地震倒塌。于此等情形,若其他部分于债权人无利益时,债权人得拒绝该尚可能部分的给付,而请求全部不履行损害赔偿。

2. 双务契约上的对待给付

双务契约(如买卖、租赁)上一方给付不能,涉及如何处理对待给付问题,具有特殊性。兹分别情形说明如下:

(1) 因不可归责于双方当事人的事由致给付不能。甲出卖某车给乙,价金 50 万元。于交付前,该车因火灾或地震灭失。在此种因不可归责于契约当事人的情形,出卖人甲依第 225 条第 1 项规定免给付该车的义务。关于乙支付价金的问题,则应适用第 266 条规定:"因不可归责于双方当事人之事由,致一方之给付全部不能者,他方免为对待给付之义务,如仅一部不能者,应按其比例减少对待给付。前项情形已为全部或一部之对待给付者,得依关于不当得利之规定,请求返还。"即乙亦免负给付价金的义务,其已为全部或一部的对待给付时,得依不当得利规定请求返还。又例如,租赁物因不可归责于双方当事人之事由而毁损灭失,致全部不能为约定之使用收益者,其租赁物已不能修缮时,依第 225 条第 1 项、第 266 条第 1 项规定,出租人免其以该物租与承租人使用收益之义务,承租人亦免其支付租金之义务,租赁关系即当然从此消灭。

值得注意的是下列案例:甲出卖某地给乙,业已交付,于移转所有权前,该地被"政府"征收时,系因不可归责于双方当事人的事由,致甲给付不能。在此情形甲免给付义务,乙亦免为支付价金,问题在于乙得否依第 225 条第 2 项规定请求征收补偿费? 此为实务上重大问题,本书认为应采肯定说,诚如 1991 年台上字第 2504 号判例所云,"政府"征收土地给予出卖人之补偿地价,虽非侵权行为之赔偿金,惟系出卖人于其所负债务陷于给付不能发生之一种代替利益,此项补偿地价给付请求权,买受人非不得类推适用第 225 条第 2 项之规定请求让与。于此情形,买受人应有给付价金的义务,自不待言。

(2) 因可归责于债务人的事由致给付不能。甲将价值 50 万元之车以40万元出售予乙,因甲的过失致该车灭失,给付不能。于此情形,乙得依第226条规定向甲请求损害赔偿。关于此项损害赔偿的计算,有交换说及差额说两种见解。交换说认给付与对待给付应为交换,债权人请求损害赔偿时,仍应为自己的对待给付。差额说认双务契约具整体性,应以给付与对待给付价值的差额计算其应赔偿的损害。在前举之例,若采差额说,乙得向甲请求赔偿10万元。若采交换说,经抵销后,其得请求赔偿的损害亦为10万元。在互易的情形,例如甲以50万元的A车与乙之40万元的B车互易。A车因可归责于甲的事由灭失时,依交换说,乙得请求50万元,但应交付B车于乙。依差额说,乙得向甲请求10万元的损害赔偿。为顾及债权人的利益,原则上应认为债权人选择权,得以交换说或差额说计算其损害赔偿。

(3)因可归责于债权人的事由致给付不能。第267条规定:"当事人之一方因可归责于他方之事由,致不能给付者,得请求对待给付。但其因免给付义务所得之利益,或应得之利益,均应由其所得请求之对待给付中扣除之。"此为关于可归责于债权人给付不能的规定。例如甲出售某车给乙,价金50万元。乙于交付前试车时,因过失致该车灭失。于此情形,甲得向乙请求支付约定价金,但应扣除交付及移转该车所有权的费用。此项利益的扣除乃关于损益相抵的特别规定。

值得注意的是,通说认为于债权人受领迟延中,因不可归责于双方当事人事由致给付不能者,应认系可归责于债权人事由,致给付不能,而有第267条规定的适用,以合理分配给付不能的危险。

(4)因可归责于双方当事人的事由致给付不能。甲出售A瓶给乙,于给付期日前,交乙鉴赏,于交瓶之际因双方失误致该瓶落地。对此因可归责于双方当事人事由的给付不能,"民法"未设明文规定,通说认为应先适用可归责于债务人的事由,致给付不能的规定,使乙得对甲请求损害赔偿(第226条),再视乙的"与有过失",减少乙得请求损害赔偿的金额(第217条)。

(四)规范模式:例题54解说

据上所述,民法系以给付不能为债务不履行的基本态样设详细规定,兹将其规范模式图示如下(务请阅读相关条文):

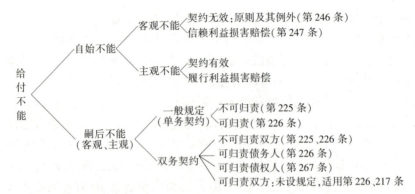

例题54涉及给付不能的基本问题,有助于训练法律思维,区别案例的能力,请读者参照本书相关部分说明,自行解说(务请写成书面)。

四、迟延:债务人给付迟延及债权人受领迟延

例题55:请先阅读第229条至第241条规定,分析"债务人给付迟延"与"债权人受领迟延"的要件及法律效果的不同,并说明下列两例的法律关系:①甲出卖某车给乙,约定3月1日交付,甲届期未为清偿,该车于甲的车库遭地震毁损时,乙得否向甲请求给付不能的损害赔偿?②甲以电话向乙购买某类型电视机,约定3月1日下午3时于甲的住所交付。甲用信用卡先支付部分价金。乙于3月1日选定A电视机,于当日下午3时送至甲宅时,甲突因车祸住院未归,乙等到三点半,见甲未归,回店途中因过失遭车祸,致该电视机灭失。试问甲得否向乙请求交付电视机?乙得否向甲请求约定的价金?

(一)债务人给付迟延

1.给付迟延的要件

给付迟延,指债务已届清偿期,且给付为可能,因可归责于债务人事由,致未为给付。其要件如下:

(1)给付为可能,债务人未为给付。"给付不能"排除给付迟延。于迟延中发生给付不能时,在此之前适用给付迟延的规定,其后则适用给付不能的规定。

(2)届清偿期而未为给付。①给付有确定期限,例如约定于某日交付某车,某年除夕前3日偿还债务者,债务人自期限届满时起,负迟延责任(第229条第1项)。② 给付无确定期限者,债务人于债权人得请求给付时,经其催告而未为给付,自受催告时起,负迟延责任。其经债权人起诉而送达诉状,或依督促程序送达支付命令,或为其他相类之行为者,与催告有同一之效力。前项催告定有期限者,债务人自期限届满时起负迟延责任(第229条第2、3项)。催告系须受领的意思通知,应类推适用意思表示的规定。未成年人得为有效的催告,因其系纯获法律上的利益(第77条但书)。对未成年人的催告于到达其法定代理人时,发生效力(第96条)。账单的寄送未即可认系催告,注明"第二次寄送账单",则应认系催告。③ 债务人享有同时履行抗辩权者,在未行使此抗辩权以前,仍可发生迟延责任之问题,必须行使以后始能免责(1961年台上字第1550号判决)。在罹于消灭时效的情形,于债务人行使时效抗辩权前,亦仍可发生给付迟延责任。

2. 给付迟延的法律效果

(1) 请求损害赔偿。① 请求给付履行及迟延损害。债务人迟延者,债权人除仍有给付履行请求权外,并得请求其赔偿因迟延而生的损害(第231条),例如承租人得请求未能转租所受的损害,及债务人应负迟延责任后所为催告的费用。② 迟延后之给付,于债权人无利益者,债权人得拒绝其给付,并得请求赔偿因不履行而生之损害(第232条)。③ 迟延之债务,以支付金钱为标的(如价金、租金),债权人得请求依法定利率计算之迟延利息。但约定利率较高者,仍从其约定利率。对于利息,无须支付迟延利息(第233条)。

(2) 债务人责任的加重。对于因不可抗力而生之损害,亦应负责。但债务人证明纵不迟延给付,而仍不免发生损害者,不在此限(第231条)。此为加重债务人责任的规定。例如甲出售某车给乙,在甲给付迟延中,该车被盗或被纵火灭失时,甲虽无过失,亦应负责,而依第226条负给付不能的赔偿责任。此项损害只要在迟延中发生即为已足,其给付不能与迟延不必具有因果关系。若甲能证明纵为给付,乃不免发生,例如纵交付该车于乙,该车亦将遭地震或火灾灭失时(如甲与乙同住某栋大楼,使用同一停车场),不负损害赔偿责任。此系法律斟酌所谓假设因果关系而设的特别规定(参阅例题55)。

(二) 债权人受领迟延

债务的履行,有毋庸债权人的协力的,例如不作为给付(夜间不弹奏乐器,禁止营业竞争)。在大多数的情形,债务的履行(如物的交付、办理不动产所有权移转登已,为学生补习民法,手术开刀等),均有赖于债权人的协力,从而发生债权人受领迟延的问题。

1. 受领迟延的要件

受领迟延,指债务人依债务本旨而提出给付,使债权人处于可受领状态,而债权人拒绝受领或不能受领。其要件为:

(1) 须债务人依债务本旨实行提出给付。债务人非依债务本旨实行提出给付者,不生提出之效力。但债权人预示拒绝受领之意思,或给付兼需债权人之行为者,债务人得以准备给付之事情,通知债权人,以代提出(第235条)。

(2) 须非一时受领迟延。给付无确定期限,或债务人于清偿期前得为给付者,债权人就一时不能受领之情事,不负迟延责任,如约定于3日内交付买卖标的物时,不能期望买受人3日内随时为受领的准备。但其提出给付,由于债权人之催告,或债务人已于相当期间前预告债权人者,不在此限(第236条)。须注意的是,债权人应负受领迟延给付,不以有可归责的事由为必要,因受领迟延并不使债权人对债务人负赔偿责任,乃在减轻债务人的责任。

2. 受领迟延的法律效力

债权人应负受领迟延责任时,发生如下效力:

(1) 减轻债务人责任。在债权人迟延中,债务人仅就故意或重大过失,负其责任(第237条)。

(2) 免除支付利息。在债权人迟延中,债务人无须支付利息(第238条)。

(3) 请求赔偿费用。债权人迟延者,债务人得请求其赔偿提出及保管给付物之必要费用(第240条)。

(4) 缩小孳息之返还范围。债务人应返还由标的物所生之孳息或偿还其价金者,在债权人迟延中,以已收取之孳息为限,负返还责任(第239条)。

(5) 抛弃占有。有交付不动产义务之债务人,于债权人迟延后,得抛弃其占有。债务人于为抛弃前,应预先通知债权人,但不能通知者,不在此限(第241条)。

（三）例题 55 解说：种类之债的特定、债权人受领迟延及给付不能

在例题 55，甲得对乙主张交付电视机的请求权基础为第 348 条。甲与乙间成立买卖契约，甲得向乙请求交付其以种类指示的电视机及移转其所有权。乙选定 A 电视机，送至甲的住宅，系于约定期日提出给付，已完成交付其物的必要行为，该 A 电视机即为特定给付物。甲对乙于确定期限提出的给付不能受领，应负迟延责任（第 234 条）。甲不能受领系因车祸住院，此并不影响迟延责任的成立，因迟延责任的成立，不以债权人有可归责事由为要件。在债权人迟延中，债务人仅就故意或重大过失，负其责任（第 237 条）。乙于回店途中因过失发生车祸，致 A 电视机灭失，无可归责之事由，应免给付义务（第 225 条第 1 项），甲不得向乙请求另行交付电视机。又 A 电视机的灭失，亦非可归责于债权人甲，因不可归责于双方当事人之事由，致一方之给付全部不能者，他方免为对待给之义务（第 266 条第 1 项），甲本得免于向乙支付约定价金的义务。惟通说认为，在债权人受领迟延中，因不可归责于双方当事人事由致给付不能者，应认为系可归责于债权人事由，致给付不能，而有第 267 条规定的适用，故甲仍有支付价金的义务。此例有助于案例解题思考，特图示如下：

一、甲对乙的请求权

（一）请求权基础：第 348 条

1. 买卖契约成立。

2. 因不可归责于双方当事人之事由致给付不能，使出卖人给付义务消灭（第 225 条第 1 项）。

（1）给付不能：① 种类之债。② 送付之债。③ 特定。④ 因灭失而给付不能

（2）归责事由：① 不可归责于债权人。② 不可归责于债务人

（二）甲对乙无给付请求权

二、乙对甲的请求权

（一）请求权基础：第 367 条

1. 买卖契约的成立。

2. 因不可归责于双方当事人之事由，致给付不能。

3. 乙对甲无给付请求权（第 266 条第 1 项）。

(二) 甲有给付价金的义务(第 267 条)
1. 在甲受领迟延中,因不可归责于双方当事人致给付不能
2. 第 267 条的适用
(三) 乙得依第 367 条向甲请求支付价金

五、不完全给付

> 例题 56：① 甲出卖某猪给乙,交付的猪有口蹄疫,致乙的猪群遭受感染。② 甲医生为乙开刀,因过失致乙残废。③ 甲出售某运动机器给乙,未告知必要注意事项,致乙发生运动伤害。④ 甲承揽修缮乙的屋顶,施工不善,发生漏水,污损乙的名画。⑤ 甲高价让售某羊肉炉店于乙之后,另在附近开店营业,拉走老顾客,致乙生意锐减。

(一) 法律漏洞及其填补

在例题 56 所提出的五个案例,甲对乙负有给付义务,其给付并无不能或迟延情事。问题在于债务人就其义务的违反,应否负所谓不完全给付的债务不履行责任?

通说认为民法上的债务的不履行,除给付不能及给付迟延外,尚应有不完全给付。问题在于"民法"对此类债务不履行是否设有规定,有无"法律漏洞"存在。其争论焦点在于旧第 227 条:"债务人不为给付或不为完全之给付者,债权人得声请法院强制执行,并得请求损害赔偿"的规定中,其所谓"不为完全之给付",是否指"不完全给付"而言。为避免争议及利于法律解释适用,"最高法院"曾于 1988 年作成一项决议肯定法律漏洞说,而类推适用"民法"关于给付不能及给付迟延的规定,予以填补。债编修正时删除原第 227 条规定,将其修正为不完全给付规定,即:"因可归责于债务人之事由,致为不完全给付者,债权人得依关于给付迟延或给付不能之规定行使其权利。因不完全给付而生前项以外之损害者,债权人并得请求赔偿。"此项修正对建构民事责任体系,具重大深远意义。

(二) 不完全给付的要件

第 227 条规定的不完全给付,基本要件有二:

(1) 须有可归责于债务人的事由。此应由债务人负举证责任。

(2) 须为不完全给付。所谓不完全给付,指除给付不能及给付迟延外,未依债之本旨而为给付而言。其主要情形有二:

① 给付义务的违反。出租房屋含有辐射线,致承租人感染疾病。医生开刀致病人残废。第 227 条修正理由所谓"出卖人交付病鸡,致买受人之鸡群亦感染而死亡"。

② 附随义务的违反。所谓给付,依其固有狭义的意义言,指构成债之内容,尤其是决定各种契约类型的义务而言,例如出卖人所负交付其物及移转其所有权的义务。然为满足债权人的利益,并使债权人的人身或财产不因债务人的给付而受侵害,不完全"给付"应扩张及于保护、说明、守秘等附随义务。第 227 条修正理由所谓:"或出卖人未告知机器之特殊使用方法,致买受人因使用方法不当引起机器爆破,伤害买受人之人身或其他财产等是",即在说明附随义务的违反亦得成立不完全给付。准此以言,承揽人施工不善,致污损定作人的名画;出卖羊肉炉店后,仍为不正竞争;医师泄露病人的隐私资料;雇主未为劳工加入劳工保险等,均足成立不完全给付。

(三) 不完全给付的法律效果

1. 瑕疵给付

债务人有可归责的事由,致为不完全给付者,债权人得依关于给付迟延或给付不能之规定行使其权利(第 227 条第 1 项)。在所谓"瑕疵给付"的情形,例如交付运动器材未附说明书时,应为补正,其不能补正者,得依给付不能或给付迟延的规定,请求损害赔偿。

2. 加害给付

第 227 条第 2 项规定:"因不完全给付而生前项以外之损害者,债权人并得请求赔偿。"此项损害,系指所谓的"加害给付",例如猪群感染口蹄疫,名画遭污损、病人残废、运动器材买受人身体受侵害,羊肉炉店买受人减少营业收入(纯粹经济上损失)等(参阅例题 56)。

六、契约责任与侵权责任的竞合

例题 57:甲患病,由乙医生诊治,乙医生手术后,遗留纱布于甲的体内。甲身体不适,发现其事,再次手术,身心痛苦。试说明甲向乙主张财产上及非财产上损害赔偿的请求权基础。

(一) 契约上损害责任的请求权基础

因可归责于债务人事由,致给付不能、给付迟延或不完全给付者,债权人得主张债务不履行损害赔偿,分别以第 226 条、第 231 条、第 227 条为其请求权基础。第 227 条第 2 项规定不完全给付的加害给付,例如交付患有口蹄疫猪感染其他猪群,因医生过失致病人残废,羊肉炉店出卖人为不正竞业。兹以此为例分析其请求权基础的构成要件:① 须债权人有加害行为(作为、不作为)。② 须违反债之关系(契约)上的义务。③ 须侵害债权人权益,致生损害。④ 须义务违反与权益侵害之间,权益受侵害与损害之间具有相当因果关系。⑤ 须加害行为具不法性(违反契约上义务通常构成违法性,但债务人得主张违法阻却事由)。⑥ 须有可归责于债务人事由(通常为故意或过失)。为便于观察,图示如下:

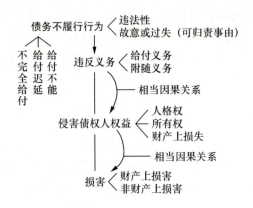

(二) 契约责任与侵权责任的竞合

在例题 57,医生因过失致病患身体健康受损,此同一行为得同时具备第 184 条第 1 项前后段及第 227 条规定,分别成立侵权责任及契约责任,其成立要件、对第三人行为应如何负责任、故意或过失(可归责事由)的举证责任、损害赔偿的范围及消灭时效等多有不同。判例学说肯定契约责任与侵权责任得为竞合,由债权人选择其一行使。

须注意的是,契约责任与侵权责任两个请求权,系个别独立,其选择行使不完全给付损害赔偿请求权时,原不得同时主张依"侵权行为法"得为请求的损害赔偿(如第 192 条、第 193 条、第 194 条、第 195 条)。债编修正时,特增订第 227 条之 1 规定:"债务人因债务不履行,致债权人之人格权受侵害者,准用第一九二条至第一九五条及第一九七条之规定,负损害赔偿责任。"立法理由系认债权人因债务不履行致其财产权受侵害者,固得依债务不履行之有关规定求偿。惟如同时侵害债权人之人格权致其受有非财产上之损害者,依现行法规定,仅得依据侵权行为之规定求偿。是同一事件所发生之损害竟应分别适用不同之规定解决,理论上尚有未妥,且因侵权行为之要件较之债务不履行规定严苛,如故意、过失等要件举证困难,对债权人之保护亦嫌未周。为免法律割裂适用,并充分保障债权人之权益,爰增订本条规定,俾求公允。

第 227 条之 1 的增订,强化了对人格权的保护,缩小契约责任与侵权责任的差别,在比较法上甚具特色,重构了民事责任体系,对民事责任的发展及诉讼实务,将有重大的影响。兹为醒目,兹将民事责任体系再构成,列表如下(务请阅读条文):

类别	项目	请求权基础	第三人行为	举证责任	赔偿范围	消灭时效
侵权责任		第 184 条	第 188 条	被害人	(1) 第 213 条以下 (2) 第 192 条以下	第 197 条 (2 年或 10 年)
契约责任	一般规定	第 227 条	第 224 条	债务人	第 213 条以下	第 125 条(15 年)
	不完全给付侵害人格权	第 227 条之 1	同上	同上	准用第 192、193、194、195 条	准用第 197 条

第三节 债权的保全

债务人以其财产,就其债务的履行负责(责任财产),为确保债权得获清偿,防止债务人消极或积极减少其责任财产,民法特设两种债权保全制度:① 债权人的代位权。② 债权人的撤销权。分述如下:

一、债权人的代位权

例题 58:甲对乙有 1000 万元债权,乙为避免甲的强制执行,与丙通谋就其所有的 A 屋及 B 地设定抵押权。试问甲得对乙、丙主张何种权利?

(一) 意义及要件

代位权者,指债务人怠于行使其权利时,债权人因保全债权,得以自己之名义,行使债务人之权利(第 242 条)。其要件为:

(1) 须债务人怠于行使其权利。所谓权利,须具财产权的性质,实务上最常见的是不动产登记请求权。

(2) 债务人所怠于行使之权利须非专属性之权利。例如扶养请求权,为专属权,不得代位行使。

(3) 须债权人有保全债权之必要。债务人纵怠于行使其权利,但对于债务之清偿,并无影响时,则债权人无行使代位权的必要。

(4) 须债务人已负迟延责任,但专为保存债务人权利之行为,不在此限(第243条)。此之所谓保存行为,应从宽解释,凡以权利之保存或实行目的之一切审判上或审判外之行为,诸如假扣押、假处分、声请强制执行、实行担保权、催告、提起诉讼等,债权人皆得代位行使(1980年台抗字第240号判决)。

(二) 行使代位权的方法及效果

代位权的行使,得以意思表示或提起诉讼的方法为之。债权人行使债务人之权利的结果,仍归属于债务人,俾总债权人得均沾之。行使代位权的债权人并无优先受偿权。债权人行使代位权时,第三人所得对抗债务人之抗辩(如债权已罹于消灭时效),亦得以之对抗债权人,仍属当然。

在例题58,债务人乙欲免其财产被强制执行,与第三人通谋而为虚伪意思表示,将其所有不动产为丙设定抵押权,其抵押权设定无效(第87条)。债权人甲得依侵权行为规定,请求丙涂销登记,亦可行使代位权,请求涂销登记,两者任其选择行使之(1984年台抗字第472号判决)。

二、债权人的撤销权

例题59:① 甲出售A屋给乙,其后又将该屋让售于丙,并移转其所有权时,乙得否以其债权受侵害,而声请法院撤销甲与丙间的法律行为? ② 甲明知其财产不足清偿其债务,而将名贵A画赠与予乙,并移转其所有权时,甲之债权人得否撤销甲与乙间的法律行为(债权行为、物权行为)?乙将复该画出卖或赠与于善意之丁,并移转其所有权时,其法律关系如何?

(一) 撤销权的意义及要件

撤销权,指债权人对于债务人所为有害及债权的行为,得声请法院予以撤销的权利。其要件如下:

(1) 须债务人所为之行为系有效之法律行为,不论单独行为或契约行为,债权行为或物权行为,均得为撤销权之客体。

(2) 债务人所为之无偿行为(如赠与、先有债权后设定抵押权),有害及债权者,债权人得声请法院撤销之(第 244 条第 1 项)。债务人所为之有偿行为(如买卖、向他人贷款同时设定抵押权),于行为时明知有损害于债权人之权利者,以受益人于受益时亦知其情事者为限,债权人得声请法院撤销之(第 244 条第 2 项)。

所谓有害及债权,指致其财产不足清偿债务而言。债务人出卖其财产非必生减少财产之结果,苟出卖之财产已获得相当之对价,用以清偿具有优先受偿权之债务,则一方面减少其财产,一方面减少其债务,其对于普通债权人,即难谓为诈害行为(1962 年台上字第 302 号判决)。倘债务人之资产,尚足以清偿其所负债务,或对于设定有担保物权之债权,其担保物之价值超过其债权额,该担保物所担保之债权,既得就担保物卖得之价金优先受偿,则其债权即已获得保障,债权人即不得行使撤销权,以兼顾债权人之利益及第三人权益之保护。

(3) 债务人之行为非以财产为标的,或仅有害于以给付特定物为标的之债权者,债权人不得依第 244 条第 1 项、第 2 项规定行使撤销权(第 244 条第 3 项)。此为行使撤销权的消灭要件。例如甲出售 A 屋给乙,其后又将该屋出售于丙,并移转其所有权时,乙不得以其特定债权受侵害为理由,撤销甲与丙间的法律行为(参阅例题 59)。因为债务人的全部财产为全体债权人的共同担保,债权人应于债权之共同担保减少致害及全体债权人的利益时,方得行使撤销权。撤销权之规定,系为保障全体债权人之利益为目的,非为确保特定债权而设。

(二) 撤销权的行使方法及效力

债权人行使撤销权,须声请法院为之(撤销诉权,第 244 条第 1 项)。撤销权之行使,自债权人知有撤销原因时起,一年间不行使,或自行为时起经过十年而消灭(第 245 条)。

须特别注意的是,第 244 条第 4 项规定:"债权人依第一项或第二项之规定声请法院撤销时,得并声请命受益人或转得人回复原状。但转得人于转得时不知有撤销原因者,不在此限。"例如甲明知其财产不足偿还一切债务,竟将某名画赠与(或廉价出售)乙时,债权人丙得撤销甲与乙间的债权行为及物权行为,使其溯及既往无效,而向乙请求返还该画(第 767 条)。设乙将该画出卖(或赠与)予丁,而丁依善意取得之规定取得该画所有权时，则不得令丁恢复原状，以维护交易安全(参照增订第244条第4项立法理由)(参阅例题59)。

第四节 契约的效力

债编通则于第三节第四款设关于"契约"的规定，其中关于自始客观不能(第246条、第247条)、定型化契约(第247条之1)，前已论及。其余部分说明如下：

一、契约的确保

例题60：甲出卖某地于乙，价金1000万元，乙给付定金100万元，并约定："甲不能履行时，应支付违约金200万元。买卖契约因可归责于甲之事由，致不能履行时，甲应3倍返还其所受之定金。甲不得以违约金额过高，声请法院减少其数额。"试分析此等约定的效力，并说明定金与违约金契约的法律性质及功能。

为确保契约的效力，当事人常有定金或违约金的约定。分述如下：

(一) 定金

定金，指契约当事人之一方，为确保契约的履行，交付于他方的金钱或其他代替物。定金契约以主契约的成立为前提(从契约)，并须交付定金，始得成立(要物契约)，订约当事人之一方，由他方受有定金时，推定其契约成立(第248条)。定金，除当事人另有订定外，适用下列的规定(第249条)：

(1) 契约履行时，定金应返还或作为给付之一部。

(2) 契约因可归责于付定金当事人之事由，致不能履行时，定金不得请求返还。

(3) 契约因可归责于受定金当事人之事由，致不能履行时，该当事人应加倍返还其所受之定金。

(4) 契约因不可归责于双方当事人之事由，致不能履行时，定金应返还之。

(二) 违约金

1. 违约金的意义及性质

违约金，指以确保债务的履行为目的，由当事人约定债务人于债务不履行时,所应支付的金钱(第250条第1项)。违约金契约为诺成契约,因当事人意思表示一致而成立,不以交付为必要。违约金除当事人另有约定外,视为因不履行而生损害的赔偿总额(损害赔偿之违约金)。契约当事人约定如债务人不于适当时期或不依适当方法履行债务时,即须支付违约金者,债权人除得请求履行债务外,违约金视为因不于适当时期,或不依适当方法履行债务所生损害之赔偿总额(第250条第2项)。债务已为一部履行者,法院得比照债权人因一部履行所受之利益,减少违约金(第251条)。

2. 过高违约金的减少

第252条规定:"约定之违约金过高者,法院得减至相当之数额。"第249条第3款所定应加倍返还其所受之定金,或当事人所约定应返还若干倍数的定金,亦具违约金的性质,亦应有第252条规定的适用。本条系强行规定,使法院得依职权为之介入契约,当事人不得特约加以排除。违约金是否相当,符合比例原则,应就债务人若能如期履行债务,债权人所能享受的利益,及依一般客观事实、社会经济状况及当事人所受损害情形,以为衡量标准。而债务已为一部履行时,亦得比照债权人所受利益减少其数额。

(三) 解约定金:保留解除权的代价

违约金系当事人约定契约不履行时,债务人应支付之惩罚金或损害赔偿额之预定,以确保债务之履行为目的。当事人约定一方解除契约时,应支付他方相当之金额,则以消灭契约为目的,乃保留解除权之代价。又当事人亦得以定金为保留解除权之代价,定金付予人得抛弃定金,以解除契约。定金收受人亦得加倍返还定金,以解除契约。惟此项解除须于相对人着手履行前为之。相对人已着手履行时,则不得再为此项解除权之行使(1983年台上字第85号判决)。

二、契约的解除及终止

例题61:契约的"解除"与"终止"系当事人及法律用于决定契约效力的重要机制。试分析二者的不同,并说明以下问题:甲以A车与乙的B车互易,A车具有严重瑕疵,发生车祸,乙受重伤。甲将受领的B车赠与于丙。试问于此情形,乙得否解除买卖契约,于解除买卖契约时,得否向丙请求返还B车?

(一) 契约解除

1. 解除契约的意义及解除权的发生

契约的解除,指当事人一方行使解除权,使契约的效力,溯及于订约之时归于消灭的意思表示。解除权的发生,有由于契约约定者(约定解除权),有由于法律规定者(法定解除权)。法定解除权的发生事由有:

(1) 给付迟延。契约当事人的一方迟延给付者,他方当事人得定相当期限,催告其履行,如于期限内不履行时,得解除其契约(第254条)。依契约之性质或当事人之意思表示,非于一定时期为给付不能达其契约之目的,而契约当事人之一方不按照时期给付者,他方当事人得不为前条之催告,解除其契约(第255条)。

(2) 给付不能(第256条)。

(3) 债务人不完全给付时,若债权人受领给付无利益,或依契约目的不能期望债务人履行契约时,债权人亦得解除契约(第227条准用给付不能,给付迟延规定)。

有解除权人,因可归责于自己之事由,致其所受领之给付物有毁损、灭失或其他情形不能返还者,解除权消灭。因加工或改造,将所受领之给付物变其种类者,亦同(第262条)。

2. 解除权的行使及解除契约的效力

(1) 解除权的行使

解除权之行使,应向他方当事人以意思表示为之(第258条第1项)。契约当事人之一方有数人者,解除之意思表示应由其全体或向其全体为之。解除契约之意思表示不得撤销(第258条第2、3项)。行使解除权的意思表示,得以诉讼上书状表示,或以诉讼外之书信言词为之。

(2) 解除契约的效力

契约解除时,当事人双方应负恢复原状之义务,除法律另有规定或契约另有订定外,依下列之规定:① 由他方所受领之给付物,应返还之。② 受领之给付为金钱者,应附加自受领时起之利息偿还之。③ 受领之给付为劳务或为物之使用者,应照受领时之价额,以金钱偿还之。④ 受领之给付物生有孳息者,应返还之。⑤ 就返还之物,已支出必要或有益之费用,得于他方受返还时所得利益之限度内,请求其返还。⑥ 应返还之物有毁损、灭失,或因其他事由,致不能返还者,应偿还其价额(第259条)。

须注意的是,其所解除的是债权契约,不及于物权契约。故出卖人解除已经履行的买卖契约,该买卖标的物(如机器),倘现由第三人占有,买受人不过负向第三人取回该物返还于出卖人之义务(第259条第1款),非谓买卖契约一经解除,该物即当然复归于出卖人所有,出卖人自不得本于所有权,向第三人主张权利(1973年台上字第1054号判决)(参阅例题61)。

3. 解除权之行使,不妨碍损害赔偿之请求

第260条规定:"解除权之行使,不妨碍损害赔偿之请求。"实务上认为此并非积极的认有新赔偿请求权发生,不过规定因其他原因已发生之赔偿请求权,不因解除权之行使而受妨碍。故因契约消灭所生之损害,并不包括在内。该条所规定之损害赔偿请求权,系专指因债务不履行之损害赔偿而言(1966年台上字第2727号判决),并包括具违约罚性质的违约金请求权。

4. 双务契约规定的准用

当事人因契约解除而生之相互义务,包括恢复原状及损害赔偿义务,准用第264条至第267条有关双务契约之规定(第261条),当事人有同时履行抗辩权。

5. 合意解除

"民法"关于契约解除的规定,乃基于法定解除权而设,于约定解除权,除当事人另有约定外,亦得适用之。须注意的是,当事人以合意解除契约者,亦时有之。契约的合意解除,性质上为契约行为,即以第二次契约解除第一次契约,其契约已全部或一部分履行者,除有特别约定外,并不当然适用第259条关于恢复原状之规定,而应适用关于不当得利的规定(1970年台上字第4297号判决)。

(二) 契约终止

契约的终止,指当事人本于终止权,使继续的契约关系向将来消灭之一方意思表示。此项终止契约的意思表示,应向他方当事人为之。终止权的行使,亦不妨碍损害赔偿的请求(第263条)。

终止权的发生,有基于法律规定,此多见于租赁契约(如第424条、第438条、第440条)及劳动契约("劳动基准法"第11条以下)。须注意的是,在所谓"继续性供给契约",当事人约定一方于一定或不定之期限内,向他方继续供给定量或不定量之一定种类、品质之物(如台东脱线牌土

鸡),而由他方按一定之标准支付价金。若于中途,当事人之一方发生给付迟延或给付不能时,债权人对于将来之给付必感不安,亦得类推适用第254条至第256条之规定,终止将来的契约关系(1999年台上字第28号判决)。

三、双务契约的同时履行抗辩

(一) 同时履行抗辩权

第264条本文规定:"因契约互负债务者,于他方当事人未为对待给付前,得拒绝自己之给付。"同时履行抗辩权,具体表现于"一手交钱,一手交货"的观念之上。其因契约互负债务的,例如买卖契约上价金与物之交付及所有权的移转。其不具负债务性(对价关系)的,例如,租赁契约上承租人的费用偿还请求权(第431条第1项)与租赁关系终止后所负返还租赁物的义务。

(二) 先为给付的义务

在双务契约,一方当事人有先为给付义务的,不得主张同时履行抗辩权(第264条但书)。此项先为给付义务,有基于习惯(先剃头,后付钱),有基于当事人的约定(先交货,后付款)。亦有基于法律的规定,此多见于劳务性契约,例如雇佣(第483条)、委任(第548条)。医疗契约,亦属劳务性契约(委任),依劳务性契约"报酬后付"的原则,医疗费用应在医疗完成时付。若病人未给付医疗费用前,医院或医师有先行给付之义务,不能因其欠缴医疗费用,而主张同时履行抗辩,停止对其作医疗服务,若无特约或习惯,病人所欠医疗费用,自须待医疗完成始得请求(2000年台上字第2663号判决)。

(三) 不安抗辩权

当事人之一方,应先向他方先为给付者,如他人之财产于订约后明显减少,有难为对待给付之虞时,如他方未为对待给付或提出担保前,得拒绝自己之给付(第265条),学说上称为不安抗辩权。他方当事人已为部分之给付时,依其情形,如拒绝自己之给付有违背诚实及信用方法者,不得拒绝自己之给付(第264条第2项)。

四、涉他契约,第三人利益契约

例题62:区别下列三种契约,并了解其所涉及的基本法律关系。

① 甲对乙约定:"我将使丙于一周内为你修缮漏水的屋顶"。② 甲向乙花店订购100朵蓝玫瑰,约定于情人节送至丙住处。③ 甲向乙购某车,约定丙对乙有直接请求权。在③的情形,设乙交付予丙的汽车具有瑕疵,发生车祸,致丙身体健康受侵害时,丙得向乙请求行使何种权利,得否解除契约?解除契约后如何恢复原状?

(一)涉他契约及案例区别

1. 第三人负担契约

契约系特定当事人间的法律关系,但基于契约自由原则,当事人亦得约定与第三人发生一定的法律关系。在例题62,甲对乙约定:"我将使丙于一周内为你修缮漏水的屋顶。"此乃所谓"第三人负担契约"。依第268条规定:"契约当事人之一方,约定由第三人对于他方为给付者,于第三人不为给付时,应负损害赔偿责任。"应注意者有二:

(1) 第三人(丙)不负给付义务,仅债权人(乙)得向甲请求履行其义务。

(2) 除有特别约定外,不问有无可归责的事由,债务人(甲)均应负债务不履行的损害赔偿责任。

2. 不真正第三人利益契约

在例题62,甲与乙花店约定应于某日送花至丙处时,甲得请求乙对丙为给付,丙对甲则无给付请求权,学说上称之为"不真正第三人契约"。其属"真正"第三人契约系例题62的情形,其特色系第三人丙对乙有直接请求给付的权利。当事人所约定的是否为真正第三人利益契约,乃契约解释问题。

(二)第三人利益契约

1. 第三人利益契约的意义、功能及成立

第三人利益契约(利他契约、向第三人给付之契约),指当事人约定,由债务人向第三人为给付,第三人对于债务人,有直接请求给付权利的契约(第269条)。例如,甲向乙购车,约定丙对乙有直接请求权,其目的在缩短乙向甲为给付,甲向丙为给付的过程。甲与乙保险公司订立人寿保险,以丙为受益人,其目的在使第三人取得保险金("保险法"第104条)。

须注意的是,第三人利益契约不是一个独立的契约类型,而是于任何契约(买卖、赠与、租赁)皆得订立第三人利益契约(约款),例如,买受人得与出卖人约定、第三人得向出卖人直接请求移转标的物所有权、出租人得与承租人约定、第三人得向承租人直接请求交付租金。第三人对于此第三人利益契约,未表示享受其利益之意思前,当事人得变更其契约或撤销之(第269条第2项)。第三人对于当事人之一方表示不欲享受其契约之利益者,视为自始未取得其权利(第269条第3项),盖依私法自治原则,不能强使他人受利益也。

2. 法律结构

(1)补偿关系与对价关系。在第三人利益契约,例如甲向乙购车,约定丙对乙有直接请求给付的权利,甲乙为契约当事人,甲为要约人,乙为债务人,丙为第三人(受益人),从而发生两个基本关系:① 补偿关系:此存在于甲与乙之间,即乙依此法律关系(买卖契约)对甲取得对待给付,以补偿其对丙的给付。② 对价关系:此存在于甲与丙之间,乃甲所以约定使乙对丙为给付的法律原因(如买卖、赠与)。须注意的是,其使第三人取得给付请求权为标的之契约,乃要约人与债务人间之契约,在要约人与第三人之间,固常有其原因关系(对价关系)之存在,然此原因关系,与利他契约之成立,并不生影响,第三人无须证明其原因关系之存在(1969年台上字第3545号判决)。兹将第三人利益契约的基本法律构造图示如下:

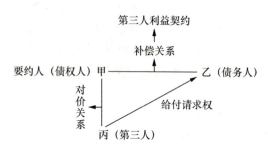

(2)补偿关系或对价关系不成立

在第三人利益契约(如甲向乙购车,赠与丙,甲乙约定丙对乙有直接请求权),补偿关系不成立或无效,而债务人(乙)已对第三人(丙)为给付时,应由乙对甲主张不当得利请求权。在对价关系不存在时,应由要约人(甲)对第三人(丙)主张不当得利。当事人所以订定此种类型的第三人利益契约,旨在缩短给付,乙对丙为给付,乃在清偿其对甲的债务,其不当得利请求权应存在于乙与甲之间,甲与丙之间。①

3. 债务人的抗辩

在第三人利益契约,债务人得以由契约所生之一切抗辩(如债权未发生的抗辩、同时履行抗辩、消灭时效抗辩等),对抗受益之第三人(第270条)。

4. 要约人债务不履行时,债务人解除契约

在第三人利益契约,要约人应负债务不履行(如迟未给付买卖契约的价金)时,债务人得解除契约。债务人已解除契约时,得以债务已消灭,对第三人主张债权消灭抗辩权,拒绝给付。于债务人已为给付后,债务人始解除契约时,应依第259条规定,负恢复原状之义务的,应为要约人,而非第三人(参阅例题62③)。

5. 债务人债务不履行时,第三人得主张的权利?

债务人应负债务不履行责任时(如加害给付),第三人得径向债务人请求损害赔偿,要约人亦得请求债务人对第三人为损害赔偿。关于债务不履行所发生的契约解除权,因要约人系契约当事人,应由其行使之,但因涉及第三人的利益,解除权的行使应得第三人的同意。

---

① 参见拙著:《不当得利》,北京大学出版社2009年版,第65页。

第五章 多数债务人及债权人

债的主体通常为单数(如甲向乙购车),但同一债权或同一债务的主体为多数的,亦多有之(如甲、乙向丙购车,甲、乙、丙抢劫丁的财物)。民法系以给付性质上可分(如一万元)或不可分(如一匹马)为基础,并依当事人约定及立法政策上的考量,将复数主体之债分为"可分之债","连带之债","不可分之债",其中以连带债务最属重要。

第一节 可 分 之 债

可分之债,指数人负同一债务或有同一债权,而其给付为可分之债。其债务可分者,称为可分债务。其债务不可分者,称为不可分债务。第271条规定:"数人负同一债务或有同一债权,而其给付可分者,除法律另有规定或契约另有订定外,应各平均分担或分受之。其给付本不可分而变为可分者,亦同。"所谓其给付可分,指给付的分割无损于给付的性质或价值。法律另有规定者,如法律明定可分之债为连带之债(尤其是连带债务)。又契约亦得将可分之债约定为连带之债或不可分之债。所谓给付本不可分而变为可分者,例如,出卖的鼻烟壶,因可归责于出卖人之事由灭失,出卖人应负5万元的损害赔偿。为便于观察,图示如下:

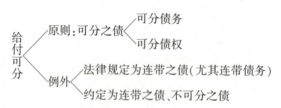

兹例一例加以说明：

甲乙向丙购买苹果 100 公斤，价金 4000 元，此为可分之债，即甲乙应支付丙价金 4000 元为可分债务，甲乙得向丙请求交付苹果 100 公斤为可分债权，除契约另有订定外，甲乙应各分担支付价金债务 2000 元，分受债权，得对丙请求 50 公斤。在法律适用上，应注意的有两点：

(1) 甲乙各应履行其分担的债务，各得行使其分受的债权。

(2) 可分之债系基于同一之债的关系（如买卖契约）而发生，其解除权或同时履行抗辩权，应适用行使不可分原则。在上举之例，于丙应负债务不履行责任时，其解除权应由甲乙共同行使之。甲或乙未为其分担债务的给付时，丙得拒绝自己的给付（第 264 条）。

第二节 连带之债

例题 63：① 第 28、35、185、187、188、305、471、681 条等（务必阅读之），规定数债务人应"连带负损害赔偿责任"或"连带负其责任"。试问法律为何设此等规定，其立法理由何在？② 设甲与乙驾车互撞，伤害了丙，应负 10 万元损害赔偿时，试就下列情形说明当事人间的法律关系：A. 丙免除甲的债务时，对乙发生何种效力。B. 丙向甲请求全部给付，甲应负迟延责任时，对乙发生何种效力。C. 甲携带 10 万元现金于约定期日到丙处清偿债务，丙因事外出，不能受领。甲回家途中，因该钱被抢，难以寻获时，丙得否仍向甲或乙请求损害赔偿？D. 甲于对丙为全部损害赔偿后，得对乙主张何种权利，如何定其应分担部分？

一、连带债务

(一) 连带债务的意义及发生

连带债务，指数人负同一债务，依其明示，或依法律规定，对于债权人各负全部给付的责任（第 272 条）。在连带债务，债务人所负责任至重，当事人的约定须以明示为之，例如，甲与乙向丙借贷 1 万元，系属可分之债，得明示约定对丙各负全部返还责任。法律规定连带责任，多见于侵权行为（参阅例题 63），契约上的法律连带债务，如概括继受人责任（第 305

条、第306条)、共同借用人责任(第471条)、合伙人责任(第681条)、共同保证人责任(第748条)。立法目的在于保护被害人,并处理多数债务人间的内部求偿问题。

(二) 连带债务的对外效力

连带债务有对外效力与对内效力。对外效力指连带债务的债权人,得对于债务人中之一人或数人或其全体,同时或先后,请求全部或一部之给付(第273条第1项),连带债务未全部履行前,全体债务人仍负连带责任(第273条第2项)。对外效力,可分为绝对效力及相对效力。

(1) 绝对效力。债务人一人所生事项,其利益或不利益,原则上对其他债务人不生效力,其发生效力的,以法律有规定者为限,称为绝对效力,分述其情形如下:

① 清偿、代物清偿、提存、抵销或混同:因连带债务人中之一人为清偿、代物清偿、提存、抵销或混同而债务消灭者,他债务人亦同免其责任。连带债务人中之一人,对于债务人有债权者,他债务人以该债务人应分担之部分为限,得主张抵销(第277条)。

② 确定判决:连带债务人中之一人,受确定判决,而其判决非基于该债务人之个人关系者,为他债务人之利益,亦生效力(第275条)。

③ 债务免除或消灭时效完成:债权人向连带债务人中之一人免除债务,而无消灭全部债务之意思表示者,除该债务人应分担之部分外,他债务人仍不免其责任(第276条第1项),但在该债务人应分担之部分之范围,他债务人亦同免责任。例如,甲、乙连带对丙负20万元债务,丙对乙表示仅免除乙的债务时,若乙应分担的数额为10万元,则甲亦免除10万元的责任。连带债务人中之一人消灭时效已完成者,对他债务人亦生效力(第276条第2项),俾他债务人亦得享有消灭时效的利益。

④ 受领迟延:债权人对于连带债务人中之一人有迟延时,为他债务人之利益,亦生效力(第278条)。例如因债权人对连带债务人中一人受领迟延,则全部连带债务人均仅就故意或重大过失负其责任(第237条)。

(2) 相对效力。第279条规定:"就连带债务人中之一人,所生之事项,除前5条规定或契约另有订定者外,其利益或不利益,对他债务人不生效力。"此等事项包括中断时效、时效不完成、给付迟延、给付不能、不完全给付等。

(三) 连带债务的对内效力

对内效力,指连带债务人相互间的权利义务关系,包括债务分担标准、债务人的求偿权及债务人的代位权。分述如下:

(1) 债务分担标准。连带债务人相互间,除法律另有规定或契约另有订定外,应平均分担义务。但因债务人中之一人应单独负责之事由所致之损害(如为清偿债务以高利借入金钱,或廉售财产),乃支付之费用,由该债务人负担(第280条)。法律另有规定者,例如第188条第3项规定:"雇用人赔偿损害时,对于为侵权行为之受雇人有求偿权。"但其求偿范围仍应类推适用第217条,斟酌雇用人与有过失的程度(如指示不当,机器具有缺陷),而为量定。关于共同侵权行为(第185条),"民法"未设应分担部分,实务系以各共同侵权行为人的过失程度定其分担部分,此实乃第217条过失相抵规定的类推适用。

(2) 债务人的求偿权及代位权。连带债务人中之一人,因清偿、代物清偿、提存、抵销或混同,致他债务人同免责任者,得向他债务人请求偿还各自分担之部分,并自免责时起之利息。前项情形,求偿权人于求偿范围内,承受债权人之权利。但不得有害于债权人之利益(第281条)。又连带债务人中之一人,不能偿还其分担额者,其不能偿还之部分,由求偿权人与他债务人按照比例分担之。但其不能偿还,系由求偿权人之过失所致者,不得对于他债务人请求其分担。前项情形,他债务人中之一人应分担之部分已免责者,仍应依前项比例分担之规定,负其责任(第282条)。此为求偿权的扩张,应予注意。

(四) 不真正连带债务

不真正连带债务,指数债务人本于个别的原因发生,对债权人各负全部给付义务之债。例如甲委任乙保管 A 瓶,乙疏于注意,致该瓶为丙不慎毁损灭失时,甲得向乙请求债务不履行损害赔偿,甲并得向丙请求侵权行为损害赔偿。在此情形,乙或丙对甲为全部给付时,亦得使债务消灭,但乙或丙间并无分担部分,应由丙负终局的责任,故丙对甲为损害赔偿者,对乙并无求偿权。乙为对甲为给付,则得对丙为全部求偿。由此例可知,所谓"不真正连带债务"与"连带债务"相类似的,仅在于给付目的之实现,实无类推适用连带债务的余地。

(五) 侵权行为连带债务的类推适用

实务上常发生如下的法律问题:甲雇用的司机乙与丙雇用的司机丁

不慎相撞,致戊受伤,甲对戊的损害为赔偿时,得否对丙请求分担依乙丁过失所定的分担部分(参见下图):

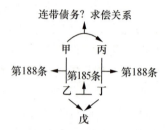

在此案例,甲与乙对戊应依第188条规定连带负赔偿责任,丙与丁对戊亦应依第188条规定连带负赔偿责任。乙与丁应依第185条规定对戊负连带赔偿责任。甲于对戊为损害赔偿后,得否向丙求偿?问题在于甲与丙间是否成立连带债务?实务上有以法律对此未设规定,而采否定的见解。本书认为得类推适用第185条、第188条规定而创设一项基本原则,即数人对同一损害应负侵权行为损害赔偿者,得成立连带债务,有其债务分担及求偿关系。

二、连带债权

(一)连带债权与公司共同共有债权的区别

连带债权,指数人依法律或法律行为有同一债权,而各得向债务人为全部给付之请求的权利。连带债权,须有多数债权人,有数个债权,而该数个债权之标的为同一给付,例如甲、乙二人共卖某车予丙,约定各得向丙请求全部价金。与"连带债权"应该严予区别的是"共同共有的债权"。共同共有之债权为一个权利,其债务人仅得向共同共有人全体清偿,始生消灭债务之效力。例如继承人共同出卖共同共有之遗产,其所取得之价金债权,系为共同共有,并非连带债权。共同共有人受领共同共有债权之清偿,应共同为之,除得全体共同共有人之同意外,无由其中一人或数人单独受领之权(1985年台上字第748号判决)。

(二)连带债权的发生及效力

连带债权的发生,基于法律规定的,甚属罕见。其依法律行为而发生的,例如甲、乙存款于丙处,约定甲或乙均得单独请求还钱。然此种约定亦属不多,其主要理由为在连带债权,每一个债权人得不必他债权人的协力而请求全部给付,固甚方便,但亦冒着他债权人单独受领全部给付的危险。关于连带债权的对外效力及对内效力,"民法"亦设有规定(第285条至第291条)。敬请参阅,并请与连带债务的规定加以对照,拟不详述。

第三节 不可分之债

例题64:甲与乙共同向丙承租某套房,租金每月两万元,试问丙如何向甲、乙请求支付租金?

一、不可分债务及不可分债权

不可分之债,指以同一不可分的给付为标的复数主体之债。给付不可分,有由于物的性质(如某犬、某车、某杯)。给付的性质非不可分的(如金钱,1000斤苹果),亦得因当事人的约定而变为不可分。数人有同一债权,而其给付不可分的(如甲乙向丙买某犬),称为不可分债权。数人有同一债务,而其给付不可分的(如甲乙出卖某犬给丙),为不可分债务。

第292条规定:"数人负同一债务,而其给付不可分者,准用关于连带债务之规定。"依第293条第1项、第2项规定:"数人有同一债权,而其给付不可分者,各债权人仅得请求向债权人全体为给付,债务人亦仅得向债权人全体为给付。除前项规定外,债权人中一人与债务人间所生之事项,其利益或不利益,对他债权人不生效力。"以免有害其他债权人之利益。在不可分债权,除法律另有规定或契约另有订定外,应平均分受利益(第293条第3项准用第291条)。

二、数人租赁房屋之债

数人承租房屋,颇为常见。例如,甲与乙共同向丙承租某套房,租金每月两万元(参阅例题64)。在此情形,甲与乙对丙有请求交付租赁物的不可分债权(或返还租赁物不可分债务)。就租金言,其两万元系属可分,但鉴于甲乙请求或返还租赁物的债权或债务系属不可分,解释上亦应认其所负租金债务亦具不可分性,而准用关于连带债务的规定。

第六章 债之移转

债之移转,指债之关系不失其同一性,而其主体有所变更而言,包括债权让与,债务承担及法定并存的债务承担三种情形。分述如下:

第一节 债权让与

债权让与的方法有三:① 基于法律行为(债权遗赠、债权让与契约)。② 法律规定的各种代位,如第281条第2项规定的连带债务求偿权人的代位权。③ 基于最高权行为,如"强制执行法"第115条规定的支付转给命令。以下仅就"民法"规定的债权让与加以说明。

一、债权让与的意义、功能及法律结构

例题65:甲对乙有100万元债权,为融通资金的需要,甲将该债权出售予丙,并即依合意让与之。试分析此项交易的法律关系。设其后发现甲与丙间的买卖契约不成立,无效或因错误被撤销时,甲得对丙主张何种权利?

(一) 债权让与的意义和功能

债权让与,指以移转债权为标的之契约。债权让与在社会经济生活甚为重要,例如买受人得将对他人未到期的债权让与于出卖人,以代价金的清偿。又债权人得让与其对他人的债权(尤其是票据债权),以先行取得现金(票据贴现),具有融通资金的重要功能。

(二) 债权让与的方法构造

债权让与的客体为"债权"而非"物",但具有相当于物权移转的法律结构。甲将其对乙的债权"出卖"(或赠与)予丙,成立债权买卖契约(债

权行为、负担行为)。甲将其对乙的债权"让与"丙,乃一个独立于债权买卖契约(原因行为)的处分行为,并具有无因性,不受原因行为不成立、无效或被撤销的影响。为便于了解,图示如下:

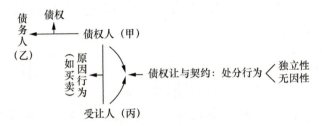

上揭法律结构对于了解债权让与的法律关系,至为重要,应说明者有四:

(1)出售(或赠与)债权的"负担行为"与"债权让与"的处分行为,通常系同时作成,但在概念上应严予区别。

(2)原因行为(买卖、赠与)不成立、无效或被撤销时,受让人"受让债权"欠缺法律上原因,应成立不当得利,负返还的义务(第179条)(参阅例题65)。

(3)出卖他人债权的负担行为,系属有效。但其债权让与契约则为无权处分,应适用第118条规定。

(4)债权让与欠缺公示方法,"民法"未设债权让与善意取得制度,受让人无从主张善意受让取得债权。

二、债权让与的要件

例题66:甲知其弟乙对丙有10万元债权,甲对丁伪称其系债权人而将该债权以8万元出售,并为让与。丁向丙请求给付时,发现事实真相,试说明甲与丁间的法律关系,丁得对甲主张何种权利?

债权让与须具备四个要件:①须有债权让与契约。②须债权存在。③须债权具可让与性。④须债权具确定性,分述如下:

1. 债权让与契约

债权让与须原债权人与受让人订立契约,一经当事人合意,即告成立,不以订立书面为必要(不要式行为)。债权让与契约系以移转债权为内容,故为处分行为,又称为准物权契约。

2. 须债权存在

债权让与须以债权存在为要件。出卖他人的债权，其买卖契约仍为有效，但债权让与系无权处分（第118条）。债权出卖人应担保其权利确系存在（第350条）。出卖人不履行此项义务时，买受人亦得依关于债务不履行之规定，行使其权利。

3. 须债权具让与性

债权让与之标的，须非不得让与之债权。原则上债权均具可让与性，其例外不得让与的债权有下列三种（第294条）：

（1）依债权之性质，不得让与者。例如扶养请求权。租赁权性质上系以出租人与承租人间的信赖为基础，除当事人间另有约定外，租赁权性质上不得让与（1999年台上字第1447号判决）。又合建契约属承揽与互易的混合契约，乃基于当事人间的特殊信赖关系，基于该契约所取得的合建契约的权利，除经地主的同意，亦属性质上不得让与的债权（1999年台上字第167号判决）。

（2）依当事人之特约，不得让与者。此项特约不得以之对抗善意第三人。

（3）债权禁止扣押者，例如"强制执行法"第122条规定："债务人对于第三人之债权，系维持债务人及其共同生活之亲属生活必需者，不得为强制执行。"依其法律意旨，亦不许让与。

4. 须债权具确定性

债权让与系属处分行为，为交易安全，其债权的存在及范围须属确定或可得而确定。于符合此项要件时，将来的债权亦得让与，例如让与某办公大厦的租金债权。

三、债权让与的效力

例题67：试就下列两种情形，说明当事人间的法律关系：① 甲对乙有10万元债权，出卖予丙，并让与之，但未通知乙，乙仍对甲为给付，甲受领之。② 甲对乙有10万元债权，先出卖予丙，并让与之，复出卖予丁，并让与之。乙先接获甲对丁的让与通知，而对丁为给付。

（一）让与人与受让人间的效力

债权让与，于契约完成时，即生效力，无须债务人同意，亦无须向债务人通知,债务人是否知之,亦所不问。

关于债权让与的范围,第295条第1项规定:"让与债权时,该债权之担保及其他从属之权利,随同移转予受让人。但与让与人有不可分离之关系者,不在此限。"所谓"债权之担保",例如抵押权、质权、保证。所谓"其他从属之权利",例如优先权。本条非强行规定,当事人得约定排除之。其所谓"随同移转",乃法定移转,故抵押权无待办理登记,即发生移转效力(1998年台上字第576号判决)。未支付的利息债权,虽已变为独立的债权,仍推定其随同原本移转予受让人(第295条第2项)。

债权人应将证明债权之文件,交付受让人,并应告以关于主张该债权所必要之一切情形(第296条),此为债权让与人的从给付义务,使受让人便于实行,或保全其债权。

(二) 对债务人的效力:债务人的保护

债权让与不必得债务人同意,亦无须通知债务人,涉及债务人的保护,分两点言之:

(1) 债权让与通知对债务人的效力。第297条规定:"债权之让与,非经让与人或受让人通知债务人,对于债务人不生效力。但法律另有规定者,不在此限。受让人将让与人所立之让与字据提示于债务人者,与通知有同一之效力。"由此可知债权让与须通知债务人,始得对抗债务人。让与人已将债权之让与通知债务人者,纵未为让与或让与无效,债务人仍得以其对抗受让人之事由,对抗让与人,且该通知,非经受让人之同意,不得撤销(第298条)。

(2) 债务人的抗辩及抵销。债务人于受通知时,所得对抗让与人之事由(如同时履行抗辩权),皆得以之对抗受让人(第299条第1项)。债务人于受通知时,对于让与人有债权者,如其债权之清偿期,先于所让与之债权,或同时届至者,债务人得对于受让人,主张抵销(第299条第2项)。

四、例题67解说

例题67涉及债务人的保护问题。甲将其对乙的债权,出卖于丙,并为让与于丙,其让与契约一旦成立,债权即随之移转予丙,甲脱离债权人的地位。该项债权让与既未通知乙,对乙不能生效,乙向原债权人(让与人)甲为给付时,发生清偿的效力。甲已将债权让与丙,仍自乙受领给付,致丙的债权消灭,受有损害,应成立不当得利(第179条)。此外甲并应负违反基于买卖契约所生的义务,及侵权行为的损害赔偿责任(第184条第1项后段)。

甲将其对乙的债权先出卖予丙,并为让与,后出卖予丁,并为让与。在此情形,由丙取得债权,甲丁间的债权买卖仍为有效(出卖他人债权),但甲对该债权的让与,则为无权处分,不生效力,丁不能取得该债权。乙先接获甲对丁的让与通知,而对丁为给付时,其清偿为有效。丁受领给付,致丙债权消灭,应成立不当得利,负返还的义务(第179条)。丁对甲得依关于买卖契约债务不履行的规定行使其权利(第353条)。

第二节 债务承担

一、债务承担的意义和功能

债务承担,指由第三人承担债务人的债务。债务承担在交易上亦属常见,例如,购买不动产时,承担设定于该不动产的抵押权及债务;购买汽车时,承担出卖人尚未清偿的分期付款。须注意的是,在债权让与的情形,其所要保护的是债务人,在债务承担,因于契约生效后,原债务人即脱离债务关系,乃发生如何保护新的债务人及债权人的问题。

二、债务承担的成立及性质

例题68:甲向乙购买某中古车,价金50万元,丙表示愿以承担甲对乙债务的方式,对甲为赠与。并订债务承担契约。试说明此项契约的效力及法律性质。

债务承担有两种方式,分述如下:

(一)承担人与债权人订立债务承担契约

第300条规定:"第三人与债权人订立契约承担债务人之债务者,其债务于契约成立时,移转予该第三人。"债务人是否承诺及知悉,均非所问。此项债务承担具处分行为的性质(债权人为处分人),第三人所以愿意承担债务,乃基于其与债务人的关系(如赠与、委任、或无因管理)。债务承担契约不因原因行为不成立,无效或被撤销而受影响(无因性)。

(二) 第三人与债务人订立债务承担契约

第 301 条规定:"第三人与债务人订立契约承担其债务者,非经债权人承认,对于债权人不生效力。"此为保护债权人而设的规定。债权人的承认具有溯及效力(第 115 条)。为早日确定债权承担的效力,第 302 条规定:"前条债务人或承担人,得定相当期限,催告债权人于该期限内确答是否承认,如逾期不为确答者,视为拒绝承认。债权人拒绝承认时,债务人或承担人得撤销其承担之契约。"

须注意的是,在此种债务承担,在第三人与债务人间亦有其原因关系,除赠与、委任外,尚有买卖(如甲向乙购车,价金 50 万元,支付现金 20 万元,承担乙对丙的债务 30 万元)。债务承担契约本身乃债务人对债权人的债权为无权处分(第 118 条),因债权人的承认而生效力(参阅例题 68,并参阅下图):

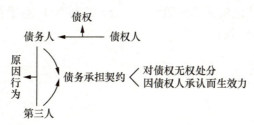

三、债务承担的效力

债务承担仅使债务人脱离债务关系,债之内容仍然相同,其债务仍具同一性,故发生以下效力:

(1) 债务人抗辩权的援用:债务人因其法律关系所得对抗债权人之事由,承担人亦得以之对抗债权人,但不得以属于债务人之债权为抵销(第 303 条第 1 项)。承担人因其承担债务之法律关系所得对抗债权人之事由,不得以之对抗债权人(第 303 条第 2 项)。

(2) 从权利之存续:从属于债权之权利,不因债务之承担而妨碍其存在。但与债务人有不可分离之关系者,不在此限(第 304 条第 1 项)。由第三人就债权所为之担保(如质权、抵押权、保证),除该第三人对于债务之承担已为承认外,因债务之承担而消灭(第 304 条第 2 项)。

第三节　并存的债务承担

并存的债务承担,指债务承担后,旧债务人不即时脱离关系,仍与新债务人一并负责的承担。并存债务承担的发生,有由于当事人的约定,有基于法律的规定。前者称为约定并存债务承担,后者称为法定并存债务承担。法定并存债务承担有以下两种:

(1) 资产及负债的概括承受:就他人之财产或营业概括承受其资产及负债者,因对于债权人为承受之通知或公告,而生承担债务之效力。此种情形,债务人关于到期之债权,自通知或公告时起,未到期之债权,自到期时起,两年以内,与承担人连带负其责任(第305条)。

(2) 营业合并:营业与他营业合并,而互相承受其资产及负债者,与上述资产及负债之概括承受相同。其合并之新营业,对于各营业之债务,负其责任(第306条)。

第七章 债之消灭

第一节 债之消灭的意义、原因及效力

债之消灭,有就广义债之关系而言,例如买卖契约的解除,租赁契约的终止,劳动契约期限届满。债编通则第六节规定债之消灭的五种原因(清偿、提存、抵销、免除、混合),则系针对个别债之关系而言。

债之关系消灭者,其债权之担保及其他从属之权利,亦同时消灭(第307条)。债之全部消灭者,债务人得请求返还或涂销负债之字据,其仅一部消灭或负债字据上载有债权人他项权利者,债务人得请求将消灭事由,记入字据。负债字据如债权人主张有不能返还或有不能记入之事情者,债务人得请求给予债务消灭之公认证书(第308条)。

第二节 清 偿

一、清偿的意义

清偿,指依债务本旨,实现债务的内容,而使债之关系消灭的行为。清偿的行为,依债的内容而定,得为作为及不作为。前者包括法律行为(如移转某物所有权),或事实行为(如服劳务)。后者如依约定不为某种营业的竞争。

二、清偿主体

例题69:某甲系乙银行的使用自动提款卡存款户,丙窃走甲的提款卡及密码,随即持卡向乙银行提款,乙银行(自动提款机)不知其系冒领,而如数付款时,是否对甲发生清偿的效力?

(一) 清偿人

为清偿者,通常为债务人。债之清偿,得由第三人为之。但当事人另有订定或依债之性质(如学术演讲)不得由第三人清偿者,不在此限。第三人之清偿,债务人有异议时,债权人得拒绝其清偿。但第三人就债之履行有利害关系者(如连带债务人、保证人、物上保证人、担保财产的第三取得人),债权人不得拒绝(第 311 条)。就债之履行有利害关系之第三人为清偿者,于其清偿之限度内承受债权人之权利,但不得有害于债权人之利益(第 312 条、第 313 条),学说上称之为代位清偿。

(二) 受领清偿人

1. 向债权人及其他有受领权人为清偿

第 309 条第 1 项规定:"依债务本旨,向债权人或其他有受领权人为清偿,经其受领者,债之关系消灭。"所谓"其他有受领权人",例如债权人的代理人、破产管理人。又依该条第 2 项规定:"持有债权人签名之收据者,视为有受领权人。但债务人已知或因过失而不知其无权受领者,不在此限。"

2. 向无受领权的第三人为清偿

向第三人为清偿,经其受领者,其效力如下:① 无受领权的,经债权人承认,或受领人于受领后取得其债权者,有清偿之效力(第 310 条第 1 款)。② 受领人系债权之准占有人者,以债务人不知其非债权人为限,有清偿之效力(第 310 条第 2 款)。此指非债权人,而以为自己意思行使债权人权利之人,例如债权人已将债权让与他人而仍行使其权利。③ 除前两款情形外,于债权人因而受利益之限度内,有清偿之效力(第 310 条第 3 款)。

在例题 69,甲与乙银行间的存款契约,系约定以提款卡及密码,由自动提款机提款,而自动提款机乃依提款卡及密码的命令,操作而付款的机器,对于何人操作,从无辨认。在此情形下,持有提款卡及密码,向乙银行自动提款机提款,自动提款机即乙银行不知其系冒领而如数给付,系善意地向债权的准占有人清偿,依第 310 条第 2 款规定,应认对某甲有清偿的效力。

三、清偿客体

例题 70:试区别下列两种情形,说明"代物清偿"及"间接给付"(新债清偿)的意义及效力:① 甲出售 A 画给乙,乙受领 B 画以代 A 画。② 甲欠乙 20 万元,甲签发同额支票,交付予乙,以为清偿。

债务人原则上应依债务的内容,即债务的种类、数量、品质而为给付,使债权人的债权获得满足,但有下列三种例外:

(1) 一部分清偿。债务人无为一部分清偿之权利。但法院得斟酌债务人之境况,许其于无甚害于债权人利益之相当期限内,分期给付,或缓期清偿。法院许为分期给付者,债务人一期迟延给付时,债权人得请求全部清偿。给付不可分者,法院得比照第 1 项但书之规定,许其缓期清偿(第 318 条)。

(2) 代物清偿。第 319 条规定:"债权人受领他种给付以代原定之给付者,其债之关系消灭。"例如甲出卖 A 画予乙,乙受领 B 画以代 A 画;出卖 A 屋,以 B 屋代偿。代物清偿为要物契约,其成立仅当事人的合意尚有未足,必须现实为他种给付。他种给付为不动产物权的设定或移转时,非经登记,不得成立代物清偿。代物清偿经成立时,无论他种给付与原定的给付,其价值是否相当,债之关系均归消灭。

(3) 间接给付。第 320 条规定:"因清偿债务而对于债权人负担新债务者,除当事人另有意思表示外,若新债务不履行时,其旧债务仍不消灭。"此种以负担新债务清偿旧债务的间接给付,又称为新债清偿,此须基于当事人的合意,非属要物契约,故与代物清偿不同。

间接给付在实务上常见的是,签发票据作为清偿租金、价金等债务的方式。在此等情形,债权人除原租金、价金债权外,尚有票据债权,但只得请求一次的清偿。债权人接受票据时,通常应先就该票据满足其债权。在接受远期票据的情形,得认为系对债权延期给付的同意。票据不获兑现时,其租金等债务仍不消灭。债权人所以愿意接受票据作为间接给付,其主要理由系票据可以让与、贴票,在诉讼上票据债权亦较易实现。

第 320 条所谓:"除当事人另有意思表示外",其规范意义有二:① 当事人得约定其为代物清偿等,此应解释当事人的意思表示加以认定。② 有疑义时,应认其为间接给付,而非代物清偿(参阅例题 70)。

四、清偿期、清偿地及清偿费

清偿期,除法律另有规定或契约另有订定,或得依债之性质或其他情形决定者外,债权人得随时请求清偿,债务人亦得随时为清偿(第 315 条)。定有清偿期者,债权人不得于期前请求清偿,如无反对之意思表示时,债务人得于期前为清偿(第 316 条)。

清偿地，除法律另有规定或契约另有订定，或另有习惯，或得依债之性质或其他情形决定者外，应依下列各款之规定：① 以给付特定物为标的者，于订约时，其物所在地为之。② 其他之债，于债权人之住所地为之（第 314 条）。

清偿债务之费用，如邮资、运费，除法律另有规定或契约另有订定外，由债务人负担。但因债权人变更住所或其他行为，致增加清偿费用者，其增加之费用，由债权人负担（第 317 条）。

五、清偿的抵充

例题 71：甲欠乙购车价金 30 万元（3 月 2 日届清偿期），租金 3 万元（6 月 6 日届清偿期），另借款 40 万元，以某地设定抵押，4 月 1 日届清偿期，利息 2 万元届期未付。甲因乙催债甚急，乃于 4 月 10 日汇 50 万元入乙的账户，并通知乙。试问如果您是立法者，您要如何决定清偿债务的次序？

（一）数宗种类相同债务的抵充

债务人对于同一债权人，有给付种类相同数宗债务（如均为原本、利息），而其提出的给付不足清偿全部债务时，如何决定何种债务应先受清偿，关系当事人利益甚巨。为保护债权人，第 322 条规定清偿人为清偿时，得指定其应抵充的债务（指定抵充），债务人不为此项之指定时，应依下列规定，定其应抵充的债务（法定抵充）：

(1) 债务已届清偿期者，尽先抵充。

(2) 债务均已届清偿期或均未届清偿期者，以债务之担保最少者，尽先抵充；担保相等者，以债务人因清偿而获益最多者，尽先抵充；获益相等者，以先到期之债务，尽先抵充。

(3) 获益及清偿期均相等者，各按比例，抵充其一部分（第 322 条）。

（二）数宗性质相异的债务

清偿人所提出之给付，应先抵充费用，次充利息，次充原本。其依第 321 条及第 322 条之规定抵充债务者，亦同（第 323 条）。此并非强行规定，其抵充顺序，得以当事人的契约加以变更。

六、清偿的效力

清偿的主要效力为债之关系消灭(第 309 条)。此外,清偿人得请求受领人给予受领证书(第 324 条),及返还债权证书(第 325 条)。

第三节 提 存

提存,指清偿人以消灭债务为目的,将给付物为债权人寄托于提存所的行为。第 326 条规定:"债权人受领迟延,或不能确知孰为债权人而难为给付者,清偿人得将其给付物,为债权人提存之。"提存应于清偿地之法院提存所为之(第 327 条)。提存后,给付物毁损灭失之危险,由债权人负担。债务人亦无须支付利息,或赔偿其孳息未收取之损害(第 328 条)。债权人得随时受取提存物。如债务人之清偿,系对债权人之给付而为之者,在债权人未为对待给付,或提出相当担保前,得阻止其受取提存物(第 329 条)。债权人关于提存物之权利,应于提存后 10 年内行使之,逾期其提存物归属"国库"(第 330 条)。给付物不适于提存,或有毁损灭失之虞,或提存需费过巨者,清偿人得声请清偿地之法院拍卖,而提存其价金(第 331 条)。给付物有市价者,该管法院得许可清偿人照市价出卖,而提存其价金(第 332 条)。提存拍卖及出卖之费用,由债权人负担(第 333 条)。须注意的是,为规定地方法院设提存所,办理提存事务,另制定有提存法,请参阅之。

第四节 抵 销

例题 72:甲欠乙租金 10 万元,乙向甲购车,应支付价金 15 万元,均届清偿期。试问:① 甲得否以其债务,与乙的债务,互相抵销?② 设甲系限制行为能力人时,其抵销是否有效?③ 设甲对乙的租金债务,届期未清偿,乙为抵销时,得否请求至其为抵销意思表示时所发生的迟延利息?试就上揭三种情形说明抵销的意义、性质、要件及效力。

一、抵销的意义及功能

第334条规定："二人互负债务,而其给付种类相同,并均届清偿期者,各得以其债务,与他方之债务,互为抵销。但依债务之性质不能抵销或依当事人之特约不得抵销者,不在此限。前项特约,不得对抗善意第三人。"例如甲欠乙租金10万元,乙向甲购物,应付价金15万元,均届清偿时,甲、乙各得以10万元债务,与他方10万元债务互为抵销(参阅例题72)。抵销权是形成权的一种。抵销,因一方意思表示而生效力,为单独行为,不须相对人的协力,亦无经法院裁判的必要。为明确法律关系,抵销的意思表示附有条件或期限者,无效(第335条第2项),此项规定蕴涵形成权的行使,不得附条件或期限的法律原则。抵销既为单独行为,又足使为抵销人的债权消灭,故在限制行为能力人为抵销者,非属纯获法律上利益,其抵销的意思表示无效(参阅例题72)(第78条)。

抵销不仅是债的履行的简化,节省清偿的手续,更使当事人的一方不必借助起诉,法院判决及公权力的强制执行而满足其债权,乃法律所允许自力实现债权的方法。

二、抵销的要件

抵销须具备以下四个要件:

(1) 须二人互负债务。抵销不以双方的债权明确为要件,主张抵销的一方只须主张其对他方有已具备抵销要件的债权即可,至他方对其主张抵销之债权纵有争执,得由事实审法院调查确定其债权金额,以供抵销。

(2) 须给付之种类相同。实务上以金钱债务为常见。

(3) 须均届清偿期。

(4) 须双方之债务非不能抵销。其情形有五:① 依债之性质不得抵销:例如不作为债务、扶养债务。② 禁止扣押之债务(第338条)。③ 因故意侵权行为而负担之债(第339条),立法理由系为避免诱导侵权行为的发生,俾债权人不敢倚仗抵销,故意制造侵权行为。其因债务不履行所生的损害赔偿,则得抵销。④ 受债权扣押命令之第三债务人,于扣押后,始对其债权人取得债权者,不得以其所取得之债权与受扣押之债权为抵销(第340条)。⑤ 约定应向第三人为给付之债务人,不得以其债务,与他方当事人对于自己之债务为抵销(第341条)。

三、抵销的效力

抵销一经以意思表示为之,发生两个效力:① 其相互间债之关系,即溯及最初得为抵销时,按照抵销数额而消灭(第335条),此包括其所生利息债权及给付迟延的损害赔偿(参阅例题72)。② 第321条至第323条关于债务抵充规定,于抵销准用之(第342条)。

第五节 免 除

第343条规定:"债权人向债务人表示免除其债务之意思者,债之关系消灭。"例如甲对其乙表示:"免除你欠的10万元租金。"免除系单独行为,并具处分行为的性质。债权人所以要免除债务人的债务,通常有其原因行为(如赠与),原因行为不成立或无效时,其免除的效力原则上不因此而受影响(无因性),债权人得依不当得利规定请求债务人恢复其债权。

第六节 混 同

第344条本文规定:"债权与其债务同归一人时,债之关系消灭。"例如债务人受让债权人的债权;债务人继承债权人。但其债权为他人权利之标的(如该债权已设定质权于第三人),或法律另有规定("票据法"第34条)者,不在此限(第344条但书)。

第四编　债(二):各种之债

第一章 总　　说

第一节　各种之债(契约)及其社会机能

债编分为两章,第一章为"通则",规定各种债权债务共通的原则。第二章为"各种之债",规定27种之债,其中3种(旅游、合会、人事保证)为1999年债编修正时所增设。须注意的是,此27种之债,除指示证券及无记名证券(其法律性质尚有争论)外,皆为债权契约。"民法"关于"各种之债"的规定,共计457条(原412条),约占整个"民法"条文(原1225条,修正后1274条)35.87%。应说明者有三:

(1)"各种之债"的"肥大",系因现行民法采民商合一制度,将所谓商事行为(如经理人及代办商、居间、行纪、仓库、运送等契约)纳入"民法"。

(2)各种契约突显由身份到契约的发展、私法自治原则,及契约制度在现代私法社会的重要机能。各种之债具有不同的作用,例如买卖提供财货贸迁的机制;租赁涉及房屋及土地的使用,住宅政策;消费借贷、指示证券、无记名证券、保证、合会与金融市场具有不可分的密切关系。雇佣契约(劳动契约)攸关劳动市场的人力资源及劳动者的保护;委任、居间、经理人与代理制度的结合发挥社会分化的效率。希望读者能特别注意各种契约的社会经济功能,及各种契约在法律规范上的设计。

(3)本书系概要的性质,不能对各种之债一一详为叙述,必须有所取舍,选择较具类型代表性,日常生活较为重要的(如买卖、赠与、消费借贷、委任、承揽、旅游、保证),归纳为若干基本类型,作较简要的论述。希望能使读者因此培养分析其他典型及非典型契约的能力。

(4)关于契约的研究,最有效率的方法系利用机会自行研拟契约(如租赁契约、车祸和解契约),以体会讨价还价的缔约过程,订立契约条款的技术,及如何运用"民法"上强行规定及任意规定,以达成契约目的。

第二节 契约的类型分析

例题73:A受雇于B公司担任保全人员,向C租屋,获D赠某电视机,由第四台E提供电视节目。A搭乘F捷运公司的地铁上下班。因自G购车,乃向H银行申办小额贷款,并参加I邀集的标会。诸事顺利,春节时,A向J银行办理VISA信用卡,并参加K旅行社举办的泰国普吉岛的旅行团。试问A共订立多少契约,何种契约,并尝试从不同的观点,对各种契约加以分类,观察其法律构造上的基本问题。

在例题73,我们可以看到,一般人为满足其社会经济生活所订立的各种契约,社会生活的契约化。契约可作类型观察,加以分类,因有助于更深刻认识各种契约的法律结构及其法律规范上的基本问题,特作较详细的说明。

一、典型契约与非典型契约

(一)典型契约(有名契约)

基于契约自由原则,当事人在不违反法律强制规定或公序良俗的范围内,得订定任何内容的债权契约,是为债权契约自由原则,与物权法定主义(第757条)不同。须注意的是,"民法"对债权契约虽不采类型强制原则,但对若干日常生活上常见的契约类型,设有规定,并赋予一定名称,学说上称为典型契约或有名契约。典型契约有促进法律交易,减少交易成本的作用,并具两个重要功能:① 以任意规定补充当事人约定的不备,就通常情形,合理规范契约当事人的权利义务。② 以强行规定保护当事人的利益。例如第389条关于分期付价买卖期限利益丧失约款的限制。

债编第二章各种之债规定买卖、互易、交互计算、赠与、租赁、借贷、雇佣、承揽、出版、委任、经理人、代办商、居间、行纪、寄托、仓库、运送、承揽运送、合伙、隐名合伙、终身定期金、和解、保证等契约类型。新增订的有旅游、合会及人事保证。特别法规定的典型契约，例如"保险法"上的保险契约，"海商法"上的海上运送契约，"劳动基准法"上的劳动契约及"消费者保护法"上的特种买卖等。

(二) 非典型契约

非典型契约，指法律未特别规定而赋予一定名称的契约，亦称无名契约。此为当事人在法定契约类型之外，另创新形态的契约，例如融资租赁契约、信用卡契约等。非典型契约的主要种类有三：

(1) 纯粹非典型契约(无名契约)。此指以法律全无规定的事项为内容，即其内容不符合任何有名契约要件的契约，例如广告使用他人的姓名或肖像的契约。其法律关系应依契约目的、诚信原则，并斟酌交易惯例加以决定。

(2) 契约联立。此指数个契约(典型或非典型)具有一定依存关系的结合，即依当事人的意思，使一个契约的效力依存于另一个契约。例如，甲经营养鸡场，乙向甲贷款开设香鸡城，并约定乙所需的土鸡，均应向甲购买。于此情形，甲与乙间的消费借贷契约与土鸡买卖契约具有依存关系，其个别契约是否有效成立，虽应就各该契约加以判断，但设其中的一个契约不成立、无效、撤销或解除时，另一个契约亦同其命运。

(3) 混合契约。在非典型契约中，混合契约在实务上最为常见。混合契约，指由数个典型(或非典型)契约的部分而构成的契约。混合契约在性质上系属一个契约，与契约联立有别，应予注意。例如甲与乙订立包膳宿契约，每月新台币2万元，甲所负的给付义务，分别属于租赁、买卖、雇佣典型契约的构成部分，乙则支付一定的对价。在此种混合契约，一方当事人所负的数个给付义务属于不同契约类型，彼此间居于同等地位，而他方当事人仅负单一的对待给付。其法律的适用，应依个别给付所属契约类型的法律规定加以判断，即食物供给适用买卖的规定，房间住宿适用租赁的规定，劳务提供适用雇佣的规定。其中一项给付义务不履行或具有瑕疵时，得依其规定行使权利，例如，供给的食物不洁时，得请求减少对待给付，甚至解除买卖的部分，但契约本身原则上并不因此而受影响。

(三) 非典型契约的典型化(有名化)

由于社会经济发展，科技进步及国家或地区间的相互贸易往来，产生各种所谓"现代非典型契约"。有为本土固有的，例如传统的合会；有为其他国家和地区输入的,例如融资租赁契约、信用卡契约、加盟店契约等。值得注意的是,若干重要的非典型契约业已经由立法加以典型化,例如"消保法"上的邮购或访问买卖。债编修正时,则增设了旅游(第514条之1以下)、合会(第709条之1以下)、及人事保证(第756条之1以下)三种典型契约。

(四) 定型化契约(附合契约)与个别契约(非附合契约)

典型契约的订立,有采个别缔约的方式(如甲与乙磋商买卖中古车,承租房屋),亦有采定型化契约方式的(如银行贷款契约、保险契约)。至于现代型的非典型契约(如信用卡契约、融资租赁契约),多属定型化契约,如何规制定型化契约条款,乃现代契约上的重要课题。

二、要式契约与不要式契约

契约依其是否须践行一定的方式为区别标准,可分为要式契约及不要式契约。民法采契约自由,契约以不作成一定方式为原则(方式自由)。民法上的有名契约,属于要式契约的,原仅有两种:① 期限逾一年的不动产租赁契约。第422条规定:"不动产之租赁契约,其期限逾一年者,应以字据订立之,未以字据订立者,视为不定期限之租赁。"② 终身定期金契约。第730条规定:"终身定期金契约之订立,应以书面为之。"

债编修正增设三种要式行为:① 合会契约(第709条之3);② 人事保证契约(第756条之1第2项);③ 为以负担不动产物权之移转、设定或变更之义务为标的之契约(第166条之1)。鉴于第166条之1规定对不动产交易的重大影响,"民法债编施行法"第36条乃规定,"民法"第166条之1施行日期,由"行政院"会同"司法院"另定之。

契约未依法定方式者,无效。但法律另有规定者,不在此限(第73条)。

三、诺成契约与要物契约

契约以于意思表示外,是否尚需要其他现实成分为标准,可分为诺成契约(不要物契约)及要物契约。契约,因意思表示合致即可成立的,为诺成契约。契约于意思表示外,尚需其他现实成分(尤其是物之交付)始能成立的,为要物契约。现行"民法"以诺成契约为原则,要物契约则为例外,在典型契约中,属于要物契约者,例如使用借贷(第464条)、消费借贷(第 474 条)及寄托(第 589 条)。此三者源自罗马法,因此等契约系属无偿,乃以"物之交付"作为成立要件,使贷与人或受寄人能于物之交付前有考虑斟酌的机会,具有警告的功能。为缓和此项要物性,"民法"特就使用借贷及消费借贷设预约的规定(第 465 条之 1、第 475 条之 1)。

四、要因契约与不要因契约

契约以得否与其原因相分离,亦即是否以其原因为要件,可分为要因契约(有因行为)及不要因契约(无因行为)。所谓原因,指因法律行为的(契约)作成,而欲取得财产上利益之目的,例如甲以 10 万元向乙购买 A 画,其原因即在于使乙负担移转该画所有权的义务(负担原因)。要因行为,指法律行为与其原因不相分离,以其原因为要件的法律行为。"民法"上的典型债权契约均属有因行为(有因契约)。在买卖契约,倘双方当事人意思表示不一致,欠缺关于原因的合意,其契约不成立。

无因行为,指法律行为与其原因分离,不以其原因为要件的法律行为而言。处分行为(物权行为及准物权行为,如债权让与契约),系属无因行为。在债权行为中,其属无因行为的,以票据行为最称典型,例如甲向乙购车,签发支票,以支付价金(原因)。其后纵甲与乙间的买卖契约不成立、无效或被撤销(原因不存在),但其签发支票的行为并不因此而受影响。设该支票尚在乙手,甲得依不当得利的规定向乙请求返还。如该支票辗转入于第三人之手时,甲不能以买卖契约不存在,而拒绝付款。甲于付款后,得依不当得利规定,请求乙返还其所受的利益。由此可知,票据行为的无因性有助于促进票据之流通,及维护交易的安全。

基于契约自由原则,当事人于不悖于法律强行规定或公序良俗的范围内,自得订定无因契约。例如甲向乙借款 100 万元,订立书面载明:"余谨此表示,定于 2003 年 6 月 2 日支付乙 100 万元"(债务拘束),或"余谨此承认,欠乙 100 万元,定于 2003 年 12 月 30 日偿还"(债务承认)。此种不标明原因(清偿借款)的一方负担契约,亦属无因行为。当事人订立债务拘束(或债务承认)契约之目的,在于不受原因行为的影响,尤其是避免原因行为的抗辩,交易上自有其需要。惟当事人以无因行为掩饰不适法行为的,亦常有之。例如甲与乙赌博,甲输 100 万元,立书据谓:"兹表示欠乙 100 万元,铁定于 2003 年 3 月 1 日前清偿,绝不食言。"于此情形,为贯彻第 71 条及第 72 条之规范目的,应认为该无因的债务承认(或债务约束),违反强行规定或公序良俗而无效。

五、一方负担契约与双方负担契约

契约依其作用可分为一方负担契约及双方负担契约。一方负担契约(单务契约),指仅一方当事人负担给付义务的契约,赠与为其典型。保证契约亦属之。

双方负担契约,指双方当事人互负义务的契约,此又可分为:

(1) 双务契约,即双方当事人互负居于给付与对待给付关系的契约。易言之,即一方之所以负给付义务,乃在于取得对待给付。例如,在买卖契约,买受人负支付价金的义务,而出卖人负移转财产权的义务;在租赁契约,出租人负交付租赁物的义务,承租人负支付租金的义务。在典型契约中,属于双务契约的,除买卖、租赁外,尚有互易、雇佣、有偿委任、承揽、合伙、和解等。

(2) 不完全双务契约,即双方虽各负有债务,但其债务并不居于给付与对待给付的关系。例如甲委任乙处理事务,未约定报酬(无偿委任)时,依第545条规定,委任人有预付必要费用的义务。于此情形,乙处理事务的义务与甲预付必要费用的义务,并不居于给付与对待给付的关系,故无偿委任系属于不完全双务契约。

当事人所约定的契约(典型或非典型)是否为双务契约,其主要的实益在于给付不能的危险负担(第266条、第267条)及同时履行抗辩。第264条第1项规定:"因契约互负债务者,于他方当事人未为对待给付前,得拒绝自己之给付。但自己有先为给付之义务者,不在此限。"所谓因契约互负债务者,指双务契约而言。例如在买卖,出卖人于买受人未支付价金前,得拒绝移转财产权。在无偿委任,受任人则不得主张委任人未预付必要费用,而拒绝处理事务,因为二者并非基于双务契约所生,立于互为对待给付关系的债务,无第264条第1项规定的适用。

六、有偿契约与无偿契约

契约以各当事人是否因给付而取得对价为标准,可分为有偿契约及无偿契约。有偿契约,指双方当事人各因给付而取得对待给付。当事人一方只为给付,而未取得对待给付者,则为无偿契约。民法上的典型契约可分为三类:① 恒为有偿契约,例如买卖、互易、租赁、雇佣、承揽、居间、行纪等。② 恒为无偿契约,例如赠与、使用借贷。③ 视当事人是否约定报酬(或对价)而定,例如消费借贷(是否附利息)、寄托(第589条第2项)、委任(第535条)。

有偿契约与无偿契约区别的实益有五:

(1) 限制行为能力人为有偿契约时,非经法定代理人之允许,不生效力,但对未附负担赠与(无偿契约)之允受,因系纯获法律上之利益,得独立为之(第77条但书)。使用借贷虽为无偿,但借用人负有返还义务,非纯获法律上利益,仍应得法定代理人之允许。

(2) 债权人撤销权之行使,视有偿行为与无偿行为而异其要件(第244条)。

(3) 有偿契约得准用买卖之规定(第347条)。

(4) 同一契约(委任或寄托)债务人的注意义务因有偿与否而异(第535条、第590条)。

(5) 无偿契约的债权人所受之保护常较有偿契约为弱。债务人所为之无偿行为有害及债权者,债权人得声请法院撤销之(第244条第1项)。不当得利之受领人,以其所受者,无偿让与第三人,而受领人因此免返还义务者,第三人于其所免返还义务之限度内负返还责任(第183条)。

七、一时的契约与继续性契约

(一) 一时的契约

一时的契约(一次给付契约),指契约的内容,因一次给付,即可实现,例如买卖、赠与。甲出售某车予乙,于依让与合意交付该车时,债之内容即为实现。买卖的客体有分期给付的(如甲向乙等购买一百只土鸡,分五期给付)。出卖人所为的某期给付,具有瑕疵时,买受人得就该期给付,主张出卖人应负物之瑕疵担保责任(第359条)。倘数期的给付均有瑕疵,致有相当理由相信出卖人其后难为完全的给付时,买受人得为买卖契约的解除。

(二) 继续性契约(继续性债之关系)

继续性契约,指契约的内容,非一次的给付可完结,而是继续的实现,其基本特色系时间因素在债的履行上居于重要的地位,总给付的内容系于应为给付时间的长度。例如,甲雇乙为店员,乙在雇用期间继续提供劳务,甲继续支付工资,债之内容随着时间的经过而增加。属于此类继续性契约的,除雇佣外,尚有合伙、租赁、使用借贷及寄托等。继续性契约包括所谓的继续性供给契约,此指当事人约定一方于一定或不定的期限内,向他方供给定量或不定量的一定种类品质之物,而由他方按一定的标准支付价金的契约。例如订阅报纸,或约定每日供应牛乳两瓶,直至要求停送时为止。

在继续性债之关系,当事人的给付范围,既系依时间而定,则在时间上自须有所限制,一个在时间上不可解消的继续性结合关系,将过分限制当事人的活动自由。继续性债之关系的存续期间,有自始约定的,亦有于经过一段期间后,当事人合意使之消灭的。然而最值重视的,乃终止契约,终止的可能性,乃继续性债之关系的标志特征。终止契约,指由当事人行使终止权,使继续性契约关系向将来消灭。此种具形成权性质的终止权,多基于法律特别规定,例如第 424 条(租赁)、第 472 条(使用借贷)、第 484 条第 2 项、第 485 条及第 489 条第 1 项(雇佣)等。请尤为注意为保护经济上弱者而设的特别规定("劳动基准法"第 11 条以下、"土地法"第 100 条,阅读之!)。

八、预约与本约

预约,乃约定将来订立一定契约的契约,本约则为履行该预约而订立的契约。预约亦系一种契约(债权契约),而以订立本约为其债务的内容。关于预约,"民法"就使用借贷及消费借贷设有规定,前已提及。基于契约自由原则,当事人对任何债权契约均得订立预约,不限于要物契约,在诺成契约(尤其是买卖)实务上亦颇常见。

预约之目的在成立本约,当事人所以不径订立本约,其主要理由当系因法律上或事实上的事由,致订立本约,尚未臻成熟,乃先成立预约,使相对人受其拘束,以确保本约的订立。例如,甲拟向乙借款,乙表示须俟一个月后始有资金,甲乃与乙订立"消费借贷"的预约,约定于一个月后再订立本约。

当事人订立的契约,究为本约抑预约,应依当事人意思定之。当事人的意思不明或有争执时,则应通观契约全体内容加以定之,若契约要素业已明确合致,其他有关事项亦规定綦详,已无另行订定契约的必要时,即应认为本约。例如订立土地买卖契约,虽名为"土地买卖预约书",若其买卖坪数、价金、缴纳价款、移转登记期限等均经明确约定,并无将来订立买卖本约的约定,且其条款均为双方照所订契约履行的约定,应认为系本约,而非预约。

债务人因可归责事由对于订立本约应负迟延责任时,债权人得依一般规定请求损害赔偿。基于预约而生各种请求权的消灭时效,应依本约上给付履行请求权的时效期间定之。

预约债务人负有订立本约的义务。债权人得诉请履行时,法院应命债务人为订立本约的意思表示,债务人不为意思表示者,视同自判决确定时已为意思表示("强制执行法"第130条),而成立本约。

九、主契约与从契约

主契约,指不以他种法律关系存在为前提,而能独立存在的契约,一般契约,多为主契约,例如买卖、租赁、委任。从契约系指因主契约的存在而存在,随主契约的消灭而消灭的契约,例如保证契约、利息契约、抵押权设定契约。

主契约和从契约的发生、变更、消灭等均有从属关系。主契约不成立、无效或消灭时,从契约亦同其命运。从契约的存否,并不影响主契约的效力,乃属当然。

十、生前契约与死因契约

以契约的生效,是在生前或死亡后为标准,契约可分为生前契约与死因契约。一般的契约均为生前契约。以死亡为停止条件的契约,称为死因契约,须死亡的事实成就时,其契约始生效力,其最常见的是死因赠与。

十一、契约类型的归纳

研究契约的首要工作是,认定当事人所订立的是何种契约,究为民法或特别法规定的典型契约,抑属非典型契约。其次应进一步了解其究为要式或不要式,诺成或要物,要因或不要因,一方负担义务或双方负担义务,有偿或无偿,一时或继续性,预约或本约,主契约或从契约,生前契约或死因契约。认识某特定契约的种类,对其法律性质加以定性,系处理契约问题的基础工作。兹为便于观察,将例题73所涉及的各种契约(务请查阅相关条文)及其类型,图示如下:

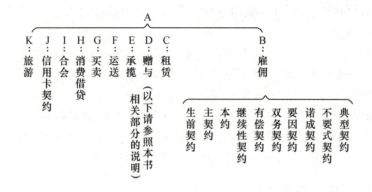

第三节 多层次的法律适用关系

例题74:试就下列情形说明如何适用法律,以定当事人关法律关系:① 18岁的甲出租某屋予乙。甲以对乙的租金2万元,抵销乙对租赁物修缮费用3万元。② 甲出卖某件稀有邮票及甲对乙债权于丙,其后发现于订约前该件邮票业已灭失,甲对乙的债权并不存在。③ 甲参加乙旅行社举办的蜜月旅行,因乙过失,未订到机位,致甲在国外机场停留一天,浪费时间。④ 甲向乙邮购某百科全书,订购单记载"货物出门,概不退换或退回"。

"民法"系采五编制体制,建立在"由一般到特殊"的立法技术之上,"民法总则"规定私法上的一般原则(尤其是法律行为),"债编通则"规定债之关系的共通事项,"各种之债"系规定各种契约等,从而在各编之间存有"一般原则"及"特别规定"的法律体系,特别规定则具有补充、修正或排除一般原则的效力,致形成多层次,复杂的法律适用关系。此为研究各种之债重点的所在,困难的所在,更是学问上魅力的所在。兹就例题74(请再研读,思考之)说明如下:

(1) 未成年人甲(18岁)欲以其租金抵销乙的修缮费用,首应认定租赁契约是否成立有效(是否得法定代理人同意),及其债务是否发生。其次,应适用"债编通则"关于抵销的规定(第334条以下)。抵销系法律行为,并为单独行为,抵销的行使,足使相对人的债务消灭,非属纯获法律上利益,未得法定代理人允许时,其抵销无效(第77条、第78条)。

(2) 甲出卖给丙的稀有邮票于订约时灭失,其给付自始不能,买卖契约无效(第246条、第247条)。甲将不存在的债权出卖给丙,其给付虽属客观不能,但第350条规定,债权之出卖人应担保其权利确系存在,此项特别规定排除第246条第1项规定。故其买卖契约仍属有效。

(3) 甲参加乙旅行社提供的旅游服务,成立旅游契约,因可归责于旅游营业人之事由,致旅客未依约定的旅程进行,应负债务不履行责任。依一般原则,旅客仅能请求因此所受财产上的损害。第514条之8特设"补充规定",使旅客就其时间之浪费(非财产损害),得按日请求赔偿相当金额。

(4) 本诸契约自由原则,买卖契约当事人原则上得订定"货物出门,概不退换或退回",其属定型化契约条款时,则应受严格的规制。"消保法"第19条第1项及第2项更进一步规定:"邮购或访问买卖之消费者,对所收受之商品不愿买受时,得于收受商品后7日内,退回商品或以书面通知企业经营者解除买卖契约,无须说明理由及负担任何费用或价款。邮购或访问买卖违反前项规定所为之约定无效。"此系为保护消费者而设的特别规定。

兹将上述多层次法律适用关系,图示如下:

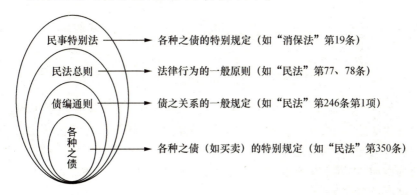

(1) 在法律适用上,应先认定契约的种类(租赁、买卖等),并判断其应适用的规定究为强行规定,抑为任意规定。

(2) 各种之债(契约)无特别规定时,应适用"债编通则"及"民法总则"的规定。各种之债的特别规定,究为补充规定(得构成请求权竞合),抑为排除规定,应就各该规定立法意旨加以认定。

(3) 特别法有规定者,应优先于"民法"适用之。

第二章 让与财产权的契约

债编第一节规定买卖,第二节规定互易,第三节规定赠与。此三种契约在法律结构上均系将财产权(或财产)让与他人,兹归纳在本节加以论述。在买卖,一方移转财产权,他方支付价金,为典型的双务有偿契约。在互易,双方移转金钱以外的财产权,其性质同于买卖。在赠与,一方以自己的财产无偿给予对方,为典型的单务、无偿契约。为期醒目,图示如下:

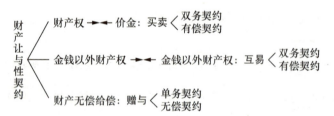

须注意的是,债编"各种之债"于第三节规定"交互计算"(第400条至第405条)。交互计算者,谓当事人约定,以其相互间之交易所生之债权债务为定期计算,互相抵销,而仅支付其差额之契约。此种之债具商事行为性质,不同于买卖或赠与,立法者将其置诸于互易与赠与之间,体例上似有商榷余地。

第一节 买 卖

一、概说:买卖契约体系的规范体系

例题75:请快速阅读"民法"关于买卖的规定,查出其有别于总则及债编通则的特别规定,并深刻思考设此特别规定的理由,尤其是

各该特别规定与一般规定的适用关系。

买卖与人民的食衣住行具有密切的关系,乃最古老的契约,"民法"上许多规定(尤其是物的瑕疵担保),源自罗马法。为适应现代社会生活的需要,在交易上创设各种新的买卖态样(如电脑软件买卖、网络上的买卖)。本书篇幅有限,但仍将对买卖的一般规定,作较详细的叙述,其主要理由有二:① 买卖系最基本的契约类型,在理论上及实务上具有重要性。② 就买卖契约阐释研究各种契约的思考方法,以简约对其他契约的论述。

研究各种契约的主要工作,在于分析讨论法律对各该契约的成立及效力所设的规定(任意规定或强行规定),而此必须放在整个民法上加以观察,以了解其特别规定与一般规定的适用关系。兹以买卖契约为例,建构其规范体系如下:

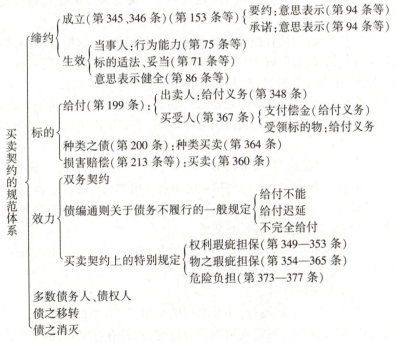

由上揭买卖契约的规范体系可知,关于买卖契约原则上应适用总则、债编通则的规定。"各种之债"系根据买卖契约类型,考量其给付义务的性质,而特别规定契约当事人间权利义务,尤其是创设出卖人物的瑕疵责

任制度,其在何种程度补充或排除总则及债编通则的一般原则,乃买卖法上最具争论,最为重要的问题。

二、买卖契约的意义及成立

(一) 买卖契约的意义

1. 买卖契约的概念及定性

第345条第1项规定:"称买卖者,谓当事人约定一方移转财产权予他方,他方支付价金之契约。"由此可知,买卖契约系一种债权契约(负担行为)、有名契约(典型契约)、双务契约、有因契约。买卖系典型的有偿契约,"民法"关于买卖契约规定,于买卖契约以外之有偿契约准用之。但为其契约性质所不许者,不在此限(第347条)。

2. 买卖的标的

在买卖契约,出卖人应移转"财产权"予买受人。买受人则应支付"价金"。分述如下:

(1) 财产权,指具有经济利益而得为让与权利,包括物权(所有权及地上权等)、债权、智能财产权、占有等。须注意的是,以物的所有权为标的之买卖,称为物之买卖,与其相对称的是"债权及其他权利"的买卖。买卖契约既系负担行为,故出卖他人之物或权利,其买卖契约仍为有效。买卖之物于订约时是否业已存在,亦所不问,迄未生产之物,亦得为买卖的标的。

价金虽未具体约定,而依情形可得而定者,视为定有价金。价金约定依市价者,视为标的物清偿时清偿地之市价。但契约另有订定者,不在此限(第346条)。若业经具体约定价金之数额,则以后市价纵有升降,双方当事人亦应受其拘束,不容任意变更。

(2) 价金,指金钱而言,属货币之债(第201条)。依第367条规定,买受人亦有受领标的物的义务。

3. 买卖费用的负担

买卖契约上义务的履行,涉及费用的负担,依第378条规定,买卖费用之负担,除法律另有规定或契约另有订定,或另有习惯外,依下列之规定:① 买卖契约之费用,由当事人双方平均负担。② 移转权利之费用、运送标的物至清偿地之费用,及交付之费用,由出卖人负担。③ 受领标的物之费用、登记之费用及送交清偿地以外处所之费用,由买受人负担。

(二) 买卖契约的成立

第 345 条第 2 项规定:"当事人就标的物及其价金互相同意时,买卖契约即为成立。"可知买卖为诺成契约,不要式契约。其互相意思表示一致,适用第 153 条以下规定。须注意的是,买卖标的物,得为特定(特定物买卖,如某部电视机),亦得以种类指示(种类买卖,如某年生产某类型电视机)。现行"民法"系以特定物买卖为规范对象,对种类买卖,另设补充规定(第 364 条)。

兹为对买卖契约(或其他契约)的法律构成有较明晰的认识,将上所述图示如下:

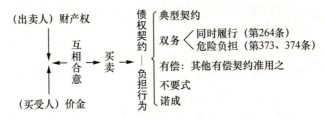

三、出卖人的义务

(一) 出卖人的给付义务

例题 76:甲经营高级法式自助餐厅,因有意移民,乃将该企业(包括房屋、土地、桌椅、债权及商标权)以 300 万元出售予乙。试问甲如何履行其债务。设甲移民后又回国,复在该自助餐厅附近开店,致乙营业受影响时,乙得向甲行使何种权利?

1. 出卖人的给付义务

出卖人所负的给付义务,因出卖之标的为所有权(物)或其他权利而有不同。第 348 条规定,物之出卖人,负交付其物于买受人并使其取得该物所有权之义务。权利之出卖人,负使买受人取得其权利之义务。如因其权利而得占有一定之物者,并负交付其物之义务。在例题 76,因买卖系负担行为,故甲得将由各种财产权所构成的企业作为一个客体,出售予乙。各财产权的移转性质上属处分行为,依标的物特定原则,应就个别财产,适用各该相关法律规定为之。申言之,即各不动产物权的移转,应依第 758 条规定;动产所有权的移转,应依第 761 条规定;债权的移转应依

第294条(债权让与);商标专用权的移转,应依"商标法"规定(第28条)。

须注意的是,医师或律师的业务,亦得为买卖的客体,关于其财产权的移转,参照上揭说明。病历或当事人卷宗涉及隐私等人格利益,其移转须得病人或当事人的同意。

2. 从给付义务、附随义务

依当事人的约定,出卖人得负有从给付义务,例如交付名马证明书或名画鉴定书。因契约解释及诚实信用原则,出卖人亦得负有一定作为或不作为的义务。前者如包装物品,说明机器的使用方法。后者如企业或医师业务出卖人不得复在同一地区为营业竞争。

3. 买卖法的特别规定

关于出卖人义务及不履行的责任,债编通则设有一般规定。关于买卖契约,则设有权利瑕疵担保,危险负担及物的瑕疵担保等特别规定。

(二) 出卖人的权利瑕疵担保责任

例题77:甲对乙有30万元的租金债权,以25万元出售予丙,事后发现,乙已对甲的代理人为清偿,甲非因过失不知其事。试问丙得对甲主张何种权利?

出卖人应依债的本质,为给付的履行,使买受人取得权利及物的占有。出卖人应移转的权利具有瑕疵时(如第三人对标的物有抵押权),买受人得请求出卖人排除其瑕疵,为权利无瑕疵的给付。权利具有瑕疵而不能排除者,原系给付自始不能问题。在买卖契约,"民法"为保护买受人,设有权利瑕疵担保制度。

1. 权利瑕疵担保的内容

(1) 物之买卖。买卖契约订立时,标的物业已灭失时,系给付自始客观不能,其买卖契约无效(第246条第1项)。依第349条规定:"出卖人应担保第三人就买卖标的物,对于买受人不得主张任何权利。"所称权利,例如所有权、抵押权、租赁权等。就买卖标的物(所有权)因有第三人得为主张的权利而生之瑕疵(权利瑕疵),出卖人应负法定无过失责任。

(2) 债权或其他权利的买卖。第350条规定:"债权或其他权利之出卖人,应担保其权利确系存在。有价证券之出卖人,并应担保其证券未因公示催告而宣示无效。"由是可知债权或其他权利(如著作权),于订约时已不存在时,虽属自始客观不能,其买卖契约仍为有效(参阅例题77),此乃第246条第1项规定的例外,而使出卖人负无过失担保责任,立法意旨系以债权或其他权利是否存在难以查知,常须信赖出卖人,买受人应受较周全的保护。

值得注意的是,债权之出卖人对于债务人之支付能力,除契约另有订定外,不负担保责任。出卖人就债务人之支付能力,负担保责任者,推定其担保债权移转时债务人之支付能力(第352条)。

2. 要件

权利的瑕疵须于买卖成立时即已存在,且未能于其后除去。在出卖他人之物的情形,买受人因善意取得买卖的物所有权者(第801条、第948条、"土地法"第43条),出卖人不负瑕疵担保责任。买受人于契约成立时,知有权利之瑕疵者,出卖人不负担保之责。但契约另有订定者,不在此限(第351条)。"民法"关于权利瑕疵担保的规定,系属任意规定,当事人得以特约免除或限制出卖人关于权利或物之瑕疵担保义务者。但出卖人故意不告知其瑕疵,其特约为无效(第366条)。

3. 效力

第353条规定:"出卖人不履行第348条至第351条所定之义务者,买受人得依关于债务不履行之规定,行使其权利。"出卖人不履行第348条规定的义务时,应适用关于债务不履行规定,行使其权利(第226条、第231条等)。出卖人不履行第349条至第351条所定的义务时,其所谓"买受人得依关于债务不履行之规定,行使其权利",系指法律效果而言,不以出卖人有可归责事由为要件。在例题77,纵甲非因过失致其债权不存在,或不知其事,仍须依第226条规定对丙负债务不履行的损害赔偿(如丧失转售该债权的利益)。买受人亦得解除契约(第256条)。

(三)危险负担

例题78:试就下列情形,说明出卖人甲得否向买受人乙请求支付约定的价金:①甲出卖A屋及B瓶给乙,于交付前,该二物遭地震灭失。②甲交付A屋给乙,迄未移转所有权,该屋因地震毁损,或甲已移转A屋所有权予乙,但未交屋,该屋因地震毁损。③甲应乙的请求将该B瓶送交清偿地之外的处所,因运送人丙过失,致该瓶灭失?(或甲遣其店员丁送交,于途中非因丁的过失,该瓶灭失)。

1. 买卖法上的特别规定

在双务契约,给付因不可归责于双方当事人事由,致给付不能者,一方当事人免给付义务,他方当事人亦免对待给付的义务(第 225 条第 1 项、第 266 条)。此项原则于买卖契约亦适用之,即买卖标的物非因可归责于双方当事人事由灭失时,出卖人免给付义务,买受人亦免支付约定的价金的义务,而由出卖人承担所谓的"价金危险"。对此一般原则,"民法"就物的买卖设有两种例外,使买受人承担标的物危险(价金危险),并准用于以权利买卖,出卖人因其权利而得占有一定之物的情形(如地上权买卖,第 377 条)。

2. 标的物利益的承受与危险负担

第 373 条规定:"买卖标的物之利益及危险,自交付时起,均由买受人承受负担。但契约另有订定者,不在此限。"所谓"利益",指物的使用收益,包括天然孳息及法定孳息。买卖契约成立后,其收益权属于何方,应以标的物已否交付为断。所有权虽已移转,而标的物未交付者,买受人仍无收益权。所有权虽未移转,而标的物已交付者,买受人亦有收益权(如租金)(1944 年台上字第 604 号判决)。

第 373 条所谓"标的物之危险",指价金危险而言,即买受人仍有支付价金的义务,立法意旨系认为受有利益者,理应承担危险;再者,标的物因交付而置于买受人支配范围,买受人有保管可能性,自应承担其灭失的不利益。须注意的是,第 373 条所称危险负担,除契约另有订定外,概自标的物交付时起移转予买受人,至买受人已否取得物之所有权,在所不问(1958 年台上字第 1655 号判决)。易言之,纵已移转不动产所有权,如尚未交付,仍应由出卖人承受危险负担,买受人无支付价金的义务(参阅例题 78)。

3. 代送买卖的危险负担

第 374 条规定:"买受人请求将标的物送交清偿地以外之处所者,自出卖人交付其标的物于为运送之人或承揽运送人时起,标的物之危险,由买受人负担。"例如甲向住在台北某乙购买某古瓶时,以该古瓶所在地(台北)为清偿地(第 314 条)。乙应甲请求将该瓶送交花莲某处所时(代送买卖),从乙将该瓶交付运送之人(如宅急便公司)起,因不可归责于甲乙的事由(如地震、落石、飞机失事),致该瓶灭失时,应由甲负担标的物的危险,仍有支付价金的义务。关于本条的适用,须注意的有五:

(1) 本条不适用于所谓的送交买卖,即双方于买卖契约订定,出卖人应将标的物送交买受人住所地的另一处所者,该另一处所即为清偿地,其危险仍应于该地为交付之后,始能移转。

(2) 运送人非属出卖人的履行辅助人,出卖人对其故意或过失不负同一责任(第 224 条)。但出卖人对运送人的选任或运送方法的指示或标的物的包装具有过失时,则具有可归责事由,无第 374 条的适用,出卖人应依第 226 条规定负债务不履行责任。

(3) 标的物系由出卖人自己或其履行辅助人提出时,应先认定其是否为送交买卖。如为肯定,应有第 374 条规定的适用(例题 78)。

(4) 买卖标的物系因运送人或其他之人的故意或过失而灭失时,出卖人(标的物所有人)因仍得向买受人请求价金,未受有损害。对买受人言,虽受有须支付价金的损害,但未有权利被侵害(因买受人尚未取得标的物所有权)。在此种请求权人(出卖人)与受损害者(买受人)分离的情形,应由出卖人依侵权行为或债务不履行的规定向运送人或其他加害人请求损害赔偿,再将此债权让与买受人(第 294 条)。

(5) 第 376 条规定:"买受人关于标的物之送交方法,有特别指示,而出卖人无紧急之原因,违其指示者,对于买受人因此所受之损害,应负赔偿责任。"例如在上举送交古瓶之例,买受人指示应用空运而出卖人用陆运,因遭遇泥石流,致该瓶毁损灭失时,仍有第 374 条的适用,但出卖人对买受人因此所受之损害(如不能转售的利益),应负赔偿责任。

4. 费用偿还

第 375 条规定,标的物之危险,于交付前已应由买受人负担者(如依不动产买卖当事人的特约),出卖人于危险移转后,标的物之交付前,所支出之必要费用,买受人应依关于委任之规定,负偿还责任。出卖人所支出之费用,如非必要者,买受人应依关于无因管理之规定,负偿还责任。

(四) 出卖人的物的瑕疵担保责任

例题 79:① 甲向乙购买某屋,于交付后发现,该屋所使用钢筋有影响人体健康的辐射线。经查乙系向他人转购该屋,非因过失不知其事。试问在何种要件,甲得向乙主张何种权利?若甲于乙交屋以前,即发现其事时,得行使何种权利?② 甲有某画,以 9 万元出售予乙,因该画有瑕疵,仅值 8 万元,而该画若无瑕疵时,值 12 万元。试问乙主张甲应负瑕疵担保责任,得请求减少多少的价金?③ 甲向乙购买印刷机,乙告知该机器每小时可印两万份报纸,实际上仅能印18000份时,甲得主张何种权利?

物之瑕疵担保,系指物之出卖人,就其买卖标的物本身所存在的瑕疵,对于买受人应负担的担保责任,立法意旨在于维持交易上的对价等值及诚实信用。此为买卖法上最为重要的制度,日常生活颇为常见,理论上争议甚多,立法上是否妥适亦值检讨。兹分其成立要件及法律效力,说明如下:

1. 物之瑕疵担保的成立要件

第354条至第358条系规定物之瑕疵担保的成立要件,分三项说明如下:

(1) 物有瑕疵

① 瑕疵的概念及其判断基准。第354条规定:"物之出卖人对于买受人,应担保其物依第373条之规定危险移转于买受人时,无灭失或减少其价值之瑕疵,亦无灭失或减少其通常效用或契约预定效用之瑕疵。但减少之程度,无关重要者,不得视为瑕疵。出卖人并应担保其物于危险移转时,具有其所保证之品质。"物的瑕疵系就物的"应有状态"与其"实际状态"加以比较,而其实际状态有不利于买受人的差异而言。例如,购买生鱼片,因鲜度不足,不能生食;因限水而购买水桶,桶有裂口不能蓄水;购买某建地,该地地质不适用建筑;购买的房屋,其钢筋有伤害人体的辐射线(例题79)。由上举之例可知,瑕疵概念,应采主观说,依买卖契约的目的加以认定,其判断标准有三:A. 是否有出卖人所保证的品质,例如生鱼片确可生食? 建地确可盖约定的60层摩天大楼? B. 是否有契约预定的效力,如某越野机车确可供爬山越岭? C. 是否有灭失或减少其物价值(交换价值),或通常的效用(使用价值),例如书须无缺页,笔可书写,沙拉菜可生食,饮料未含杂物。物的瑕疵多属物质上的缺点(如书有缺页,生鱼片不新鲜),但有因法律关系而影响其效用或价值,例如建筑用地遭禁建。又出卖之特定物所含数量缺少,足使物之价值,效用或品质有欠缺者,亦可成立物的瑕疵,如布料尺寸不足,不能制作旗袍。

② 减少价值或减少之程度须非"无关重要"。瑕疵是否重要,应斟酌一切情事,尤其物的使用目的及交易观念加以认定。其属一时性(如新屋潮湿),或可轻易排除(如衣服纽扣脱落)者,不得视为物有瑕疵。

（2）须物的瑕疵于危险移转时存在

① 判断时点。物的瑕疵须于其物依第 373 条规定移转于买受人时存在，即以物的交付判断时点。在契约成立时物的瑕疵虽尚未存在，出卖人对于买受人，亦应负担保责任。

② 买受人于危险移转前得主张的权利。出卖人负有给付无瑕疵之义务，买受人亦有拒绝受领瑕疵物的权利，是在特定物买卖，物之瑕疵不能修补，或虽能修补而出卖人表示不愿为之者，依法律规范之目的，应认为在危险移转前买受人即得行使担保请求权，并得拒绝给付相当之价金，以免往后之法律关系趋于复杂，损及买受人之权益（2000 年台上字第 1085 号判决）。

（3）责任排除

① 买受人明知或重大过失不知物的瑕疵。买受人于契约成立时，知其物有第 354 条第 1 项所称之瑕疵者，出卖人不负担保之责。买受人因重大过失，而不知物有瑕疵者，出卖人如未保证其无瑕疵时，不负担保之责。但故意不告知其瑕疵者，不在此限（第 355 条）。例如购买房屋时，已知该屋有一部分在必须拆除之列，仍不向市政府预为查询明确，难谓无重大过失，而两造所订买卖契约，又未有出卖人保证该房屋绝无拆除危险之记载，被出卖人自不负担保责任，即无赔偿义务可言（1960 年台上字第 2544 号判决）。

② 买受人未尽检查通知义务。买受人应按物之性质，依通常程序从速检查其所受领之物。如发现有应由出卖人负担保责任之瑕疵时，应即通知出卖人。买受人怠于为前项之通知者，除依通常之检查不能发现之瑕疵外，视为承认其所受领之物。不能即知之瑕疵，至日后发现者，应即通知出卖人，怠于为通知者，视为承认其所受领之物（第 356 条）。第 356 条规定，于出卖人故意不告知瑕疵于买受人者，不适用之（第 357 条）。

为兼顾出卖人及买受人双方权益，第 358 条规定：A. 买受人对于由他地送到之物，主张有瑕疵，不愿受领者，如出卖人于受领地无代理人，买受人有暂为保管之责。B. 前项情形，如买受人不即依相当方法证明其瑕疵之存在者，推定于受领时为无瑕疵。C. 送到之物易于败坏者，买受人经依相当方法之证明，得照市价变卖之。如为出卖人之利益，有必要时，并有变卖之义务。D. 买受人依前项规定为变卖者，应即通知出卖人。如怠于通知，应负损害赔偿之责。

③ 特约免除。当事人间得以特约免除或限制出卖人关于物之瑕疵担保义务,但如出卖人故意不告知其瑕疵,其特约为无效(第366条)。

④ 强制执行的拍卖。依强制执行程序拍卖之物,其买受人就物之瑕疵,无担保请求权("强制执行法"第69条、第113条)。

2. 买受人得主张的权利

(1) 解除契约、减少价金。买卖因物有瑕疵,而出卖人应负担保之责者,买受人得解除其契约,或请求减少其价金(第359条)。此系属法定选择之债,当事人得择一行使之。关于解除权的行使及效果,应适用"民法"关于契约解除的一般规定(第249条以下)。就买卖契约言,应注意的有三:

① 解除契约,依情形显失公平者,买受人仅得请求减少价金(第359条但书)。因主物有瑕疵而解除契约者,其效力及于从物。从物有瑕疵者,买受人仅得就从物之部分为解除(第362条)。为买卖标的之数物中,仅一物有瑕疵者,买受人仅得就有瑕疵之物为解除。其以总价金将数物同时卖出者,买受人并得请求减少与瑕疵物相当之价额。前项情形,当事人之任何一方,如因有瑕疵之物,与他物分离而显受损害者,得解除全部契约(第363条)。买受人主张物有瑕疵者,出卖人得定相当期限,催告买受人于其期限内,是否解除契约。买受人于前项期限内,不解除契约者,丧失其解除权(第361条)。

② 减少价金。物之出卖人应负物之瑕疵担保责任时,买受人得请求减少价金,其计算标准为:

$$减少金额 = \frac{瑕疵之物的价值 \times 约定价金}{无瑕疵之物的价值}$$

例如甲有某画,以9万元出售予乙,该画因有瑕疵,仅值8万元。经查该画若无瑕疵时,值12万元。依上揭计算方法,减价金额 = $\frac{8万 \times 9万}{12万}$ = 6万元(例题79)。

③ 解除权及请求减少价金的法律性质及除斥期间

旧第365条规定:"买受人因物有瑕疵,而得解除契约或请求减少价金者,其解除权或请求权,于物之交付后六个月间,不行使而消灭。前项规定,于出卖人故意不告知瑕疵者,不适用之。"债编修正时将其修正为:"买受人因物有瑕疵,而得解除契约或请求减少价金者,其解除权或请求权,于买受人依第 356 条规定为通知后 6 个月间不行使或自物之交付时起经过 5 年而消灭。前项关于 6 个月期间之规定,于出卖人故意不告知瑕疵者,不适用之。"应说明者有二:A. 此项修正甚为重要,更可周密保护买受人权益。B. 契约解除权及减少价金请求权均具形成权的性质,其 6 个月或 5 年期间系属无时效性质的法定期间(除斥期间),买受人之减少价金请求权已否因该期间之经过而消灭。法院无待当事人之主张或抗辩,亦应依职权予以调查审认,以为判断之依据(1998 年台上字第 2872 号判决)。

(2) 买受人的损害赔偿请求权

第 360 条规定:"买卖之物,缺少出卖人所保证之品质者,买受人得不解除契约或请求减少价金,而请求不履行之损害赔偿。出卖人故意不告知物之瑕疵者,亦同。"关于本条解释适用,应说明者有五:

① 本条的适用须以买受人应负物之瑕疵担保责任为要件。其所保证的品质须于契约成立及危险移转时均不存在,买受人始得请求不履行损害赔偿。

② 故意不告知物的瑕疵,例如明知所售的汽车曾经泡水,而不为说明,此应类推适用于故意告知某物不具保证的性质的情形。例如出卖人明知某屋每月可获租金 2 万元,故意告知该屋邻近大安公园每月可获租金 4 万元时,买受人亦得请求不履行的损害赔偿(参阅例题 79)。

③ 债务不履行损害赔偿,指积极(履行)利益而言,包括所失利益。例如保证某件机器的产量时,就其未能达此产量的损失,买受人得请求损害赔偿。

④ 此项债务不履行损害赔偿的范围如何,甚有争论。在欠缺保证品质情形,其赔偿范围,应解释当事人约定而定。例如保证某电毯安全可靠者,就其漏电致买受人身体健康所受损害,固应负赔偿责任,但买受人因电毯漏电不为使用致患重感冒时,则不得请求损害赔偿。在故意不告知物的瑕疵的情形,其赔偿范围,除所谓瑕疵损害(物本身不能使用而受的损失)外,尚应包括买受人的人身或其财产因此所受的损害(所谓的瑕疵结果损害)。

⑤ 关于第 360 条不履行损害赔偿请求权的消灭时效,"民法"未特别规定,依第 125 条规定,因 15 年不行使而消灭。

3. 种类之债(种类买卖)

在种类之债,出卖人应交付中等品质之物。其特定之物有瑕疵时,如其物有瑕疵,买受人得不解除契约或请求减少价金,而即时请求另行交付无瑕疵之物。出卖人就前项另行交付之物,仍负担保责任(第364条)。例如甲向乙书店购某氏所著《民法概要》,发现交付之书有缺页时,即得请求交付无瑕疵之书,其所以设此规定,系因于种类买卖,尚有其他同种类之物,得为交付,可节省解除契约或减少价金之烦,谋当事人的便利。

关于第364条的适用,应注意者有二:

(1) 选择行使解除契约、减少价金或请求另行交付无瑕疵之物,系买受人的权利,出卖人不得主张愿负交付无瑕疵之物,而排除买受人行使解除契约或减少价金的权利。但买受人拒绝受领无瑕疵之物,违反诚实信用者,不在此限。

(2) 在种类买卖,其特定之物,欠缺出卖人所保证的品质,或出卖人故意不告知其瑕疵时,买受人仍得依第360条规定,请求债务不履行的损害赔偿。

(五) 竞合关系及物之瑕疵担保制度的发展

例题80:甲向乙购某车,不知该车系泡水车(乙明知或因过失不知其系泡水车),因机件瑕疵发生车祸,甲受伤,车全毁。试问甲得否行使以下权利:① 依第88条规定撤销其意思表示? ② 甲得否以受乙诈欺为理由撤销其意思表示? ③ 依侵权行为规定请求人伤,车毁的损害赔偿? ④ 依第360条规定请求债务不履行损害赔偿? ⑤ 依第227条规定行使其权利?

1. 问题的提出

"民法"关于出卖人物的瑕疵担保责任的要件及效力,已详上述,在"民法"规范体系上,有三个问题,尚待研究:

(1) 物的瑕疵担保责任与其他权利的竞合。

(2) 在特定物买卖,买受人不得请求修补瑕疵,然得否依第227条关于不完全给付规定请求补正?

(3) 在有可归责于出卖人的事由(故意或过失),因标的物具有瑕疵,致买受人的人身或其他之物等遭受侵害时,买受人得否依第227条规定请求损害赔偿?

2. 物之瑕疵担保权与其他权利的竞合

（1）关于物的性质错误意思表示的撤销。标的物的瑕疵与物之性质的错误得同时成立，例如买卖标的物系属泡水车或海沙屋。于此情形，买受人得否依第 88 条规定撤销其买卖契约？通说采否定的见解，认为物的瑕疵担保责任系特别规定，应排除第 88 条的适用，以免破坏"民法"关于物的瑕疵担保制度的设计，但采竞合说亦有相当理由。

（2）受诈欺而为意思表示的撤销。买受人因受诈欺而购买有瑕疵之物时，得撤销其意思表示（第 91 条）。诈欺系出于出卖人的恶意行为，买受人应受较周全的保护，其撤销权不因另有物之瑕疵担保责任而受影响。

（3）侵权行为损害赔偿请求权。甲向乙购某车，因该车具有瑕疵，致发生车祸，车全毁，甲受伤。在此情形，甲就其身体健康所受侵害，得依第 184 条第 1 项前段规定向甲请求损害赔偿。车毁本身乃物之瑕疵担保问题，而非甲的所有权受侵害，甲不得依侵权行为规定请求损害赔偿。

3. 不完全给付与物的瑕疵担保

第 227 条规定的不完全给付与物的瑕疵担保责任究处于何种适用关系，系民法理论及实务上具有争议的重大问题。在 1988 年度第七次民事庭会议，提出如下问题：甲向乙购买货物一批，价金新台币 5 万元，经签发同额远期支票一张，交付于乙，以资清偿。嗣后甲发现该批货物有应由乙负担保责任之瑕疵，乃即通知乙，迨支票票载发票日，又故意使支票不获支付。乙于是起诉请求甲支付票款。问：甲可否以乙交付之货物有瑕疵，应负物之瑕疵担保责任或债务不履行责任为由，提出同时履行之抗辩。决议认为："出卖人就其交付之买卖标的物有应负担保责任之瑕疵，而其瑕疵系于契约成立后始发生，且因可归责于出卖人之事由所致者，则出卖人除负物之瑕疵担保责任外，同时构成不完全给付之债务不履行责任。买受人如主张：

（1）出卖人应负物之瑕疵担保责任，依第 360 条规定请求不履行之损害赔偿，或依第 364 条规定请求另行交付无瑕疵之物，则在出卖人为各该给付以前，买受人非不得行使同时履行抗辩权。

（2）出卖人应负不完全给付之债务不履行责任者，买受人得类推适用第 226 条第 2 项规定请求损害赔偿，或类推适用给付迟延之法则，请求补正或赔偿损害，并有第 264 条规定之适用。

又种类之责任特定时，即存有瑕疵者，出卖人除应负物之瑕疵担保责任外,并应负不完全给付之债务不履行责任。并此说明。"

上揭"最高法院"决议系一项重要的法院造法,对民法发展具有重大深远意义,其内容有三:

(1) 肯定不完全给付系给付不能及给付迟延以外第三种债务不履行的形态。1999年债编修正时,已将其主要意旨纳入修正的第227条。

(2) 肯定不完全给付之债务不履行责任得与物之瑕疵担保责任的竞合性。申言之,即因可归责于出卖人的事由致标的物具有瑕疵者,买受人得依不完全给付(第227条)请求修补损害或损害赔偿(包括加害给付)。

(3) 出卖人得依第360条规定请求损害赔偿,依第364条规定请求另行交付无瑕疵之物,依不完全给付规定请求补正或损害赔偿者,在出卖人为各该给付之前,买受人得依第264条规定行使同时履行抗辩权。

据上述"民法"关于物之瑕疵担保责任的规定及"最高法院"决议的见解,关于物之瑕疵所生的民事责任,呈现如下体系:

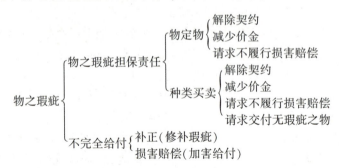

台湾地区现行"民法"上的物的瑕疵担保责任系仿自《德国民法》,而《德国民法》则系继受罗马法。在罗马法上出卖人不负排除奴隶或动物的疾病(瑕疵)的义务,因出卖人通常无此能力,故仅赋予买受人请求解除契约减少价金的权利。现行"民法"上的物之瑕疵担保责任言,亦采此制度,从现代交易言,是否妥适,在立法论上诚有研究余地。在德国法通说,虽认出卖人不负物之瑕疵修补义务,不尽妥适,但百年来基本上仍维持现行法律体系,未为改变,直至《德国民法》债编于2002年修正时,始明定出卖人对物的瑕疵原则上有修缮义务。"最高法院"适用不完全给付规定,认为买受人有补正瑕疵请求权,乃突破现行规范体系的法律创造,就结果而言,亦值赞同,惟仍仅限于有可归责于出卖人事由的情形。出卖人无可归责的事由时,仍无修补瑕疵的义务。

关于因物之瑕疵而生的损害,依关于物的瑕疵担保的规定,须出卖人故意不告知物的瑕疵或欠缺所保证品质时,买受人始得请求债务不履行损害赔偿(第360条)。为保护买受人,应适用第227条规定,使买受人亦得依此规定得请求债务不履行的损害赔偿(尤其是加害给付)。

四、买受人的义务

(一) 给付义务

1. 给付价金的义务

买受人负有支付价金的义务。除有约定外,其支付义务因契约成立而发生。价金依物之重量计算者,应除去其包皮之重量。但契约另有订定或另有习惯者,从其订定或习惯(第372条)。

2. 受领标的物的义务

第367条规定,买受人对于出卖人除有交付约定价金外,尚有受领标的物的义务。通说认为此亦属买受人的给付义务,故出卖人已有给付之合法提出而买受人不履行其受领义务时,买受人非但陷于受领迟延,并陷于给付迟延,出卖人非不得依第254条规定据以解除契约(1975年台上字第2367号判决)。

3. 附随义务

依当事人的约定,交易惯例或法律规定,出卖人亦负有一定的附随义务,例如啤酒瓶的返还。又受领标的物之费用、登记之费用及送交清偿地以外处所之费用,由买受人负担(第378条第3款)。

(二) 履行时履行地及同时交付原则

买卖标的物与其价金之交付,除法律另有规定或契约另有订定,或另有习惯外,应同时为之(第369条)。标的物交付定有期限者,其期限,推定其为价金交付之期限(第370条)。标的物与价金应同时交付者,其价金应于标的物之交付处所交付之(第371条)。

五、特种买卖

买卖系人类最基本、最常见的契约,交易上有不同种类,"民法"选择若干重要类型(买回、试验买卖、货样买卖、分期付价买卖、拍卖)加以规定。又为保护消费者,"消保法"另设邮购买卖及访问买卖。分述如下:

(一) 买回

1. 买回的意义

买回者,以出卖人之买回意思表示为生效条件,而于一定期限内,买回其已出卖的标的物之契约(第379条第1项)。买回系买卖标的物的再买卖,性质上属权利的保留,须于为买卖契约时订立特约,始得享有买回权。买回的价金,为原所领的价金,另有特约者,从其特约(第379条第2项)。原价金之利息,与买受人就标的物所得之利益,视为互相抵销(第379条第3项)。

2. 买回的成立

买回权,系一种形成权,其行使须以意思表示为之,一经行使,即生效力,无须相对人的承诺,但须以提出买回价金为要件。仅于买回期限内,向表示买回其原出卖之标的物,并未将约定之买回价金提出者,买回契约尚未发生效力(1990年台上字第2231号判决)。

3. 买回的期限

买回之期限,不得超过5年。如约定之期限较长者,缩短为5年(第380条)。此项期限为买回权行使的存续期限,即买回权仅得于约定之期限内行使之,一逾此项期限,买回权即归消灭。故当事人约定4年满后始得买回,而未约定买回权之存续期间者,仍应受法定5年期间之限制,买回人于4年满后为买回时,如自买卖契约成立时起,已逾5年,自不能不认其买回权为已消灭(1947年台上字第606号判决)。

4. 买回的效力

买卖费用由买受人支出者,买回人应与买回价金连同偿还之。买回之费用,由买回人负担(第381条)。买受人为改良标的物所支出之费用及其他有益费用,而增加价值者,买回人应偿还之。但以现存之增价额为限(第382条)。

买受人对于买回人负交付标的物及其附属物之义务。买受人因可归责于自己之事由,致不能交付标的物(如已将标的物转卖第三人,无法收回),或标的物显有变更者(如汽车因车祸严重毁损),应赔偿因此所生之损害(第383条)。

(二) 试验买卖

试验买卖,为以买受人之承认标的物为停止条件,而订立之契约(第384条),故试验买卖为一种附条件的契约。试验买卖之出卖人,有许买受人试验其标的物之义务(第 385 条)。为明确规定契约的成立,不使之久不确定,第 386 条规定:"标的物经试验而未交付者,买受人于约定期限内,未就标的物为承认之表示,视为拒绝。其无约定期限,而于出卖人所定之相当期限内,未为承认之表示者亦同。"又依第 387 条规定,标的物因试验已交付于买受人,而买受人不交还其物,或于约定期限或出卖人所定之相当期限内,不为拒绝之表示者,视为承认。买受人已支付价金之全部或一部,或就标的物为非试验所必要之行为者,视为承认。

(三) 货样买卖

货样买卖,系指依货样而决定标的物的一种买卖契约。在此种买卖,出卖人应担保买卖标的物与货样有同一之品质(第 388 条)。

(四) 分期付价买卖

分期付价买卖者,附有分期支付价金约款之买卖契约。此在交易上颇为常见,其主要问题有二:① 保护买受人的利益。② 确保价金的支付。

1. 买受人的保护

(1) 期限利益及解约扣价约款的控制。第 389 条规定:"分期付价之买卖,如约定买受人有迟延时,出卖人得即请求支付全部价金者,除买受人迟付之价额已达全部价金 1/5 外,出卖人仍不得请求支付全部价金。"又依第 390 条规定:"分期付价之买卖,如约定出卖人于解除契约时,得扣留其所受领价金者,其扣留之数额,不得超过标的物使用之代价,及标的物受有损害时之赔偿额。"此两条规定均具强行性,不得以特约排除之。

(2) 分期付款买卖契约之书面化

为更进一步保护消费者,"消保法"更将分期付款买卖契约书面化,于第 21 条明定,企业经营者与消费者分期付款买卖契约应以书面为之。前项契约书应载明下列事项:① 头期款。② 各期价款与其他附加费用合计之总价款与现金交易价格之差额。③ 利率。企业经营者未依前项规定记载利率者,其利率按现金交易价格周年利率 5% 计算之。企业经营者违反第 2 项第 1 款、第 2 款之规定者,消费者不负现金交易价格以外价款之给付义务。此为关于资讯提供义务的重要规定,实值注意。

2. 价金的确保

为确保分期付款价金的支付,出卖人得与买受人订立"动产担保交易法"第 26 条所规定的"附条件买卖契约",约定买受人先占有动产之标的物,约定至支付一部或全部价金,或完成特定条件时,始取得标的物所有权。在此种附条件买卖,买卖契约并未附条件,其附停止条件的,是动产所有权的移转,即以保留所有权的方式,确保价金的支付,请参阅"动产担保交易法"相关规定,暂不详述。

(五) 拍卖

拍卖,系指由多数应买人,于公开场合竞争出价,选择其中出价最高者,与之订立买卖契约。此为由私人所为的私法上拍卖,不同于公法上的强制拍卖。

拍卖,因拍卖人拍板或依其他惯用之方法,为卖定之表示而成立(第391条)。拍卖人对于其所经营之拍卖不得应买,亦不得使他人为其应买(第392条)。此项限制旨在防拍卖发生不公平之弊。

拍卖人为拍卖的表示,性质上为要约的引诱,拍卖人不受其拘束。若拍卖人认为应买人所出最高的出价(要约)不足,得不为卖定的表示(承诺),而撤回其物(第394条)。应买的表示,性质上为要约,应买人受其拘束。该应买之意思表示,于有较高出价之应买或拍卖物经撤回时,失其拘束力(第395条)。拍卖人卖定的表示,性质上为承诺。由拍卖人以拍板或其他惯用方法为之。拍卖人除拍卖之委任人有反对之意思表示外,得将拍卖物拍归出价最高之应买人(第393条)。拍卖一经拍卖人为拍定之表示,契约即成立。

拍卖之买受人,应于拍卖成立时或拍卖公告内所定之时,以现金支付买价(第396条)。拍卖之买受人如不按时支付价金者,拍卖人得解除契约,将其物再为拍卖。再行拍卖所得之价金,如少于原拍卖之价金及再行拍卖之费用者,原买受人应负赔偿其差额之责任(第397条)。

(六)"消费者保护法"上的邮购买卖及访问买卖

"消费者保护法"规定邮购、访问两种特种买卖。邮购买卖("消保法"第2条第8款),指企业经营者以邮寄或其他递送方式,而为商品买卖之交易形态。访问买卖,指企业经营者未经邀约而在消费者之住居所或其他场所从事销售,而发生之买卖行为("消保法"第2条第9款)。为保护消费者,实务上有认为企业经营者以电话簿、通讯录、问卷调查等取得消费者之资讯,未经消费者之邀约,以各种说法引起消费者之兴趣,让消费者被动同意前往企业经营者指定的场所洽谈缔约,在消费者无心理准备下发生之买卖行为,应属访问买卖。

在邮购买卖,买受人多信赖出卖人所提供的咨询。在访问买卖,买受人多为妇女或老年人,事出突然,常难拒绝。为保护消费者利益,消保法特规定消费者的解约权及保管义务:

(1) 消费者的解约权。"消保法"第 19 条规定:"邮购或访问买卖之消费者,对所收受之商品不愿买受时,得于收受商品后 7 日内,退回商品或以书面通知企业经营者解除买卖契约,无须说明理由及负担任何费用或价款。邮购或访问买卖违反前项规定所为之约定无效。契约经解除者,企业经营者与消费者间关于恢复原状之约定,对于消费者较'民法'第 259 条之规定不利者,无效。"

(2) 消费者的保管义务。"消保法"第 20 条规定:"未经消费者要约而对之邮寄或投递之商品,消费者不负保管义务。前项物品之寄送人,经消费者定相当期限通知取回而逾期未取回或无法通知者,视为抛弃其寄投之商品。虽未经通知,但在寄送后逾 1 个月未经消费者表示承诺,而仍不取回其商品者,亦同。消费者得请求偿还因寄送物所受之损害,及处理寄送物所支出之必要费用。"

第二节 互 易

例题 81:甲以 A 表(时值 10 万元)与乙的 B 表(时值 12 万元)互易。试问:① 乙交付的 B 表,具有瑕疵,仅值 9 万元时,甲如何向乙请求减少差额?② 因可归责于乙的事由,致 B 表灭失时,甲如何向乙请求损害赔偿?

互易,指双方约定互相移转金钱以外之财产权的契约,例如以 A 表互易 B 表,以 A 车互易 B 车,以 A 地互易 B 地。在合建契约,如何区别互易与承揽,易滋疑义,实务上见解认为,土地所有人提供其土地由他人建筑房屋,双方按土地价款与房屋建筑费用之比例,以分配房地之约定,系属何种性质之契约,应依具体情事决定之,如建筑之房屋由建筑人原始取得所有权,于建造完成后,将部分移转予土地所有人,土地所有人则将部分土地移转予房屋建筑人,以互相交换,固难谓非互易,但若建筑之房屋,建筑人自己不取得所有权,由土地所有人原始取得所有权,于建造完成后,将部分房地移转予房屋建筑人,以作为完成房屋之报酬,则应属承揽(2000年台上字第1650号判决)。

互易的性质同于买卖,应准用关于买卖的规定(第398条)。当事人之一方,约定移转财产权,并应交付金钱者,其金钱部分,准用关于买卖价金之规定(第399条)。"准用"旨在简约条文,有助于训练法学上思考方法,初学者常未注意及之,请就例题81,参照本书相关部分的说明(第343页)。

第三节 赠 与

例题82:赠与系典型无偿契约,请仔细阅读第406条以下规定,从立法政策的观点分析法律为保护赠与人所设的特别规定,并思考探究其解释适用的问题。

一、赠与的意义性质及法律规范的特色

(一) 赠与的意义及性质

赠与,谓当事人约定,一方以自己之财产无偿给予他方,他方允受之契约(第406条),赠与在日常生活上颇为常见,有为节省所得税或遗产税而对配偶或未成年人子女为赠与。有为婚丧喜庆的馈赠,在此等情形,赠与契约成立的同时,即将标的物的财产权现实的移转于受赠人(现物赠与、现实赠与),应认其同时作成赠与(债权行为)及物权行为。

(二) 法律规范的特色

赠与系无偿契约,法律规范上的主要问题在于如何保护赠与人,尤其是严格其成立要件,减轻其责任,缓和其受契约的拘束。"民法"设若干不同于一般原则的特别规定,构成赠与契约的主要内容。

二、赠与的成立及任意撤销

赠与系属诺成契约,无论是不动产或动产或其他财产的赠与,均不以订立书面为必要,此对赠与人颇具危险性。为期平衡,"民法"乃设所谓的任意撤销,于第408条第1项规定:"赠与物之权利未移转前,赠与人得撤销其赠与。其一部已移转者,得就其未移转之部分撤销之。"第2项则规定:"前项规定,于经公证之赠与,或为履行道德上之义务而为赠与者,不适用之。"赠与既经公证,赠与人当已深思熟虑,无特别保护的必要。为

履行道德上之义务的赠与(如赠与金钱于救命恩人),具伦理性,应不许其任意撤销。

三、赠与人的给付义务及其责任的减轻

例题83:① 甲赠与某旧山水画给乙,故意告知其系甚有价值的名作,乙支出5万元。其后乙发现该画系属赝品时,得否向甲请求赔偿5万元?② 甲赠某中古车给乙,因重大过失未发现其有瑕疵,乙就该瑕疵发生车祸所受人身损害,得否依第227条,或第184条第1项前段规定向甲请求损害赔偿?

赠与系无偿契约,法律特减轻其赠与人债务不履行及瑕疵担保责任,分述如下:

(一)债务不履行责任

(1)给付迟延。赠与人就经公证或履行道德上义务的赠与,既不许赠与人撤销赠与,受赠人自得请求交付赠与物,但不得请求迟延利息,或其他损害赔偿(第409条第1项)。

(2)给付不能。赠与物因可归责于赠与人事由,致给付不能者,受赠人得请求赔偿赠与物之价额,但不得请求其他不履行之损害赔偿(第409条第1项)。须注意的是,赠与人仅就其故意或重大过失,对于受赠人负给付不能之责任(第410条)。

(二)瑕疵担保责任

第411条规定:"赠与之物或权利如有瑕疵,赠与人不负担保责任。但赠与人故意不告知其瑕疵或保证其无瑕疵者,对于受赠人因瑕疵所生之损害,负赔偿之义务。"例如,甲赠某中古车给乙,保证该车无瑕疵,乙因该车瑕疵发生车祸所受身体健康之侵害,得向甲请求损害赔偿,甲是否因过失不知其瑕疵在所不问。其所谓损害不包括该车本身的毁损灭失。又甲明知其赠与乙的旧画系赝品,而故意告知其系名画,甲就乙误信其为名画而支出的无益修缮费用,应负赔偿责任(例题83)。

就第409条、第410条及第411条合并观之,立法者就赠与人债务不履行责任设完整的规定,在解释上应认排除第227条规定的适用。赠与人因过失未发现赠与物有瑕疵,受赠人因瑕疵所受损害,不得依第227条或第184条第1项前段规定请求损害赔偿(参阅例题83)。

四、赠与人受契约拘束的缓和

为顾及赠与的无偿性,法律特缓和赠与人受契约的拘束:① 赠与的拒绝履行。② 赠与的法定撤销。分述如下:

(一) 赠与的拒绝履行

第418条规定,赠与人于赠与约定后,其经济状况显有变更,如因赠与致其生计有重大之影响,或妨碍其扶养义务之履行者,得拒绝赠与之履行(赠与人的穷困抗辩权)。此乃本诸"情事变更原则"(第227条之2)而设的规定。穷困抗辩,系一种暂时抗辩,穷困抗辩原因消失后,仍须为赠与的给付。

(二) 赠与人的法定撤销权

经公证的赠与及为履行道德义务的赠与,不得依第408条第1项规定任意撤销。但第416条规定:"受赠人对于赠与人,有下列情事之一者,赠与人得撤销其赠与:① 对于赠与人、其配偶、直系血亲、三亲等内旁系血亲或二亲等内姻亲,有故意侵害之行为,依'刑法'有处罚之明文者。② 对于赠与人有扶养义务而不履行者。前项撤销权,自赠与人知有撤销原因之时起,一年内不行使而消灭。赠与人对于受赠人已为宥恕之表示者,亦同。"此种赠与的撤销在实务上颇为常见,应值注意。又依第417条规定,受赠人因故意不法之行为,致赠与人死亡或妨碍其为赠与之撤销者,赠与人之继承人,得撤销其赠与。但其撤销权自知有撤销原因之时起,6个月间不行使而消灭。赠与之撤销权,因受赠人之死亡而消灭(第420条)。

赠与之撤销,应向受赠人以意思表示为之。赠与撤销后,赠与人得依关于不当得利之规定,请求返还赠与物(第419条)。

五、特种赠与

(一) 附负担的赠与

附负担之赠与,系指附有使受赠人对于赠与人或第三人负有一定给付义务约款的赠与。例如,甲赠某屋给乙,约定乙应将该屋地下室供某基金会无偿使用,并每月捐助某教会1万元。此种赠与的给付与受赠人的负担义务,并非立于对价关系,性质上仍属无偿、单务契约。

赠与附有负担者,如赠与人已为给付而受赠人不履行其负担时,赠与人得请求受赠人履行其负担,或撤销赠与。负担以公益为目的者,于赠与人死亡后,主管机关或检察官得请求受赠人履行其负担(第412条)。

附有负担之赠与,其赠与不足偿其负担者,受赠人仅于赠与之价值限度内,有履行其负担之责任(第413条),以保护受赠人。须注意的是,在一般赠与,赠与人原则上不负担瑕疵担保责任,但于附有负担之赠与,其赠与之物或权利如有瑕疵,赠与人于受赠人负担之限度内,负有与出卖人同一之担保责任(第414条)。俾昭公允。

(二) 定期给付的赠与

定期给付之赠与,指定期继续的为财产给付之赠与,又称为定期赠与或定期回环赠与。此种赠与,有定有存续期间者,有未定有存续期间者,不论如何,依第415条规定,此种定期给付之赠与,因赠与人或受赠人之死亡,失其效力。但赠与人有反对之意思表示者,不在此限。

(三) 死因赠与

死因赠与,指因赠与人之死亡而生效力之赠与。此种赠与与遗赠应严为区别:① 遗赠系单独行为;死因赠与则为契约行为。② 遗赠必以遗嘱为之,故为要式行为;死因赠与则为不要式行为。

第三章　以物供他人使用或收益的契约

——租赁、使用借贷、消费借贷

租赁、使用借贷及消费借贷三种契约,具有一个共通的特色,即当事人一方以物供他方在一定的时间为使用收益,性质上属于继续性债之关系(其中以租赁最为典型)。在租赁,一方以物租与他方使用收益,他方支付租金(第421条),为不要物、双务、有偿契约。在使用借贷,一方以物交付他方,他方于无偿使用后返还其物(第464条),乃属要物、单务、无偿契约。在消费借贷,一方移转金钱或其他代替物所有权于他人,他方以种类、品质、数量相同之物返还(第474条),性质上为要物契约。其未约定借用人应支付利息的,为无偿契约,单务契约;其约定应支付利息的,为有偿契约,双务契约(有争论)。兹为醒目,将其法律结构列表如下:

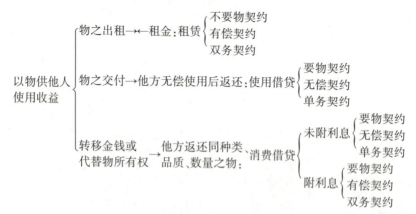

租赁、使用借贷及消费借贷的法律构造,反映其不同的经济功能,三

者虽均具物尽其用的功用,其中以租赁最具实用。消费借贷则涉及个人理财、企业融通资金及资本市场的运用。使用借贷多出于亲友的情谊,在今日社会经济上并无重大作用。

第一节 租　　赁

一、租赁的意义、成立及期限

例题84:试问于下列情形,在甲、乙之间是否有租赁关系存在:① 甲居住乙公家机关宿舍,定期支付使用费。② 甲擅将他人借用的房屋出租予知情之乙。③ 甲有A地及B屋,而仅将B屋所有权让与乙。

(一) 租赁的意义及性质

1. 租赁的意义

租赁者,谓当事人约定,一方以物租与他方使用收益,他方支付租金之契约(第421条)。租赁的标的须为有体物(如房屋、土地、汽车)。物的一部亦得为租赁的标的物,例如租用停车位、租用墙壁悬挂广告。以权利(如著作权、共有物应有部分的使用、收益权)为标的物时,准用租赁的规定。租金得以金钱,或租赁物的孳息充之。居住公务机关宿舍,其支付宿舍使用费,在供修理维护之用,非使用宿舍的对价,不成立租赁关系(1997年台上字第3325号判决),系属使用借贷(例题84)。

2. 租赁为债权契约

租赁为债权契约(负担行为),不以出租人对于租赁物有处分权为要件,故出租他人之物或转租,其租赁仍为有效(例题84)。租赁,乃特定当事人间所缔结之契约,出租人既不以所有人为限,则在租赁关系存续中,关于租赁上权利之行使,例如欠租之催告、终止之表示等项,概应由缔结契约之名义人行之,始能生效(1959年台上字第1285号判决)。

3. 特定物租赁与种类租赁

租赁契约的标的,多属特定,为特定物之债。但以种类指示的,亦属有之,例如预订旅馆房间(如标准单人房),于此情形,应类推适用关于租赁的相关规定。

(二) 租赁契约的经济社会意义

租赁在社会生活上甚为重要,包括住宿旅馆、租用停车位,汽车、房屋、基地、办公大楼等,涉及房地产市场及住宅政策。关于房屋租赁、基地租赁、耕地租赁,"民法"、"土地法"、"耕地三七五减租条例"等,设有特别规定,立法意旨在于保护承租人。关于使用甚广的融资租赁(Leasing),"民法"虽未为规定,亦应注意及之。

(三) 租赁契约的成立

1. 诺成契约

租赁契约因当事人意思表示合致而成立,不以作成一定方式为必要(诺成契约)。不动产的租赁契约,其期限逾1年者,应以字据订立之。未以字据书立者视为不定期之租赁(第422条)。

2. 租赁关系的推定

土地及房屋为个别的不动产,各得单独为交易的标的。房屋性质上不能与土地分离而存在。土地及其土地上的房屋同属一人所有,而仅将土地或仅将房屋所有权让与他人,或将土地及房屋同时或先后让与相异之人时,将造成房屋所有权人无权占有他人土地的问题。为避免争议,债编修正时,采实务上见解,于第425条之1明定:"土地及其土地上之房屋同属一人所有,而仅将土地或仅将房屋所有权让与他人,或将土地及房屋同时或先后让与相异之人时,土地受让人或房屋受让人与让与人间或房屋受让人与土地受让人间,推定在房屋得使用期限内,有租赁关系。其期限不受第449条第1项规定之限制。前项情形,其租金数额当事人不能协议时,得请求法院定之。"(参阅例题84)

(四) 租赁的期限

(1) 定有期限的租赁。租赁契约得定期限,但不得逾20年,逾20年者,缩短为20年。此项期限,当事人得更新之(第449条第1项、第2项)。此种更新通常采续约的方式,次数不限,但每次更新仍应受20年期限的限制。租用基地建筑房屋,不受此项期间的限制(第449条第3项)。

(2) 不定期限的租赁。当事人得约定租赁不定期限。须注意的是,法律于以下两种情形拟制租赁不定期限:① 不动产之租赁契约,其期限逾一年者,未以字据订立者(第422条)。② 租赁期限届满后,承租人仍为租赁物之使用收益,而出租人不即表示反对之意思者,视为以不定期限继续契约(第451条)。

二、租赁对出租人的效力

例题85：① 甲将其大厦一层出租予乙经营火锅城，见其生意甚佳，乃自在另一层开设火锅城，致乙的生意受影响时，乙得向甲主张何种权利？② 甲明知乙所有房屋为辐射屋，以低价购买之。其后得否以其瑕疵危及身体健康而主张解除买卖契约？甲以低价承租乙所有的辐射屋，其后得否以其瑕疵危及身体健康而终止契约？

(一) 租赁物的交付及保持其合于使用收益状态的义务

1. 交付租赁物

出租人应以合于所约定使用、收益之租赁物，交付承租人，并应于租赁关系存续中保持其合于约定使用、收益之状态(第423条)。所谓交付，指移转标的物的直接占有而言。承租人对出租人有租赁物交付请求权，苟租赁物为第三人不法占有时，出租人应向第三人行使其返还请求权，以备交付，其怠于行使此项权利者，承租人因保全自己债权得代位行使之。

2. 保持租赁物合于约定使用、收益状态的义务

出租人应以合于所约定使用、收益之租赁物，交付承租人，并应于租赁关系存续中保持其合于约定使用、收益的状态。所谓合于约定之使用、收益之状态，应以当事人间于订立租赁契约时所预设的共同主观之认知，为其认定之标准。倘该主观上认知，因租赁物发生瑕疵致无法达成时，即可认为对租赁契约所约定之使用、收益有所妨害，非必谓租赁物已达完全无法使用、收益之状态，始可认定出租人有违保持合于使用、收益状态之义务(2000年台上字第422号判决)。

为保持租赁物合于使用收益的状态，出租人不得妨碍承租人之使用、收益，并须排除第三人的妨碍。就前者言，例如甲出租大厦某层楼给乙营业后，不得在同一大厦从事同一营业，违反者，应负不完全给付损害赔偿责任(例题85)。就后者言，例如甲应尽其能事，使同一大厦的承租人不影响其他承租人对租赁物为合于约定的使用收益。

(二) 瑕疵担保责任

租赁系有偿契约，应准用关于买卖瑕疵担保的规定(第347条)，以下专就租赁特别规定加以说明：

1. 权利瑕疵担保

出租人应担保第三人就租赁物对于承租人不得主张任何"足以妨害其使用、收益"的权利（准用第349条）。例如租赁物为他人所有，承租人因所有人就租赁物主张所有物返还请求权，致不能为约定之使用收益者，得依第353条规定行使其权利。承租人受有损害时（如租赁物被所有人取回，不能营业的损失），得依债务不履行规定向出租人请求损害赔偿（准用第353条、第226条）。

2. 物的瑕疵担保责任

（1）交付前租赁物有瑕疵。出租人负有交付合于使用收益状态的租赁物的义务，故承租人对出租人有瑕疵修缮请求权。出租人不愿修补瑕疵，或其瑕疵不能除去时，承租人得行使债务不履行的权利，解除契约请求损害赔偿（第254条、第260条）。

（2）承租人的终止权。租赁物为房屋或其他供居住之处所者，如有瑕疵，危及承租人或其同居人之安全或健康时，承租人虽于订约时已知其瑕疵，或已抛弃其终止契约之权利，仍得终止契约（第424条，请与第355条比较之）（参阅例题85）。

（3）出租人的修缮义务

① 修缮义务的内容。出租人既有交付及保持租赁物合于约定之使用、收益状态的义务，除契约另有订定或另有习惯外，出租人应负担租赁物的修缮的费用（第429条第1项）。租赁关系存续中，租赁物如有修缮之必要，应由出租人负担者，承租人得定相当期限，催告出租人修缮。如出租人于其期限内不为修缮者，承租人得终止契约或自行修缮而请求出租人偿还其费用，或于租金中扣除之（第430条）。须注意的是，租赁物因不可归责于双方当事人之事由而毁损，致全部不能为约定之使用收益者，当事人间之法律关系，因其租赁物是否尚能修缮而异：A. 其租赁物已不能修缮者，依第225条第1项、第266条第1项规定，出租人免其以该物租与承租人使用收益之义务，承租人亦免其支付租金之义务，租赁关系即当然从此消灭。出租人不负重建租赁物的义务。B. 其租赁物尚能修缮者，依第225条第1项、第266条第1项之规定，在修缮完毕以前，出租人免其以该物租与承租人使用收益之义务，承租人亦免其支付租金之义务，惟其租赁关系依第430条之规定并不当然消灭，必承租人定相当期限催告负担修缮义务之出租人修缮，而出租人于其期限内不为修缮者，承租人

始得终止契约,并须承租人为终止契约之意思表示,其租赁关系始归消灭。

为顾及出租人利益,出租人为保存租赁物所为之必要行为,承租人不得拒绝(第429条第2项)。

② 承租人通知修缮义务。租赁关系存续中,租赁物如有修缮之必要,应由出租人负担者,或因防止危害有设备之必要,或第三人就租赁物主张权利者,承租人应即通知出租人。但为出租人所已知者,不在此限。承租人怠于为前项通知,致出租人不能及时救济者,应赔偿出租人因此所生之损害(第437条)。

(三) 出租人负担税捐的义务

第427条规定,就租赁物应纳之一切税捐,由出租人负担。本条非强行规定,当事人固得自由约定,但此为契约当事人间负担问题,税法上的纳税义务人不因此而受影响。

(四) 费用的偿还

承租人就租赁物支出有益费用,因而增加该物之价值者,如出租人知其情事而不为反对之表示,于租赁关系终止时,应偿还其费用,但以现存之增价额为限(第431条第1项)。承租人就租赁物所增设之工作物,得不请求偿还费用,得取回之。但应恢复租赁物之原状(第431条第2项)。此项费用偿还请求权及工作物取回权,自租赁关系终止时起算,两年间不行使而消灭(第456条)。

三、租赁对承租人的效力

例题86:① 甲出租某屋及某停车位给乙,乙给付租金迟延,试说明甲得终止契约的要件。② 甲出租某别墅给乙,乙借其友人丙举办烤肉晚会,该别墅因丙的过失失火毁损灭失时,甲得否依债务不履行或侵权行为规定向乙或丙请求损害赔偿? ③ 甲出租某屋给乙,乙违法转租给丙时,试问乙与丙间租赁契约是否有效,甲得否向丙请求返还该屋,甲得否向乙请求转租的租金?

(一) 对租赁物的使用收益

承租人应依约定方法,为租赁物之使用收益,无约定方法者,应以依租赁物之性质而定之方法为之(第438条第1项),承租人违反前项之规定为租赁物之使用收益,经出租人阻止而仍继续为之者,出租人得终止契约(第438条第2项)。

(二) 支付租金的义务

支付租金是承租人的给付义务,关系当事人利益甚巨,分四点言之:

(1) 支付租金日期。承租人应依约定日期,支付租金。无约定者,依习惯,无约定亦无习惯者,应于租赁期满时支付之。如租金分期支付者,于每期届满时支付之。如租赁物之收益有季节者,于收益季节终了时支付之(第439条)。

(2) 支付租金迟延。承租人租金支付有迟延者,出租人得定相当期限,催告承租人支付租金,如承租人于其期限内不为支付,出租人得终止契约。租赁物为房屋者,迟付租金之总额,非达两个月之租额,不得依前项之规定,终止契约。其租金约定于每期开始时支付者,并应于迟延给付逾两个月时,始得终止契约(第440条第1项、第2项)。

(3) 租金的减免升降。承租人因自己之事由,致不能为租赁物全部或一部之使用收益者,不得免其支付租金之义务(第441条)。租赁物为不动产者,因其价值之升降,当事人得声请法院增减其租金。但其租赁定有期限者,不在此限(第442条)。

(4) 租赁物一部灭失。租赁关于存续中,因不可归责于承租人之事由,致租赁物之一部灭失者,承租人得按灭失之部分,请求减少租金。前项情形,承租人就其存余部分不能达租赁之目的者,得终止契约(第435条)。

(三) 保管租赁物义务

1. 承租人的保管义务

承租人应以善良管理人之注意,保管租赁物。租赁物有生产力者,并应保持其生产力。承租人违反前项义务致租赁物毁损灭失者,负损害赔偿责任。但依约定之方法或依物之性质而定之方法为使用收益,致有变更或毁损者,不在此限(第432条)。为保管动物而支出的饲养费,应由承租人负担(第428条)。

2. 就第三人行为之责任

因承租人之同居人,或因承租人允许为租赁物之使用收益之第三人,应负责之事由,致租赁物毁损灭失者,承租人负损害赔偿责任(第433条)。

3. 失火责任

第 434 条规定:"租赁物因承租人之重大过失,致失火而毁损、灭失者,承租人对于出租人负损害赔偿责任。"立法目的在于保护承租人。解释适用上应注意的有四:

(1) 承租人之失火仅为轻过失时,为贯彻保护承租人的立法意旨时,出租人自不得以侵权行为为理由,依第 184 条第 1 项规定,请求损害赔偿(1933 年上字第 1311 号判例)。

(2) 如出租人非租赁物所有人,而经所有人同意出租者,亦以承租人有重大过失为限,始对所有人负损害赔偿责任(1987 年台上字第 1960 号判决)。

(3) 于第 433 条情形,亦应以该第三人有重大过失为要件,出租人始须负责,但该第三人对出租人(房屋所有人)应依侵权行为规定负损害赔偿责任(参阅例题 86)。

(4) 失火责任之特别规定,无关于公序良俗,倘当事人约定承租人就轻过失之失火仍应负责,以加重承租人之注意义务者,其特约难谓为无效(2000 年台上字第 1416 号判决)。

(四) 租赁权的让与与转租

1. 租赁权的让与

租赁权让与,乃承租人将其租赁权让与第三人,而其自己退出租赁关系。通说认为租赁权虽为债权之一种,但因注重承租人的人格信用关系,除当事人订有特约外,以不得让与为原则。

2. 转租

转租,指承租人并不脱离其原有租赁关系,而将租赁物出租与次承租人使用、收益。此在实务上颇为常见,第 443 条乃规定:"承租人非经出租人承诺,不得将租赁物转租予他人。但租赁物为房屋者,除有反对之约定外,承租人得将其一部分转租予他人。承租人违反前项规定,将租赁物转租予他人者,出租人得终止契约。"又依第 444 条规定,承租人依第 443 条之规定,将租赁物转租于他人者,其与出租人间之租赁关系,仍为继续。因次承租人应负责之事由所生之损害,承租人负赔偿责任。

兹应特别说明的是,非法转租的法律效果。例如甲将某屋出租于乙,乙不顾反对的约定,而将该屋一部分或全部转租于丙,其法律关系如下

(例题86):

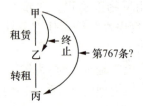

(1)转租人与次承租人丙的关系。乙与丙间的转租契约有效,甲拒绝承诺转租,并终止租约,而向丙请求返还租赁物(第767条)时,丙得向乙请求债务不履行的损害赔偿。

(2)出租人甲与承租人乙的关系。甲得依第443条规定,对乙终止契约并请求损害赔偿。甲不得依不当得利规定向乙请求交付转租的租金。

(3)出租人甲与次承租人丙的关系。甲不对乙终止契约时,则丙之租赁权既基于乙之租赁权而发生,在乙有租赁权之期间,丙为租赁物之占有及使用、收益,其地位相当于乙之履行辅助人,故甲在对乙终止契约前,不得径向丙请求返还租赁物。然若甲已对乙终止契约时,自得基于所有权,径向丙请求返还其租赁物。

四、承租人对出租人及第三人的法律地位

例题87:甲出租某空地给乙,经营露天烤肉,甲或第三人丙强占该空地作为停车场,不让乙营业时,乙得对甲或丙行使何种权利?

(一)占有的保护

承租人基于债之关系而占有租赁物,系有权占有,对于出租人及第三人发生一定的法律关系。承租人系属直接占有,出租人为间接占有。承租人对出租人及第三人均得主张保护请求权(第962条)、不当得利请求权及侵权行为损害赔偿请求权(例题87)。

(二)买卖不破租赁:租赁权的物权化

旧第425条规定:"出租人于租赁物交付后,纵将其所有权让与第三人,其租赁契约,对于受让人,仍继续存在。"债编修正时,将此在实务上甚为重要的规定修正为:"出租人于租赁物交付后,承租人占有中,纵将其所有权让与第三人,其租赁契约,对于受让人仍继续存在。前项规定,于未

经公证之不动产租赁契约,其期限逾五年或未定期限者,不适用之。"立法意旨系以本条第1项规定买卖不破租赁原则,具有债权物权化之效力,在长期或未定期限之租赁契约,其于当事人之权义关系影响甚巨,宜付公证,以求其权利义务内容合法明确,且可防免实务上常见之弊端,即债务人于受强制执行时,与第三人虚伪订立长期或不定期限之租赁契约,以妨碍债权人之强制执行。第425条规定其租赁契约既对于受让人继续存在,受让人即当然承继出租人行使或负担由租赁契约所生之权利或义务,原出租人不得更行终止契约,请求承租人返还租赁物,自不待言。出租人就租赁物设定物权(如地上权),致妨碍承租人之使用收益者,准用第425条之规定(第426条),承租人仍得以租赁权对抗之。

须注意的是,2009年度第2次民事庭会议决议,基于保护债编修正前之既有秩序,以维护法律之安定性,债编修正前成立之租赁契约,无适用修正第425条第2项规定之余地。

五、租赁债务的担保

(一) 押租金

押租金,系指租赁契约成立时,以担保承租人之租金债权或租赁物损害赔偿责任为目的,由承租人或第三人交付于出租人的金钱或其他代替物。此在实务上颇为常见。押租金契约系属要物契约,从契约。承租人就其担保债务未为清偿时,出租人即得径就押租金求偿。于租赁关系终了,且无债务不履行的情形时,出租人应返还押租金。押租金契约既为要物契约,以金钱之交付为其成立要件,故出租人未将其所受的押租金交付与租赁物受让人,租赁关系消灭后,承租人自不得向受让人请求返还押租金。

(二) 法定留置权

为保护出租人利益,"民法"设有出租人法定留置权制度,于第445条规定:"不动产之出租人,就租赁契约所生之债权,对于承租人之物置于该不动产者,有留置权。但禁止扣押之物,不在此限。前项情形,仅于已得请求之损害赔偿及本期与以前未交之租金之限度内,得就留置物取偿。"承租人将留置物取去者,出租人之留置权消灭。但其取去系乘出租人之不知,或出租人曾提出异议者,不在此限(第446条第1项)。出租人有提出异议权者,得不声请法院,径行阻止承租人取去其留置物。如承租人离去租赁之不动产者,并得占有其物。承租人乘出租人之不知或不顾出租人提出异议,而取去其物者,出租人得终止契约(第447条)。须注意承租人如因执行业务取去其物,或其取去适于通常之生活关系,或所留之物足以担保租金之支付者,出租人不得提出异议(第446条第2项),以符人情,顾及承租人利益。又承租人得提出担保,以免出租人行使留置权,并得提出与各个留置物价值相当之担保,以消灭对于该物之留置权(第448条)。

六、租赁的消灭

(一) 消灭原因

租赁系继续性债的关系,其消灭的原因有二:① 期限届满。② 终止。分述如下:

1. 期限届满及租赁关系的继续

租赁定有期限者,其租赁关系,于期间届满时消灭(第450条)。租赁期限届满后,承租人仍为租赁物之使用收益,而出租人不即表示反对之意思者,视为以不定期限继续契约(第451条)。此为实务上常见的重要问题。分二点言之:

(1) 本条规定意在防止出租人于租期届满后,明知承租人就租赁物继续使用收益而无反对之表示,过后忽又主张租赁关系消灭,使承租人陷于窘境而设,并非含有必须于租期届满时,始得表示反对之意义存在。故于订约之际,订明期满后绝不续租,或续租应另订契约者,仍难谓不发生阻止续约之效力(1966年台上字第276号判决)。

(2) 所谓出租人不即表示反对之意思,系指依一般交易观念,出租人于可能表示意思时而不表示者而言,倘出租人办公处所与承租人之营业所系设在同一街道,而出租人之管理员复在系争房屋楼上居住,则承租人于租赁期限届满后,仍为租赁物之使用,揆诸一般交易观念,出租人显非不能即时表示反对之意思,乃竟沉默不言,迟至月余始表示异议,应认有本条规定的适用(1953年台上字第122号判决)。但若仅于租期届满后未收取租金,则系一种单纯的沉默,尚难认为已有默示反对续租之意思(1957年台上字第1828号判决)。

2. 终止

终止,系消灭继续性关系的主要手段,可分为两类:① 普通终止及特别终止。前者不须理由,后者须要法定理由。② 须定有通知期限的终止

及无须定有通知期限的终止。前者于期限经过后消灭,后者即刻生效。这两种不同的终止并非互相排斥,可以交错存在。分述如下:

(1) 普通终止

租赁未定期限者,各当事人得随时终止契约。但有利于承租人之习惯者,从其习惯(第 450 条第 2 项)。前项终止契约,应依习惯先期通知。但不动产之租金,以星期、半个月或 1 个月定其支付之期限者,出租人应以历定星期、半个月或 1 个月之末日为契约终止期。并应至少于 1 星期、半个月或 1 个月前通知之(第 450 条)。定有期限之租赁契约,如约定当事人之一方于期限届满前,得终止契约者,其终止契约,应依第 450 条第 3 项之规定,先期通知(第 453 条)。上述租赁契约当事人的终止,均须有通知期限。

在租赁关系存续中,出租人死亡时,除另有约定外,其租赁关系不受影响,由继承人继承出租人的地位。承租人死亡者,租赁契约虽定有期限,其继承人仍得终止契约。但应依第 450 条第 3 项之规定,先期通知(第 452 条)。

(2) 特别终止

特别终止须有法定理由。"民法"分就出租人终止权及承租人终止权设有规定,皆不须先期通知,而得随时终止,于定期租赁及未定期租赁均适用之。为简约文字,列表如下:

类目 \ 内文	条文	终止原因
出租人的终止	438	承租人非法为租赁物使用、收益,经阻止而仍继续
	440	承租人支付租金迟延,经催告而不依期限支付
	443	承租人非法转租租赁物
	447 Ⅱ	承租人乘出租人不知或不顾异议,取去留置物
承租人的终止	424	供居住处所的租赁,租赁物有瑕疵危及安全健康
	430	出租人有修缮义务,经催告仍不修缮
	435 Ⅱ	租赁物存余部分,不能达租赁的目的
	436	因第三人主张权利,致不能对租赁物使用、收益

(二) 租赁关系消灭的效果

租赁契约,依第 452 条或第 453 条规定终止时,如终止后始到期之租金,出租人已预先受领者,应返还之(第 454 条)。

承租人于租赁关系终止后,应返还租赁物。租赁物有生产力者,并应保持其生产状态,返还出租人(第455条)。此项返还义务与第431条第1项的费用偿还请求权,并非立于对价关系,故二者间不得主张同时履行抗辩。

承租人于租赁关系终了后,拒不返还租赁物的颇为常见,系实务上的重要问题,于此情形,出租人得向承租人主张的权利,为期醒目,列表如下:

出租人的请求权 ｛ 契约上的返还请求权(第455条)
不当得利请求权(第179条)
侵权行为损害赔偿请求权(第184条第1项前段)
所有物返还请求权(第767条)

须注意的是,若承租人于租赁期间届满后,未将租赁物返还者,因租赁物原系基于出租人之意思而移转占有于承租人,其后承租人纵有违反占有人意思之情形,既非出于侵夺,出租人尚不得对之行使第962条规定的占有物返还请求权。

七、特种租赁

租赁的标的物有为房屋、基地或耕地时,具特殊性,"民法"设有规定,并由特别法加以补充,限于篇幅,难以详述,简要说明如下:

(一) 房屋租赁

关于房屋租赁,"民法"设有规定(第434条),"土地法"亦设特别规定,在适用顺序以"土地法"为优先,说明如下:

1. 租金的限制

依"土地法"第94条规定,城市地方,应由政府建筑相当数量之准备房屋,供人民承租自住之用。前项房屋之租金,不得超过土地及其建筑物价额年息8%。依"土地法"第97条规定,城市地方房屋之租金,以不超过土地及其建筑物申报总价额年息10%为限。约定房屋租金,超过前项规定者,该管直辖市或市县(市)政府得依前项所定标准强制减定之,实务上并认约定租金超过前开限制时,超过限制部分,出租人无请求权(1954年台上字第392号判决)。

2. 担保金的限制

"土地法"第98、99条规定,以现金为租赁之担保者,其金额不得超过两个月房屋租金之总额,该现金之利息,并视为租金之一部。其利率之计算,应与租金所由算定之利率相等。如已交付之担保金超过前开之限制者,承租人得以超过之部分,抵付房租。

3. 房屋租赁的消灭

关于房屋租赁契约的终止,"土地法"第 100 条设有特别规定,仅适用于不定期限的租赁,即出租人非因下列情形之一者,不得收回房屋:① 出租人收回自住或重新建筑时。② 承租人违反第 443 条第 1 项之规定转租予他人时。③ 承租人积欠租金额,除以担保金抵偿外,达两个月以上时。④ 承租人以房屋供违反法令之使用时。⑤ 承租人违反租赁契约时。⑥ 承租人损坏出租人之房屋或附着财物,而不为相当之赔偿时。

(二) 基地租赁

关于基地租赁,债编修正时增设三个规定:

(1) 请求登记为地上权。第 422 条之 1 规定:"租用基地建筑房屋者,承租人于契约成立后,得请求出租人为地上权之登记。"立法意旨在使基地租赁地上权化,以稳固其法律关系,保护租用基地建筑房屋的承租人。

(2) 基地租赁契约之推定移转。第 426 条之 1 规定:"租用基地建筑房屋,承租人房屋所有权移转时,其基地租赁契约,对于房屋受让人,仍继续存在。"立法目的在促进土地利用,并安定社会经济。

(3) 基地承租人之优先承买权。第 426 条之 2 规定:"租用基地建筑房屋,出租人出卖基地时,承租人有依同样条件优先承买之权。承租人出卖房屋时,基地所有人有依同样条件优先承买之权。前项情形,出卖人应将出卖条件以书面通知优先承买权人。优先承买权人于通知达到后 10 日内未以书面表示承买者,视为放弃。出卖人未以书面通知优先承买权人而为所有权之移转登记者,不得对抗优先承买权人。"立法目的系为达到使用与所有合一之目的,促进物之利用并减少纠纷。须注意的是,此项优先承买权具有物权的效力。

关于基地租赁,"土地法"设有特别规定("土地法"第 102 条以下),请参照之。

(三) 耕地租赁

耕地租赁,系以耕作为目的,约定支付租金使用他人农地的契约,涉及承租人的保护的及农地政策,于"民法"(第 457 条至第 463 条)、"土地法"("土地法"第 106 条至第 124 条)及"耕地三七五减租条例"均设有规定,敬请参照(务请阅读相关规定)。在法律适用顺序上,以"耕地三七五减租条例"为优先、"土地法"次之,"民法"中关于耕地租赁的规定更次之,此最足显现特别法及普通法的适用关系具有方法论上的意义。

第二节 使用借贷

例题 88:甲向乙表示于某日某时借用某车,乙欣然表示同意,试问:① 甲于约定时日请求乙交车时,乙得否拒不借车? ② 若乙交车供甲使用,乙因故意或重大过失未告知该车有瑕疵,致生车祸时,甲得否依债务不履行或侵权行为规定向乙请求损害赔偿? ③ 若乙同意借车 1 个月,在此期间乙将该车所有权移转予丙时,丙得否依第 767 条规定向甲请求返还该车?

一、使用借贷的意义

使用借贷,指当事人一方以物交付他方,而约定他方于无偿使用后返还其物之契约(第 464 条)。例如无偿出借汽车、房屋等,以供他人"使用"。以物出借者,称为贷与人,其相对者,称为借用人。使用借贷的内容,顾名思义,限于"使用",不包括收益在内。

使用借贷系要物契约,常先有预约的订立,惟其亦为无偿契约,第 465 条之 1 乃规定:"使用借贷预约成立后,预约贷与人得撤销其约定。但预约借用人已请求履行预约而预约贷与人未即时撤销者,不在此限。"此项但书旨在限制预约的撤销,以顾及借用人利益。

二、使用借贷的效力

(一) 对贷与人的效力

贷与人负有于使用借贷契约存续期间,让借用人使用借用物的义务。使用借贷系属无偿,第 466 条乃规定,贷与人故意不告知借用物的瑕疵,致借用人因其瑕疵受有损害者为限,贷与人始负赔偿之责任。借用人主张侵权行为损害赔偿请求权时,亦应以贷与人故意不告知瑕疵为要件(参阅例题 88)。

(二) 对借用人的效力

(1) 依约定方法使用的义务。借用人得对借用物为使用,但应依约定方法。无约定方法者,应以依借用物之性质而定之方法使用之。借用人非经贷与人之同意,不得允许第三人使用借用物(第467条)。

(2) 借用人的保管义务及保管费用等的负担。借用人应以善良管理人之注意,保管借用物。借用人违反前项义务,致借用物毁损、灭失者,负损害赔偿责任。但依约定之方法或依物之性质而定之方法使用借用物,致有变更或毁损者,不负责任(第468条)。借用物之通常保管费用,由借用人负担。借用物为动物者,其饲养费亦同。借用人就借用物支出有益费用,因而增加该物之价值者,准用第431条第1项之规定。借用人就借用物所增加之工作物,得取回之。但应恢复借用物之原状(第469条)。

(三) 买卖破使用借贷

甲无偿出借某屋供乙居住,其后甲将该屋所有权让与丙时,丙得主张所有物返还请求权(第767条),乙不得主张类推适用第425条规定。诚如1970年台上字第2490号判例所谓:"使用借贷,非如租赁之有第425条之规定,纵令上诉人之前手将房屋及空地,概括允许被上诉人等使用,被上诉人等要不得以上诉人之前手,与其订有使用借贷契约,主张对现在之房地所有人即上诉人有使用该房地之权利。"(参阅例题88)

(四) 消灭时效

贷与人就借用物所受损害,对于借用人之赔偿请求权、借用人依第466条所定之赔偿请求权、第469条所定有益费用偿还请求权及其工作物之取回权,均因6个月间不行使而消灭。前项期间,于贷与人,自受借用物返还时起算。于借用人,自借贷关系终止时起算(第473条)。

三、使用借贷的消灭及借用物的返还

(一) 使用借贷的消灭

(1) 定有期限者,其期限届满。

(2) 未定期限者,贷与人依第470条规定请求返还借用物。

(3) 第472条规定,有下列各款情形之一者,不问使用借贷是否定有期限,贷与人得终止契约:① 贷与人因不可预知之情事,自己需用借用物者。② 借用人违反约定或依物之性质而定之方法使用借用物,或未经贷与人同意,允许第三人使用者。③ 因借用人怠于注意,致借用物毁损或有毁损之虞者。④借用人死亡者。

(二) 借用物的返还

使用借贷消灭时,借用人应返还借用物。其拒不返还时,贷与人得行使所有物返还请求权、不当得利请求权及侵权行为损害赔偿请求权。

(三) 共同借用人的连带责任

数人共借一物者,对于贷与人负连带责任(第471条)。此项连带责任包括损害赔偿及借用物的返还。

第三节 消费借贷

例题89:① 甲为购屋,向乙表示借款50万元,并告知该笔款项将用于支付购屋头期款,否则定金将被没收,乙同意借钱,于某日交付之。乙突于约定交款日期向甲表示撤销其愿借款的意思表示。试问甲得否向乙请求履行契约或请求损害赔偿?是否因有无约定利息而不同?② 甲窃取乙中乐透彩的奖金200万元,出借于善意的丙,并移转其所有权,乙得向丙或甲主张何种权利?

一、消费借贷的意义

(一) 消费借贷的意义

消费借贷,乃当事人(贷与人)一方移转金钱或其他代替物之所有权予他方(借用人),而约定他方以种类、品质、数量相同之物返还之契约(第474条第1项)。当事人之一方对他方负金钱或其他代替物之给付义务,而约定以之作为消费借贷之标的者,亦成立消费借贷(第474条第2项)。例如甲向乙购物应支付价金10万元,得约定以之作为标的,而在甲与乙间成立消费借贷。又以货物或有价证券折算金钱而为借贷者,纵有反对之约定,仍应以该货物或有价证券按照交付时交付地之市价所应有之价值,为其借贷金额(第481条)。

(二) 要物契约及预约

1. 要物契约

消费借贷契约,非将金钱或其他代替物交付,不生效力,故为要物契约。消费借贷不同于租赁或使用借贷的特色在于必须移转标的物的所有权。消费借贷有约定报偿,有为无偿者。金钱借贷通常附有利息,在此情形,应认其系有偿契约、双务契约。

2. 消费借贷的预约

为缓和消费借贷的要物性,第475条之1之规定:"消费借贷之预约,其约定之消费借贷有利息或其他报偿,当事人之一方于预约成立后,成为无支付能力者,预约贷与人得撤销其预约。消费借贷之预约,其约定之消费借贷为无报偿者,准用第465条之1之规定。"易言之,于附利息的消费借贷的预约,贷与人原则上有履行预约的义务。此对借用人甚为重要,否则将难以计划其资金的运用,有碍交易活动(参阅例题89)。

(三)消费借贷的法律规范

关于消费借贷,仅设8个条文(第474条至第481条),不足反映消费借贷在现代社会经济生活的重要性。个人理财购屋,厂商融资,均有赖向个人,尤其是向银行贷款。为补法律规范不足,乃发展出各种相关的定型化契约条款(如房屋贷款信用贷款)。又金钱借贷为信用授予,具有风险,须有担保制度(如保证、担保物权)以资配合,因而形成一个以消费借贷为中心的金融体系,其相关法令(如"消保法"、"银行法"、"公司法"等)甚多,应请注意。

二、消费借贷的成立

消费借贷因标的物的交付及所有权的移转而成立。关于动产所有权的移转,应适用第761条规定。当事人之一方对负给付金钱或其他代替物的义务,而约定以之作为消费借贷标的情形,于当事人为合意时,消费借贷即为成立(简易交付,第761条第1项)。甲盗取乙的金钱,贷予不知情之丙,丙得因善意取得其金钱所有权(第801条、第951条),而在甲与丙成立消费借贷。在此情形,乙仅能向甲主张侵权行为损害赔偿请求权(第184条第1项前段)或依不当得利规定向甲请求让与其对丙的返还请求权(第179条)(参阅例题88)。

三、消费借贷的效力

(一)对贷与人的效力

消费借贷,约定有利息或其他报偿者,如借用物有瑕疵时,贷与人应另易以无瑕疵之物,但借用人仍得请求损害赔偿。消费借贷为无报偿者,如借用物有瑕疵时,借用人得照有瑕疵原物之价值,返还贷与人。前项情形,贷与人如故意不告知其瑕疵者,借用人得请求损害赔偿(第476条)。

(二) 对借用人的效力

(1) 借用人取得借用物的所有权,自得对之为处分。

(2) 利息或其他报偿,应于契约所定期限支付之。未定期限者,应于借贷关系终止时支付之。但其借贷期限逾一年者,应于每年终支付之(第477条)。

(3) 借用人应于约定期限内,返还与借用物种类、品质、数量相同之物。未定返还期限者,借用人得随时返还,贷与人亦得定1个月以上相当期限,催告返还(第478条)。

(4) 消费物为金钱者,其返还除契约另有订定外,应依下列方法:① 以通用货币为借贷者,如于返还时,已失其通用效力,应以返还时有通用效力之货币偿还之。② 金钱借贷,约定折合通用货币计算者,不问借用人所受领货币价格之增减,均应以返还时有通用效力之货币偿还之。③ 金钱借贷,约定以特种货币为计算者,应以该特种货币,或按返还时返还地之市价,以通用货币偿还之(第480条)。

第四章 劳务及工作给付契约
——雇佣、承揽、旅游、委任、寄托等

第一节 劳务给付契约的典型契约化

在社会生活上除财产权交易(买卖、互易、赠与),物(包括金钱)的使用、收益(租赁、使用借贷、消费借贷)外,劳务提供及工作给付亦属重要,举例言之,诸如,受雇于电子公司担任技师、担任家教、为人修理汽车、担任登山向导、参加旅行社赴日赏樱花、出版社印刷发行论文著作、聘请律师打官司、到医院看病、为他人报告订约机会、以自己名义为他人计算买卖股票、宅急便公司投递商品、搭乘捷运上下班等。

为合理、有效率规律各种劳动或工作给付,"民法"就常见情形,区别给付内容,及其所及的利益状态,规定若干基本"劳务性"契约,例如雇佣、承揽、旅游、出版、委任、经理人及代办商,居间、行纪、寄托、仓库、运送等。应先综合说明者有三:

(1)"民法"上规定的劳务或工作给付契约,均属不要式契约,除寄托外,均属不要物契约(诺成契约),原则上均为有偿、双务契约。委托、寄托是否有偿,依当事人约定。又在双务契约的情形,通常系"先劳务、报酬后付"(第264条第1项但书)。

(2)各种劳动契约,内容相近,如何区别(如雇佣与承揽、雇佣与委任),难免有疑问。不要强记各种契约的内容,而要了解法律所以创设设种契约类型的理由,尤其是如何决定各种契约的给付义务,及因此而生的法律关系。

(3)若干劳务契约(如经理人、代办商行纪、仓库、运送)系属所谓的

商行为。在采民商分立的国家和地区,多规定于商法典。台湾地区"民法"因采民商合一,乃将此等契约纳入债编之内,因与日常生活较无直接关联,在此不详论。以下仅就雇佣、承揽、旅游、委任及寄托五种契约加以说明。限于篇幅,悉为详述,不免于条文的排列组合,选择若干基本典型契约稍加阐释,应较有助益。

第二节 雇 佣

例题90:① 试说明何谓雇佣契约与劳动契约。② 甲受雇于乙公司为电子工程师,因事外出可否使丙代服劳务?乙公司因欠缺原料停工3日,是否仍有支付报酬的义务?③ 甲因服劳务,非因自己的过失而受伤时,得否向乙公司请求损害赔偿?乙公司得否以无可归责事由而为拒绝?

一、雇佣契约与劳动契约

雇佣,指当事人约定,一方于一定或不定之期限内为他方服劳务,他方给付报酬之契约(第482条)。雇佣系以服劳务本身为其契约的直接目的,与承揽系以服劳务为其手段而完成一定工作而异。受雇人系居于从属地位受雇主指示而服劳务,例如受雇于公司企业的劳工。但亦有处于较独立的地位的,例如担任家庭教师,帮佣看雇小孩等。"民法"关于雇佣的规定,适用于此两种受雇人,关于前者,为保护处于弱势的劳工,另发展出所谓的劳动契约,尤其是对劳动契约的终止设有特别规定("劳动基准法"第9条以下),并以之为基础建构"劳动法",此已成为专门领域,非本书所能论述。但请注意及之。为期醒目,列表如下:

雇佣 { 一般雇佣契约:"民法"规定
       劳动契约 { 适用"民法"规定
                 "劳动基准法"等特别规定:优先适用

二、雇佣契约的效力

(一) 对受雇人的效力

1. 服劳务的义务

受雇人应依约定为雇主服劳务。因可归责于受雇人的事由,致为不完全给付者(如毁损雇用人机器、泄露业务秘密),雇用人得依第227条规定行使其权利,尤其是请求加害给付的损害赔偿。

2. 劳务给付的专属性

雇佣契约系基于当事人的信赖关系,第484条乃规定:"雇用人非经受雇人同意,不得将其劳务请求权让与第三人。受雇人非经雇用人同意,不得使第三人代服劳务。"是为劳务给付的专属性。当事人之一方违反前项规定时,他方得终止契约(第484条第2项)。

3. 特种技能之保证

受雇人明示或默示保证其有特种技能者(如每分钟打多少字,能口译数国语言),如无此种技能时,雇用人得终止契约(第485条)。

(二) 雇用人的义务

1. 报酬给付义务

(1) 报酬之给付。为他人服劳务,旨在取得报酬(工资)。雇主负有给付报酬义务,雇佣契约恒具有偿性。如依情形,非受报酬即不服劳务者,视为允与报酬。未定报酬额者,按照价目表所定给付之。无价目表者,按照习惯给付(第483条)。报酬应依约定之期限给付之。无约定者,依习惯。无约定,亦无习惯者,依下列之规定:① 报酬分期计算者,应于每期届满时给付之。② 报酬非分期计算者,应于劳务完毕时给付之(第486条)。

(2) 雇用人受领迟延与报酬之给付。第487条规定:"雇用人受领劳务迟延者,受雇人无补服劳务之义务,仍得请求报酬。但受领人因不服劳务所减省之费用,或转向他处服劳务所取得,或故意怠于取得之利益,雇用人得由报酬额内扣除之。"例如,大学生某甲为乙补习数学,甲于约定时日至乙处,乙外出未归,不能受领甲的补习,应成立债权人受领迟延。于此情形,甲无为补课的义务,仍得请求报酬,此系为保护受雇人而设的特别规定,盖"劳务"因时间经过而消失,不同于物之给付也。准此以言,雇用人因欠缺原料停工,不能受领受雇人的劳务时,仍不免于支付工资的义务(例题90)。

2. 雇用人的照顾义务

应特别提出的是,债编修正时,增设两个重要规定,使个人主义色彩的雇佣契约社会化,具伦理性的意义:

(1) 危险预防义务。第483条之1规定:"受雇人服劳务,其生命、身体、健康有受危害之虞者,雇用人应按其情形为必要之预防。"所谓服劳务,除劳务本身外,尚包括工作场所、设备、工具等。此为雇用人照顾义务的具体化。对此项危险预防,受雇人有请求权。雇用人违反此项义务时,应依不完全给付规定(第227条),负损害赔偿责任。

(2)无过失损害赔偿责任。第487条之1之规定:"受雇人服劳务,因非可归责于自己之事由,致受损害者,得向雇用人请求赔偿。前项损害之发生,如别有应负责任之人时,雇用人对于该应负责者,有求偿权。"立法理由强调此系危害归责的无过失责任。例如,操作某机器,因机器故障,非因自己的故意或过失而受伤害时,得向雇用人请求损害赔偿,雇用人有无可归责事由,在所不问(例题90)。若该机器故障系其他受雇人(或其他之人)的故意或过失所引起,雇主有求偿权。但对损害的发生,雇用人与有过失时,应类推适用第217条规定,减少求偿数额。

三、雇佣的消灭

(一)期限届满

雇佣定有期限者,其雇佣关系于期限届满时消灭(第488条)。

(二)契约终止

(1)随时终止。雇佣未定期限,亦不能依劳务之性质或目的定期期限者,各当事人得随时终止契约。但有利于受雇人之习惯者,从其习惯(第488条第2项)。

(2)遇有重大事由之终止。当事人之一方,遇有重大事由,其雇佣契约,纵定有期限,仍得于期限届满前终止之。即无论是否定有期限,均得以重大事由为由而终止之。前项事由,如因当事人一方之过失而生者,他方得向其请求损害赔偿(第489条)。其得终止雇佣的重大事由,例如生病、征召入伍、随配偶移民、丧失必要的特殊技能等。

第三节 承　　揽

例题91:甲承包乙所有的房屋的顶楼营造加盖铁皮屋,雇丙施工,因与邻居发生重大纠纷,甲聘丁律师处理其事。试说明何谓承揽,雇佣及委任。设甲营造的铁皮屋于完成交付前(或交付后)因具有瑕疵,部分掉落,击伤在工地监工的乙时,乙得向甲行使何种权利,其行使权利期间如何？乙得否主张甲应负不完全给付债务不履行责任(第227条,第227条之1)？

一、承揽的意义

称承揽者,谓当事人约定,一方(承揽人)为他方(定作人)完成一定之工作,他方俟工作完成,给付报酬的契约(第490条第1项)。承揽契约之标的,系以承揽人为定作人完成一定的工作,而达成一定的"结果"。例如,甲承揽为乙营建屋顶铁皮屋,甲雇丙等施工,该屋顶于完工前遭地震毁损时,甲未完成其工作,不得向乙请求报酬,丙等受雇人只要提供劳务即已履行其义务,该屋是否完成,在所不问。又承揽与委任亦属有别,前者重在结果的完成,后者乃在事务的处理,例如,委任律师进行诉讼,是否胜诉,亦非所问。

承揽工作项目繁多,例如营造房屋、修理漏水屋顶、粉刷油漆、冲洗照片、影印文件、雕刻图章等,与吾人的生活关系非常密切,"民法"的规定具高度抽象性,期能广泛适用。

二、承揽对承揽人的效力

(一) 完成一定工作及给付"无瑕疵工作"的义务

承揽人负完成一定工作的义务。承揽既重在工作的完成,承揽人原则上不必亲自为之,得使用他人履行此项义务(如工程的转包),但就其使用人的行为应予负责(第224条)。其依工作的性质或约定,应由承揽人亲自完成其工作者,亦属有之,例如制作乐曲、绘画人像、翻译名著等。

第492条规定:"承揽人完成工作,应使其具备约定之品质及无减少或灭失价值或不适于通常或约定使用之瑕疵。"由此可知完成的工作须无瑕疵,乃承揽人给付义务的内容。定作人对于有瑕疵的工作得拒绝受领,并得与报酬的给付主张同时履行抗辩(第264条第1项)。

(二) 关于工作的瑕疵担保责任

承揽系有偿契约,应准用买卖关于物之瑕疵的规定,承揽另设有特别规定,应优先适用之。分述如下：

1. 瑕疵担保责任的成立及定作人瑕疵的预防请求权

承揽人负有完成"无瑕疵"工作的给付义务,此乃无过失的担保责任。工作"瑕疵"的概念相当于买卖标的物的"瑕疵"。为预防瑕疵的发生,减少事后救济困难,第 497 条规定:"工作进行中,因承揽人之过失,显可预见工作有瑕疵或有其他违反契约之情事者,定作人得定相当期限,请求承揽人改善其工作或依约履行。承揽人不于前项期限内,依照改善或履行者,定作人得使第三人改善或继续其工作,其危险及费用,均由承揽人负担。"

2. 瑕疵担保的效力

(1)瑕疵修补义务。工作有瑕疵者,定作人得定相当期限,请求承揽人修补之。承揽人不于前项期限内修补者,定作人得自行修补,并得向承揽人请求偿还修补必要之费用。如修补所需费用过巨者,承揽人得拒绝修补。前项规定,不适用之(第 493 条)。在买卖契约,买受人对物的瑕疵无修补请求权,在承揽所以设此规定,系以承揽人有修补的能力。

(2)解约或减少报酬。承揽人不于第 493 条第 1 项所定期限内修补瑕疵,或依同条第 3 项之规定,拒绝修补或其瑕疵不能修补者,定作人得解除契约或请求减少报酬。但瑕疵非重要,或所承揽之工作为建筑物或其他土地上之工作物者,定作人不得解除契约(第 494 条)。因可归责于承揽人之事由,致工作发生瑕疵者,所承揽之工作为建筑物或其他土地上之工作物,而其瑕疵重大致不能达使用之目的者,定作人得解除契约(第 495 条第 2 项)。

(3)损害赔偿。因可归责于承揽人之事由,致工作发生瑕疵者,定作人除依前两条之规定,请求修补或解除契约,或请求减少报酬外,并得请求损害赔偿(第 495 条第 1 项)。此之所谓"并得",指损害赔偿与修补请求、解除契约或减少报酬得一并行使之。所谓损害赔偿,包括因工作瑕疵致定作人之人身或所有物所受损害而言,例如,承揽人所修理的汽车因瑕疵而发生车祸,致定作人身体受伤,汽车毁损时,定作人均得请求损害赔偿。

3. 瑕疵担保责任的免除

(1)法定免除。工作之瑕疵,因定作人所供给材料之性质,或依定作人之指示而生者,定作人无前三条(第 493 条至第 495 条)所规定之权利。但承揽人明知其材料之性质,或指示不适当,而不告知定作人者,不在此限(第 496 条)。

(2)约定减免。关于承揽人之瑕疵担保责任的规定,不具强行性,当事人得以特约加以排除。以特约免除或限制承揽人关于工作之瑕疵担保义务者，如承揽人故意不告知其瑕疵，其特约为无效（第501条之1）。

4. 瑕疵担保责任期间与权利行使期间

（1）瑕疵担保责任期间。瑕疵发现期间攸关当事人利益，"民法"将三种期间规定如下：

① 一般发现期间。第498条规定："第493条至第495条所规定定作人之权利，如其瑕疵自工作交付后经过一年始发现者，不得主张。工作依其性质无须交付者，前项一年之期间，自工作完成时起算。"

② 土地工作物之瑕疵发现期间。第499条规定："工作为建筑物或其他土地上之工作物或为此等工作物之重大之修缮者，前条所定之期限，延为五年。"

③ 瑕疵发现期间之延长。第500条规定："承揽人故意不告知其工作之瑕疵者，第498条所定之期限，延为五年，第499条所定之期限，延为十年。"

上揭期间均为除斥期间。须注意是第498条及第499条所定之期限，得以契约加长，但不得减短（第501条），此为除斥期间得以契约加长的特例，旨在保护定作人。

（2）行使权利期间。定作人之瑕疵修补请求权、修补费用偿还请求权、减少报酬请求权、损害赔偿请求权或契约解除权，均因瑕疵发现后一年间不行使而消灭（第514条第1项）。对损害赔偿请求权言，此1年系消灭时效，其他权利，则为除斥期间。

"民法"既有瑕疵发现期间，复设有此项权利行使期间，两者各有作用，即前者系对于瑕疵发现的限制，后者乃对于发现后行使权利之限制。两者的关系为在前者的期间内发现瑕疵，须在后者的期间内行使权利。例如建筑物之瑕疵发现期间为5年，设定作人于工作交付后3年第五个月月底发现，则只能于第四年第五个月月底以前行使权利。

5. 不完全给付请求权的排除

甲为乙修理汽车，该车因工作瑕疵发生车祸，乙就其人身健康所受侵害，得依第495条第1项规定请求损害赔偿，其请求权因瑕疵发现一年间不行使而消灭，前已论及。问题在于乙是否得主张不完全给付损害赔偿（第227条），此涉及消灭时效及第227条之1的适用。就立法意旨及规范体系言，应认第495条第1项规定排除第227条的适用，但为保护被害人,第227条之1的规定则应类推适用之。

(三) 工作给付迟延

因可归责于承揽人之事由,致工作(如房屋修缮)逾约定期限始完成,或未定期限而逾相当时期始完成者,定作人得请求减少报酬或请求赔偿因迟延而生之损害。前项情形,如以工作于特定期限完成或交付(如于歌唱期日前完成舞台设置)为契约之要素者,定作人得解除契约,并得请求赔偿因不履行而生之损害(第502条)。因可归责于承揽人之事由,迟延工作,显可预见其不能于限期内完成而其迟延可为工作完成后解除契约之原因者,定作人得依第502条第2项之规定解除契约,并请求损害赔偿(第503条)。工作迟延后,定作人受领工作时,不为保留者,承揽人对于迟延之结果,不负责任(第504条),立法目的在于顾及承揽人的利益。然须注意的是,双方约定之违约金债权,倘系惩罚性之违约金,于约定之原因事实发生时,即已独立存在,定作人于迟延后受领工作时,纵因未保留而推定为同意迟延之效果,仍应不影响已独立存在之违约金债权(2000年台上字第52号判决)。

(四) 工作给付不能

例题92:① 甲承包印刷乙的《民法概要》,印刷装订完成后,于乙受领前(或乙受领迟延后),因水灾致所装订完成之书灭失时,乙应否支付约定的报酬?所谓"受领工作",是否包括定作人对工作合于契约本旨的认定? ② 甲承包布置乙于某日举办演唱会的舞台,显可预见甲不能于期限内完成其工作时,乙得向甲主张何种权利?

1. 危险负担(价金危险)

甲承揽为乙营业房屋,制作西服,翻译外文名著,雕刻图章,若此等工作,因不可归责于双方当事人事由毁损灭失时,承揽人固不必完成其工作(第225条第1项),定作人应否支付约定的报酬?此涉及价金(报酬)危险负担。"民法"设有如下规定:

(1) 由承揽人承担价金危险。工作毁损、灭失之危险,于定作人受领前,由承揽人负担(第508条第1项前段)。例如营造的铁皮屋于定作人受领前遭台风灭失,承揽人不得请求报酬。定作人所供给之材料(如西服布料、雕刻玉石),因不可抗力而毁损灭失者,承揽人不负责任(第508条第2项)。

（2）由定作人承担价金危险。工作毁损灭失之危险，于定作人受领前，由承揽人负担。如定作人受领迟延者，其危险由定作人负担（第508条第1项后段）。又须注意的是，于定作人受领工作前，因其所供给材料之瑕疵，或其指示不适当，致工作毁损灭失或不能完成者，承揽人如及时将材料之瑕疵，或指不适当之情事，通知定作人时，得请求其已服劳务之报酬，及垫款之偿还。定作人有过失者，并得请求损害赔偿（第509条）。

2. 受领工作

"受领"工作，系判断危险负担及其他法律关系（如第504条）的基准。所谓受领工作非仅指"工作的交付"（占有的移转），应认为包括定作人作明示或默示认定该工作基本上符合契约的本旨。依工作的性质，无须交付者（如歌唱、演讲），以工作完成时视为受领（第510条）。

三、承揽对定作人的效力

（一）支付报酬义务

（1）报酬之数额。当事人间未定报酬额者，按照价目表所定给付之，无价目表者，按照习惯给付（第491条第2项）。约定由承揽人供给材料者，其材料价额，推定为报酬之一部（第490条第2项）。订立契约时，仅估计报酬之概数者，如其报酬，因非可归责于定作人之事由，超过概数甚巨者，定作人得于工作进行中或完成后，解除契约（第506条第1项）。前项情形，工作如为建筑物，或其他土地上之工作物，或为此等工作物之重大修缮者，定作人仅得请求相当减少报酬，如工作物尚未完成者，定作人得通知承揽人停止工作，并得解除契约（第506条第2项）。定作人依前两项规定解除契约时，对于承揽人，应赔偿相当之损害（第506条第3项）。

（2）报酬给付时期。报酬，应于工作交付时给付之。无须交付者，应于工作完成时给付之。工作系分部交付，而报酬系就各部分定之者，应于每部分交付时，给付该部分之报酬（第505条）。

（二）对工作的协力义务

工作需定作人之行为始能完成者（如绘画人像），而定作人不为其行为时（如到场供绘画，制作旗袍到场量身），承揽人得定相当期限，催告定作人为之。定作人不于前项期限内为其行为者，承揽人得解除契约，并得请求赔偿因契约解除而生之损害(第507条)。

(三) 工作物的受领义务

依一般原则,债权人对于债务人所提出的给付,并无受领的义务(第367条规定买受人有受领给付的义务,系属例外)。定作人对承揽人交付的工作未受领者,仅构成受领迟延。但承揽之工作,以承揽人个人之技能为契约之要素者,如因承揽人死亡或因其过失致不能完成其约定之工作时,而终止契约者,其工作已完成之部分,于定作人为有用者,定作人则有受领及给付相当报酬的义务(第512条第2项)。

四、承揽人的法定抵押权

为确保承揽人的报酬请求权并兼顾交易安全,第513条设有承揽人法定抵押权:"承揽之工作为建筑物或其他土地上之工作物,或为此等作物之重大修缮者,承揽人得就承揽关系报酬额,对于其工作所附之定作人之不动产,请求定作人为抵押权之登记;或对于将来完成之定作人之不动产,请求预为抵押权之登记。前项请求,承揽人于开始工作前亦得为之。前两项之抵押权登记,如承揽契约已经公证者,承揽人得单独申请之。第1项及第2项就修缮报酬所登记之抵押权,于工作物因修缮所增加之价值限度内,优先于成立在先之抵押权。"

此种法定抵押权须经登记始生效力,未经登记时,承揽人不得主张优先于后成立的抵押权或一般债权人。其经登记者,就修缮报酬,于工作物因修缮所增加的价值限度内,优先于成立在先的抵押权受偿。

五、制造物供给契约

制造物供给契约,乃当事人之一方以自己之材料,制造物品,供给他方,而他方给付报酬之谓。例如包做西装、印刷书籍、雕刻印章等。"民法"对此未设规定,通说认为原则上应解释当事人之意思,以资决定。当事人的意思,重在工作物财产权的移转者,认为系买卖;重在工作物的完成者,认为系承揽。若无所偏重,或轻重不分明时,则认为承揽与买卖的混合契约,关于工作物的完成,适用承揽的规定;关于工作物财产权的移转(包括权利瑕疵),则适用买卖的规定。

六、承揽的消灭

承揽因当事人一方行使解除权而消灭(第494条、第502条第2项、第503条、第506条、第507条)。须注意的是,承揽亦得因契约终止而消灭,其情形有二:

(1) 意定终止。工作未完成前,定作人得随时终止契约。但应赔偿承揽人因契约终止而生之损害(第511条)。因契约终止并无溯及效力,故承揽人,就终止前已完成部分工作,仍得向定作人请求报酬,其所谓损害赔偿系就未完成之工作而言,承揽人此项损害赔偿请求权或解除契约权,因其原因发生后,一年间不行使而消灭(第514条第2项)。

终止契约,既仅使契约自终止之时起向将来消灭,并无溯及之效力,使契约自始归于消灭。定作人在承揽契约有效期间内,因承揽人所为工作致受利益,乃本于终止前有效承揽契约而来,并非无法律上之原因,与不当得利之要件不符。故终止契约后,不论定作人有无受利益,承揽人如受有损害,仅得依第511条但书,规定请求损害赔偿,不生返还不当得利请求权竞合,而得选择行使的问题。此为近年来实务上具争议的问题,应请注意。①

(2) 法定终止。承揽之工作,以承揽人个人之技能为契约之要素者,如承揽人死亡,或非因其过失致不能完成其约定之工作时,其契约为终止(第512条第1项)。工作已完成之部分,于定作人为有用者,定作人有受领及给付相当报酬之义务(第512条第2项),以保护承揽人的利益。

第四节 旅 游

例题93:某甲参加乙旅游营业人所举办的泰国普吉岛4天3夜旅游团,旅费25000元,试问:① 甲于出发前告知乙,以其弟替代其参加,应否得乙同意,乙得否拒绝? ② 乙将全体旅行团转包给丙旅游营业人,于机场赴旅馆途中因游览车司机过失,发生车祸。甲就其身体受伤,衣物毁损,住院3日不能外出观光所受损害,如何向乙、丙

---

① 参见拙著:《不当得利》,北京大学出版社2009年版,第55页以下。

行使权利？③ 丙安排旅客到珠宝店及蛇店购物,旅客就所购物品的瑕疵得向乙或丙主张何种权利？

一、旅游契约的典型化

(一) 旅游契约的意义

近年来,由于交通便利、通信发达,人民生活水准大幅提高,因而重视休闲生活,旅游遂蔚为风气。旅游纠纷时有所闻。惟原"民法"并无专节或专条规定,法院仅得依混合契约法理就个案而为处理,为使旅游营业人与旅客间之权利义务关系明确,有明文规范之必要,债编修正乃增订"旅游"一节,将旅游加以典型契约化。

"民法"未对"旅游"加以定义,于第 514 条之 1 规定:"称旅游营业人者,谓以提供旅客旅游服务为营业而收取旅游费用之人。前项旅游服务,系指安排旅程及提供交通、膳宿、导游或其他有关之服务。"由是可知,旅游者,指旅游营业人约定为旅客提供旅游服务,而旅客给付旅游费用的契约。旅游亦重在一定结果完成,性质上类似于承揽,其未特别规定的,得类推适用关于承揽的规定。

旅游契约的给付内容具有两项特色:① 在旅游营业人所提供的是整体的旅游服务,至少应包括两个以上同等重要之给付,其中安排旅程为必要的服务,另外尚须具备提供交通、膳宿、导游或其他有关的服务。② 旅客约定的旅游费用亦具整体性,而非对个别旅游服务而为的给付。

(二) 法律规范及定型化契约的控制

"民法"关于旅游所设的规定,多仿自德国民法上的旅游契约(Reisevertrag,《德国民法》第 651 条 a 以下)。《德国民法》为保护消费者,明定关于旅游契约的规定具强行性,不得为不利于旅客的变更(《德国民法》第 651 条 K)。台湾地区"民法"未设类似规定,解释上应认为系任意规定,惟旅游营业人以定型化契约排除减轻其应负的责任,或加重旅客的责任时,应受较严格的控制。

二、旅游契约的成立

(一) 旅游系不要式契约

关于旅游契约的成立,第 514 条之 2 规定:"旅游营业人因旅客之请求,应以书面记载下列事项,交付旅客:① 旅游营业人之名称及地址。② 旅客名单。③ 旅游地区及旅程。④ 旅游营业人提供之交通、膳宿、导游或其他有关服务及其品质。⑤ 旅游保险之种类及其金额。⑥ 其他有关事项。⑦ 填发之年月日。"此书面乃在明确旅游有此事项,并非旅游契约的要式文件,故旅游为不要式契约,只要当事人双方意思合致,即为成立。

(二) 旅游契约的当事人

旅游契约的当事人为旅游营业人及旅客。旅行社通常为旅游营业人,但亦得仅为媒介旅客与旅游营业人间的旅游契约。又须注意的是,旅游服务的个别提供者(如游览车公司、旅馆、餐厅),不是旅客的契约相对人,而是旅游营业人的履行辅助人。旅游营业人将旅行团转包给其他旅行营业人者,该旅游营业人亦属履行辅助人(第224条),其契约当事人仍为原旅游营业人,应由其负担契约上的责任(1999年台上字第2210号判决)。

三、旅游契约的效力

(一) 对旅客的效力

1. 旅游费用的给付及协力义务

旅客的主给付义务系给付约定的旅游费用。此外,旅客亦负有协力义务(从给付义务),即旅游需旅客之行为始能完成(如提供申办旅游资料),而旅客不为其行为者,旅游营业人得定相当期限,催告旅客为之。旅客不于前项期限内为其行为者,旅游营业人得终止契约,并得请求赔偿因契约终止而生之损害。旅游开始后,旅游营业人依前项规定终止契约时,旅客得请求旅游营业人垫付费用将其送回原出发地。于到达后,由旅客附加利息偿还之(第514条之3)。

2. 旅客的变更权

旅客不负参加旅游的义务。旅游开始前,旅客得变更由第三人参加旅游。此项旅客变更权(或替代权),具形成权的性质,不必得旅游营业人的同意。旅游营业人非有正当理由,如公务人员非经许可不得到大陆旅游,如身体健康不适于到北极,不得拒绝(第514条之4第1项)。第三人依前项规定为旅客时,如因而增加费用,旅游营业人得请求其给付。如减少费用,旅客不得请求退还(第514条之4第2项)。

3. 旅游未成前旅客的终止权

旅游未完成前,旅客得随时终止契约。但应赔偿旅游营业人因契约终止而生之损害。旅客依前项规定终止契约时,得请求旅游营业人垫付费用将其送回原出发地。于到达后,由旅客附加利息偿还之(第514条之9、第514条之5第4项)。

(二) 对于旅游营业人的效力

1. 提供旅游服务义务

旅游营业人的给付义务,在于安排旅程及提供交通、膳宿、导游或其他有关之服务。此外并有说明旅游相关事项的义务(如举办说明会)。

2. 旅游内容的履行及变更

为保障旅客的权益,旅游营业人非有不得已之事由,不得变更旅游内容。旅游营业人依前项规定变更旅游内容时,其因此所减少之费用,应退还于旅客;所增加之费用,不得向旅客收取(第514条之5第1项、第2项)。旅游内容的变更如涉及旅游行程之变更(如不依约定到兰屿,而变更到台东初鹿农场),旅客不同意者,得终止契约(第514条之5第3项)。旅客依前项规定终止契约时,得请求旅游营业人垫付费用将其送回原出发地。于到达后,由旅客附加利息偿还之(第514条之5第4项)。

3. 瑕疵担保责任

(1) 瑕疵担保责任的内容。旅游营业人提供旅游服务,应使其具备通常之价值及约定之品质(第514条之6),此为旅游的核心问题。旅游服务是否具备通常价值及约定品质而无瑕疵,应依旅游契约的内容、费用、目的地、是否符合旅游行程等,加以判断。导游安排过多艺品店购物、停留时间过长,均属旅游瑕疵。旅客多依赖旅游营业人提供资料,故"对旅游无瑕疵"应作较严格的要求。然低价的旅游不能有过度的期望,德国实务上曾认为廉价的锡兰旅游中,其旅馆紧邻火车道、楼梯有老鼠出入、浴室有蟑螂、卧床下有蛇,尚不能即认为系有瑕疵。

(2) 瑕疵担保责任的效力

① 瑕疵的改善。旅游服务不具备通常的价值或约定的品质者,旅客得请求旅游营业人改善之(第514条之7第1项前段)。例如更换空调故障的房间、更换安全的汽车。

② 请求减少费用并得终止契约。旅游营业人不为改善或不能改善时,旅客得请求减少费用。其有难于达预期目的之情形者,并得终止契约

(第 514 条之 7 第 1 项后段)。

③ 财产上损害赔偿。因可归责于旅游营业人之事由致旅游服务不具备通常之价值或约定之品质者,旅客除请求减少费用或并终止契约外,并得请求损害赔偿(第 514 条之 7 第 2 项)。

④ 旅游时间浪费的金钱赔偿。因可归责于旅游营业之事由,致旅游未依约定之旅程进行者,旅客就其时间之浪费,得按日请求赔偿相当之金额。但其每日赔偿金额,不得超过旅游营业人所收旅游费用总额每日平均之数额(第 514 条之 8)。旅游时间的浪费,例如交通工具安排失当,滞留在旅馆或机场,发生车祸致旅客必须住院等。此种时间浪费为非财产上损害,其应以金钱赔偿,系本诸旅游商业化的思想,乃契约债务不履行,非财产上损害得请求金钱赔偿的特例,实值注意。

⑤ 不完全给付的损害赔偿。因可归责于旅游营业人的事由(如发生车祸、食物中毒),致旅客的人身健康或其他物品(如行李)遭受损害者,旅客得依不完全给付的规定请求损害赔偿(第 227、第 227 条之 1)。旅游营业人就旅游给付提供人(如旅馆、餐厅)的故意或过失,应负同一责任(第 224 条)。

4. 协助处理义务

旅游营业人负有以下两种协助处理的附随义务,如有违反,应负债务不履行的责任:

(1) 旅客在旅游中发生身体或财产上之事故时,旅游营业人应为必要之协助及处理。前项之事故,系因非可归责于旅游营业人之事由所致者,其所生之费用,由旅客负担(第 514 条之 10)。

(2) 旅游营业人安排旅客在特定场所购物,其所购物品有瑕疵者,旅客得于受领所购物品后 1 个月内,请求旅游营业人协助其处理(第 514 条之 11)。

(三) 权利行使期间

旅游一节规定之增加、减少或退还费用请求权,损害赔偿请求权及垫付费用偿还请求权,均自旅游终了或应终了时起,1 年间不行使而消灭(第 514 条之 12),立法目的在早日确定法律关系。

四、旅游契约的消灭

旅游因当事人一方行使终止权而消灭(第 514 条之 3 第 2 项,第 514

条之5第3项、第514条之7第2项、第3项),前已论及。

须注意的是,无论任何一方终止契约,旅客身处异地,不免陷入困境,故除第514条之7第3项规定费用由旅游营业人负担外,旅客皆得请求旅游营业人垫付费用将其送回原出发地,而于到达后,由旅客附加利息一并偿还之(第514条之3、第514条之5、第514条之9)。

第五节 委 任

例题94:A到B医院看病,因C医生治疗过失致健康受损。A嘱托D会计师申报所得税,因D会计师过失漏报,致遭罚款。A委请E律师对B、C、D提出诉讼,请求损害赔偿,因E律师过失,未于法定期间提出上诉,致遭败诉的不利益。试问A对B、C、D及E各得依何种规定,行使其权利?

例题95:甲委任乙向丙购买某画,并授予代理权。试问乙以甲名义或以乙自己名义向丙购买时,其法律关系有何不同?

一、委任的意义、成立及性质

(一) 委任的意义

委任,乃当事人约定,一方(委任人)委托他方(受任人)处理事务,他方允为处理之契约(第528条)。事务,指与吾人生活有关之一切事项,以属于委任人自己为原则,属于第三人的事务亦无不可,但属于受任人自己利益,原则上不得为委任。委任处理的事务,其范围甚为广泛,有属法律行为,例如买卖、租赁、借贷、签发支票委托银行付款、信用卡持卡人委任发卡机关付款;有属法律上的行为(准法律行为),例如催告、收款;有属公法上的行为,例如申请建照、进行诉讼;有为事实行为,例如代读祝词、鉴定古董。同一委任得包括上述行为。

须注意的是,委任与专门职业提供服务具有密切关系,例如委请律师订立契约、进行诉讼、会计师申报所得税、建筑师制作大厦设计图、医师看病治疗。又公司与董事间的关系,亦应适用"民法"关于委任的规定("公司法"第192条第4项)。

又须注意的是,为处理事务,有授予受任人代理权的,有未授予代理权的,并非委任皆授予代理权。委任与代理权的授予,系为二事,应严予区别。

(二) 委任的性质

委任得为无偿或有偿。受任人受任处理事务,以不受报酬为原则。但当事人得为给付报酬的约定。报酬纵未约定,如依习惯,或依委任事务之性质,应给予报酬者,受任人得请求报酬(第547条)。

在有偿委任,委任人的报酬给付义务与受任人的事务处理义务,立于互为对价的关系,而为双务契约。在无偿委任,仅受任负担处理事务的义务,虽委任人负有偿还费用的义务(第546条),但二者间并非立于互为对价的关系,故为单务契约。

(三) 委任的成立

委任系不要式契约,因当事人间意思合致即得成立。有承受委托处理一定事务之公然表示者(如律师、会计师、医师的挂牌执业),如对于该事务之委托,不即为拒绝之通知时,视为允受委任(第530条)。委任状的交付,非属契约成立的要件。但于重要事项的委任(如购买房屋),为明确法律关系,多立有委任状,记载其事务处理权或代理权的授予。委任律师进行诉讼,须有委任书("民事诉讼法"第69条)。

(四) 委任系典型的劳务契约

委任在劳务契约中,最称典型,第529条乃规定:"关于劳务给付之契约,不属于法律所定其他契约之种类者,适用关于委任之规定。"未受委任,并无义务而为他人管理事务者,成立无因管理,亦得准用关于委任的规定(第173条第2项)。管理事务经本人承认者,除当事人有特别意思表示外,溯及管理事务开始时,适用关于委任的规定(第178条)。兹为便于醒目,将上所述,列表如下:

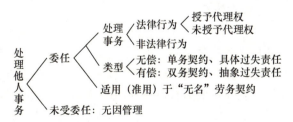

二、委任对受任人的效力

(一) 处理事务的义务

1. 事务处理的授予与范围

受任人对委任人负有处理事务的义务。为便利受任人处理事务,受任人得授予处理权。为委任事务之处理,须为法律行为,而该法律行为,依法应以文字为之者(如不动产物权设定,第760条),其处理权之授予,亦应以文字为之。其授予代理权者,代理权之授予亦同(第531条)。

受任人之权限,依委任契约之约定,未约定者,依其委任事务之性质定之。受任人的权限依特别委任或概括委任而有不同:

(1) 特别委任。委任人得指定一项或数项事务而为特别委任。受任人受特别委任者,就委任事务之处理,得为委任人为一切必要之行为(第532条、第533条)。例如委任出卖某车时,受任人得为订立买卖契约、移转该车所有权、受领价金等必要行为。

(2) 概括委任。委任人得指定一项或数项为概括委任。受任人受概括委任者,得为委任人为一切行为。但为下列行为,须有特别之授权:① 不动产之出卖或设定负担。② 不动产之租赁其期限逾两年者。③ 赠与。④ 和解。⑤ 起诉。⑥ 提付仲裁(第534条)。此类行为所以须有特别授权,因委任人于权利有重大变更,利害关系至为巨大也。

2. 事务的处理

(1) 依委任人的指示。受任人处理委任事务,应依委任人的指示(第535条)。

(2) 注意义务。受任人处理委任事务,除应依委任人之指示外,并与处理自己事务为同一之注意。其受有报酬者,应以善良管理人之注意为之。受任人的注意程度因有偿委任与无偿委任而有不同,即于有偿委任,受任人应负抽象轻过失的责任,于无偿委任,仅负具体轻过失的责任(第535条)。

(3) 亲自处理义务及复委任。委任关系基于信赖,受任人应亲自处理委任事务(第537条),但得使用辅助人(使用人),而依第224条规定负责。但经委任人之同意或另有习惯,或有不得已之事由者,得使第三人代为处理(第537条但书)。此种得使第三人代为处理的委任称为复委任,其效力因复委任合法与否而有不同:① 违法复委任:受任人违反第537条之规定,使第三人代为处理委任事务者,就该第三人之行为,与就自己之行为,负同一责任(第538条第1项)。② 合法复委任:受任人依第537条之规定,使第三人代为处理委任事务者,仅就第三人之选任,及其对于第三人所为之指示,负其责任(第538条第2项)。

3. 报告义务

受任人应将委任事务进行之状况,报告委任人。委任关系终止时,应明确报告其颠末(第540条)。在商号经理人契约,并无此项规定,应予类推适用。商号经理人对于商号所有人系居受任人之地位,自有将委任事务进行状况,报告商号所有人之义务(1932年上字第1992号判决)。

4. 物之交付及权利移转义务

第541条规定:"受任人因处理委任事务,所收取之金钱、物品及孳息,应交付予委任人。受任人以自己之名义,为委任人取得之权利,应移转予委任人。"又依第542条规定:"受任人为自己之利益,使用应交付于委任人之金钱,或使用应为委任人利益而使用之金钱者,应自使用之日起,支付利息。如有损害,并应赔偿。"所谓应交付的物品,法条虽未明示其种类及范围,然不外凡与委任事务有关,而须归委任人取得或委任人须凭以明了事务本来之物件、文书,均包括在内。例如受任人处理事务所立之收支字据或契约书类等,均有交付于委任人之义务。关于委任人所取得权利的移转,分两种情形,加以说明:

(1) 委任人授予受任人代理权,而受任人以委任人(本人)名义与他人为法律行为(如出租某屋),其法律行为直接对委任人发生效力(如在委任人与该他人间成立租赁契约)(第103条)。

(2) 无代理权的委任,或虽有代理权,而受任人以自己名义与第三人为法律行为时,系由受任人自己取得权利(或负担义务)。例如,受任人以自己名义向乙购买某画时,仅受任人取得向该画出卖人请求履行债务(第348条),但应将该债权让与委任人(第294条)。在受任人取得该画所有权的情形,则应将该画所有权移转予委任人(第761条),然此仅为受任人与委任人间之权利义务关系,在受任人移转其所有权予委任人以前,难谓委任人已取得债权或该画所有权。

值得注意的是,实务上有认为受任人苟经该契约之他方当事人同意之下,似非不能以将其与他人所为契约之当事人主体变更为委任人之方式,以实现其将该契约所生之权利义务移转于委任人之目的。是受任人同意与他人所为契约之当事人主体由"受任人"名义变更为"委任人"名义,应属受任人履行移转权利予委任人之附随义务(1999年台上字第1204号判决)。

(二) 债务不履行的责任

受任人就其处理事务，应依关于给付不能、给付迟延及不完全给付的一般规定，负债务不履行责任。例如医师治病，因过失致病患身体受伤害，会计师漏报所得税致受任人被处罚款，律师未于法定期间提起上诉致当事人遭受败诉不利益，均应依不完全给付负损害赔偿责任(第227条)。

第544条规定："受任人因处理委任事务有过失，或因逾越权限之行为所生之损害，对于委任人应负赔偿之责。"逾越权限行为，亦须有过失，但应由委任人就其无过失负举证责任。无偿受任人处理委任事务，亦应与处理自己事务为同一之注意(具体轻过失的责任)，并未如赠与(故意或重大过失，第410条)，使用借贷(故意，第466条)，特别减轻无偿受任人的注意义务，以保护相对人的信赖。

三、委任对委任人的效力

(一) 事务处理请求权

委任人得请求受任人处理事务。因委任具信赖关系，委任人非经受任人同意，不得将处理委任事务之请求权，让与第三人(第543条)。

(二) 费用之预付、偿还及清偿债务的义务

委任人因受任人之请求，应预付处理委任事务之必要费用(第545条)。受任人因处理委任事务，支出之必要费用，委任人应偿还之，并付自支出时起之利息(第546条第1项)。受任人因处理委任事务，负担必要债务者，得请求委任人代其清偿，未至清偿期者，得请求委任人提出相当担保(第546条第2项)。

(三) 损害赔偿义务

第546条第3项、第4项规定："受任人处理委任事务，因非可归责于自己之事由，致受损害者，得向委任人请求赔偿。前项损害之发生，如别有应负责任之人时，委任人对于该应负责者，有求偿权。"此项损害赔偿责任的发生须受任人自己无可归责的事由(故意或过失)，于委任人则不以可归责的事由(故意或过失)为要件，属于无过失责任。例如，甲深夜委请邻居乙送其重病之妻，速赴医院救治，设乙非因过失，途中遭丙撞伤时，乙得向甲请求损害赔偿。丙应负侵权行为时，甲得向丙求偿。

值得特别注意的是，债编修正时，曾依照此项损害赔偿的原则，于雇

佣契约增订第 487 条之 1，深具意义，引述其立法说明如下，俾便参照："按为自己利益使用他人从事具有一定危险性之事务者，纵无过失，亦应赔偿他人因从事该项事务所遭受之损害。此乃无过失责任之归责原则中所谓危害责任原则之一类型。本法第 546 条第 3 项规定，受任人处理委任事务，因非可归责于自己之事由，致受损害者，得向委任人请求赔偿，即其著例，盖为图自己利益，使他人从事具有危险性之事务，就他人因此遭受损害，理应赔偿。鉴于雇佣契约与委任契约同属劳务契约，且受雇人之服劳务，须绝对听从雇用人之指示，自己无独立裁量之权；而受任人之处理委任事务，虽亦须依委任人之指示（第 535 条），但有时亦有独立裁量之权（第 536 条），受任人于处理委任事务，因非可归责于自己之事由，致受损害者，尚且得向委任人请求赔偿；受雇人于服劳务，因非可归责于自己之事由，致受损害者，自亦宜使其得向雇用人请求赔偿，始能充分保护受雇人之权益。"

（四）给付报酬义务

（1）报酬之种类及数额。关于报酬之种类及数额，由当事人自由约定之。报酬未约定者，亦得依习惯或依委任事务之性质，请求报酬（第 547 条）。

（2）支付之时期。受任人应受报酬者，除契约另有订定外，非于委任关系终止及为明确报告颠末后，不得请求给付（第 548 条第 1 项）。即采报酬后付原则，故有偿委任之受任人，不得以未受付报酬主张同时履行抗辩。

（3）半途终止之报酬。委任关系，因非可归责于受任人之事由，于事务处理未完毕前已终止者，受任人得就其已处理之部分，请求报酬（第 548 条第 2 项）。

四、委任的消灭及其效力

（一）任意终止与损害赔偿

当事人之任何一方得随时终止委任契约。当事人之一方，于不利于他方之时期终止契约者，应负损害赔偿责任。但因非可归责于该当事人之事由，致不得不终止契约者，不在此限（第 549 条）。本条所谓损害系指不于此时终止，他方即可不受此损害，非指当事人间原先约定的报酬（1973 年台上字第 1536 号判决）。值得注意的是，1969 年台上字第 2929

号判例谓:"媒介居间人固以契约因其媒介而成立时为限,始得请求报酬,但委托人为避免报酬之支付,故意拒绝订立该媒介就绪之契约,而再由自己与相对人订立同一内容之契约者,依诚实信用原则,仍应支付报酬。又委托人虽得随时终止居间契约,然契约之终止,究不应以使居间人丧失报酬请求权为目的而为之,否则仍应支付报酬。"此项诚信原则于委任契约的随时终止,亦应有其适用。

(二) 法定终止及继续处理事务的义务

委任关系,因当事人一方死亡、破产或丧失行为能力而消灭。但契约另有订定,或因委任事务之性质,不能消灭者,不在此限(第550条)。于第550条情形,如委任关系之消灭,有害于委任人利益之虞时,受任人或其继承人,或其法定代理人,于委任人或其继承人,或其法定代理人,能接受委任事务前,应继续处理其事务(第551条)。委任因受任人死亡而消灭时,其授予的代理权亦当然归于消灭。

(三) 委任关系存续的拟制

委任关系消灭之事由,系由当事人之一方发生者,于他方知其事由,或可得而知其事由前,委任关系视为存续(第552条)。

五、委任、承揽与雇佣的区别

在劳务性契约中,委任、承揽与雇佣在日常生活上最属重要,具不同的社会经济功能,常须互相协力。例如甲营造屋顶花园,由乙承包(承揽),乙乃委请丙购买花木(委任),雇丁施工(雇佣)。三种契约,颇相类似,应加区别,前已提及,兹为醒目,列表如下(请阅读条文):

内容 项目	成立	性质	给付内容	专属性
雇佣	不要式	有偿	以给付劳务为目的,须听从雇用人指示	高度专属性(第484条)
承揽	不要式	有偿	以完成一定的工作为必要	原则上得使他人完成工作(如次承揽)
委任	1. 不要式 2. 允受委托拟制(第530条)	无偿 有偿	处理事务,而以给付劳务为其手段,不以有一定结果为必要。受任人不得有独立裁量之权(第536条)	得为复委任(第537、538、539条)

第六节 寄　　托

一、一般寄托

例题96：试区别下列三种情形,并思考其所涉及利益状态,法律关系及法律上的规范：① 甲外出将某画寄托于乙(有偿或无偿),因乙过失致该画灭失。② 甲将100万元存放于乙银行,开立活期存款户,因丙冒用乙的印章、存折,向乙支领款项。③ 甲于办理乙旅馆登记入住手续时,其所携带行李被盗。

（一）寄托的意义

1. 成立与性质

寄托者,当事人一方(寄托人),以物交付他方(受寄人),他方允为保管之契约(第589条第1项)。寄托既以物之交付为成立要件,是为要物契约。所谓交付,指占有的移转,包括简易交付。例如租赁关系消灭时,当事人订立标的物的寄托契约。买卖某物,约定由出卖人保管标的物。寄托原则上为无偿契约,但契约另有订定或依情形非受报酬,即不为保管者,不得请求报酬(第589条第2项)。

2. 寄托与租赁的区别

寄托系以物的保管为内容,租赁为物的使用收益,前者原则上为无偿,后者恒为有偿。"租用"银行的保管箱,系属租赁,而非寄托,因银行仅提供一定的场所,以供存放物品之用,不负保管其存放物品的义务。停放车辆于无人看管的收费停车场,亦属租赁。停车场的进出有人管理,并给予停车凭证者,应认为系寄托与租赁的混合契约。汽车修理厂,负有保管汽车的义务,然此乃基于承揽而生的附随义务,不另成立寄托契约。

3. 一般寄托与特殊寄托

寄托分为一般寄托及特殊寄托。一般寄托,指第589规定的寄托。特殊寄托的情形有三：① 消费寄托。② 混藏寄托。③ 关于旅店、饮食店等主人对客人携带物品的法定寄托。一般寄托与特殊寄托均以物的保管为内容,但其物的范围(物、代替物),成立方式(物的交付、移转所有权),及责任(过失责任、无过失责任),有所不同,应予注意。

(二) 寄托的效力

1. 对于受寄人的效力

（1）寄托物保管义务。受寄人保管寄托物,应与处理自己事务为同一之注意。其受有报酬者,应以善良管理人之注意为之(第 590 条)。受寄人违反此项义务,致寄托物毁损、灭失时,应依债务不履行规定(尤其是不完全给付、给付不能),负损害赔偿责任。

（2）禁止使用寄托物。受寄人非经寄托人之同意,不得自己使用或使第三人使用寄托物。受寄人违反前项之规定者,对于寄托人,应给付相当报偿。如有损害,并应赔偿。但能证明纵不使用寄托物,仍不免发生损害者,不在此限(第 591 条)。例如保管汽车者,定时开车运转,固为保管的必要行为。但其使用该车郊游时,应给付相当于租金的对价,对该车所生损害应负赔偿责任,有无过失,在所不问。

（3）亲自保管义务及保管方法。受寄人应自己保管寄托物(第 592 条本文)。寄托物保管之方法经约定者,非有急迫之情事并可推寄托人若知有此情事,亦允许变更其约定方法时,受寄人不得变更之(第 594 条)。受寄人经寄托人同意,或另有习惯,或有不得已之事由,得使第三人代为保管(第 592 条但书)。受寄人违反前条之规定,使第三人代为保管寄托物者,对于寄托物因此所受之损害,应负赔偿责任。但能证明纵不使第三人代为保管,仍不免发生损害者,不在此限。受寄人依前条之规定,使第三人代为保管者,仅就第三人之选任及其对于第三人所为之指示,负其责任(第 593 条)。

（4）危险通知义务。第三人就寄托物主张权利者,除对于受寄人提起诉讼或为扣押外,受寄人仍有返还寄托物于寄托人之义务。第三人提起诉讼或扣押时,受寄人应即通知寄托人(第 601 条之 1)。

（5）寄托物返还义务。寄托物返还之期限,虽经约定,寄托人仍得随时请求返还(第 597 条)。未定返还期限者,受寄人得随时返还寄托物。定有返还期限者,受寄人非有不得已之事由,不得于期限届满前返还寄托物(第 598 条)。受寄人返还寄托物时,应将该物之孳息,一并返还(第 599 条)。寄托物之返还,于该物应为保管之地行之。受寄人依第 592 条或依第 594 条之规定,将寄托物转置他处者,得于物之现在地返还之(第 600 条)。

2. 对于寄托人的效力

(1) 寄托人的义务

① 费用偿还义务。受寄人因保管寄托物而支出之必要费用,寄托人应偿还之,并付自支出时起之利息。但契约另有订定者,依其订定(第595条)。须注意的是,于有偿契约,其必要费用(如动物的饲养费),通常均算入报酬,不得另行请求。

② 损害赔偿义务。受寄人因寄托物之性质或瑕疵所受之损害,寄托人应负赔偿责任。但寄托人于寄托时非因过失而不知寄托物有发生危险之性质或瑕疵或为受寄人所已知者,不在此限(第596条)。例如寄托的动物患有传染病,致受寄人的动物遭受感染。寄托人对其非因过失不知该动物有传染病,或为受寄人所已知,应负举证责任。

③ 报酬给付义务。寄托约定报酬者,应于寄托关系终止时给付之。分期定报酬者,应于每期届满时给付之。寄托物之保管,因非可归责于受寄人之事由,而终止者,除契约另有订定外,受寄人得就其已为保管之部分,请求报酬(第601条)。

(2) 受寄人请求权的消灭时效

受寄人关于寄托契约之报酬请求权、费用偿还请求权或损害赔偿请求权,自寄托关系终止时起,1年间不行使而消灭(第601条之2)。按关于寄托契约,"民法"未设"终止"的规定,此之所谓终止应解为系寄托消灭而言,尤其是寄托物的返还。

(三) 寄托的消灭

关于寄托之消灭事由,法无特别规定,自得适用一般原则,例如期限届满、寄托物的返还等均是。

二、消费寄托

例题97:甲向乙银行借100万元,甲以此100万元在乙银行开设活期存款户(或甲种存款户),试问甲与乙间发生何种契约关系?设第三人丙凭真正的存单及印章冒领存款时,其法律关系如何?若丙伪造甲的印章盖于支票,持向乙支领款项,乙的职员尽善良管理人的注意义务,而为付款时,其法律关系如何?

(一) 意义及效力

消费寄托者(不规则寄托),指以代替物为寄托之标的,约定寄托物之所有权移转于受寄人,并由受寄人以种类、品质、数量相同之物返还的一种特殊寄托(第602条第1项),又称不规则寄托。于此种消费寄托,自受寄人受领该物时起,准用关于消费借贷之规定(第602条第1项)。消费寄托系以保管为目的,而消费借贷则以消费为目的。消费寄托虽兼为受寄人之利益,惟主要系为寄托人之利益,消费借贷则为借用人之利益而订定,二者虽相类似,但性质上仍有差异,故法律规定"准用",而非"适用"关于消费借贷的规定。

于消费寄托,如寄托物之返还,定有期限者,寄托人非有不得已之事由,不得于期限届满前请求返还。前项规定,如商业上另有习惯者,不适用之(第602条第2项、第3项)。解释上亦应认为受寄人方面除非有不得已之事由,亦不得于期限届满前,返还寄托物(第598条第2项)。

(二) 金钱消费寄托

第603条规定:"寄托物为金钱时,推定其为消费寄托。"其所以设此"推定",系因亦有认为寄托物为金钱者,系属消费借贷或无名契约。寄托物为金钱时,既推定为消费寄托,而消费寄托自受寄人受领该寄托之金钱时起,即准用关于消费借贷之规定,则该金钱之所有权已移转予受寄人,其利益与危险,当然移转于受寄人。

须注意的是,消费借贷及金钱消费寄托多发生于金融机构与客户之间,其向银行借钱,为消费借贷,其将所借之金钱存放于银行(活期或定期),则为金钱消费寄托。实务上发生重大争议的是,如何处理第三人冒领的问题,分两种情形说明如下:

(1) 银行接受定期存款(即"银行法"第8条之定期存款)者,其与存款户间系发生消费寄托关系。依"民法"(旧)第603条第1项规定(在现行"民法"应适用第603条),银行固负有返还同一数额之金钱于存款户之义务,存款如为第三人凭真正之存单及印章所冒领,依其情形得认该第三人为债权之准占有人,且银行不知其非债权人者,依第310条第2款规定,银行得对存款户主张有清偿之效力。存款户即不得请求银行返还同一数额之金钱,银行亦不负侵权行为或债务不履行之损害赔偿责任。倘该第三人非债权之准占有人或银行明知该第三人非债权人,亦无第310条第1款及第3款所定情事,则银行向第三人为清偿,对于存款人不生清偿效力。存款户自非不得行使寄托物返还请求权,请求银行履行债务,亦不发生侵权行为或债务不履行之问题(1992年台上字第1875号判决)。

(2) 甲种活期存款户与金融机关之关系,为消费寄托与委任之混合契约。第三人盗盖存款户在金融机关留存印鉴之印章而伪造支票,向金融机关支领款项,除金融机关明知其为盗盖印章而仍予付款之情形外,其凭留存印鉴之印文而付款,与委任意旨并无违背,金融机关应不负损害赔偿责任。若第三人伪造存款户该项印章盖于支票持向金融机关支领款项,金融机关如已尽其善良管理人之注意义务,仍不能辨认盖于支票上之印章系伪造时,即不能认其处理委任事务有过失,金融机关亦不负损害赔偿责任。金融机关执业人员有未尽善良管理人之注意义务,应就个案认定。至金融机关如以定型化契约约定其不负善良管理人之注意义务,免除其抽象的轻过失责任,则应认此项特约违背公共秩序,而解为无效(1984年度第十次民事庭会议决议)。

三、混藏寄托

第603条之1规定:"寄托物为代替物,如未约定其所有权移转予受寄人者,受寄人得经寄托人同意,就其所受寄托之物与其自己或他寄托人同一种类、品质之寄托物混合保管,各寄托人依其所寄托之数量与混合保管数量之比例,共有混合保管物。受寄人依前项规定为混合保管者,得以同一种类、品质、数量之混合保管物返还予寄托人。"学说上称之为混藏寄托,为债编修正时所增设。

四、法定寄托——住宿场所主人及饮食店浴堂主人责任

例题98:某音乐系一年级学生某甲,于期中考试后,邀集同学数人到乙饭店聚餐,狂欢之际,甲所携带的名贵小提琴被人窃走。试问甲得向乙主张何种权利?设甲消费过度,未能清偿餐费,乙主张留置该琴,甲辩称该琴为其父所有时,其法律关系如何?

(一) 意义及特色

法定寄托,指依法律规定所成立的寄托关系。可分为:① 因住宿而发生的寄托关系。② 因饮食、沐浴而发生的寄托关系。法定寄托关系的特色,在于受寄人须负担通常事变责任,即除不可抗力责任外,均须负责。

(二) 主人的责任

1. 主人责任成立、免除及限制

(1) 旅店主人责任的成立。旅店或其他供客人住宿为目的之场所主人,对于客人所携带物品之毁损、丧失,应负责任。但因不可抗力或因物之性质或因客人自己或其伴侣、随从或来宾之故意或过失所致者,不在此限(第606条)。关于本条的适用,住宿契约是否成立,物品是否交付,在所不问。所携带物品包括通常物品(如行李)及非通常物品(如手提电脑、乐器)。代客停车是否成立寄托?号码牌载明"遗失汽车概不负责"的效力如何?在实务上仍有争议(2000年台上字第1460号判决)。

(2) 场所主人责任。饮食店、浴堂或其他相类似场所之主人,对于客人所携带通常物品之毁损、丧失,负其责任(第607条本文)。所谓"或其他相类似场所"系债编修正所增设,立法意旨认为因时代变迁,目前社会除饮食店、浴堂外,尚有许多相类似场所,提供客人为一时停留及利用,例如理发店、健身房等。该等场所主人对于客人所携带通常物品之毁损、丧失,仍应负责,始为平允。场所主人所应赔偿者为客人所携带通常物品,例如帽子、雨伞、衣服、书籍等,而不包括非通常物品如手提电脑、小提琴等(例题98)。

2. 主人责任的排除

(1) 因不可抗力或客人方面事由的免责:客人所携带物品(第606条)或通常物品(第607条),其毁损丧失,如因不可抗力或因其物之性质或因客人自己或其伴侣、随从或来宾之故意或过失所致者,主人不负责任(第606条但书、第607条但书)。是可知旅店或场所主人仅就通常事变负责。所谓不可抗力,例如,地震、台风、泥石流。旅店、场所内的窃盗失火,则属主人的危险防范领域。

(2) 贵重物品责任的排除:客人之金钱、有价证券、珠宝或其他贵重物品,非经报明其物之性质及数量交付保管者,主人不负责任(第608条第1项)。主人无正当理由拒绝为客人保管前项物品者,对于其毁损、丧失,应负责任。其物品因主人或其使用人之故意或过失而致毁损、丧失者,亦同(第608条第2项)。

3. 以揭示限制或免除主人责任

第609条规定:"以揭示限制或免除前三条所定主人之责任者,其揭示无效。"此项限制或免除责任的揭示,具定型化契约条款的性质,本条乃控制此定型化免责条款的"先驱"规定,具有意义。至于旅店与客人所作限制或免除责任的"个别约定",原则上得认为系有效,但故意或重大过失的责任,不得预先免除(第222条)。

(三) 损害赔偿请求权的丧失及消灭时效

客人知其物品毁损丧失后,应即通知主人。怠于通知者,丧失其损害赔偿请求权(第610条)。盖求证据之迅速保存,兼顾主人利益。又客人依第606条至第608条之规定所生之损害赔偿请求权,自发现丧失或毁损之时起,6个月间不行使而消灭。自客人离去场所后,经过6个月者,亦同。是为短期消灭时效之规定(第611条)。此项短期时效,在使权利之状态,得以从速确定。

(四) 主人的留置权

第612条规定:"主人就住宿、饮食、沐浴或其他服务及垫款所生之债权,于未受清偿前,对于客人所携带之行李及其他物品,有留置权。第445条至第448条之规定,于前项留置权准用之。"立法意旨系认为,主人既对客人所携带的物品负有重责,自应赋予其对客人所携物品得有留置权,否则客人携它而去,将永无所取偿,实不足保护主人的利益。客人携带之行李是否为客人所有,是否第607条所谓"通常物品",均所不问(例题98)。

第五章 具共同团体性的契约
——合伙、隐名合伙、合会

在买卖、雇佣等所谓"交换性契约",当事人的给付利益多具对立性,例如出卖人希望高价获利,买受人要求物美价廉。契约亦有以达成共同目的者,合伙为其著例,其当事人常在二人以上。此种由多数人参与,依共同目的而订立的契约,除合伙外,尚有合会,并列入本章,分述如下。

第一节 合　伙

例题99:甲、乙、丙、丁四人志同道合,约定集资经营某出版社,甲、乙各出资300万元,丙出资小店面一间,丁系退休的民法教授,以劳务及信用出资,约定股份各为1/4,并由丁担任总编辑执行合伙事务,试问:① 甲、乙、丙、丁系订立何种契约?应否办理商业登记?② 甲、乙、丙如何移转其金钱及财产权成为合伙财产,此种财产的主体究为"合伙"抑为"合伙人",其性质如何?③ 甲得否将其股份让与乙(或第三人戊),或随时退伙?④ 丁执行出版社业务不善,积欠庚印刷厂100万元,庚得否径向甲、乙、丙、丁请求清偿?试就以上各种情形说明合伙的团体性,并从合伙团体性的观点,分析讨论上揭问题。

一、合伙的意义、性质及法律结构

(一) 合伙的意义
合伙者,谓二人以上互约出资以经营共同事业之契约(第667条第1

项)。所谓共同事业,或为财产上之目的(如经营商业、购买彩券),或为精神上之目的(如登山探险、印赠圣经)。自然人得为合伙人。法人为合伙人,法律设有限制,例如"公司法"规定公司不得为合伙事业的合伙人("公司法"第13条第1项)。所谓出资,得为金钱或其他财产权,或以劳务、信用或其他利益代之。金钱以外之出资,应估定价额为其出资额。未经估定者,以其他合伙人之平均出资额视为其出资额(第667条第2项、第3项)。其出资的财产权须移转予合伙人而成为合伙财产。合伙人通常以出资的比例定其合伙的股份。

(二) 合伙的性质

1. 合伙为有偿、双务契约

合伙虽在经营共同事业,但非合同行为,而为契约。合伙人各须出资,故合伙为有偿契约。合伙人的出资具有对价关系,合伙亦为双务契约。由于合伙具有团体性,双务契约上的同时履行抗辩(第264条),应受限制,即已为出资的合伙人或为执行事务的合伙人请求其他合伙人履行其出资义务时,受请求的合伙人,不得以其他合伙人未出资,而主张同时履行抗辩。

2. 合伙的团体性

合伙的当事人在二人以上,系为经营共同事业,并有合伙财产,具有团体性,此为合伙的特征,而为法律规定的重点。合伙因欠缺组织体的结构,非属无权利能力社团,更不具法人地位,不能作为享受权利、负担义务的主体。其享受权利、负担义务者,乃合伙人,而非合伙。须注意的是,合伙系"民事诉讼法"上的非法人团体,其设有代表人者,有当事人能力("民事诉讼法"第40条第3项)。兹以下图,表示合伙的性质:

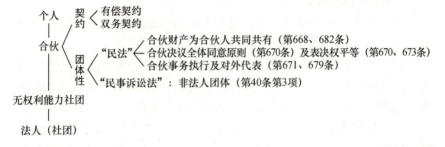

(三) 合伙在法律规范上的基本问题

合伙的当事人为二人以上,有合伙财产,而具团体性,在法律规范上涉及以下四个基本问题:① 合伙财产(积极财产、消极财产)的定性。② 合伙事务的管理,此包括内部关系(损益分配、事务执行)及外部关系(合伙人的代表、合伙人的责任)。③ 合伙的变更,包括合伙人变更(入伙、退伙)及合伙内容变更。④ 合伙的消灭及清算。

(四) 合伙的商业登记

合伙系以营利目的而经营者,应依"商业登记法"办理登记。但摊贩、家庭农业、林、渔、牧业者、家庭手工业者,合于主管机关所定之其他小规模营业标准者,得免申请登记。关于合伙商业登记的相关问题,请参阅"商业登记法",兹不赘述。

二、合伙财产

广义的合伙财产包括合伙资产(积极财产)及合伙负债(消极财产)。狭义的合伙财产,则以合伙资产为限。分述如下:

(一) 合伙财产

合伙财产(狭义),指合伙人的出资及其他合伙财产。所谓其他合伙财产,指因执行合伙业务所获得的财产(如合伙所购入的货物、房屋的租赁权)及由合伙所孳生的财产(如天然孳息、法定孳息)。合伙财产为合伙人所共同共有(第668条、第828条以下)。

为保全合伙共同事业的达成,"民法"关于合伙共同共有人的权利义务,设有如下规定:

(1) 合伙财产分析的禁止。合伙人于合伙清算前,不得请求合伙财产之分析(第682条第1项)。

(2) 合伙财产抵销的禁止。对于合伙负有债务者,不得以其对于任何合伙人之债权与其所负之债务抵销(第682条第2项)。

(3) 合伙股份转让的限制。合伙人非经他合伙人全体之同意,不得将自己之股份转让于第三人。但转让于其他合伙人者,不在此限(第683条)。违反此项规定者,其让与行为无效(1940年台上字第716号判决)。

(4) 合伙人的债权人代位的限制。合伙人之债权人,于合伙存续期间内,就该合伙人对于合伙之权利,不得代位行使。但利益分配请求权,不在此限(第684条)。

(5) 合伙人的债权人扣押的限制。合伙人之债权人，就该合伙人之股份，得声请扣押。前项扣押实施后两个月内，如该合伙人未对债权人清偿或提供相当之担保者，自扣押时起，对该合伙人发生退伙之效力（第685条）。

（二）合伙债务

合伙债务，指合伙的消极财产，即合伙人因经营合伙事业而负的债务。此种合伙债务系合伙人所负的共同共有债务。合伙债务应由合伙财产清偿（第一次责任）。合伙财产（积极财产）不足清偿合伙之债务（消极财产）时，各合伙人对于不足之额，连带负其责任（第681条，第二次责任）。是合伙财产不足清偿合伙之债务，为各合伙人连带责任之发生要件，债权人请求命各合伙人对于不足之额连带清偿，自应就此项要件之存在，负主张并举证之责任（1940年台上字第1400号判决）。

兹将合伙财产（广义）的构成及责任，图示如下：

合伙财产 ┬ 积极财产（狭义合伙财产）┬ 合伙人共同共有（第668条）
　　　　 │   ├ 合伙特别规定（第682—685条）
　　　　 │   └ 一般规定的适用（第828条以下）
　　　　 └ 消极财产（债务）┬ 共同共有债务
　　　　　　　　　　　　　 ├ 第一次责任：合伙财产（第681条）
　　　　　　　　　　　　　 └ 第二次责任：各合伙人负连带责任（第681条）

三、合伙的效力

（一）内部关系

1. 合伙损益分配

经营合伙事业必生利益或损失，自应定时结算，分配于合伙人。依第676条规定："合伙之决算及分配利益，除契约另有订定外，应于每届事务年度终为之。"分配损益之成数，未经约定者，按照各合伙人出资额之比例定之。仅就利益或仅就损失所定之分配成数，视为损益共通之分配成数。以劳务为出资之合伙人，除契约另有订定外，不受损失之分配（第677条）。又为使合伙的权利义务，悉依契约而定，不得随意变更，第669条规定，合伙人，除有特别订定外，无于约定出资之外增加出资之义务。因损失而致资本减少者，合伙人无补充之义务。

2. 合伙事务的决议的执行

(1) 合伙决议及事业变更。合伙既具团体性,其有关合伙之决议,应以合伙人全体之同意为之。前项决议,合伙契约约定得合伙人全体或一部之过半数决定者,从其约定。但关于合伙契约或其事业种类之变更,非经合伙人全体三分之二以上之同意,不得为之(第670条)。合伙之决议,其有表决权之合伙人,无论其出资多寡,推定每人仅有一个表决权(第673条)。此表决权平等原则,彰显了合伙的团体性。

(2) 合伙事务的执行

① 事务执行人及其注意义务。合伙之事务,除契约另有订定或另有决议外,由合伙人全体共同执行之。合伙之事务,如约定或决议由合伙人中数人执行者,由该数人共同执行之。合伙之通常事务,得由有执行权之各合伙人单独执行之。但其他有执行权之合伙人中任何一人,对于该合伙人之行为有异议时,应停止该事务之执行(第671条)。合伙人中之一人或数人,依约定或决议执行合伙事务者,非有正当事由不得辞任。前项执行合伙事务之合伙人,非经其他合伙人全体之同意,不得将其解任(第674条)。合伙人执行合伙之事务,应与处理自己事务为同一注意。其受有报酬者,应以善良管理人之注意为之(第672条)。

② 合伙人的事务检查权。无执行合伙事务权利之合伙人,纵契约有反对之订定,仍得随时检查合伙之事务及其财产状况,并得查阅账簿(第675条)。

③ 合伙人之费用偿还及报酬请求权。合伙人,因合伙事务所支出之费用,得请求偿还。合伙人,执行合伙事务,除契约另有订定外,不得请求报酬(第678条)。

④ 委任规定的准用。第537条至第546条关于委任之规定,于合伙人之执行合伙事务准用之(第680条)。

(二) 外部关系:合伙人的代表

合伙的外部关系包括合伙人的代表及合伙人的责任。关于合伙人的责任,前已论及,兹仅就合伙人的代表加以说明。

第679条规定:"合伙人依约定或决议执行合伙事务者,于执行合伙事务之范围内,对于第三人,为他合伙人之代表。"合伙代表人非属合伙的机关,称为"代表",亦在显现合伙的团体性。此项代表权具代理权的性质,故合伙人代表合伙与第三人所为之行为,直接对于合伙人全体发生效力,其为合伙取得之物及权利,亦属合伙人全体共同共有。例如执行合伙事务之合伙人,在其权限内以本人名义代表合伙与他人订立房屋租赁契约,其租赁权应属于合伙,而不属于该执行合伙之合伙人,故在合伙存续期间内,纵令出名订约之合伙人有变更,其与出租人之租赁关系仍为继续,不得视为消灭(1948年台上字第6987号判决)。

合伙代表有数人时,依第168条,亦应由该数人共同为代理行为,若仅由其中一人为之,即属无权代理行为,非经该数人共同承认,对于合伙不生效力(1939年台上字第1533号判决)。

(三)合伙的侵权责任

合伙事务的执行人或代表人因执行职务所加于他人的损害,应类推适用第28条规定,使其他合伙人与该行为人连带负赔偿责任。

四、退伙及入伙

(一)退伙

1. 退伙原因

退伙,指合伙人与合伙脱离关系而丧失其合伙人资格之行为,退伙分为任意退伙与法定退伙:

(1)任意退伙(声明退伙)。合伙未定有存续期间,或经订明以合伙人中一人之终身,为其存续期间者,各合伙人得声明退伙,但应于两个月前通知他合伙人。前项退伙,不得于退伙有不利于合伙事务之时期为之。合伙纵定有存续期间,如合伙人有非可归责于自己之重大事由,仍得声明退伙,不受前两项规定之限制(第686条)。

(2)法定退伙。合伙人因法定事项而退伙(第687条):① 合伙人死亡者。但契约订明其继承人得继承者,不在此限。② 合伙人受破产或禁治产之宣告者。③ 合伙人经开除者。合伙人之开除,以有正当理由为限。前项开除,应以他合伙人全体之同意为之,并应通知被开除之合伙人(第688条)。

2. 退伙的效力

合伙人退伙时,其与其他合伙人间之结算,应以退伙时合伙财产之状况为准。退伙人之股份,不问其出资之种类,得由合伙以金钱抵还之。合伙事务,于退伙时尚未了结者,于了结后计算,并分配其损益(第689条)。合伙人退伙后,对于其退伙前合伙所负之债务,仍应负责(第690条)。

(二) 入伙

入伙,指原非合伙人加入已成立之合伙关系,而取得合伙人资格的契约行为。合伙涉及合伙人间的信用问题,故合伙成立后,非经合伙人全体同意,不得允许他人加入为合伙人(第691条第1项)。加入为合伙人者,对于其加入前合伙所负之债务,与其他合伙人负同一责任(第691条第2项)。

(三) 合伙人交替

合伙人交替,指因合伙股份之转让,而合伙人有所变动,其情形有二:① 合伙人中之一人将其股份,转让于第三人。于此情形,让与人等于退伙,第三人系新加入,故非经其他合伙人全体之同意不得为之(第683条本文)。② 合伙人一人将其股份,转让于合伙人:于此情形,让与人等于退伙,受让人为合伙人并非新加入,只有其股份扩张而已,故无须经其他合伙人之同意,即得为之(第683条但书)。

五、合伙的解散及清算

合伙的消灭,分为解散及清算两个程序,分述如下:

(一) 合伙的解散

合伙系继续性契约,合伙的解散,性质上为终止契约,因其具有团体性,故称为解散。第692条规定,合伙,因下列事项之一而解散:① 合伙存续期限届满者。② 合伙人全体同意解散者。此款规定,无论合伙是否定有存续期间均可适用。同意解散之性质,应属于合意终止契约,惟须得全体之同意方可。③ 合伙之目的事业已完成或不能完成者。

须注意的是,合伙所定期限届满后,合伙人仍继续其事务者,视为以不定期限继续合伙契约(第693条)。

(二) 清算

合伙解散后,于清算范围内,视为存续。合伙之清算,应由合伙人全体或由其所选任之清算人为之(第694条第1项)。数人为清算人时,关于清算的决议,应以过半数行之(第695条),于清算范围内,对内执行职务,对外代表合伙。清算人之职务主要如下:

(1) 清偿债务。清算人,应以合伙财产,先清偿合伙之债务。其债务未至清偿期,或在诉讼中者,应将其清偿所必需之数额,由合伙财产中划出保留之(第697条第1项)。为清偿债务及返还合伙人之出资,应于必要限度内,将合伙财产变为金钱(第697条第4项)。

(2) 返还出资及分配利益。清算人以合伙财产清偿债务,或将其必需之数额划出后,其剩余财产应返还各合伙人金钱或其他财产权之出资。金钱以外财产权之出资,应以出资时的价额返还之(第697条第2项、第3项)。合伙财产,不足返还各合伙人之出资者,按照各合伙人出资额之比例返还之(第698条)。合伙财产,于清偿合伙债务及返还各合伙人出资后,尚有剩余者,按各合伙人应受分配利益之成数分配之(第699条)。

第二节 隐名合伙

例题100:甲、乙、丙三人合伙经营某出版社,丁出资参与,分受其利益及损失,"但隐其名",而不为合伙人。试问此种契约具有何种性质,其与"合伙"有何不同?隐名合伙人如何分受该营业的利益,分担该营业的损失?

一、隐名合伙的意义及性质

隐名合伙者,谓当事人约定,一方(隐名合伙人)对于他方(出名营业人)所经营之事业出资,而分受其营业所生之利益,及分担其所生损失之契约(第700条)。例如甲、乙、丙三人合伙经营出版社,丁与甲、乙、丙约定对该事业出资100万元,而分受其利益及分担其损失。隐名合伙系属有偿、双务契约,因其性质近似于合伙,除另有规定外,准用关于合伙的规定(第701条)。当事人所订的契约究为合伙,抑为隐名合伙,应就其合伙契约内容加以认定。

二、隐名合伙的效力

(一) 隐名合伙人与出名营业人的关系(内部关系)

隐名合伙人应将其出资之财产权移属于出名营业人所有(第702条)。隐名合伙之事务,专由出名营业人执行之(第704条第1项)。隐名合伙人,纵有反对之约定,仍得于每届事务年度终查阅合伙账簿,并检查其事务及财产之状况。如有重大事由,法院因隐名合伙人之声请,得许其随时为前项之查阅及检查(第 706 条)。

出名营业人,除契约另有订定外,应于每届事务年度终计算营业之损益,其应归隐名合伙人之利益,应即支付之。应归隐名合伙人之利益而未支取者,除另有约定外,不得认为出资之增加(第 707 条)。

(二) 隐名合伙人与第三人之关系(对外关系)

隐名合伙人就出名营业人所为之行为,对于第三人不生权利义务之关系(第 704 条第 2 项)。隐名合伙人,如参与合伙事务之执行,或为参与执行之表示,或知他人表示其参与执行而不否认者,纵有反对之约定,对于第三人,仍应负出名营业人之责任(第 705 条)。

三、隐名合伙的终止

隐名合伙人得依第 686 条之规定,声明退伙。又隐名合伙契约,因下列事项之一而终止:① 存续期限届满者。② 当事人同意者。③ 目的事业已完成或不能完成者。④ 出名营业人死亡或受禁治产之宣告者。⑤ 出名营业人或隐合伙人受破产之宣告者。⑥ 营业之废止或转让者(第 708 条)。

隐名合伙契约终止时,出名营业人,应返还隐名合伙人之出资及给予其应得之利益。但出资因损失而减少者,仅返还其余存额(第 709 条)。

第三节 合 会

例题 101:甲任职某机关,邀集同仁乙、丙等 25 人,成立所谓的合会。每一会份 1 万元,每月初一标会。试问:① 何谓"合会",其性质如何,如何成立,应否订立书面? ② 甲得否同时为会员? ③ 一个会员得否有两个以上会份? ④ 会首得否将其权利义务让与第三人,会员得否将其会份移转于第三人? ⑤ 甲某次收集会款后,交付于得标会员前,该会款非因其过失被盗时,应否负责,设该会款被盗系发生于得标会员受领迟延时,如何定其法律关系? ⑥ 该合会于第十三次标会后,甲逃匿造成"倒会"时,为保护未得标会员,法律应如何规定?

一、合会的意义及成立

(一) 合会的典型契约化

合会系台湾民间经济互助的组织,乃私人间资金融通的重要制度,"民法"本无任何规定,为使其权利义务臻于明确,债编修正时,特加增订,予以典型化,使其成为一种有名契约。

(二) 合会的意义

第709条之1第1项规定:"称合会者,谓由会首邀集二人以上为会员,互约交付会款及标取合会金之契约。其仅由会首与会员为约定者,亦成立合会。"分三点说明之:

1. 会首与会员

合会系由会首与会员(俗称"会脚")所构成,其身份攸关合会的成败,故第709条之2设有三项具强行性的限制:

(1) 会首及会员,以自然人为限。立法意旨系认为合会为民间经济互助之组织,为防止合会经营企业化,致造成巨额资金之集中,运用不慎,将有抵触金融法规之虞。

(2) 会首不得兼为同一合会会员。立法意旨系认为如会首兼为同一合会之会员,则对等之债权债务将集于一身,致使法律关系混淆,且易增加倒会事件之发生。

(3) 无行为能力人及限制行为能力人不得为会首,亦不得参加其法定代理人为会首之合会。立法意旨系认为会首在合会中占重要地位,其对会员负有甚多义务,例如主持标会及收取会款等,尤其会员未按期给付会款时,会首有代为给付之义务。无行为能力人及限制行为能力人,其本身思虑未周,处事能力不足,且资力有限,尚难有担任会首之能力。又为维持合会之稳定,遏止倒会之风,无行为能力人及限制行为能力人亦不应参加其法定代理人为会首之合会。

2. 有偿、双务契约

合会由会首邀集二人以上为会员,互约交付会款及标取合会金为内容。会款得为金钱或其他代替物(如稻谷)。合会金则指会首及会员应交付之全部会款。首期合会金不经投标,由会首取得,会首不必负利息,但有多种义务。已得标会员(死会会员),则须依其出标的数额缴交会款。未得标会员(活会会员)则赚取利息。此等义务立于对价关系,故合会为有偿契约、双务契约。

3. 会员与会份

合会的会员须在二人以上。每一会员的会份多少,法律未设限制,习惯上通常多不超过两个会份。

(三) 合会的成立

1. 要式契约

第709条之3第1项规定:"合会应订立会单,记载下列事项:① 会首之姓名、住址及电话号码。② 全体会员之姓名、住址及电话号码。③ 每一会份会款之种类及基本数额。④ 起会日期。⑤ 标会日期。⑥ 标会方法。⑦ 出标金额有约定其最高额或最低额之限制者,其约定。"又同条第2项:"前项会单,应由会首及全体会员签名,记明年月日,由会首保存并制作缮本,签名后交每一会员各执一份。"由此可知合会为要式契约,立法目的在于杜绝民间合会冒标及虚设会员的流弊,以保障入会者的权益。但为缓和要式性过分僵化,第709条之3第3项规定:"会员已交付首期会款者,虽未依前二项规定订立会单,其合会契约视为已成立。"

2. 成立合会的两种方式

合会成立的方式有二:① 由会首邀集二人以上为会员。② 由会首与会员为约定(第709条之1第1项,单线关系的合会)。合会当事人的权利义务不因其成立方式不同,而有差异。

(四) 合会的团体性及信赖关系

合会系会首与二人以上会员组成的经济互助,融通资金的组织,具有一定程度的团体性及信赖关系。其在法律规范上的表现为:① 会首非经会员全体同意,不得将权利义务移转于第三人。会员非经会首及会员全体之同意不得退会,或将自己会份转让于他人(第709条之8)。② 倒会时,会首就已得标会员依第709条之9第1项规定应给付之各期会款,应负连带责任(第709条之9第2项)。

(五) 合会的法律构造

兹为醒目,将合会的基本法律构造,图示如下:

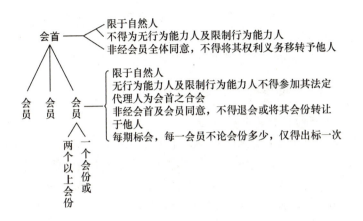

二、标会

(一) 主持人、期日、地点

标会由会首主持,依约定之期日及方法为之。其场所由会首决定并应先期通知会员。会首因故不能主持标会时,由会首指定或到场会员推选之会员主持之(第709条之4)。

(二) 合会金的取得及标会方法

首期合会金不经投标,由会首取得,其余各期由得标会员取得(第709条之5)。每期标会,每一会员仅得出标一次,以出标金额最高者为得标。最高金额相同者,以抽签定之。但另有约定者,依其约定(第709条之6第1项)。无人出标时,除另有约定外,以抽签定其得标人(第709条之6第2项)。所谓契约另有约定,例如以座次轮收(收会款之次序预先排定,按期轮收),拈阄摇彩(由会首抽签唱名,被抽出之会员用摇骰,依点数之最多者为得标),或议定(以公开讨论方式决定得标者)每一会份限得标一次(第709条之6第3项)等方法定其得标人。

(三) 会员收取会款、交付限期及责任

会员应于每期标会后3日内交付会款。会首应于前项期限内,代得标会员收取会款,连同自己之会款,于期满之翌日前交付得标会员。逾期未收取之会款,会首应代为给付。会首依第2项规定代为给付后,得请求未给付之会员附加利息偿还之(第709条之7第1、2、4项)。

会首依规定收取会款,在未交付得标会员前,对其丧失、毁损,应负责任。但因可归责于得标会员之事由致丧失、毁损者,不在此限(第709条之7第3项)。由是可知会首应负不可抗力责任,因其不经投标,即取得首期合会金,实际上获有使用首期金的利益,应承担交付前的危险。所谓可归责于得标会员的事由,例如受领迟延中,该会款因不可抗力而丧失。

三、权利义务的移转、会员退会及会份的转让

(一) 会首的权利义务的移转

会首非经会员全体之同意,不得将其权利及义务移转予他人(第709条之8第1项)。合会系由会首出面邀集,则会员必因信任会首而入会。他人既未必为会员所信任,自不应许其任意将权利义务移转予他人。然若会员全体信任该他人,同意其受移转为会首,当不在禁止之列。

(二) 会员的退会及会份的转让

会员非经会首及会员全体之同意,不得退会,亦不得将自己之会份转让他人(第709条之8第2项)。立法意旨系认为期合会正常运作及维持其稳定性,会员应不得任意退会。惟经会首及其他会员全体同意,不在此限。合会契约,系因会首与会员及会员与会员间彼此信任关系而成立,会员亦不得随意将会份转让他人,但如经会首及其他会员全体同意,则无不许之理。

须注意的是,所谓会首地位之移转或会员会份之转让,系指依法律行为而移转或转让者而言,不包括继承的情形在内,乃属当然。

四、倒会的善后

因会首破产、逃匿或有其他事由致合会不能继续进行,构成所谓的倒会,此在民间合会甚为常见,影响未得标会员权益至巨,并危及金融秩序、社会安全。为合理处理倒会问题,第709条之9设有以下规定,处理善后:

(1) 会首及已得标会员应给付之各期会款,应于每届标会期日平均交付于未得标之会员。但另有约定者,依其约定(第709条之9第1项)。所谓另有约定,例如,约定已得标会员应交付之各期会款,于未得标会员中以抽签决定取得人或已得标会员将全部会款一次付出,一次平均分配于未得标会员。又此际,无须再为标会。如会首破产、逃匿等事由致不能继续交付会款时,已得标会员对此部分亦无须分摊给付。又在此种情形,得由未得标之会员共同推选一人或数人处理相关事宜(第709条之9第

4项)。

（2）会首就已得标会员依前项规定应给付之各期会款,负连带责任(第709条之9第2项)。此乃在明定会首因前项事由致合会不能继续进行时,其给付会款及担保付款之责任不能减免,以兼顾未得标会员的权益。

（3）会首或已得标会员依第1项规定应平均交付于未得标会员之会款迟延给付,其迟付之数额已达两期之总额时,该未得标会员得请求其给付全部会款(第709条之9第3项)。

第六章 债权的有价证券化
——指示证券、无记名证券

民法债编"各种之债"规定指示证券及无记名证券,两者均属有价证券,即以外表可见的证券表彰不可见的债权,使债权的发生、移转或行使与证券相结合,便利其流通,而具有动员债权(Mobilizierung der Forderung)的机能。此等证券的发行,究为单独行为或契约,系有价证券法上有名的争议问题,通说系采单独行为说,先此说明。

第一节 指示证券

例题102:甲向乙购物,应付价金10万元,甲转售该物给丙,丙应付甲价金10万元。甲立书据,指示丙向乙为给付。试问:① 此种书据具何种法律性质?② 丙在该书据签名表示承担给付后,发现其对甲的价金债务业已清偿时,得否拒绝对乙为给付?③ 在丙对乙给付后,甲发现其与乙的买卖契约不成立时,其法律关系为何?

一、指示证券的意义、发行及法律性质

(一)指示证券的有价证券化

李约翰(甲)欠陈保罗(乙)债务10万元。张雅各(丙)欠甲债务10万元。为处理彼此间的债权债务关系,李约翰乃立一书据,为如下的记载,并将之交付于陈保罗:

> 凭票祈于2002年9月9日付陈保罗先生新台币10万元整
>   此致
> 张雅各先生台照
>
>   李约翰 签名
>   2002年6月2日

"民法"将前揭甲指示他人丙对第三人（乙）给付的书据，加以有价证券化，称为指示证券，使其具有表彰债权的功能，便利其行使及流通。指示证券在现代经济生活上虽不常见，但仍有三个重要意义：

（1）指示证券系票据（尤其是汇票、支票）的基本类型（原型），有助于了解汇票与支票的基本法律结构。

（2）汇票或支票不具备法定要件时，得转换为指示证券。

（3）对指示证券的理解，有助于处理因指示人与被指示人，指示人与领取人间原因关系不存在，而发生的不当得利请求权。

（二）指示证券的意义

指示证券者，指示他人将金钱、有价证券或其他代替物，给付第三人之证券（第710条第1项）。为指示之人，称为指示人。被指示之他人，称为被指示人。受给付之第三人，称为领取人（第710条第2项）。指示证券系有价证券的一种，具三种性质：

（1）指示证券上须记载特定领取人的姓名，而为记名证券，亦得于指示证券，附加记载为"凭票给付某甲或其指定人"或同义字样而成为指示证券。

（2）指示证券所表彰的权利为债权，是为债权证券。

（3）指示证券系指示他人为给付，指示人自己并不为给付，故属委托证券。

（三）指示证券的发行：双重授权与单独行为

指示证券具有双重授权的性质，即指示人一方面授权予被指示人，以被指示人名义，为指示人的计算而向领取人给付；一方面指示人授权于领取人，以领取人自己名义为指示人的计算，而由被指示人受领给付。基于此种授权的法律性质，通说认为指示证券的发行系单独行为，而非契约。

二、指示证券的效力

指示证券涉及指示人、被指示人及领取人,因双重授权而形成三面关系效力,分述如下:

(一) 指示人与被指示人间的补偿关系

指示人与被指示人间的关系,称为补偿关系(资金关系),即被指示人所以对领取人为给付的原因,此通常系被指示人为清偿对指示人的债务,或贷与信用。须注意的是,被指示人,虽对于指示人负有债务,无承担其所指示给付或为给付之义务(第713条前段)。已向领取人为给付者,就其给付之数额,对于指示人,免其债务(第713条后段)。

(二) 指示人与领取人间的对价关系

指示人与领取人间的关系称为对价关系,即指示人所以授权于领取人的原因,此多在清偿其对于领取人的债务(如买卖契约的价金、赠与的财产、消费借贷的金钱)。

指示人为清偿其对于领取人之债务而交付指示证券者,其债务,于被指示人为给付时消灭(第712条第1项)。前项情形,债权人受领指示证券者,不得请求指示人就原有债务之给付。但于指示证券所定期限内,其未定期限者,于相当期限内,不能由被指示人领取给付者,不在此限(第712条第2项)。其效果类似于间接给付。债权人对于是否受领证券得由决定之权,如其不愿由其债务人受领指示证券者,应即时通知债务人(第712条第3项)。

(三) 被指示人与领取人间的关系

1. 指示证券的承担

被指示人与领取人因被指示人对指示证券的承担,而发生一定的权利义务关系。所谓承担,系指被指示人表示愿依指示人的指示内容为给付的法律行为,此通常系于指示证券上以签名或盖章加以表示。被指示人向领取人承担所指示之给付者,有依证券内容,而为给付之义务(第711条第1项)。此项义务具有无因的债务承诺的性质,故被指示人,仅得以本于指示证券之内容,或其与领取人间之法律关系所得对抗领取人之事由,对抗领取人(第711条第2项)。被指示人对于指示证券,拒绝承担或拒绝给付者,领取人应即通知指示人(第714条),以顾及指示人的利益。

2. 消灭时效

指示证券领取人或受让人,对于被指示人因承担所生之请求权,自承担之时起,3 年间不行使而消灭(第 717 条)。

(四) 指示证券的让与

领取人得将指示证券让与第三人。但指示人于指示证券有禁止让与之记载者,不在此限(第 716 条第 1 项)。指示证券之让与,应以背书为之(第 716 条第 2 项),被指示人,对于指示证券之受让人已为承担者,不得以自己与领取人间之法律关系所生之事由,与受让人对抗(第 716 条第 3 项)。

(五) 指示证券的法律构造

指示证券凸显了法律规定的抽象性、技术性,为使读者对指示证券的法律结构有较清楚的了解,兹就例题 102 所提出的基本法律关系,甲因买卖契约欠乙价金 10 万元,甲对丙 10 万元债权,甲对丙发行指示证券,指示丙对乙为给付,图示如下:

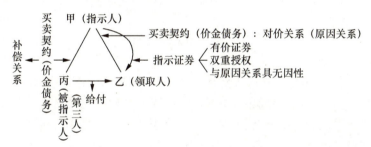

关于指示证券的法律结构已于相关部分加以叙述,应再说明者有三:

(1) 指示证券在法律性质上具双重授权的性质,与其原因关系(补偿关系及对价关系)具无因性,不因补偿关系或对价关系而影响其效力。

(2) 被指示人(丙)对领取人(乙),依指示证券内容为给付时,同时清偿了甲(指示人)对乙,丙对甲的债务,此为指示证券经济功能之所在。

(3) 丙(被指示人)对乙(领取人)为给付后,发现甲(指示人),与乙间的买卖契约上价金债务不存在时(不发生,或业已清偿),应由甲对乙主张不当得利。反之,若丙与甲间的买卖契约上的价金债务不存在时,应由丙对甲主张不当得利。若二者均不存在时,则应由丙对甲依不当得利规定,请求甲返还对乙的不当得利请求权(双重不当得利请求权)。①

三、指示证券的消灭

(一) 指示证券的撤回

指示证券因撤回而消灭,其情形有二:

(1) 任意撤回。指示人于被指示人,未向领取人承担所指示之给付或为给付前,得撤回其指示证券。其撤回应向被指示人以意思表示为之(第 715 条第 1 项)。

(2) 拟制撤回。指示人于被指示人未承担或给付前,受破产宣告者,领取人对于指示人之债权,应按破产程序办理,其指示证券,视为撤回(第 715 条第 2 项)。

(二) 宣告无效

指示证券遗失、被盗或灭失者,法院得因持有人之声请,依公示催告之程序,宣告无效(第 718 条、"民事诉讼法"第 556 条以下)。

第二节 无记名证券

例题 103:政府依法发行无记名公债,此项公债具有何种法律性质,有何社会经济功能? 试就第 721 条规定说明无记名证券的发行,究为单独行为或契约,及其争论的实益。持有人遗失公债债票时,有何救济之道? 设该据以发行公债的法律规定,持有人不得依"民法"相关规定挂失时,其效力如何?

一、无记名证券的意义、经济功能及特色

无记名证券者,谓持有人对于发行人得请求其依所记载之内容为给付之证券(第 719 条)。其属无记名证券的,如政府所发行的无记名公债、无记名土地债券、无记名储蓄券,以及百货公司所发行的礼券、礼物对换券等。由此诸例可知,无记名证券于吾人社会生活甚为重要,尤其无记名债券更具有经济的功能。将债券小额化,有助于一般人民从事理财,此等

---

① 参见拙著:《不当得利》,北京大学出版社 2009 年版,第 64 页。

债券可经由证券市场使其具有交易性,将长期的信用转为短期信用,发行人通常在长期间后,始须支付,而持有人(债权人)得先为出卖债券,因而活泼了资本市场的运作。

无记名证券与指示证券,同为有价证券,但有不同:① 无记名证券不记载权利人,持有证券者,即得请求给付。在指示证券一般有权利人之记载,原则上仅得向权利人给付。② 无记名证券由发行人自为给付(自付证券)。指示证券则系由被指示人给付(委托证券)。③ 无记名证券之标的物无限制。指示证券之给付标的物则限于金钱、有价证券及其他代替物。④ 无记名证券的转让依交付为之。指示证券转让,须先为背书,再为交付。须特别指出的是,无记名证券尚有以下特色,更便利其移转和流通:

(1) 无记名证券发行人(债务人)得向持有人给付而免其债务(第720条)。

(2) 无记名证券发行人,除能证明其系无权利人外,应向持有人为给付(第720条第1项)。

(3) 强化对善意持有人的保护及无记名证券效力的维持(第721条)。

(4) 无记名证券发行人对持有人的抗辩权受有限制(第722条)。

二、无记名证券的发行

无记名证券的发行,指发行人作成无记名证券,而交付于持有人的行为。关于发行行为的性质,向有契约说与单独行为说的争议。此项争议涉及如何对第721条"无记名证券发行人,其证券虽因遗失、被盗或其他非因自己之意思而流通者,对于善意持有人,仍应负责。无记名证券,不因发行在发行人死亡或丧失能力后,失其效力"的规定作合理的解释。对此,立法理由作有如下的说明:"查民律草案第901条理由谓,原因于无记名证券之债务关系,非因授受证券人彼此间缔结契约而生,乃因发行人有使债务发生之单独意思表示而生,即因制就无记名证券而发生也。故无记名证券之发行人,其所制就之证券,虽因遗失、被盗或其他与发行人意思相反之事由而流通,发行人亦不得免其责任。又证券制就后,未发行前,发行人死亡或丧失能力,证券之效力,不受其影响。"由此可知,立法者系采单独行为说,并认仅有作成证券的行为即可(创造说),不以交付相对人为必要(发行说)。

三、无记名证券的流通

(一) 无记名证券的让与

无记名证券得自由让与,至其让与方式,"民法"上无明文规定,应认得仅依交付而生让与的效力,其方式同于动产之让与(第761条)。

(二) 无记名证券的换发

无记名证券,因毁损或变形不适于流通,而其重要内容及识别记号仍可辨认者,持有人得请求发行人,换给新无记名证券。前项换给证券之费用,应由持有人负担。但证券为银行兑换券,或其他金钱兑换券者,其费用应由发行人负担(第724条)。

(三) 无记名证券的善意取得

为保障无记名证券的流通,维护交易安全,关于善意第三人的保护,法律设有两个特别规定:

(1) 无记名证券发行人,其证券虽因遗失、被盗或其他非因自己的意思而流通者,对于善意持有人,仍应负责(第721条)。

(2) 为取得无记名证券,而善意受让其占有,纵让与人无让与之权利,纵该无记名证券系盗赃或遗失物者,仍能取得之,其被害人或遗失人不得请求返还(第948条、第951条)。

四、无记名证券的给付

(一) 证券的提示

持有人请求依无记名证券内容为给付时,须为证券的提示。无记名证券定有提示期间者,如法院因公示催告声请人之声请,对于发行人为禁止给付之命令时,停止其提示期间之进行。前项停止,自声请发前项命令时起,至公示催告程序终止时止(第726条)。

(二) 发行人的给付义务及抗辩权

1. 发行人的给付义务

无记名证券发行人,于持有人提示证券时,有为给付之义务。但知持有人就证券无处分之权利或受有遗失,被盗或灭失之通知者,不得为给付。发行人依前项规定已为给付者,虽持有人就证券无处分之权利,亦免其债务(第720条)。

由上述可知发行人对于证券持有人,得以其无处分权而拒绝给付,然此拒绝,乃发行人的权利,而非发行人的义务。若发行人已向持有人为给付,即使持有人无处分权,发行人亦当免其债务。若发行人明知证券持有人无处分权,而故意为给付时,应依侵权行为规定,负损害赔偿责任。持有人亦得向无权利人行使侵权行为或不当得利请求权。

2. 发行人的抗辩权

无记名证券发行人,仅得以本于证券之无效、证券之内容或其与持有人间之法律关系所得对抗持有人之事由,对抗持有人(第722条本文),此项限制旨在避免使无记名证券效力趋于薄弱,不易流通。但持有人取得证券出于恶意者,发行人并得以对持有人前手间所存抗辩之事由对抗之(第722条但书),以保护发行人的利益。

(三)证券的交还

无记名证券持有人请求给付时,应将证券交还发行人。发行人依前项规定收回证券时,虽持有人就该证券无处分之权利,仍取得其证券之所有权(第723条)。

五、无记名证券的丧失

(一)无记名证券丧失的救济程序

第725条规定:"无记名证券遗失、被盗或灭失者,法院得因持有人之声请,依公示催告之程序,宣告无效。前项情形,发行人对于持有人,应告知关于实施公示催告之必要事项,并供给其证明所必要之材料。"无记名证券定有提示期间者,如法院因公示催告声请人之声请,对于发行人为禁止给付之命令时,停止其提示期间之进行。前项停止,自声请发前项命令时起,至公示催告程序终止时止(第726条)。关于公示催告程序,"民事诉讼法"设有规定("民事诉讼法"第556条)。

利息、年金及分配利益之无记名证券,有遗失、被盗或灭失而通知于发行人者,如于法定关于定期给付之时效期间届满前,未有提示,为通知之持有人得向发行人请求给付该证券所记载之利息、年金或应分配之利益。但自时效期间届满后,经过一年者,其请求权消灭。如于时效期间届满前,由第三人提示该项证券者,发行人应将不为给付之情事,告知该第三人。并于该第三人与为通知之人合意前,或于法院为确定判决前,应不为给付(第727条)。无利息见票即付之无记名证券,除利息、年金及分配利益之证券外,不适用第 720 条第 1 项但书及第 725 条之规定(第 728 条)。

(二) 大法官释字第 386 号解释

公债的发行,常于发行条例中规定(如"建设公债发行条例"第 8 条):"本公债债票遗失、被盗或灭失者,不得挂失止付,并不适用第 72 条第 1 项但书、第 725 条及第 727 条之规定。"大法官会议释字第 386 号解释认为此项规定,使人民合法持有之无记名公债债票于遗失、被盗或灭失时,无从依"民法"关于无记名证券之规定请求权利保护,亦未提供其他合理之救济途径,与"宪法"第 15 条、第 16 条保障人民权利之意旨不符,应自该解释公布之日起,于其后依该条例发行之无记名公债,停止使用。

第七章 承担风险的契约
——终身定期金、和解、保证、人事保证

本章旨在论述终身定期金、和解、保证及人事保证四种承担一定风险契约。终身定期金系以当事人的生存为契约继续的要件,兼有风险性。和解旨在处理争执,预防争执,以确定当事人间的权利义务,应承担因错误而生的不利益。保证及人事保证更有高度的信用风险。分别说明如下。

第一节 终身定期金

例题104:何谓终身定期金契约?当事人为何订立此种契约?目前社会上有无此种类型的契约?您是否知道终身定期金契约所涉及法学理论构成上的争论?

一、终身定期金契约的意义、成立及效力

终身定期金契约者,谓当事人约定,一方(定期金债务人)于自己或他方或第三人生存期内,定期以金钱给付他方或第三人(定期金债权人)之契约(第729条)。其当事人须为自然人,其标的须为金钱。此类契约多出于扶养的目的,具长期继续性,为使当事人慎重其事,并杜绝争议,法律乃明定其订立应以书面为之(要式契约,第730条)。因死亡而终止定期金契约者,如其死亡之事由,应归责于定期金债务人时,法院因债权人或其继承人之声请,得宣告其债权在相当期限内仍为存续(第733条),以保障债权人的利益。终身定期金以遗赠为之者,准用关于终身定期金契

约的规定(第735条)。

终身定期金契约在法律规范上主要的问题,是如何定其给付金额及给付时期。为避免争议,第731条乃规定:"终身定期金契约,关于期间有疑义时,推定其为于债权人生存期内,按期给付。契约所定之金额有疑义时,推定其为每年应给付之金额。"又终身定期金,除契约另有订定外,应按季预行支付。依其生存期间而定终身定期金之人,如在定期金预付后,该期届满前死亡者,定期金债权人,取得该期金额之全部(第732条)。

二、终身定期金契约的理论构成

终身定期金契约系出于养老之目的,我们社会上以此作为终身生活的保障,实际上虽罕见相关案例,但在理论构成的法学方法上则具有意义。德国通说认为终身定期金包括三个层次的法律关系:

(1) 首先须有使债务人负给予终身定期金的契约,例如赠与或不动产买卖(以价金作为终身定期金)。

(2) 债务人因履行其义务而订立终身定期金契约,而发生称为基本权的定期金债权,以某特定人的生存期为其存续期间。

(3) 以此基本权为基础,每期产生一个基本权,此支出分权即为每期给付请求权,而有短期消灭时效的适用(如第126条规定为5年)。

在此种理论构成上,终身定期金契约具有无因性,债务人不按期给付时,得发生给付迟延责任,但并不违反作为其原因关系的债务契约(赠与或买卖),故不发生解除契约的问题,因为债务人已因订立终身定期金契约(或提出对待给付)而履行其义务。学说基本上采此见解。

前述关于终身定期金契约的理论构成,突显了德国法学的特色,仍未能完全扬弃概念法学的思考方法。最近德国学说强调,应放弃终身定期金契约上所谓基本权的概念,而认其所约定的,实乃个别的金钱定期金,并视其究出于买卖(以价金为定期金),或赠与,而认定其究系有偿契约,或无偿契约,以适用相关规定。此项见解实值具参考价值。

第二节 和 解

例题105:甲与乙有借贷关系,甲主张乙尚欠12万元未还,乙主张仅欠10万元,双方争执不下,最后各让一步,合意确定乙欠甲11

万元,乙应于 1 个月内清偿。试问:此种契约的性质如何,具有何种效力(创设效力或认定效力,债权效力或处分效力),其原来的保证或担保是否继续存在?若其后乙发现实际上仅欠甲 8 万元,或其债务业已全部清偿时,其和解效力如何,乙得否以错误为理由,撤销和解契约?

一、和解的意义、成立及性质

和解者,谓当事人约定,互相让步,以终止争执或防止争执发生之契约(第 736 条)。此项契约不以践行一定方式为必要,故为不要式行为。和解的功能在于定纷止争,以争执及互相让步为内容,分述如下:

(1) 争执。争执,指关于一定的法律关系的存否、内容、效力等事项在法律或事实上的不同主张(参阅例题 105)。所谓一定的法律关系,包括债权(如车祸的赔偿数额)、物权(土地疆界),或身份关系(如离婚赡养费)等,但应限于当事人得为有效处分者,乃属当然。和解的范围,应以当事人相互间欲求解决的争点为限,至于其他争点,或尚未发生争执的法律关系,虽与和解事件有关,如当事人并无欲求一并解决的意思,自不能因其权利人未表示保留其权利,而认该权利已因和解让步,视为抛弃而消灭(1968 年台上字第 2180 号判决)。

(2) 互相让步。互相让步,指从一方当事人的观点言,有所牺牲而言,包括互相给付,互相抛弃权利,互相承认义务,而使法律关系发生、变更或消灭。避免诉讼,亦属互相让步。已经确定判决确定之法律关系,当事人虽不得于裁判上再行争执,但因在事实上仍有争执,约定互相让步以终止之,自属和解契约(1933 年上字第 2819 号判决)。和解因当事人互相让步故具有偿、双务契约的性质。

兹就例题 105 加以说明:甲主张乙欠其 12 万元,乙主张仅欠 10 万元,而发生争执,其后互相让步成立和解,确定其债务为 11 万元,但亦创设一项新的义务,即乙应于 1 个月内清偿。

二、和解的效力

(一) 和解的确定力

和解契约合法成立时,两造当事人即均应受该契约之拘束。纵使一造因而受不利益之结果,亦不得事后翻异,就和解前的法律关系再行主张(1930年上字第1964号判决)。惟当事人两造若皆不愿维持该契约的效力,即应认为合意解除,自不能更依该契约判断其权义关系(1929年上字第347号判决)。

(二) 创设效力或认定效力

第737条规定:"和解有使当事人所抛弃之权利消灭及使当事人取得和解契约所订明权利之效力。"学说上称为和解的"创设效力"。然诚如"最高法院"所云,和解之本质,究为创设,抑为认定,应仍依和解契约之内容定之(1999年台上字第2060号判决)。兹分别说明如下:

(1) 具创设效力的和解。和解内容倘以他种法律关系或以单纯无因性的债务拘束等,替代原有法律关系时,则系以和解契约创设新法律关系,故债务人如不履行和解契约,债权人应依和解创设的新法律关系请求履行,不得再依原有法律关系请求给付(1994年台上字第602号判决)。

(2) 具认定效力的和解。以原来而明确的法律关系为基础而成立和解时,则具认定效力。例如甲向乙借款新台币(下同)10万元,嗣经双方成立和解,由甲给付乙7万元,并约定于1987年3月1日给付,乙对甲之其余债权请求权抛弃。系以原来明确之法律关系为基础而成立之和解,应认仅有认定之效力。届期甲未依原订和解契约履行时,得依原来消费借贷之法律关系诉请甲为给付,但法院不得为与和解结果相反之认定(1988年十九次民事决议)。在此种具"认定效力"的和解,其原来的保证或担保,不因和解而受影响。

(三) 债权效力与处分行为

关于和解契约所生的效力,通说认为仅具债权的效力。依此见解,和解系属所谓的原因行为,其为履行和解契约尚须作成债务免除、所有权的移转、债权让与等处分行为。例如在前揭例题105关于12万元债务的和解契约,甲对乙免除1万元的债务(第343条),乙则承认其11万元债务。和解契约不成立、无效或被撤销时,应成立不当得利,而负返还的义务(第179条以下)。最近学说上有人主张,在此种关于债权的和解,应认为其同时含有必要的处分,债务的免除及承认乃和解的构成部分,其和解不成立、无效或被撤销时,当然恢复原来的法律关系。此项见解实具参考价值。

三、和解的撤销

和解为契约之一种,有被诈欺或被胁迫情事时,当事人均得撤销(第92条)。惟当事人因和解而受的不利益,乃其让步的结果,为确保和解的效力,不得以错误为理由撤销之(第738条)。然若有下列情形之一时,仍得为撤销,以维护真实符合原则,保护当事人的利益。

(1) 和解所依据的文件,事后发现为伪造或变造,而和解当事人若知其为伪造或变造即不为和解者。

(2) 和解事件,经法院确定判决,而为当事人双方或一方于和解当时所不知者。

(3) 当事人的一方,对于他方当事人的资格(如误相对人为债权人),或对于重要的争点(如误永久的残废为轻微的伤害;不知债务根本不存在)有错误而为和解者。须注意的是,关于此种因错误而对和解的撤销,仍应有第88条规定的限制,即其错误须非出于表意人自己的过失,或须在交易上视为重要者(2000年台上字第700号判决)。

四、民事诉讼法上的和解

关于和解,除"民法"外,"民事诉讼法"亦设有规定("民事诉讼法"第377条以下)。诉讼上的和解,为私法上的法律行为,同时亦为诉讼法上的诉讼行为,故具有双重性质,即一面以就私法上的法律关系止息争执为目的,而生私法上效果的法律行为,一面又以终结诉讼或诉讼的某争点为目的,而生诉讼法上效果之诉讼行为,两者之间,实有合一不可分离的关系。故诉讼上之和解就有争执之诉讼标的之解决者,自亦发生第737条所定使当事人所抛弃的权利消灭及使当事人取得和解契约所订明权利的效力。例如两造因返还租赁物(系争房屋)纠纷,成立诉讼上和解,则就上诉人押租金如何返还,即应受该和解的拘束,不得于和解后再主张依两造原来契约为履行(2000年台上字第124号判决)。

第三节 保 证

例题106:甲向乙借100万元,甲委请丙、丁为保证人。① 就此例说明保证的基本法律关系,保证债务与债务承担的不同。② 甲届期不履行债务时,乙得否径向丙请求代负履行责任,何谓先诉抗辩权?③丙得否以甲对乙有50万元债权,而对甲主张抵销?④丙对乙为清偿后,得向甲主张何种权利?⑤设丙、丁与乙约定应负所谓共同保证,或"连带责任"时,其法律关系有无不同?

一、保证的意义、性质及成立

(一) 三面的法律关系

保证,指当事人约定,一方(保证人)于他方(债权人)之债务人(主债务人)不履行债务时,由其代负履行责任之契约(第739条)。须注意的是,保证债务与债务承担不同。保证债务,为于他人不履行债务时,代负履行责任之从债务,该他人仍为主债务人,故除有第746条所列各款情形之一者外,保证人于债权人未就主债务人之财产强制执行而无效果前,对于债权人得拒绝清偿。债务之承担则系债务之移转,原债务人已由债之关系脱退,仅由承担人负担债务,故承担人纵令曾与原债务人约明将来清偿债务的资金,仍由原债务人交付承担人向债权人清偿,亦不得以之对抗债权人(1933年台上字第426号判决)。

保证涉及三面关系:

(1) 债权人与主债务人间的主债务关系,其债务的发生原因究为契约或侵权行为等,在所不问。

(2) 主债务人与保证人的内部关系,即保证人所以愿为保证的原因,此多为委任,有时为无因管理,或赠与。

(3) 债权人与保证人间的保证契约关系。保证契约以主债务的存在为前提,是为从契约,如主债务并不存在时,保证债务亦无由存在。又仅保证人对于债权人负保证债务,故为无偿、片务契约。值得注意的是,在民法保证属不要式契约因债权人与保证人的意思表示合致而成立,通常虽订有保证书,但此非保证契约的成立要件。所谓"对保",仍在确认保证人的身份,对保与否,亦与保证契约的成立无关。

(二) 三个基本法律问题

保证涉及三面关系,而以主债务人不履行债务时,由保证人代负履行责任为核心,从而发生三个基本法律问题:

(1) 保证债务的范围。

(2) 保证债务具从属性及补充性,于债权人向保证人行使其保证请求权时,保证人得主张何种对抗的权利(保证人的抗辩权及先诉抗辩权),此系法律规范上的重要问题。

(3) 保证人代负履行责任之前或其后,得向主债务人行使何种权利,此涉保证责任除去请求权、求偿权及代位权。

兹为醒目,将保证契约所涉及的法律构造,图示如下:

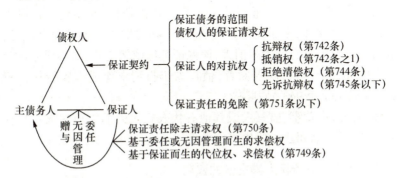

(三) 保证人的保护

保证具高度风险,其为保证,多出于职务或情谊,保证人虽非皆为"呆人",但法律仍有保护的必要。现行"民法"对保证契约不采要式行为,立法政策上容有研究余地。值得注意的是,第 739 条之 1 规定:"本节所规定保证人之权利,除法律另有规定外,不得预先抛弃。"此为债编修正时所新增,以保护保证人的利益。又依第 72 条规定,保证契约,有悖于公共秩序或善良风俗者,无效,此于父母以未成年人为连带保证人,保证巨额债务时,是否有其适用,应就个案加以认定。为兼顾债权人的利益,第 743 条亦规定,保证人对于因行为能力之欠缺而无效之债务,如知其情事而为保证者,其保证仍为有效。

二、保证债务的范围

保证债务,除契约另有订定外,包括主债务之利息、违约金、损害赔偿及其他从属于主债务之负担(第 740 条)。保证人的负担,较主债务人为重者,应缩减至主债务的限度(第 741 条)。保证债务之标的及态样,仅能轻于主债务,并得由当事人自由约定,故保证债务之范围未必与主债务的范围全然一致,亦可能小于主债务的范围。主债务人与债权人另订契约,扩张主债务的范围或变更其内容时,如未经保证人同意,保证债务之范围自不随同扩张或变更(1999年台上字第2722号判决)。

保证人与债权人约定就债权人与主债务人间所生一定债之关系范围内之不特定债务,预定最高限额,由保证人保证之契约,学说上称最高限额保证。此种保证契约如定有期间,在该期间内所生约定范围内之债务,不逾最高限额者,均为保证契约效力所及;如未定期间,保证契约在未经保证人依第754条规定终止或有其他消灭原因以前,所生约定范围内之债务,亦同。故在该保证契约有效期间内,已发生约定范围内之债务,纵因清偿或其他事由而减少或消灭,该保证契约依然有效,嗣后所生约定范围内之债务,于不逾最高限额者,债权人仍得请求保证人履行保证责任(1988年台上字第943号判决)。

因担任法人董事、监察人或其他有代表权之人而为该法人担任保证人者,仅就任职期间法人所生之债务负保证责任(第753条之1)。

三、保证人对债权人得主张的权利

保证契约成立后,债权人仍得向主债务人请求履行。债权人向主债务人请求履行,及为其他中断时效之行为,对于保证人亦生效力(第747条)。至于第129条第1项所规定的承认,性质上乃主债务人向债权人所为的行为,对于保证人自不生效力。

主债务人不履行债务时,债权人得请求保证人代负履行责任。基于保证责任的从属性及补充性,保证人得行使抗辩权、抵销权、拒绝履行权及先诉抗辩权,以为对抗,分述如下:

(一)保证人的抗辩权

主债务人所有之抗辩,保证人得主张之。主债务人抛弃其抗辩者,保证人仍得主张之(第742条)。所谓主债务人所有的抗辩,包括主债务人本身所有与主债务的发生、消灭或履行有关的抗辩而言,例如,权利不发生之抗辩、权利消灭之抗辩、拒绝给付之抗辩等。

(二)保证人的抵销权

实务上曾认为,保证人不得以主债务人对于债权人之债权,主张抵销(1953年台上字第1060号判决)。为避免保证人于清偿后向主债务人求偿困难,债编修正时特增设第742条之1,明定保证人得以主债务人对于债权人之债权,主张抵销(参阅例题106)。

（三）保证人的拒绝履行权

主债务人就其债之发生原因之法律行为有撤销权者（如撤销受诈欺的买卖），保证人对于债权人，得拒绝清偿（第744条）。立法意旨系认为，主债务人撤销发生债务的法律行为的权利，不能使保证人直接行使，然为保护保证人的利益，于主债务人可得撤销的法律行为，应给予保证人拒绝清偿保证债务的抗辩权。若保证人不知主债务人有撤销权，履行保证债务，及其后主债务人行使撤销权时，保证人可依不当得利之原则，向债权人请求返还其给付。

（四）先诉抗辩权

保证人于债权人未就主债务人之财产强制执行而无效果前，对于债权人得拒绝清偿（第745条）。是为保证人的先诉抗辩权（检索抗辩权），此属一种暂时性的抗辩（延期性抗辩），一旦债权人就主债务人的财产强制执行无效果后，保证人即不得再为主张。有下列各款情形之一时，保证人不得主张先诉抗辩权（第746条）：

（1）保证人抛弃前条之权利（先诉抗辩权）者。
（2）主债务人受破产宣告者。
（3）主债务人之财产不足清偿其债务者。

四、保证人对主债务人得主张的权利

（一）保证责任除去请求权

保证人受主债务人之委任，而为保证者，有下列各款情形之一时，得向主债务人请求除去其保证责任：① 主债务人之财产显形减少者。② 保证契约成立后，主债务人之住所、营业所或居所有变更，致向其请求清偿发生困难者。③ 主债务人履行债务迟延者。④ 债权人依确定判决得令保证人清偿者（第750条第1项）。

主债务未届清偿期者，主债务人得提出相当担保于保证人，以代保证责任之除去（第750条第2项）。

（二）保证人的求偿权及代位权

1. 求偿权

关于保证人的求偿权，"民法"上并无规定，但学说及实务均承认之，其请求权基础在于保证人与主债务人间的委任契约（第546条）及无因管理（第176条）。此系新生的请求权，其消灭时效，应重新计算。

2. 代位权

第749条规定:"保证人向债权人为清偿后,于其清偿之限度内,承受债权人对于主债务人之债权。但不得有害于债权人之利益。"此为法定债权移转。债权人对于主债务人之债权即当然就移转于保证人,保证人得就实际代偿之数额,向主债务人求偿。此种债权的法定代位,与普通债权移转之性质不同,在债务人不能以未经通知为抗辩之理由。保证人于向债权人代偿后,究行使求偿权或代位权,得自由选择。其行使代位权时须适用原债权的消灭时效,较为不利,其优点则系取得债权人对主债务人的债权、担保物权,及其他从属的权利。此项权利的移转,系本于法律的规定,而非由于法律行为,故关于担保物权的取得,不受第758条所定须经登记始生效力的限制(2000年台上字第2931号判决)。

五、保证的消灭

保证因下列原因之一消灭,而免除保证人的责任:

(1) 主债务消灭。保证系从债务,因主债务之消灭而消灭。

(2) 债权人抛弃担保物权。债权人抛弃为其债权担保之物权者,保证人就债权人所抛弃之权利之限度内,免其责任(第751条)。

(3) 定期保证怠于请求。约定保证人仅于一定期间内为保证者,如债权人于其期间内,对保证人不为审判上之请求,保证人免其责任(第752条)。

(4) 不定期保证经催告后怠于请求。保证未定期间者,保证人于主债务人清偿期届满后,得定1个月以上之相当期限,催告债权人于其期限内,向主债务人为审判上之请求权。债权人不于前项期限内向主债务人为审判上之请求者,保证人免其责任(第753条)。

(5) 连续债务保证经终止保证契约。就连续发生之债务为保证而未定有期间者,保证人得随时通知债权人终止保证契约。前项情形,保证人对于通知到达债权人后所发生主债务人之债务,不负保证责任(第754条)。

(6) 债权人未经保证人同意而允许主债务人延期清偿。就定有期限之债务为保证者,如债权人允许主债务人延期清偿时,保证人除对于其延期已为同意外,不负保证责任(第755条)。

(7) 未经保证人同意之债务承担。在债务承担的情形,除保证人对于债务之承担已为承认外,其保证责任因债务的承担而消灭(第304条第2项)。

六、特种保证

(一) 共同保证

共同保证者,指数人保证同一债务者的保证契约。依第748条规定,数人保证同一债务者,除契约另有订定外,应连带负保证责任(保证连带)。此系保证人间负连带责任,保证债务的特性仍然存在,故连带保证人仍得主张一般保证人所得主张的抗辩权,尤其是先诉抗辩权。

(二) 连带保证

连带保证,指保证人与债权人约定,与主债务人负连带责任的保证。连带保证于"民法"并无规定,通说肯定之,在实务上甚为常见。连带保证人既与债权人负连带责任,而非如一般保证的第二次责任,当然无先诉抗辩权。连带债务人既为保证人,于清偿债务后,对主债务人有求偿权及代位权。

(三) 信用保证

第756条规定:"委任他人以该他人之名义及其计算,供给信用于第三人者,就该第三人因受领信用所负之债务,对于受任人,负保证责任。"学说上称为信用委任。例如,甲委任乙,以乙的名义及其计算,供给信用于第三人丙,即由乙借款若干于丙,查其情形,实具有担保债务的性质,甲对于乙应负保证的责任。

第四节 人事保证

例题107:甲受雇于乙公司,委请亲友丙与乙公司订立保证书,载明:"保证担任职务期间操行廉洁,恪遵法令暨贵公司各种规章,倘有违背情事或侵蚀公款、财物及其他危害公司行为,保证人愿放弃先诉抗辩权,并负责指交被保人及照数赔偿之责。"(参照1960年台上字第2637号判决)试问此种保证,与"一般保证"有何不同,具何特色,对保证人具有何种风险?请运用您的想象力思考在法律上应如何设强行规定或任意规定,以保护保证人。

一、人事保证的意义

（一）人事保证的典型契约化

人事保证,谓当事人约定,一方(保证人)于他方(雇用人)之受雇人将来因职务上之行为而应对他方为损害赔偿时,由其代负赔偿责任之契约(第756条之1第1项)。人事保证(又称职务保证、身元保证)于我们社会上行之有年,实务上屡见相关案例,惟原"民法"尚无任何规定,为使当事人间权利义务臻于明确,债编修正时特将之明文化,成为一种有名契约。

人事保证的特色在于保证责任的范围,其要件有三:① 所谓"受雇人",其意义相当于第188条的受雇人,不以成立雇佣契约为必要,凡客观上被他人使用服劳务而受其监督者均属之。② 在时间上,须受雇人"将来"因职务之行为而应对他方为损害赔偿。③ 其损害赔偿须因职务上之行为而发生,包括债务不履行及侵权行为的损害赔偿,例如亏欠货款、侵蚀公款等。

（二）一般保证规定的准用

第756条之9,以人事保证之性质与保证相类,乃明定:"人事保证,除本节有规定者外,准用关于保证之规定。"其得准用的,包括第742条的抗辩权、第745条之先诉抗辩权、第748条的共同保证人的连带责任及第749条的求偿权等。

（三）保证期间的限制

人事保证契约系以将来内容不确定之损害赔偿为保证,为保护保证人,"民法"特设保证期间的限制,而于第756条之3第1、2项规定:"人事保证约定之期间,不得逾三年。逾三年者,缩短为三年。前项期间,当事人得更新之。"此项更新亦应以书面为之,其期限亦不得逾三年。人事保证未定期间者,自成立之日起有效期间为三年(第756条之3第3项)。

（四）保证人的终止权

1. 不定期保证保证人的任意终止权

人事保证未定期间者,保证人得随时终止契约。前项终止契约,应于3个月前通知雇用人。但当事人约定较短之期间者,从其约定(第756条之4)。

2. 雇用人的通知义务及保证人的法定终止权

第 756 条之 5 第 1 项规定:"有下列情形之一者,雇用人应即通知保证人:① 雇用人依法得终止雇佣契约,而其终止事由有发生保证人责任之虞者。② 受雇人因职务上之行为而应对雇用人负损害赔偿责任,并经雇用人向受雇人行使权利者。③ 雇用人变更受雇人之职务或任职时间、地点,致加重保证人责任或使其难于注意者。"同条第 2 项规定:"保证人受前项通知者,得终止契约。保证人知有前项各款情形者,亦同。"

二、人事保证的风险及保证人的保护

人事保证为无偿契约,较诸其他无偿契约(如赠与、使用借贷)更具不可预测的风险,对保证人殊为不利。让由当事人依契约自由决定其内容,难以保障危险分配的正义内涵。"民法"增设人事保证,旨在合理规范保证人的责任。分五点说明如下:

(1) 人事保证为要式契约。人事保证契约,应以书面为之(第 756 条之 1 第 2 项),系要式契约,使保证人在订立契约时,能慎重其事,考虑其风险,并减少纠纷。

(2) 保证责任的补助性。人事保证之保证人,以雇用人不能依他项方法受赔偿者为限,负其责任(第 756 条之 2 第 1 项)。所谓他项方法受赔偿,诸如雇用人已就受雇人之不诚实行为参加保证保险,或已由受雇人或第三人提供不动产就受雇人职务上行为所致损害,为雇用人设定最高限额抵押权等。

(3) 赔偿金额的限制。保证人依前项规定负赔偿责任时,除法律另有规定或契约另有订定外,其赔偿金额以赔偿事故发生时,受雇人当年可得报酬之总额为限(第 756 条之 2 第 2 项)。

(4) 减轻或免除赔偿责任。第 756 条之 6 规定:"有下列情形之一者,法院得减轻保证人之赔偿金额或免除之:① 有前条第 1 项各款之情形,而雇用人不即通知保证人者。② 雇用人对受雇人之选任或监督有疏懈者。"此乃第 217 条规定与有过失原则的适用。

(5) 雇用人对保证人请求权的短期消灭时效。雇用人对保证人之请求权,因二年间不行使而消灭(第 756 条之 8)。所以设此短期时效,系为保证人负担的责任持续过长。至请求权消灭时效起算点,应自请求权可行使时起算(第 128 条),即自雇用人受有损害而得请求赔偿时起算,但如雇用人尚有他项方法可受赔偿时,依第756条之2的规定,应自不能依他项方法受赔偿时起算。

三、人事保证契约的消灭

人事保证系以保证人的信用为基础,且以受雇人有行为能力及其与雇用人之雇佣关系存在为前提,第756条之7乃规定:"人事保证关系因下列事由而消灭:① 保证之期间届满。② 保证人死亡、破产或丧失行为能力。③ 受雇人死亡、破产或丧失行为能力。④ 受雇人之雇佣关系消灭。"

第五编 物 权

第一章 总　　论

第一节　物权法的体系与原则

一、民法物权编与特别法

人类须利用物质以谋生活,物质有限,为定纷止争,促进对物有效率的使用,并使个人得享有自主形成其生活的自由空间,乃有制定物权法,创设物权制度的必要。物权法有形式和实质两种意义。形式意义的物权法(狭义的物权法),系指民法物权编而言。实质意义的物权法(广义的物权法),乃泛指以物权关系为规范对象的法律,除民法物权编外,尚包括其他关于物权的法令,就其内容言,可归纳为三类:① 创设物权的种类(如"海商法"第 33 条规定船舶抵押权);② 对物权,尤其是所有权的限制(例如"土地征收条例"关于土地的征收);③ 不动产登记制度,其中以"土地法"及"土地登记规则"最为重要。

二、物权关系上的私法与公法

物权法旨在规范私人间关于财产上的权利义务,是为私法。但因物权制度与社会、经济有直接密切的关系,影响匪浅,亦有公法的规定。"民法"第 765 条规定:"所有人,于法令限制之范围内,得自由使用、收益、处分其所有物,并排除他人之干涉。"立法理由书谓:"限制所有权之法令有二:一为公法之限制;二为私法之限制。'民法'所定以私法之限制为主,盖公法之限制,不能规定于'民法'中也。"此种未规定于"民法"的公法规定,种类繁多,与日俱增,与人民权利具有密切关系,例如饲养宠物受"动物保护法"的规范,应值重视。

三、物权法上的强行规定和任意规定

物权具有排他性，涉及第三人和社会公益，故物权法的规定多具强行性，不容当事人以合意加以排除。例如第757条规定："物权除依法律或习惯外，不得创设。"违反强行规定者，应属无效，但法律不以之为无效者，不在此限。例如第912条规定："典权约定期限不得逾三十年。逾三十年者，缩短为三十年。"为顾及当事人的私法自治，"物权法"亦有任意规定，多明文加以表示，例如第818条规定："各共有人，除契约另有约定外，按其应有部分，对于共有物之全部，有使用收益之权。"第838条规定："地上权人，得将其权利让与他人或设定抵押权。但契约另有约定或另有习惯者，不在此限。"

四、物权法与"宪法"

"宪法"第15条规定，人民的财产权应予保障。所称财产权，包括债权、智能财产权等具有财产价值的权利，实际上，以所有权最为重要。大法官释字第400号解释略谓："'宪法'第15条关于人民财产权应予保障之规定，旨在确保个人依财产之存续状态行使其自由使用、收益及处分之权能，并免于遭受公权力或第三人之侵害，俾能实现个人自由、发展人格及维护尊严。"民法系为实现财产权制度性保障而制定的主要法律，并具体化于第765条，即"所有人，于法令限制之范围内，得自由使用、收益、处分其所有物，并排除他人之干涉"。关于排除他人的干涉，"民法"于物权编设有物权请求权，使个人免予遭受第三人之侵害。关于法令对所有权的限制，涉及如何使个人财产权"免予遭受公权力的侵害"，则属违宪审查问题。依"宪法"第23条规定，此项受宪法保障的财产权，"除为防止妨碍他人自由，避免紧急危难，维持社会秩序或增进公共利益所必要者外，不得以法律限制之。"大法官依"法律保留"及"比例原则"审查限制财产权法令的"合宪性"，作成甚多解释，对财产权保障有贡献(请参照释字第400号、第408号、第451号解释)。

五、物权法的基本原则

（一）物权法上的自由和效率

物权法旨在建构对物和其他有限资源的法律规范秩序，其所要处理

的基本问题有四：① 何种之物（或财产）得为私有；② 如何创设物权；③ 所有人对于其物得为如何的使用、收益和处分；④ 所有权及其他物权被侵害时的救济方法。

此四个物权法上的基本问题均涉及私法上的两个基本原则：自由和效率。就自由言，应如何保障和实现个人在其财产上范畴的形成空间；就效率言，应如何使物归于能最适于发挥其效用之人。为此，在法律规范上应明确界定物权（产权），减少交易成本，排除达成私人协议的障碍，并减少协议失败所生的损害。自由与效率并非互相排斥，而是相互协力，例如物权的让与自由，有助于物之使用效率。为实践物权法上的自由和效率，物权法的秩序系建立在私有财产制度及若干结构原则之上。

(二) 以私有财产制为基础的物权法秩序

物权法建立在一个重要的政治社会基本原则之上，那就是私有财产制度，即个人得拥有财产，包括所谓生活资料及生产资料（土地及其他生产工具），可以继承，原则上并得自由使用、收益、处分。私有财产制的主要意义，在于维护个人的自由和尊严。财产是个人经济独立自主的必要基础，没有独立自主的个人，一个民主的社会将难以存在或发展，私有财产使人负责，有助于人格形成。私有财产通常是由劳动而获得，亦具有伦理基础。又将物归属于某人私有，由其支配使用，有助于物尽其用，增进物的使用和交换价值。此为私有财产制物权法的经济功能。

强调私有财产，绝非将之神化、绝对化。私有财产，尤其是所有权，负有社会义务。"宪法"第15条规定人民之财产权，应予保障，肯定私有财产权为一种基本权，但依"宪法"第23条规定，为防止妨碍他人自由，避免紧急危难，维持社会秩序或增进公共利益所必要时，亦得依法律加以限制，前已论及。物权法是"宪法"规范的具体化，承认私有财产原则，并设必要的规范，具有多种意义：对个人言，为自由与拘束的调和；对法律体系言，则为私法与公法的协力，构成了社会经济秩序的法律基础。

(三) 物权法的结构原则

物权法的结构是建立在五个原则之上。就物权性质言，为物权绝对性；就物权种类言，为物权法定原则；就物权客体言，为特定客体原则；就物权效力言，为物权优先效力；就物权变动言，为物权行为独立性、无因性和公示原则。

物权绝对性系物权的基本性格，其他四个原则皆源于此种特性，俟后将详为说明,为便于综合了解,简述如下。物权具有对世的效力,动辄涉及第三人利益,故法律明定其种类,不许当事人自由创设。为使物权之支配得以确实,便于公示,物权之标的物应以特定之物为其客体,一个物权不能存于两个以上之物(物权特定原则);物权的优先效力系物权直接支配而具有排他性的当然结果;物权行为独立性在使物权行为与债权行为分离(分离原则),无因性旨在使物权变动不受其原因行为(债权行为)的影响;物权变动以登记(不动产)及交付(动产)作为公示表征,使第三人可以查悉其变动,避免因物权具有排他性而遭受不测的损害。

"物权法"的规定系私有财产制度及五个结构原则的具体化。把握这些原则,有助于了解个别规定的内容,并作合理的解释适用。鉴于其重要性,列表如下,以便参照:

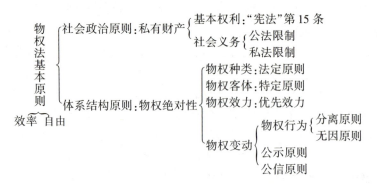

第二节 物权通论

一、物权的意义

例题108:甲于4月4日出售某地予乙,业已交付,但未办理登记。甲于6月2日又将该地出售予丙,丙明知其事,并即办妥所有权移转登记。试问:① 甲与乙、甲与丙间的买卖契约是否均为有效? ② 丙得否向乙请求返还该地?

物权,指直接支配物,并具排他性的权利。物权的本旨,在于法律将特定物归属于某权利主体,由其直接支配,享受其利益,并排除他人对此支配领域的侵害或干预。所谓直接支配,指物权人得依自己的意思享受物的利益。例如房屋所有人得依己意居住、出租或设定其他物权。地上权人得在土地上有建筑物。抵押权人于债权届期未获清偿时，得依法请求法院拍卖抵押物，不必得抵押人的同意。物权作为一种物的归属的权利，具有绝对性，于受他人侵害时，物权人得主张物上请求权（第767条），排除他人的侵害，以恢复物权应有的圆满状态。绝对性为物权的特性，故物权又称为绝对权或对世权。

物权与债权虽然同属财产权，但性质有别，债权系属相对权，即债权人基于债之关系，得向债务人请求给付。债权不是对债务人人身的支配，也不是对给付标的物的支配，而是请求给付和保有给付的权利。关于物权与债权的区别前已论及。兹就再例题108加以说明：甲出卖某地给乙，乙得"请求"甲交付该地，并移转其所有权（第348条）。但不能对该地径为"支配"。甲将该地交付予乙时，乙虽取得占有，但在办理登记前，仍未取得所有权。其后甲又将该地出售予丙，其买卖契约的效力不因丙明知乙已买受该地在先而受影响，丙亦对甲取得请求交付该地，并移转其所有权的债权（第348条）。在同一标的物上数个债权可以同时并存，居于平等地位（债权平等原则）。设甲将该地登记予丙时，丙即取得其所有权（第758条）。对丙而言，乙为无权占有，乙不能以其与甲间的买卖契约，对丙主张对该屋有占有的本权（债的相对性），故丙得对乙请求返还该屋（第767条），乙仅能依债务不履行的规定，向甲请求损害赔偿或解除契约（第226条、第256条）。

二、物权的种类：物权法定原则

例题109：何谓物权法定原则？得否依"习惯"成立物权？为何要有物权法定原则？为何没有"债权法定原则"？民法上有多少种类的物权，何谓完全物权、定限物权、担保物权？请务必查阅相关条文，并为背诵记忆了解其定义内容，并依一定的观点组成民法上的物权体系。

（一）立法政策

第757条规定："物权除依法律或习惯外，不得创设。"学说上称为物权法定原则。债权并无法定原则。债之关系，当事人得依契约自由创设，原则上不受任何限制。然则，为何要采物权法定原则？其主要理由有三：

(1) 物权的绝对性。物权有极强的效力,得对抗一般之人,若许其以契约或习惯任意创设,有碍公益。

(2) 物尽其用的经济效用。物权与社会经济具有密切关系,任意创设,对所有权设种种的限制及负担,妨碍所有权自由,影响物的利用。以法律规定其种类内容,明确物权类型,有助于发挥物尽其用的经济效益。

(3) 交易安全与便捷。物权具有对世的效力,物权的得丧变更,应力求透明。物权种类和内容的法定化,便于公示(尤其是土地登记),可确保交易安全与便捷。

(二) 第757条规定的解释适用

(1) 类型强制和类型固定。第757条所称"法律",指经"立法院"通过、"总统"公布的法律,命令不包括在内。又所称习惯,乃指习惯法而言。

所谓"不得创设",其意涵有二:① 不得创设"民法"或其他法律所不承认的物权,或习惯(法)所未形成的物权。例如在他人动产上设定用益物权。学说上称为类型强制。② 不得创设与物权法定内容相异的内容。例如设定不移转占有的动产质权。学说上称为类型固定。

(2) 强行规定与违反的法律效果。第757条系属强行规定(第71条),违反时其法律效果为:① 法律有规定时,从其规定。例如第912条规定:"典权约定期限不得逾三十年。逾三十年者,缩短为三十年。"② 法律无特别规定时,其创设物权的法律行为无效。法律行为违反第757条规定时,虽不发生创设物权的效果,但仍可具有债的效力。

三、物权的类型体系

物权须依法律而创设,法律创设何种类型的物权,视社会经济需要而定。"民法"规定八种物权:所有权、地上权、农育权、不动产役权、抵押权、质权、典权和留置权。另设占有,此系一种对物管领的事实状态,称为类似物权。此等物权可从不同的角度或观点加以分类:

(1) 所有权与定限物权。此系以对于标的物的支配范围为标准而为区别。所有权系对于物之使用价值和交换价值为全面支配的物权,故又称为完全物权。定限物权依其所支配内容为标准,可分为用益物权和担保物权。用益物权系以支配物的使用价值为内容的物权,属之者有地上权、农育权、不动产役权、典权。担保物权系以支配物的交换价值为内容的物权,属之者有抵押权、质权、留置权。

(2) 不动产物权、动产物权与权利物权。此系以标的物之种类为标准而区分。存在于不动产上的物权,称为不动产物权,包括不动产所有权、地上权、不动产役权、农育权、典权和抵押权。存在于动产上的物权,称为动产物权,有动产所有权、动产质权和留置权。存在于权利上的物权,称为权利物权,包括权利质权、权利抵押权。此项区别的实益在于其成立要件、效力及得丧变更的不同。

(3) 本权与占有。此系以其有无物权的实质内容为标准而区别。占有仅系对于标的物有管领力的一种事实,并非物权。对占有而言,所有权、其他物权,甚至租赁权,均为本权。二者区别的实益在于,确定有无本权的存在,以定其保护的方法。

物权已说明如上,兹依其客体和内容,组成如下的类型体系:

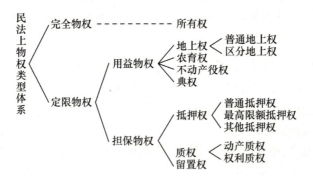

四、物权的客体

物权乃直接支配某物而享受其利益,系以"物"为其客体。须注意的是,物权得以财产权为客体,例如地上权、永佃权及典权得为抵押权标的物(权利抵押权,第882条)。可让与之债权及其他权利得为质权的标的物(权利质权,第900条)。何种权利得作为物权的客体,须有法律依据,并准用物权的规定,例如权利抵押权准用关于不动产抵押权的规定(第883条);权利质权准用关于动产质权的规定(第901条)。

关于物的意义,种类(不动产及动产)、主物与从物、成分(重要成分与非重要成分),前已论及(本书第56页),兹不赘述。须再强调的是,物权在于支配其物,享受其利益,为使法律关系明确,便于公示,以保护交易安全,民法采取所谓物权标的物特定原则,即一个物权的客体(标的物),应以一物为原则,一个物权(尤其是所有权)不能存在于两个物之上,又称为一物一权原则。单一物(如土地)和合成物(如房屋、汽车)在法律上均为独立之物,得为一个单独所有权的客体。集合物(如图书馆),系由数个独立之物集合而成,其本身不能作为物权之标的物,所有权仅得存在于各个独立之物之上(如每一本书、每一部电脑)。基于物权标的物特定原则,物权的变动应就个别之物作成之,应予注意。

五、物权的效力

例题110:A有某笔土地设定抵押权予其债权人B,后设定地上权予C,再设定抵押权予D。C以地上权为客体先后设定抵押权给E和F。试问:① 各种权利的并存位序关系? ② A得否再设定典权予G? ③ A将该地出卖给H并办理所有权移转登记时,B、C、D得对H主张何种权利?

物权因法律赋予直接支配排他性,而产生不同的效力,其为个别物权所特有的,俟于个别物权再行论述。关于其共同效力,分为排他效力、优先效力、追及效力及物上请求权,说明如下。

(一) 排他效力

排他效力,指在同一标的物上,不能同时成立两个以上内容互不兼容的物权:

(1) 在同一标的物上不能有两个所有权。同一标的物上的所有权,其后为他人善意取得(或时效取得)时,前一所有权消灭。

(2) 用益物权因系以物之占有使用为内容,故在同一标的物(不动产)上不能成立两个典权;但得成立两个以上内容不同(如用水、通行),或内容相同但互不排斥(如不作为)的不动产役权。在同一土地的上下,得成立不同范围的数个地上权,如建筑房屋的地上权和地下停车场的地上权(区分地上权)。关于区分地上权及不动产役权的排他、优先性,参阅第841条之5、第851条之1。

(3) 担保物权系以物的交换价值为内容,在同一不动产上得设定数个抵押权,法有明文(第865条)。

(4) 不同种类物权得同时并存的,例如所有权和定限物权、用益物权和担保物权。于同一土地设定抵押权后,得再设定地上权和其他权利(第866条)。

(二) 优先效力

于同一标的物不容许有数个同一内容的物权并存其上时,先发生者具有优先性。例如,就同一土地设定典权后,不得再设定地上权或典权。此亦可认系物权排他效力。关于可兼容物权相互间的优先效力,分三种情形说明如下:

(1) 在所有权与其他物权间,其他物权得在一定范围内支配其物,当然具有优先于所有权的效力。例如,地上权人得优先于土地所有人使用土地。

(2) 数个担保物权并存于同一标的物之上时,成立在先的,位序在前,有优先于后成立物权的效力(成立时间在先,权利在先原则)。不动产所有人,因担保数债权,就同一不动产,设定数抵押权者,其次序依登记之先后定之(第865条)。

(3) 用益物权与担保物权并存时成立在先者,亦具有优先效力。例如,不动产所有人设定抵押权后,于同一不动产上再设定地上权或其他权利时,其抵押权不因此而受影响(第866条)。

(三) 追及效力

物权的追及效力,指物权成立后,其标的物不论辗转入于何人之手,物权人均得追及物之所在,而直接支配其物的效力。例如,不动产所有人设定抵押权后,得将不动产让与他人。但其抵押权不因此而受影响(第867条),抵押权人于其债权届期未获满足时,可追及该不动产,声请法院拍卖抵押物。

(四) 物上请求权

物上请求权(物的请求权),包括两种请求权:① 基于所有权及其他物权而生的请求权(第767条),即物权人于其物权被侵害或有被侵害之虞时,得请求恢复圆满状态的权利(物权请求权)。② 占有人的物上请求权(第962条)。

(五) 例题110解说

例题110乃在显示同一不动产上成立各种物权的可能态样,及其位序并存关系,可作为一种基本思考模式,以处理错综复杂的物权关系。为便于观察,先图示如下,再分两点加以说明:

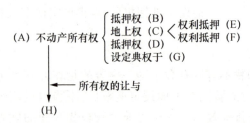

(1) 所有权的权能可以分裂,就其使用价值设定用益物权,就其交换价值设定担保物权。于内容不相冲突的范围内,各种物权可以重迭并存,物的效用发挥淋漓尽致。在上举之例,于 A 的土地上除 A 的所有权外,有 B 的抵押权、C 的地上权和 D 的抵押权,得同时并存,以成立(登记)先后,定其次序,先成立的物权不受后成立物权的影响。A 于该地设定地上权予 C 之后,不得复设典权予 G,因其内容与地上权不兼容(排他性)。C 以其地上权为客体而设定的数抵押权(权利抵押),亦以成立先后,定其次序。

(2) A 将该土地所有权因买卖(互易、赠与)等原因而让与 H 时,抵押权和地上权不因此受影响(物权的追及效力、优先效力,第 867 条)。易言之,即抵押权人(B、D)于债权已届清偿期,而未受清偿者,得声请法院拍卖抵押物(即 H 自 A 受让所有权的土地),就其卖得价金而受清偿(第 873 条)。C 的地上权仍继续存在于 H 由 A 受让的土地,而在 C 与 H 之间发生地上权人与土地所有人的法律关系。关于 B 实行抵押权时,地上权的存续问题,俟于相关部分,再行说明。

六、物权的保护

(一) 私法上的保护

物权在私法上的保护,可分为物权法上的保护和债权法上的保护。前者指物上请求权,包括物权请求权(第 767 条)和占有人的物上请求权(第 962 条),前已提及,将于相关部分再行详论。后者包括侵权行为损害赔偿请求权和不当得利请求权。

(二) 公法上的保护

物权在公法上保护的基础,系"宪法"第 15 条关于人民财产权应受保障的规定。关于"法律保留"和"比例原则"的适用,前已论及,兹应特别说明者有二:

(1) 对所有权征收、限制与补偿。对财产权(尤其是土地所有权)的侵害,以征收最属严重,相关法制已渐趋完备,即对人民财产权的征收,须有法律依据,符合法定要件,依一定的程序,并为相当的补偿("土地法"第五编第208条以下,"土地征收条例")。又对所有权的限制,构成个人特别牺牲者,亦应予合理补偿(大法官释字第440号解释)。

(2) 权利保护程序。有权利而无救济程序,犹如无刃之刀。行政诉讼制度的完善,在程序上强化了对所有权及其他财产权的保护,乃法制的重大发展,实值肯定。

第三节 物权法的发展

一、一项重要的统计资料

物权分为所有权及限制物权,而限制物权包括用益物权及担保物权,关于用益物权与不动产担保物权的登记,在台闽地区办理,此二类物权(土地他项权利)的登记笔数,有如下的统计数据:

权利项目 年度	抵押权 笔数	地上权 笔数	地役权 笔数	典权 笔数
2000	2033521	29530	560	29
2005	1937423	42780	830	69
2006	1990051	40864	943	69
2007	1755543	33876	1081	69
2008	1591632	28267	1111	30

上揭统计数据提供两项重要信息(台湾地区):

(1) 担保物权的重要功能。设定抵押权登记每年约有160多万笔以上(可惜缺少担保债权金额的统计),足见担保物权在社会经济的重要功能,但有下降的趋势。

(2) 用益物权的消长与没落。地上权设定登记每年约有3万笔,尚属不少,但亦有下降的趋势。设定地役权登记笔数在2008年为1111件,为数不多,但逐年增加。典权在2000年有29笔,在2008年仅有30笔,已丧失其重要性。永佃权因实施耕者有其田,鲜少设定者。用益物权已渐趋没落。

二、台湾社会变迁与物权法的修正

现行物权编自 1930 年 5 月 5 日施行以来,迄今已 80 年,其间社会结构、经济形态和人民观念,均有重大变迁,原本立基于农业生活形态的民法物权已难因应今日多数的生活态样。经多年全面的检讨,终于在 2007 年、2009 年、2010 年分别完成关于"担保物权",及"通则"与"所有权"部分及"用益物权"与"占有"部分的修正条文。

修正的目的旨在因应前揭关于用益物权及不动产抵押权登记笔数所显现的社会变迁。在不动产抵押权,以增设最高限额抵押为重点,以发挥其担保的功能。在用益物权方面,系调整用益物权的种类和内容,废除永佃权,而增设农育权;将地上权的范围扩张及于土地上下(普通地上权)或土地上下一定空间的范围(区分地上权);将地役权改为不动产役权,扩大其物的适用范围(不动产)及人的适用范围(第 859 条之 3、之 4)。此项修正乃在因应台湾社会经济发展。

第二章 物权变动

第一节 规范模式及现行法上的制度

例题111：① 甲在某地建某房屋，出卖给乙，试问甲如何取得该屋所有权，如何移转其所有权予乙？② 丙绘某画，出卖给丁，试问丙如何移转该画所有权予丁？③ 试思考可能的规范模式，并说明现行法上的制度？

一、物权变动的态样

（一）物权变动的态样

物权变动，指物权的发生、变更和消灭，分述如下：

（1）物权的发生。可分为：① 原始取得，指非依据他人既存的权利而取得物权，例如无主物之先占（第802条）。② 继受取得，指就他人的权利而取得物权，此又可分为移转取得和创设取得。移转取得，指就他人的物权依其原状而取得，例如基于买卖、赠与而受让某物所有权（特定继受取得）；基于继承而取得被继承人的一切物权（概括继受取得）。创设取得，指于他人的权利上设定用益物权（如地上权）或担保物权（如动产质权、权利抵押）。

（2）物权的变更。物权的变更，包括主体变更、客体变更和内容变更。主体变更，乃物权取得与丧失的问题。客体变更，指标的物在量上有所增减，例如所有权的客体因附合而增加，抵押权的客体因部分毁损而减少。内容变更，指物权的内容有所改变，例如地上权存续期间的增长或缩短，农育权地租的增减，抵押权位序的升降。

（3）物权的消灭。物权的消灭，指物权与其主体分离，就物权人方面言,为物权的丧失,可分为绝对丧失和相对丧失。物权的绝对丧失,指物权本身的消灭,例如,房屋焚毁时,该屋的所有权及设定其上的典权均客观失其存在,终局地归于消灭;相对丧失,指物权离去其原主体,而与另一主体相结合,例如某屋所有权的移转。通常所谓物权的消灭系指物权绝对丧失而言。

二、现行法上的规范模式

(一) 规范模式

物权变动直接基于法律规定的,应依法律规定,例如继承、无主物先占。物权变动有基于当事人意思的,于此情形,如何规范物权变动,有诸种模式。有的立法例采所谓意思主义,而有三种不同的规范类型:以出卖 A 屋及 B 车为例言之:① 买卖契约有效成立时,A 屋和 B 车的所有权即行移转。② 买卖契约有效成立时,A 屋和 B 车的所有权即行移转,但非经登记(不动产)或交付(动产),不得对抗善意第三人。③ 买卖标的物不因买卖契约有效成立而当然移转,尚须以登记(不动产)或交付(动产)为要件。

(二) 民法上的规定

民法系采所谓的形式主义,即物权的变动尚须作成一个以直接物权变动为内容的法律行为,并践行法定方式。就买卖标的物所有权的移转言,除登记或交付外,尚须当事人就此标的物所有权的移转作成一个独立于买卖契约(债权行为)的意思合致。此项意思合致系以物权变动为内容,学说上称为物权行为,物权行为与债权行为互相分离(分离原则)。第 758 条规定:"不动产物权,依法律行为而取得、设定、丧失及变更者,非经登记,不生效力。前项行为,应以书面为之。"其所称法律行为系指物权行为而言。第 761 条第 1 项规定:"动产物权之让与,非将动产交付,不生效力。但受让人已占有动产者,于让与合意时,即生效力。"其所称让与合意,系指物权合意(物权契约)。在此种物权行为与债权分离原则的规范模式,发生一个重要问题,即债权行为(如买卖契约)不成立,无效或被撤销时,物权行为的效力是否受其原因行为(买卖契约)的影响? 此乃物权行为有因、无因的问题。其受影响者,物权行为具有因性;其不受影响者,物权行为具无因性,通说认民法系采物权行为无因性原则。"最高法院"1999 年台上字第 1310 号判决谓:"查法律行为分为债权行为与物权行为,前者系发生债的关系为目的之要因行为,后者之目的则在于使物权直接发生变动,以避免法律关系趋于复杂,影响交易安全,乃使之独立于原因行为之外而成为无因行为。"可资参照。

为便于观察,兹以买卖(债权行为)为例,将民法上物权变动(如所有权移转)的规范模式图示如下:

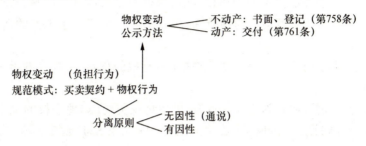

三、物权行为

物权行为系指直接引起物权得丧变更的法律行为,前曾多次论及,兹归纳五点简述如下:

(1) 物权行为系法律行为的一种,应适用"民法"关于法律行为的规定。

(2) 物权行为可分为物权契约(让与合意)及单独行为,前者如所有权的移转、抵押权的设定,后者如所有权的抛弃。

(3) 物权行为系处分行为,为处分行为者须有处分权(通常所有人皆有处分权)。为处分者无处分权时,其处分行为(物权行为)效力未定(第118条),但有善意取得规定的适用(第801条、第948条以下,第759条之1)。

(4) 于处分物权行为,应适用标的物特定原则,就个别之物为之。A屋及B地得为一个买卖契约的客体,但移转其所有权的物权行为(处分行为),应分别就A屋及B地作成之。

(5) 物权行为具有无因性,不因原因行为(如买卖契约)而受影响,但原因行为不成立、无效或被撤销时,物权的变动,欠缺法律上原因,应成立不当得利(第179条)。

第二节　不动产物权变动

一、依法律行为而生的不动产物权变动

第758条规定："不动产物权,依法律行为而取得、设定、丧失及变更者,非经登记,不生效力。前项行为,应以书面为之。"关于本条的适用应说明的有四：

(1) 本条适用于一切不动产物权(所有权的移转、抵押权的设定、地上权的让与)。

(2) 所谓法律行为指物权行为,包括物权契约(如地上权的设定)及单独行为(抛弃)。物权,除法律另有规定(如第834条第1项、第835条)外,因抛弃而消灭(第764条第1项)。抛弃不动产所有权时,归属于"国库"("土地登记规则"第143条第2项)。

(3) 登记系不动产物权变动的公示方法,性质上为不动产物权行为的生效要件。关于此项登记,请参照"土地法"及"土地登记规则"的相关规定。

(4) 第758条第2项规定不动产物权之移转或设定的法律行为,应以书面为之,明定不动产物权行为系属要式行为。关于不动产物权的买卖契约则为不要式行为。不动产物权之移转,应以书面为之,其移转不动产物权书面未合法成立,固不能生移转之效力。惟关于买卖不动产之债权契约,乃非要式行为,若双方就其移转之不动产及价金业已互相同意,则其买卖契约即为成立。出卖不动产之一方,自应负交付该不动产并使他方取得该不动产所有权之义务,买受人若取得出卖人协同办理所有权移转登记之确定判决,则得单独声请登记取得所有权,移转不动产物权书面之欠缺,即因之而补正(1968年台上字第1436号判决)。

二、非基于法律行为而生的不动产物权变动

例题112：① 甲继承其父的房屋,于办理继承登记前,是否取得该屋所有权；甲于登记前将该屋出卖给乙,其买卖契约是否有效？② 甲在某地违章建筑某屋,在办理登记前,得否取得其所有权,关于违章建筑的买卖契约是否有效？

（一）第759条：依法律规定取得不动产物权及其处分

第759条规定："因继承、强制执行、征收或法院之判决或其他非因法律行为，于登记前已取得不动产物权者，应经登记，始得处分其物权。"立法目的在于贯彻第758条所采物权登记要件的意旨，并维护不动产物权的公示原则。应说明者有三：

（1）所谓判决，系仅指依其宣告足生物权法上取得某不动产物权效果，恒有拘束第三人之必要，而对于当事人以外之一切第三人亦有效力（形成力，亦称创效力）的形成判决而言，例如分割共有物判决，因暴利行为而对不动产物权行为为撤销等。

（2）于登记前已取得不动产物权，除继承、强制执行、征收及法院判决外，尚包括其他非因法律行为的情形，其因法律规定而取得不动产物权者，例如法定地上权（第876条）、典权人取得典物所有权（第923条第2项、第924条），其因法律事实而取得不动产物权者，例如自己出资建屋。

（3）所谓"始得处分其物权"，系指处分行为而言，不包括买卖或租赁等债权行为在内，在登记前其买卖或租赁等债权行为自属有效（例题112）。

（二）自己出资建筑建物及违章建筑

自己出资建筑房屋等建物，系非依法律行为而原始取得其所有权，与依法律行为而取得者有别，纵使不经登记，亦不在第758条所谓非经登记，不生效力之列。惟此项建物所有权亦应适用第759条规定，应经登记，始得处分。但其买卖契约仍为有效。出卖人得将该建筑物的事实上处分权让与买受人，使买受人取得使用、收益的权能。买受人于他人不法侵害该建筑时，亦得依第184条第1项前段规定请求损害赔偿（例题112）。

（三）不动产物权的消灭（混同）

非基于法律行为而生不动产物权的消灭，其主要者，例如标的物灭失、约定存续期间届满（如地上权，第834条）、法定期间经过（如抵押权、第880条）等。值得注意的是，关于不动产物权的消灭，"民法"就混同设有一般规定。所谓混同，指两个无并存必要的物权同归于一人的事实，其情形有二：

（1）所有权与其他物权混同。第762条规定："同一物之所有权及其他物权，归属于一人者，其他物权因混同而消灭。但其他物权之存续，于所有人或第三人有法律上之利益者,不在此限。"例如甲就其所有之土地为乙设定地上权,其后乙购买该地,或乙继承甲而取得该地所有权时,则所有权与地上权(定限物权)同归一人,其地上权即因混同而消灭。但设乙于地上权为丙设定权利抵押权时,为丙的利益,其地上权则不消灭。

(2) 所有权以外的物权与以该物权为标的物的权利混同。第763条规定:"所有权以外之物权,及以该物权为标的物之权利,归属于一人者,其权利因混同而消灭。前条但书之规定,于前项情形准用之。"例如,甲以其取得地上权设定抵押权予乙(第882条),其后乙因继承等原因取得地上权时,则地上权与以该地上权为标的物的抵押权,归属于一人,其抵押权即因混同而消灭,但设乙以该有抵押权担保的债权,为第三人丙设定权利质权。若其后乙因继承等原因而取得甲的地上权,发生"所有权以外之物权,及以该物权为标的物之权利,归属于一人"的事实,但因第三人(权利质权人)对抵押权的存续有法律上利益,乙的抵押权不因混同而消灭。

三、不动产物权的善意取得

> 例题113:甲有 A 地,被误登记为乙所有,乙死亡,其子丙于办理继承后,将该 A 地先设定抵押权予丁,再将该地出卖给戊,并移转其所有权。信赖土地登记的丁或戊得否主张善意取得其权利? 其法律依据何在?

不动产物权的变动皆须登记,或为生效要件(第758条)或为处分要件(第759条)。"土地法"和"土地登记规则"对登记程序规定甚详,基本上足以保障物权变动的真实状态。但土地登记与事实不符的,仍难完全避免,有因地政机关的错误或疏漏,将 A 地误登记为 B 地;有因土地登记簿外的法律变动,例如甲死亡,由乙办理继承登记,但真正继承人为丙;有因物权行为无效或被撤销,例如通谋虚伪让与不动产所有权(第87条),而其法律行为无效。在诸此情形,应如何保护取得不动产物权的善意第三人?

对此法律交易上的重要问题,"民法"原未设明文规定,修正时乃增订第759条之1,规定:"不动产物权经登记者,推定登记权利人适法有此权利。因信赖不动产登记之善意第三人,已依法律行为为物权变动之登记者,其变动之效力,不因原登记物权之不实而受影响。"此项规定系为保护善意第三人起见,将登记事项赋予绝对真正公信力,使第三人信赖登记而取得权利时,不因登记原因之无效或撤销而被追夺,以维护交易的安全,分两种情形说明如下：

(1)甲被误登记为某屋所有人,甲以该地出卖予善意之乙,并移转其所有权时,乙取得该屋所有权(积极信赖保护)。

(2)甲在乙地有不动产役权误被涂销,乙将该地让售予丙时,丙取得该地所有权,无不动产役权的负担(消极信赖保护)。

须注意的是,善意取得旨在维护交易安全,其受保护的限于法律交易,例如所有权的移转、抵押权的设定;其依法律规定(如继承)而取得不动产物权的,不包括在内。

第三节 动产物权变动

一、依法律行为而生的动产物权变动

关于依法律行为而生的不动产物权变动,第758条设有统一规定。关于动产物权的变动,则较复杂。第761条规定动产物权的让与,第764条关于物权抛弃的规定亦适用于动产。第884条规定动产质权的设定。以下兹仅就动产物权的让与和抛弃加以说明。

(一) 动产物权的让与

> 例题114：甲有某汽车,出售予乙。试问于下列情形,甲如何移转该车予乙,应否办理汽车过户登记：①甲在买卖之前已出租该车予乙。②甲在买卖之前已出借该车予丙。③甲欲向乙借用该车一个星期。

第761条第1项规定:"动产物权之让与,非将动产交付,不生效力。但受让人已占有动产者,于让与合意时,即生效力。"由此可知,动产物权的让与须具备"让与合意"和"交付"两个要件,分述如下。

1. 让与合意

所谓动产物权,除动产所有权外,尚包括动产质权和留置权。让与合意,系指以动产物权的让与为内容的物权合意,系属物权契约,不以订立书面为必要。此项让与合意得以明示或默示为之,有争议时(如出卖人主张保留所有权),应由让与人负举证责任。

2. 交付

动产物权之让与，除让与合意外，尚须交付，二者兼具，动产物权的让与始生效力。汽车所有权的移转，亦以让与合意与交付为已足，在监理机关办理过户，系属行政管理事项，非汽车所有权移转的法定要件（参阅例题114）。在买卖契约，买受人已否支付价金，与标的物所有权移转无关。

交付的方法有现实交付、简易交付、占有改定、返还请求权的让与（又称为指示交付），后三者为现实交付的替代，学说上称为观念上交付。分述如下：

(1) 现实交付。第761条第1项规定："动产物权之让与，非将动产交付，不生效力。"交付，系指事实管领力之移转，使受让人取得直接占有，又称为现实交付。事实上管领力已否移转，应依交易观念决之。例如，甲出卖某汽车予乙而交给锁匙，或依乙的意思将该车或锁匙交付给乙的司机（占有辅助人），得认为已为现实交付。

(2) 简易交付。第761条第1项但书规定："但受让人已占有动产者，于让与合意时，即生效力。"学说上称为简易交付。法律所以允许此种无形的交付，在于顾及交易便捷。例如，台北某甲出借某画给高雄某乙，其后甲出售该画给乙，倘采现实交付，乙须将该画返还给甲，甲再行交付画给乙，南北往返，甚不经济，故于此等情形，法律明定于让与合意时，即可发生移转的效力。为贯彻此项立法目的，解释上应认为受让人占有动产的原因，究为租赁、寄托、使用借贷、或拾得遗失物，有权占有或无权占有，均所不问。例如，甲盗画家某乙的作品，被警察捕获，乙查知甲酷爱该画，颇具欣赏能力，乃表示愿赠与该画予甲，甲为允诺时，即取得其所有权。

(3) 占有改定。第761条第2项规定："让与动产物权，而让与人仍继续占有动产者，让与人与受让人间，得订立契约，使受让人因此取得间接占有，以代交付。"学说上称为占有改定，立法理由亦在于简化动产物权的移转。例如，甲出售某钢琴予乙，若甲尚须使用该琴参加比赛，得与乙为让与合意，并订立使用借贷或租赁契约，由乙取得间接占有，以替代现实交付，而完成钢琴所有权之移转。

(4) 返还请求权的让与（指示交付）。第761条第3项规定："让与动产物权，如其动产由第三人占有时，让与人得以对于第三人之返还请求权,让与予受让人,以代交付。"立法理由亦基于简便原则。例如,甲将出租予乙的汽车让售予丙,现实交付须俟租约终止,而丙亦可能愿意承受该租赁契约(第425条),在此情形,依返还请求权之让与,以代交付,使丙取得该车所有权,实符当事人利益。

(二) 动产物权的抛弃

第764条规定:物权除法律另有规定外,因抛弃而消灭(第1项)。前项抛弃,第三人有以该物权为标的物之其他物权或于该物权有其他法律上之利益者,非经该第三人同意,不得为之(第2项)。抛弃动产物权者,并应抛弃动产之占有(第3项)。本条第2项系新增订,立法说明谓:"以物权为标的物而设定其他物权或于该物权有其他法律上之利益者,事所恒有。例如,以自己之所有权或以取得之地上权或典权为标的物,设定抵押权而向第三人借款;或如以质权或抵押权连同其所担保之债权设定权利质权;或地上权人于土地上建筑房屋后,将该房屋设定抵押权予第三人等是。如允许原物权人抛弃其地上权等,则所设定之其他物权将因为标的物之物权之消灭而受影响,因而减损第三人之利益,对第三人保障欠周,爰增订第2项。"

二、非依法律行为而生的动产物权变动

非依法律行为取得动产物权的主要情形,例如继承、强制执行、征收或法院判决等。值得注意的是,"民法"关于动产物权的得丧变更,尚设有许多重要规定,除混同(请参照关于不动产物权的说明)外,包括时效取得、善意取得、先占、遗失物拾得及添附等,较不动产物权为复杂,俟于讨论动产所有权时,再行说明。

第四节　综合体系构成

物权变动系物权法上重要的问题,兹为便于观察,综上所述,列表如下:

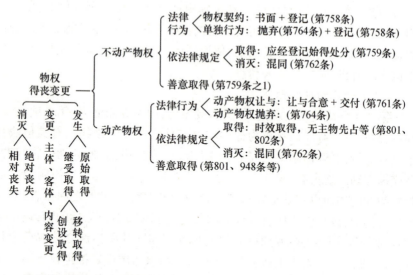

兹举一例如下：甲继承其父乙遗留的 A 地、B 屋及 C 车。于办理继承后，甲将 A 地、B 屋及 C 车出卖给丙，并即移转其所有权。丙于该 A 地与 B 屋设定抵押权予丁。试说明当事人间的物权变动关系。设其后发现甲非真正继承人，或 C 车非属乙所有时，其当事人间的法律关系（包括物权关系及债权关系）如何（请读者参照本书说明及前揭体系，自行研究）？

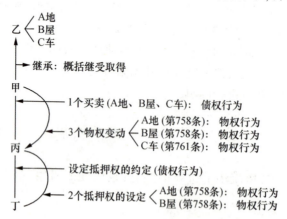

第三章 所 有 权

第一节 所有权的意义、性质、权能及限制

一、所有权的意义

所有权系典型的物权,即物权的原型。"民法"对所有权未设定义,通说认为,所有权者,指于法令限制之范围内,对物为全面支配的权利。兹分两点加以说明:

(1) 对物为全面支配。所有权系对物为一般概括支配的权利,所有人对标的物得为占有,自由使用、收益、处分,并排除他人的干涉。其他物权(用益物权或担保物权)则仅能于一定范围内对物为支配。此为所有权与其他物权的主要不同所在。

(2) 法令限制。法令限制应纳入所有权概念之内。所有权并非绝对,基于公共利益的限制(包括征收的可能性),实乃寓存于所有权本身。所有权的内容兼括权能和义务、限制及拘束,使私的所有权更具存在的依据,而发挥其功能。须注意的是,无论对所有权如何加以界定,应推定所有权的自由,其主张所有权受有限制的,须负举证责任。

二、所有权的性质

所有权具有如下性质:

(1) 整体性。所有权不是占有、使用、收益、处分等各种权能在量的总合,而是一个整体(浑然一体)的权利。不动产的所有人就其物为他人设定典权、抵押权,其使用、收益、处分等权能或尽归他人享有,或受限制,所有权虽已裸体化(虚有化),徒拥其名,但所有权之为所有权的性质并不因此而受影响。

(2) 弹力性。所有权因同一标的物设有用益物权或担保物权而受限制,此项限制一旦除去,所有权即恢复其圆满状态。

(3) 永久性。所有权以永久存续为本质,当事人不得依契约预定其存续期间,与地上权或抵押权得定其存续期间不同。所有权的移转得附解除条件或终期,于条件成就或期限届满时发生权利主体变更,但对所有权本身,并无影响。

(4) 社会性。所有权受法令的限制,负有义务,以维护社会公益。此为所有权固有的拘束,自由与限制相伴相生,构成所有权的内容。

三、所有权的权能

第765条规定:"所有人,于法令限制之范围内,得自由使用、收益、处分其所有物,并排除他人之干涉。"由此可知,所有权内容包括积极和消极权能。分述如下。

(一) 所有权的积极权能

(1) 占有。第765条未列入占有,但应肯定其为所有权的一种基本权能。物之使用、收益,皆以占有为必要。第767条规定所有物返还请求权旨在恢复所有人对物的占有。

(2) 使用。使用指依物的用法,不毁损其物或变更其性质,以供生活上需要而言。例如,居住房屋、乘用车马、穿着衣服、弹奏乐器。

(3) 收益。收益指收取所有物的天然孳息(养牛取乳、耕地收谷)和法定孳息(如赁屋收租、贷钱吃息)。第766条规定:"物之成分及其天然孳息,于分离后,除法律另有规定外,仍属于其物之所有人。"此项规定系基于"权利继续原则",分离的原因如何,在所不问。所谓法律另有规定,例如第70条(天然孳息归属于收取权人)、第798条(果实自落邻地,视为属于邻地)、第952条(孳息归属于善意占有人)。

(4) 处分。处分应从广义解释,包括事实上处分和法律上处分。前者指有形的变更或毁损物的本体,例如拆除房屋重建、裁布制衣。后者包括债权行为(如租赁、买卖)和物权行为(如所有权的移转、抛弃、担保物权的设定)。

(二) 所有权的消极权能

排除他人之干涉,为所有权的消极权能,系所有权作为一种绝对权的特色,得对任何人主张之。其排除的方法主要为第767条规定的所有人物上请求权,俟于本章第二节再为详论。

四、所有权的限制

自由与限制相伴而成,共同构成所有权的内容。所有权的积极权能(占有、使用、收益、处分)和消极权能(如排除他人干涉),均应受法令限制。所谓法令,指法律和行政机关所颁布的命令,包括私法和公法,无法律上根据的命令,不得对所有权加以限制,私法上的限制,包括权利滥用、诚实信用原则等。公法对所有权的限制,旨在保护社会公益,多属行政法规,日益增加,范围广泛,种类甚多,法令对所有权的限制不得违反"宪法"保障财产权的意旨("宪法"第15条、第23条)。

所有权因法令而受限制,所有人应负何种义务,视法令内容而定。有为容忍他人干涉或侵害的义务(如第775条、"电信法"第37条)。有为负一定不作为义务(如第777条、"水利法"第78条)。有为应负一定作为义务(如第795条、"森林法"第38条)(请阅读相关条文,以了解其内容)。

第二节 基于所有权而生的请求权

为保护所有权不受侵害,使所有人得排除他人的干涉,第767条规定:"所有人对于无权占有或侵夺其所有物者,得请求返还之。对于妨害其所有权者,得请求除去之。有妨害其所有权之虞者,得请求防止之。前项规定,于所有权以外之物权,准用之。"学说称为基于所有权而生的请求权或所有人的物上请求权。分述如下。

一、所有物返还请求权

例题115:① 甲出卖某地给乙,已办理登记移转其所有权,但未交付。乙对甲请求交付该地的请求权,因15年间不行使而罹于消灭时效时,乙得否依第767条规定,向甲请求返还该地。② 在前揭买卖之例,设甲已交付该地,但未办理登记,而乙的请求权亦已罹于时效时,甲得否依第767条规定,请求乙返还该地?

(一) 要件

"所有人对于无权占有或侵夺其所有物者,得请求返还之",是为所有物返还请求权(所有人的恢复请求权),兹说明其要件如下:

1. 请求权的主体须为所有人

请求权的主体须为物之所有人。第759条之1规定,不动产物权经登记者,推定适法有此权利,故登记纵有无效或撤销原因,在未经依法涂销或更正前,原则上仍以登记名义人为请求权主体。虽非所有人,但依法律规定,得行使所有物返还请求权者,例如破产管理人、遗嘱执行人、失踪人的财产管理人等。

2. 相对人须为无权占有人

(1) 占有人。占有人指现在占有其物之人,包括直接占有人和间接占有人。占有辅助人系受他人指示而占有(第942条),非属占有人,不得为请求之对象。无权"占有人"得为法人,例如某公司的董事无权占用他人土地作为公司停车场。在此情形,董事为法人的机关,而以法人为占有人。董事并非为占有辅助人。请求返还占有物之诉应以法人为被告。

(2) 无权占有。无权占有,指无本权的占有,占有人对占有有正当权源者,为有权占有,无第767条的适用,其情形有二:① 基于物权而占有,例如基于地上权、质权而占有他人之物(绝对的占有权)。② 基于债权而占有,例如基于买卖、租赁、使用借贷而占有他人之物。

所有人得向占有人请求返还其物,须占有人无权占有或侵夺其物。无权占有的发生原因如何,期间长短,占有人善意与否,有无过失,均所不问。所谓侵夺其物,指违反所有人的意思而取得其物,例如强盗、抢夺或侵占。无权占有常见的案例,诸如越界建筑;占住他人空屋或空地,租赁终了后拒不返还继续使用租赁物等。

3. 举证责任

请求人对其就标的物的所有权,应负举证责任。土地登记具有推定力,故请求人以土地登记主张其为所有人时,占有人对其所有权的欠缺,应负举证责任。占有人(被告)对请求人(原告)就其物有所有权存在的事实无争执,而仅以非无权占有为抗辩时,原告于被告无权占有的事实,无举证责任。被告应就其取得占有,系有正当权源的事实加以证明。如不能证明,则应认为原告的请求为有理由。

4. 实体分析

（1）买卖契约与无权占有。① 买卖不动产的所有权已移转，但尚未交付。在此情形，买受人既已取得买卖标的物所有权，即得于法令限制之范围内，自由使用、收益、处分其所有物，并排除他人的干涉（第 765 条）。出卖人仍占有买卖标的物，未为交付，乃债务不履行问题，不成立无权占有。② 买卖的不动产已交付，但尚未移转所有权。在此情形，买受人得依第 348 条第 1 项规定，请求出卖人履行移转所有权的义务。买受人的履行请求权因 15 年时效经过而消灭后，其占有标的物本权，是否因此而受影响？对此应采否定说，诚如"最高法院"所云，买受人占有买卖标的物，系出卖人本于买卖的法律关系所交付，具有正当权源，所有人（即出卖人）不得请求返还。何况时效完成后，债务人仅得拒绝给付，而买卖关系依然存在，基于公平法则，所有人（出卖人）亦不得请求返还该标的物（1996 年台上字第 398 号判决）。

（2）占有连锁与无权占有。① 买卖关系上的占有连锁。不动产买受人在取得所有权前，将其占有之标的物出卖（或出租）于第三人，并移转其占有，并不违反买卖契约的内容，次买受人（或承租人）系基于一定法律关系自买受人取得占有，而买受人对出卖人又有占有之权利，应认为次买受人（或承租人）对出卖人有合法占有的权源，成立占有连锁，不构成无权占有。须注意的是，若出卖人合法解除或撤销其买卖契约时，买卖契约消灭，买受人失其占有权源，第三人（次买受人、承租人）的占有权源亦随之俱逝，对出卖人应构成无权占有。② 租赁关系上的占有连锁。关于租赁关系的占有连锁，首先应说明的是合法转租，即承租人得出租人承诺，将租赁物转租他人，或未有反对之约定，而将租赁房屋之一部分转租他人（第 443 条）。在此情形，次承租人占有租赁物，对于出租人具有正当权源。在违法转租的情形，例如，房屋承租人未经出租人承诺，将租赁物转租于第三人时，出租人在未终止租赁契约以前，仍不能径向第三人请求返还（1954 年台上字第 868 号判决）。

据上所述可知在占有连锁的情形，其现占有人于具备下列三个要件时，对所有人具有正当权源不构成无权占有：A. 中间人（乙）对所有人（甲）有合法占有的权源。B. 占有人（丙）系自中间人基于一定法律关系取得占有的权利。C. 中间人将直接占有移转于第三人（丙）。下图表示其法律关系：

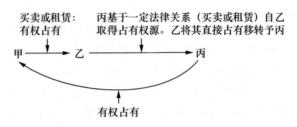

（二）法律效果

所有人得向无权占有人请求返还其物。所称返还其物，指将物复归于所有人之事实上的支配。例如，侵夺他人之汽车，应交还予所有人；无权占有他人土地建筑房屋者，应拆屋还地。返还其物（尤其是动产）的清偿地，原则上为该物的原所在地，其费用应由无权占有人负担。

（三）消灭时效

所有物返还请求权亦属请求权的一种，原则上应适用总则编关于消灭时效的规定。惟大法官释字第 107 号解释为贯彻不动产登记的功能，认为："已登记不动产所有人之恢复请求权，无第 125 条消灭时效规定之适用。"关于动产或未登记不动产所有人之恢复请求权（所有物返还请求权），则仍有第 125 条规定的适用，因 15 年间不行使而消灭。

二、所有权妨害除去请求权

所有人对于妨害其所有权者，得请求除去之，学说上称为所有权妨害除去请求权（所有物保全请求权），分述其要件及法律效果如下：

（一）要件

所谓妨害其所有权，指以占有以外的方法阻碍、或侵害所有权的支配可能性。其主要情形，例如：无权占有他人土地兴建房屋；丢弃废料或垃圾于他人庭院；在他人墙壁悬挂招牌；停车于他人车库。值得注意的是，土地登记的错误、遗漏或不实，例如，冒名将他人土地登记为己有，或基于通谋虚伪意思表示等无效事由而为所有权移转登记，亦属妨害他人所有权。

（二）法律效果

所有权遭他人不法妨害时，所有人得请求除去其妨害，例如，拆除违章建筑、清理丢弃的垃圾废土，涂销登记。妨害除去请求权不是损害赔偿请求权，所有人不能请求恢复原状，仅能请求除去其妨害。例如，相对人的橡树被风吹折,倒入邻地,压毁其凉亭时,邻地所有人依第767条规定得为行使的,系请求除去橡树,而不能请求赔偿凉亭被毁所受的损害,此项损害应依侵权行为规定请求赔偿。

三、所有权妨害防止请求权

所有人对于有妨害其所有权之虞者,得请求防止之(所有权妨害防止请求权或所有物保全请求权)。所谓妨害,参照关于所有权妨害除去请求权部分的说明。是否有妨害之虞,应就具体案件加以认定,不以曾一度发生,而有继续被妨害之虞为必要。例如,屋顶加盖的铁皮屋,有倾倒的危险,邻居乙备受威胁时,得请求甲以自己的费用加以防止。

第三节 所有权及其他财产权的时效取得

例题116:某甲偷窃乙的 A 画,悬挂客厅10年,声称系其父遗物。又甲以所有的意思继续和平占有乙未登记(或登记)的 B 地,以行使地上权的意思在丙的 C 地上兴建房舍,长达20年。试问:甲得否主张依"时效取得"A 画所有权;B 地所有权及 C 地上的地上权为何?何谓时效取得,民法为何设此制度?

一、时效取得制度的意义、性质和功能

(一) 意义

时效,指一定事实,继续达一定期间,而发生一定法律效果的制度。时效可分为消灭时效与取得时效两种。消灭时效,指请求权因一定期间不行使而罹于消灭的制度,系规定于总则编(第125条以下)。取得时效,乃占有他人之物,继续达一定期间而取得其所有权(或其他财产权)的制度,于物权编设其规定。

(二) 性质

取得时效系以占有他人之物或行使一定的财产权,经过一定期间,依法律规定而取得所有权或其他财产权,性质上属于事实行为,而非法律行为,故不适用行为能力的规定,以具有事实上行为的意识为已足。

(三) 功能

时效取得制度系为促使原权利人善尽积极利用其财产之社会责任,

并尊重长期占有的既成秩序,以增进公共利益而设,并使所有权的状态,得以从速确定(大法官释字第291号解释)。其所涉及的,不是道德问题,不能径行认为系鼓励不法,侵占他人之物,而主张应废除时效取得制度,原则上亦不应当然排除恶意占有人的时效取得(如何加长其占有期间,系另一问题)。时效取得制度亦具保护所有权的机能,即动产所有人于难以证明其系所有人时,得主张其因时效取得所有权。

时效取得制度攸关人民财产权保障,一方面须保障他人所有权,另一方面又须顾及依时效取得规定取得所有权或其他财产权的保障。此应在构成要件和法律效果上设合理规定,及妥适地解释适用。

二、动产所有权的时效取得

(一) 要件

1. 第768条规定

第768条规定:"以所有之意思,十年间和平、公然继续占有他人之动产者,取得其所有权。"兹先说明其要件如下:

(1) 占有。此项占有须为自主占有(以所有的意思而占有)、和平、公然、继续占有。占有人是否知悉其占有物不属自己所有,在所不问。

(2) 他人的动产。时效取得的动产须为他人之物。无主的动产,应适用先占的规定。自己之物,不生时效取得问题。共有人中的一人以单独所有之意思占有共有物,亦得成立时效取得(大法官释字第451号解释)。

(3) 10年期间。期间的经过为时效取得的要件,故非达一定期间,不能完成时效取得。动产所有权时效取得期间为10年,应以继续为必要,因关乎公益,不得延长或缩短。

(4) 时效取得未经中断。时效取得进行中,有与时效要件相反的事实发生时,应使已经过的期间失其效力。第771条规定:"占有人有下列情形之一者,其所有权之取得时效中断:① 变为不以所有之意思而占有。② 变为非和平或非公然占有。③ 自行中止占有。④ 非基于自己之意思而丧失其占有。但依第949条或第962条规定,恢复其占有者,不在此限。依第767条规定起诉请求占有人返还占有物者,占有人之所有权取得时效亦因而中断。"

取得时效的中断,使已经过期间失其效力,须再具备时效取得的要件,始能重新开始时效取得的进行。例如,甲盗乙的名表,以所有之意思、和平、公然继续占有达3年后,被丙所窃,甲依第949条、第962条、第963条规定,恢复其占有者,时效不中断。设甲于上开规定期间经过后始恢复占有时,其自主、和平、公然继续占有须再满10年,始能取得该表所有权。

2. 第768条之1规定:

第768条之1规定:"以所有之意思,五年间和平、公然、继续占有他人之动产,而其占有之始为善意并无过失者,取得其所有权。"此系参照不动产时效取得(第770条)而增订。

(二) 法律效果

1. 物权变动

以所有之意思,和平、公然继续占有他人动产者,"取得其所有权"。此项因时效而取得动产所有权,仅向后发生,不溯及于占有开始之时生效。时效取得所有权性质上为原始取得,原存在于该物的一切权利(如质权或留置权),均归消灭。时效取得完成后,虽未经占有人主张,法院亦应依职权而为援用。

2. 债权关系

(1) 不当得利请求权。占有人依时效取得动产所有权,系基于法律规定,其受利益,有法律上原因,不成立不当得利。

(2) 侵权行为损害赔偿请求权。依时效取得他人动产所有权,系基于法律规定,占有人纵属恶意,其取得所有权本身并不构成侵权行为。惟时效取得前已发生的侵权行为损害赔偿请求权,不因时效取得而受影响。

三、不动产所有权的时效取得

(一) 构成要件

关于不动产所有权的时效取得,"民法"分两种情形加以规定:① 第769条规定:"以所有之意思,二十年间和平、公然、继续占有他人未登记之不动产者,得请求登记为所有人。"② 第770条规定:"以所有之意思,十年间和平、公然、继续占有他人未登记之不动产,而其占有之始为善意并无过失者,得请求登记为所有人。"

关于第769条及第770条解释适用上最重要的是,何谓"他人未登记"的不动产。实务上对"未登记"采狭义解释,指该不动产自始未经登记机关于土地登记总簿为所有权之登记,如已办妥土地总登记,其所有权已有归属,即不得为取得时效之标的。易言之,所谓"未登记"不包括虽有登记,但不能由登记簿上确知谁为真正权利人,例如被继承人死亡后尚未办理登记的土地。

"他人"未登记的不动产包括公有或私有,实务上案例多属未登记的土地,此之所谓未登记的土地,系指应登记而不为登记者而言。水利用地(如沟渠、堤堰)依法免予编号登记("土地法"第41条),自无从因时效的完成而取得请求登记为所有权人。

(二) 法律效果

不动产占有人具备时效取得要件时,仅得请求登记为所有人,非当然取得其所有权,而是应于登记期限内,经土地四邻证明,声请为地上权的登记("土地法"第54条以下,阅读之)。性质上系由占有人一方单独声请地政机关为所有权的登记,并无所谓登记义务人的存在,亦无从以原所有人为被告,诉由法院径行判决予以准许。占有人自登记完成之日,始取得不动产所有权。对不能办理登记的违章建筑,不能依时效取得其所有权。

时效完成后,在未经登记为所有人以前,原所有人的所有权如已登记完毕,占有人即不能对其主张时效取得,亦不得请求涂销原所有人的所有权登记。

四、其他财产权(尤其是地上权)的时效取得

(一) 问题的说明

新修正"民法"第772条规定:"前五条之规定,于所有权以外财产权之取得,准用之。于已登记之不动产,亦同。"所有权以外的财产权,其种类甚广,原则上凡财产权皆得为取得时效的客体,实务上最常见的为地上权。所谓物权(或其他财产权)的时效取得,实际上就是地上权时效取得的问题,反映土地价值飙涨,人民权利意识增强,及取得土地用益权利的社会需要。

按现行规定是否仅以于他人未登记之不动产为限,始得因时效而取得所有权以外之其他财产权,理论上非无疑义。1971年台上字第4195号判例则认为,因时效取得地上权,不以他人未登记之土地为限。为杜争

议,爰于本条后段增订对于已登记之不动产,亦得准用前五条之规定,因时效而得所有权以外之财产权。

(二) 地上权的时效取得

1. 构成要件

(1) 应否限于他人未登记的土地?不动产所有权的时效取得,须以占有他人未登记的不动产为要件。此项要件准用于地上权时,发生一项重大疑问,即地上权的时效取得是否须限于他人未登记的土地?此曾为实务上理论重要争议问题,今已因第 772 条的修正而获解决。

(2) 行使地上权的意思。依时效取得地上权,须其有行使地上权的意思。第 943 条规定:"占有人于占有物上行使之权利,推定其适法有此权利。"对时效取得地上权,亦应适用之。须注意的是,若依其所由发生之事实的性质(如租赁),无行使地上权的意思时,非有变为以行使地上权的意思而占有的情事,其取得时效,不能开始进行。占有人对此意思的变更,应负举证责任。

2. 法律效果

以行使地上权之意思,10 年或 20 年间和平、公然、继续在他人土地上有建筑物或竹木者,"得请求登记为地上权人"。在未经依法登记前,不得对抗所有人。占有人得单独声请地政机关为地上权的登记,所有人无协同办理登记之义务("土地登记规则"第 118 条)。

第四节 不动产所有权的范围及相邻关系

一、土地所有权的范围

第 765 条规定所有权的内容须受法令限制,对不动产及动产均应适用。然不动产(尤其是土地)究不同于动产,涉及水平和垂直范围的问题,分述如下:

(一) 土地所有权的水平范围

土地所有权的水平范围,依土地地籍而定,而地籍应依测量为之。关于地籍测量及土地权利争执的调处程序,"土地法"设有规定,请参照之("土地法"第 36 条以下、第 44 条以下)。

土地所有人得否以地籍测量时指界错误为由,起诉请求另定界址?

此为实务上重要争议问题。1986年4月22日第八次民事庭会议决议认为:"为贯彻土地法整理地籍之土地政策,免滋纷扰,不许原指界之当事人又主张其原先指界有误,诉请另定界址,应认其起诉显无理由。"大法官释字第374号解释认为,此项决议,有违宪法保障人民财产权及诉讼权之意旨,应不予适用。

(二) 土地所有权的垂直范围

第773条规定:"土地所有权,除法令有限制外,于其行使有利益之范围内,及于土地之上下。如他人之干涉,无碍其所有权之行使者,不得排除之。"本条规定系采土地所有权范围"上穷天空,下尽地心"的原则,及于地面、空间及地身,立法目的在使地尽其用。然基于所有权社会化原则,土地所有权应受两种限制:① 法令上的限制,例如,大楼的高度应受建筑法的规范;附着于土地之矿,不因土地所有权之取得而成为私有("土地法"第15条)。② 行使利益范围的限制,此为所有权的内在拘束。所有权的行使,须在有利益的范围内。所谓利益,兼指财产上和精神上的利益,至其范围,应依土地位置、使用目的及其他情事加以认定。

二、不动产相邻关系

例题117:请细心、耐心阅读第774条至第800条之1规定,分析"民法"如何规范不动产相邻关系,采取何种规范手段,相邻关系具有何种法律性质,并进一步探讨私法与公法在规范上应有的协力。

(一) 概说

1. 规范目的和内容

土地相邻,其权利的行使彼此互有影响,若各所有人皆得主张自由使用、收益、处分其所有物,并排除他人之干涉,势必造成冲突,因此必须在一定范围内加以规范,以保障土地充分利用,维护社会生活。在规范内容方面,必须考量土地所有人自由行使其权利是否具有值得保护的利益,并衡酌邻地所有人是否有得干预他人所有权范畴的优势利益,而为合理必要的利益衡量。在规范手段方面,民法采取五种方式:

(1) 土地所有人,不得为一定行为。例如,第777条规定:"土地所有人不得设置屋檐、工作物或其他设备,使雨水或其他液体直注于相邻之不动产。"

(2) 土地所有人得于相邻土地为一定行为,但应遵循最低损害原则,并就邻地所受损害,支付偿金,例如,第786条规定的管线安设权。

(3) 土地所有人从事一定行为时,应防范邻地遭受损害,例如,第774条规定:"土地所有人经营事业及行使其所有权,应注意防免邻地之损害。"

(4) 土地所有人得禁止他人为一定的行为,例如,第793条关于禁止气响侵入的规定。

(5) 土地所有人应容忍他人于其土地为一定行为,例如,第792条规定的邻地使用权。

2. 相邻关系的法律性质:相邻关系与不动产役权

不动产所有人依法律规定使用邻地,为必要的通行,或安装管线等,邻地所有人有容忍的义务,此在性质上系所有权的限制,基于法律规定而发生,非属独立的权利,得对抗第三人,不以登记为必要。

3. 私法上与公法上的相邻关系:双轨规范体系的建构

"民法"对相邻关系规定甚为详细,实务上的争议多集中于邻地通行和越界建筑。日常生活上常见的气响侵入,案例甚少。中华民族素重睦邻,虽受侵害,亦尽量忍受,不愿主张其权利,避免他方借端寻衅,以图报复,彼此交恶。现行规定究竟发挥多少规范功能,有待探讨。

近年来经济发展迅速,人口拥挤,公寓林立,住宅区内混杂商店、工厂,资源过度利用,造成生活品质的恶化。为期改善,亟应加强公法规范。陆续公布施行的"空气污染防制法"、"水污染防治法"、"噪音管制法"、"废弃物清理法"等环保法规,与土地相邻具有密切关系,在某种意义上亦可称为公法上相邻关系的规定。不动产相邻关系涉及私利及公益,须赖私法及公法的协力,始能有效率地规范和谐的社会生活。

4. 民法的规定

(1) 社会生活的重要性。"民法"关于相邻关系的规定,多达31条,约占物权编全部条文1/8,其内容甚为广泛,包括邻地损害的防免,排水及用水关系、邻地的利用、侵入他人土地等(请阅读相关条文),足见立法者对此问题的重视。法律规定虽称周全,但因社会经济发展,难免疏漏,此在建筑物区分所有人间的权义关系,特为显著。在此等情形,应依现行规定的价值判断,适用诚实信用和权利滥用禁止等原则作合理的规范。

（2）准用规定。新增订"民法"第800条之1规定："第774条至前条规定，于地上权人、农育权人、不动产役权人、典权人、承租人、其他土地、建筑物或其他工作物利用人准用之。"立法说明谓："为调和相邻关系之利用与冲突，第774条至前条相邻关系规定不仅规范相邻土地所有人间，即地上权人、农育权人、不动产役权人、典权人、承租人、其他土地、建筑物或其他工作物利用人间，亦宜准用，爰增订本条规定以符民法规范相邻关系之宗旨，并期立法之精简。至于建筑物所有人为土地之利用人，当然有本条之适用，不待明文。又本条所谓'准用'，系指于性质不相抵触之范围内，始得准用，故何种情形可以准用，应依具体个案分别认定之。"

（3）四种重要的相邻关系。限于篇幅，以下就实务上较为重要的四种相邻关系（邻地通行、气响侵入、越界建筑、建筑物区分所有），简述如下。

（二）邻地通行

例题117-1：说明邻地通行权的要件。地上权人或承租人得否通行周围地以至公路？通行地所有人得否请求通行权人以相当价额购买通行地？价额不能协议时，如何处理？

第787条规定："土地因与公路无适宜之联络，致不能为通常使用时，除因土地所有人之任意行为所生者外，土地所有人得通行周围地以至公路。前项情形，有通行权人应于通行必要之范围内，择其周围地损害最少之处所及方法为之；对于通行地因此所受之损害，并应支付偿金。"又第788条规定："有通行权人于必要时，得开设道路。但对于通行地因此所受之损害，应支付偿金。前项情形，如致通行地损害过巨者，通行地所有人得请求有通行权人以相当之价额购买通行地及因此形成之畸零地，其价额由当事人协议定之；不能协议者，得请求法院以判决定之。"

又第789条规定："因土地一部之让与或分割，而与公路无适宜之联络，致不能为通常使用者，土地所有人因至公路，仅得通行受让人或让与人或他分割人之所有地。数宗土地同属于一人所有，让与其一部或同时分别让与数人，而与公路无适宜之联络，致不能为通常使用者，亦同。前项情形，有通行权人，无须支付偿金。"

（三）气响侵入

例题117-2：甲承租乙所有的土地经营养猪场，臭气及污水侵入邻近地上权人丙的土地及房屋时,丙得向甲或乙主张何种权利?

热、气、音响、光线的放散,侵害居家安宁与生活品质,关系最为密切,第793条乃规定:"土地所有人于他人之土地、建筑物或其他工作物有瓦斯、蒸气、臭气、烟气、热气、灰屑、喧嚣、振动及其他与此相类者侵入时,得禁止之。"所谓其他与此相类者,例如镭射、电流、或火光等。至于固体或液体等所谓可量物,例如沙石、污水等则不包括在内,对此等侵入,可依第767条规定请求除去之。

对气响侵入禁止原则,第793条但书设有限制,即其侵入轻微,或按土地形状、地方习惯,认为相当者,土地所有人有忍受义务。所谓轻微,指未造成重大损害,例如白昼演奏乐器。所谓按土地形状认为相当者,例如,居于高速道路边、工厂附近,应忍受其非属轻微,但属相当的干扰。所谓按地方习惯认为相当者,例如丧家的佛事、庙会的歌仔戏或布袋戏,虽管弦嘈杂,锣鼓喧鸣,土地所有人亦须忍受。气响侵入涉及环境及公害问题,有赖私法与公法的协力,始能作效率的规范。

(四) 越界建筑

例题117-3:A地所有人甲建筑房屋,因故意(或重大过失,或过失)越界侵入乙所有的土地,乙知其越界而即提出异议(或未即提出异议)时,甲与乙间发生何种法律关系?设甲无过失时,其法律效果有何不同?

建筑房屋应于自己之疆界之内为之,不得侵入邻地。越界建筑侵入邻地时,邻地所有人固得请求除去之,但对社会资源造成浪费,为顾全个人利益与整体经济利益,"民法"特于第796条规定:"土地所有人建筑房屋非因故意或重大过失逾越地界者,邻地所有人如知其越界而不即提出异议,不得请求移去或变更其房屋。但土地所有人对于邻地因此所受之损害,应支付偿金。前项情形,邻地所有人得请求土地所有人,以相当之价额购买越界部分之土地及因此形成之畸零地,其价额由当事人协议定之,不能协议者,得请求法院以判决定之。"

在成立要件方面:① 越界建筑人须为土地所有人,无权占有人不包括在内。越界建筑人须非因故意或重大过失。② 越界的建筑,须为房屋,如非房屋,或虽为房屋,但可移去或变动者,或在所建房屋整体以外,越界加建房屋,无本条适用。故侵入他人土地,兴建围墙、储藏室、猪栏、狗舍，或简陋厨厕者，所有人均得请求除去之。③ 逾越地界，指在自己土地兴建房屋，有一部分侵入他人土地而言，如全部建于他人土地，无本条的适用，邻地所有人得请求拆屋还地。越界占有的土地究为邻地的全部或一部，地上或地下，是否直接相邻，均所不问。④ 须邻地所有人知其越界，而不即提出异议。

在法律效果方面：① 邻地所有人知其越界，即提出异议者，有除去或变更请求权，以及侵权行为损害赔偿请求权。须注意的是，新增订第796条之1规定："土地所有人建筑房屋逾越地界，邻地所有人请求移去或变更时，法院得斟酌公共利益及当事人利益，免为全部或一部之移去或变更。但土地所有人故意逾越地界者，不适用之。前条第1项但书及第2项规定，于前项情形准用之。"② 邻地所有人知其越界而不即提出异议，有忍受义务，但有土地购买请求权，并得请求损害赔偿。

(五) 建筑物区分所有

例题117-4：① 何谓区分所有建筑物，专有部分及共有部分？共有部分得否经规约之约定供区分所有建筑物之特定人使用？如何决定区分所有人就区分所有建筑物共有部分及基地之应有部分？如何决定区分所有建筑物修缮费或其他负担的分担？区分所有人间依规约所生的权利义务，得否拘束继受人？② 某公寓大厦区分所有人擅自占有共有部分时，其他区分所有人得主张何种权利？请参照阅读公寓大厦管理条例。

1. "民法"与"公寓大厦管理条例"：私法与公法的协力

台湾地狭人稠，人口集中于都市，大量兴建公寓大厦，多采建筑物区分所有的方式，住户少者数家，多者千人。关于顶楼和地下室的使用，墙壁悬挂广告招牌、地板水管、电梯、楼梯的维修使用，饲养宠物等时常发生纠纷，"民法"原仅设第799条和第800条规定，虽得扩大解释包括楼房的分层所有，并尽量适用第774条以下关于相邻关系的规定，仍不足作合理必要的规范。经过多年研拟，终于在1995年6月28日公布施行"公寓大厦管理条例"，并于1995年6月30日生效(2003年修正公布63条条文，2006年修正第29条，增订第59条之1)，此已成为专门研究领域。须注意的是，按"公寓大厦管理条例"第1条之立法目的系为加强公寓大厦之管理维护，提升居住品质，该条例原系为行政机关基于管理之目的所制定，其规范重点在住户之权利义务、管理组织及管理服务人等，与民法重在建筑物各住户所有权之物权关系有异。又以区分所有建筑物之一部为客体之区分所有权乃所有权之特殊形态，民法应设有原则性规范，俾建立所有权制度之完整体系。

民法与行政法规两者于性质、规范范围及功能有其不同，应属私法与公法之协力关系，此种双轨规范体系之建构，应能有效率规范和谐之社会生活，并满足其不同制定目的之需求。

2. 区分所有建筑物的法律构造

第799条第1项规定：称区分所有建筑物者，谓数人区分一建筑物而各专有其一部分，就专有部分有单独所有权，并就该建筑物及其附属物之共同部分共有之建筑物。兹将其法律构造图示如下，并分四点加以说明：

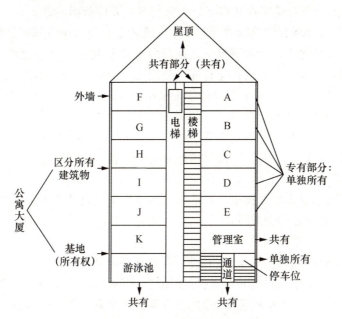

（1）专有部分及共有部分。专有部分，指区分所有建筑物在构造上及使用上可独立，且得单独为所有权之标的者。共有部分，指区分所有建筑物专有部分以外之其他部分及不属于专有部分之附属物（第799条第2项）。专有部分得经其所有人之同意，依规约之约定供区分所有建筑物之所有人共同使用；共有部分除法律另有规定外，得经规约之约定供区分所有建筑物之特定所有人使用（第799条第3项）。

(2) 共有部分基地之应有部分。区分所有人就区分所有建筑物共有部分及基地之应有部分,依其专有部分面积与专有部分总面积之比例定之。但另有约定者,从其约定(第799条第4项)。

(3) 专有部分与其所属对应之共有部分应有部分及其基地之权利之不可分离关系。专有部分与其所属之共有部分及其基地之权利,不得分离而为移转或设定负担(第799条第5项)。至于所属之共有部分,仅指区分所有建筑物之专有部分所配属之共有部分,例如游泳池、网球场等公共设施而言。

(4) 属于同一人所有的"区分所有建筑物"。第799条之2规定:"同一建筑物属于同一人所有,经区分为数专有部分登记所有权者,准用第799条规定。"

3. 区分所有建筑物共有部分之修缮费及其他负担的分担

关于区分所有建筑物共有部分之修缮费及其他负担应如何处理,"民法"第799条之1设四项规定:① 区分所有建筑物共有部分之修缮费及其他负担,由各所有人按其应有部分分担之。但规约另有约定者,不在此限。② 前项规定,于专有部分经依前条第3项之约定供区分所有建筑物之所有人共同使用者,准用之。③ 规约之内容依区分所有建筑物之专部分、共有部分及其基地之位置、面积、使用目的、利用状况、区分所有人已否支付对价及其他情事,按其情形显失公平者,不同意之区分所有人得于规约成立后3个月内,请求法院撤销之。④ 区分所有人依规约所生之权利义务,继受人应受拘束。其依其他约定所生之权利义务,特定继受人对于约定之内容明知或可得而知者,亦同。

4. 正中宅门使用

第800条规定:"第799条情形,其专有部分之所有人,有使用他专有部分所有人正中宅门之必要者,得使用之。但另有特约或另有习惯者,从其特约或习惯。因前项使用,致他专有部分之所有人受损害者,应支付偿金。"其有必要使用他专有部分所有人的正中宅门,多由于婚丧等仪式。关于"特约",应有"民法"第799条之1第4项规定的适用。

第五节 动产所有权

关于依"法律行为"而发生的动产物权变动,"民法"于第761条(动产物权之让与)和第 764 条(抛弃)设有规定,已详前述。关于依"法律规定"而发生的动产所有权变动,"民法"规定于物权编第二章第三节(第 801 条以下)。就动产物权善意取得、先占、遗失物的拾得、埋藏物的发现、添附,设其规定。分述如下。

一、动产物权善意取得

现行"民法"将动产所有权善意取得此项重要制度,分别于物权编第二章第三节和第十章(占有)加以规定,立法体例未尽妥适,特集中于占有部分,加以说明。

二、先占

第 802 条规定:"以所有之意思,占有无主之动产者,除法令另有规定外,取得其所有权。"例如于垃圾堆"先占"他人丢弃的杂志、家具、电气品等。先占系属事实行为,乃法律对以所有的意思占有无主动产的事实,赋予取得所有权的效果。凡有意思能力,对物有管领力者,皆得为有效的先占,不以有行为能力为必要。法律另有现定,例如"野生动物保育法"第 16 条。

三、遗失物的拾得

例题 117-5:① 甲在火车站拾得乙遗失的皮包(内有金钱、证件及信用卡等)时,甲应如何处理?乙认领或未认领时,甲得主张何种权利?② 设甲系火车站的管理人时,其法律关系如何?③ 设该遗失的皮包及其内金钱不超过新台币 500 元时,甲应如何处理,其法律关系如何?

(一) 路不拾遗的古训及法律规范

遗失物之拾得,指发现他人遗失的动产而为占有。遗失物的拾得系事实行为,拾得人有无行为能力,在所不问。拾得他人遗失物,系"未受委任,并无义务,而为他人管理事务","民法"关于无因管理的规定亦有适用余地。路不拾遗,古之美训,但货弃于地,不加利用,浪费资源,于社会经济未免不利。为兼顾当事人利益,"民法"特明定在遗失物拾得人与所有人间发生债之关系,并在一定条件之下,使拾得人取得遗失物所有权,借以鼓励他人"拾得"遗失物,以符物尽其用的经济原则。

(二)拾得遗失物的法律关系

关于拾得遗失物,"民法"设有五个条文(第803条至807条),2009年物权编修正时作大幅度的调整,说明如下:

1. 拾得遗失物者的通知、报告及交存义务

(1)第803条规定:"拾得遗失物者应从速通知遗失人、所有人、其他有受领权之人或报告警察、自治机关。报告时,应将其物一并交存。但于机关、学校、团体或其他公共场所拾得者,亦得报告于各该场所之管理机关、团体或其负责人、管理人,并将其物交存。前项受报告者,应从速于遗失物拾得地或其他适当处所,以公告、广播或其他适当方法招领之。"须注意的是,所称有受领权人包括遗失物所有人,限定物权人(如质权人)及占有人。

(2)第804条规定:"依前条第一项为通知或依第二项由公共场所之管理机关、团体或其负责人、管理人为招领后,有受领权之人未于相当期间认领时,拾得人或招领人应将拾得物交存于警察或自治机关。警察或自治机关认原招领之处所或方法不适当时,得再为招领之。"

(3)第806条规定:"拾得物易于腐坏或其保管需费过巨者,招领人、警察或自治机关得为拍卖或径以市价变卖之,保管其价金。"

2. 有受领权人认领时的法律关系

(1)拾得人的报酬的请求权。第805条规定:遗失物自通知或最后招领之日起6个月内,有受领权之人认领时,拾得人、招领人、警察或自治机关,于通知、招领及保管之费用受偿后,应将其物返还之(第1项)。有受领权之人认领遗失物时,拾得人得请求报酬。但不得超过其物财产上价值3/10。其不具有财产上价值者,拾得人亦得请求相当之报酬(第2项)。前项报酬请求权,因6个月间不行使而消灭(第3项)。第1项费用之支出者或得请求报酬之拾得人,在其费用或报酬未受清偿前,就该遗失物有留置权。其权利人有数人时,遗失物占有人视为全体权利人占有(第4项)。

(2)不得请求报酬的情形。第805条之1规定:有下列情形之一者,不得请求前条第2项之报酬:① 在公众得出入之场所或供公众出入之交通设备内,由其管理人或受雇人拾得遗失物。② 拾得人违反通知、报告或交存义务或经查询仍隐匿其拾得之事实。

3. 受领权之人未认领时的法律关系

第807规定:"遗失物自通知或最后招领之日起逾六个月,未经有受领权之人认领者,由拾得人取得其所有权。警察或自治机关并应通知其领取遗失物或卖得之价金。其不通知者,应公告之。拾得人于受前项通知或公告后三个月内未领取者,其物或卖得之价金归属于保管地之地方自治团体。"

4. 遗失物价值在新台币500元以下

第807条之1规定:遗失物价值在新台币500元以下者,拾得人应从速通知遗失人、所有人或其他有受领权之人。其有第807条第1项但书之情形者,亦得依该条第1项但书及第2项规定办理(第1项)。前项遗失物于下列期间未经有受领权之人认领者,由拾得人取得其所有权或变卖之价金:① 自通知或招领之日起逾15日。② 不能依前项规定办理,自拾得日起逾1个月(第2项)。第805条至前条规定,于前两项情形准用之(第3项)。

(三) 拾得漂流物等之准用

拾得漂流物、沉没物或其他因自然力而脱离他人占有之物者,准用关于拾得遗失物之规定。(第810条)

四、埋藏物的发现

第808条规定:"发现埋藏物而占有者,取得其所有权。但埋藏物系在他人所有之动产或不动产中发现者,该动产或不动产之所有人与发现人,各取得埋藏物之半。"例如,在老屋墙壁内发现古籍,在旧棉被中发现钻戒。埋藏物的发现亦属事实行为,不以发现人有行为能力为要件。

埋藏物与遗失物的主要不同,在于前者必藏于他物(包藏物)之中,而其所有人不明;后者非以藏于他物为必要者,通常知其所有人或所有人所在不明。例如甲失落玉佩,失其占有,该玉佩成为遗失物。该玉佩其后为他物埋藏时,若确知其所有人或所有人所在不明时,仍为遗失物。反之,若不知所有人为谁时,则成为埋藏物。埋藏物所有权的取得,系属原始取得,该物上的其他负担,归于消灭。

发现的埋藏物足供学术、艺术、考古或历史之资料者(如在台南延平古屋发现西班牙1820年铸造的银元),其所有权的归属,依特别法的规定(第809条)。所谓特别法,例如"文化资产保存法"(第3条、第17条等)。

五、添附

例题118：甲在他人丢弃的旧沙发里，发现一块"玉石"而占有之，回家途中不慎遗失，被乙拾得，于半年后，乙死亡，由其子丙继承之。丙不知该玉石非属其父所有，雇工匠雕成具艺术价值的鼻烟壶，赠送给其挚友丁。试问甲得向丙、丁主张何种权利(此例有助思考，请先自行研究，写成书面)？

(一) 因添附而发生的动产物权变动

添附指物主各异的动产与不动产附合、动产与动产附合、动产与动产混合及动产加工，即因物与他物结合，或因加工成为新物。其动产加工，即因物与他物结合，或因加工成为新物。其在法律规范上的基本问题，系如何定其所有权的归属，以利物的效用。分述如下。

1. 不动产附合

第811条规定："动产因附合而为不动产之重要成分者，不动产所有人，取得动产所有权。"所谓重要成分，指二物互相结合，非经毁损或变更其性质，不能分离者而言。重要成分不得单独为物权之标的，在于防止经济上价值的减损。动产是否因附合而成为不动产的重要成分，应斟酌其固定性及继续性的程度，依社会经济观念加以认定。其成为重要成分，而由不动产所有人取得其所有权的，例如，以他人的砖铺设地板，以他人的水泥修缮房屋，以他人的油漆粉刷墙壁。其不成为重要成分的，例如，甲擅取乙所有的活动门窗置于己屋，该门窗所有权仍属于乙，乙得对甲的行使所有物返还请求权(第767条)。

2. 动产的附合与混合

(1) 动产的附合。第812条规定："动产与他人之动产附合，非毁损不能分离，或分离需费过巨者，各动产所有人，按其动产附合时之价值，共有合成物。前项附合之动产，有可视为主物者，该主物所有人，取得合成物之所有权。"例如，以他人之漆涂车时，车为主物，由汽车所有人取得上漆后汽车的所有权。以他人蚝油炖牛肉，牛肉为主物，由牛肉所有人取得红烧牛肉所有权。至于以他人的轮胎、音响或引擎于自己的汽车，则不构成附合，汽车所有人不因此取得其所有权。

（2）动产的混合。动产与他人之动产混合，不能识别，或识别需费过巨者，准用第812条关于动产与动产附合的规定（第813条）。例如咖啡与糖混合，咖啡可视为主物，由咖啡所有人取得其所有权。金钱混合亦适用关于动产混合的规定。

3. 加工

第814条规定："加工于他人之动产者，其加工物之所有权，属于材料所有人。但因加工所增之价值显逾材料之价值者，其加工物之所有权属于加工人。"加工的客体称为材料，须为他人所有。加工须以制成新物为要件（如纺纱为布，以布料做成衣服）。

加工物所有权归属，系于加工所增加的价值是否显逾材料的价值。所谓材料价值，指材料于加工时的价值。加工所增加的价值依新物的交易价值与材料价值的差额而决定。例如，甲盗乙价值2万元的皮革，作成价值3万元的皮件，加工所增加的价值为1万元，未逾材料的价值，该皮件所有权属于乙（材料所有人）。甲误以乙时值2万元象牙为己有，精心雕刻为价值10万元之艺术品，加工所增加的价值为8万元，显逾材料的价值，其所有权属于甲（加工人）。

最后须说明的是，因前述添附动产所有权消灭者，该动产上的其他权利（如质权、留置权）亦同消灭（第815条）。

（二）不当得利请求权

第816条原规定："因前五条之规定，丧失权利而受损害者，得依关于不当得利之规定，请求偿金。"经修正为："因前五条之规定而受损害者，得依关于不当得利之规定，请求偿还价额。"此项修正具有重大意义，立法说明有二：

（1）本条原规定主体为"丧失权利而受损害者"，其规范意旨，在于指出不当得利请求权之权利主体。惟依第179条规定，不当得利请求权之权利主体，为"受损害之他人"（受损人）。解释上，只要"受损害"即可，不以"丧失权利"为必要。盖不当得利规定之"损害"概念，范围相当广泛，除丧失权利外，尚包括单纯提供劳务、支出费用或权益归属之侵害等。且"丧失权利"等文字，未尽概括完整，其固然可以说明因附合、混合而丧失动产所有权或该动产上其他权利之情形，但无法涵盖因加工单纯提供劳务而受损害之情形。为求精确，爰删除"丧失权利"等文字。

（2）本条规范意义有二，一为宣示不当得利请求权，纵使财产上损益变动系依法（例如第 811 条至第 815 条规定）而发生，仍属无法律上原因。二为指明此本质上为不当得利，故第 179 条至第 183 条均在准用之列，仅特别排除第 181 条关于不当得利返还客体规定之适用。因添附而受损害者，依关于不当得利之规定请求因添附而受利益者返还其所受之利益时，仅得适用第 181 条但书规定请求"偿还价额"，不能适用同条本文规定，请求返还"利益原形"，以贯彻添附制度重新分配添附物所有权归属、使所有权单一化、禁止添附物再行分割之立法意旨。为求明确，将现行规定"偿金"修正为"价额"。又添附行为如该当侵权行为之要件，自有侵权行为损害赔偿请求权之适用，乃属当然。

（三）例题 118 解说

在例题 118，甲以所有人的意思，先占无主的旧沙发，取得其所有权（第 802 条）。又甲在该旧沙发中发现埋藏的"玉石"，而取得其所有权（第 808 条）。甲遗失该玉石，为乙所拾得，乙未依法为揭示招领，报告警署及交付，虽经 6 个月，仍不能取得该玉石所有权。乙死亡，由其子丙继承之，丙虽善意，仍不能取得该玉石所有权。丙雇工匠将该玉石雕成具艺术价值之鼻烟壶，因加工所增价值显逾材料的价值，由丙所得该加工物（鼻烟壶）所有权。甲得依不当得利规定向丙请求偿偿还价额（第 179 条、第 816 条）。不当得利受领人丙，系属善意，将该烟壶赠与丁，其所受利益已不存在，免负偿还偿金的义务（第 182 条第 1 项），第三人丁于丙所免返还义务之限度内，负返还责任，故甲得依第 183 条规定向丁请求返还价额。为便于醒目，兹将上述，图示如下：

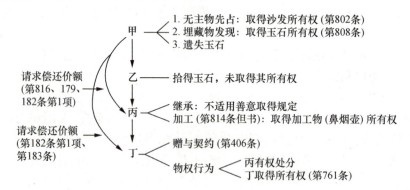

第六节 共　　有

依民法,在一个物之上,仅能有一个所有权。此一个所有权的主体通常为一人(单独所有),但亦得由数人(二人以上)共同享有之,是为共有,可分为分别共有与共同共有。所有权以外的财产权(如地上权、债权)亦得为数人所共有,称为准共有。共有系所有权的特殊形态,具有重要的社会经济作用及实用性,特作较详细的说明。

一、分别共有

例题 119:甲、乙、丙三人各出资 1000 万元购买 A 地、B 屋、C 车及 D 画,共享其所有权。① 试就例题说明何谓"分别共有",有多少"分别共有",其法律的构造及法律规范上的基本问题。② 在此,如何定其"应有部分",甲得否以其于 A 地、B 屋的应有部分,设定抵押权? ③ 甲、乙、丙就其共有物订有"分管契约"时,应有部分的受让人应否受其拘束? ④ 甲、乙、丙因对"共有物"的管理发生争论,诉请法院分割共有物时,法院应如何处理?

(一) 分别共有的意义及成立

分别共有,指数人按其应有部分,对于一物共同享有所有权(第 817 条第 1 项)。分别共有,民法径以共有称之,分别共有的客体为一物,其主体为数人,其享有一个所有权的形态,系按其应有部分,例如,甲、乙、丙三人各出资 1 千万元,购买 A 地、B 屋、C 车、D 画时,发生四个分别共有,即各以 1/3 应有部分的比例享有 A 地、B 屋、C 车及 D 画所有权。

兹以下图表示此种分别共有的法律结构:

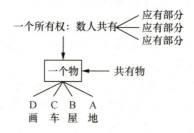

分别共有在法律规范上涉及四个基本问题:① 分别共有的发生。

② 应有部分的性质、比例及处分等。③ 共有物的管理、处分等内部关系及外部关系,尤其是分管契约对第三人的效力。④ 共有物的分割,此为实务常见的重要问题。须特别注意的是,关于分别共有制度,民法基本上采私法自治原则,期能发挥共有制度的功能。此点甚为重要,务请注意。

(二) 分别共有的发生

分别共有的发生原因,计有三种:① 基于当事人的意思,例如数人出资购买某地,而共同受让其所有权。② 基于法律规定,如埋藏物的共有(第808条)、添附物的共有(第812条第1项、第813条)。③ 将共同共有变为分别共有,如甲、乙、丙共同继承A地与B屋,办理继承登记为分别共有A地与B屋。

(三) 应有部分

1. 应有部分的意义

应有部分,指各共有人对其所有权在分量上应享的部分。民间多称为持份。所谓分量上应享有的部分,乃指其成数(或比例)而言。例如,甲乙共有某两层的房屋,其应有部分各为1/2,甲乙各享有该屋所有权的1/2,而非该屋的1/2。由此可知,应有部分系抽象地存在于共有物的任何一部分,而非具体特定于共有物的某一部分,此点甚为重要,应予注意。

2. 应有部分的性质

应有部分既系所有权之量的分割,而非所有权之质的分割(如共有人中之一人享有使用收益,而其他共有人享有处分权能),除其行使应受其他共有人应有部分的限制外,其内容、性质及效力与所有权无异。

3. 应有部分的比例

在基于当事人意思而发生的共有,应有部分的比例。依当事人之意思定之。数人以有偿行为(如买卖)对于一物发生共有关系者,除各共有人间有特约外,应解释为系按出资比例定其应有部分。基于法律发生的共有,其应有部分依法律规定(第808条、第812条、第813条)。不能依上述方法决定应有部分时,推定其为均等(第817条第2项)。

4. 应有部分的处分

各共有人得"自由"处分其应有部分(第819条第1项),不必得其他共有人同意,此为个人主义共有制度本质的当然。共有人间相反的约定,仅有债的拘束力,不具物权性,对第三人不生效力。所谓应有部分的处分,指法律上处分,尤其就物权行为而言。共有人出卖应有部分,其买卖有效,应属当然。

应有部分的处分,最常见的是应有部分的让与,此在不动产物权,须经登记,始生效力(第758条);在动产,则须交付,使受让人与其他共有人共同占有(第761条)。共有人让与其应有部分后,即脱离共有关系,由受让人与其他共有人继续其共有关系。又各共有人亦得就其共有不动产所有权的应有部分,设定抵押权。

5. 他共有人对应有部分的优先承买权

"土地法"第34条之1第4项规定:"共有人出卖其应有部分时,他共有人得以同一价格共同或单独优先承购。"本项规定旨在减少共有人人数,简化共有物使用关系,应属合理必要的规定,实务上甚属重要。

(四) 分别共有的内部关系与外部关系

1. 内部关系

分别共有的内部关系可分为共有物的使用收益、共有物的处分、共有物的管理,以及共有物的费用负担。实务上以关于共有物处分的案例最多,理论上最具争论的,则是共有物分管契约对第三人的效力。

(1) 共有人的用益权。各共有人,除契约另有约定外,按其应有部分,对于共有物之全部,有使用收益之权(第818条)。例如,甲、乙、丙共有一幢三间套房的海滨别墅、汽车一辆,其应有部分均等时,得约定房屋可各住一间套房(或各住一周),汽车可轮流使用一日(或半日)。共有人中有未按应有部分而为使用时,例如在上举之例,甲违反约定独自占有使用海滨别墅、汽车时,其他共有人得主张不当得利请求权、侵权行为损害赔偿请求权,以及本于所有权请求除去其妨害,或请求向全体共有人返还占有部分。但不得将各共有人之应有部分固定于共有物之特定部分,并进而主张其他共有人超过其应有部分之占用部分为无权占有,而请求返还予己。

(2) 共有物的处分。① 全体共有人同意原则。第819条第2项规定:"共有物之处分、变更及设定负担,应有共有人全体之同意。"此项规定旨在保护全体共有人的利益。此之所谓共有物,包括共有物的全部或特定部分。共有人对共有物处分的同意,包括事先允许及事后追认,得以明示或默示为之,不以订立书面为必要。共有人中之一人或数人未得全体共有人的同意出卖共有物时,系属债权行为,不以有处分权为必要,其买卖契约有效。其不能得其他共有人同意而移转共有物所有权时,应对买受人负债务不履行责任。② "土地法"第34条之1规定。共有物的处分,应得共有人全体的同意,有时极为困难,部分共有人如不同意时,其他共有人又不得诉请法院命其同意,影响土地或建筑物的利用至巨。为免妨碍都市计划的执行、发展社会经济及增进共有物的有效利用,"土地法"特增设第34条之1规定(请阅读之),以"多数决"取代共有人全体同意原则,攸关当事人权益甚巨,限于篇幅,难以评论。

(3) 共有物的管理

例题119-1:① 关于共有物的管理,究应采共有人"共同管理原则"或"多数决管理原则"？民法采取何种制度？多数人所决定的管理方法显失公平,或因情事变更难以继续,或共有人为管理之决定,因故意或重大过失致共有人受损害时应如何加以处理？② 出租共有物究为对共有物的处分或管理？共有人中之一人未得其他共有人同意,擅将共有物出租他人时,当事人间的法律关系如何？

① 私法自治原则

A. 多数决的共有物管理。新修订"民法"第820条第1项规定:"共有物之管理,除契约另有约定外,应以共有人过半数及其应有部分合计过半数之同意行之。但其应有部分合计逾2/3者,其人数不予计算。"由第820条第1项所称"除契约另有订定外",可知"民法"对共有物的管理系采私法自治原则,体现于多数决的共有物管理制度,废弃了旧"民法"第820条第1项所采的共有人同意原则,以促进共有物的有效利用。实务上亦据此而认为分别共有物,若共有人不能以协议定其管理方法时,各共有人不能诉求法院代之。

关于第820条第1项规定的多数决共有物管理,同条另设有三项规定:第2项:"依前项规定之管理显失公平者,不同意之共有人得声请法院以裁定变更之。"第3项:"前二项所定之管理,因情事变更难以继续时,法院得因任何共有人之声请,以裁定变更之。"第4项:"共有人依第1项规定为管理之决定,有故意或重大过失,致共有人受损害者,对不同意之共有人连带负赔偿责任。"

B. 共有物的简易修缮及其他保存行为:单独管理。第820条第5项规定:"共有物之简易修缮及其他保存行为,得由各共有人单独为之。"保存行为系指保全共有物之本体或物上所存权利之行为,举凡以防止共有物之有形毁损,灭失及其价额低落或权利丧失为目的,而维持其现状之行为均属之(1993年台上字第841号判决)。

须特别指出的是共有物的出租,非属第819条第2项所称处分,乃共有物的管理,依第820条第1项规定,应由共有人加以管理,而为出租。部分共有人擅将共有物出租他人时,其租赁契约在当事人间固属有效,但对其他共有人不生租赁关系。共有物已交付于承租人时,其他共有人得对承租人主张无权占有,请求返还共有物;并对该为出租行为的部分共有人行使侵权行为和不当得利的请求权。此为实务上常见的问题,应请注意。

② 共有人订有共有物的分管契约。基于共有物管理的私法自治原则,共有人得订立共有物管理契约,尤其是所谓的分管契约,即共有人间约定各自分别就其共有物之特定部分而为使用、收益等管理行为的契约,例如,甲、乙二人共有某地或某店面,约定其使用或营业范围,区分建筑的所有人于共有建筑和基地,约定分管停车位。

分管契约乃物权关系上关于共有物管理的约定,性质属债权契约,不在债编有名契约之列,属无名契约之一种。值得注意的是,"最高法院"将分管契约加以物权化。1959年台上字第1065号判决谓:"共有人于与其他共有人订立共有物分割或分管之特约后,纵将其应有部分让与第三人,其分割或分管契约,对于受让人仍继续存在。"此项判例旨在避免破坏共有原有分管状态和效力,并顾及他共有人的利益。大法官释字第349号解释认为此项判例,"就维持法律秩序之安定性而言,固有其必要,惟应有部分之受让人若不知悉有分管契约,亦无可得而知之情形,受让人仍受让与人所订分管契约之拘束,有使善意第三人受不测损害之虞,与'宪法'保障人民财产权之意旨有违,首开判例在此范围内,嗣后应不再援用。"新增设第826条之1作较详细规定。

(4) 共有物的费用负担。共有物之管理费及其他负担,除契约另有约定外,应由各共有人按其应有部分分担之。共有人中之一人,就共有物之负担为支付,而逾其所应分担之部分者,对于其他共有人得按其各应分担之部分,请求偿还(第822条)。须注意的是,共有物应有部分让与时,受让人对让与人应分担的负担,连带负清偿责任(第826条之1第3项)。

2. 外部关系

(1) 对第三人之权利。① 就共有物本于所有权的请求。第 821 条规定:"各共有人对于第三人,得就共有物之全部为本于所有权之请求。"各共有人所得行使的,除第 767 条规定的物上请求权外,尚包括因相邻关系而生之各种权利,例如邻地损害之预防(第 774 条、第 794 条、第 795 条)等。② 恢复共有物的请求权。第 821 条但书规定:"但恢复共有物之请求,仅得为共有人全体之利益为之。"所谓恢复共有物之请求,系指所有物返还请求权而言。所谓仅得为共有人全体之利益为之,指应请求返还于共有人全体,而不得请求返还于自己。倘以诉讼请求时,其声明事项应为命被告将共有物返还原告及其他共有人,如仅请求向自己返还者,法院应将其诉驳回。

(2) 对第三人的义务。因共有物所生的义务(如共有物的修缮费,因共有物而生的损害赔偿责任),各共有人按其应有部分,对第三人负责。债务性质不可分者(如损害赔偿恢复原状)则由各分别共有人对第三人负连带责任。

(五) 共有物的分割

例题 119-2:① 共有人得否随时请求分割共有物,有无限制？甲、乙共有某屋及某画,约定永不分割时,其效力如何？② 试说明共有人的分割请求权及分割的法律性质。

1. 分割自由原则和分割请求权

"民法"对共有物采分割自由原则,于第 823 条第 1 项本文明定,各共有人,除法令另有规定外,得随时请求分割共有物,立法目的在于促进物的使用效率融通及减少纠纷。对共有物分割自由原则,第 823 条第 1 项但书设有两个例外规定:① 因物之使用目的不能分割者(如界石、共有的契据),不得请求分割。② 契约订有不分割之期限者。此项约定不分割之期限,不得逾 5 年;逾 5 年者,缩短为 5 年。但共有之不动产,其契约订有管理之约定时,约定不分割之期限,不得逾 30 年;逾 30 年者,缩短为 30 年。前项情形,如有重大事由,共有人仍得随时请求分割。关于此项不分割契约对应有部分受让人的效力,第 826 条之 1 设有规定(阅读之!)。

2. 分割请求权及分割的性质

分割请求权在性质上属形成权,而非请求权,故第 125 条所谓请求权不包括共有物分割请求权在内,于共有关系存续中各共有人随时皆可行使,不适用关于消灭时效之规定。须注意的是,分割共有物对于物之权利有所变动,属处分行为之一种。继承不动产所有权须先经办理登记,始得分割(第759条)。

3. 分割方法

共有物的分割方法,计有两种方法,一为协议分割;二为裁判分割。分述如下:

(1) 协议分割。第824条第1项规定:"共有物之分割,依共有人协议之方法行之。"协议分割有节省费用、和谐迅速的效益。此项共有物分割协议的法律性质系属债权契约。应说明的有:① 协议内容,法无限制,但须得共有人全体之同意(契约自由)。② 协议分割系不要式行为。③ 总则规定的适用。④ 基于分割协议,各共有人得请求履行,办理分割。分割为处分行为,在动产须经交付,在不动产须经分割登记,始生效力。其他共有人拒绝办理分割登记时,当事人仅得请求履行登记义务,而不得诉请法院按协议之方法,再为分割共有物的判决。关于此项履行分割契约的请求权,有第125条规定的适用,因15年间不行使而消灭。

(2) 裁判分割

例题119-3:① 何谓裁判分割?在何种原因,共有人得请求裁判分割?法院为裁判分割,应采何种方法,得否依其自由裁量,命为原物分割或变卖共有物?② 裁判分割如何发生效力,何谓共有物分割效力之"认定主义"或"移转主义"?③ 甲、乙共有A地及B画,甲将其应有部分设定抵押权或质权予丙。A地或B画分割时,应如何处理丙的抵押权或质权?

① 分割共有物之诉:裁判分割的原因。裁判分割系实务上夙有争议的问题,第824条第2项以下设有详细规定。请求裁判分割的原因,须为"分割之方法不能协议决定,或于协议决定后因消灭时效完成经共有人拒绝履行者"(第2项)。于此情形,任何共有人均得请求裁判分割。请求裁判分割应以起诉为之。共有物的分割为废止共有关系,对于共有人全体均有利害关系,故分割共有物之诉,须由欲分割的共有人全体对其他共有人提起,为固有的必要共同诉讼。判决的结果在于消灭共有关系,创设共有人的权义关系,故其判决为形成判决。

② 裁判分割的分割方法:原物分配、变价分配。协议分割时,其分割方法,法无限制,采私法自治原则。但在裁判分割,法律明定两种分割方法,一为原物分配;二为变价分配。分述如下:A. 于裁判分割,法院得因任何共有人之请求,命为下列之分配:以原物分配于各共有人。但各共有人均受原物之分配显有困难者,得将原物分配于部分共有人。原物分配显有困难时,得变卖共有物,以价金分配给各共有人;或以原物之一部分分配给各共有人,他部分变卖,以价金分配给各共有人。法院为上述分割之裁判时,自应斟酌共有人之利害关系、共有物之性质、价格及利用效益等,以谋分割方法之公平适当(第824条第2项)。B. 以原物为分配时,如共有人中有未受分配,或不能按其应有部分受分配者,得以金钱补偿之(第824条第3项)。C. 以原物为分配时,因共有人之利益或其他必要情形,得就共有物之一部分仍维持共有(第824条第4项)。

③ 合并分割。依第824条第5项规定,"共有人相同之数不动产,除法令另有规定外,共有人得请求合并分割。"又第6项规定:"共有人部分相同之相邻数不动产,各该不动产均具应有部分之共有人,经各不动产应有部分过半数共有人之同意,得适用前项规定,请求合并分割。但法院认合并分割为不适当者,仍分别分割之。"

④ 共有人的优先承买权。变卖共有物时,除买受人为共有人外,共有人有依相同条件优先承买之权,有两人以上愿优先承买者,以抽签定之(第824条第7项)。

4. 分割的效力

(1) 各分别共有人单独取得所有权。共有物经共有人协议为原物分割时,此项协议系属债权契约,须再为分割(处分行为),并经登记(不动产)或交付(动产),始生物权变动的效力,由各共有人分别取得单独所有权。在裁判分割,因属形成判决,判决确定时,即生分割效力,而使共有人取得其所有权,但不动产应经登记,始得处分(第759条)。

(2) 共有物分割效力的发生时期。关于共有物分割之效力何时发生,"民法"原未设明文,新增第824条之1详设规定,说明如下:

① 共有物分割之效力:移转主义。共有物分割之效力,究采认定主义或移转主义,学者间每有争论,第824条之1基于第825条的立法精神,增订第1项,明定"共有人自共有物分割之效力发生时起,取得分得部分之所有权。"由此可知民法采移转主义,即共有物分割后,共有人取得分

得部分单独所有权,其效力系向后发生而非溯及既往。又本条所谓"效力发生时",在协议分割,如分割者为不动产,系指于办毕分割登记时;如为动产,系指于交付时。至于裁判分割,则指在分割之形成判决确定时。

② 应有部分上的抵押权或质权不因共有物之分割而受影响的原则及但书规定。第824条之1第2项规定:"应有部分有抵押权或质权者,其权利不因共有物之分割而受影响。但有下列情形之一者,其权利移存于抵押人或出质人所分得之部分:① 权利人同意分割。② 权利人已参加共有物分割诉讼。③ 权利人经共有人告知诉讼而未参加。"分割共有物之效力,因采移转主义,故应有部分原有部分有抵押权或质权时,其权利仍存在于原应有部分上。但书三款规定系为避免法律关系转趋复杂,并保护其他共有人之权益。须注意的是,在第2项但书情形,于以价金分配或以金钱补偿者,准用第881条第1项、第2项或第899条第1项规定(第824条之1第3项)。

③ 在第824条第3项情形,如为不动产分割者,应受补偿之共有人,就其补偿金额,对于补偿义务人所分得之不动产,有抵押权(第824条之1第4项)。前项抵押权应于办理共有物分割登记时,一并登记。其次序优先于第2项但书之抵押权(第824条之1第5项)。

(3) 共有人的担保责任。第825条规定:"各共有人,对于他共有人因分割而得之物,按其应有部分,负与出卖人同一之担保责任。"此项担保责任包括权利瑕疵担保责任及物之瑕疵担保责任。请参照关于出卖人瑕疵担保责任的说明,兹不赘述。

(4) 证书的保存及使用。共有物分割后,各分割人应保存其所得物之证书。共有物分割后,关于共有物之证书,归取得最大部分之人保存之,无取得最大部分者,由分割人协议定之,不能协议决定者,得声请法院指定之。各分割人,得请求使用他分割人所保存之证书(第826条)。

(六) 关于共有物使用、管理或分割等约定对第三人的效力:债权约定的物权效力

共有人间关于共有物使用、管理、分割或禁止分割之约定,或法院依第820条就共有物管理的决定,性质上属债权行为,原对第三人不生效力。惟为保持原约定或决定的安定性,物权编修正特参照1959年台上字第1065号判决及大法官释字第349号解释,增设第826条之1,分三项规定此等共有物上约定及决定对第三人的效力。

（1）关于不动产共有人间的约定及决定："不动产共有人间关于共有物使用、管理、分割或禁止分割之约定或依第820条第1项规定所为之决定，于登记后，对于应有部分之受让人或取得物权之人，具有效力。其由法院裁定所定之管理，经登记后，亦同"（第1项）。所称其由法院裁定所定之管理指经由法院依第820条第2项、第3项裁定所定之管理。此系属非讼事件，其裁定效力是否及于受让人，尚有争议（1978年台上字第4046号判决参照），且该非讼事件裁定之公示性与判决及登记不同，故特定该裁定之管理亦经登记后对于应有部分的受让人或取得物权人始具效力。

（2）关于动产共有人间的约定及决定："动产共有人间就共有物为前项之约定、决定或法院所为之裁定，对于应有部分之受让人或取得物权之人，以受让或取得时知悉其情事或可得而知者为限，亦具有效力"（第2项）。动产无登记制度，法律上又保护善意受让人，故以受让人等于知悉或可得而知其情事者为限，始对之发生法律上之效力。

（3）对所生负担的连带责任："共有物应有部分让与时，受让人对让与人就共有物因使用、管理或其他情形所生之负担连带负清偿责任。"（第3项）所称其他情形，例如协议分割或禁止分割所生之负担（第822条）。所积欠之债务虽明定由让与人与受让人连带负清偿责任，则于受让人清偿后，自得依第280条规定定其求偿额。

二、共同共有

例题120：甲、乙、丙共同继承其父的遗产（或成立合伙）。其遗产（或合伙财产），包括A地、B屋、C车、D画，成立所谓的"共同共有"。试分就发生原因，应有部分与应继份、合伙财产股份的性质，及共有物的管理处分、分割等，说明分别共有与共同共有的不同，及其不同的理由。

（一）共同共有的意义

共同共有，指依法律规定、习惯或法律行为，成一共同关系之数人，基于其共同关系，而享有一物之所有权。前项依法律行为成立之共同关系，以有法律规定或习惯者为限。各共同共有人之权利，及于共同共有物之全部（第827条）。例如，甲、乙、丙共同共有未分割之遗产（第1151条），

或合伙人共同共有合伙财产(第668条)。分三点言之:

(1) 就主体言:共同共有人须为多数,即二人以上。

(2) 就客体言:仍适用一物一权原则。例如,甲、乙、丙继承其父的遗产,包括A地、B屋、C车及D画,系分就A地、B屋及C车及D画四个物上成立共同共有,而不是在整个遗产上成立一个共同共有。

(3) 就共享所有权之方式言,须基于共同关系。所谓共同关系,指构成共同共有基础的法律关系,例如对于未分割遗产的继承,合伙契约。共同共有与分别共有均系数人共有一物,惟前者系基于共同关系,后者则按其应有部分,此为二者在法律上结构基本差异的所在。兹以下图表示共同共有的法律结构:

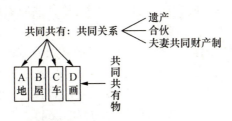

共同共有在法律规范有四个基本问题:

(1) 共同共有的发生,即如何成立共同关系?

(2) 共同共有上有无所谓的应有部分?所谓遗产的"应继份",合伙财产的"股份",其性质如何?

(3) 共同共有物如何管理处分?

(4) 共同共有消灭与共同共有物的分割?

在共同共有的法律规范上,仍采私法自治原则,但为顾及共同关系,法律设有较多的限制,此亦为分别共有与共同共有不同的所在。前者仍为个人主义的制度,后者具有一定的共同关系。

(二) 共同共有的发生

共同共有之发生,须依法律规定,如第1151条规定:"继承人有数人时,在分割遗产前,各继承人对于遗产全部为共同共有。"或依法律行为(包括契约、单独行为),合伙为其著例,即各合伙人的出资及其他合伙财产为合伙人全体之共同共有(第668条)。依习惯而成立的共同共有,例如祀产。

(三) 共同共有上的"应有部分"

共同共有，系基于共同关系而共有一物。各共同共有人之权利及于共同共有物之全部。而非按应有部分享有其所有权，故对该共同共有物的全部，共有人并无应有部分存在。继承人对应继财产的应继份，合伙人对合伙财产的股份，系就抽象的总财产(遗产、合伙财产)而言，而非对个别的共同共有物，学说上称为共同共有的潜在应有部分。在遗产的共同共有，各继承人对共同共有物的权利，尚非得按各应继份的比例，予以处分，或行使其权利。在合伙财产共同共有，因合伙具继续性、团体性，"民法"对合伙财产的股份设有详细的规定(本书第330页)。

(四) 共同共有人的权利义务

第828条规定共同共有人之权利义务，依其共同关系所由成立之法律(如遗产)、法律行为(如合伙)或习惯(如祀产)定之。

除法律或契约另有规定外，共同共有物之处分，及其他之权利行使，应得共同共有人全体之同意。所谓共有物的处分，包括事实上处分及法律上处分(处分行为)。事实上处分，例如拆除房屋。法律上处分，例如共有物所有权的让与、用益物权或担保物权的设定。

关于共有物之管理、共有人对第三人之权利、共有物使用、管理、分割或禁止分割之约定对继受人之效力等规定，不惟适用于分别共有之情形，其于共同共有亦十分重要，且关系密切，为期周延，增订第828条第2项规定："第820条、第821条及第826条之1规定，于共同共有准用之。"

(五) 共同共有的消灭与共同共有物的分割

共同共有之关系，自共同关系终止(如合伙解散)，或因共同共有物之让与而消灭。共同共有物之分割，除法律另有规定外，准用关于共有物分割之规定(第830条)。

三、准共有

第831条规定："本节规定，于所有权以外之财产权，由数人共有或共同共有者，准用之。"对所有权以外财产权的共有(分别共有或共同共有)，学说上称为准共有。所称所有权以外之财产权，包括担保物权、用益物权、矿业权、渔业权、水权、著作权、专利权、商标权、债权等。对准共有财产权，应准用"民法"关于分别共有或共同共有的规定，视其共有关系而定。法律对各该财产权设有特别规定时，应优先适用(关于著作权的准共有，参

阅"著作权法"第 8 条、第 19 条、第 40 条、第 90 条)。兹举两例加以说明:

(1) 地上权的准分别共有。甲、乙共同在丙的土地设定地上权时,按其应有部分享有地上权(分别共有),得按其应有部分对土地为使用收益。各共有人得将其应有部分让与他人或设定抵押权。但以该地上权设定抵押权时,应得其他共有人的同意(准用第 817 条、第 818 条、第 819 条)。

(2) 债权的准共同共有。甲、乙继承某地,共同出卖予丙,其所取得价金债权,仍为共同共有(债权的共同共有),并非连带债权,系属单纯的债权,共同共有人受领共同共有债权的清偿,应共同为之,除得全体共有人之同意,其中一人或数人无单独受领之权(1985 年台上字第 748 号判决)。

第四章 用益物权
——地上权、农育权、不动产役权、典权

例题120-1：在阅读本章之前或之后，请思考物权编为何要规定用益物权，如何决定用益物权的种类，何谓地上权、永佃权、农育权、不动产役权，典权？如何形成各种用益物权的内容，对价(地租)、期限、处分性、消灭事由及法律效果等，以达成各该物权的功能；并整理其异同，分析讨论其理由。关于如何因应社会经济变迁加以修正，以发挥用益物权"地尽其利、永续发展"的社会功能，请整理修正要点加以说明。

第一节 概　　说

一、用益物权的意义及种类

物权分为所有权(完全物权)与定限物权。定限物权，更可分为用益物权及担保物权。用益物权，指于他人不动产上设定以利用该不动产为内容的物权。用益物权在法制史及比较法上有不同的种类，具有历史性和固有法性，并反映不同的经济体制和社会发展。"民法"原规定有地上权、永佃权、地役权及典权，物权编修正将地上权分为普通地上权及区分地上权二佃次级种类；废除永佃权，增设农育权；将地役权修正为不动产役权；保留典权，以因应台湾社会经济发展及土地资源的有效使用。

(1) 地上权。普通地上权者，谓以在他人土地之上下有建筑物或其他工作物为目的而使用其土地之权(第832条)。区分地上权者，谓以在他人土地上下之一定空间范围内设定之地上权(第841条之1)。

（2）农育权。谓在他人土地上为农作、森林、养殖、畜牧，种植竹木或保育之权。

（3）不动产役权。不动产役权者，谓以他人不动产供自己不动产通行、汲水、采光、眺望、电信或其他以特定便宜之用为目的之权(第851条)。

（4）典权。谓支付典权在他人之不动产为使用、收益，于他人不回赎时，取得该不动产所有权之权(第911条)。

二、各种用益物权的内容

关于用益物权在法律规范上的基本问题，系如何规定其种类及内容，为便于观察，先整理其要点如下：

内容	用益物权	地上权	农育权	不动产役权	典权
	标的物	不动产（限于土地）	不动产（限于土地）	不动产（土地及定着物）	不动产（土地及建物）
	发生	意定·法定	意定	意定	意定
内容及效力	用益内容	使用他人土地上下或一定空间范围，而有建筑物或其他工作物	在他人土地上为农作、森林、养殖、畜牧、种植竹木、保育	以他人不动产供自己不动产便宜之用	在他人之不动产而为使用收益
	对价	有偿(地租)或无偿依约定	有偿或无偿	有偿或无偿	有偿：典价
	期限	有期或无期(约定)	不得逾20年，但造林、保育例外	有期或无期	期限不得逾30年
	处分性	得让与、设定抵押权	得让与或设定抵押权(除另有约定或习惯)，但不得与农育工作物分离	不得由需役地分离而为让与，或为其他权利之标的物(从属性)	出典人得让与典物(典权人有优先购买权)。典权人得让与典权、转典、设定抵押权
		工作物得让与出租。土地得出租	不得将土地或工作物出租他人。但农育工作物之出租，从其习惯		典权人得出租典物
	消灭（特殊事由）	期满·抛弃·终止	终止·抛弃	土地灭失法院宣告	绝卖·留买回赎·找贴

关于前表所列各种用益物权的内容，请不要强行记忆，而是要从立法政策（土地利用政策）及当事人利益的观点去思考，理解及分析检讨，为避免以下叙述的重复，兹就若干"共通问题"，分七点说明如下（阅读相关规定！）：

（1）"民法"规定的四种用益物权的标的物，均以不动产为客体，于动产不得成立用益物权。

（2）各种用益物权，原仅能于他人的不动产成立，用益物权虽因继承等原因得存在于自己的不动产上（第762条但书），然此为例外，而非常态。物权编修正增订第859条之4规定："不动产役权，亦得就自己之不动产设定之。"

（3）用益物权的取得多基于当事人的法律行为，或为创设取得（如设定地上权）；或为移转取得（如地上权的让与），二者均属继受取得，皆应适用第758条及第759条规定。用益物权的消灭原因，有为各种物权所共同的，例如标的物灭失、征收。"民法"对各种用益物权明定有不同的消灭原因，俟于个别用益物权再为详述。

（4）用益物权系以物的利用为内容，原则上于同一标的物不得同时设定多数用益物权（如两个典权、两个农育权、一个地上权和一个农育权）。但用益内容不相排斥者，则得并存，例如于同一笔土地上得设定一个以有空中走廊，一个以有地下街为内容的地上权。关于区分地上权及不动产役权的排他性及优先效力的特别规定，请参阅新增设第841条之5，第851条之1规定。

（5）用益物权的设定有为有偿（典权）；有偿或无偿，依当事人约定（地上权、农育权、不动产役权）。须注意的是，其为有偿时，无论法定或约定，均应准用"民法"关于出卖人瑕疵担保责任的规定（第347条）。

（6）地上权及典权皆具处分性，得为让与或为抵押权的标的物（第838条、第882条、第917条），有助于使土地的利用归于最适于发挥其效能之人，或具担保债权的功能。农育权亦得让与或设定抵押权（如另有约定或习惯，其约定非经登记不对抗第三人），但不得与农育工作物分离（第850条之3）。不动产役权系为需役地而存在，不得由需役地分离而为让与，或为其他权利之标的物，原则上应与需役地所有权一并移转（第853条）。

（7）地上权，具用益物权的基本构造原则，得准用于其他用益物权

(第841条之6,第850条之9等,请查阅之)。

三、用益物权的功能及社会变迁

用益物权的兴起甚早,与土地所有权相伴而生。历经长期发展,其主要社会功能有二:① 增进物尽其用的经济效用,即拥有其物者得自不使用,而使他人利用之,以收其利益(对价)。无其物者得支付代价而利用他人之物,而不必取得其所有权。② 使物的利用关系物权化,巩固当事人间的法律关系,得对抗第三人,此为用益物权在法律结构上异于债权的特色。

须特别指出的是,由于台湾的法制及社会变迁,用益物权的机能发生重大变化,俟于论及各种用益物权时,再行说明,研读法律不能专注于条文的解释适用,并应注意及于其社会机能及发展,具有较宏观的视野。

四、用益物权的修正:自由的扩大,效率的提升

2010年物权编的修正,系为因应台湾社会经济变迁,其修正重点有五:

(1)调整用益物权种类为地上权(普通地上权、区分地上权)、农育权、不动产役权及典权。

(2)以"地尽其利,永续发展"作为各种用益物权对土地使用、收益的基本原则,其有违反,经土地所有人阻止仍继续为之者,土地所有人得终止该用益物权(第836之2,地上权;第850条之6,农育权)、不动产役权(准用第836条之2,第859条之2)、典权(第917条之1)。

(3)强化土地使用收益功能,尤其是增设区分地上权、农育权。将土地役权改为不动产役权,以扩大物(不动产)及人(得设定地役权人,第859条之3)的适用范围,并使土地所有人得就自己不动产设定不动产地役权(第859条之4)。

(4)关于区分地上权及不动产物权,不拘泥于用益物权的排他性,而设特别规定,肯定得与其他用益物权(如普通地上权等)同时并存,并明定其后设定物权之权利行使,不得妨害先设定之物权(第841条之5,第851条之1)。

(5)用益物权关系上的债权约定得因登记而有对抗第三人的物权效

力,参阅第841条之2(区分地上权相邻关系上的约定),第850条之9(农育权使用收益方法的约定)。

综据上述物权编关于用益物权的修正扩大了私法自治上的自由,使当事人在物权种类选择及内容形成上有更多的自由,以增强物尽其用的效率。

第二节　地　上　权

例题121:甲在乙所有的A地设定兴建房屋的"地上权"。试问何谓地上权?该屋遭地震灭失时,地上权是否随之消灭?乙将A地出卖给丙时,甲得否主张优先购买权?乙得否于A地的地下再设定捷运的地下运输系统?甲的地上权因期限届满或欠租为撤销时,如何处理其建筑物?地上权系典型的用益物权请分析其法律构造,并说明其对其他用益物权的准用。

地上权分为普通地上权及区分地上权两类,分别说明如下:

一、普通地上权的意义和机能

(一) 意义

称普通地上权者,谓以在他人土地上下有建筑物,或其他工作物为目的而使用其土地之权(第832条)。应说明有三:

(1) 地上权系使用他人土地之权,地上物(建筑物或其他工作物)之有无,与地上权存续无关。先有地上物存在,固可设定地上权,无地上物存在,亦无碍于地上权的成立。地上物灭失后,地上权并不消灭,地上权人仍有依原定内容使用土地之权(第841条)。

(2) 所谓在他人土地上,乃表示地上权系以土地为标的物,非谓地上权仅限于土地之上设定之。在土地上空(如建高架道路)或地下(如建地下街),均得为地上权的设定。

(3) 所谓建筑物指定着于土地之上下,具有顶盖、墙垣,足以避风雨得供起居出入的构造,地下室亦包括在内。其他工作物,指建筑物以外的设施,例如桥梁、隧道、陆桥或高架道路。

（二）机能

民法上的四种用益物权中，以地上权登记的件数最多，每年均在三万件以上，具有调剂土地"所有"与"利用"的重要社会经济机能，分三点言之：

（1）传统的地上权多设定于土地的上面，然为因应社会经济的需要及科技发展，地上权的设定亦可"立体化"或"区分化"，存在于土地的上空或地上，而增进土地的利用价值。

（2）政府正推动在非公用土地上设定地上权，以助于促进土地的利用。

（3）大众捷运系统因工程必要时，主管机关得就其需用之空间范围协议取得地上权，协议不成时，准用征收规定取得之（"大众捷运法"第19条第2项以下）。

二、地上权的效力

（一）地上权人的权利

1. 土地的使用收益

地上权的设定在于使用他人土地，其使用内容及范围依设定行为的约定及登记范围而定，并应受相邻关系的规范（第800条之1）。地上权的设定，不以交付土地为要件，然地上权既为使用土地的物权，为实现其内容，自有占有土地的必要，并受占有规定的保护（第962条）。又为保护地上权人利益，不论地上权人是否占有土地，均得类推适用第767条规定，而行使物权请求权。

值得特别提出的是，"土地法"第104条规定，基地出卖时，地上权人有依同样条件优先购买之权，并具有物权效力，立法目的在于使土地与土地上的建筑物合归一人，以尽物之经济上的效用。

2. 地上权人的处分权

地上权为财产权的一种，地上权人于不变更权利内容的范围内，得为处分：

（1）让与设定抵押权。地上权人，得将其权利让与他人或设定抵押权（权利抵押）。但契约另有订定或另有习惯者，不在此限（第838条）。

（2）土地转租。地上权人得将地上物（如房屋）出租他人，亦得将其地上物连同土地，一并出租予他人，以收取法定孳息。

(二) 地上权人的义务

1. 支付地租的义务

(1) 支付地租的约定。地上权的设定得为有偿或无偿,依当事人的约定,实际上以有偿为常见。地上权设定有偿时,其对价称为地租。地租的支付系地上权人的主要义务。地上权人,纵因不可抗力,妨碍其土地之使用,不得请求免除或减少租金(第837条)。但得因情事变更,为期公平,声请法院增减之(第835条之1)。

(2) 地租的法律性质。地租因债权约定而发生,仅在当事人间发生效力。然地租乃实现地上权内容的负担,得经登记而物权化,具对抗第三人的效力,得向地上权受让人主张之。

(3) 积欠租金与地上权的终止。地上权人积欠地租达两年之总额者,除另有习惯外,土地所有人,定相当期限催告,地上权人仍不为支付时,得终止其地上权。此项终止,应向地上权人以意思表示为之(第836条)。此兼具保护土地所有人及地上权人的立法意旨,属强行规定。

所谓积欠租金达两年的"总额",指多年累积额而言,非以连续两年未付租金为限。此项积欠租金的给付迟延,须因可归责于地上权人的事由。所谓"另有习惯",衡诸本条规范意旨,应系指有利于地上权人的习惯,而非指积欠地租不达两年总额,即可终止的习惯。

2. 依设定目的及约定方法使用土地的义务

地上权人应依设定目的及约定方法使用土地,并应保持土地利用本质,不得为不能使其恢复原状之变更,过度利用或戕害其自我更新能力,以维护土地资源之永续利用。又约定使用方法,未经登记时,不得对抗第三人(第836条之2)。

三、地上权的消灭及其法律效果

例题121-1:地上权消灭时,如何处理其建筑物或其他工作物?须否依消灭事由(如终止、期间届满),区别工作物为建筑物或其他工作物而设不同的规定,其理由何在?

(一) 消灭事由

1. 地上权存续期间届满

地上权定有存续期间者,其期间届满时,地上权当然归于消灭。地上权期限届满后,地上权人仍继续为土地的用益时,不发生更新的效果而成为不定期的地上权,无第451条规定的类推适用。

2. 地上权的终止

地上权的终止事由有二:① 地上权人积欠地租不为支付(第836条)。② 地上权人违反第836条之2第1项关于利用土地的规定(第836条之3)。

3. 地上权的抛弃

地上权为财产权的一种,本着财产权得自由抛弃的原则,地上权人自得抛弃之,惟因影响土地所有人利益(尤其是在有地租的情形),"民法"特设限制,于第834条规定:"地上权无支付地租之约定者,地上权人得随时抛弃其权利。"关于有支付地租约定的定有期限或未定有期限地上权的抛弃,第835条设有规定(阅读之)。

(二) 法律效果

1. 一般规定

依第839条规定:地上权消灭时,地上权人得取回其工作物。但应恢复土地原状(第1项)。地上权人不于地上权消灭后一个月内取回其工作物者,工作物归属于土地所有人。其有碍于土地之利用者,土地所有人得请求恢复原状(第2项)。地上权人取回其工物前,应通知土地所有人,土地所有人愿以时价购买者,地上权人非有正当理由,不得拒绝(第3项)。

2. 关于地上权存续期间届满而消灭时建筑物的特别规定

在地上权因存续期间届满的情形,关于土地上建筑物之处理,第840条设有特别规定,即地上权人之工作物为建筑物者,如地上权因存续期间届满而消灭,地上权人得于期间届满前,定一个月以上之期间,请求土地所有人按该建筑物之时价为补偿。但契约另有约定者,从其约定(第1项)。土地所有人拒绝地上权人前项补偿之请求或于期间内不为确答者,地上权之期间应酌量延长之。地上权人不愿延长者,不得请求前项之补偿(第2项,请参阅第3项至第5项)。

四、区分地上权

例题121-2:何谓区分地上权,具有何种功能,与普通地上权的法律性质是否相同?如何形成其与普通地上权不同的规定?

(一) 意义功能

第841条之1规定："称区分地上权者，谓以在他人土地上下之一定空间范围内设定之地上权。"此常见于高架道路、地铁、地下街等。由于人类文明之进步，科技与建筑技术日新月异，土地之利用已不再局限于地面，而逐渐向空中与地下发展，由平面化而趋于立体化，遂产生土地分层利用之结果，而有承认土地上下一定空间范围内设定地上权之必要。

(二) 法律性质、规范内容

1. 区分地上权系地上权的次类：普通地上权规定的准用

区分地上权与普通地上权系属同一种类，即在他人土地上下或一定空间范围有建筑物或工作物而使用其土地之权，其性质相同，其不同者，仍使用土地的范围，属异的差异，因此第841条之6明定："区分地上权，除本节另有规定外，准用关于普通地上权之规定。"

2. 关于区分地上权的四个特别规定

针对区分地上权系在使用土地上下一定范围，"民法"设有四个不同于"普通地上权"的特别规定：

(1) 相邻关系上互相使用收益限制的约定。第841条之2规定："区分地上权人得与其设定之土地上下有使用、收益权利之人，约定相互间使用收益之限制。其约定未经土地所有人同意者，于使用收益权消灭时，土地所有人不受该约定之拘束。前项约定，非经登记，不得对抗第三人。"立法意旨认为，区分地上权呈现垂直邻接状态，具有垂直重力作用之特性，与平面相邻关系不同。乃明定得约定相互间使用收益之限制。此项限制，包括限制土地所有人对土地之使用收益，例如，约定土地所有人于地面上不得设置若干吨以上重量之工作物，或区分地上权人工作物之重量范围等，又第2项规定，其约定得经登记而对抗第三人，乃债权约定物权化。

(2) 区分地上权消灭时的法律效果与对第三人利益保护。为处理区分地上权消灭时的法律效果，与对第三人利益的保护，"民法"设有两个规定：① 第841条之3："法院依第840条第4项定区分地上权之期间，足以影响第三人之权利者，应并斟酌该第三人之利益。"此涉及区分地上权为第三人权利标的或第三人有使用收益权的情形(第840条)。② 第841条之4："区分地上权依第840条规定，以时价补偿或延长期间，足以影响第三人之权利时,应对该第三人为相当之补偿。补偿之数额以协议定之;不能协议时,得声请法院裁定之。"此乃基于公平原则。所称足以影响第三人之权利时,例如同意设定区分地上权之第三人或相邻之区分地上权人,其权利原处于睡眠状态或受限制之情况下,将因上开情形而受影响等是,法院裁定性质上属非讼事件。

(3)区分地上权的排他性及优先效力。第841条之5规定:"同一土地上有区分地上权与以使用收益为目的之物权同时存在者,其后设定物权之权利行使,不得妨害先设定之物权。"此系就区分地上权、关于物权排他性及优先效力的特别规定,分三点言之:① 土地分层立体使用之特质,自不宜拘泥于用益物权之排他效力,是土地所有人于同一土地设定区分地上权后,宜许其得再设定用益物权(包括区分地上权),反之亦然,以达土地充分利用之目的。② 同一不动产上用益物权与区分地上权同时存在,自应依设定时间之先后,定其优先效力,亦即后设定之区分地上权或其他用益物权不得妨害先设定之其他用益物权或区分地上权之权利行使。③ 区分地上权(或用益物权)若系获得先存在之用益物权(或区分地上权)人之同意而设定者,后设定之区分地上权(或用益物权)则得优先于先物权行使权利,盖先物权人既已同意后物权之设定,先物权应因此而受限制。

第三节 农 育 权

例题121-3:何谓永佃权,物权编修正为何要删除永佃权而增设农育权?农育权具有何种不同于永佃权的功能,如何形成其规范内容,并说明其与"地上权"在社会经济功能及法律构造上的异同?农育权是否会被接受采用而发挥其促进农业发展、地尽其利的使命?

一、农育权之创设、功能及发展

(一)农育权与永佃权的世代交替

永佃权,谓支付佃租,永久在他人土地上为耕作或牧畜之权(旧第842条第1项)。根据土地登记实务上的统计资料,多年来在台湾地区已无设定永佃权的登记案件。永佃权业已名存实亡。永佃之制对于土地的

开垦,曾发挥重要的机能。其式微消逝突显台湾社会经济变迁及法制发展,具法社会学的意义,分三点加以说明:

(1) 永佃权系以支付佃租,"永久"在他人土地上为耕作或牧畜之权,此将造成土地所有权与使用的永久分离。对土地所有权人言,土地为最重要的资产,所有人愿将己有的土地永久供他人使用,应属少见。对使用人言,由于农业生产在现今社会中的经济效益较低,亦少有人愿以永久耕作或牧畜使用为目的,于他人之土地设定永佃权。从经济分析的观点言,永佃权在现代社会不具资源使用的效益。

(2) 永佃权的消逝直接肇因于土地改革,尤其是1953年"实施耕者有其田条例"的施行,规定出租的农地,地主除仍得保留部分土地外,其余的土地一律由政府征收,转放现耕农民承领。在耕者有其田的制度下,永佃权殆无存在的余地。

(3) 物权编修正一方面删除永佃权,一方面增设农育权。农育权的增设旨在取代永佃权,而创设一种符合现代农地使用需要的用益物权,完成用益物权的世代交替。

(二) 建筑及农育双轨用益物权的建构及发展

地上权系以在他人土地上下有建筑物为目的,农育权系以在他人土地上得为农作、森林、畜牧、养殖、种植竹木或保育,二者形成了建筑及农育双轨用益物权体系,具有重大意义。农育权能否达成其促进土地利用农业发展的功能,其主要关键在于目前以租赁方式使用他人土地者是否愿意改为设定农育权,或究有多少人口愿意投入农育产业,此涉及法令宣传、经济发展、农业人口及交易成本等因素,有待于他日就农育权的登记之事,作较深入的研究。

(三) 农育权的法律结构与地上权规定的准用

农育权与地上权均为使用他人土地之物权,性质近似,法律结构类同,故第850条之9规定:"第834条、第835条第1项、第2项、第835条之1至第836条之1、第836条之2第2项规定,于农育权准用之。"(请阅读相关条文!)

二、农育权的意义、期限

(一) 意义

第850条之1第1项规定:"称农育权者,谓在他人土地为农作、森林、养殖、畜牧、种植竹木或保育之权。"由此可知,农育权系存在于他人土地之用益物权。农育权系以农作、森林、养殖、畜牧、种植竹木或保育为目的之物权,使用上并包括为达成上开目的所设置、维持之相关农业设施。所谓"农作",亦包括花、草之栽培,菇菌之种植及园艺等。"森林"包括人工营造林木、林木之抚育、保护、生长、更新及林地养护等工作。所谓"保育"系基于物种多样性与自然生态平衡之原则,对于野生物或栖地所为保护、复育、管理之行为等。

(二)期限

第 850 条之 1 第 2 项规定:"农育权之期限,不得逾二十年,逾二十年者,缩短为二十年。但以造林、保育为目的或法令另有规定者,不在此限。"此项期间限制系为避免过于长久,有害公益,斟酌农业发展、经济利益及实务状况等因素而规定。造林、保育,须逾 20 年始能达其目的者,事所恒有,为顾及事实,乃不设限制。

三、农育权的效力

(一)农育权人的权利

1. 土地的使用收益

第 850 条之 6 规定:"农育权人应依设定之目的及约定之方法,为土地之使用收益,未约定使用方法者,应依土地之性质为之,并均应保持其生产力或得永续利用。农育权人违反前项规定,经土地所有人阻止而仍继续为之者,土地所有人得终止农育权。农育权经设定抵押权者,并应同时将该阻止之事实通知抵押权人。"此为农育权人的权利及义务。立法目的系认为土地是人类生存之重要自然资源,农育权本即以土地之农业生产或土地保育为其内容,故一方面应物尽其用,他方面则应维护土地之本质,保持其生产力,俾得永续利用,以谋两者间之平衡。例如某种杀虫剂或除草剂之过度、连年使用,有害土地之自我更新能力时,即不得任意施用等,方符农育权以农业使用或保育为内容之本质。

2. 农育权人的处分、出租

(1)处分及限制。第 850 条之 3 规定:"农育权人得将其权利让与他人或设定抵押权。但契约另有约定或另有习惯者,不在此限(第 1 项)。前项约定,非经登记不得对抗第三人(第 2 项)。农育权与其农育工作物不得分离而为让与或设定其他权利(第 3 项)。"第 3 项规定认为,因农育权而设置于土地上之农育工作物例如水塔、仓库等,应与农育权相互结合,始能发挥其经济作用。为避免该权利与其农育工作物之使用割裂,特明定二者不得分离而为让与或设定其他权利,例如农育工作物不得单独设定典权。

(2)土地或农育工作物出租之禁止。第850条之5规定:"农育权人不得将土地或农育工作物出租予他人。但农育工作物之出租另有习惯者,从其习惯。农育权人违反前项规定者,土地所有人得终止农育权。"其所以设禁止出租的规定,系为避免土地利用关系复杂化,并符土地所有人同意设定农育权的原意。

(二)农育权人的义务

1. 应依设定之目的及约定方法为土地之使用

关于农育权人使用土地的方法,前已就第850条之6加以说明,敬请查照。

2. 支付地租的义务

农育权人有支付约定地租的义务。农育权有支付地租之约定者,农育权人因不可抗力致收益减少或全无时,得请求减免其地租或变更原约定土地使用之目的(第850条之4)。

四、农育权的消灭及其法律效果

(一)农育权的消灭事由

(1)农育权存续期间届满。

(2)农育权的终止:① 农育权未定有期限时,除以造林、保育为目的者外,当事人得随时终止之。前项终止,应于6个月前通知他方当事人。第833条之1规定,于农育权以造林、保育为目的而未定有期限者准用之(第850条之2)。② 农育权人违反第850条之4第1项关于土地使用收益之规定。

(3)农育权的抛弃:准用第834条(农育权无支付地租之约定者,农育权人得随时抛弃其权利)并准用第835条第1、2项(第850条之9)。

(二)法律效果

(1)土地上出产物及农育工作物的处理。第850条之7规定:农育权消灭时,农育权人得取回其土地上之出产物及农育工作物。第839条规定,于前项情形准用之。第 1 项之出产物未及收获而土地所有人又不愿以时价购买者,农育权人得请求延长农育权期间至出产物可收获时为止,土地所有人不得拒绝。但延长之期限不得逾 6 个月。"

(2) 增加土地生产力或使用便利特别改良费用之返还。第 850 条之 8 规定:"农育权人得为增加土地生产力或使用便利之特别改良。农育权人将前项特别改良事项及费用数额,以书面通知土地所有人,土地所有人于收受通知后不即为反对之表示者,农育权人于农育权消灭时,得请求土地所有人返还特别改良费用。但以其现存之增价额为限。前项请求权,因二年间不行使而消灭。"

第四节 不动产役权

例题 122:甲为其坐落于 A 地的高级旅馆,于乙所有的 B 地设定所谓的眺望(观望)不动产役权,于丙所有的 C 地设定泉水汲水不动产役权,于丁所有的 C 地设定不排放废水不动产役权。试说明不动产役权的意义及功能,及甲让与其地上权或分割 A 地所涉及的"不动产役权从属性"和"不可分性"。又于同一不动产上得否设定多数不动产役权,或于自己不动产上设定不动产役权,其理由何在?甲地的承租人丙得否于丁所有的邻地设定不动产役权?

一、不动产役权的意义及机能

(一) 不动产役权的意义

不动产役权者,谓以他人不动产供自己不动产通行、汲水、采光、眺望、电信或其他以特定便宜之用为目的之权(第 851 条)。关于此种用益物权的内容,应说明者有三:

(1) 不动产役权系存在于"他人不动产"之上。不动产役权的设定须有两笔不动产。其受便宜之用的不动产,称为需役不动产,供便宜之用的不动产,称为供役不动产。需役不动产与供役不动产虽多为相毗连的不动产,但不以此为必要。例如眺望或通行不动产役权均得于不直接相邻的不动产设定之。

(2) 须为供自己不动产便宜之用。所谓"便宜",指便利相宜而言,包括经济、财产上的方便利益(如通行、汲水、采石),或精神、美观、感情上利益(如采光、眺望、电信、禁止气响干扰等)。是否供便宜之用,应就特定需役不动产所有人加以判断,不以客观上有此必要为要件。

(3)"民法"修正将"地役权"改为"不动产役权",乃在扩大物的适用范围,例如,得在他人房屋上设上使用或不得加盖屋顶,保持美观,眺望,或电信不动产役权。

(二) 功能

以他人不动产供自己不动产"便宜之用",其范围甚广,如通行、引水、输送瓦斯、汽油或天然气等。所谓"便宜之用"尚包括得禁止兴建大楼,以免妨碍眺望,或排除一定限度的废水或废气。相邻不动产所有人亦得约定双方不动产的特定部分不为建筑,供役不动产所有人仅能建筑特定种类或风格的房屋。此类不动产役权具有以私法补充公法上建筑法规的功能,并使不动产役权成为一个经由契约形成具物权效力的相邻权。不动产役权具有适应现代社会经济需要的发展空间。如何推动运用不动产役权,俾能更有效率地规范不动产利用关系,应值重视。

二、不动产役权的取得

(一) 不动产役权的设定

1. 设定行为、排他性、优先效力

不动产役权得依设定行为(物权行为)而取得(第758条)。关于不动产役权的排他性及优先效力,第851条之1规定:"同一不动产上有不动产役权与以使用收益为目的之物权同时存在者,其后设定物权之权利行使,不得妨害先设定之物权。"应说明者有三:

(1) 不动产役权多不具独占性,宜不拘泥于用益物权之排他效力,俾使物尽其用。

(2) 不动产所有人于其不动产先设定不动产役权后,无须得其同意,得再设用益物权(包括不动产役权),反之,亦然。此际,同一不动产上用益物权与不动产役权同时存在,自应依设定时间之先后,定其优先效力,亦即后设定之不动产役权或其他用益物权不得妨害先设定之其他用益物权或不动产役权之权利行使。

(3) 不动产役权(或用益物权)若系获得先存在之用益物权(或不动

产役权)人之同意而设定者,后设定之不动产役权(或用益物权)则得优先于先物权行使权利,盖先物权已同意后物权之设定,先物权应因此而受限制。

2. 设定不动产役权之人的范围扩大

第859条之3规定:"基于以使用收益为目的之物权或租赁关系而使用需役不动产者,亦得为该不动产设定不动产役权。前项不动产役权,因以使用收益为目的之物权或租赁关系之消灭而消灭。"设定不动产役权之人的范围的扩大,系为发挥不动产役权之功能,增进土地及其定着物的价值。例如甲承租乙地,甲得在丙地设定不动产役权,此项不动产役权因甲与乙间的租赁关系的消灭而消灭。

3. 不动产役权亦得就自己之不动产设定之

第859条之4规定:"不动产役权亦得就自己之不动产设定之。"此系得就自己不动产设定用益物权的特别规定,立法理由强调社会进步,不动产资源有效运用之型态,日新月异,为提高不动产之价值,就大范围土地之利用,对各宗不动产,以设定自己不动产役权方式,预为规划,即可节省嗣后不动产交易之成本,并维持不动产利用关系稳定。例如建筑商开发小区时,通常日后对不动产相互利用必涉及多数人,为建立小区之特殊风貌,预先设计建筑之风格,并完整规划各项公共设施,此际,以设定自己不动产役权方式呈现,遂有重大实益,符合社会脉动,使物尽其用,并活络不动产役权的运用。

(二) 时效取得不动产役权

关于时效取得不动产役权,第852条规定:"不动产役权因时效而取得者,以继续并表见者为限。前项情形,需役不动产为共有者,共有人中一人之行为,或对于共有人中一人之行为,为他共有人之利益,亦生效力。向行使不动产役权取得时效之各共有人为中断时效之行为者,对全体共有人发生效力。"

三、不动产役权的种类及特性

不动产役权法律在结构上的特色,系其种类的多样性,以及不动产役权的从属性和不可分性。分述如下:

(一) 不动产役权的种类

不动产役权得依不同的观点加以分类:① 作为不动产役权(如通行、

汲水)及不作为不动产役权(如不排放废气)。② 继续不动产役权(如汲水,设有道路的通行权)及不继续不动产役权(如邻地放牧)。③ 表见不动产役权与不表见不动产役权,此种分类系外观上有无足资认识事实为标准。表见不动产役权,指不动产役权的行使依一定事实而表现于外部,例如通行、汲水等不动产役权。不动产役权的行使不能依一定事实表现于外部者,为不表见不动产役权,例如采光、眺望,于地下埋设水管的汲水、排水不动产役权。区别地上权的实益,除能更深认识其内容外,主要系不动产役权以继续并表见者为限,始得因时效而取得(第852条)。

(二) 不动产役权的特性:从属性与不可分性

不动产役权具有"从属性"及"不可分性"两个特性,此为不动产役权特有的法律结构,乃不动产役权制度的核心概念,兹以下图加以表示:

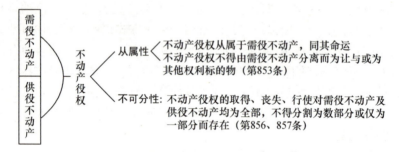

1. 不动产役权的从属性

不动产役权的从属性,指不动产役权系从属于需役不动产的所有权而存在,与需役不动产同其命运,不动产役权从属于需役不动产的处分。需役不动产所有人将该不动产让与他人时,纵未明言不动产役权是否移转,应认其不动产役权亦当然随同需役不动产移转于受让人。需役不动产所有人就该不动产设定抵押权时,抵押权的效力当然及于不动产役权(从权利,第862条第1项)。于需役不动产设定地上权等时,除有特别约定外,其地上权人等得行使不动产役权。

第853条规定:"不动产役权不得由需役不动产分离而为让与,或为其他权利之标的物。"此系从消极面规范不动产役权的从属性。说明如下:

(1) 不动产役权不得由需役不动产分离而为让与,其情形有三: ① 需役不动产所有人不得自己保留需役不动产所有权,而仅以不动产役权让与他人。② 不得仅将需役不动产所有权让与他人,而自己保留不动产役权。③ 不得以需役不动产所有权与不动产役权让与不同之人。

(2) 不动产役权不得由需役不动产分离而为其他权利之标的物。现行"民法"未设不动产役权得为其他权利标的物的规定,当事人约定以不动产役权为抵押权之标的者,应属无效。

2. 不动产役权的不可分性

不动产役权的不可分性,指不动产役权的取得、消灭或享有应为全部,不得分割为数部分或仅为一部分而存在。不可分性旨在确保不动产役权的设定目的,使其得为需役不动产的全部而利用供役不动产的全部。"民法"对分割后的不可分性(享有上的不可分性),设有规定,即:

(1) 需役不动产分割的效力。需役不动产经分割者,其不动产役权为各部分之利益仍为存续。但不动产役权之行使,依其性质,只关于需役不动产之一部分者,仅就该部分仍为存续(第856条)。例如,有地一区,其隅有园庭,为其园庭设观望不动产役权,当其不动产未分割时,其地全部皆为需役不动产,即分割后,只有园庭的土地为需役不动产,亦仅取得该土地有所有人的不动产役权。

(2) 供役不动产分割的效力。供役不动产经分割者,不动产役权就其各部分仍为存续。但不动产役权之行使,依其性质,只关于供役不动产之一部分者,仅对于该部分仍为存续(第857条)。例如甲地所有人在乙地有通行不动产役权。嗣乙地分割为A、B二地时,甲地所有人仍得对该A、B二地行使通行权。若仅通过A地时,则仅对于A地,仍为存续。

四、不动产役权的效力

(一) 不动产役权人的权利义务

1. 不动产役权人的权利

不动产役权人得依其设定(或时效取得)及登记的目的范围,使用供役不动产。不动产役权人,因行使或维持其权利得为必要之附随行为(第854条本文)。例如温泉引水不动产役权人,得以自己的费用,于供役不动产上设置工作物(管线);通行不动产役权人,得开辟必要的道路。不动产役权人行使此等不动产役权的"附随行为"时,应择于供役不动产损害最小之处所及方法为之(第854条但书),以符"比例原则"。

2. 不动产役权人的义务

第855条规定:"不动产役权人因行使权利而为设置者,有维持其设置之义务;其设置由供役不动产所有人提供者,亦同。供役不动产所有人于无碍不动产役权行使之范围内,得使用前项之设置,并应按其受益之程度,分担维持其设置之费用。"

(二) 供役不动产所有人的权利义务

供役不动产所有人的权利义务,相对应于不动产役权人的权利义务,兹不赘述。不动产役权的设定,如为有偿,供役不动产所有人有地租请求权,自不待言。值得特别提出的是,供役不动产所有人或不动产役权人因行使不动产役权之处所或方法有变更之必要,而不甚碍不动产役权人或供役不动产所有人权利之行使者,得以自己之费用,请求变更之(第855条之1)。例如为修建房屋的需要,得请求迁移温泉管线。土地所有人经营旅馆,为减少对旅客的噪声干扰,得请求迁移通行道路于其他适当场所。

五、不动产役权的消灭

关于不动产役权的消灭,应适用一般原则,"民法"设有一项特别规定,即不动产役权无存续之必要时(如化学工厂排放废气不动产役权,因工厂已改为花园绿地),法院因供役不动产所有人之声请,得宣告不动产役权消灭(第859条)。立法目的旨在免除供役不动产的负担,俾益不动产利用。供役不动产所有人对不动产役权的消灭,无补偿义务,盖不动产役权既无存续的必要,已无利益存在。其无继续存续之必要,是否因供役不动产所有人过失所致,在所不问。

第859条之1规定:"不动产役权消灭时,不动产役权人所为之设置,准用第839条之规定。"

第五节 典 权

一、一个传统物权的兴起与式微

称典权者,谓支付典价在他人之不动产为使用、收益,于他人不回赎时,取得该不动产所有权之权(第911条)。例如,甲(典权人)支付2000万元(典价)于乙(出典人),乙将不动产(典物)供甲使用、收益。典权系固有的制度,旨在避免出卖家产,兼顾出典人融通资金及典权人使用收益的必要,历代兴而不衰,具有重要的社会功能。现行"民法"在大陆施行期间(1930至1948年),实务上争论不少,其相关判解甚多,超过关于地上权、永佃权及地役权判解的总合。然在台湾,近几年设定典权登记的笔数殊少,1998年有16笔,1999年有431笔,2009年(1~7月)有20笔,足见典权制度实已没落,应否废除已成为讨论的议题。

诚如郑玉波教授所云:"凡一种制度的存在,必社会上有其需要,亦即该制度在社会上有其独特的作用,典权自亦不例外。"典权制度的创设,乃因重孝而好名,出卖祖产虽非不孝之尤,但亦败家之兆,加以物之于人,原亦可发生感情关系,因而永远舍弃,情所不甘。此两种创设典权的社会及心理因素,基本上已不复存在。在台湾,民众仍重孝而好名,但出卖祖产(或自己财产),系为投资创业,不但无亏孝道,且常为兴家所必要。又在工商业社会,纵使农村世居祖产,感情关系亦渐为经济利益所取代,何况已有发达的金融体系,可供以物抵押,筹措现款。支持典权制度的社会因素,既渐消失,除非另有替代功能,典之制度殆难常存。在台湾施行达数世纪的典权,终将归于消逝的命运。典权的兴起与式微,使我们更深刻地认识到物权制度与社会变迁、经济发展具有密切的关系。

二、典权的基本结构

例题123:典权制度具有何种不同于地上权、农育权、不动产役权的特色,在法律上应如何规范以保护出典人并顾及社会经济发展。"转典"、"绝卖"、"回赎"、"找贴"是典权上四个重要制度,试说明其意义及功能。甲将A屋出典予乙。其后甲将该屋所有权让售予丙,乙将典权让与丁,丁将典物转典予戊时,试问在此何情形,该由谁向谁赎回 A 屋？（参阅下图）：

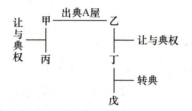

(一) 法律性质及法律规范上的基本问题

1. 法律性质

典权的法律性质如何，素有争论，就第 911 条明定典权内容为使用收益观之，典权为用益物权，已属定论。"民法"所以将典权置于抵押权与质权之后，系因曾误认典权为不动产质权之故。立法体例固欠妥当，不能因此而认为典权为担保物权。

2. 法律规范上的基本问题

典权为用益物权的一种，但具有不同于其他用益物权（地上权、农育权、不动产役权）特色，应强调的有二：① 典权的客体为不动产，包括土地及其定着物，并得为全面的使用收益，其内容的丰富，仅次于所有权。② 典权的成立，以支付典价为必要，故典权的设定必要有偿行为。典价通常接近于买卖契约的价金，异于地上权的地租。基此典权的特色，为保护经济弱者的出典人，并顾社会经济利益，"民法"对典权的规范设多达 20 个条文，其主要问题为：

(1) 典权的期间。
(2) 典权的效力，尤其是典权人的转典权。
(3) 典物的绝卖、找贴，及回赎。

(二) 典权的期限

典权约定期限不得逾 30 年。逾 30 年者，缩短为 30 年（第 912 条）。其他用益物权除农育权外无此限制，本条立法目的当在明确典物上的所有权的关系，避免妨碍社会经济发展。

(三) 典权的效力：典权人的转典权

1. 典权的效力

典权成立后，出典人仍得让与典物（第 918 条），出典人将典物出卖予他人时，典权人有以相同条件留买之权。前项情形，出典人应以书面通知典权人。典权人于收受出卖通知后10日内不以书面表示依相同条件留买者,其留买权视为抛弃。出典人违反书面通知义务而将所有权移转者,其移转不得对抗典权人(第919条)。

2. 典物灭失

典物灭失时,应如何定其危险分担、修缮及重建,系一个困难复杂的问题,"民法"设有详细规定(第920条至第922条之1)。

3. 转典

典权人负支付典价的义务,得对典物或典权为处分(第915条以下),最具特色的,乃典物的转典(转典权)。

在典权存续中,典权人得将典物转典或出租予他人(第915条第1项本文),且不限其次数(转典自由原则),俾使典物得归于最能发挥经济效用之人。转典攸关出典人利益,转典自由自亦应受限制。除当事人另有约定,或另有习惯外,典权定有期限者,其转典的期限,不得逾原典权的期限,未定期限者,其转典,不得定有期限。转典之典价不得超过原典价(第915条第2项、第3项)。土地及其土地上之建筑物同属一人所有,而为同一人设定典权者,典权人就该典物不得分离而为转典或就其典权分离而为处分(第915条第4项)。此等限制,旨在保护出典人,具强行的性质,违反之者,对出典人不生效力。出典人于原典期届满时,只须备齐原典价,即得依法回赎,转典权人不得拒绝。又典权人既得以自己责任将典物即转典予他人,则典物因转典而受的损害,自应由典权人负赔偿责任。此项损害之发生,典权人有无故意或过失,在所不问。

(四) 典物的绝卖、回赎及找贴

典物的绝卖、回赎及找贴系建构典权的三种重要制度。分述如下:

1. 典物的绝卖

典权定有期限者,于期限届满后,出典人得以原典价回赎典物(第923条第1项)。典权当事人常订有所谓"绝卖条款",即约定典权期限届满后,出典人不回赎典物者,典物所有权即归属于典权人所有。典权人难免利用出典人的轻率急迫,而逼其订定此类所谓"老虎契",于短期内,巧夺其所有权,流弊至巨。为保护出典人,第913条乃规定:"典权之约定期限不满十五年者,不得附有到期不赎即作绝卖之条款。典权附有绝卖条款者,出典人于典期届满不以原典价回赎时,典权人即取得典物所有权,绝卖条款非经登记,不得对抗第三人。"本条为强行规定,违反者,典权的设定仍属有效,但其绝卖条款无效(第71条、第111条但书),出典人的回赎权不因此而受影响。在绝卖条款有效的情形,典权人取得典物所有权,系基于当事人的约定,仅发生债的效力,须经订立书面,办理登记,始生不动产所有权变动的效力(第758条)。

2. 回赎

出典人系以一定的典价,在不逾30年的期间,将不动产交付典权人使用收益。为保护出典人,"民法"设有回赎制度,于第923条规定:"典权定有期限者,于期限届满后,出典人得以原典价回赎典物。出典人于典期届满后,经过二年,不以原典价回赎者,典权人即取得典物所有权。"于第924条规定:"典权未定期限者,出典人得随时以原典价回赎典物。但自出典后经过三十年不回赎者,典权人即取得典物所有权。"于第925条规定:"出典人之回赎,应于六个月前通知典权人。"应综合说明者有四:

(1)回赎为出典人的权利。出典人不负以原典价回赎典物的义务。典权人对出典人并无备价回赎的请求权。

(2)回赎权具形成权的性质,因出典人一方向典权人提出原典价,并为回赎的意思表示,而发生效力,不必经典权人同意。典权人拒绝回赎或拒不受领典价,并不影响回赎的效力,虽出典人未依法提存典价,仍生典权消灭的效果。

(3)回赎为要物行为。除回赎的意思表示外,尚须提出原典价,始生回赎消灭典权的效力。不动产出典后,无论典物的价值增涨至如何幅度,出典人仍得以原典价回赎,典权人不得责令加价。但应有情事变更原则的适用(第227条之2)。

(4)于转典的情形,如何回赎?对此具有争议的问题,第924条之1规定:"经转典之典物,出典人向典权人为回赎之意思表示时,典权人不于相当期间向转典权人回赎并涂销转典权登记者,出典人得于原典价范围内,以最后典价径向最后转典权人回赎典物。前项情形,转典价低于原典价者,典权人或转典权人得向出典人请求原典价与转典价间之差额。出典人并得为各该请求权人提存其差额。前二项规定,于下列情形亦适用之:一、典权人预示拒绝涂销转典权登记。二、典权人行踪不明或有其他情形致出典人不能为回赎之意思表示。"

3. 找贴

典权的设定,其典价通常均低于买卖价格,在典价与典物时价之间存有差额,为便利双方当事人了解其典权关系,乃有找贴制度。第 926 条规定:"出典人于典权存续中,表示让与其典物之所有权于典权人者,典权人得按时价找贴,取得典物所有权。前项找贴,以一次为限。"本条系传统习惯的明文化,其所以规定找贴以一次为限,乃在杜绝"一找再找"的旧习,避免发生纠纷。找贴系出典人与典权人之间的一种买卖契约。因出典人的要约,典权人的承诺,双方意思合致而成立。出典人负交付补找价金(即典物时价的差额)于出典人的义务。出典人负移转典物所有权于典权人的义务。此项不动产所有权的移转,因订立书面,并办理登记而发生效力(第 758 条)。典权人因找贴而取得典物所有权,其典权因混同而消灭。

第五章 担保物权

第一节 概　说

一、担保物权的意义、功能及类型

担保物权，指以确保债务的清偿为目的，于债务人或第三人所有之物或权利所设定的物权。担保物权属于定限物权，即于他人之物或权利设定的物权（所谓定限型担保物权），因以支配担保物的交换价值为内容，又称为价值权。担保物权旨在确保债务的清偿，有助于诱导债权，促进资金融通，与市场经济活动具有不可分的密切关系。

现行"民法"设有抵押权、质权与留置权三种担保物权。特别法上的担保物权有"民用航空法"上的航空器抵押、"海商法"上的船舶抵押等。"动产担保交易法"创设动产抵押、附条件买卖（保留所有权）及信托占有三种不占有标的物的担保制度。本书旨在叙述"民法"规定的三种担保物权，兹先将其基本法律结构列表如下，以便参照：

事项\内容	性质	种类	客体	发生	标的物的占有
抵押权	定限物权	1. 普通抵押权 2. 最高限额抵押权	不动产	1. 意定 2. 法定	不占有
		其他抵押权 （权利抵押）	农育权、地上权、典权	意定	
质权	定限物权	1. 动产质权	动产	意定	占有
		2. 权利质权	债权及其他可让与的权利		不占有
留置权	定限物权		动产	法定	占有

二、担保物权的修正

"民法"物权编制定于1929年。1995年1月16日修正第942条(将原条文的雇用人修正为受雇人)。2010年已完成物权编的全盘检讨修正。其中关于担保物权部分(包括施行法)已于2007年3月28日公布施行。担保物权的修正重点在于抵押权,分设三节规范普通抵押权、最高限额抵押权及其他抵押权,可谓系抵押权制度的全面更新及现代化。

第二节 抵 押 权

一、普通抵押权

(一)普通抵押权的意义及取得

例题124:某甲经营电子业,以其工厂(土地及厂房)设定普通抵押权予乙银行,担保1千万元的贷款,另委请其亲友丙、丁各提供A地及B地设定普通抵押权。试问何谓普通抵押权,具有何种功能,如何设定?

1. 普通抵押权的意义

第860条规定,称普通抵押权者,谓债权人对于债务人或第三人不移转占有而供其债权担保之不动产,得就该不动产卖得价金优先受偿之权。例如甲向乙银行贷款1000万元,甲以自有的A地,并委请其友人丙、丁提供A地及B地为乙设定抵押权,以担保此项债务的清偿。在此情形,乙为债权人(抵押权人),甲为债务人及抵押人,丙亦为抵押人(称为物上保证人)。甲届期不清偿其债务时,乙得拍卖抵押物,而优先受偿。近年来,台湾每年抵押权的登记件数皆超过200万件,担保债权的金额虽不可确知,但实具促进社会经济发展的重大功能。

物权编修正创设了"普通抵押权",其主要目的在于与最高限额抵押权等特殊抵押权加以区别。为顾及文字简约,普通抵押权部分所称抵押权乃指普通抵押权而言。

2. 抵押权的取得

(1)依法律行为而取得。依法律行为而取得抵押权,最常见的是抵押权的设定。抵押权系属财产权,自得让与,惟因具从属性,其让与应与所担保的债权一并让与为之。抵押权的设定或让与均系依法律行为（物权行为）而发生不动产物权变动，须订立书面，并经登记始生效力（第758条）。

设甲向乙借款，约定为抵押权的设定。甲于获得借款后，以此项设定抵押权的约定未订立书面，而拒不办理抵押权设定登记时，应如何处理？1981年台上字第453号判例谓："不动产抵押权之设定，固应以书面为之。但当事人约定设定不动产抵押权之债权契约，并非要式行为。若双方就其设定已互相同意，则同意设定抵押权之一方，自应负使他方取得该抵押权之义务。"此项判例明辨设定抵押权所涉及的债权行为与物权行为，应值赞同。

（2）非依法律行为而取得。抵押权得因继承而取得。值得注意的是法定抵押权，此指因法律规定而发生的抵押权，其主要有第513条规定的承揽人抵押权及住宅条例第17条规定的抵押权，即："政府出售国民住宅及其基地，于买卖契约签订后，应即将所有权移转予承购人，其因贷款所生之债权，自契约签订之日起，债权人对该住宅及其基地，享有第一顺位之法定抵押权，优先受偿。"于法定抵押权，应准用关于抵押权的规定（第883条）。

（二）抵押权的特性及其效力范围

1. 抵押权的特性

> 例题124-1：抵押权具有所谓从属性、不可分性及代位性的特性。试举例说明之。

抵押权系为担保债权，而于抵押物上设定的权利，在法律结构上具有从属性、不可分性及代位性三个特性。分述如下：

（1）从属性。抵押权系以担保债务之清偿为目的，为主债权而存在，具从属性，分三点言之：① 发生上的从属：抵押权的成立，原则上以主债权的发生或存在为前提。② 处分上的从属：抵押权不得与其所担保之债权分离而单独让与，或单独为其他债权之担保（第870条）。债权人将债权让与第三人时，除另有约定外，抵押权应随同移转。③ 消灭上的从属：抵押权所担保的债权，因清偿、提存、抵销、免除等原因而全部消灭时，抵押权亦随同消灭（第307条）。

（2）不可分性。抵押权的目的，即在以抵押物的全部价值，担保所有的抵押债权得受清偿,乃发生所谓的抵押权不可分性:① 抵押之不动产如经分割,或让与其一部分,或担保一债权之数不动产而以其一让与他人者,其抵押权不因此而受影响(第868条)。② 以抵押权担保之债权,如经分割或让与其一部分,其抵押权不因此而受影响。前项情形,于债务分割或承担其一部分时适用之(第869条)。例如,甲以 A 地设定抵押权,担保乙的1000万元债权。设甲将 A 地的一部分让与丙(登记为 B 地),乙则将其债权中的500万元让与丁。在此情形,除当事人另有约定外,乙、丁的债权仍存在于 A 地及 B 地之上,不因抵押物及抵押债权的一部分让与而受影响。

(3)代位性。在抵押权,系以其标的物的价值担保抵押债权的清偿,是发生所谓的代位性(物上代位性),即抵押权之标的物灭失时,抵押权仍移存于抵押物的代位物。所谓代位物指因抵押物灭失而得受的损害赔偿金、保险金,政府所发征收费等补偿费。此项因抵押物灭失得受之赔偿或其他利益应按各抵押权人的次序分配之(第881条)。

2. 抵押权的效力范围

例题124-2:抵押权所担保者,是否包括违约金及利息?应否就其期间,加以限制,以免扩大担保债权的范围?应否登记?

(1)抵押权所担保的债权的范围。第861条规定了抵押权所担保者为原债权、利息、迟延利息、违约金及实行抵押权之费用。但契约另有约定者,不在此限(第1项)。得优先受偿之利息、迟延利息、1年或不及1年定期给付之违约金债权,以于抵押权人实行抵押权声请强制执行前5年内发生及于强制执行程序中发生者为限(第2项)。此项修正旨在调整担保债权的范围。约定的利息、违约金不以登记者为限(1984年台抗字第239号判决),但为顾及交易安全,因仅涉及担保债权内容的登记方法,应于地政法令加以规范("土地登记规则"第111条之1)。

(2)抵押权及于抵押物的范围

① 从物及从权利。第862条规定:"抵押权之效力,及于抵押物之从物与从权利(第1项)。第三人于抵押权设定前,就从物取得之权利,不受前项规定之影响(第2项)。以建筑物为抵押者,其附加于该建筑物而不具独立性之部分,亦为抵押权效力所及。但其附加部分为独立之物,如系于抵押权设定后附加者,准用第877条之规定(第3项:新增)。"

② 抵押物灭失之残余物及分离物。第 862 条之 1 规定:"抵押物灭失之残余物,仍为抵押权效力所及。抵押物之成分非依物之通常用法而分离成为独立之动产者,亦同(第 1 项)。前项情形,抵押权人得请求占有该残余物或动产,并依质权之规定,行使其权利(第 2 项)。"所称抵押物之成分,非依物之通常用法,因分离而独立成为动产者,例如,自抵押建筑物拆取之"交趾陶"。本条旨在明确担保标的物的范围。

③ 天然孳息及法定孳息。第 863 条规定:"抵押权之效力,及于抵押物扣押后自抵押物分离,而得由抵押人收取之天然孳息。"抵押物未分离之天然孳息,乃抵押物的成分,当然为抵押权效力所及,自不待言。第 864 条规定:"抵押之效力及于抵押物扣押后,抵押人就抵押物得收取之法定孳息。但抵押权人,非以扣押抵押物之事情,通知应清偿法定孳息之义务人,不得与之对抗。"

兹综据上述,将抵押权的基本法律构造图示如下:

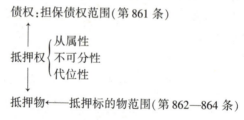

(三) 抵押权对抵押人及抵押权人的效力

例题 124-3:甲将 A 地设定抵押权予乙之后,得否于同一不动产上与丙成立租赁或使用借贷关系?乙实行抵押权时,如何处理该租赁或使用借贷关系?

1. 对抵押人的效力

抵押人仍为抵押物的所有人,且不移转占有予抵押权人,其对抵押物使用、收益及处分的权能,原则上不受抵押权设定的影响。分述如下:

(1) 得对抵押物为使用收益。但抵押物扣押后,所收获的天然孳息或所得收取之法定孳息,则为抵押权效力所及(第 863 条、第 864 条)。

(2) 得对抵押物为处分。所谓处分,除事实上处分(如修缮抵押的房屋)外,尚包括法律上处分,即:不动产所有人,因担保数债权,就同一不动产,设定数抵押权者,其数抵押权之次序,依登记之先后定之(第 865 条)。第 866 条规定:"不动产所有人设定抵押权后,于同一不动产上,得设定地上权或其他以使用收益为目的之物权,或成立租赁关系。但其抵押权不因此而受影响(第1项)。前项情形,抵押权人实行抵押权受有影响者,法院得除去该权利或终止该租赁关系后拍卖之(第2项)。不动产所有人设定抵押权后,于同一不动产上,成立第1项以外之权利者,准用前项之规定(第3项)。"本条规定旨在调和抵押权与用益物权的机能。第3项所称成立第1项以外之权利,如使用借贷关系。

2. 对抵押权人的效力

(1) 抵押权的保全。

① 防止抵押物价值减少请求权。第871条规定,抵押人之行为,足使抵押物之价值减少者,抵押权人得请求停止其行为。如有急迫之情事,抵押权人得自为必要之保全处分(第1项)。因前项请求或处分所生之费用,由抵押人负担。其受偿次序优先于各抵押权所担保之债权(第2项)。例如,抵押人于抵押的土地使用化学药物,致土地遭受污染,足使减少其价值时,抵押权人得在审判上或审判外为适当的请求,或自行防御,以保护其权利,而由抵押人负担其费用。

② 抵押物价值恢复请求权。第872条规定抵押物之价值因可归责于抵押人之事由致减少时,抵押权人得定相当期限,请求抵押人恢复抵押物之原状,或提出与减少价额相当之担保(第1项)。抵押人不于前项所定期限内,履行抵押权人之请求时,抵押权人得定相当期限请求债务人提出与减少价额相当之担保。届期不提出者,抵押权人得请求清偿其债权(第2项)。抵押人为债务人时,抵押权人得不再为前项请求,径行请求清偿其债权(第3项)。抵押物之价值因不可归责于抵押人之事由致减少者,抵押权人仅于抵押人因此所受利益之限度内,请求提出担保(第4项)。

(2) 抵押权的处分。关于抵押权的让与,前已论及。此外债权人亦得将抵押权与其所担保的债权,一并设定权利质权,为其他债权的担保,或抛弃其抵押权。此均属依法律行为而为的抵押权变动,须经登记,始生效力(第758条)。

(四) 抵押权次序的让与及抛弃

例题124-4:债务人甲在其抵押物上分别有乙、丙、丁为第一、二、三次序依次为新台币180万元、120万元、60万元的抵押权。试问:① 乙得否将其抵押权次序让与丁? ② 乙得否为丁的利益抛弃其抵押权次序？③ 乙得否为丙、丁的利益抛弃其抵押权次序？在上述情形,设甲之抵押物拍卖所得为300万元(或280万元)时,如何分配其受偿的金额？(参阅下图)

```
                        ┌ 让与次序予丁
        ┌ 乙(1)抵押权人 ┤ 相对抛弃其次序(为丁之利益)
甲抵押人┤               └ 绝对抛弃其次序(为丙、丁之利益)
        │ 丙(2)抵押权人
        └ 丁(3)抵押权人
```

1. 功能:活络抵押物的交换价值

抵押权人依其次序所能支配者,系抵押物之交换价值,即抵押权人依其次序所得优先受偿的分配额。为使抵押权人对此交换价值的利用更具弹性,俾使其投下的金融资本在多数债权人间仍有灵活周转之余地,并有相互调整其复杂之利害关系之手段,"民法"就此原无明文规定,鉴于此项制度具有上述经济机能,且与抵押人、第三人之权益无影响,而在学说及土地登记实务("土地登记规则"第116条规定)上均承认之。为符实际并期明确,物权编修正特明定抵押权人得以让与抵押权之次序,或抛弃抵押权之次序之方法,调整其可优先受偿之分配额。

2. 次序调整的类型、要件及效果

(1) 第870条之1规定。第870条之1规定抵押权次序之让与及抛弃,分为四项:

① 同一抵押物有多数抵押权者,抵押权人得以下列方法调整其可优先受偿之分配额。但其他抵押权人之利益不受影响:A. 为特定抵押权人之利益,让与其抵押权之次序。B. 为特定后次序抵押权人之利益,抛弃其抵押权之次序。C. 为全体后次序抵押权人之利益,抛弃其抵押权之次序。

② 前项抵押权次序之让与或抛弃,非经登记,不生效力。并应于登记前,通知债务人、抵押人及共同抵押人。

③ 因第1项调整而受利益之抵押权人,亦得实行调整前次序在先之抵押权。

④ 调整优先受偿分配额时,其次序在先之抵押权所担保之债权,如有第三人之不动产为同一债权之担保者,在因调整后增加负担之限度内,以该不动产为标的物之抵押权消灭。但经该第三人同意者,不在此限。

(2) 抵押权次序的让与。次序之让与系指抵押权人为特定抵押权人之利益,让与其抵押权之次序之谓,亦即指同一抵押物之先次序或同次序抵押权人,为特定后次序或同次序抵押权人之利益,将其可优先受偿之分配额让与该后次序或同次序抵押权人之谓。此时让与人与受让人仍保有原抵押权及次序,让与人与受让人仍依其原次序受分配,惟依其次序所能获得分配之合计金额,由受让人优先受偿,如有剩余,始由让与人受偿。例如,债务人甲在其抵押物上分别有乙、丙、丁第一、二、三次序依次为新台币(以下同)180万元、120万元、60万元之抵押权,乙将第一优先次序让与丁,甲之抵押物拍卖所得价金为300万元,则丁先分得60万元,乙分得120万元,丙仍为120万元。又如,甲之抵押物拍卖所得价金为280万元,则丁先分得60万元,乙分得120万元,丙分得100万元。

(3) 抵押权次序之抛弃。次序之抛弃有相对抛弃及绝对抛弃两种,分述如下:

① 相对抛弃。相对抛弃系指抵押权人为特定后次序抵押权人之利益,抛弃其抵押权之次序之谓,亦即指同一抵押物之先次序抵押权人,为特定后次序抵押权人之利益,抛弃其优先受偿利益之谓。此时各抵押权人之抵押权归属与次序并无变动,仅系抛弃抵押权次序之人,因抛弃次序之结果,与受抛弃利益之抵押权人成为同一次序,将其所得受分配之金额共同合计后,按各人债权额之比例分配之。例如例题124-4,甲之抵押物拍卖所得价金为300万元,乙将其第一次序之优先受偿利益抛弃予丁,则乙、丁同列于第一、三次序,乙分得135万元,丁分得45万元,至丙则仍分得120万元,不受影响。又如,甲之抵押物拍卖所得价金为280万元,则乙、丁所得分配之债权总额为180万元(如乙未为抛弃,则乙之应受分配额为180万元,丁之应受分配额为零),乙抛弃后,依乙、丁之债权额比例分配(3∶1),乙分得135万元,丁分得45万元,丙仍分得100万元。

② 绝对抛弃。绝对抛弃系指抵押权人为全体后次序抵押权人之利益,抛弃其抵押权之次序之谓,亦即指先次序抵押权人并非专为某一特定后次序抵押权人之利益,抛弃优先受偿利益之谓。此时后次序抵押权人之次序各依次序升进,而抛弃人退处于最后之地位,但于抛弃后新设定之抵押权,其次序仍列于抛弃者之后。如为普通债权,不论其发生在抵押权次序抛弃前或后,其次序本列于抛弃者之后,乃属当然。例如前例,甲之抵押物拍卖所得价金为300万元,乙绝对抛弃其抵押权之第一次序,则丙

分得 120 万元,丁分得 60 万元,乙仅得 120 万元。又如,甲之抵押物拍卖所得价金为 480 万元,戊之抵押权 200 万元成立于乙绝对抛弃其抵押权次序之后,则丙分得 120 万元,丁分得 60 万元,乙可分得 180 万元,戊分得 120 万元。

3. 保证人的保护

第 870 条之 2 规定:"调整可优先受偿分配额时,其次序在先之抵押权所担保之债权有保证人者,于因调整后所失优先受偿之利益限度内,保证人免其责任。但经该保证人同意调整者,不在此限。"本条系仿第 751 条的立法意旨,以保护保证人的利益。

(五) 抵押权的实行

1. 实行抵押权的要件及方法

抵押权人于其债权已届清偿期,而未受清偿时,得声请法院拍卖抵押物,优先受偿(第 873 条)。抵押权之实行,乃抵押权人的权利,而非义务,抵押权人是否行使此项权利,有其自由。抵押权人如要求现款清偿时,债务人并无强迫其以抵押物供清偿债务之权(1930 年上字第 895 号判决),亦不得以应先就抵押物行使权利为抗辩(1930 年上字第 746 号判决)。抵押权人决定行使抵押权时,其实行方法有三:

(1) 声请法院拍卖抵押物。

① 拍卖程序及价金受偿。拍卖抵押物属非讼事件,由拍卖物所在地法院管辖。拍卖之抵押物,如为未经办理继承登记之不动产,执行法院应嘱托地政机关办理继承登记后拍卖之("强制执行法"第 11 条第 3、4 项)。拍卖抵押物经法院许可而取得执行名义("强制执行法"第 4 条第 5 款)。抵押物卖得之价金,除法律另有规定外,按各抵押权成立之次序分配之。其次序相同者,依债权额比例分配之(第 874 条)。

② 法定地上权。设定抵押权时,土地及其土地上之建筑物,同属于一人所有,而仅以土地或仅以建筑物为抵押者,于抵押物拍卖时,视为已有地上权之设定,其地租、期间及范围由当事人协议定之。不能协议者,得声请法院以判决定之(第 876 条第 1 项)。设定抵押权时,土地及其土地上之建筑物,同属于一人所有,而以土地及建筑物为抵押者,如经拍卖,其土地与建筑物之拍定人各异时,适用前项之规定(第 876 条第 2 项)。

③ 建筑物与抵押土地并付拍卖。第 877 条规定:土地所有人于设定抵押权后,在抵押之土地上营造建筑物者,抵押权人于必要时,得于强制

执行程序中声请法院将其建筑物与土地并付拍卖。但对于建筑物之价金,无优先受清偿之权(第1项)。前项规定,于第866条第2项及第3项之情形,如抵押之不动产上,有该权利人或经其同意使用之人之建筑物者,准用之(第2项)。又依第877条之1规定:以建筑物设定抵押权者,于法院拍卖抵押物时,其抵押物存在所必要之权利得让与者,应并付拍卖。但抵押权人对于该权利卖得之价金,无优先受清偿之权。

(2) 订立契约取得抵押物所有权。第873条之1规定:约定于债权已届清偿期而未为清偿时,抵押物之所有权移属于抵押权人者,非经登记,不得对抗第三人(第1项)。抵押权人请求抵押人为抵押物所有权之移转时,抵押物价值超过担保债权部分,应返还抵押人;不足清偿担保债权者,仍得请求债务人清偿(第2项)。抵押人在抵押物所有权移转于抵押权人前,得清偿抵押权担保之债权,以消灭该抵押权(第3项)。又抵押权人于债权清偿期届满后,为受清偿,得订立契约,取得抵押物之所有权,但有害于其他抵押权人之利益者,不在此限(第878条)。

(3) 其他处分方法。抵押人与抵押权人亦得以其他方法,处分抵押物。例如,洽觅买主,共同将抵押物出卖给该买主,以其价金清偿债务,但有害于其他抵押权人之利益者,不在此限(第878条)。

2. 同一抵押物上数种物权并存

在同一抵押物上得发生数抵押权,或用益物权等权利与抵押权并存的情形。例如,甲以其土地为乙设定不动产役权之后,再依序为丙、丁设定抵押权,最后则将该地出租予戊(参阅下图):

在前述情形,若丙或丁以拍卖方法实行抵押权时,发生如下的法律效果:

(1) 丙或丁实行抵押权时,先设定的不动产役权不因此而受影响,仍继续存在("强制执行法"第98条第2项)。

(2) 丙与丁的抵押权,系并存于同一抵押物之上,位序在先的丙实行抵押权时,丁的抵押权应归于消灭。位序在后的丁实行抵押权,丙的抵押权因拍卖而消灭,但应优先受偿。但抵押权所担保之债权未定清偿期或其清偿期尚未届至,而拍定人或承受抵押物之债权人声明愿在拍定或承受之抵押物价额范围内清偿债务,经抵押权人同意者,不在此限("强制执行法"第98条第3项)。

(3) 丙或丁实行抵押权时,因有租赁契约的存在,致抵押物的拍卖价格降低,无法清偿所担保的债权时,执行法院得因抵押权人的声请或依职权,除去其租赁关系,依无租赁状态,径行强制执行(1971年台上字第4615号判决、1985年台抗字第227号判决)。例如,所有人于设定抵押权后,再与第三人就抵押物设定典权或地上权,于实行抵押权时,因有典权或地上权存在,无人应买,或出价不足清偿抵押债权时,执行法院亦得除去典权或地上权负担,重行估价拍卖。

3. 人保、物保并存及求偿代位关系

例题124-5:甲向乙借款,以己有的A地设定抵押权,另委请丙提供B地、丁提供C屋设定抵押,戊为其作保。试问:① 乙得否拍卖丙提供的B地,丙得否提起先诉抗辩权? ② 丙代甲清偿债务时,丙得向何人主张何种权利? ③ 丙的抵押物被拍卖时,得向甲、丁主张何种权利?

为便于说明人保、物保并存及求偿代位问题,兹先设一例:甲向乙借款1000万元,除以其自有的A地设定抵押外,并委请丙提供B地,丁提供C地,设定抵押权,戊为其作保(参阅下图):

在此种多数人保、物保并存的情形,涉及如下的法律关系:

(1) 债权人有行使权利的自由。债权人(甲)原则上得自由决定对谁行使其权利(第875条之1),其对保证人行使权利时,保证人(戊)有先诉抗辩权(第745条)。物上保证人对债权人系仅以提供抵押物作为担保,不负代偿债务的责任,并无先诉抗辩权。

(2) 物上保证人、保证人的求偿关系

① 物上保证人对债务人的求偿权。第879条第1项规定:"为债务人设定抵押权之第三人,代为清偿债务,或因抵押权人实行抵押权致失抵押物之所有权时,该第三人于其清偿之限度内,承受债权人对于债务人之

债权。但不得有害于债权人之利益。"立法理由谓：物上保证人对于债务人之求偿权，现行条文规定"依关于保证之规定"。惟其不但涉及物上保证人与债务人之关系，间亦涉及与保证人之关系，颇为复杂，为期周延，宜设有根本解决之明文，爰将现行条文修正为物上保证人代为清偿债务，或因抵押权人实行抵押权致失抵押物之所有权时，于其清偿之限度内，承受债权人对于债务人之债权。但不得有害于债权人之利益。"

② 物上保证人与保证人间的关系

例题 124-6：甲对乙负有 60 万元之债务，由丙为全额清偿之保证人，丁提供其所有价值 30 万元之土地一笔，设定抵押权予乙。嗣甲逾期未能清偿，乙遂声请拍卖丁之土地而受偿 30 万元。试问丁与丙间的法律关系？

第 879 条第 2 项规定："债务人如有保证人时，保证人应分担之部分，依保证人应负之履行责任与抵押物之价值或限定之金额比例定之。抵押物之担保债权额少于抵押物之价值者，应以该债权额为准。"又同条第 3 项规定："前项情形，抵押人就超过其分担额之范围，得请求保证人偿还其应分担部分。"立法理由有两点说明：

A. 债务人如有保证人时，物上保证人与保证人实质上均系以自己之财产担保他人之债务，晚近，各立法例对普通保证自由主义色彩之干涉渐增，此亦包括保证人范围之干预及管制，使物上保证与普通保证不应有不同责任范围。因之，物上保证人于代为清偿债务，或因抵押权人实行抵押权致失抵押物之所有权时，自得就超过其应分担额之范围内对保证人具有求偿权与承受权，即采物上保证人与保证人平等说，以期公允。

B. 例如，甲对乙负有 60 万元之债务，由丙为全额清偿之保证人，丁则提供其所有价值 30 万元之土地一笔设定抵押权予乙。嗣甲逾期未能清偿，乙遂声请拍卖丁之土地而受偿 30 万元。依本条规定，乙对甲之原有债权中之 30 万元部分，由丁承受；保证人丙就全部债务之应分担部分为 40 万元$\{=60\times[60\div(30+60)]\}$，丁就全部债务之应分担部分则为 20 万元$\{=60\times[30\div(30+60)]\}$，丁已清偿 30 万元，故仅得就超过自己分担部分对丙求偿 10 万元。反之，如丁系以其所有价值 70 万元之土地设定抵押权予乙，嗣乙声请拍卖该土地而其 60 万元债权全额受清偿时,保证人丙之分担额则为 30 万元{ =60×[60÷(60+60)]},丁得向丙求偿 30 万元。又前开物上保证人向保证人求偿时,应视该保证之性质定之。如为连带保证或抛弃先诉抗辩权之保证人时,该物上保证人得直接向保证人求偿;如为普通保证人,因其有先诉抗辩权,如其主张先诉抗辩权时,该物上保证人则应先向债务人求偿,于债务人不能偿还时,始得向保证人求偿,此乃当然法理。至于保证人对物上保证人之承受权部分,则系依第 749 条规定,其求偿权则依其内部关系或类推适用第 281 条第 1 项规定定之。

(六) 抵押权的消灭

抵押权的消灭原因,除混同、抛弃等外,尚有主债权消灭、抵押物灭失、抵押权实行。

应特别提出的是,抵押权担保之债权,其请求权已因时效而消灭,抵押权人仍得就抵押物求偿(第 145 条)。抵押权人,于消灭时效完成后,5 年间不实行其抵押权者,其抵押权消灭(第 880 条)。本条系就物权创设得因除斥期间经过而消灭的例外规定,并非谓有抵押权担保之请求权,其时效期间较 15 年为长(1964 年台上字第 1391 号判决)。

第 881 条规定,抵押权除法律另有规定外,因抵押物灭失而消灭。但抵押人因灭失得受赔偿或其他利益者,不在此限(第 1 项)。抵押权人对于前项抵押人所得行使之赔偿或其他请求权有权利质权,其次序与原抵押权同(第 2 项)。给付义务人因故意或重大过失向抵押人为给付者,对于抵押权人不生效力(第 3 项)。抵押物因毁损而得受之赔偿或其他利益,准用前三项之规定(第 4 项)。

(七) 共同抵押权

> 例题 124-7:甲向乙贷款,除提供自有的 A 地设定抵押权外,并由丙、丁各提供 B 地及 C 地设定抵押权。试问:① 乙得否先就 B 地拍卖受偿? ② 未限定各个抵押物所负担金额时,如何决定各抵押物对债权分担之金额? ③ 设乙拍卖 C 地,乙就该抵押物受偿之债权额超过其分担额时,C 地所有人丁得向丙主张何种权利?

共同抵押权,指为担保同一债权,以数不动产为标的物,所设定的抵押权。例如甲为担保其对乙的 1000 万元债务,以 A、B 两笔土地,为乙设定抵押权。此种为同一债权之担保,于数不动产上设定抵押权,而未限定各个不动产所负担之金额者,抵押权人得就各个不动产卖得之价金,受债权全部或一部之清偿(第875条)。

2007年担保物权修正时,另增列四个条文:

(1)第875条之1(拍卖的次序):为同一债权之担保,于数不动产上设定抵押权,抵押物全部或部分同时拍卖时,拍卖之抵押物中有为债务人所有者,抵押权人应先就该抵押物卖得之价金受偿。

(2)第875条之2(各抵押物对债权分担金额之计算):为同一债权之担保,于数不动产上设定抵押权者,各抵押物对债权分担之金额,依下列规定计算之:① 未限定各个不动产所负担之金额时,依各抵押物价值之比例。② 已限定各个不动产所负担之金额时,依各抵押物所限定负担金额之比例。③ 仅限定部分不动产所负担之金额时,依各抵押物所限定负担金额与未限定负担金额之各抵押物价值之比例(第1项)。计算前项第2款、第3款分担金额时,各抵押物所限定负担金额较抵押物价值为高者,以抵押物之价值为准(第2项)。

(3)第875条之3(拍卖所得价金超过担保时,各抵押物对债权分担金额之计算)为同一债权之担保,于数不动产上设定抵押权者,在抵押物全部或部分同时拍卖,而其卖得价金超过所担保之债权额时,经拍卖之各抵押物对债权分担金额之计算,准用前条之规定。

(4)第875条之4(各抵押物分别拍卖时之受偿求偿关系):为同一债权之担保,于数不动产上设定抵押权者,在各抵押物分别拍卖时,适用下列规定:① 经拍卖之抵押物为债务人以外之第三人所有,而抵押权人就该抵押物卖得价金受偿之债权额超过其分担额时,该抵押物所有人就超过分担额之范围内,得请求其余未拍卖之其他第三人偿还其供担保抵押物应分担之部分,并对该第三人之抵押物,以其分担额为限,承受抵押权人之权利。但不得有害于该抵押权人之利益。② 经拍卖之抵押物为同一人所有,而抵押权人就该抵押物卖得价金受偿之债权额超过其分担额时,该抵押物之后次序抵押权人就超过分担额之范围内,对其余未拍卖之同一人供担保之抵押物,承受实行抵押权人之权利。但不得有害于该抵押权人之利益。

二、最高限额抵押权

例题124-8:① 甲向乙借款100万元,以A地设定抵押权(普通抵押权)。甲经销乙生产的运动器材,为担保就该经销契约所生债权,由甲提供 B 地设定最高限额 1000 万元的抵押权(最高限额抵押权)。试说明此两种抵押权在法律结构上不同的特征。② 在最高限额抵押权制度的设计上应如何规范以下问题:A. 担保债权的范围,如何加以限制? B. 如何规定其受担保的债权? C. 应采何种方法将"不特定债权"加以确定,原债权得因何事由而确定,其法律效果如何? D. 在原债权确定前,抵押权人与抵押人得否变更债权的范围或其债务人? E. 担保之债权让与他人时,最高限额抵押权是否随同移转?

"民法"对所谓最高限额抵押权原未设明文规定,但因其具有便利融资、担保债权的重要机能,早为金融机构所普遍使用,实务亦肯定之。但欠缺法律依据,难免争议,法院造法亦难期周全。2007 年担保物权的修正将之作为重点,共设 17 条规定(第 881 条之 1～17),为抵押权制度的重大变革。

(一) 最高限额抵押权的意义

第 881 条之 1 第 1 项规定:称最高限额抵押权者,谓债务人或第三人提供其不动产为担保,就债权人对债务人一定范围内之不特定债权,在最高限额内设定之抵押权。应说明者有三:

(1) 最高限额抵押权亦为抵押权之一种,与普通抵押权同系就不移转占有之抵押物,供债权人一定债权之担保及抵押物卖得之价金,抵押权人有优先受偿之权利(请与第 860 条比较之)。

(2) 最高限额抵押权法律构造上的特征在于其所担保者,系不特定债权。所谓不特定债权,非指债权本身不特定,而系指所担保之债权,得为现有或将来可能发生,即自该抵押权设定时起至确定时,系不特定,而具有变动性及替代性。就最高限额抵押权与债权的关系言,即最高限额抵押权的特色有三:① 最高限额抵押权设定时,不以有债权发生为必要(无成立上的从属性)。② 最高限额抵押权于原债权确定前,其原在担保范围内之债权让与时,最高限额抵押权不随同移转,被让与之债权脱离担保债权的范围(无移转上的从属性)。③ 原债权确定前在担保范围内之任何一特定债权清偿或债权纵为零,其抵押权仍为担保将来可能发生的债权,而继续存在,并不消灭(无消灭上的从属性)。

据上所述,最高限额抵押权与普通抵押权(一般抵押权)之不同,系最高限额抵押权就将来应发生之债权所设定之抵押权,其债权额在结算前并不确定,实际发生之债权额不及最高额时,应以其实际发生之债权额为准。

(3)最高限额抵押权从属性原则的突破,乃最高限额抵押权的基本特色,亦为其功能之所在。其法律规范上的主要问题有四:① 担保债权的范围。② 具变动性之不特定债权的确定。③ 确定前最高限额抵押权的变动。④ 最高限额抵押权确定后的效果。

(二) 担保债权的范围

1. 担保债权范围的限制

最高限额抵押权所担保者,系不特定债权,如何限定其担保债权范围?

第881条之1第2项规定:"最高限额抵押权所担保之债权,以由一定法律关系所生之债权或基于票据所生之权利为限。"此系为维护交易安全,对其被担保债权之资格所设规定,限于两种情形:

(1)由一定之法律关系所生之债权。所谓一定法律关系,例如买卖、侵权行为等是。至于由一定法律关系所生之债权,当然包括现有及将来可能发生之债权,及因继续性法律关系所生之债权,例如约定担保范围买卖关系所生债权,买卖价金乃直接自买卖关系所生,固属担保债权,其他如买卖标的物之登记费用、因价金而收受债务人所签发或背书之票据所生之票款债权、买受人不履行债务所生之损害赔偿请求权亦属担保债权,亦包括在内。

(2)基于票据所生之权利。依第881条之1第3项规定,基于票据所生之权利,除本于与债务人间依前项一定法律关系取得者外,如抵押权人系于债务人已停止支付、开始清算程序,或依破产法有和解、破产之声请或有公司重整之声请,而仍受让票据者,不属最高限额抵押权所担保之债权。但抵押权人不知其情事而受让者,不在此限。之所以设此规定,系为避免最高限额抵押权于债务人资力恶化或不能清偿债务,而其债权额尚未达最高限额时,任意由第三人处受让债务人之票据,将之列入担保债权,以经由抵押权之实行,优先受偿,而获取不当利益,致妨害后次序抵押权人或一般债权人之权益。

2. 担保债权受偿的范围

第 881 条之 2 规定:"最高限额抵押权人就已确定之原债权,仅得于其约定之最高限额范围内,行使其权利。前项债权之利息、迟延利息、违约金,与前项债权合计不逾最高限额范围者,亦同。"应说明者有二:

(1) 关于最高限额之约定额度,有债权最高限额及本金最高限额二说。本条系债权最高限额说,而非仅本金债权受限制。

(2) 利息、迟延利息或违约金,不以前项债权已确定时所发生者为限。其于前项债权确定后始发生,但在最高限额范围内者,亦包括在内,仍为抵押权效力所及。

又依第 881 条之 15 规定,最高限额抵押权所担保之债权,其请求权已因时效而消灭,如抵押权人于消灭时效成后,5 年间不实行其抵押权者,该债权不再属于最高限额抵押权担保之范围。

(三) 担保债权确定之期日

确定期日指使最高限额抵押权所担保"不特定债权"归于确定之特定日期。分两种情形加以说明:

(1) 确定期日之约定。第 881 条之 4 规定:"最高限额抵押权得约定其所担保原债权应确定之期日,并得于确定之期日前,约定变更之(第 1 项)。前项确定之期日,自抵押权设定时起,不得逾三十年。逾三十年者,缩短为三十年(第 2 项)。前项期限,当事人得更新之(第 3 项)。"确定期日变更的包括确定期日之延长或缩短。确定期日之变更乃最高限额抵押权内容的变更,须以书面为之,并办理登记,始生效力(第 758 条)。

(2) 确定原债权之请求权。第 881 条之 5 规定:最高限额抵押权所担保之原债权,未约定确定之期日者,抵押人或抵押权人得随时请求确定其所担保之原债权。前项情形,除抵押人与抵押权人另有约定外,自请求之日起,经 15 日为其确定期日。

(四) 最高限额抵押权的变更

最高限额抵押权及其担保一定债权之关系,多具继续性及长期性。债权确定前,其内容常发生变更。兹就变更事由及法律效果分述如下:

(1) 担保债权范围及债务人之变更。第 881 条之 3 规定:"原债权确定前,抵押权人与抵押人得约定变更第 881 条之 1 第 2 项所定债权之范围或其债务人。前项变更无须得后次序抵押权人或其他利害关系人同意。"此项规定乃在促进最高限额抵押权的功能。

(2) 担保债权或债务的特定继受。第 881 条之 6 第 1 项规定:"最高限额抵押权所担保之债权,于原债权确定前让与他人者,其最高限额抵押权不随同移转。第三人为债务人清偿债务者,亦同。"第 2 项规定:"最高限额抵押权所担保之债权,于原债权确定前经第三人承担其债务,而债务人免其责任者,抵押权人就该承担之部分,不得行使最高限额抵押权。"此两项规定系在否定最高限额抵押权移转上的从属性。

(3) 最高限额抵押权当事人与债务人之概括继受。第 881 条之 7 规定:"原债权确定前,最高限额抵押权之抵押权人或债务人为法人而有合并之情形者,抵押人得自知悉合并之日起 15 日内,请求确定原债权。但自合并登记之日起已逾 30 日,或抵押人为合并之当事人者,不在此限(第 1 项)。有前项之请求者,原债权于合并时确定(第 2 项)。合并后之法人,应于合并之日起 15 日内通知抵押人,其未为通知致抵押人受损害者,应负赔偿责任(第 3 项)。前三项之规定,于第 306 条或法人分割之情形,准用之(第 4 项)。"

(4) 最高限额抵押权之让与。第 881 条之 8 第 1 项规定:"原债权确定前,抵押权人经抵押人之同意,得将最高限额抵押权之全部或分割其一部让与他人。"第 2 项规定:"原债权确定前,抵押权人经抵押人之同意,得使他人成为最高限额抵押权之共有人。"本条规定系认为,最高限额抵押权具有一定独立的经济价值,且为因应金融资产证券化及债权管理之实务要求,特明定抵押权人于原债权确定前,经抵押人之同意,得单独让与最高限额抵押权。

(5) 最高限额抵押权的继承。第 881 条之 11 规定:"最高限额抵押权不因抵押权人、抵押人或债务人死亡而受影响。但经约定为原债权确定之事由者,不在此限。"当事人死亡时,其继承人承受被继承人财产上之一切权利义务,其财产上之一切法律关系,皆因继承之开始,当然移转于继承人,最高限额抵押权当然不因此而受影响。但书规定系为尊重契约自由原则。

(五) 最高限额抵押权的确定

1. 确定的事由

最高限额抵押权实行之际,关于其优先受偿范围内容,须以所担保的债权定之。故法律须规定何种事由得使不特定债权具体特定。第 881 条之 12 设有三项规定:

（1）最高限额抵押权所担保之原债权，除本节另有规定外，因下列事由之一而确定：① 约定之原债权确定期日届至者。② 担保债权之范围变更或因其他事由，致原债权不继续发生者。③ 担保债权所由发生之法律关系经终止或因其他事由而消灭者。④ 债权人拒绝继续发生债权，债务人请求确定者。⑤ 最高限额抵押权人声请裁定拍卖抵押物，或依第 873 条之 1 之规定为抵押物所有权之请求时，或依第 878 条规定订立契约者。⑥ 抵押物因他债权人声请强制执行经法院查封，而为最高限额抵押权人所知悉，或经执行法院通知最高限额抵押权人者。但抵押物之查封经撤销时，不在此限。⑦ 债务人或抵押人经裁定宣告破产者。但其裁定经废弃确定时，不在此限。

（2）第 881 条之 5 第 2 项之规定，于前项第 4 款之情形，准用之。

（3）第 1 项第 6 款但书及第 7 款但书之规定，于原债权确定后，已有第三人受让担保债权，或以该债权为标的物设定权利者，不适用之。

2. 确定的效果

（1）担保之债权归于确定。第 881 条之 13 规定："最高限额抵押权所担保之原债权确定事由发生后，债务人或抵押人得请求抵押权人结算实际发生之债权额，并得就该金额请求变更为普通抵押权之登记。但不得逾原约定最高限额之范围。"

（2）确定后担保之效力。第 881 条之 14 规定："最高限额抵押权所担保之原债权确定后，除本节另有规定外，其担保效力不及于继续发生之债权或取得之票据上之权利。"

（3）抵押权涂销请求权。第 881 条之 16 规定："最高限额抵押权所担保之原债权确定后，于实际债权额超过最高限额时，为债务人设定抵押权之第三人，或其他对该抵押之存在有法律上利害关系之人，于清偿最高限额为度之金额后，得请求涂销其抵押权。"

（六）普通抵押权规定之准用

"民法"关于普通抵押权的规定具抵押权一般规定的性质，故第 881 条之 17 规定：最高限额抵押权，除第 861 条第 2 项、第 869 条第 1 项、第 870 条、第 870 条之 1、第 870 条之 2、第 880 条之规定外，准用关于普通抵押权之规定。

（七）共同最高限额抵押权

最高限额抵押权亦得由数人共有，第 881 条之 9 规定："最高限额抵押权为数人共有者,各共有人按其债权额比例分配其得优先受偿之价金。但共有人于原债权确定前,另有约定者,从其约定(第1项)。共有人得依前项按债权额比例分配之权利,非经共有人全体之同意,不得处分。但已有应有部分之约定者,不在此限(第2项)。"

又依第881条之10规定:"为同一债权之担保,于数不动产上设定最高限额抵押权者,如其担保之原债权,仅其中一不动产发生确定事由时,各最高限额抵押权所担保之原债权均归于确定。"

三、其他抵押权

抵押权种类繁多,除第一、二节所列抵押权外,尚有权利抵押、法定抵押权及特别法上所定之抵押权(例如矿业权抵押权、渔业权抵押权),为期周延,担保物权条文特增订本节(第三节)节名,包括第882、883条;即第882条:"地上权、农育权及典权,均得为抵押权之标的物。"第883条:"普通抵押权及最高限额抵押权之规定,于前条抵押权及其他抵押权准用之。"所称其他抵押权包括以矿业权、渔业权为标的物之抵押权等。

第三节 质 权

一、动产质权

例题125:某甲经营印刷厂,因不景气使财务陷于困境,乃以其父遗留的古玉设定质权,向乙借款。质权系属所谓的"占有担保物权",在法律上应为如何规定其成立要件,动产质权的善意取得,其担保债权的范围,及质权人因占有质权而生的权利义务?

(一) 质权系占有标的物担保物权

1. 动产质权的意义

称动产质权者,谓债权人对于债务人或第三人移转占有而供其债权担保之动产,得就该动产卖得价金优先受偿之权(第884条)。以动产设定质权之人称为出质人,出质人得为债务人,或第三人(物上保证人)。享有质权之人,称为质权人,质权人即为债权人。质权的当事人及其法律性质(尤其是从属性)相当于抵押权,兹不赘述。

2. 基于占有标的物法律结构而生的规范问题

动产质权系属所谓"占有担保物权",即以标的物(动产)移转占有为其成立及存续要件,此为动产质权法律结构及规范设计上的基本问题,简述如下:

(1) 动产质权的取得

① 设定取得。质权之设定,因供担保之动产移转于债权人占有而生效力。质权人不得使出质人或债务人代自己占有质物(第885条)。

② 善意取得。动产之受质人占有动产,而受关于占有规定之保护者,纵出质人无处分其质物之权利,受质人仍取得其质权(第886条)。

(2) 担保债权的范围。质权所担保者为原债权、利息、迟延利息、违约金、保存质物之费用、实行质权之费用及因质物隐有瑕疵而生之损害赔偿。但契约另有约定者,不在此限。前项保存质物之费用,以避免质物价值减损所必要者为限(第887条)。所谓质物隐有瑕疵而生之损害赔偿,例如,设质的名犬有病,传染于质权人所有的犬群。

(3) 质权人因占有标的物而生的权利义务。质权人占有质物,而发生五项权利义务关系:

① 注意义务。质权人应以善良管理人之注意,保管质物。质权人非经出质人之同意,不得使用或出租其质物。但为保存其物之必要而使用者,不在此限(第888条)。

② 收取孳息。质权人得收取质物所生之孳息。但契约另有约定者,不在此限(第889条)。

③ 收取孳息之注意及计算义务。质权人有收取质物所生孳息之权利者,应以对于自己财产同一之注意收取孳息,并为计算。前项孳息,先抵充费用,次抵原债权之利息,次抵原债权。孳息如须变价始得抵充者,其变价方法准用实行质权之规定(第890条)。

④ 转质。质权人于质权存续中,得以自己之责任,将质物转质予第三人。其因转质所受不可抗力之损失,亦应负责(第891条)。

⑤ 质物的变卖。因质物有腐坏之虞,或其价值显有减少,足以害及质权人之权利者,质权人得拍卖质物,以其卖得价金,代充质物。前项情形,如经出质人之请求,质权人应将价金提存于法院。质权人届债权清偿期而未受清偿者,得就提存物实行其质权(第892条)。质权人于为此拍卖前,应通知出质人,但不能通知者,不在此限(第894条)。

(4) 质权的实行

① 质权人自行拍卖质物。由于质权人占有质物,第893条第1项乃规定:"质权人于债权已届清偿期,而未受清偿者,得拍卖质物,就其卖得价金而受清偿。"此项拍卖依债编施行法第28条规定,须经公证人、警察机关、商业团体、或自治机关之证明,照市价变卖质物,而就其卖得价金而受清偿(非讼第69条、院字980号)。质权人应于拍卖前,通知出质人。但不能通知者,不在此限(第894条)。但拍卖质物乃质权人之权利,拍卖与否,悉听质权人之自由,并非届期未受清偿,即须拍卖质物(1960年台上字第2211号判决)。

② 声请法院强制执行。质权人如不自行拍卖,而声请法院拍卖者,则应先声请法院为许可强制执行之裁定,作为执行名义。

③ 第873条之1的准用。即约定于债权已届清偿期而未为清偿时,质物之所有权移属于质权人者,准用民法第873条之1之规定(第893条第2项)。

④ 第878条的准用。质权人于债权清偿期届满后,为受清偿,得订立契约,取得质物之所有权或用拍卖以外之方法,处分质押物。但有害于其他权利人之利益者,不在此限(第895条)。

(5) 质权的消灭

① 担保的债权消灭。动产质权,所担保之债权消灭时,质权人应将质物返还给有受领权之人(第896条)。

② 返还质物。动产质权,因质权人将质物返还给出质人或交付于债务人而消灭。返还或交付质物时,为质权继续存在之保留者,其保留无效(第897条)。立法意旨在于贯彻"占有"的要件,庶第三人不致有不知其质权的存在,致蒙不测的损害。

③ 丧失质物的占有。质权人丧失其质物之占有,于两年内未请求返还者,其动产质权消灭(第898条)。占有为质权存续的要素,若不使其消灭,质权人得以质权与第三人对抗,第三人将蒙不测的损害。

④ 质物灭失。动产质权,因质物灭失而消灭。但出质人因灭失得受赔偿或其他利益者,不在此限(第999条第1项)。质权人对于前项出质人所得行使之赔偿或其他请求权仍有质权,其次序与原质权同(第2项)。给付义务人因故意或重大过失向出质人为给付者,对于质权人不生效力(第3项)。前项情形,质权人得请求出质人交付其给付物或提存其

给付之金钱(第 4 项)。质物因毁损而得受之赔偿或其他利益,准用前四项之规定(第 5 项)。

3. 最高限额质权

基于质权之从属性,必先有债权发生,始可设定质权,且担保债权一旦消灭,质权即归于消灭。长期继续之交易,须逐笔重新设定质权,对于现代工商业社会讲求交易之迅速与安全,不但徒增劳费,造成不便,亦生极大妨害,为弥补上述缺点,实有增订最高限额质权之必要,物权编部分条文修正特仿第 881 条之 1 第 1 项最高限额抵押权之立法体例,明定最高限额质权,于第 899 条之 1 设三项规定:

(1) 债务人或第三人得提供其动产为担保,就债权人对债务人一定范围内之不特定债权,在最高限额内,设定最高限额质权。

(2) 前项质权之设定,除移转动产之占有外,并应以书面为之。

(3) 关于最高限额抵押权及第 884 条至前条之规定,于最高限额质权准用之。

4. 营业质

当铺或其他以受质为营业者所设定之质权,通称为"营业质"。其为一般民众筹措小额金钱之简便方法,有其存在之价值。惟"民法"对于营业质权人与出质人间之权利义务关系,尚无规定,致适用上易滋疑义,为期周延,物权编部分条文修正特增订第 899 条之 2,设两项规定:

(1) "质权人系经许可以受质为营业者,仅得就质物行使其权利。出质人未于取赎期间届满后 5 日内取赎其质物时,质权人取得质物之所有权,其所担保之债权同时消灭。"之所以规定以受质为营业之质权人以经主管机关许可为限,系为便于行政管理,减少流弊。

(2) "前项质权,不适用第 889 条至第 895 条、第 899 条、第 899 条之 1 之规定。"营业质虽为动产质权之一种,惟其间仍有不同之处,第 2 项乃明定最高限额质权、质权人之孳息收取权、转质、质权之实行方法、质物之灭失及物上代位性等均不在适用之列。

(二) 由占有担保物权(质权)到不占有标的物的担保制度

"民法"上的质权系属"占有担保物权",由质权人占有动产,其优点系有助于保障债权,具有某种程度的公示方法,由债权人留置标的物,对债务人有促其清偿债务的压力。其缺点是,对债权人言,占有标的物须负保管责任,增加费用;对债务人言,因须移转占有,丧失了对标的物的使用收益。在农村社会,以珠宝字画设定动产质权,尚称方便,在工商业社会,为设定动产质权必须移转机器设备等生产工具,对双方当事人均属不利。

为创设不占有标的物的动产担保制度,1963年制定(1965年施行)"动产担保交易法",规定动产抵押、附条件买卖和信托占有。动产抵押系担保物权型的定限物权。附条件买卖系以保留所有权,作为保障价金债权的手段。信托占有则采所有权让与担保的方法。此三种不占有标的物的动产担保制度,丰富了担保物权的类型,使当事人有更多的选择,对社会经济发展,具有重要意义。

二、权利质权

例题126:家庭主妇某甲善于理财,看好股票市场,乃以其在乙银行的100万元定期存款设定"权利质权",另向乙银行借款80万元,购买股票。甲复以该股票作为向丙金融公司融资的担保。试就此例说明何谓"权利质权",具有何种功能,如何设定,质权人如何实行其权利?

(一)权利质权的意义及动产质权规定的准用

1. 意义及功能

称权利质权者,谓以可让与之债权或其他权利为标的物之质权(第900条)。所谓"可让与之债权",指依债权的性质不得让与、依当事人特约不得让与及禁止扣押之债权以外的债权(第294条第1项)。所谓"其他权利",指所有权及不动产用益物权以外之其他财产权,包括有价证券(如票据、股份、仓单、提单、载货证券……)及著作权、专利权等。

权利质权在诉讼实务案例虽少,但使用颇为广泛,例如公司企业向银行融资多以有价证券设定权利质权。从事证券交易者,亦多以股票设定质权,取得信用。以银行定期存款(债权)设质而贷款者,亦常有之。足见权利质权在社会经济及金融市场具有重要的作用。

2. 动产质权规定的准用

权利质权,除第三编第七章第二节规定外,准用关于动产质权的规定(第901条)。

(二)权利质权的设定

第902条规定:"权利质权之设定,除依本节规定外,并应依关于其权利让与之规定为之。"所谓"本节规定",指权利质权的设定依其权利质权之标的物为"债权"、"有价证券"或"其他权利"而有异。分述如下：

1. 债权质权

以债权为标的物而设定权利质权(如以银行存单设质),其要件为：① 须以书面为之(第904条第1项)。书面的形式,法律并未为规定,由出质人与质权人同意将设定权利质权的意旨,载明于书面,即为已足(1975年台上字第684号判决)。② 须将债权证书交付予质权人,即该债权有证书者,出质人有交付之义务(第904条第2项)。③ 须依债权让与规定为之(第294条以下)。以债权设定质权者,非通知债务人不得对抗债务人(第297条),其以合伙权利设定质权者,须得合伙人全体的同意(第683条)。

2. 证券债权质权

质权以未记载权利人之有价证券为标的物者,因交付其证券于质权人,而生设定质权之效力。以其他之有价证券为标的物者,并应依背书方法为之。前项背书,得记载设定质权之旨(第908条)。兹以公司股票为例,其以无记名式股设定质权时,因股票交付而生设定质权的效果,其以记名式股票设定质权时,除交付股票外,并应依背书方式为之(1967年台抗字第444号判决)。又依"公司法"第165条第1项关于记名股票转让的规定,非将质权人之本名或名称记载于股票,并将质权人之本名或名称及住所记载于股东名簿,不得以其设质对抗公司。

3. 以"其他权利"为标的物

以"其他权利"为标的物设定质权者,应依关于其权利让与之规定为之(第902条)。例如以专利权设质,应由各当事人署名,附具证明文件,向专利专责机关申请登记("专利法"第59条)。以著作权设质者,因当事人合意而成立("著作权法"第39条),不必订立书面或办理登记。

(三) 权利质权的效力

1. 所担保债权及标的物范围

关于权利质权所担保债权的范围,依第887条规定的准用,其所担保者为：原债权、利息、迟延利息、违约金、保存质物之费用、实行质权之费用及因质物隐有瑕疵而生之损害赔偿。但契约另有约定者,不在此限。

关于标的物的范围,第910条规定：质权以有价证券为标的物者,其附属于该证券之利息证券、定期金证券或其他附属证券,以已交付于质权人者为限,亦为质权效力所及(第1项)。附属之证券,系于质权设定后发行者,除另有约定外,质权人得请求发行人或出质人交付之(第2项)。此外,依第889条的准用,权利质权人得收取标的物所生之孳息,但契约另有约定者,不在此限。例如,丙以他人所有的乙公司发行之记名股票,向甲公司设定权利质权时,乙公司分派之盈余(包括由盈余转成之增资配股),系由各股份所生之法定孳息,质权人(甲公司),亦得就此行使权利质权(1974年第三次民庭庭推总会决议)。

2. 对出质人的效力

为质权标的物之权利,非经质权人之同意,出质人不得以法律行为,使其消灭或变更(第903条),立法目的在于保护质权人。

3. 对第三人债务人的效力

为质权标的物之债权,其债务人受质权设定之通知者,如向出质人或质权人一方为清偿时,应得他方之同意。他方不同意时,债务人应提存其为清偿之给付物(第907条)。

第907条之1规定:"为质权标的物之债权,其债务人于受质权设定之通知后,对出质人取得债权者,不得以该债权与为质权标的物之债权主张抵销。"立法目的系认权利质权为担保物权之一种,质权人于一定限度内,对该为标的物之债权,具有收取权能,故对该债权之交换价值,应得为相当之支配,方足以贯彻其担保机能。

(四) 权利质权的实行

质权人实行质权时,得就为质权标的之债权或证券权利受偿或拍卖(第893条以下、第901条),优先受偿。"民法"对债权质权及有价证券的实行设有规定。分述如下:

1. 债权质权

(1) 为质权标的物之债权,以金钱给付为内容,而其清偿期先于其所担保债权之清偿期者,质权人得请求债务人提存之,并对提存物行使其质权(第905条第1项)。

(2) 为质权标的物之债权,以金钱给付为内容,而其清偿期后于其所担保债权之清偿期者,质权人于其清偿期届至时,得就担保之债权额,为给付之请求(第905条第2项)。

(3) 为质权标的物之债权,以金钱以外之动产给付为内容者,于其清偿期届至时,质权人得请求债务人给付之,并对该给付物有质权(第906条)。

（4）为质权标的物之债权，以不动产物权之设定或移转为给付内容者，于其清偿期届至时，质权人得请求债务人将该不动产物权设定或移转于出质人，并对该不动产物权有抵押权。前项抵押权应于不动产物权设定或移转于出质人时，一并登记（第906条之1）。债务人依第905条第1项、第906条、第906条之1为提存或给付时，质权人应通知出质人，但无须得其同意（第906条之4）。

（5）质权人于所担保债权清偿期届至而未受清偿时，除依前三条之规定外，亦得依民法第893条第1项或第895条之规定实行其质权（第906条之2）。

（6）为质权标的物之债权，如得因一定权利之行使而使其清偿期届至者，质权人于所担保债权清偿期届至而未受清偿时，亦得行使该权利（第906条之3）。

2. 有价证券质权

第909条规定，质权以未记载权利人之有价证券、票据，或其他依背书而让与之有价证券为标的物者，其所担保之债权，纵未届清偿期，质权人仍得收取证券上应受之给付。如有使证券清偿期届至之必要者，并有为通知或依其他方法使其届至之权利。债务人亦仅得向质权人为给付（第1项）。前项收取之给付，适用第905条第1项或第906条之规定（第2项）。第906条之2及第906条之3之规定，于以证券为标的物之质权，准用之（第3项）。

第909条之设，系为保障权利质权，盖有价证券须凭票行使权利，且采短期时效，若须俟其所担保的债权届清偿期，质权人始得使权利，其债权实有难获实现之虞。

须注意的是，关于权利质权的设定及质权的实行，因当事人一方多为金融机构，而订有质权设定契约书（包括质权设定通知书、实行质权通知书、质权消灭通知书），及融资融券契约书等，请参阅之，以了解实务的运作。

第四节　留　置　权

例题127：甲有A车，因发生车祸，交由乙汽车修理厂修理。试问，在甲偿还修理费用前，乙得否留置该车？乙如何实行其留置权？

设该 A 车系丙所有,借甲使用时,乙得否取得留置权?

一、留置权的意义

称留置权者,谓债权人占有他人之动产,而其债权之发生与该动产有牵连关系,于债权已届清偿期未受清偿时,得留置该动产之权(第 928 条第 1 项)。债权人因侵权行为或其他不法之原因而占有动产者,不适用前项之规定。其占有之始明知或因重大过失而不知该动产非为债务人所有者,亦同(第 2 项)。

例如,甲将汽车交由乙钣金,费用 3 万元,于甲未清偿钣金费用前,乙得拒返该车,而为留置。留置权系法定物权,除本节所述"一般留置权"外,尚有依法律特别规定而成立的"特殊留置权",如出租人留置权(第 445 条第 1 项),"民法"称之为"法定留置权",除另有特别规定,准用一般留置权的规定。"民法"设留置权,系为督促债务人履行债务,以维护双方的公平。留置权虽属法定,依法律规定而发生,但不具公益性,且与第三人无关,当事人应得依特约排除之。

二、留置权的取得

例题 127-1:下列情形得否成立留置权:① 甲盗用乙的汽车,交丙修理,未给付修理费,丙因重大过失不知该车非甲所有。② 甲出卖冷气机给乙,未支付价金,该冷气机发生故障,甲取回修理。③ 甲盗用乙的汽车,支出修理费用。④ 甲长期维修乙公司的巴士,就修理 A 车未获清偿的修理费用,得否留置乙交付修理的 B 车?

留置权系依法律规定而发生,应有一定的要件(积极要件,第 928 条),并须受必要的限制(消极要件,第 930 条)。综合言之,留置权的取得,须具备如下六个要件:

1. 须占有他人的动产:留置权的善意取得

留置权的发生,旧"民法"第 928 条规定须债权人占有属于债务人的动产,动产非属债务人所有时,不发生留置权善意取得。修正"民法"第 928 条将债权人占有"属于其债务人"的动产,改为"占有他人之动产",肯定留置权的标的物,不以属于债务人所有者为限。此项修正系为期更能保障社会交易安全及贯彻占有之公信力,且事实上亦常有以第三人之物作为留置对象。又称"动产",解释上当然包括有价证券在内。

依第928条第2项规定,债权人占有动产之始明知或因重大过失而不知该动产非为债务人所有,不能取得留置权,否则将与"民法"动产所有权或质权之善意取得(第801条、第886条)之精神有违。

2. 须债权已届清偿期或债务人无支付能力

留置权既系以督促债务人履行债务为目的,故须债权已至清偿期而未受清偿,始得留置其物。但债务人无支付能力时,债权人纵于其债权未届清偿期前,亦有留置权(第931条第1项)。债务人于动产交付后,成为无支付能力,或其无支付能力于交付后始为债权人所知者,其动产之留置,纵有前条所定之抵触情形,债权人仍得行使留置权(第2项)。

3. 须债权之发生与该动产有牵连关系

所谓牵连关系,其情形有三:① 债权由于该动产本身而生,例如拾得遗失宠物,而支出饲养费用。② 债权与该动产返还义务系由于同一法律关系,例如基于承揽契约而修理名表。③ 债权与该动产的返还义务由于同一事实关系,例如狼犬伤人而被留置。

关于牵连关系的认定,实务上有一则案例可供参考:甲将冷气机出卖予乙,并交付之,嗣后冷气机因须修护而由甲卸下,运回占有,如乙买卖价金及修护费用均未清偿,甲主张对冷气机有留置权时,其与冷气机之占有牵连关系的债权,仅修护费用而已,原买卖契约之价金债权,与其占有之冷气机,尚难认有牵连关系存在(1973年台上字第1186号判决)。

商人之间因交易频繁,其留置权的范围,当较一般为广,为保护债权人的利益,"民法"规定,商人间因营业关系而占有之动产,与其因营业关系所生之债权,视为有牵连关系(第929条)。其债权与占有纵系基于不同关系而发生,且无任何因果关系,亦无不可(1971年台上字第3669号判决)。例如,甲经营汽车修理厂,维修乙公司所有的巴士,甲就A车未获清偿的修理费用,得就B车行使留置权。

4. 须非因侵权行为或其他不法之原因而占有动产

其动产因侵权行为或其他不法之原因而占有时,不发生留置权(第928条第2项)。例如窃盗他人汽车而支出有益费用(不当得利请求权),或因债务人积欠机车修理费未还,而窃回该车。立法目的在于维持公平及防止不法索债。

5. 须不违背公序

动产之留置,违反公共秩序或善良风俗者,不得为之(第930条前段)。例如,不得以修理费未获全部清偿而留置消防车辆。

6. 须不与债权人应负担之义务相抵触

动产之留置,须不与债权人应负担之义务,或与债权人债务人间之约定相抵触(第930条后段)。此系指债权人如留置所占有之动产,即与其应负担之义务相违反而言,例如,物品运送人,负有于约定或其他相当期间内,将物品运送至目的地之义务,运送人却主张托运人之运费未付,而扣留其物,不为运送。

三、留置权的效力

(一)效力范围

"民法"未明文规定留置权担保清偿的范围。解释上应包括与被留置的动产有牵连关系的债权、利息、迟延利息、违约金、保存留置物的费用、实行留置权的费用,及因留置物隐有瑕疵而生的损害赔偿等。留置权之效力,除及于被留置的动产外,并及于被留置的动产的从物及孳息。

(二)对留置权人的效力

1. 基于留置权而生的权利义务

(1)债权人于其债权未受全部清偿前,得就留置物之全部,行使其留置权,但留置物为可分者,仅得依其债权与留置物价值之比例行使之(第932条)。立法理由认为,留置权因系担保物权,自具有不可分性,惟留置权之作用乃在实现公平原则,过度之担保,反失公允,乃仿第647条意旨,增设但书规定,以兼顾保障债务人或留置物所有人之权益。

又第932条之1规定:"留置物存有所有权以外之物权者,该物权人不得以之对抗善意之留置权人。"立法理由谓留置物存有所有权以外物权之情形,事所恒有,例如留置物上存有质权等是。物权之优先效力,本依其成立之先后次序定之。惟留置权人在债权发生前已占有留置物,如其为善意者,应获更周延之保障,该留置权宜优先于其上之其他物权,爰仿"动产担保交易法"第25条,增订本条规定。至留置物所有人于债权人之债权受清偿前,本不得请求返还留置物之占有,要乃留置权之本质,自不生本条所谓对抗之问题。

(2)旧"民法"933条规定:"债权人应以善良管理人之注意,保管留置物。"经修正为:"第888条至第890条及第892条之规定,于留置权准用之。"立法理由认为,留置权与质权同为担保物权,均以占有动产促使债务人清偿其债务为目的,故质权存续中,质权人对质物之保管义务、使用或出租之限制、孳息收取权及有腐败之虞时之变价权,在留置权本应准用。本条现行条文仅规定债权人对留置物之保管义务,有欠周延,爰修正为概括之准用规定。

(3) 因保管留置物所支出之必要费用,债权人得向其物的所有人请求偿还(第934条)。

2. 留置权的实行

(1) 定期通知与就留置物求偿。债权人于其债权已届清偿期而未受清偿者,得定1个月以上之相当期限,通知债务人,声明如不于其期限内为清偿时,即就其留置物取偿;留置物为第三人所有或存有其他物权而为债权人所知者,应并通知之(第936条第1项)。

(2) 拍卖等方法取偿。债务人或留置物所有人不于上述期限内为清偿者,债权人得准用关于实行质权之规定,就留置物卖得之价金优先受偿,或取得其所有权(第936条第2项)。不能为第1项通知者,于债权清偿期届至后,经过6个月仍未受清偿时,债权人亦得行使前项所定之权利(第936条第3项)。

(三) 对留置物所有人的效力

动产被债权人留置后,所有人对该动产仍得为处分,得以让与所有物返还请求权方式(第761条第3项),将留置物所有权让与第三人,但留置权不因此而受影响。

四、留置权的消灭

留置权的主要消灭事由有二:① 留置权的实行。② 债务人或留置物所有人为债务之清偿,已提出相当之担保者,债权人之留置权消灭。第897条至第899条之规定于留置权准用之(第937条)。

五、留置权规定的准用

本章留置权之规定,于其他留置权准用之。但其他留置权另有规定者,从其规定(第939条)。

第六章 占 有

例题128：甲霸占乙所有的A地，摆设小摊位，并偷取丙所有的B小发财车搬运物品。试问谁为A地、B车的"占有人"？甲对欲夺回A地的乙得否以己力防卫？对侵夺B车之丁得否请求返还？此例对了解占有制度甚为重要，请思考何谓占有，占有的法律性质，及占有制度的社会功能，甲对丁得否请求其不能使用该车的损害赔偿，或丁使用该车的不当得利？

第一节 占有的意义及社会功能

一、占有的意义

第940条规定："对于物有事实上管领之力者，为占有人。"由此可知，占有指对于物有事实上之管领力。被管领之物，称占有物，为占有的客体。管领其物之人，称占有人，为占有的主体。

（一）对于物有事实上管领之力

1. 事实上管领力

对于物有事实上管领力，指对于物得为支配，排除他人的干涉，此须依社会观念斟酌外部可认识的空间、时间关系，就个案加以认定。空间关系，指人与物在场合上须有一定的结合关系。例如，居住于房屋、存放财物于家中。时间关系，指人与物在时间上须有相当的继续性，其仅具短暂性的，不成立占有。例如，在饭店使用酒杯餐具，在火车向邻座旅客借阅报纸。除空间和时间关系外，法秩序亦属重要，停车于路旁，出国数日，时空远隔，仍可肯定对于该车的事实管领力，乃基于一般社会秩序及对他人财产的尊重。

2. 占有意思

占有的成立,除以事实上管领力为其因素外,尚须以占有意思为其因素。此种占有意思不必针对个别特定之物,仅须具有一般占有意思即为已足。甲悬挂信箱于门口,乃在取得投入的自己函件,是否知之,在所不问。乙被警察追捕,将赃物藏在甲的信箱,甲不因此取得该赃物的占有。占有的意思不是法律行为上的意思,而是一种自然的意思,不以具有行为能力为必要,故无行为能力人或限制行为能力人具有此种能力时,亦得为占有人。

(二) 占有的客体

占有的客体须为物,包括不动产与动产。对于不因物的占有而成立的财产权(如商标权、专利权或不动产役权),成立准占有(第966条)。物的重要成分本身不得单独为所有权或其他物权的客体。但物的成分,无论其为重要成分或非重要成分,事实上得为管领的,皆可作为占有的客体。例如,占有他人一笔土地的部分作为停车场,占有他人房屋的墙壁悬挂广告。

(三) 占有的主体

自然人或法人均得为占有的主体,法人系经由机关管领其物。例如,甲公司的董事某乙,以公司名义购买轿车,作为自己的座车,由丙驾驶时,该车的占有人为公司,司机为占有辅助人,乙董事系公司的机关,在占有关系上,既非占有人,亦非占有辅助人,而是机关占有。

二、占有的法律性质及占有制度的社会功能

(一) 占有是一种事实,而非权利

依第940条规定,占有系属事实,而非权利。占有虽为事实,但受法律保护,发生一定的法律效果,而为一种法律关系,得为让与或继承。

(二) 占有制度的功能

占有既为一种事实,盗贼管领赃物,亦成立占有。德国法学家耶林(Jhering)曾谓:"在占有,小偷与强盗亦应同受保护。"何要设此种占有制度?占有制度最基本的功能在于维持社会平和及物之秩序。为此,"民法"特于第960条和第961条规定占有人的自力救济权,于第962条规定占有人的保护请求权。此种占有的保护功能彰显一项重要法律的基本原

则,即任何人不能以私力改变占有的现状。占有亦在维护占有人对其占有物继续使用的利益,其最具代表之例,系买卖不破租赁(第425条)及时效取得(第768条以下)。

第二节 占有的分类及占有状态

例题129:甲有某狼犬,因出差寄托予乙,丙盗该犬,并交其受雇人丁看管。试就此例说明以下占有的类型及区别的实益:有权占有、无权占有;直接占有、间接占有;自己占有、辅助占有;自主占有、他主占有;占有与本权。

一、占有的分类

占有得依不同标准而为分类,此项分类对法律的适用具有实益。兹就其主要的,说明如下:

(一)有权占有与无权占有

1. 分类标准及实益

占有以其是否有本权的存在,可分为有权占有与无权占有,前者指基于某种权利(如物权或债权等,称为占有本权)而占有。后者指不基于任何权利而占有,例如因窃盗或抢夺而占有,或于租赁契约终止后继续占住原来承租的房屋。区别有权占有与无权占有的实益,在于无权占有人遇有本权之人为请求时,应返还占有之标的物(第767条)。

2. 无权占有的再分类

(1) 善意占有与恶意占有。此为无权占有的再分类。善意占有,指占有人主观上不知其无占有的权利;恶意占有,指占有人主观上明知其系无权占有。区别善意占有与恶意占有的实益,在于能否受善意受让的保护(第801条、第948条以下),占有物返还的标的物范围不同(第953条以下),以及时效取得不动产所有权适用长短时效期间的差异(第769条、第770条)。

(2) 和平、公然、继续占有。无权占有依其占有手段,可分为和平占有与强暴占有;依其外部表现,可分为公然占有(挂画于客厅)与隐秘占有(藏珠宝于密室);依其时间是否继续,可分为继续占有与不继续占有。

此项分类的实益在于时效取得(第768条以下)。

(二) 直接占有与间接占有

第941条规定:"地上权人、农育权人、典权人、质权人、承租人、受寄人,或基于其他类似之法律关系,对于他人之物为占有者,该他人为间接占有人。"此项分类在理论上及实务上颇为重要。所谓直接占有,指直接对于物有事实上的管领力。间接占有,指自己不直接占有其物,惟本于一定的法律关系对于直接占有其物之人,有返还请求权,因而对于物有间接管领力。间接占有人对于物并无事实上的管领力,法律所以扩大占有概念,将之包括在内,主要功能有二:

(1) 使"民法"关于占有的规定原则上亦得适用于间接占有,尤其是在取得时效和占有保护请求权。

(2) 使动产的交付(尤其是所有权的移转),得依占有改定为之(第761条第2项),便利动产交易。

(三) 自己占有与占有辅助

第942条规定:"受雇人、学徒、家属或基于其他类似之关系,受他人之指示,而对于物有管领之力者,仅该他人为占有人。"此项规定旨在区别自己占有与占有辅助。自己占有,指占有人自己对物为事实上的管领。占有辅助,指基于特定的从属关系,受他人之指示,而对于物为事实上的管领。例如,甲雇乙为司机时,就该车言,甲为占有人,乙为占有辅助人。劳工对使用的工具、店员对专柜商品、子女就父母交付保管的股票,皆处于占有辅助关系。在现代工商社会,大多数的人系基于雇佣等关系而管领他人之物,殆皆为占有辅助人。

区别自己占有与占有辅助的实益,在于占有辅助人虽事实上管领某物,但不因此而取得占有,系以他人为占有人。占有辅助人既非占有人,自不享有或负担基于占有而生的权利义务。

(四) 自主占有与他主占有

占有以占有人是否具有所有的意思为标准,可分为自主占有与他主占有。自主占有,指以所有的意思而为占有,此仅以具有所有的意思为已足,是否为真正所有人,误信为所有人,甚至明知非所有人,均所不问。窃盗对于盗赃的占有,侵占人对侵占物的占有亦属自主占有。他主占有,指非以所有的意思而占有,凡基于占有媒介关系而占有他人之物的,例如,承租人、地上权人等,均为他主占有人。

自主占有与他主占有的主要区别实益在于,时效取得所有权(第768条至第770条),或先占(第802条)均须以自主占有为要件。占有人的赔偿责任,亦因自主占有或他主占有而有不同(第956条)。须注意的是,关于占有的保护,则不因自主占有或他主占有而异,第960条及第962条规定对自主占有与他主占有均有适用余地。

(五) 单独占有与共同占有

占有以占有人之人数为标准,可分为单独占有及共同占有。共同占有更可分为重复的共同占有与统一的共同占有。前者各共同占有人,在不妨害他共同占有人的情形下,各得单独管领其物。例如,数人共同租赁某屋,各得单独使用公用的卫浴客厅。后者全体共同占有人对于占有物仅有一个管领力,仅得结合全体占有人,而为共同的管领。例如,数人共管一保险箱,必须结合数人所保管的钥匙,方能开箱取钱。其区别实益在于共同占有,数人共同占有一物时,各占有人得就占有物之全部行使第960条或第962条之权利。其取回或返还之占有物,仍为占有人全体占有(第963条之1)。各占有人就其占有物使用的范围,不得互相请求占有之保护(第965条)。

(六) 占有与本权

在概念上应该严格区别的是"占有"与"得为占有的权利"此两个基本概念。此种得为占有的权利称为本权。本权得为物权(如所有权、地上权、或质权),亦得为债权(如租赁权等)。有本权的占有,固为占有,无本权的占有,如盗贼之管领赃物,亦属占有,亦受占有的保护。占有与本权虽为不同的概念,但法律规范上有三点重要关联:

(1) 占有保护本权的机能。占有人于占有物上,行使之权利,推定其适法有此权利(第943条)。

(2) 占有可以强化本权。第425条规定买卖不破租赁,系以承租人受让租赁物的占有为要件,租赁权因占有而强化,具有对抗第三人的效力。

(3) 本权可以强化占有。例如甲承租乙的房屋,其占有因本权而强化,甲得向无权占有该屋之丙主张不当得利,或依第184条第1项前段规定请求侵权行为的损害赔偿。

兹将例题129所涉及的占有类型,图示如下:

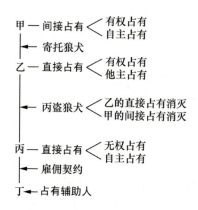

二、占有状态的推定及变更

占有可从不同的观点加以分类,各种占有状态具有不同的法律效果,从而发生两个重要问题:占有状态如何认定及占有状态得否变更。分述如下。

(一) 占有状态的推定

第944条规定:"占有人,推定其为以所有之意思,善意、和平、公然及无过失占有。经证明前后两时为占有者,推定前后两时之间,继续占有。"立法目的在于减少争议,强化占有维护社会秩序的功能。

(二) 占有状态的变更

(1) 他主占有变为自主占有。第945条设有三项规定:

第1项:"占有依其所由发生之事实之性质,无所有之意思者,其占有人对于使其占有之人表示所有之意思时起,为以所有之意思而占有。其因新事实变为以所有之意思占有者,亦同。"

第2项:"使其占有之人非所有人,而占有人于为前项表示时已知占有物之所有人者,其表示并应向该所有人为之。"立法目的在于保障所有人,例如,甲出租其所有之某地给乙,乙转租予丙,丙变更为自主占有的意思时,并应向甲为之。

第3项:"前二项之规定,于占有人以所有之意思占有变为以其他意思而占有,或以其他意思之占有变为以不同之其他意思而占有,准用之。"例如,以所有之意思变为以地上权的意思,或以地上权的意思之占有变更为以租赁或农育权意思而占有。

(2) 善意占有变为恶意占有。第 959 条规定:"善意占有人自确知其无占有本权时起,为恶意占有人。善意占有人于本权诉讼败诉时,自诉状送达之日起,视为恶意占有人。"此为恶意占有的拟制,不得以反证推翻。本权诉讼,指争执有无占有权源的诉讼,例如,所有权人向无权占有人诉请返还占有物之实体上裁判确定。

三、占有的合并与分离

(一) 占有的合并

占有取得的效力,于占有者其人发生,直接占有或间接占有均得移转或继承(继受取得),因而产生占有合并或分离的问题,第 947 条规定:"占有之继承人或受让人,得就自己之占有,或将自己之占有与其前占有人之占有合并,而为主张。合并前占有人之占有而为主张者,并应承继其瑕疵。"

(二) 占有的分离

占有的继受人亦得将自己的占有与前占有人的占有分离,而仅就自己的占有而为主张。"民法"对此未设明文规定,但可由第 947 条第 1 项规定反面推论之。此亦在保护现占有人,因其既已取得占有,当可自为主张,不能强迫其合并他人的占有而承继其瑕疵。

兹举一例加以说明:甲善意公然占有乙未登记的房屋,5 年后死亡,其继承人丙善意并无过失相信该屋为其父所有而继承,得主张合并甲的占有,而于其继续占有达 5 年时,请求登记为所有人(第 770 条)。于甲系恶意的情形,丙得主张占有分离,于其继续占有达 10 年时,即可仅主张自己的占有,而主张时效取得。

第三节 占有的取得及消灭

例题 130:甲出租某空地给乙,作为停车之用。丙则以取得地上权的意思占用该空地,兴建停车大楼。丙死亡,由丁继承之。试就此例说明占有的取得、消灭及合并。

一、直接占有

(一) 直接占有的取得

1. 原始取得

直接占有的原始取得,指不基于他人的占有而为新占有的取得,其取得占有的事由,得为事实行为,例如,猎兽、捕鱼(无主物先占)、拾得遗失物;亦得为侵权行为,例如,强夺他人钱包、霸占他人房屋。

2. 继受取得

直接占有的继受取得,指基于既存的占有而取得直接占有,包括概括承受(如继承)及移转取得。占有之移转,因占有物之交付,而生效力,此项移转准用第761条规定(第946条),即占有的移转得依现实交付、简易交付、占有改定及指示交付(返还请求权)为之。

(二) 直接占有的消灭

占有,因占有人丧失其对于物之事实上管领力而消灭(第964条本文),管领力丧失的情形有二:① 由于占有人的意思,如出卖人将标的物交付给买受人;配偶的一方因分居而离去婚姻同居的房屋,抛弃占有物等。② 非由于占有人的意思,如物被窃或遗失。

须注意的是,第964条但书规定:"但其管领力仅一时不能实行者,不在此限。"例如,宠物走失,可预期其归来;因山崩桥断,一时不能取回放置彼岸的物品;旅客于旅店结账之际,发现尚有钱包遗留于客房浴室。

二、间接占有

(一) 创设取得及移转取得

间接占有,指基于他人既存的占有而取得占有,性质上系属继受取得,分为创设取得和移转取得。间接占有的创设取得,指基于他人的占有而创设间接占有。其主要情形为直接占有人为自己创设间接占有,例如,所有人出租(出借、寄托、设定地上权或质权)其物予他人。间接占有的移转取得,例如出租人甲(间接占有人)出售租赁物予乙,并将其对于承租人丙(直接占有人)的返还请求权让与乙,使乙继受取得间接占有。

(二) 消灭

间接占有的成立要件不存在时,间接占有即告消灭。例如,直接占有人丧失占有,致间接占有无所附属,而归消灭。此项占有的丧失是否基于直接占有人的意思,在所不问。例如,甲借某车给乙,该车被盗时,直接占有及间接占有均属消灭。

第四节 占有的效力

占有表彰本权,具有公示功能,发生三种效力:① 权利移转效力。② 权利推定效力。③ 善意取得效力。权利移转效力,指动产物权的移转以交付其物为生效要件(第761条),前已论及。以下分就权利推定及善意取得两种效力加以说明。

一、占有权利的推定

例题131:甲有某古剑,悬挂客厅,乙见之,主张该剑系其父遗产,曾委甲鉴定。甲亦主张该剑系父遗产,发生诉讼。甲、乙双方均不能举证,"以实其说"时,法院应为如何判决,其理由何在?设甲向乙占有某屋主张其系因租赁关系而占有时,如何定其举证责任的分配?

关于占有权利推定,民法第943条设有两项规定:

第1项:"占有人于占有物上行使之权利,推定其适法有此权利。"例如,甲以行使所有权的意思占有某古剑,推定甲为所有人,乙争执该剑为其所有时,须举证推翻之。此项规定的主要作用在于诉讼上争执某古剑所有权的乙不能提出相反的证明,或其所提出的反证无可凭信时,法院应为甲系所有人的判决。法律所以设占有权利的推定,旨在保护占有背后的权利,维持社会秩序,促进交易安全,及减少交易成本。

第2项:"前项推定,于下列情形不适用之:一、占有已登记之不动产而行使物权。二、行使所有权以外之权利者,对使其占有之人。"① 其所以不适用于已登记之不动产的情形,系因不动产则非经登记不生效力;两者之公示方法完全不同。对于已登记之不动产物权,其交易相对人所应信赖者,乃地政机关之登记,尤不能依凭不动产之现时占有状态而为权利之推定。② 其所以不适用于行使所有权以外之权利,对使其占有人的情形,系在占有人(如承租人)与使其占有人(如出租人)间,如径依第1项规定而为权利适法之推定,其结果殊欠合理。例如,甲将物交付乙占有,嗣甲以所有物返还请求权请求乙返还,乙认为其间有租赁关系存在,主张因租赁权而占有。依诉讼法上举证责任分配之法则,乙对有权占有之事实负举证责任,惟如依本条现行规定即得主张有租赁权而无庸另负举证之责,显与诉讼法上举证之分配的法则有违,且有欠公平。

二、动产物权善意取得

例题132:甲喜好法律初版书,家中藏有 ABCD 四册书。甲死亡,其子乙为歌手,继承其父遗产,将该四书各以高于市价一百元的价额出售给丙,丙善意受让其所有权后,发现 A 书为甲所有,B 书为丁所借,C 书系戊的遗失物,为甲拾得,D 书为庚所有,被甲所盗。乙因过失不知 BCD 三书非其父所有,丙非因重大过失不知其事。又丙系以辛所寄托未记载权利人之有价证券价金。试说明当事人间的法律关系(参阅下图,分析其基本关系,共有多少法律行为,债权行为,物权行为)。鉴于动产所有权善意取得的重要,请以请求权基础的方法,写成书面解答上开问题。

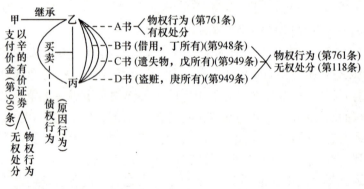

(一) 法律上的利益衡量及价值判断

在民法的学习上,动产物权(尤其是所有权)善意取得制度甚为重要,最能凸显法学上的利益衡量和价值判断。在前揭(例题132,请再细读思考),甲系无权处分他人之书(或鲍鱼、古玉、股票、金钱),善意受让人得否取得其所有权(或设定的质权)? 此涉及"所有权的保护"及"交易安全"两个利益,从保护所有权的立场言,所有权不能因他人的无权处分而消灭,所有人得向受让人请求返还其物,受让人则应向让与人依其法律关系(买卖、互易或赠与、侵权行为)寻求救济。然绝对贯彻所有权保护原则,交易活动必受影响,对让与人占有其物的信赖,倘不予保护,则人人自危,交易殆难进行。由购买者去查知让与人是否为所有人,有无处分权,交易成本甚大;从法律经济的分析的观点言,物的所有人只要尽相当的注意(如在图书盖上戳记),通常即能控制此项危害交易的来源,乃较便宜的成本避免者。因善意受让动产之占有而取得他人的所有权,与正义原则或有违背,但有助于促进交易安全及经济效率。

据上所述,所有权的保护(静的安全)和交易便捷(动的安全)这两个利益必须妥协,有所调和。在立法例上有不同的规范模式。现行"民法"系以交易安全为出发点,明定善意取得动产所有权(或其他物权的设定)的原则,但对盗赃、遗失物或其他非基于原占有人之意思而丧失占有之物(如遗忘物,为行文方便,以下简称盗赃遗失物等),规定两年以内得请求恢复其物(第949条)。对此例外,复设例外(第950条、第951条)。在此种原则及例外的规定,我们看到立法者的权衡折中,期能建立一个较为合理的制度。

兹将其基本规范体系图示如下:

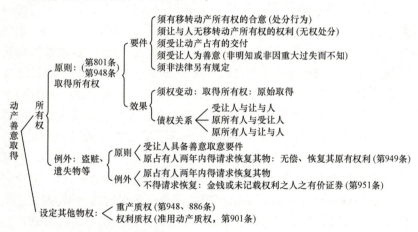

(二) 动产所有权的善意取得

1. 善意取得的原则

(1) 构成要件。关于动产所有权的善意取得,"民法"于第801条与第948条设其规定,此外尚须具备第761条规定物权移转的要件。综合言之,以动产所有权之移转为目的,而善意受让动产之交付者,除法律另

有规定外,纵为移转之人,无移转之权利,受移转之人仍取得其权利。兹先以下图表示其基本法律结构:

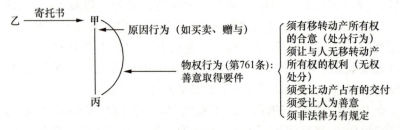

① 须有移转动产所有权的合意。让与合意,指让与动产所有权的物权的意思表示的合致(物权契约),此为处分行为,而以买卖、互易、赠与等为其原因行为,并包括其他以动产所有权的移转为目的的法律行为及清偿债务的给付行为。例如,甲因过失致乙所有的 A 物灭失,甲擅以丙所寄托的 B 物为赔偿时,亦有善意取得的适用。

② 让与人无移转所有权的权利。所谓无让与的权利,包括无所有权,或无为他人或代他人以自己名义处分其物的权限。

③ 须受让动产的占有。此系善意取得的基础,受让占有,依第 761 条规定,包括现实交付,简易交付,占有改定及返还请求权的让与。须注意的是,在简易交付,须受让人系自让与人取得动产的占有,始能取得其所有权。受让人占有动产非来自让与人,欠缺表征权利的信赖基础,不能仅因其让与合意即可取得其所有权。例如,甲遗失某画,乙拾得之,有某丙对乙伪称该画为其所有,愿出卖于乙,善意的乙不能因让与合意而取得该画所有权,因其非自丙受让该画的占有,不受善意取得的保护。

须注意的是,第 948 条第 2 项规定:"动产占有之受让,系依第 761 条第 2 项规定为之者,以受让人受现实交付且交付时善意为限,始受前项之保护。"立法理由认为在依同条第 2 项之占有改定交付的情形,因受让人使让与人仍继续占有动产,此与原权利人信赖让与人而使之占有动产完全相同,实难谓受让人之利益有较诸原权利人者更应保护之理由,故不宜使之立即发生善意取得效力,应于受让人受现实交付且交付时善意者为限,始受善意取得之保护,以保障当事人权益及维护交易安全。例如,甲将乙寄托的小提琴,擅自无权让与丙,其交付采占有改定方式(如甲与丙成立租赁关系),在此情形,须丙于租赁关系消灭后,自甲受现实交付且交付时善意为限,始能取得该琴所有权。

④ 受让人的善意。所谓善意,系指非明知,或非因重大过失而不知。让与人无让与之权利,受让人的善意受法律推定(第944第1项)。

⑤ 须非法律另有规定。此指第949条关于盗赃或遗失物的规定,俟后再行说明。

(2) 法律效果

① 物权变动:动产所有权的取得。动产所有权善意取得的要件一旦具备,受让人即取得其所有权,故善意取得又称为即时取得。通说认为,善意取得系原始取得,该动产上第三人权利(如质权、留置权、动产抵押权)归于消灭。

② 债权关系。甲擅将乙寄托的书让售予丙,丙因善意取得其所有权时发生三个关系:

A. 在受让人(买受人丙)与让与人(出卖人甲)间,买受人既因善意受让而取得买卖标的物所有权,不发生权利瑕疵担保问题(第349条)。

B. 在原所有人与受让人间,受让人取得所有权,系基于法律规定,立法意旨在于使受让人终局地保有其所有权,其受利益,具有法律上的原因,亦不成立不当得利或侵权行为损害赔偿责任。关于其原因行为系属赠与(无偿)时,亦取得所有权,为保护所有权人,应认其得依不当得利规定向受让人请求返还其所有权。①

C. 在原所有人与让与人间,就上举之例言,乙对甲除主张债务不履行,侵权行为损害赔偿外,并得依不当得利规定请求返还其所受的利益,即相当于该动产的价额。

2. 盗赃或遗失物善意取得的特别规定

(1) 善意取得的例外。第949条:"占有物如系盗赃、遗失物或其他非基于原占有人之意思而丧失其占有者,原占有人自丧失占有之时起二年以内,得向善意受让之现占有人请求恢复其物。依前项规定恢复其物者,自丧失其占有时起,恢复其原来的权利。"所称原占有人,包括承租人、质权人等。例如,甲有某件古玉设定质权予乙,被丙盗售予善意之丁时,甲或乙得在两年内向丁请求返还该古玉,并自丧失占有时起恢复甲的所有权及乙的质权。此为动产所有权善意取得的例外。此两年期间内,其

---

① 参见拙著:《不当得利》,北京大学出版社2009年版,第126页。

物归属于善意受让人。原占有人请求恢复其物时,所有权溯及地复归于原权利人。

(2) 动产所有权善意取得例外的例外

① 盗赃或遗失物的有偿恢复。第950条规定:"盗赃、遗失物或其他非基于原占有人之意思而丧失其占有之物,如现占有人由公开交易场所,或由贩卖与其物同种之物之商人,以善意买得者,非偿还其支出之价金,不得恢复其物。"立法目的系在加强保护信赖公开交易市场的善意买受人,以维护交易安全。

② 金钱或未记载权利人之有价证券不得请求恢复。第951条规定:"盗赃、遗失物或其他未基于原占有人之意思而丧失占有之物,如系金钱或未记载权利人之有价证券,不得向其善意受让之现占有人请求恢复。"此乃第949条例外规定的例外,复归于第948条善意受让的原则,立法目的在于促进金钱或未记载权利人有价证券的流通,维护交易安全。

(三) 其他动产物权的善意取得

关于其他动产物权的善意取得,民法就动产质权,于第886条规定:"动产之受质人占有动产,而受关于占有规定之保护者,纵出质人无处分其质物之权利,质权人仍取得质权。"动产质权为第948条所谓"其他物权的设定",亦而有第948条以下规定的适用。其以有价证券设定权利质权时,因其性质同于动产,亦得准用动产质权善意取得的规定(第901条)。

三、占有人与恢复请求人的权利义务

例题133:甲向乙购买A犬,支出饲养、医疗、美容等费用,A犬生有a、b二犬后,因甲之疏失,致A犬遭车祸死亡。其后发现乙为受监护宣告人,其买卖契约及物权行为均属无效,乙向甲请求返还该犬。试分就甲不知(善意)或明知(恶意)乙为受监护宣告人而说明其法律关系。

无权占有某物,依法应返还于请求人时,发生以下三个问题:① 物的使用收益,应否返还? ② 物的灭失毁损,应否赔偿? ③ 对物支出费用,应否求偿? 对此三个问题,本得适用民法一般原则,即关于物的使用收益,依不当得利;关于物的灭失毁损,依侵权行为;关于对物支出费用,依无因管理或不当得利。现行"民法"复从占有制度,分别就占有人善意与否而

设不同的规定。

（一）善意占有人与恢复请求权人的权利义务

（1）孳息收取权。善意占有人，依推定其为适法所有之权利，得为占有物之使用及收益（第952条），其所收取之孳息，无须返还。

（2）占有物灭失毁损之赔偿义务。善意占有人就占有物之灭失或毁损，如系因可归责于自己之事由所致者，对于恢复请求人，仅以因灭失或毁损所受之利益为限，负赔偿之责（第953条）。此系为保护善意占有人，应排除侵权行为规定（第184条）的适用。

（3）费用偿还请求权。善意占有人因保存占有物所支出之必要费用，得向恢复请求人请求偿还。但已就占有物取得孳息者，不得请求偿还通常必要费用（第954条但书），通常必要费用，如动物饲养费。有益费用（如房屋的修缮），于其占有物现存之增加价值限度内，得向恢复请求人，请求偿还（第955条）。至于所谓的奢侈费（如为猫美容）则不得请求返还。

须注意的是，善意占有人自确知其无占有本权时起，为恶意占有人。善意占有人于本权诉讼败诉时，自诉状送达之日起，视为恶意占有人（第959条）。

（二）恶意占有人与恢复请求权人的权利义务

（1）占有物灭失毁损之赔偿义务。恶意占有人或无所有意思之占有人，就占有物之灭失或毁损，如系因可归责于自己之事由所致者，对于恢复请求人，负赔偿之责（第956条）。

（2）必要费用求偿权。恶意占有人，因保存占有物所支出之必要费用，对于恢复请求人，得依关于无因管理之规定，请求偿还（第957条）。有益费用得否请求偿还，法无明文，应适用关于不当得利的规定。

（3）孳息返还义务。恶意占有人，负返还孳息之义务。其孳息如已消费，或因其过失而毁损，或怠于收取者，负偿还其孳息价金之义务（第958条）。

四、占有的保护

例题134：甲有某空地，被乙侵夺用于摆设炸鸡排摊位。甲得对乙行使何种权利？设乙占有甲地摆设炸鸡排的摊位，该地盘复为丙侵夺时，乙得否对丙行使权利？

（一）占有人自力救济权

第 960 条第 1 项规定："占有人对于侵夺或妨害其占有之行为,得以己力防御之。"第 2 项规定："占有物被侵夺者,如系不动产,占有人得于侵夺后,即时排除加害人而取回之。如系动产,占有人得就地或追踪向加害人取回之。"第 1 项称为占有防御权,第 2 项称为占有物取回权,合称为自力保护权或自力救济权,应说明者有三:

(1) 第 960 条所谓占有人,指直接占有人,不包括间接占有人。又第 961 条规定："依第 942 条所定对于物有管领力之人,亦得行使前条所定占有人之权利。"立法目的在于完备对占有的保护。例如,司机对侵夺其管领汽车之人,得以己力防御之,占有辅助人得以己力防御的,包括其业务范畴内之物。又如,银行职员对持枪闯入银行抢夺之人得行使防御权,第三人防御他人的占有,应适用第 149 条关于正当防卫的规定。

(2) 对占有的侵夺或妨害的自力防御,限于客观上的必要。例如,对抢夺财物的,得为反抗;对闯入房屋的,得为驱逐;对倾倒垃圾于其土地的,得为制止。有多种措施可供采取时,应选择对加害人影响最小的(比例原则)。占有人误认侵夺或妨害的存在,或其防御逾越必要范围时,其防御行为具有不法性,就其故意或过失应负损害赔偿责任。

(3) 恶意占有人亦得行使占有人自力救济权。例如,甲有某车,被乙所窃,丙复自乙处窃取该车。在此情形,乙对该车虽无任何权利,亦得以己力防御或取回之。该车被丙窃走后,乙得对丙主张占有物返还请求权（参阅例题 134）。

（二）占有人物上请求权（占有保护请求权）

1. 规范目的及要件

第 962 条规定："占有人,其占有被侵夺者,得请求返还其占有物。占有被妨害者,得请求除去其妨害。占有有被妨害之虞者,得请求防止其妨害。"关于此项请求权,有称为占有人之物上请求权或占有保护请求权。此项请求权旨在保护占有,占有人是否为所有权人,是否有权占有,均所不问。占有物返还请求权须以占有被侵夺为要件。例如,甲有某物出租予乙,租赁契约消灭后,乙拒不返还时,甲得向乙主张所有物返还请求权,但不得主张占有物返还请求权。占有被侵夺时,占有人得主张占有物返还请求权,有无所有权,在所不问。

2. 请求权的当事人

占有被侵害,得请求返还占有的"占有人",除直接占有人外,尚包括间接占有人,有权占有或无权占有,均所不问。其请求返还的相对人,为侵夺占有之人。侵夺占有之人,将占有物出租他人而由直接占有人变为间接占有时,其直接占有人及间接占有人,均为请求占有物返还的对象。例如,甲有某车出借给乙,丙自乙盗该车,出租给丁。在此情形甲(原间接占有人)亦得向丁(直接占有人)请求将该车返还给乙(原直接占有人)。兹将其占有物返还请求权的当事人图示如下:

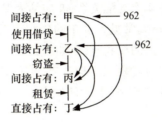

3. 占有保护请求权的行使期间

第963条规定:"前条请求权,自侵夺或妨害占有,或危险发生后,一年间不行使而消灭。"立法理由认为,占有保护请求权人,若随时皆得主张,则权利状态恒不确定,害及社会之安宁。此项期间的性质,学说上有认为系除斥期间,但通说肯定其为消灭时效。

(三) 请求权竞合

占有被侵害,得发生多种请求权。例如,甲有某地,被乙侵夺摆设地摊,甲对乙得以己力排除其侵夺,其不能即时排除加害人,而取回该地时,仍得行使所有物返还请求权、占有物返还请求权,此外,甲尚得向乙主张占有不当得利、侵权行为损害赔偿请求权。须特别指出的是,无权占有人对占有物不享有使用收益的权利,不得向侵夺其占有之人依不当得利规定请求返还其占有使用的利益,或侵权行为的损害赔偿。为简约文字说明,图示如下:

物权请求权 { 自力救济权(第960条): { 占有防御权 / 占有取回权
占有保护请求权(第962条):占有物返还请求权

债权请求权 { 不当得利:侵害占有的不当得利(第179条)
侵权行为: { 侵害所有权(第184条第1项前段) / 侵害占有:违反保护他人法律(第184条第2项)

第五节 准 占 有

占有,系指对物的事实上管领力,以物为客体。权利得否为占有的客体?"民法"采肯定的见解,于第 966 条规定:"财产权,不因物之占有而成立者,行使其财产权之人,为准占有人。本章关于占有之规定,于前项准占有准用之。"此种以财产权(如不动产役权、著作权、债权等)为客体的占有,学说上称为准占有或权利占有,其占有人称为准占有人。准占有的创设旨在对权利的事实上支配关系,亦应纳入保护范围。关于准占有,实务上以债权准占有,最属常见。真正的债权人,固为准占有人,其非真正的债权人而行使债权人的权利时,例如,第三人持真正存折并在取款条上盖存款户真正印章向金融机关提取存款,亦属债权准占有人。债务人不知此债权准占有人非债权人,而为清偿者,有清偿之效力(第 310 条第 2 款)。

第六编 亲 属

第一章 概 说

第一节 亲属法的制定及发展

一、亲属法的制定及修正

亲属法在规范亲属间身份上的权利义务,具浓厚固有法的性质。1930年公布施行的民法亲属编(以下与亲属法互用)乃在修正固有法上以家族为基础的团体主义,及以传宗接代为结婚目的男权思想,而采取以个人人格独立及男女平等原则,因处于社会变迁及法制改革的过渡时期,其内容多具妥协性,然就当时时空背景言,不能不认为系进步的立法,开启了亲属法现代化的发展过程。

亲属法的基础在于婚姻及家庭,在台湾因社会经济的发展、教育普及、妇女运动及女性主义的兴起,关于婚姻的认知及家庭结构功能,产生了重大变动。在法制方面,应特别提出的是亲属编的修正及大法官解释(请阅读之)的互动。兹先依年代次序列表如下:

1930年:民法亲属编公布施行,修正固有法,亲属法的现代化。

1984年:亲属编第一次修正,其修正要点有四:① 维护固有伦理观念。② 贯彻男女平等原则。③ 修正夫妻财产制,使其兼顾夫妻平等、婚姻共同生活及交易安全。④ 加强对于未成年人、非婚生子女及养子女的保护。

1994年:大法官释字第362号,一夫一妻制、重婚无效的例外及信赖保护原则(甚有争论)。

1994年:大法官释字第365号,肯定两性实质平等,宣告第1089条(亲权行使)条规定违反"宪法"。

1995年:大法官释字第372号,肯定人格尊严、人身安全为婚姻制度的基础。

1996年(9月):第二次修正,包括修正第1089条,以回应大法官释字第365号解释。

1998年(4月):大法官释字第452号,宣告第1002条(夫妻住所)规定违反"宪法"。

1998年(6月):第三次修正,包括修正第1002条,以回应大法官释字第452号解释。

1999年(4月):第四次修正,其修正条文为第1067条(认领请求权)。

2000年(1月):第五次修正,其修正条文为第1094条(监护人的选定及改定)。

2000年:大法官释字第502号,第1073条收养年龄限制规定违反"宪法"。

2002年(6月):第六次修正,以夫妻财产制为重点。

2002年:大法官释字第552号,补充362号解释,确立一夫一妻制度。

2004年:大法官释字第587号,宣告第1063条无效,肯定子女得提起否认生父之诉。

2007年(5月):第七次修正,以结婚、离婚、父母子女关系、收养及亲权之行使为重点。

2008年(1月):第八次、第九次修正,其修正条文为第1052条及第1120条。

2008年(5月):第十次修正,以成年人监护及辅助为重点。

2009年(4月):第十一次修正,增订1052条之1。

2009年(12月):第十二次修正,修正条文为第1131条及第1133条。

2010年(1月):第十三次修正,增订第1118条之1。

二、亲属法的发展

亲属编自1930年施行以来,1985年迄至2010年间,共计有13次修正,次数堪称频繁,乃在应对社会经济发展及关于婚姻、家庭的价值观念的变迁。应综合说明者有五:

(1)亲属编历次修正系在更进一步贯彻"两性平等"及"为子女利

益"的基本原则。

(2)"宪法"对婚姻及家庭未设规定,大法官解释将婚姻及家庭提升到"宪法"层次,肯定婚姻自由、一夫一妻制(但承认其有例外)、两性平等、配偶人格尊严及人身安全等,使婚姻及家庭受到"宪法"的保障,作为亲属法的"宪法"基础。尤其值得注意的是大法官解释与亲属编修正的互动关系。

(3)亲属法的研究应扩张及于相关的特别法,包括儿童福利法、少年福利法、性别工作平等法,并须搜集相关资料,作法社会学的研究。

(4) 2007年5月23日公布亲属编部分修正条文,于同年5月25日施行。但第982条关于登记婚规定,则定于2008年5月23日施行,有1年缓冲期("亲属编施行法"第4条之1)。本次修正共变动或删除40个条文(包括施行法两条),修正内容包括结婚、离婚、父母子女关系、收养及亲权之行使,其影响人民权益最大,最为社会所关心的,系关于结婚的形式要件(改采登记婚,第982条)及子女的从姓(第1059条)。

(5) 2008年5月23日公布亲属编部分修正条文,于1年6个月后施行。

亲属法与社会变迁具有密切关系,修正工作仍将继续进行。

第二节 亲属法的基本原则及其具体化

亲属法的基本原则历经变迁,反映了不同社会、不同时代的社会经济、婚姻、家庭观念及伦理秩序。现行"民法"本诸"宪法"保障个人的人格尊严及价值,大法官解释及历次亲属编的修正,确立了如下四个基本原则:

(1)维护婚姻家庭、婚姻自由及一夫一妻制度。
(2)贯彻男女平等原则。
(3)为子女的利益。
(4)家庭自治及公权力(法院)必要的介入。

亲属编的规定系在实践上揭原则,乃此等原则的具体化,尚在继续发展形成过程中,须把握理解上揭原则,始能了解亲属法的内容,解释适用的争议,及其未来的发展趋势。特制作下表,俾便参照(务请阅读相关条文,尤其是对照修正前后之规定):

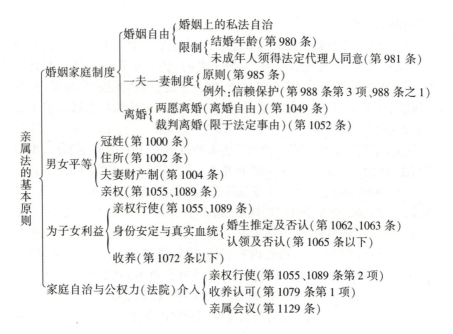

第三节 亲属法上身份行为的特质与民法总则规定的适用

一、身份行为的特质

亲属法以人的身份关系为规范对象，称为身份法，以别于以规范财产关系（债权、物权）的财产法。身份关系具有事实先在性，即先有身份事实（如结婚、生子），法律再为评价，加以规范。身份关系攸关婚姻家庭、社会伦理，故亲属法的规定具有强行性，以维持身份秩序的安定。

二、民法总则规定的适用

民法总则对亲属编，尤其是身份行为，不能全部适用，尤其是关于行为能力及意思表示的规定。其其共识者：

（1）身份行为的能力（如受监护宣告人的结婚）应以实质能力状态为判断标准，不适用行为能力的规定。

（2）未成年人结婚者，有行为能力（第13条第3项），仅限于财产行为。身份行为（如结婚、离婚），仍须得法定代理人的同意（第981条、第

1049 条)。

（3）受监护宣告人及未成年人的法定代理人的代理范围,限于财产行为,不及于身份行为。

（4）代理制度原则上不能适用于身份行为,但法律有特别规定者不在此限,例如,夫妻日常家务的相互代理(第 1003 条)、收养(第 1076 条之 2)、强制认领(第 1067 条)等。

第四节　身份行为的要式性

关于私法自治上的法律行为方式自由与要式行为,前已论及。兹应再强调者,系身份行为的要式性,立法目的在于顾及身份行为的安定与透明,使当事人慎重其事及维护婚姻制度与男女平等。为简约文字,便于醒目,列表如下：

项目＼要式性	要式性	说明
订婚	不要式	因订婚未发生身份关系且无强制性
结婚	1. 结婚,应以书面为之,有两人以上证人之签名 2. 并应由双方当事人向户政机关为结婚登记(第 982 条新修正)	1. 旧法采仪式婚主义,欠缺公示性 2. 应采登记为成立要件(登记婚),贯彻公示性,维护婚姻制度
夫妻称姓	夫妻各保有本性,但得书面约定以其本性冠以配偶之姓,向户政机关登记(第 1000 条)	为昭郑重,便于登记,使具公示性,以维护男女平等
夫妻财产制	夫妻财产制契约之订立、变更或废止应以书面为之(第 1007 条)	为昭慎重,避免争议
收养	收养子女,应以书面为之,并向法院申请许可(第 1079 条新修正)	为昭慎重,避免争议
离婚	两愿离婚,应以书面为之,有两人以上证人之签名,并应向户政机关为离婚登记(第 1050 条)	1. 为昭慎重,使具公示性,维护婚姻制度 2. 一方当事人得拒绝办理登记,使离婚不生效力

第二章 亲属关系

例题135：A男与B女结婚，生C男及D女。试说明(1) C与下列之人的亲属关系，其亲系及亲等：① 其父A之兄E、E之子F。② 其妻G之兄(H)及H之妻(I)。③ 其妹D之夫(J)及J之父(K)。(2) 亲属关系、亲系及亲等在法律上具有何种效果？

第一节 亲属的种类、亲系及亲等

一、亲属的种类

亲属法系以"亲属"为其法律关系的主体，惟对亲属的种类，法无明文，通说分为配偶、血亲、及姻亲三种。分述如下：

（一）配偶

男女因结婚而结为夫妻，夫妻彼此互为配偶，乃人伦之始，为最基本的亲属。

（二）血亲

血亲，指有血统联系的亲属，分为自然血亲及法定血亲：

（1）自然血亲，指出于同一祖先而有天然血统联系的亲属（天然血亲），包括父系及母系，例如父母、祖父母、表姐妹，以及同父异母或同母异父的半血缘兄弟姐妹。

（2）法定血亲，指无自然的血统联系，而由法律拟制其有血统关系的血亲（拟制血亲），例如养父母与养子女。

（三）姻亲

姻亲，指因婚姻关系而发生的亲属。第969条规定："称姻亲者，谓血

亲之配偶、配偶之血亲,及配偶之血亲之配偶。"可知姻亲有三种:

(1) 血亲的配偶。例如,儿媳、女婿、姊妹之夫。
(2) 配偶的血亲。例如,配偶的父母、配偶的兄弟姊妹、伯叔、姑姨。
(3) 配偶的血亲的配偶。例如,配偶的兄弟之妻、配偶的姊妹之夫等。

由第969条可知,"血亲的配偶的血亲",例如,兄弟之妻的父母、兄弟姐妹,不具姻亲关系,立法理由系为避免过分扩大姻亲的范围。

二、亲系及辈分

(一) 亲系

亲系,指亲属在世系上的联络,可分为血亲的亲系与姻亲的亲系。

1. 血亲的亲系

(1) 直系血亲。此包括己身所从出及从己身所出两种。己身所从出者,为直系血亲尊亲属,例如,自己的父母、祖父母。从己身所出者,为直系血亲卑亲属,例如,自己的子女、孙子女。

(2) 旁系血亲。此指非直系血亲,而与己身出于同源的血亲,例如,兄弟姐妹、伯叔、堂兄弟姊妹、侄甥。

2. 姻亲的亲系

关于姻亲的亲系,第970条设有如下规定:

(1) 血亲的配偶,从其配偶之亲系。例如,己身与子女的配偶,为直系姻亲,己身与兄弟姐妹的配偶为旁系姻亲。

(2) 配偶的血亲,从其与配偶之亲系。例如,就夫而言,妻的父母(岳父母)为其直系姻亲。就妻而言,夫的父母(翁姑)为其直系姻亲。妻的兄弟姊妹,为夫的旁系姻亲。

(3) 配偶之血亲之配偶,从其与配偶之亲系。例如,就夫而言,妻的兄弟的妻为旁系姻亲。就妻而言,夫的姐妹之夫,为其旁系姻亲。

(二) 辈分

辈分,指亲属关系上的尊卑,中华民族素重伦理,民法禁止辈分不相当者结婚、收养(第983条第1项第2款、第1073条之1第3款),以及按辈分定扶养的顺序(第1115第2项、第1116条)。

三、亲等

亲等,指亲属关系亲疏远近的尺度,民法采罗马法的计算方法,而设如下的规定。

(一) 血亲之亲等

依第 968 条规定,血亲亲等之计算,直系血亲,从己身往上下数,以一世为一亲等。旁系血亲,从己身数至同源之直系血亲,再由同源之直系血亲,数至与之计算亲等之血亲,以其总世数为亲等之数。例如,父母子女间为直系血亲一亲等,祖孙间为直系血亲二亲等;兄弟姊妹间为旁系血亲二亲等,表兄弟姊妹间为旁系血亲四亲等。

(二) 姻亲之亲等

依第 970 条之规定,姻亲亲等之计算,血亲之配偶,从其配偶之亲等;配偶之血亲,从其与配偶的亲等,配偶之血亲之配偶,亦从其与配偶之亲等。例如,婆媳间为直系姻亲一亲等,妹与兄嫂间(旁系血亲的配偶),为旁系姻亲二亲等,连襟或妯娌间亦为旁系姻亲二亲等。

兹为便于观察,将例题 135 所涉及的亲属、亲系及亲等关系,图示如下:

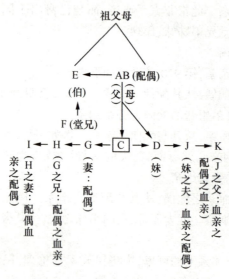

据上所述,可知:

C 与 A、B(父母):直系血亲一亲等

C 与 E(伯父):旁系血亲三亲等

C 与 F(堂兄):旁系血亲四亲等

C 与 G(妻):配偶
C 与 H(姻兄、妻舅):旁系姻亲二亲等
C 与 I(姻嫂):旁系姻亲二亲等
C 与 D(妹):旁系血亲二亲等
C 与 J(妹夫):旁系姻亲二亲等
C 与 K:无亲属关系

第二节 亲属关系的发生及消灭

一、血亲

(一) 血亲的发生

(1) 出生。因受胎期间父母有婚姻关系而被推定为亲生子女(第1063 条第 1 项)。生母与非婚生子女的关系(第 1065 条第 2 项)。

(2) 认领。生父认领非婚生子女(第 1065 条第 1 项)。

(3) 准正。非婚生子女,因其生父与生母结婚者,视为婚生子女(第1064 条)。

(4) 收养。因收养而发生法定血亲关系(第 1072 条)。

(二) 血亲的消灭

自然血亲因死亡而消灭。法定血亲(收养)因死亡、终止收养、撤销收养而消灭。须注意的是,自然血亲不能依当事人的单方意思或同意使其消灭,故纵登报脱离父子关系,或双方协议终止父子关系,均不生法律上效力。

二、姻亲

(1) 姻亲的发生。姻亲因结婚而发生。

(2) 姻亲的消灭。姻亲因离婚而消灭;结婚经撤销者亦同(第 971 条)。

第三节 亲属关系的法律效力

现行"民法"对亲属的范围采具体列举原则,于各种不同的法律关

系,一一列举范围,以定其权利义务,其主要者有:① 声请监护宣告(第14条)。② 结婚之禁止(第983条)。③ 结婚撤销(第991条)。④ 亲权人或监护人之权利义务(第1084条第2项、第1094条、第1095条)。⑤ 扶养之权利义务(第1114条)。⑥ 遗产继承权(第1138条)等。

  民法规定的亲属于其他法律亦有一定的效果,尤其是在刑法:例如,与直系或三亲等内旁系血亲为性交者,处5年以下有期徒刑("刑法"第230条);杀直系血亲尊亲属者,处死刑或无期徒刑("刑法"第272条第1项)。在刑事诉讼法,例如,现为或曾为被告或自诉人之配偶、直系血亲三亲等内之旁系血亲、二亲等内之姻亲或家长、家属者,得拒绝证言("刑事诉讼法"第180条第1项第1款)。在劳工保险条例,例如,受领遗族津贴的顺序。

第三章 婚　　约

　　例题136：① 某男甲16岁,与14岁的某女乙在某派对认识,未得其法定代理人同意"私定终身",此项订婚的法律效力如何? 半年后乙发现甲吸毒,性生活泛滥,染有艾滋病,而欲解除婚约时,应否得其法定代理人同意? ② 甲男与乙女订婚,甲赠乙一克拉钻戒,乙赠甲一套大英百科全书,甲父丙赠乙名贵手表。半年后,甲与乙合意解除婚约,或乙因甲与人通奸,而解除婚约时,如何处理赠与物?

第一节　婚约的意义及成立

一、婚约的意义

　　婚约,指男女双方以将来结婚为目的所订立的契约。婚约亦称订婚,婚姻的预约。结婚固多经订婚阶段,但不以先有订婚为必要,不经订婚亦可直接结婚。

二、婚约的成立

　　婚约因双方当事人相互的意思表示一致而成立,不必订立书面,或践行任何仪式。婚约的订立须具备如下要件:
　　(1) 婚约,应由当事人自行订定。第972条所以设此明文,旨在排除旧习上指腹为婚或由父母代订婚约的效力,以尊重当事人的独立人格及身份行为的自主性。
　　(2) 男须满17岁,女须满15岁(第973条)。立法目的在于保护心智尚未发达之人。此为强行规定,违反者,其婚约无效。

（3）未成年人订定婚约应得法定代理人之同意（第974条）。立法目的在于保护未成年人，违反者，法定代理人得撤销该婚约。

第二节　婚约的效力

一、不发生身份关系

婚约不发生身份关系，婚约者虽"情同夫妻"，并无同居义务，所生子女仍为非婚生子女。婚约者的一方因被他人不法致死，他方亦不得请求慰抚金（第194条）。惟与被告订有婚约者，在刑事诉讼上得拒绝证言（"刑事诉讼法"第180条第1项第2款）。

二、婚约无强制性

第975条规定："婚约不得请求强迫履行"，不得提起履行婚约之诉。立法理由系在尊重身份行为的自主性，及避免勉强结合，导致婚姻家庭不幸。

三、违背婚约的损害赔偿

婚约当事人虽不负结婚的义务，但无第976条规定解除婚约的理由而违反婚约者，对于他方因此所受之损害，应负赔偿责任（第978条）。例如，预定某月某日结婚，其违反者，应就他方因此所受的损害（如租赁新屋），负赔偿责任。于此情形，虽非财产上损害（精神痛苦），受害人亦得请求赔偿相当的金额（慰抚金）。但以受害人无过失者为限。此种请求权，具人格上的专属性，不得让与或继承，但已依契约承认，或已起诉者，不在此限（第979条）；其请求权因两年间不行使而消灭（第979条之2）。

第三节　解除婚约

婚约因当事人死亡（自然死亡及死亡宣告）而当然消灭。当事人亦可合意解除婚约，以消灭其效力。此外，民法亦设有法定解除婚约制度，兹分就其要件及效果说明如下：

一、解除婚约的要件及其行使方法

（一）要件

第976条规定，婚约当事人一方有下列事由之一时，他方得解除婚约：

（1）婚约订立后再与他人订立婚约或结婚者。
（2）故意违反结婚期约者。
（3）生死不明已满1年者。
（4）有重大不治之病者。
（5）有性病或其他恶疾者（所谓其他恶疾包括艾滋病，其感染纵在订婚前，仍得解除，有无过失在所不问）。
（6）婚约订立后成为残废者（订婚前已为残废者，不得解除）。
（7）婚约订立后与人通奸者（订婚前与他人有性关系，非属解除的事由）。
（8）婚约订立后受徒刑之宣告者。
（9）有其他重大事由者（此应依照具体事实权衡其是否有碍于将来共同生活，而为判断，例如，订婚后虐待、侮辱他方等均属之）。

（二）行使方法

法定解除婚约具形成权的性质，应向他方当事人以意思表示为之。未成年人解除婚约，应否得法定代理人同意，法无明文。学说上多采肯定说。但订婚既尚不发生身份关系，为顾及未成年人利益及其自主决定，应认为不必征得法定代理人同意（参阅例题136）。

二、法律效果

依第976条之规定，婚约解除时，无过失之一方，得向有过失之他方，请求赔偿其因此所受之损害（第977条第1项）。无过失之一方，对有过失之他方，虽非财产上之损害，亦得请求赔偿相当之金额（第977条第2项）。第977条至第979条之1的损害赔偿请求权因两年间不行使而消灭（第979条之2）。

须注意的是，具备法定解除婚约之原因，而双方合意解约，未附有赔偿损害金的条件时，得认为他方显已放弃其损害赔偿请求权，无适用或类推适用第977条的余地（1968年台上字第428号判决）。

第四节 礼物返还

第979条之1规定:"因订定婚约而为赠与者,婚约无效、解除或撤销时,当事人之一方,得请求他方返还赠与物。"其请求权因两年间不行使而消灭(第979条之2)。应说明者有三:

(1) 所谓"解除",指"法定解除"。无论何方解除均有本条的适用。在"合意解除"的情形,依当事人的约定,无约定时,应认为亦有本条规定的类推适用。所谓"撤销",例如,法定代理人对未经其同意的订婚为撤销。至于因当事人之一方死亡而婚约消灭时,当然不得请求返还赠与物。

(2) 本条系以婚约当事人为请求权主体。第三人为赠与者,无本条的适用。

(3) 其得请求返还赠与物的客体及范围,应适用不当得利的规定。例如,赠与物为某车,而受赠人因出卖该车,不能原物返还时,应偿还其价额(第181条)。

第四章 结 婚

第一节 结婚的意义及要件

一、结婚与婚姻关系

结婚系男女为将来永久共同生活所订立的契约,其因结婚而生的关系,称为婚姻。婚姻具有如下的法律结构:

(1) 婚姻系存在于男(夫)及女(妻)之间。婚姻制度受宪法保障,而由民法形成之。同性不得结婚,而发生婚姻关系,但此并不排除承认个人得形成其私人生活的"非婚姻共同生活体",而赋予一定的法律效果。

(2) 婚姻系以永久共同生活为目的,其订立一定期间为婚姻期间者,违反公序良俗无效(第72条)。

(3) 婚姻系一种契约,因具身份行为的性质,基于法律规定而发生一定的法律效果,是否为当事人所意欲(所谓法律行为的效果意思),在所不问。

(4) 婚姻系男女间精神与心灵的结合,对外体现于共同生活。在法律上则为一种法律关系,在配偶相互间及对外均发生一定的法律效果,前者如同居、贞操、扶养等权利义务,后者如夫妻的称姓(日常家务代理权,婚姻在侵权行为法的保护)。婚姻在何种范围和程度应受法律的强制拘束,涉及婚姻上私法自治及专属人格领域的形成自由,此与吾人对婚姻的认知、社会变迁、家庭结构及功能,具有密切关系,而为法律规范上重要而困难的问题。

二、结婚的要件及效力

例题137:请先阅读第982条至第999条规定,综合整理结婚的要件,无效或得撤销的情形及法律效果,思考其立法意旨,并分析讨论其与民法总则相关规定的不同及其理由。请比较第92条、第93条与第997条规定的异同,说明其解释适用上的问题。

(一) 概说

为确保婚姻身份的安定及交易安全,"民法"对结婚设有形式要件(第982条)及实质要件(第983条以下),对违反结婚要件者赋予一定的法律效果,为便于了解,整理如下:

类型	法定要件	违反的效果
无效的结婚	结婚,应以书面为之,有两人以上证人之签名,并应由双方当事人向户政机关为结婚登记	无效(第988条第1项)
	近亲结婚禁止(第983条,阅读之)	无效(第988条第2项)
	有配偶者,不得重婚。一人不得同时与两人以上结婚(第985条)	无效(第988条第3项)
得撤销的结婚	男未满18岁,女未满16岁者,不得结婚(第980条)	结婚违反第980条之规定者,当事人或其法定代理人,得向法院请求撤销。但当事人已达该条所定年龄或已怀孕者,不得请求撤销(第989条)
	未成年人结婚,应得法定代理人之同意(第981条)	结婚违反第981条之规定者,法定代理人得向法院请求撤销之。但自知悉其事实之日起,已逾6个月,或结婚后已逾1年,或已怀孕者,不得请求撤销(第990条)
	监护人与受监护人,于监护关系存续中,不得结婚。但经受监护人父母之同意者,不在此限(第984条)	结婚违反第984条之规定者,受监护人或其最近亲属,得向法院请求撤销之。但结婚已逾1年者,不得请求撤销(第991条)
	须非不能人道(第995条)	当事人之一方于结婚时不能人道而不能医治者,他方得向法院请求撤销之。但自知悉其不能医治之时起已逾3年者,不得请求撤销(第995条)
	须非无意识或精神错乱(第996条)	当事人之一方于结婚时系在无意识或精神错乱中,得于常态恢复后6个月内,向法院请求撤销之(第996条)
	须非被诈欺或胁迫(第997条)	因被诈欺或被胁迫而结婚者,得于发现诈欺或胁迫终止后,6个月内向法院请求撤销之(第997条)

(二) 婚姻之无效

例题137-1：甲男与乙女结婚，订有书面及两人以上之证人的签名，但迟迟未向户政机关为结婚登记。甲于结婚后3个月死亡，乙女怀有胎儿丙。试问乙女、胎儿丙得否继承甲的遗产？试说明新修正"民法"第982条的立法意旨及其解释适用的问题。

结婚违反法定要件而无效的情形有三：

1. 结婚形式要件

(1) 结婚形式要件。旧"民法"第982条规定："结婚，应有公开仪式及二人以上之证人。经依户籍法为结婚之登记者，推定其已结婚。"现行法修正为："结婚，应以书面为之，有二人以上证人之签名，并应由双方当事人向户政机关为结婚之登记。"此为结婚形式要件的重大变更。立法说明谓：鉴于现行民法婚姻制度采"仪式婚主义"，因该主义公示效果薄弱，容易衍生重婚等问题，且公开仪式之认定常有争执，进而影响婚姻法律效力。另，现行离婚制度系采"登记主义"，造成未办理结婚登记欲离婚者，必须先办结婚登记再同时办理离婚登记之荒谬现象。为此，婚姻制度实有改采"登记主义"之必要。依新修正第982条规定，结婚的形式要件有二：① 应以书面为之，有两人以上证人之签名；② 由双方当事人向户政机关为结婚之登记，有无公开仪式在所不问。

(2) 结婚无效。结婚登记系结婚行为之特别成立要件，若未具备该项要件，婚姻应不成立，但第988条第1款规定，婚姻不具备第982条之方式者无效。

结婚采登记主义，具公示作用，并可保障身份确实及利害关系人的权利。但在结婚登记前一方死亡时，他方依法并非配偶，即非继承人，所生子女并无婚生推定的适用，实属不利，有无救济之道，实值重视。

2. 违反禁婚亲的规定

第983条规定：与下列亲属，不得结婚：① 直系血亲及直系姻亲。② 旁系血亲在六亲等以内者。但因收养而成立之四亲等及六亲等旁系血亲，辈分相同者，不在此限。③ 旁系姻亲在五亲等以内，辈分不相同者。前项直系姻亲结婚之限制，于姻亲关系消灭后，亦适用之。第1项直系血亲及直系姻亲结婚之限制，于因收养而成立之直系亲属间，在收养关系终止后，亦适用之。该条立法意旨在于维持固有伦常观念及优生学的考虑。依此规定,表兄妹(旁系血亲四亲等)不得结婚。

3. 重婚:一夫一妻制及其例外(信赖保护)

例题 137-2：甲男与乙女结婚多年,感情不睦,乃办理两愿离婚,并向户政机关为离婚登记。其后甲男与丙女结婚。乙女主张该两愿离婚有无效的事由时,丙女得否以其信赖甲与乙离婚登记而受保护。在此种情形应否例外允许重婚之存在？抑为维护一夫一妻之婚姻制度,而解除前婚姻或后婚姻？此涉及一夫一妻制度及信赖保护原则,在立法上应为如何规定？若认前婚应为消灭,其理由何在？如何规定前婚配偶间的权利义务关系？

第 985 条规定："有配偶者,不得重婚。一人不得同时与二人以上结婚。"乃在贯彻一夫一妻制度。违反第 985 条者,结婚无效(旧"民法"第 988 条第 2 款)。值得注意的是,第 988 条修正为："结婚有下列情形之一者,无效：① 不具备第 982 条之方式。② 违反第 983 条规定。③ 违反第 985 条规定。但重婚之双方当事人因善意且无过失信赖一方前婚姻消灭之两愿离婚登记或离婚确定判决而结婚者,不在此限。"本条第 3 款的修正,及第 3 款但书的增订,系应对大法官释字第 362 号及第 552 号有关重婚之双方当事人因善意且无过失信赖离婚确定判决及两愿离婚登记而致前后婚姻关系同时存在之解释意旨。且鉴于因信赖政府机关之行为而重婚有效乃属特例,自不宜扩大其范围,爰将本条第 3 款重婚有效之情形限缩于释字第 362 号,及第 552 号解释之"信赖两愿离婚登记或离婚确定判决"两种情形,避免重婚有效之例外情形无限扩大,以致违反一夫一妻之婚姻制度。至于信赖死亡宣告判决部分,因"民事诉讼法"第 640 条已有明文,且学说与实务在适用上尚无争议,故依上开"民事诉讼法"相关规定处理即可,爰未予增列。

重婚之双方当事人因善意且无过失信赖一方前婚姻消灭之两愿离婚登记或离婚确定判决而结婚者,其重婚仍被承认,惟此虽系特例,究与一夫一妻制度有违。故又增设第 988 条之 1,设六项规定：

(1) 前条第 3 款但书之情形,前婚姻自后婚姻成立之日起视为消灭。

(2) 前婚姻视为消灭之效力,除法律另有规定外,准用离婚之效力。但剩余财产已为分配或协议者,仍依原分配或协议定之,不得另行主张。

(3) 依第 1 项规定前婚姻视为消灭者,其剩余财产差额之分配请求权,自请求权人知有剩余财产之差额时起,两年间不行使而消灭。自撤销两愿离婚登记或废弃离婚判决确定时起,逾 5 年者,亦同。

(4) 前婚姻依第 1 项规定视为消灭者,无过失之前婚配偶得向他方请求赔偿。

(5) 前项情形,虽非财产上之损害,前婚配偶亦得请求赔偿相当之金额。

(6) 前项请求权,不得让与或继承。但已依契约承诺或已起诉者,不在此限。

(三) 得撤销的婚姻

"民法"规定结婚得撤销的情形共有六种(请参阅前揭图表)。须注意的是,法律对各种得撤销情形,就撤销权人、撤销权消灭的事由(尤其是除斥期间)设有规定,请读者自行整理,不要强为记忆,而要了解其兼顾公益(公益要件)、私益(私益要件)及婚姻身份的安定的立法意旨。

(四) 结婚的无效及撤销之效力

1. 无效与得撤销

结婚之无效,系自始、当然、确定无效,相当于民法总则上法律行为无效的意义。于无效结婚所生的子女,为非婚生子女。

关于结婚的撤销,"民法"的规定具有两点特色:① 结婚的撤销应向法院提起诉讼,不得仅以意思表示为之。② 撤销本有溯及之效力(第 114 条),但为保护当事人及子女之权益,第 998 条规定结婚撤销之效力,不溯及既往,使被撤销之婚姻仅向将来消灭其效力。

又须注意的是,"民事诉讼法"第九编设人事诉讼程序处理婚姻无效或撤销婚姻等相关事项,请参阅之。

2. 婚姻无效或撤销的损害赔偿

当事人之一方因结婚无效或被撤销而受有损害时,得向有过失之他方请求财产上之损害赔偿。若受害人无过失时,亦得向他方请求精神上之损害赔偿,惟此项请求权,非已因起诉或依契约承诺而转为财产上之权利者外,不得让与或继承(第 999 条)。关于此项请求权的时效期间,"民法"未设特别规定,因 15 年不行使而消灭(第 125 条)。

3. 离婚规定之准用

第 1057 条关于判决离婚得请求赡养费之规定及第 1058 条关于离婚后夫妻各自取回结婚时财产之规定,于结婚无效时准用之(第 999 条之 1

第1项)。第1055条关于父母离婚时决定子女亲权人之规定、第1055条之1关于法院于酌定或改定子女亲权人时所应注意事项之规定、第1055条之2关于法院选定父母以外之人为子女监护人之规定、第1057条及第1058条之规定,于结婚经撤销时亦准用之(第999条之1第2项)。

(五) 亲属法的特别规定与民法总则一般规定的适用

结婚系亲属法律行为的一种,因具身份行为的性质,民法设有特别规定,已如上述,殆皆排除民法总则的规定,于法律不备(法律漏洞)的情形,应类推亲属法的相关规定。此具法学方法的意义,兹就意思表示的瑕疵加以说明。第997条规定:"因被诈欺或被胁迫而结婚者,得于发现诈欺或胁迫终止后,6个月内向法院请求撤销之。"分四点言之:

(1) 第92条及第93条设有关于因被诈欺或被胁迫意思表示的撤销的规定,其不同者有二:① 诈欺系由第三人所为者,相对人纵不知之,亦得撤销之,以保障结婚自由,但学说上有认为仍应类推适用第92条规定。② 其撤销应向法院请求之,由法院认定其要件。

(2) 因"被诈欺"而为结婚,应就结婚本质依社会一般观念加以认定,实务上有两则案例:① 结婚时双目失明未告知对方(1932年上字第296号判决),② 隐瞒精神病痼疾未告知对方(1981年台上字第880号判决)。其构成诈欺的,尚应包括男方隐瞒其曾结婚,生有子女;女方告知男方其已怀孕,隐瞒系与他人受胎。

(3) 第997条规定,排除第88条关于"意思表示错误"的规定于结婚上的适用。关于"人之同一性"的错误(如误兄为弟),应认为因意思表示不一致,其结婚无效。关于"人之性质"的错误(如同性恋),应适用第997条,于不告知重要事实而为诈欺时,得为撤销。

(4) 于法律未规定的情形(如收养),应类推适用第997条,而不适用第92条、第93条规定。

第二节 结婚的普通效力

一、夫妻之称姓

旧"民法"第1000条规定:"妻以其本姓冠以夫姓",为贯彻男女平等原则,经于1998年修正为:"夫妻各保有其本姓,但得书面约定以其本姓冠以配偶之姓,并向户政机关登记。冠姓之一方得随时恢复其本姓,但于同一婚姻关系存续中以一次为限。"以符男女平等原则,及职业生活的方便。

二、同居义务

夫妻互负同居之义务,但有不能同居之正常理由者,不在此限(第1001条)。不能同居之正当理由,例如,夫纳妾,不堪同居的虐待。有第1052条裁判离婚的原因者,得不提起离婚,而请求别居。惟出家为僧为尼,则非不能同居的正当理由("司法院"第1878号判决)。无不能同居正当理由,经法院判决确定,应履行同居义务,而仍不履行时,此状态的继续存在,得认为系恶意遗弃,构成裁判离婚的原因(1960年台上字第990号判决)。

三、夫妻的住所

第1002条规定:"夫妻之住所,由双方共同协议之;未为协议或协议不成时,得声请法院定之。法院为前项裁定前,以夫妻共同户籍地推定为其住所。"此为1998年新修正的规定,乃在回应大法官释字第452号解释,以贯彻男女平等原则,及尊重夫妻间设定住所的意愿。

四、夫妻的贞操义务

夫妻应负贞操义务,乃婚姻本质的当然,"民法"未设明文规定。通奸(与他人合意性交)最足破坏婚姻,得为离婚原因(第1052条第1项第2款),受刑法制裁("刑法"第239条)。

值得注意,婚姻亦受侵权行为法的保护。1966年台上字第2053号判例谓:"通奸之足以破坏夫妻间之共同生活而非法之所许,此从公序良俗之观点可得断言,不问所侵害系何权利,对于配偶之他方应构成共同侵权行为。婚姻系以夫妻之共同生活为其目的,配偶应互相协力保持共同生活之圆满安全及幸福,而夫妻互守诚实,系为确保其共同生活之圆满安全及幸福之必要条件,故应解为配偶因婚姻契约而互负诚实之义务,配偶之一方行为不诚实,破坏共同生活之圆满安全及幸福者,即为违反因婚姻契约之义务而侵害他方之权利。"被害人除财产上损害赔偿外,并得依第195条第3项规定,就非财产上损害向加害人请求赔偿相当的金额(慰抚金)。

五、夫妻的扶养义务

"民法"对夫妻间的扶养义务原虽未设规定,其互负扶养义务,系婚姻生活的重要内容,应予肯定,乃属当然。1985 年亲属编修正时特增设明文,于第 1116 条之 1 规定:"夫妻互负扶养之义务,其负扶养义务之顺序与直系血亲卑亲属同,其受扶养权利之顺序与直系血亲尊亲属同。"由是可知夫妻间的扶养义务属于生活保持义务,纵令牺牲自己也要尽其扶养的责任。

六、日常家务代理

第 1003 条规定:"夫妻于日常家务,互为代理人。夫妻之一方滥用前项代理权时,他方得限制之,但不得对抗善意第三人。"此项日常家务代理权,属于法定代理的一种。所谓日常家务,指一般家庭日常所处理的事项,例如,购买食物、衣服、家用电视、冰箱,油漆住所墙壁等,应依夫妻的表见生活程度决定之。不动产之处分在通常之情况下不属日常家务,但如系为维持家庭生活所必要之行为时,则可解为日常家务,可以代理(1947 年上字第 5356 号判决)。夫妻之一方逾越日常家务代理权时,为无权代理,应适用第 170 条、第 171 条及第 110 条规定(2003 年简上字第 9 号判决)。

七、家庭生活费用分担方式

第 1003 条之 1 规定:"家庭生活费用除法律或契约另有约定外,由夫妻各依其经济能力、家事劳动或其他情事分担之。因前项费用所生之债务由夫妻负连带责任。"

第三节 夫妻财产制

一、夫妻财产制的意义、发展与立法原则

例题 138:何谓夫妻财产制?此项制度具有何种功能,试从夫妻财产制的制定、修正及其立法原则,思考台湾的社会变迁及婚姻制度的发展。

夫妻财产制,指规范夫妻相互间财产关系的制度。固有法制因采夫妻一体主义,妻无财产能力,家产为家属全体共有,故无所谓的夫妻财产制。台湾地区"民法"为确立夫妻人格独立及男女平等原则,乃继受欧陆法律(尤其是德国法及瑞士法),创设夫妻财产制,详设规定,多达四五个条文。夫妻财产制初期未受重视,20 世纪 80 年代后,则被严厉批评为不符男女平等原则,1985 年亲属编第一次修正时,即以夫妻财产制为重点,改善联合财产制(法定财产制度)强化对妻的保护,并废除了统一财产制。2002 年 6 月 26 日修正公布(6 月 28 日施行)的亲属编,更进一步作了重大变革,即废除了联合财产制,而重构一种区别"婚前财产,婚后财产",及以"婚后财产净余分配"为内容的法定财产制,并简化约定财产制(分别财产制及共同财产制)的内容。此项修正使夫妻财产制的规范体系更为合理、简约、明确,反映台湾婚姻制度的重大发展,更能实践夫妻财产制三项立法原则:① 男女平等与人格独立。② 婚姻共同生活的和谐。③ 保护交易安全。

二、夫妻财产制的通则

(一) 夫妻财产制类型法定原则

现行"民法"对夫妻财产制采类型法定原则,分为通常法定财产制及约定财产制。约定财产制更分为共同财产制及分别财产制(又称为特殊法定财产制)(参阅下图)。当事人不得自由创设夫妻财产制,其内容除法律允许当事人得为约定外,皆属强行规定。

$$\text{夫妻财产制}\begin{cases}\text{法定财产制}\\\text{约定财产制}\begin{cases}\text{共同财产制}\\\text{分别财产制}\end{cases}\end{cases}$$

须说明的是,学说上将"法定财产制"分为通常法定财产制及特别法定财产制,前者指结婚当事人未能以契约订立夫妻财产制时,当然适用法律所定的法定财产制(第1005 条);后者指法律因一定事由强制当事人改用的分别财产制(第 1009 条、1010 条)。

(二) 夫妻财产制的选择及法定财产制

夫妻财产制的类型虽属固定,但当事人有选择的自由。夫妻得于结婚前或结婚后,以契约就"民法"所定之约定财产制中,选择其一,为其夫妻财产制(第1004 条)。夫妻未以契约订立夫妻财产制者,除本法另有规定外,以法定财产制为其夫妻财产制(第1005条)。

(三) 夫妻财产制的订立、变更或废止

1. 书面登记

夫妻欲订立、变更或废止夫妻财产制契约应以书面为之(第1007条),且非经登记不得以之对抗第三人(第1008条第1项)。此项夫妻财产制契约之登记,不影响依其他法律所为财产权登记之效力(第1008条第2项),立法目的在于贯彻物权法定主义及保护交易安全,同时避免夫妻借登记夫妻财产制的方式,逃避其债权人的强制执行。又为贯彻此项立法意旨,第1008条的规定于有关夫妻财产之其他约定准用之(第1008条之1)。

2. 未成年人不必得法定代理人同意

旧"民法"第1006条规定:"夫妻财产制契约之订立、变更或废止,当事人如为未成年人,或为禁治产人时,应得其法定代理人之同意。"2002年修正亲属编时删除此项规定,其理由为:未成年人已结婚,依第13条第3项规定,已具有完全之行为能力,此时订立夫妻财产制契约,即无须取得法定代理人之同意。另禁治产人,第15条规定为无行为能力人。如禁治产宣告未经撤销,纵已恢复常态,依第76条规定,亦应由法定代理人代其订立夫妻财产制契约。惟如禁治产宣告业经撤销,则其结婚与订立夫妻财产制契约均可自行为之。现行规定与民法总则规定不符,为避免实务适用上的困扰并期体例一贯,乃予删除。

(四) 夫妻财产制的改用

原有的财产制,得依法律规定或法院宣告,或依契约,改用他种财产制:

(1) 当然改用。夫妻之一方受破产宣告时,其夫妻财产制,当然成为分别财产制(第1009条)。

(2) 宣告改用。2002年亲属编修正时,将旧"民法"第1010条修正为:夫妻之一方有下列各款情形之一时,法院因他方之请求,得宣告改用分别财产制:① 依法应给付家庭生活费用而不给付时。② 夫或妻之财产不足清偿其债务时。③ 依法应得他方同意所为之财产处分,他方无正当理由拒绝同意时。④ 有管理权之一方对于共同财产之管理显有不当,经他方请求改善而不改善时。⑤ 因不当减少其婚后财产,而对他方剩余财产分配请求权有侵害之虞时。⑥ 有其他重大事由时。夫妻之总财产不足清偿总债务或夫妻难以维持共同生活,不同居已达6个月以上时,前项规定于夫妻均适用之。第1011条规定:债权人对于夫妻一方之财产已为扣押而未得受清偿时,法院因债权人之声请,得宣告改用分别财产制。

(3)契约改用。夫妻于婚姻关系存续中,得以契约废止其财产契约,或改用他种约定财产制(第1012条)。

(五)约定夫妻财产制的登记

第1004条规定,夫妻得于结婚前或结婚后,以契约就本法所定之约定财产制中,选择其一,为其夫妻财产制,非经登记,不得以之对抗第三人。关于夫妻财产制的登记,于非讼事件法设其规定("非讼法"第101条以下),系由夫妻住所地的法院管辖。兹提出1997年至2006年间,各地方法院办理非讼事件关于夫妻财产登记事件终结件数如下:

类别\年度	1997	1998	1999	2000	2001	2006
共同财产制	3		5	1		
分别财产制	688	640	1790	1107	1339	1178

由上述统计资料可知:
(1)夫妻选择约定财产制而办理登记的,为数甚少。
(2)选择共同财产制的,自1997年至2006年仅有9件。
(3)选择分别财产制的,为数不多,且未有逐年增加的趋势。

三、法定财产制

例题139:2002年6月26日公布(6月28日施行)的亲属编重构法定财产制。试问:①为何要废除联合财产制?②新制法定财产制采何基本原则?③试请先阅读相关条文,就下例说明新制法定财产制的适用:甲男与乙女结婚,甲婚前购A屋,向银行借款300万元;乙结婚时有存款100万元。结婚10年后,甲、乙协议离婚时,其财务状况如下:甲婚后购B屋(价值1000万元,抵押贷款200万元),汽车一部(价值80万元),偿还婚前银行贷款300万元。乙婚后购C屋(价值500万元),继承D屋(价值1000万元),婚前存款累积利息尚存30万元,于离婚前半年赠与其母50万元以为扶养。试问甲乙如何主张其权利?

(一) 联合财产制的废除

"民法"上的法定财产制原为"联合财产制",即"结婚时属于夫妻之财产,及婚姻关系存续中夫妻所取得之财产,为其联合财产。但特有财产,不在其内"(旧第1016条)。联合财产中,夫或妻于结婚时所有之财产,及婚姻关系存续中取得之财产,为夫或妻之原有财产,各有其所有权、联合财产中,不能证明为夫或妻所有之财产,推定为夫妻共有之原有财产(旧第1017条)。1985年的修法虽改善了联合财产制的结构,仍未能贯彻男女平等原则。联合财产制系采夫妻财产一体的原则,妻虽保有其原有财产的所有权,原则上联合财产由夫管理(旧第1018条),有管理权的夫,对妻的原有财产有使用、收益之权,但其收取的孳息在支付家庭生活费用及联合财产管理费用后,如有剩余,其所有权仍归属于妻(旧第1019条)。此一规定使有财产的妻要优先于夫负担家庭生活费用,且对自己财产的管理与使用收益权受到限制。又有管理权之夫,在为管理上所必要之处分时,未得妻同意亦得为之。虽然依旧第1018条第2项规定,夫妻若约定由妻管理联合财产,有管理权之妻亦得享有夫为管理人时相同的权利,但在实务上夫妻约定联合财产由妻管理的,罕见其例。

又旧"民法"第1030条之1有关剩余财产分配请求的规定,使在家操持家务,教养子女的妻(或夫),得于联合财产关系消灭时,平均分配他方配偶在婚姻关系存续中因在外工作或经营企业所增加的财产,然仅设一个条文,未臻周全,因他方配偶财产状况不明或刻意隐藏财产,实际上难以发挥其规范功能。

原法定财产制对夫妻的联合财产,有未能贯彻夫妻平等原则之弊,已如上述,2002年亲属编修正,乃废除联合财产而重构一种新的法定财产制。

(二) 新法定财产制的构成

2002年亲属编修正对法定财产制,并未给予一定名称,其内容基本上系采德、瑞立法例上的净益共同制及所得分配制,建构在两个基本原则:

(1) 将夫或妻之财产区分为婚前财产(即夫妻结婚时所有之财产)与婚后财产(即夫妻婚姻关系存续中取得之财产),夫或妻对此两种财产各自所有,各得管理、使用、收益和处分。

（2）法定财产制关系消灭时，夫或妻现存之婚后财产，扣除婚姻关系存续中所负债务后，如有剩余，其双方剩余财产之差额，除另有约定外，应平均分配。

为实践此两项原则，"民法"设有其他配套规定，兹以下图表示其法律架构，俾便参照：

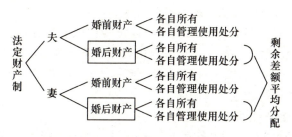

1. 婚前财产与婚后财产

（1）婚前财产与婚后财产的区别。新制法定财产制法律结构系将"夫或妻之财产分为婚前财产与婚后财产，由夫妻各自所有"（第1017条第1项前段），以贯彻男女平等原则。"不能证明婚前或婚后财产者，推定为婚后财产；不能证明为夫或妻所有之财产，推定为夫妻共有。"（第1017条第1项后段），以扩大夫妻日后剩余财产之分配范围，并杜争议。又为保障他方配偶之协力，及日后剩余财产之分配，"夫或妻婚前财产，于婚姻关系存续中所生之孳息，视为婚后财产"（第1017条第2项）。"夫妻以契约订立夫妻财产制后，于婚姻关系存续中改用法定财产制者，其改用前之财产视为婚前财产"（第1017条第3项）。立法目的在于将改用前之财产视为婚前财产，不列入分配，以杜绝争议。

（2）"亲属编施行法"第6条之2规定。2002年亲属编修正前适用联合财产制之夫妻，其特有财产或结婚时之原有财产，于修正施行后视为夫或妻之婚前财产；婚姻关系存续中取得之原有财产，于修正施行后视为夫或妻之婚后财产。

（3）各自管理，使用收益处分。第1018条规定："夫或妻各自管理、使用、收益及处分其财产。"此项规定旨在确保夫妻权益的平等，并保障交易安全。

（4）夫妻自由处分金额的给予。2002年亲属编修正时，曾有委员提案增设第1018条之1规定："基于婚姻之共同协力，夫妻之一方从事家事劳动或对他方配偶之营业或职业予以协助时,得向他方配偶请求定期给予相当数额之金钱,供其自由处分。"其理由为,传统夫对妻的支配与服从关系,有违男女平等原则,不符潮流,各国立法例已朝向视夫妻为合伙关系,因而基于婚姻协力,如夫妻之一方从事家事劳务或对他方配偶之营业或职业予以协助,致他方之财产增加或支出减少,自己之财产却未增加,或无供自己自由处分之金钱,实有欠公允。

新增设"民法"第1018条之1经修正为:"夫妻于家庭生活费用外,得协议一定数额之金钱,供夫或妻自由处分。"依此规定,一方配偶对他方配偶并无给予一定数额金钱请求权。惟有助于提升夫妻间认识婚姻乃彼此协力,互相扶持的生活共同体。

2. 婚后财产的保全

新增"民法"第1030条之1,虽赋予夫或妻于法定财产制关系消灭时,对双方婚后剩余财产之差额,有请求平均分配之权。惟如夫或妻之一方于婚姻关系存续中,就其所有之婚后财产为无偿行为,致有害及法定财产制消灭后他方之剩余财产分配请求权时,如无防范之道,婚后剩余财产差额分配容易落空。为此,特参酌第244条规定的精神,增订第1020条之1规定,即:

(1) 夫或妻于婚姻关系存续中就其婚后财产所为之无偿行为,有害及法定财产制关系消灭后他方之剩余财产分配请求权者,他方得声请法院撤销之。但为履行道德上义务所为之相当赠与,不在此限。

(2) 夫或妻于婚姻关系存续中就其婚后财产所为之有偿行为,于行为时明知有损于法定财产制关系消灭后他方之剩余财产分配请求权者,以受益人受益时亦知其情事者为限,他方得声请法院撤销之。

此项保全婚后财产的撤销权,自夫或妻之一方知有撤销原因时起,6个月间不行使,或自行为时起经过1年而消灭(第1020条之2)。

3. 夫妻自负其财产债务的清偿

新制法定财产制系采财产各自所有,各自管理使用,收益处分原则。第1023条更进一步规定:"夫妻各自对其债务负清偿之责。夫妻之一方以自己财产清偿他方之债务时,虽于婚姻关系存续中,亦得请求偿还。"以贯彻男女平等原则,维护交易安全。

4. 就婚后财产的报告义务

第1022条规定:"夫妻就其婚后财产,互负报告之义务。"立法理由系认为,应基于促进夫妻双方经济地位平等、重视夫妻共同生活和谐及肯定家事劳务价值之目的,并落实剩余财产分配请求权之规定。

5. 婚后财产剩余的分配

例题 139-1:甲与乙为夫妻,离婚后,乙之剩余财产分配请求权得否让与或继承,试说明其理由。

新制法定财产制系由"财产夫妻各自所有","婚后财产剩余分配"两项原则所构成。关于此项剩余财产分配,"民法"设有如下规定:

(1)剩余财产的分配。法定财产关系消灭时,夫或妻现存之婚后财产,扣除婚姻关系存续中所负债务后,如有剩余,其双方剩余财产之差额,应平均分配(第1030条之1第1项本文)。此项"平均分配"原则,解释上应认为非属强行规定,夫妻得另行约定。

① 剩余财产差额平均分配原则。第1030条之1第2项规定:"依前项规定,平均分配显失公平者,法院得调整或免除其分配额。"此系为应对具体个案之需要,如夫妻之一方对婚姻完全未提供协助或贡献,且经法院审酌后虽予酌减亦难符合公平时,应予法院得免除其分配额之权利。

② 一身专属权的删除。旧"民法"第1030条之1第3项规定:"第1项的剩余财产差额分配请求权,不得让与或继承。但已依契约承诺,或已起诉者,不在此限。"立法意旨系以剩余财产分配请求权系因夫妻之身份关系而产生,具一身专属性,其取得与婚姻之贡献及协力有密切之关系,故于夫妻之一方死亡时,其继承人不得继承,或夫妻离婚时,任何一方之债权人不得代位行使,且夫妻之任何一方不得将该期待权任意让与。但若已取得他方之承诺或已经向法院提起诉讼请求者,则应允其得让与及继承,以示公平。此项一身专属权的规定,甚受批评,现行法修正条文(第1030条之1)将之删除,其主要理由系认:A. 若剩余财产分配请求权为专属权,则第1009条(法定分别财产制)、第1011条(宣告分别财产制)的规定将完全丧失意义,无法保障债权人之利益;B. 对有请求权人之继承人不利。

③ 短期消灭时效。此项剩余财产差额之分配请求权,自请求权人知有剩余财产之差额时起,两年间不行使而消灭。自法定财产制关系消灭时起,逾5年者亦同(第1030条之1第3项)。

(2) 现存财产的范围及价值

① 现存财产的范围。A. 不列入。夫或妻的现存财产不包括：a. 因继承或其他无偿取得之财产。b. 慰抚金（第1030条之1第1项但书，第194条、第195条）。立法理由认为慰抚金乃非财产上之损害赔偿，具一身专属性，其取得与婚姻贡献及协力无关，纵为婚后取得，亦非属剩余财产分配之对象。B. 追加。第1030条之3第1项规定："夫或妻为减少他方对于剩余财产之分配，而于法定财产制关系消灭前五年内处分其婚后财产者，应将该财产追加计算，视为现存之婚后财产。但为履行道德上义务所为之相当赠与，不在此限。"第2项规定："前项情形，分配权利人于义务人不足清偿其应得之分配额时，得就其不足额，对受领之第三人于其所受利益内请求返还。但受领为有偿者，以显不相当对价取得者为限。"第3项规定："前项对第三人之请求权，于知悉其分配权利受侵害时起二年间不行使而消灭。自法定财产关系消灭时起，逾五年者，亦同。"

② 现存财产价值的计算

夫妻现存之婚后财产，其价值计算以法定财产制关系消灭时为准（第1030条之4第1项）。依第1030条之3规定应追加计算之婚后财产，其价值计算以处分时为准（第1030条之4第2项）。

(3) 应扣除的债务

① 婚姻关系存续中所负债务。

② 第1030条之2规定："夫或妻之一方以其婚后财产清偿其婚前所负债务，或以其婚前财产清偿婚姻关系存续中所负债务，除已补偿者外，于法定财产制关系消灭时，应分别纳入现存之婚后财产或婚姻关系存续中所负债务计算。夫或妻之一方以其前条第1项但书之财产清偿婚姻关系存续中其所负债务者，适用前项之规定。"

6. 综合整理

关于新制夫妻财产制的基本原则及法律架构，已如上述，兹综合提出如下计算其剩余财产的方法：

第四章 结婚 531

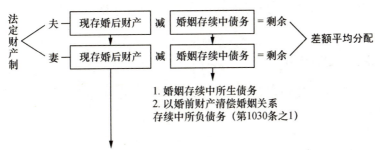

1. 婚后财产的现存部分
2. 婚前财产所生孳息（第1017条第2项）
3. 以婚后财产清偿婚前债务（第1030条之2）
4. 不列入：继承或其他无偿取得财产（第1030条之1）
5. 追加：法定财产制关系5年内处分之婚后财产（第1030条之3第1项，阅读之）

兹参照上揭模式，就例题139所涉及新制法定财产制的适用，说明如下：

（一）甲（夫）部分：

1. 现存婚后财产，计有：

（1）B屋1000万元，汽车一部80万元。

（2）以婚后财产清偿婚前债务，应分别纳入现存婚后财产（新法第1030条之2）：偿还贷款支出的300万元。

2. 婚姻存续中债务：购买B屋贷款200万元。

3. 剩余财产：甲的现存婚后财产总和（1000万＋80万＋300万）减去婚姻存续中债务（200万），剩余1180万元。

（二）乙（妻）部分：

1. 现存婚后财产，计有：

（1）C屋500万元。

（2）婚前财产所生孳息30万元（新法第1017条第2项）

（3）不计入部分：继承D屋1000万元（新法第1030条之1）

（4）不追加计算：离婚前半年赠与其母50万元以供扶养（第1030条之1第1项但书）

2. 婚姻存续中债务：无

3. 剩余财产：乙的现存婚后财产总和为530万元

（三）差额平均分配：甲的剩余财产1180万元减去乙的剩余财产530

万元,其差额为 650 万元,平均分配之,乙(妻)得向甲(夫)请求 325 万元。

四、约定财产制

现行民法上的约定财产制有"共同财产制"与"分别财产制"两种。分述如下:

(一) 共同财产制

1. 规范目的及功能

共同财产制,以夫妻的财产为共同共有,符合婚姻的道德理念,即基于身份上的共同生活,在经济上合为一体,将其财产单一化。共同财产制分为"普通共同财产制"及"所得共同财产制"。2002 年亲属编修正时,亦本诸男女平等原则,对二者有所修正,虽更臻合理,然究与个人主义的现代婚姻观念,难以配合。婚姻当事人选用共同财产制的,殆几无之。此种制度已不具规范实益。

2. 普通共同财产制

(1) 意义及范围。普通共同财产制,系将夫妻的财产及所得,除特有财产外,合并为共同财产,属于夫妻共同共有(第 1031 条)。所谓特有财产,指下列财产:① 专供夫或妻个人使用之物。② 夫或妻职业上必需之物。③ 夫或妻所受之物,经赠与人以书面声明为其特有财产者(第 1031 条之 1 第 1 项)。此等特有财产,适用关于分别财产制之规定(第 1031 条之 1 第 2 项)。

(2) 共有财产的管理及处分。共同财产,由夫妻共同管理。但约定由一方管理者,从其约定(第 1032 条第 1 项)。夫妻之一方,对于共同财产为处分时,应得他方之同意。前项同意之欠缺,不得对抗第三人。但第三人已知或可得而知其欠缺,或依情形,可认为该财产属于共同财产者,不在此限(第 1033 条)。

(3) 债务的清偿。夫或妻结婚前或婚姻关系存续中所负之债务,应由共同财产,并各就其特有财产负清偿责任(第 1034 条)。共同财产所负之债务,而以特有财产清偿者,或特有财产所负之债务,而以共同财产清偿者,有补偿请求权,虽于婚姻关系存续中,亦得请求(第 1038 条)。

(4) 夫妻一方死亡时共同财产的归属。夫妻之一方死亡时,共同财产之半数,归属于死亡者之继承人。其他半数,归属于生存之他方。前项财产之分划,其数额另有约定者,从其约定。第 1 项情形,如该生存之他方,依法不得为继承人时,其对于共同财产得请求之数额,不得超过于离婚时所应得之数额(第 1039 条)。

(5) 共同财产制消灭的法律效果。共同财产制关系消灭时,除法律另有规定外,夫妻各取回其订立共同财产制契约时之财产。共同财产制关系存续中取得之共同财产,由夫妻各得其半数。但另有约定者,从其约定(第 1040 条)。

3. 所得共同财产制

(1) 夫妻得以契约订定仅以劳力所得为限为共同财产。于此项情形,准用第 1034 条、第 1038 条及第 1040 条之规定(第 1041 条第 1 项、第 5 项)。

(2) 所谓劳力所得,指夫或妻于婚姻关系存续中取薪资、红利、奖金及其他与劳力所得有关之财产收入。劳力所得之孳息及代替利益,亦同。不能证明为劳力所得或劳力所得以外财产者,推定为劳力所得(第 1041 条第 2 项、第 3 项)。

(3) 夫或妻劳力所得以外之财产,适用关于分别财产制之规定(第 1041 条第 4 项)。

(二) 分别财产制

分别财产制具有双重地位,一方面为约定财产制之一种,任婚姻当事人选择,另一方面又作为特别法定财产制。经 2002 年亲属编修正删除旧第 1045 条、第 1047 条及第 1048 条后,分别财产制的内容更为简要。

(1) 分别财产,夫妻各保有其财产之所有权,各自管理、使用、收益及处分(第 1044 条)。

(2) 分别财产制有关夫妻债务之清偿,适用第 1023 条之规定(第 1046 条)。

须附带说明的是,在以联合财产制为法定财产制的旧架构下,当事人选用"分别财产制"的亦尚有之。现行法定财产制与分别财产制最大的不同,在其采"净余分配制",在新法定财产制的体制下,当事人是否仍会选择"分别财产制",是一个有趣并具法社会学意义的问题,值得注意。

第四节 离 婚

例题140：① 甲男与乙女协议离婚，订立书面，并有二人的证人之签名，约定某日同至户政机关办理离婚登记。设乙拒不协同办理登记时，甲得否提起协同办理离婚登记之诉？② 您是否知道近十年来裁判离婚的件数，主动提起离婚诉讼之人（夫或妻），离婚的原因以何者居多，这些数字具有何种法社会学上的意义？何谓"不堪同居的虐待"及"难以维持婚姻的重大事由"？

离婚，指已结婚的男女向将来消灭其夫妻身份关系。离婚的方式有二，即两愿离婚与判决离婚。分述如下。

一、两愿离婚

两愿离婚，指夫妻双方协议以消灭婚姻关系为目的的契约，又称协议离婚。两愿离婚攸关当事人利益及公益，民法设有实质要件与形式要件。

（一）实质要件

第1049条规定："夫妻两愿离婚者，得自行离婚。但未成年人，应得法定代理人之同意。"两愿离婚须由当事人自行为之，不得代理。未成年人已结婚者，财产法上虽有行为能力（第13条第3项），于离婚的身份行为，仍须得法定代理人同意。两愿离婚不得附条件或期限，但得约定一定金额的给付（如赡养费）。

（二）形式要件

第1050条规定："两愿离婚，应以书面为之，有二人以上证人之签名并应向户政机关为离婚之登记。"由是可知，两愿离婚的要件有三：

（1）订立书面协议，以求慎重。

（2）两人以上之证人签名，此指有行为能力之人亲见或亲闻当事人确有离婚真意而事后愿为证明之人，不须与当事人素相熟识（1980年台上字第3792号判决）。其签名或盖章得于离婚书据作成后，声请登记前为之。实务上认为两愿离婚，于签署离婚书据时，并无第三人在场，当事人于事后请友人二人，以证人身份在离婚书据上签名，仍发生离婚效力（参照1953年台上字第1001号判决）。

(3) 向户政机关为离婚之登记（"户籍法"第34条第2项），使具公示作用，维护交易安全。亲属编修正前两愿离婚，系以书面为之，并有两人以上证人之签名，为成立要件。嗣于修正时增列"并应向户政机关离婚之证记"为要件，乃为顾及公益，预防夫妻一时意气用事，使其在办理离婚登记前仍有审慎考虑之机会，故夫妻之一方若不协同办理离婚登记，他方不得提起"协同办理离婚登记之诉"。此为实务上重要问题，应请注意。

二、裁判离婚

（一）裁判离婚的原因

裁判离婚，乃夫或妻本于一定原因，请求法院判决其离婚。裁判离婚，法律设有下列法定原因，兼采列举原因及概括规定。分述如下。

1. 列举原因（绝对离婚）

（1）重婚。重婚包括有配偶而重为婚姻，或同时与两人以上结婚。在此情形，婚姻虽然无效，他方配偶仍有离婚请求权。但有请求权之一方于事前同意，或事后宥恕，或知悉后已逾6个月，或自其情事发生后已逾2年者，不得请求离婚（第1052条第1项第1款，第1053条）。配偶的一方对他方通奸行为有无告诉，或经告诉后再撤回，不追究刑事责任，与有无宥恕系属二事。有无宥恕，应依证据加以认定，不得单纯以撤回告诉遂认为其有宥恕（参照1939年台上字第2447号判决）。

（2）与有配偶以外之人合意性交（旧法为通奸），指夫妻之一方与配偶以外之异性性交者，包括纳妾、宿娼。离婚请求权的行使，法律亦设有如同重婚的限制。

（3）夫妻之一方，对他方为不堪同居之虐待。此指有身体上或精神上不能忍受之痛苦，致不堪继续同居。

（4）夫妻之一方对他方之直系亲属为虐待，或夫妻一方之直系亲属对他方为虐待，致不堪为共同生活（2008年1月9日修正）。例如，甲虐待其配偶乙与前配偶所生之子女，或甲之父母虐待甲的配偶乙时，乙均得请求离婚。

（5）夫妻之一方以恶意遗弃他方在继续状态中。其主要情形包括无正当理由不履行同居义务，或不支付生活费用，以致他方不能维持生活，此不以夫妻同居为必要。

（6）夫妻之一方意图杀害另一方。

（7）有不治之恶疾。所谓恶疾，例如麻风病、性病、艾滋病等。

（8）有重大不治之精神病。

（9）生死不明已逾3年。

（10）因故意犯罪，经判处有期徒刑逾6个月确定。旧法规定被处3年以上徒刑或因犯不名誉之罪被处刑者，判例以窃盗、侵占、背信、伪造文书，营利私诱、吸食鸦片等为不名誉之罪，解释上引起争议。修正规定较为明确，有助于婚姻之安定。

2. 概括规定（相对离婚原因）

有上述列举原因以外之重大事由，难以维持婚姻者，夫妻之一方得请求离婚，但其事由应由夫妻之一方负责者，仅他方得请求离婚（第1052条第2项）。立法目的在使夫妻请求裁判离婚的事由较富弹性。须注意的是，当事人以同一事实，主张有第1052条第1项各款及第2项所定离婚事由，诉请离婚，法院如认同法条第1项各款之离婚原因不能成立时，若能认属同法条第2项所定难以维持婚姻之重大事由时，即无不准依该法条第2项诉请离婚之理，不因当事人并据同一事实主张有该法条第1项离婚原因而有不同（1997年第二次民事庭决议）。

实务上认为难以维持婚姻之重大事由，夫妻双方均须负责时，应比较衡量双方之有责程度，仅责任较轻之一方，得向责任较重之他方请求离婚，始符公平（2005年台上字第115号判决）。兹举两则实例：

（1）夫妻间未有夫妻间性行为，一般人处于此状况下，自无维持夫妻之意欲，当属于重大事由（2004年台上字第2504号判决）。

（2）甲女在其与乙男婚姻关系存续中，于前往美国夏威夷旅游途中，与美籍男子结婚，婚后即独自返台，再托友人谎称其业已车祸死亡。嗣又隐瞒年龄及已有两位丈夫之事实，再与丁结婚，违反婚姻神圣、忠诚之义务。丁在婚后知悉上情而难以容忍，长期不再同居相处，应认其婚姻已难以维持，丁请求离婚为有理由（2000年台上字第1081号判决）。

（二）实务上关于裁判离婚的统计

关于裁判离婚，台湾各地方法院就终结案件，有司法统计，可供参照，兹将1991、2001及2007年度统计资料，列表如下：

年度		1991	2001	2007
合计		1983	4461	7684
主动离婚者	男	861	1569	
	女	1122	2889	
重婚		3	3	6
通奸		106	100	44
受他方虐待		220	970	626
受直系血亲尊亲属虐待或虐待直系血亲尊亲属		1	6	2
遗弃		1274	2111	2996
意图杀害对方		4	2	1
不治恶疾		3	10	9
精神病		10	10	9
生死不明		17	5	14
处徒刑		328	365	324
有上列以外之重大事由难以维持婚姻者		879	879	3663

上揭统计资料提供若干重要资讯，有待从事法社会学的研究。兹应提出说明的有四点：

（1）裁判离婚事件近20年来呈现快速增加的趋势。

（2）主动提起裁判离婚者，女多于男。

（3）在列举离婚原因中，以遗弃最多，受他方虐待次之，处徒刑又次之。30年来皆属如此。值得注意的是，在2007年度以"重大事由难以维持婚姻"而提出诉讼者，多达3663件，凸显此项概括规定的规范意义。

（4）以"受他方虐待"作为离婚原因，其案件增加迅速，态样甚多，包括殴打成伤、夫诬指妻与人通奸、夫诬称妻谋害本夫、生父奸淫亲生女；夫命妻下跪头顶盆锅等。1934年上字第4554号判例谓："夫妻之一方受他方不堪同居之虐待，固得请求离婚，惟因一方之行为不检而他方一时愤激，致有过当之行为，不得即谓不堪同居之虐待。"此一判例是否"违宪"，发生争议。

大法官释字第372号解释谓："维护人格尊严与确保人身安全，为'宪法'保障人民自由权利之基本理念。增进夫妻感情之和谐,防止家庭暴力之发生,以保护婚姻制度,亦为社会大众所期待。'民法'第1052条第1项第3款所称'不堪同居之虐待',应就具体事件,衡量夫妻之一方受他方虐待所受侵害之严重性,斟酌当事人之教育程度、社会地位及其他情事是否已危及婚姻关系之维系以为断。若受他方虐待已逾越夫妻通常所能忍受之程度而有侵害人格尊严与人身安全者,即不得谓非受不堪同居之虐待。"此项解释强调保护婚姻关系上人格尊严与人身安全系"宪法"的基本理念,而应实践于法律的解释适用,甚具意义。大法官解释认为,前揭判例"对于过当之行为逾越维系婚姻关系之存续所能忍受之范围部分,并未排除上述原则之适用,与'宪法'尚无抵触。"此项解释意旨,可供判断"不堪同居之虐待"的离婚理由的准据。

三、离婚的效力

例题141:甲男与乙女结婚后,生一子丙。数年后,甲有外遇,乙受甲不堪同居虐待。试分别就协议离婚及裁判离婚两种情形说明:① 如何决定对未成年子丙权利之行使或义务之负担?② 如何计算夫妻财产?③ 乙得否向甲请求损害赔偿或赡养费?

(一) 身份上的效力

夫妻离婚后,因婚姻关系所生的身份关系,例如夫妻关系、姻亲关系,均归于消灭。妻如冠夫姓,应去夫姓。

(二) 子女亲权的行使

1. 父母的亲权

夫妻离婚后,其与子女的自然血亲关系不受影响。但夫妻离婚,不再同居,关于子女亲权的行使问题,应予确定。第1055条设五项规定:

(1) 第1项(父母先为协议原则):夫妻离婚者,对于未成年子女权利义务之行使或负担,依协议由一方或双方共同任之。未为协议或协议不成者,法院得依夫妻之一方、主管机关、社会福利机构或其他利害关系人之请求或依职权酌定之。

(2) 第2项(为子女利益而改定父母的协议):前项协议不利于子女者,法院得依主管机关、社会福利机构或其他利害关系人之请求或依职权为子女之利益改定之。

(3) 第 3 项(为子女利益改定亲权人):行使、负担权利义务之一方未尽保护教养之义务或对未成年子女有不利之情事者,他方、未成年子女、主管机关、社会福利机构或其他利害关系人得为子女之利益,请求法院改定之。

(4) 第 4 项(法院之酌定):前三项情形,法院得依请求或依职权为子女之利益酌定权利义务行使负担之内容及方法。

(5) 第 5 项(会面交往权):法院得依请求或依职权,为未行使或负担权利义务之一方酌定其与未成年子女会面交往之方式及期间,但其会面交往有妨害子女之利益者,法院得依请求或依职权变更之。

第 1055 条之 1 规定,法院为前条裁判时,应依子女之最佳利益,审酌一切情状,参考社工人员之访视报告,尤应注意下列事项:① 子女之年龄、性别、人数及健康情形。② 子女之意愿及人格发展之需要。③ 父母之年龄、职业、品行、健康情形、经济能力及生活状况。④ 父母保护教养子女之意愿及态度。⑤ 父母子女间或未成年子女与其他共同生活之人间之感情状况。

2. 父母均不适合行使权利时,法院的处理

父母均不适合行使权利时,法院应依子女之最佳利益并审酌第 1055 条之 1 各款事项,选定适当之人为子女之监护人,并指定监护之方法,命其父母负担扶养费用及其方式(第 1055 条之 2)。

3. 为子女的最佳利益

第 1055 条、第 1055 条之 1 及之 2 条,系 1996 年亲属编修正时所修正或增设的规定,适用于两愿离婚或裁判离婚。其将旧"民法"第 1055 条"监护"文字修正为"对于未成年子女权利义之行使负担",系为与第 1089 条用语一致。最值重视的是,系采"为子女最佳利益"原则,并调和于家庭自治与公权力(法院)的介入,实为亲属法的重大发展,诚值重视。

(三) 财产上的效力

1. 夫妻财产的计算

关于离婚后,夫妻财产的计算,旧"民法"第 1058 条规定:"夫妻离婚时,无论其援用何种夫妻财产制,各取回其固有财产,如有短少,由有管理权之一方负担。但其短少系由非可归责于有管理权之一方之事由而生者,不在此限。"2002 年亲属编修正时,将其修正为:"夫妻离婚时,除采用分别财产制者外,各自取回其结婚或变更夫妻财产制时之财产。如有剩

余,各依其夫妻财产制之规定分配之。"此系为配合夫妻财产制之修正,并使夫妻自始采用一种夫妻财产制或嗣后改用其他财产制者,均有本条之适用。

2. 裁判离婚时的损害赔偿与赡养费

(1) 损害赔偿。夫妻之一方,因判决离婚而受有损害者,得向有过失之他方,请求赔偿;前项情形,虽非财产上之损害,受害人亦得请求赔偿相当之金额。但以受害人无过失者为限。此种精神上之损害赔偿请求权,不得让与或继承,但已依契约承诺或已起诉者,不在此限(第1056条)。所谓过失,指对离婚事由的发生而言,例如,重婚、与他人合意性交、对他方为不堪同居的虐待。受害人无过失者,例如不治之恶疾、重大不治的精神病。

至于聘金、订婚、结婚宴客的费用,非由裁判离婚而发生,不得请求损害赔偿,亦不成立不当得利。

(2) 赡养费。夫妻无过失之一方,因判决离婚而陷于生活困难者,他方纵无过失,亦应给予相当之赡养费(第1057条)。赡养费系为填补婚姻上生活保持请求权之丧失而设,其给予范围限于权利人个人之生活所需。至其给予数额,则应斟酌权利人之身份、年龄及自营生计之能力与生活程度,并义务人之财力如何而定。关于其给予方式,"民法"未设规定,实务上多采总括一次给付方式,在一般人心理上认为此方法最为有效,对离婚配偶新生活的再出发亦有较大之实益,且可避免定期给付没有担保所带来的危险,以及离婚后双方仍维持财产上不可分之关系,造成困扰或不便。此项赡养费并不及于未成年人的生活上需要。盖依第1116条之2规定:"父母对于未成年子女之扶养义务,不因结婚经撤销或离婚而受影响。"子女所需之教养费用,如一方无法负担,他方本即不免给付义务,不得请求他方向其个人为给付(1998年台上28判决)。

最后须注意的是,在两愿离婚的情形,关于损害赔偿或赡养费应自行约定,其无约定时,不准用第1056条及第1057条规定。

第五章 父母子女

第一节 概　　说

　　父母与子女的法律关系,称为亲子关系。亲子关系的发生有基于自然血缘,亦有基于收养,因法律拟制而形成养父母子女关系。其基于自然血缘而发生的,又可分为婚生子女及非婚生子女。非婚生子女须经生父认领或生父与生母结婚(准正),始与生父发生亲子关系(准婚生子女),为期醒目,图示如下：

```
          ┌ 血缘关系 ┌ 婚生子女
          │         │           ┌ 与其生母视为婚生子女
亲子关系  │         └ 非婚生子女┤ 经其生父认领、准正,视为婚生子女(准婚生子女)
          │                     └ 未经其生父认领、准正者,与其生父不生亲子关系
          └ 法律拟制：收养,除法律另有规定外,与婚生子女同
```

第二节　婚生子女及非婚生子女

　　例题142：① 您是否知道台湾每年有多少非婚生子女,其与生母及生父具有何种法律关系？② 试说明"婚生推定"、"准正"及"认领"的意义及功能。③ 夫妻一方发现妻非自夫受胎,或于准正或认领后发现该非婚生子女与生父无血缘关系时,应如何处理？谁得否定婚生的推定,否认准正或认领的效力？试就此例说明"身份安定"与"真实血统关系"此两项原则的调和。

一、婚生子女

(一) 婚生子女的意义

婚生子女,指由婚姻关系受胎而生之子女(第1061条)。所谓"婚姻关系受胎",指受胎期间系在合法的婚姻关系存续中。关于受胎期间的计算,第1062条原规定:"从子女出生日回溯第181日起至第302日止为受胎期间。(第1项)能证明受胎回溯在前项第302日以前者,以其期间为受胎期间。(第2项)"(参阅下图):

```
               婚姻关系存在:婚生推定
                     ↑
                  受胎期间
       出生──→181日起─────→302日止
```

新修正第1062条将第2项改为:"能证明受胎回溯第181日以内或第302日以前者,以其期间为受胎期间。"目前医学进步,怀胎6个月以内之早产儿已能存活,故第2项增列"第181日以内"等文字,以符合社会实情,保护胎儿之利益。

(二) 婚生子女的推定及否认

例题 142-1:甲、乙为夫妻,婚姻关系存续中生丙。丙于18岁时确知其系生母乙与丁通奸怀孕所生,非甲与乙的婚生子女。试问在此种情形,谁(甲、乙、丙、丁)得提起否认之诉?如何定其期间?

第1063条第1项规定:"妻之受胎,系在婚姻关系存续中者,推定其所生子女为婚生子女。"立法目的在于安定身份关系,保护出生的子女。同条第2项原规定:"前项推定,如夫妻之一方能证明妻非自夫受胎者,得提起否认之诉。但应于知悉子女出生之日起,一年内为之。"大法官释字第587号解释认为,第1063条不许子女独立提起否认之诉,不符"宪法"保障其知悉真实血统的人格权。为回应此项解释,2007年亲属编修正乃将第2项修正为:"前项推定,夫妻之一方或子女能证明子女非为婚生子女者,得提起否认之诉";并设第3项:"前项否认之诉,夫妻之一方自知悉该子女非为婚生子女,或子女自知悉其非为婚生子女之时起二年内为之。但子女于未成年时知悉者,仍得于成年后二年内为之。"关于此重要修正,立法说明谓:

（1）鉴于现行各国亲属法立法趋势，已将"未成年子女最佳利益"作为最高指导原则，又联合国大会于1989年11月20日修正通过的《儿童权利公约》第7条第1项，亦明定儿童有尽可能知道谁是其父母的权利。复参酌于1998年修正之《德国民法》第1600条明文规定，子女为否认之诉撤销权人，爰于本条第2项增列子女亦得提起否认之诉。

（2）现行条文第2项但书规定，夫或妻提起否认之诉，应于知悉子女出生之日起1年内为之。因其期间过短，且常有知悉子女出生但不知非为婚生子女之情形，致实务上造成期间已届满，不能提起否认之诉，而产生生父无法认领之情形，爰将现行条文第2项但书所定"知悉子女'出生'之日起'1年'内"，修正放宽为"知悉该子女'非为婚生子女'时起'2年'内为之"，以期取得血统真实与身份安定间之平衡。

（3）至于子女提起否认之诉之期间，亦以该子女"知悉其非为婚生子女之日起2年内为之"。惟子女若于未成年时知悉者，为避免该子女因思虑未周或不知如何行使权利，爰明定仍得于成年后2年内提起否认之诉，以保障其权益。①

（三）人工受孕子女

为健全人工生殖之发展，保障不孕夫妻、人工生殖子女与捐赠人之权益，维护伦理及健康，2007年3月5日制定"人工生殖法"。第11条规定："夫妻符合下列各款情形者，医疗机构始得为其实施人工生殖：① 经依第7条规定实施检查及评估结果，适合接受人工生殖。② 夫妻一方经诊断罹患不孕症，或罹患主管机关公告之重大遗传性疾病，经由自然生育显有生育异常子女之虞。③ 夫妻至少一方具有健康之生殖细胞，无须接受他人捐赠精子或卵子。夫妻无前项二款情形，而有医学正当理由者，得报经主管机关核准后，实施人工生殖。"

关于人工生殖子女之地位，"人工生殖法"第23条规定："妻于婚姻关系存续中，经夫同意后，与他人捐赠之精子受胎所生子女，视为婚生子女（第1项）。前项情形，夫能证明其同意系受诈欺或胁迫者，得于发现被诈欺或被胁迫终止后六个月内提起否认之诉。但受诈欺者，自子女出生之日起满三年，不得为之（第2项）。'民法'第1067条规定，于本条情

---

① 参见吴从周：《再访否认子女之诉——以亲生父提诉权之探讨为中心》，载《台湾法学》第96期，第71页。

形不适用之(第3项)。"第24条规定:"妻于婚姻关系存续中,同意以夫之精子与他人捐赠之卵子受胎所生子女,视为婚生子女。前项情形,妻能证明其同意系受诈欺或胁迫者,得于发现被诈欺或被胁迫终止后六个月内提起否认之诉。但受诈欺者,自子女出生之日起满三年,不得为之。"妻受胎后,如发现有婚姻撤销、无效之情形,其分娩所生子女,视为受术夫妻之婚生子女(第25条)。

人工生殖法所适用之对象,仅限妻于婚姻关系存续中,经夫同意后,与他人捐赠之精子受胎所生子女,或妻于婚姻关系存续中,同意以夫之精子与他人捐赠之卵子受胎所生子女。至于妻于婚姻关系存续中,未经夫同意后,与他人捐之精子受胎所生子女,或妻于婚姻关系存续中,未同意以夫之精子与他人捐赠之卵子受胎所生子女,与该夫或妻之关系,则应依亲属编之有关规定加以处理。

二、非婚生子女

(一) 统计资料

非婚生子女,指非由婚姻关系而生的子女(俗称私生子)。非婚生子女与其生母的关系视为婚生子女,无须认领(第1065条第2项)。非婚生子女因准正或认领而视为婚生子女,在此之前,非婚生子女与其生父之间无亲子关系,非婚生子女不得请求生父支付扶养费用,亦不得继承其生父的遗产。

兹提出一项相关统计资料(资料来源:"内政部"台闽地区人口历年身份变更统计资料)如下:

年度 \ 类目	人口总数(人)	非婚生子女	认领(人)
1997	21 742 815	9 500	5 542
1998	21 928 591	9 294	5 340
1999	22 092 387	9 083	5 555
2000	22 276 672	9 952	6 044
2001	22 405 568	9 433	5 804
2005	22 770 383	8 245	5 028
2006	22 876 527	8 560	5 037

由上揭统计资料,可知在自1997年度以来每年非婚生子女均在一万人以下,其后则有下降的趋势,其被认领者,超过半数。

(二)准正

非婚生子女,其生父与生母结婚者,视为婚生子女(第1064条),判例学说上称准正,乃所谓的"先上车后补票"。准正的效力溯自子女出生时。准正后如发现该子女与生父间并无血缘关系,可由该子女、生母、生父或其他有利害关系之第三人,随时提起确认亲子关系不存在之诉,以除去其不实之亲子关系[1973年第三次民事庭会议决议(八)](参阅例题142)。

三、认领

例题142-2:甲男在某场合与乙女一见钟情而发生性关系,乙怀孕生子丙,甲、乙并无同居之事实。试问:① 乙或丙得否向甲提出强制认领之诉? ② 乙或丙的强制认领之诉有无期间限制? ③ 甲死亡后,乙或丙得否向甲的继承人请求认领? ④ 甲死亡后,无继承人时,乙或丙如何行使其认领请求权?

例题142-3:甲男与乙女相识于某次海外旅行,乙女怀孕,生子丙。甲认领后,得否以其认领系被胁迫而撤销之?甲能否证明甲非丙的生父,而撤销其认领,有无期间限制?

1. 认领的意义及种类

认领,指生父承认其与非婚生子女有父子(女)关系的意思表示。对胎儿亦得为认领。认领有任意认领与强制认领两种,分述如下:

(1) 任意认领与对认领的否认。第1065条第1项规定:"非婚生子女经生父认领者,视为婚生子女。其经生父抚育者,视为认领。"未婚生子女或其生母,对于生父之认领,得否认之(第1066条)。生父的认领被否认时,生父须提起确认父子女关系之诉,并负举证责任。

须注意的是,为安定身份关系,除该非婚生子女或其生母外,纵为利害关系人(如生父的配偶或其他继承人),亦不得以该非婚生子女与生父无血缘关系而提起确认之诉,以除去其父子关系(1998年台上字第2185号判决)。

(2) 强制认领与不贞抗辩

① 强制认领法定事由的概括化。强制认领,指有法定事由,非婚生子女或其生母或其他法定代理人强制其生父认领非婚生子女。所谓法定事由,旧"民法"第1067条规定,指下列情形之一:A. 受胎期间生父与生母有同居之事实者。B. 由生父所作之文书可证明其为生父者。C. 生母为生父强制性交或略诱性交者。D. 生母因生父滥用权势性交者(第1项)。强制认领之请求权,非婚生子女自成年后两年间或生母及其他法定代理人自子女出生后7年间不行使而消灭(第2项)。

新修正第1067条第1项规定:"有事实足认其为非婚生子女之生父者,非婚生子女或其生母或其他法定代理人,得向生父提出强制认领之诉"。第2项规定:"前项认领之诉,于生父死亡后,得向生父之继承人为之。生父无继承人者,得向社会福利主管机关为之。"将强制认领的事由从列举规定改为概括规定。立法说明谓:A. 现行条文第1项规定所设有关强制认领原因之规定,系采取列举主义,即须具有列举原因之一者,始有认领请求权存在,始得请求认领。惟按诸地区立法例,认领已趋向客观事实主义,故认领请求,悉任法院发现事实,以判断有无亲子关系之存在,不宜再予期间限制,爰修正本条第1项规定,由法院依事实认定亲子关系之存在,并删除第2项期间限制规定。B. 现行条文第1项有关得请求其生父认领为生父之子女之规定,为避免误认为有认领请求权存在始得请求认领,故斟酌本条修正条文之意旨及"民事诉讼法"第589条及第596条第1项但书等规定,修正为得向生父提起认领之诉之规定。C. 有关生父死亡后强制认领子女之问题,现行法未有规定,爰参酌其他地区立法例,明列该规定,以保护子女之权益及血统之真实,及生父之继承人较能了解及辨别相关书证之真实性,爰增订生父死亡时,向生父之继承人提起认领之诉;无继承人者,向社会福利主管机关为之。

② 不贞抗辩的删除。第1068条规定:"生母于受胎期间内,曾与他人通奸或为放荡之生活者,不适用前条之规定。"此项所谓不贞抗辩剥夺非婚生子女请求生父认领的权利,乃在惩罚生母淫乱,以避免子女血统无法确定,然只强调女性的伦理道德,不但与保护非婚生子的意旨不符,亦违男女平等原则。为保护非婚生子女的权益及符合男女平等原则,应以科学方法确定真实之父。是本条规定已无必要,亲属编修正时,特予删除。

2. 认领的效力

(1) 视为婚生子女。非婚生子女,经生父认领者,视为婚生子女。认领之效力,溯及于出生时,但第三人已取得之权利,不因此而受影响(第1069条)。所谓第三人已取得之权利,例如生母将非婚生子女出养后,生父始为认领时,该认领虽使非婚生子女与生父发生自然血亲关系,但不影响养父母的权利。

(2) 生父认领非婚生子女后,不得撤销其认领(第1070条)。即生父认领有血缘关系的非婚生子女时,纵系被胁迫、诈欺,亦不得撤销。盖二人实有血统之联系,以保护非婚生子女之身份,学说上称之为观念通知。为避免解释上之误会,新修正"民法"第1070条规定:"生父认领非婚生子女后不得撤销其认领。但有事实足认其非生父者,不在此限。"此项认领撤销之行使无期间之限制,以维护真实血统关系。

(3) 非婚生子女经认领者,关于未成年子女权利义务之行使或负担,准用第1055条、第1055条之1及第1055条之2之规定(第1069条之1)。

第三节 收 养

例题143:您是否知道台湾每年有多少收养及终止收养的件数?试就2007年关于收养制度的修正,说明保护被收养人利益法律原则的具体化及各修正规定的意旨。

一、收养的意义及社会机能

(一) 收养制度现代化:为养子女利益原则

收养,指收养他人的子女为自己的子女,而在法律上视同亲生子女。收养系一种身份契约。收养者称为养父或养母,被收养者称为养子或养女(第1072条)。收养制度的社会功能,历经变迁,早期是为宗族或家族血统的继承。而后,出养者有为减经家庭负担,而收养者则为增加家庭劳动力及养老。近年来转为以养子女利益而收养孤儿、弃婴、非婚生子女等。2007年亲属编修正时,亦将收养列为重点,增修若干重要条文以应对现代收养制度的发展趋势。"儿童福利法"关于收养亦设有规定(第27

条以下),请注意及之。

（二）一项统计资料

收养系亲属法上的重要制度,兹提供1997年至2006年的一项统计资料(资料来源:台闽地区人口历年身份变更统计资料)如下：

年度＼类目	收养(人)	终止收养(人)
1997	4 015	994
1998	4 083	913
1999	4 042	1 014
2000	3 988	930
2001	3 510	897
2005	2 658	895
2006	2 626	1 028

上揭统计资料显示,近10年来,在台闽地区收养人数皆在2 000人至4 000人之间。每年下降,在2006年,收养者有2 626人,终止收养者为1 028人,约高于三分之一,比例甚高,应有作实证研究的价值。

二、收养的成立

例题143-1：试就旧法和新修正规定内容及立法意旨研讨下列问题：① 未成年人无法定代理人时,应如何为收养？② 甲与乙为夫妻,甲为30岁时,得否收养乙12岁之子女？③ 甲与乙为夫妻,甲中风成为植物人,乙得否单独收养丙？④ 甲与乙为夫妻,甲生死不明已逾3年,乙得否收养丙？⑤ 甲与乙离婚,其8岁之子丙由乙监护,乙得否单独出养丙？抑须得甲之同意；若采父母共同出养原则,应否设例外,如何规定？

（一）收养的要件

1. 实质要件

（1）须有收养的合意。收养系身份契约,其成立须有双方的合意。收养者至少须满20岁(第1073条)。关于收养行为能力,在被收养人方面,新修正"民法"第1076条之2规定：被收养者未满7岁时,应由其法定代理人代为并代受意思表示(第1项)。满7岁以上之未成年人被收养时,应得其法定代理人之同意(第2项)。被收养者之父母已依前两项规定以法定代理人之身份代为并代受意思表示或为同意时,得免依前条规定为同意(第3项)。

其修正重点系删除旧法第1079条第2项及第3项:"但无法定代理人时,不在此限"之规定。立法说明谓:未成年人被收养时,应由其法定代理人代为、代受意思表示或得其同意,固无疑义,而依现行第1079条第2项及第3项但书规定,如无法定代理人时,则毋须由其法定代理人代为、代受意思表示或得其同意,造成被收养者无法定代理人时,其收养程序过于简略,对未成年人之保护恐有未周。为保护未成年人之利益,在未成年人无法定代理人之情形,应先依亲属编或其他法律之规定定其监护人为法定代理人,以杜弊端,爰删除第2项及第3项但书规定。

(2) 收养人与被收养人年龄之差距。旧"民法"第1073条规定:"收养者之年龄,应长于被收养者二十岁以上。"立法意旨系认养父母应有成熟的人格,经济能力等足以担负为人父母责任。依此规定,甲男与乙女结婚,甲不得收养乙女所生小于甲19岁的未成年子女。此是否合理,不无疑问。大法官释字第502号解释谓:"第1073条关于收养者之年龄应长于被收养者二十岁以上,及第1079条之1关于违反第1073条者无效之规定,符合伦常观念,为维持社会秩序、增进公共利益所必要,与'宪法'保障人民自由权利之意旨并无抵触。收养者与被收养者之年龄合理差距,固属立法裁量事项,惟基于家庭和谐并兼顾养子女权利之考量,上开规定于夫妻共同收养或夫妻之一方收养他方子女时,宜有弹性之设,以符合社会生活之实际需要,有关机关应予检讨修正。"

新修正第1073条为因应前揭大法官解释乃规定:收养者之年龄,长于被收养者20岁以上。但夫妻共同收养时,夫妻之一方长于被收养者20岁以上,而他方仅长于被收养者16岁以上,亦得收养(第1项)。夫妻之一方收养他方之子女时,应长于被收养者16岁以上(第2项)。立法说明谓:现行条文规定收养者之年龄应长于被收养者20岁以上,其目的固在考量养父母应有成熟之人格、经济能力等足以担负为人父母保护教养子女之义务。惟为考虑夫妻共同收养或夫妻之一方收养他方子女时,应有弹性,以符实际需要,爰增订第1项但书及第2项规定。又参酌民法规定结婚最低年龄为16岁,故满18岁之人始得结婚并有养育子女之能力,且台湾习俗亦系于16岁举行成年礼,爰规定上开情形夫妻之一方与被收养者之年龄差距至少为 16 岁。

(3) 须辈分相当(近亲收养的禁止)。旧"民法"第 1073 条之 1 规定:下列亲属不得收养为养子女:① 直系血亲。② 直系姻亲。但夫妻之一方,收养他方之子女者,不在此限。③ 旁系血亲及旁系姻亲之辈分不相当者。但旁系血亲在八亲等之外,旁系姻亲在五亲等之外者,不在此限。本条第 3 款经修正为:"旁系血亲在六亲等以内及旁系姻亲在五亲等以内,辈分不相当者。"立法说明谓:现行条文第 3 款规定系参酌"最高法院"1960 年台上字第 1927 号判决,类推适用第 983 条第 1 项第 2 款规定之意旨于 1985 年所增订,然第 983 条已于 1998 年修正调整禁婚亲亲等之规定,爰配合上开规定将第 3 款所定"旁系血亲八亲等"修正为"旁系血亲六亲等"。

(4) 夫妻共同收养及其例外。旧"民法"第 1074 条规定:"有配偶者收养子女时,应与其配偶共同为之,但夫妻之一方,收养他方之子女者,不在此限。"第 1074 条新修正规定:"夫妻收养子女时,应共同为之。但有下列各款情形之一者,得单独收养:① 夫妻之一方收养他方之子女。② 夫妻之一方不能为意思表示或生死不明已逾三年。"立法说明谓:依现行条文规定,夫妻收养子女时,固应共同为之,以维持家庭之和谐。但在夫妻之一方不能为意思表示或生死不明已逾 3 年时,影响他方收养子女之权益,亦非公允,宜有例外之规定,爰将现行条文但书改列为但书第 1 款并增订第 2 款例外情形,以符实际需要。

(5) 同时为二人养子女之禁止。旧"民法"第 1075 条规定:"除一人同时为一对夫妻收养外,一人不得同时为二人之养子女。"经文字调整修正为:"除夫妻共同收养外,一人不得同时为二人之养子女。"

(6) 被收养人有配偶时,应得他方之同意。旧"民法"第 1076 条规定:"有配偶者被收养时,应得其配偶之同意。"新修正规定为:"夫妻之一方被收养时,应得他方之同意。但他方不能为意思表示或生死不明已逾三年者,不在此限。"修正说明谓:现行条文为维持婚姻和谐,明定夫妻之一方被收养时,应得他方之同意。然对于他方有不能为意思表示或生死不明已逾 3 年之情形,现行条文未设例外规定,鉴于上开情形乃事实上不能为同意,已无婚姻和谐之考量,爰增列但书规定予以排除。

(7) 父母应共同出养子女及父母一方单独出养子女之例外。新增订第 1076 条之 1 规定:子女被收养时,应得其父母之同意。但有下列各款情形之一者,不在此限:① 父母之一方或双方对子女未尽保护教养义务或有其他显然不利于子女之情事而拒绝同意。② 父母之一方或双方事实上不能为意思表示(第1项)。前项同意应作成书面并经公证。但已向法院声请收养认可者,得以言词向法院表示并记明笔录代之(第2项)。第1项之同意,不得附条件或期限(第3项)。关于本条立法意旨,应说明者有四:

① 按收养关系成立后,养子女与本生父母之权利义务于收养关系存续中停止之,影响当事人权益甚巨,故应经父母之同意。又本条所定父母同意系基于父母子女身份关系之本质使然,此与第1076条之2规定有关法定代理人所为代为、代受意思表示或同意,系对于未成年人能力之补充,有所不同。因此,如未成年子女之父母离婚、父母之一方或双方被停止亲权时,法定代理人可能仅为父母之一方或监护人,此时法定代理人将子女出养,因将影响未任法定代理人之父或母与该子女间之权利义务,故仍应经未任未成年子女权利义务之行使或负担之父母之同意,此即本条之所由设。至成年子女出养时亦应经其父母之同意,自不待言。

② 本条同意虽属父母固有之权利,但在父母一方或双方对子女未尽保护教养义务而滥用同意权,或有其他显然不利于子女之情事而拒绝同意,或事实上不能为意思表示之情形时,得例外免除其同意,以保护被收养者之权利,爰明定第1项但书规定。又第1项第2款所定"事实上不能",例如,父母不详、父母死亡、失踪或无同意能力,不包括停止亲权等法律上不能之情形。

③ 为强化同意权之行使,爰规定同意为要式行为,除应作成书面外,并应经公证,以示慎重。又鉴于收养应经法院之认可,故对于同意应经公证之规定,明定得以言词向法院表示并记明笔录代之,以为便民,爰为第2项规定。

④ 基于身份行为之安定性考量,父母同意权之行使,不得附条件或期限,爰为第3项规定。

2. 形式要件

收养应否声请法院认可?在何种情形法院应不予认可?收养应自何时发生效力?此等问题涉及收养的形式要件,2007年亲属编修正,设有四个规定:

(1) 第1079条:"收养应以书面为之,并向法院声请认可(第1项)。

收养有无效、得撤销之原因或违反其他法律规定者,法院应不予认可(第2项)。"

本条修正的重点系删除旧第 1079 条第 1 项但书"但被收养者未满 7 岁而无法定代理人时,不在此限"的规定。立法说明谓:收养系建立拟制亲子关系之制度,为昭慎重,自应以书面为之。惟现今借收养名义达成其他之目的者,亦时有所闻,为保护被收养者之权益,爰将现行条文第 1 项但书所定:"但被收养者未满七岁而无法定代理人时,不在此限"之例外规定,予以删除。

(2) 第 1079 条之 1:"法院为未成年人被收养之认可时,应依养子女最佳利益为之。"

(3) 第 1079 条之 2:"被收养者为成年人而有下列各款情形之一者,法院应不予收养之认可:① 意图以收养免除法定义务。② 依其情形,足认收养于其本生父母不利。③ 有其他重大事由,足认违反收养目的。"

(4) 第 1079 条之 3:"收养自法院认可裁定确定时,溯及于收养契约成立时发生效力。但第三人已取得之权利,不受影响。"

(二) 违反收养要件的法律效果

> 例题 143-2:收养违反法定的形式或实质要件如何？在何种情形应其定为"无效",或得请求法院撤销之？如何规定撤销人及其行使期间？

违反收养要件时,法律依其情形规定其为无效或得撤销。亲属编修正设有如下规定:

(1) 无效。第 1079 条之 4 规定收养无效之情形:收养子女,违反第 1073 条(收养年龄)、第 1073 条之 1(收养之辈分相当)、第 1075 条(同时为二人之养子女)、第 1076 条之 1(父母之同意)、第 1076 条之 2 第 1 项(未满 7 岁子女出养由法定代理人为之)及第 1079 条第 1 项(收养之书面及声请法院之认可)之规定。新法修正后,有关收养无效,较旧法多出三个事由:① 父母于子女出养时,未订立以书面并经法院认可。② 未满 7 岁子女出养未由其法定代理人代为意思表示。③ 子女之出养未订立书面协议及声请院之认可。

(2) 撤销。第 1079 条之 5:收养子女,违反第 1074 条之规定者,收养者之配偶得请求法院撤销之。但自知悉其事实之日起,已逾 6 个月,或自法院认可之日起已逾 1 年者,不得请求撤销(第 1 项)。收养子女,违反第 1076 条或第 1076 条之 2 第 2 项之规定者,被收养者之配偶或法定代理人得请求法院撤销之。但自知悉其事实之日起,已逾 6 个月,或自法院认可之日起已逾 1 年者,不得请求撤销(第 2 项)。依前两项之规定,经法院判决撤销收养者,准用第 1082 条及第 1083 条之规定(第 3 项)。

兹将收养无效及得撤销之规定整理如下:

收养无效 (第 1079 条之 4)	收养未作成书面及声请法院认可(第 1079 条第 1 项、第 73 条)		
	违反收养年龄(第 1073 条)		
	近亲收养(第 1073 条之 1)		
	同时为二人的养子女(第 1075 条)		
	未得父母同意(第 1076 条之 1)		
	未满 7 岁之子女出养未由其法定代理人代为意思表示(第 1076 条之 2 第 1 项)		
收养之撤销(第 1079 条之 5)	撤销原因	撤销人	除斥期间及法律效果
	收养人未与配偶共同收养(第 1074 条)	配偶	1. 自知悉其事实之日起 6 个月内或自法院认可之日起 1 年之内 2. 准用第 1082、1083 条规定
	夫妻之一方被收养,未得他方同意(第 1076 条)	配偶	
	收养限制行为能力人,未得其法定代理人同意(第 1076 条之 2 第 2 项)	法定代理人	

三、收养的效力

例题 143-3:试比较旧法与新修正规定的立法意旨,分析讨论:① 收养于何时发生效力?② 养子女与养父母之关系与婚生子女是否相同?有无不同之处?③ 如何决定养子女之从姓?

(一)收养发生效力之时点

新增"民法"第 1079 条之 3 规定:"收养自法院认可裁定确定时,溯及于收养契约成立时发生效力。但第三人已取得之权利,不受影响。"

(二)成立父母养子女身份及其他亲属之亲属关系

旧"民法"第 1077 条规定:"养子女与养父母之关系,除法律另有规定外,与婚生子女同。"第 1077 条经修正为五项:

（1）养子女与养父母及其亲属间之关系,除法律另有规定外,与婚生子女同。

（2）养子女与本生父母及其亲属间之权利义务,于收养关系存续中停止之,但夫妻之一方收养他方之子女时,他方与其子女之权利义务,不因收养而受影响。

（3）收养者收养子女后,与养子女之本生父或母结婚时,养子女恢复与本生父或母及其亲属间之权利义务。但第三人已取之权利,不受影响。

（4）养子女于收养认可时已有直系血亲卑亲属者,收养之效力仅及于其未成年且未结婚之直系血亲卑亲属。但收养认可前,其已成年或已结婚之直系血亲卑亲属表示同意者,不在此限。

（5）前项同意,准用第1076条之1第2项及第3项之规定。

（三）养子女之从姓

旧第1078条规定:养子女从收养者之姓。有配偶者收养子女时,养子女之姓适用第1059条之规定。新修正第1078条规定:① 养子女从收养者之姓或维持原来之姓。② 夫妻共同收养子女时,于收养登记前,应以书面约定养子女从养父姓、养母姓或维持原来之姓。③ 第1059条第2项至第5项之规定,于收养之情形准用之。

四、收养的终止

（一）终止的原因

例题143-4:试比较旧法与新修正规定的立法意旨,分析讨论下列问题:① 终止收养,须否得法院之许可? ② 甲与乙为夫妻,共同为丙所收养,离婚后,甲欲终止与丙的收养关系,应否与乙共同为之? ③ 合意终止收养的无效或得撤销之事由。④ 在合意终止收养的情形,因收养关系终止而生活陷于困难者,得否请求给予相当之金额?

1. 合意终止(协议终止)

（1）合意终止的要件。养父母与养子女关系得由双方合意终止之。为此,新修正第1080条设有八项规定:

① 养父母与养子女之关系,得由双方合意终止之(将旧法同意终止修正为合意终止)。

② 前项终止,应以书面为之。养子女为未成年人者,并应向法院声

请认可(新增规定)。

③ 法院依前项规定为认可时,应依养子女最佳利益为之(新增规定)。

④ 养子女为未成年人者,终止收养自法院认可裁定确定时发生效力(新增规定)。

⑤ 养子女未满7岁者,其终止收养关系之意思表示,由收养终止后为其法定代理人之人为之(旧法规定)。

⑥ 养子女为满7岁以上之未成年人者,其终止收养关系,应得收养终止后为其法定代理人之人同意(旧法规定)。

⑦ 夫妻共同收养子女者,其合意终止收养应共同为之。但有下列情形之一者,得单独终止:夫妻之一方不能为意思表示,或生死不明已逾3年;夫妻之一方于收养后死亡;夫妻离婚(新增规定)。

⑧ 夫妻之一方依前项但书规定单独终止收养者,其效力不及于他方(新增规定)。

(2) 法院许可终止收养。新修正第1080条之1规定:养父母死亡后,养子女得声请法院许可终止收养(第1项)。养子女未满7岁者,由收养终止后为其法定代理人之人向法院声请许可(第2项)。养子女期满7岁以上之未成年人者,其终止收养之声请,应得收养终止后为其法定代理人之人同意(第3项)。法院认终止收养显失公平者,得不许可之(第4项)。

2. 合意终止收养之无效与撤销

(1) 终止收养之无效。新增第1080条之2规定规定终止收养无效事由为:终止收养,违反第1080条第2项(形式要件)、第5项(未满7岁之养子女由收养终止后之法定代理人之人为之)或第1080条之1第2项规定者(未满7岁之养子女由收养终止后为其法定代理人之人向法院声请许可)。

(2) 终止收养之撤销。新增第1080条之3,规定终止收养之撤销,以落实终止收养实质要件之履行,分为两项:

① 终止收养,违反第1080条第7项之规定者(夫妻共同终止收养及单独终止收养之例外情形),终止收养者之配偶得请求法院撤销之。但自知悉其事实之日起,已逾6个月,或自法院认可之日起已逾1年者,不得请求撤销。

② 终止收养,违反第 1080 条第 6 项(满 7 岁未成年之终止收养应得收养终止后为其法定代理人之人之同意)或第 1080 条之 1 第 3 项(满 7 岁以上未成年子女之声请法院终止收养应得收养终止后为其法定代理人之人之同意)之规定者,终止收养后被收养者之法定代理人得请求法院撤销之。但自知悉其事实之日起,已逾 6 个月,或自法院许可之日起已逾 1 年者,不得请求撤销。

(二) 裁判终止收养

新修正第 1081 条对裁判终止收养设有两项规定。第 1 项规定:"养父母、养子女之一方,有下列各款情形之一者,法院得依他方、主管机关或利害关系人之请求,宣告终止其收养关系:① 对于他方为虐待或重大侮辱。② 遗弃他方。③ 因故意犯罪,受二年有期徒刑以上之刑之裁判确定而未受缓刑宣告。④ 有其他重大事由难以维持收养关系。"第 2 项规定:"养子女为未成年人者,法院宣告终止收养关系时,应依养子女最佳利益为之。"

(三) 终止收养的法律效果

1. 相当金额之给予

旧第 1082 条规定:"收养关系经判决终止时,无过失之一方,因而陷于生活困难者,得请求他方给予相当之金额。"新修正第 1082 条规定:"因收养关系终止而生活陷于困难者,得请求他方给予相当之金额。但其请求显失公平者,得减轻或免除之。"新修正规定系鉴于养父母与养子女相互间,有直系血亲关系,依第 1114 条规定,互负生活保持之扶养的义务。如一方因收养关系终止而生活陷于困难者,他方应予扶助,而此扶助义务不应区分为合意终止或裁判终止收养。故将原规定仅限于裁判终止之情形,扩大修正为合意终止收养亦能请求。又在合意终止收养关系上,通常并没有"无过失"之情形,故将原规定之"无过失"删除。

2. 姓氏及身份关系

(1) 本姓及原身份关系的恢复。旧第 1083 条规定:"养子女自收养关系终止时,恢复其本姓,并恢复其与本生父母之关系。但第三人已取得之权利,不因此而受影响。"新修正第 1083 条规定:"养子女及收养效力所及之直系血亲卑亲属,自收养关系终止时起,恢复其本姓,并恢复其与本生父母及其亲属间之权利义务。但第三人已取得之权利,不受影响。"

（2）第 1055 条之 1 规定之准用。

第 1055 条之 1 规定：法院于为子女监护之裁判时，应依子女最佳利益之审酌。

新修正第 1083 条之 1 规定：法院依第 1059 条第 5 项（父母之一方或子女请求法院变更子女之姓氏）、第 1059 条之 1 第 2 项（父母之一方或非婚生子女请求法院变更子女之姓氏）、第 1078 条第 3 项（养父母之一方或养子女请求法院变更子女之姓氏）、第 1079 条之 1（法院为未成年子女收养之认可）、第 1080 条第 3 项（法院为养父母与未成年养子女收养终止之认可）或第 1081 条第 2 项（养子女于养父死亡后声请法院认可）规定为裁判时，准用第 1055 条之 1 之规定，即应依子女最佳利益为之。

第四节　父母子女间的权利义务关系

一、子女对父母的关系：子女之称姓

例题 144：① 试说明现行法关于子女之从姓规定的变迁，及其社会、文化及法律上的意义。② 2007 年新修正第 1059 条如何规定，立法意旨何在？③ 子女姓氏经登记后，得否变更，其变更次数有无限制？已成年子女变更姓氏时，应否得父母的同意？④ 在何种情形应允许父母之一方或子女得请求法院变更子女之姓氏为父姓或母姓？⑤ 非婚生子女的从姓，新法如何规定？非婚生子女于生母认领前从母姓，经生母认领后，如何决定其从姓？

父母子女关系发生后，在当事人间即发生一定的权利义务关系。第 1084 条第 1 项规定子女应孝敬父母。此为法律的道德化，仅具训示性质。

其最受重视者，系子女的从姓，此为亲属法上最具争议的重大问题。旧"民法"第 1059 条规定：子女从父姓，赘夫之子女从母姓，但另有约定者，从其约定。1985 年特修正为：子女从父姓。但母无兄弟，约定子女从母姓者，从其约定。赘夫之子女从母姓。但约定其子女从父姓者，从其约定。2007 年的亲属编修正时再作修正，分就婚生子女与非婚生子之从姓加以规定。

(一) 婚生子女之从姓

1. 新修正第1059条的规定

关于婚生子女之从姓,第1059条设五项规定:

(1) 父母于子女出生登记前,应以书面约定子女从父姓或母姓。未约定或约定不成者,于户政事务所抽签决定之。

(2) 子女经出生登记后,于未成年前,得由父母以书面约定变更为父姓或母姓。

(3) 子女已成年者,得变更为父姓或母姓。

(4) 前两项之变更,各以一次为限。

(5) 有下列各款情形之一,法院得依父母之一方或子女之请求,为子女之利益宣告变更子女之姓氏为父姓或母姓:① 父母离婚者;② 父母之一方或双方死亡者;③ 父母之一方或双方生死不明满3年者;④ 父母之一方显有未尽保护或教养义务之情事者。

2. 立法说明

(1) 现行条文第1项规定,子女从父姓。但母无兄弟时,得约定从母姓。此一规定于实务适用上,因母无兄弟之范围、时点及约定之方式等均未规定,迭生争议。

(2) 依"户籍法"第20条及第48条规定,出生登记("户籍法"之初设登记)应于子女出生后60日内为之,故子女姓氏于出生后有尽速确定之必要。惟查姓氏虽属姓名权而为人格权之一部分,并具有社会人格之可辨识性,与身份安定及交易安全有关外,因姓氏尚具有家族制度之表征,故亦涉及实情考量及父母之选择权,爰综合参酌上开因素后,修正本条第1项规定,子女之姓氏原则上由父母于子女出生登记前约定从父姓或母姓。至于父母对于子女之姓氏约定不成时,于户政事务所抽签决定之,惟查目前立法例,尚无以抽签方式决定子女姓氏者,以《德国民法》第1617条第2项规定为例,父母在子女出生后1个月以内不确定子女之姓氏,家庭法院将确定权托付给父母之一方;该期间届满后,确定权未被行使时,子女即获得被委以确定权之父母姓氏,以作为出生姓氏。再者,抽签之方式为何? 当事人间对于抽签结果有争议时,如何处理? 均徒生困扰。由于父母对于子女姓氏之决定,应属父母对于子女重大权利事项之行使,如其意见不一致时,应得请求法院依子女之最佳利益酌定之。

（3）1998年6月17日修正公布之第1000条及第1002条已废除招赘婚制度,原第2项规定已无留存之必要,爰予删除。

（4）子女之姓氏于出生登记后即已确定,惟为因应情事变更,爰于第2项及第3项增订未成年子女及已成年子女变更姓氏之规定。另为顾及身份安定及交易安全,于第4项规定第2项及第3项变更,各以一次为限。

（5）基于姓名权属人格权之一部分,如未成年子女之从姓已有事实足认于其人格发展有明显不利之影响,且不能依第2项变更姓氏时,宜使其有变更之机会,惟为兼顾身份安定及交易安全,宜有一定条件之限制,爰于第5项规定父母离婚、父母之一方或双方死亡、生死不明满3年等情形,或父母之一方显有未尽保护或教养义务之情事者,法院得依父母之一方或未成年子女之请求,为子女之利益宣告变更子女之姓氏为父姓或母姓。

（二）非婚生子女之从姓

1. 增订第1059条之1规定

关于非婚生子女之从姓,自亲属编施行以来一直未设明文规定。2007年亲属编修正特增订第1059条之1,规定非婚子女从姓的原则,2010年又再作修正,分为两项:

（1）非婚生子女从母姓。经生父认领者,适用前条第2项至第4项之规定。

（2）非婚生子女经生父认领,而有下列各款情形之一,法院得依父母之一方或子女之请求,为子女之利益宣告变更子女之姓氏为父姓或母姓：① 父母之一方或双方死亡者；② 父母之一方或双方生死不明满3年者；③ 子女之姓氏与任何权利义务行使或负担之父或母不一致者；④ 父母之一方显有未尽保护或教养义务之情事者。

2. 立法说明

（1）非婚生子女应如何称姓,原法并未规定。因非婚生子女乃生母与生父于无婚姻关系存续受胎所生之子女,在生父未认领前,生父与子女无亲子关系,而生母因有分娩事实,该子女与生母之关系,依第1065条第2项规定,视为婚生子女,爰增订第1项前段关于非婚生子女从母姓之规定。至非婚生子女经生父认领后,依第1065条第1项规定,视为婚生子女,爰明定适用第1059条第2项至第4项之规定。

(2) 至于非婚生子女经生父认领,如有事实足以认定未成年子女之从姓于其人格发展有明显不利之影响,而不能依第 1 项规定适用第 1059 条第 2 项变更姓氏时,宜使其有变更之机会,爰于第 2 项明定父母之一方或双方死亡、生死不明满 3 年或子女之姓氏与任何权利义务之行使或负担之父或母不一致,或显有未尽保护或教养之情事等情形,父母之一方或未成年子女得请求法院为子女之利益宣告变更子女之姓氏。

二、父母对未成年子女的权利义务

例题 144-1:父母之行为与未成年人之利益相反,依法不得为代理时,或父母之一方滥用其权利时,谁得声请法院选任特别代理人或宣告停止其权利之全部或一部?法院得否依职权为之?

第 1084 条第 2 项规定:"父母对于未成年之子女,有保护及教养之权利义务。"此即为关于"亲权"的规定。兹分亲权的内容、行使及限制说明如下。

(一) 亲权的内容

"民法"就亲权的内容设如下规定:

(1) 未成年子女住所指定权。未成年之子女,以其父母之住所为住所(第 1060 条)。父母子女无同居义务,子女纵不服从父母的住所指定权,父母亦不得提起请求子女同居之诉(1963 年台上字第 3346 号判决)。

(2) 惩戒权。父母得于必要范围内惩戒其子女(第 1085 条)。

(3) 法定代理权。

① 法定代理人与选任特别代理人。旧第 1086 条规定:"父母为其未成年子女之法定代理人。"新修正第 1086 条则规定:父母为其未成年子女之法定代理人(第 1 项)。父母之行为与未成年子女之利益相反,依法不得代理时,法院得依父母、未成年子女、主管机关、社会福利机构或其他利害关系人之声请或依职权,为子女选任特别代理人(第 2 项)。第 2 项为新增规定,其立法意旨在于父母之行为与未成年子女之利益相反,而依法不能代理时,应设法加以解决。所称"依法不得代理",系指第 106 条之禁止自己代理或双方代理的情形。所称"主管机关",系指社会福利主管机关、户政机关、地政机关或其他相关机关,应依该利益相反事件所涉业务机关而定。

② 父母分居时对未成年子女亲权行使准用离婚之规定。新增第 1089 条之 1 规定：父母不继续共同生活达 6 个月以上时，关于未成年子女权利义务之行使或负担，准用第 1055 条、第 1055 条之一及第 1055 条之 2 之规定。但父母有不能同居之正当理由或法律另有规定者，不在此限。第 1055 条、第 1055 条之 1 及第 1055 条之 2 系关于夫妻离婚效果之规定。

惟如父母有不能同居之正当理由或法律另有规定，例如，父母已由法院依"家庭暴力防治法"第 13 条第 2 项第 3 款命迁出住居所而未能同居，或依同条项第 6 款规定暂时亲权行使或负担之人，或依本法或"儿童及少年福利法"第 48 条等规定停止亲权一部或全部者等，自不得再依本条准用前述之规定，爰于本条但书将上开情形予以排除。

（4）未成年子女特有财产之管理使用、处分权。所谓特有财产，系指未成年子女因继承、赠与或其他无偿取得之财产而言（第 1087 条）。该特有财产由父母共同管理（第 1088 条第 1 项）。父母对于未成年子女之特有财产有使用、收益之权利，但非为子女之利益，不得处分之（第 1088 条第 2 项）。实务上常见父母向他人购买不动产，而约定径行移转登记为未成年子女名义。"最高法院"认为，此乃父母与他人间为未成年子女利益之契约（第 269 条第 1 项之契约），在父母与未成年人之间，既无赠与不动产之法律行为，自难谓该不动产系由父母赠与，故父母事后就该不动产取得代价，复以未成年子女名义，为第三人提供担保而设定抵押权者，不得借口非为子女利益而处分应属无效而诉请涂销登记（1964 年台上字第 1456 号判决）。

未成年子女因劳力所得的财产（非特有财产），属子女所有，父母对其相关法律行为有同意权及代理权，但无管理、用益或处分的权利。

（二）亲权的行使

对于未成年子女之权利义务，除法律另有规定外，由父母共同行使或负担之。父母之一方不能行使权利时，由他方行使之。父母不能共同负担义务时，由有能力者负担之。父母对于未成年子女重大事项权利之行使意思不一致时，得请求法院依子女之最佳利益酌定之。法院为前项裁判前，应听取未成年子女、主管机关或社会福利机构之意见（第 1089 条）。

（三）亲权滥用的禁止

旧"民法"第 1090 条规定："父母滥用其对于子女之权利时，其最近尊亲属或亲属会议，得纠正之；纠正无效时，得请求法院宣告停止其权利之全部或一部。"

新修正第 1090 条规定:"父母之一方滥用其对于子女之权利时,法院得依他方、未成年子女、主管机关、社会福利机构或其他利害关系人之请求或依职权,为子女之利益,宣告停止其权利之全部或一部。"立法说明谓:① 现行条文规定亲权滥用时之纠正制度,于实际运作时难以发挥其功能,爰予删除。② 又为维护子女之权益,于父母之一方滥用其对子女之权利时(例如积极施以虐待或消极的不尽其为父母之义务等),参酌第 1055 条第 1 项规定,明定父母之另一方、未成年子女、主管机关、社会福利机构或其他利害关系人均得向法院请求宣告停止其权利之全部或一部。而法院处理具体家事事件时,如认有必要,亦得依职权宣告,以保护未成年子女之利益。

第六章 监 护

例题145:试说明监护的意义及功能,并就"未成年人监护"与"成年人之监护及辅助"规定的不同,分析讨论其立法理由及基本原则。试问:① 法人得否为监护人?② 监护人代理受监护人处分不动产的效力?监护人欲将受监护人送入精神病院时,法律上应如何规范(参阅被删除的第1112条第2项及"精神卫生法"第三章第二节规定)

第一节 未成年人的监护

一、监护人的设置

未成年人无父母,或父母均不能行使、负担对于其未成年子女之权利、义务时,应置监护人。但未成年人已结婚者,不在此限(第1091条)。此乃亲权的延长,立法目的在于保护欠缺行为能力的未成年人。所谓"无父母",包括自始父母不明(弃婴),或其后父母死亡。"父母不能行使、负担其权利、义务",例如,父母失踪,监护宣告(修正第14条),成为植物人等。

父母对其未成年之子女,得因特定事项,于一定期限内以书面委托他人行使监护之职务(修正第1092条)。例如,未成年子女在外地就业求学,父母得委托他人监护。在此种所谓的"委托监护",父母仍然为未成年子女的亲权人,得本于亲权人的身份,随时撤回委托监护(1939年上字第1718号判决)。

二、监护人的产生

(一) 遗嘱指定

最后行使、负担对于未成年子女之权利、义务之父或母,得以遗嘱指定监护人。(修正第 1093 条第 1 项,参阅第 2 项、第 3 项)

(二) 法律规定

(1) 父母均不能行使、负担对于未成年子女之权利义务或父母死亡而无遗嘱指定监护人,或遗嘱指定之监护人拒绝就职时,依下列顺序定其监护人:① 与未成年人同居之祖父母。② 与未成年人同居之兄姊。③ 不与未成年人同居之祖父母(第 1094 条第 1 项,参阅第 2 项)。

(2) 未能依第 1 项之顺序定其监护人时,法院得依未成年子女、四亲等内之亲属、检察官、主管机关或其他利害关系人之声请,为未成年子女之最佳利益,就其三亲等内旁系血亲尊亲属、主管机关、社会福利机构或其他适当之人选定为监护人,并得指定监护之方法(修正第 1094 条第 3 项,参阅第 4 项)。

(3) 未成年人无第 1 项之监护人,于法院依第 3 项为其选定确定前,由当地社会福利主管机关为其监护人(第 1094 条第 5 项),以保护未成年人的利益。

须特别指出的是,新增第 1094 条之 1 规定:"法院选定或改定监护人时,应依受监护人之最佳利益,审酌一切情状。尤应注意下列事项:一、受监护人之年龄、性别、意愿、健康情形及人格发展需要。二、监护人之年龄、职业、品行、意愿、态度、健康情形、经济能力、生活状况及有无犯罪前科记录。三、监护人与受监护人间或受监护人与其他共同生活之人间之情感及利害关系。四、法人为监护人时,其事业之种类与内容,法人及其代表人与受监护人之利害关系。"

三、监护人的职务

(一) 法定代理

监护人于监护权限内,为受监护人之法定代理人(修正第 1098 条第 1 项)。监护人之行为与受监护人之利益相反或依法不得代理时,法院得因监护人、受监护人、主管机关、社会福利机构或其他利害关系人之声请或依职权,为受监护人选任特别代理人(增订第 1098 条第 2 项)。

(二) 身心监护

除另有规定外,监护人于保护增进受监护人利益之范围内,行使负担父母对于未成年子女之权利、义务。但由父母暂时委托者,以所委托之职务为限(第1097条第1项)。监护人有数人,对于受监护人重大事项权利之行使意思不一致时,得声请法院依受监护人之最佳利益,酌定由其中一监护人行使之(增订第1097条第2项)。法院为前项裁判前,应听取受监护人、主管机关或社会福利机构之意见(增订第1097条第3项)。所谓另有规定,系指"民法"第1099条至第1109条(但不包括第1106条)有关监护人财产管理的特别规定。

(三) 财产监护

1. 监护人的义务

财产监护较为复杂,容易被滥用,攸关未成年人利益甚巨,法律乃规定监护人应负如下的义务:

(1) 监护职务之执行。监护人应以善良管理人之注意,执行监护职务。(修正第1100条)。

(2) 开具财产清册。监护开始时,监护人对于受监护人之财产,应依规定会同遗嘱指定、当地直辖市、县(市)政府指派或法院指定之人,于两个月内开具财产清册,并陈报法院。前项期间,法院得依监护人之声请,于必要时延长之(修正第1099条)。

又依增订第1099条之1规定:"于前条之财产清册开具完成并陈报法院前,监护人对于受监护人之财产,仅得为管理上必要之行为。"

(3) 使用、处分财产之限制。修正第1101条规定:监护人对于受监护人之财产,非为受监护人之利益,不得使用、代为或同意处分(第1项)。监护人为下列行为,非经法院许可,不生效力:① 代理受监护人购置或处分不动产。② 代理受监护人,就供其居住之建筑物或其基地出租、供他人使用或终止租赁(第2项)。监护人不得以受监护人之财产为投资。但购买公债、"国库券"、"中央银行储蓄券"、金融债券、可转让定期存单、金融机构承兑汇票或保证商业本票,不在此限(第3项),未得允许,其所为之处分不生效力(1939年上字第447号判决)。

(4) 受让财产之禁止。监护人不得受让受监护人之财产(第1102条)。

(5) 报告财产状况。受监护人之财产,由监护人管理。执行监护职务之必要费用,由受监护人之财产负担。法院于必要时,得命监护人提出监护事务之报告、财产清册或结算书,检查监护事务或受监护人之财产状况(修正第1103条)。

(6) 财产之清算及移交。修正第1107条规定:监护人变更时,原监护人应即将受监护人之财产移交予新监护人(第1项)。受监护之原因消灭时,原监护人应即将受监护人之财产交还于受监护人;如受监护人死亡时,交还予其继承人(第2项)。前两项情形,原监护人应于监护关系终止时起两个月内,为受监护人财产之结算,作成结算书,送交新监护人、受监护人或其继承人(第3项)。新监护人、受监护人或其继承人对于前项结算书未为承认前,原监护人不得免其责任(第4项)。

又依修正第1108条规定:"监护人死亡时,前条移交及结算,由其继承人为之;其无继承人或继承人有无不明者,由新监护人径行办理结算,连同依第1099条规定开具之财产清册陈报法院。"

(7) 监护人的损害赔偿责任:监护人于执行监护职务时,因故意或过失,致生损害于受监护人者,应负赔偿之责。前项赔偿请求权,自监护关系消灭之日起,5年间不行使而消灭;如有新监护人者,其期间自新监护人就职之日起算(修正第1109条)。

2. 监护人的报酬

监护人得请求报酬,其数额由法院按其劳力及受监护人之资力酌定之(修正第1104条)。

四、监护人的资格、辞任及另行选定

(1) 监护人的资格。有下列情形之一者,不得为监护人:① 未成年;② 受监护或辅助宣告尚未撤销;③ 受破产宣告尚未复权;④ 失踪(修正第1096条)。

(2) 监护人的辞任。监护人有正当理由,经法院许可者,得辞任其职务(第1095条)。

(3) 监护人的另行选定。修正第1106条规定:监护人有下列情形之一,且受监护人无第1094条第1项之监护人者,法院得依受监护人、第1094条第3项声请权人之声请或依职权,另行选定适当之监护人:① 死亡;② 经法院许可辞任;③ 有第1096条各款情形之一(第1项)。法院另行选定监护人确定前,由当地社会福利主管机关为其监护人(第2项)。

又依新增第1106条之1规定:有事实足以认定监护人不符受监护人之最佳利益,或有显不适任之情事者,法院得依前条第1项声请权人之声请,改定适当之监护人,不受第1094条第1项规定之限制(第1项)。法院于改定监护人确定前,得先行宣告停止原监护人之监护权,并由当地社会福利主管机关为其监护人(第2项)。

法院于选定监护人、许可监护人辞任及另行选定或改定监护人时,应依职权嘱托该管户政机关登记(新增第1109条之1)。

五、未成年人依第14条受监护之宣告

未成年人依第14条受监护之宣告者,适用本章第二节成年人监护之规定(新增第1109条之2)。

第二节 成年人之监护及辅助

为配合新修正第14条、第15条、第15条之1、之2,关于成年监护宣告及辅助制度的创设,"民法"修正特就相关条文(第1110条以下)作全盘修正增订,作更周全的规定,说明如下。

一、成年监护

(一) 监护人的设置

受监护宣告之人应置监护人(修正第1110条),以保护受监护宣告人的利益。

(二) 监护人的产生:选任及指定

1. 法院依职权为选定

法院为监护之宣告时,应依职权就配偶、四亲等内之亲属、最近一年有同居事实之其他亲属、主管机关、社会福利机构或其他适当之人选定一人或数人为监护人,并同时指定会同开具财产清册之人(修正第1111条第1项)。

法院为前项选定及指定前,得命主管机关或社会福利机构进行访视,提出调查报告及建议。监护之声请人或利害关系人亦得提出相关资料或证据,供法院斟酌(修正第1111条第2项)。

2. 法院选任监护应依受监护人之最佳利益

增订第1111条之1规定:法院选定监护人时,应依受监护宣告之人之最佳利益,优先考量受监护宣告之人之意见,审酌一切情状,并注意下列事项:① 受监护宣告之人之身心状态与生活及财产状况。② 受监护宣告之人与其配偶、子女或其他共同生活之人间之情感状况。③ 监护人之职业、经历、意见及其与受监护宣告之人之利害关系。④ 法人为监护人时,其事业之种类与内容,法人及其代表人与受监护宣告之人之利害关系。

3. 不得为该受监护宣告之人之监护人

增修第1111条之2规定:"照护受监护宣告之人之法人或机构及其代表人、负责人,或与该法人或机构有雇佣、委任或其他类似关系之人,不得为该受监护宣告之人之监护人。"立法目的旨在避免利益冲突。

(三) 监护职务的执行

1. 报行监护职务的基本原则

监护人于执行有关受监护人之生活、护养治疗及财产管理之职务时,应尊重受监护人之意思,并考量其身心状态与生活状况(修正第1112条)。

2. 多数监护人的执行职务范围

法院选定数人为监护人时,得依职权指定其共同或分别执行职务之范围。法院得因监护人、受监护人、第14条第1项声请权人之声请,撤销或变更前项之指定(增订第1112条之1)。

(四) 监护事项的户政登记

依"户借法"第11条、第21条规定,监护,应为监护之登记;户籍登记事项有变更时,应为变更之登记。为使监护登记之资料完整,保护交易安全,特增订第1112条之2规定:"法院为监护之宣告、撤销监护之宣告、选定监护人、许可监护人辞任及另行选定或改定监护人时,应依职权嘱托该管户政机关登记。"

(五) 未成年人监护规定的准用

成年人之监护,除本节有规定者外,准用关于未成年人监护之规定(修正第1113条)。

二、辅助宣告

(一) 辅助人的设置

受辅助宣告之人,应置辅助人(增订第 1113 条之 1 第 1 项)。

(二) 成年监护规定的准用

辅助人及有关辅助之职务,准用第 1095 条、第 1096 条、第 1098 条第 2 项、第 1100 条、第 1102 条、第 1103 条第 2 项、第 1104 条、第 1106 条、第 1106 条之 1、第 1109 条、第 1111 条至第 1111 条之 2、第 1112 条之 1 及第 1112 条之 2 之规定(增订第 1113 条之 1 第 2 项)。

第七章 扶 养

例题146：① 某甲不能维持生活，与其子乙协议，由乙每月给予2万元扶养费？试问甲得否将此扶养费请求的一部分赠与丙而为让与？甲的债权人丁得否就甲对乙的扶养费请求权为强制执行？试就此例说明扶养费请求权的法律性质。② 夫妻是否互负扶养义务，其扶养义务的发生是否须以他方"不能维持生活而无谋生能力"为要件？③ 夫妻离婚后，不行使"亲权"的父或母，对未成年子女有无扶养义务？

第一节 概 说

一、扶养制度

亲属是一种共同生活体，在生活上应彼此扶助，对不能维持生活者，予以必要财务上的供给。此种亲属间的扶养制度，亦因社会经济、家庭结构及功能的发展，而历经演变。现行"民法"对互负扶养义务的亲属、扶养义务人及权利人的顺序、扶养的程度与方法设有详细规定。

二、法律性质

扶养义务系本于身份关系，具备法定要件而发生，既在于请求相对人为一定的给付，乃属债权之一种，为法定债之关系。然因具身份财产权的性质，实务上认扶养请求权为专属于请求权人一身之权利（1960年台上字第625号判决），不得继承、处分、扣押或抵销。

三、税法上的免税额的优惠

扶养是私法上的义务,但亦具公法上的效果,所得税法规定关于综合所得税"免税额",亦列入"扶养亲属免税额"("所得税法"第17条第1项),立法目的在于以税捐之优惠使纳税义务人对特定亲属或家属尽其法定扶养义务。(相关问题参阅大法官释字第415号解释)。

第二节 扶养义务的范围及扶养的顺序

一、扶养义务的范围

现行"民法"对扶养的范围,采列举主义,于第1114条规定:下列亲属互负扶养义务:① 直系血亲相互间。② 夫妻之一方,与他方之父母同居者,其相互间。③ 兄弟姊妹相互间。④ 家长家属相互间。

二、扶养的顺序

(一) 扶养义务人的顺序

扶养义务人有数人时,何人应先负扶养之义务?第1115条设如下规定:

(1) 扶养义务者有数人时,应依下列顺序定其履行义务之人:① 直系血亲卑亲属。② 直系血亲尊亲属。③ 家长。④ 兄弟姊妹。⑤ 家属。⑥ 子妇、女婿。⑦ 妻之父母。

(2) 同系直系尊亲属,或直系卑亲属者,以亲等近者为先。

(3) 负扶养义务者有数人,而其亲等同一时,应各依其经济能力,分担义务。

(二) 扶养权利人的顺序

扶养权利人有数人,而扶养义务人之经济能力无法负担全部权利人的扶养时,究竟何人受扶养之顺位优先,第1116条规定:

(1) 受扶养权利者有数人,而负扶养义务者之经济能力,不足扶养其全体时,依下列顺序,定其受扶养之人:① 直系血亲尊亲属。② 直系血亲卑亲属。③ 家属。④ 兄弟姊妹。⑤ 家长。⑥ 夫妻之父母。⑦ 子妇、女婿。

（2）同系直系尊亲属或直系卑亲属者，以亲等近者为先。
（3）受扶养权利者有数人，而其亲等同一时，应按其需要之状况，酌为扶养。

（三）夫妻相互间的扶养权利义务

夫妻互负扶养之义务，其负扶养义务之顺序与直系血亲卑亲属同，其受扶养权利之顺序与直系血亲尊亲属同（第1116条之1）。

（四）父母对未成年子女的扶养义务

父母对于未成年子女之扶养义务，不因结婚经撤销或离婚而受影响（第1116条之2）。须注意的是，父母对于未成年之子女，有保护及教养之权利义务，其扶养之程度，应接受扶养权利者之需要与负扶养义务者之经济能力及身份定之，此项扶养费之支出，依通常情形，固系依时日之经过而渐次给付，惟依此方式给付如有窒碍难行而不足以保障受扶养权利者之需要时，受扶养权利者得请求为一次给付。法院如命为一次给付，应依霍夫曼式计算法，按周年利率5%扣除中间利息（2000年台上字第1223号判决）。

第三节　扶养义务的发生及扶养的方法

一、扶养义务的发生

扶养义务之发生，须具备下列条件：

1. 权利人有受扶养的必要

受扶养权利者，以不能维持生活而无谋生能力者为限（第1117条第1项），前项无谋生能力之限制，于直系血亲尊亲属不适用之（第1117条第2项），以顾及伦常。须注意的是，夫妻互受扶养权之顺序，既与直系血亲尊亲属同（第1116条之1），其扶养权利的发生，自不以无谋生能力为必要（1990年台上字第2629号判决）。

2. 义务人有扶养的能力

扶养义务之发生，原则上须扶养者有扶养之能力。因此第1118条规定，因负担扶养义务而不能维持自己生活者，免除其义务，但受扶养权利者为直系血亲尊亲属或配偶时，减轻其义务。又第1118之1规定："受扶养权利者有下列情形之一，由负扶养义务者负担扶养义务显失公平，负扶养义务者请求法院减轻其扶养义务:一、对负扶养义务者、其配偶或直系血亲故意为虐待、重大侮辱或其他身体、精神上之不法侵害行为。二、对负扶养义务者无正当理由未尽扶养义务。受扶养权利者对负扶养义务者有前项各款行为之一,且情节重大者,法院得免除其扶养义务。前二项规定,受扶养权利者为负扶养义务者之未成年直系血亲卑亲属者,不适用之。"

二、扶养的程度与方法

扶养之程度,应接受扶养权利者之需要,与负扶养义务者之经济能力及身份定之(第1119条)。此种应受扶养权利者的需要,包括患病时必须支出的医疗费用(1949年上字第1121号判决)。至于扶养之方法,由当事人协议定之。不能协议时,由亲属会议定之。但扶养费之给付,当事人不能协议时,由法院定之(第1120条)。扶养之程度及方法,当事人得因情事之变更,请求变更之(第1121条)。惟其变更之标准,应仍以请求变更时受扶养权利人之需要,与负扶养义务人之经济能力及身份为衡量标准(1933年上字第90号判决)。

第八章　家及亲属会议

例题147：民法设有"家"与"亲属会议"两种制度（请阅读相关规定），其规范目的何在？试从社会发展及现代婚姻家庭制度，分析讨论"家"及"亲属会议"的存在基础及存在价值。

第一节　概　说

婚姻与父母子女系亲属关系的核心领域。民法尚设有"家"与"亲属会议"。此二者系由具团体性的家族主义演变为个人主义婚姻家庭制度的过渡性规定。

民法上的"家"虽以共同生活为目的，然有"家"而无"家产"，同居者实际多为父母、子女两个世代，家制殆已失其存在的基础及存在的价值。现行民法设亲属会议乃出于"亲属自治"的理念，即以司法机关对于亲属法上之众多事项，尚难一一干预以前，亲属会议之容认，实有许多便利。然今日家族意义已渐行减弱，亲属四散，亲属会议之召集、决议，实有困难；纵能召集，由亲属会议议决，是否合理妥适，亦非无疑问。亲属会议的职务，应由法院取代。此应为亲属编修正的重点。实务上关于家与亲属会议的案件，甚为罕见。家及亲属会议，此两种过渡性制度实已失其规范机能。

第二节　家

一、家的意义

称"家"者，谓以永久共同生活为目的而同居之亲属团体（第1122

条)。

二、家长及家务的管理

(1) 家置家长。同家之人,除家长外,均为家属。虽非亲属而以永久共同生活为目的同居一家者,视为家属(第1123条)。家长由亲属团体中推定之,无推定时,以家中之最尊辈为之。尊辈同者以年长者为之。最尊或最长者不能或不愿管理家务时,由其指定家属一人代理之(第1124条)。衡诸国情,家长殊少由亲属会议推定,多由家中之最尊辈任之。

(2) 家务由家长管理,但家长得以家务之一部分,委托家属处理(第1135条)。家长管理家务,应注意家属全体之利益(第1126条)。

(3) 家长亲属相互间互负扶养义务(第1114条第4款)。

三、家属由家分离

家属已成年或虽未成年而已结婚者,得请求由家分离(第1127条)。

家长对于已成年或虽未成年而已结婚之家属,得令其由家分离,但以有正当理由时为限(第1128条)。

第三节 亲属会议

一、亲属会议的意义及组成

亲属会议,指为处理亲属间法定职权事项,由当事人、法定代理人或其他利害关系人召集而由一定亲属临时组成的会议机构。亲属会议以会员5人组织之(第1130条),其会员分为法定会员与指定会员。

(1) 法定会员:① 直系血亲尊亲属。② 三亲等内旁系血亲尊亲属。③ 四亲等内之同辈血亲。前项同一顺序之人,以亲等近者为先,亲等同者,以同居亲属为优先,无同居亲属者,以年长者为优先(第1131条第2项)。依顺序产生之会员,如有不能或难以出席时,由次顺序之亲属充任之(第1131条第3项)。

(2) 指定会员:无法定会员或不足会议人数时,法院得因有召集权人之声请,于其他亲属中指定之(第1132条第1项)。

监护人、未成年人,及受监护宣告之人,不得为亲属会议会员(第

1133 条)。依法应为亲属会议会员之人,非有正当理由,不得辞其职务(第 1134 条)。

二、亲属会议的权限

应召开亲属会议决定的事项(请阅读相关条文):
(1) 扶养方法的决定(第 1120 条)。
(2) 遗产继承事项(第 1177 条以下)。
(3) 遗嘱事项(第 1197 条、第 1213 条、第 1218 条)。

三、亲属会议的召开及决议

(1) 召开。依民法之规定,应开亲属会议时,由当事人、法定代理人或其他利害关系人召集之(第 1129 条)。亲属会议不能召开或召开有困难时,依法应经亲属会议处理之事项,由有召集权人声请法院处理之。亲属会议经召开而不为或不能决议时,亦同(第 1132 条第 2 项)。

(2) 决议。亲属会议,非有 3 人以上之出席,不得开会,非有出席会员过半数之同意,不得为决议(第 1135 条)。亲属会议会员,于所议事件有个人利害关系者,不得加入决议(第 1136 条)。须注意的是,此项规定仅限制亲属会议会员,于所议事件有个人利害关系者,不得加入决议,并未规定有个人利害关系之会员,不得算入出席之人数(1995 年台上字第 2050 号判决,此为实务上关于亲属会议的少数案件之一,请阅读之)。

第七编 继 承

第一章　继承法的"宪法"基础及结构原则

例题 148：① 人死亡后,如何定其财产(遗产)的归属。② 为何要设继承制度。③ "民法"继承编共设有 87 个条文(先全部阅读一遍),请整理其基本原则及"宪法"基础。④ 继承编于 2008 年、2009 年修正,请说明其修正重点及修正理由。⑤ 父死,其遗产不足清偿债务时,应如何兼顾"父债子偿"的传统、继承人保护及债权人权益的规定?

第一节　继承、私有财产及"宪法"

现行"民法"废除了固有法上的宗祧继承,而采财产继承。财产继承与私有财产制具有内在逻辑的关联。后者为前者的基础,前者为后者的当然结论。二者同为现代以私法自治为本的社会经济秩序的支柱及构成因素,应同受"宪法"保障。其所受"宪法"保障者,系一方面以继承作为一种法律制度,一方面则以继承权作为一种私的个别权利。继承制度系私有财产的补充及延长,乃在肯定、保障个人的人格及自由。2009 年 6 月 10 日公布的继承编部分条文,将现行概括继承及限定继承制度合并修正为概括继承有限责任制度,继承人仅须以因继承所得遗产为限,偿还被继承人之债务(修正第 1148 条、第 1154 条),强调有鉴于现行民法继承采概括继承原则,继承人对继承之债务负无限清偿责任,进而衍生社会问题,如未成年子女因为父母或隔代债务牵绊,背负重债,此完全不符合社会之公平正义。为符合"宪法"上财产权、人格权等基本权之保障,纠正

"父债子还"造成之不正义结果,改采限定继承为原则,继承人对被继承人之债务,以因继承所得之遗产负清偿责任。

第二节 继承法的基本原则

基于"宪法"对私有财产及继承的保障,并为维持遗产移转的明确,促进交易安全,民法乃以下列四个基本原则建构继承制度:

(1) 私的继承。遗产应由私人继承,以保障私有财产。仅于例外情形取得遗产,即第1185条规定:"第1178条所定之期限届满,无继承人承认继承时,其遗产于清偿债权,并交付遗赠物后,如有剩余,归属'国库'。"虽得以课征遗产税的方式对遗产继承加以限制(参阅遗产及赠与税法),但须符合"宪法"第23条的规定。

(2) 亲属继承。遗产系由被继承人较近的亲属继承之。配偶为当然继承人。在血亲继承,直系血亲卑亲属为最优先顺序,以维护父母子女的共同生活体。值得特别提出的是,直系血亲卑亲属不论男女皆有继承权。养子女的继承顺序及应继份,均与婚生子女适用同一法则,乃在实践平等原则。

(3) 当然、概括继承有限责任制度。关于遗产的继承,"民法"原采当然、概括继承原则,包括积极财产及消极财产。但为顾及继承人的利益,不强使"子偿父债",并维护继承人的意思自主,"民法"设有限定继承(旧第1154条)及抛弃继承(第1174条)两种制度。

2009年6月10日公布继承编修正条文将现行概括继承及限定继承制度合并修正为"概括继承有限责任制度",于新修正第1148条第2项规定:"继承人对于被继承人之债务,以因继承所得遗产为限,负清偿责任。"立法理由系为避免"父债子还",前已说明。此为继承法基本原则的重大变更,敬请注意。

(4) 遗嘱自由。对遗产的自由处分,乃私法自治的一种体现,但为保护法定继承人的利益,遗产的处分应受特留份规定的限制(第1223条)。又"民法"对遗嘱的方式,设有类型强制,以确保遗嘱的真实及维护交易安全。

继承编设90个条文,具体形成继承制度的内容,以落实上揭私的继承、亲属继承、当然继承与概括继承有限责任及遗嘱自由四个原则。研读继承法固然要能在某继承案件知道如何计算遗产的分配,但更重要的是,要深刻思考许多"技术性"规定背后的利益衡量和价值判断。例如:

(1) 如何决定谁得为继承人及继承顺序,如何定其应继份,在何种情形,应使继承人丧失继承权?

(2) 如何建构概括继承有限责任制度,以兼顾被继承人及债权人的利益?

(3) 如何规范数人共同继承遗产的管理、处分及分割;如何保护为继承人的胎儿?于分割遗产时,如何处理继承人对被继承人所负债务,被继承人在继承开始前对继承人的赠与?

(4) 如何规定继承抛弃的方式及期间?抛弃继承时,其继承份应归属何人?

(5) 继承人有无不明时,如何管理遗产,搜索继承人,清偿债权?如何决定剩余遗产的归属?

(6) 遗嘱的方式,应否采类型强制?如何固定其内容,以便利遗嘱的作成,实现私法自治,并确保遗嘱的真实、正确?

(7) 如何兼顾被继承人以遗嘱处分其财产的自由及继承人的利益,而决定继承人的"特留份"?

以上七点为继承法所要规范的基本问题,涉及社会政策、伦理观念、家庭结构功能、交易安全等。在阅读相关条文,解释适用之际,要再三思考法律为何设此规定,以了解法律技术规定的伦理性,应如何为规范上的设计,以实践、具体化法律的基本原则。

第二章 遗产继承人

例题 149：甲男与乙女系夫妻，生丙、丁二子，并收养戊女。丙与丁因细故争吵，丙故意致丁死亡。丙于此事故前结婚生女 A。丁遗有 B、C 二子。甲病故，留下 800 万元遗产，以遗嘱宽恕丙。试说明谁为甲的继承人，各人应继份多少？

第一节 法定继承人、应继份及继承权的丧失

一、法定继承人及应继份

关于遗产的继承，法律上首应规定的是，谁得为遗产继承人（法定继承人），其继承顺序及数继承人对遗产所得继承的比例（应继份）。

（一）法定继承人与继承顺序

第 1138 条规定：遗产继承人，除配偶外，依下列顺序定之：① 直系血亲卑亲属。② 父母。③ 兄弟姊妹。④ 祖父母。分述如下：

（1）第一顺序为直系血亲卑亲属。直系血亲卑亲属有不同亲等时，以亲等近者为先（第 1139 条）。例如，被继承人有子女（一亲等直系血亲卑亲属），亦有孙子女（二等直系血亲卑亲属）时，由其子女继承。养子女的继承顺序与应继份均同于婚生子女。

（2）第二顺序为父母。父母包括亲生父母与养父母。养子女与本生父母相互间无继承权。继父母与继子女为直系姻亲，相互间亦无继承权。

（3）第三顺序为兄弟姊妹。兄弟姊妹包括同父同母的兄弟姊妹，以及同父异母、同母异父的兄弟姊妹在内（半血缘兄弟姊妹）。亲生子女与养子女间、养子女与养子女间，亦为兄弟姊妹，彼此有第三顺序的继承权。

（4）第四顺序为祖父母。祖父母包括父系及母系的祖父母（内外祖父母），养父母的父母亦包括在内。

（5）配偶之间相互有继承权。配偶为当然继承人，且与前四顺序的继承人共同继承。所谓配偶，须继承开始时有有效婚姻关系存在。配偶死亡后，生存的配偶再婚，其继承权不因此而受影响。

（二）应继份

应继份，指共同继承人就遗产所得继承的比率，分为法定应继份及指定应继份，说明如下：

1. 法定应继份

（1）血亲继承人的应继份。同一顺序之继承人有数人时，按人数平均继承。但法律另有规定者，不在此限（第1141条）。所谓"法律另有规定"，指旧第1142条"养子女之继承顺序，与婚生子女同。养子女之应继份，为婚生子女之二分之一，但养父母无直系血亲卑亲属为继承人时，其应继份与婚生子女同"的规定。但此条规定因违反平等原则，已被删除。

（2）配偶的应继份。配偶，有相互继承遗产之权，其应继份依下列各款定之（第1144条）：① 与第1138条所定第一顺序之继承人（直系血亲卑亲属）同为继承时，其应继份与其他继承人平均。② 与第1138条所定第二顺序（父母）或第三顺序之继承人（兄弟姊妹）同为继承时，其应继份为遗产的1/2。③ 与第1138条所定第四顺序之继承人（祖父母）同为继承时，其应继份为遗产的2/3。④ 无第1138条所定第一顺序至第四顺序之继承人时，其应继份为遗产的全部。

2. 指定应继份

遗嘱人于不违反关于特留份规定之范围内，得以遗嘱自由处分遗产（第1187条），此包括得以遗嘱指定应继份。

3. 两岸人民继承的特别规定

关于两岸人民的继承，"台湾地区与大陆地区人民关系条例"第67条设有特别规定：① 被继承人在台湾地区之遗产，由大陆人民依法继承者，其所得财产总额，每人不得逾新台币200万元。超过部分，归属台湾地区同为继承之人；台湾地区无同为继承之人者，归属台湾地区后顺序之继承人；台湾地区无继承人者，归属"国库"。② 前项遗产，在本条例施行前已依法归属"国库"者，不适用本条例之规定。其依法令以保管款专户暂为存储者，仍依本条例之规定办理。③ 遗嘱人以其在台湾地区之财产遗赠大陆人民、法人、团体或其他机构者,其总额不得逾新台币200万元。④ 第1项遗产中,有以不动产为标的者,应将大陆继承人之继承权利折算为价额。但其为台湾地区继承人赖以居住之不动产者,大陆继承人不得继承之,于定大陆继承人应得部分时,其价额不计入遗产总额。

二、继承权的取得与丧失

(一)继承权的取得:同时存在原则

继承权的取得须符合所谓的"同时存在原则",即被继承人死亡时,继承人须尚生存,始有继承权。例如,夫妻遭遇空难死亡,不能证明其死亡之先后时,推定其为同时死亡(第11条),相互间互不继承。

(二)继承权的丧失

继承人因被继承人死亡而当然取得继承的地位。惟如继承人对被继承人或其他应继承人有不法或不当行为时,理应剥夺其继承权。第1145条乃规定:有下列各款情事之一者,丧失其继承权:

(1)故意致被继承人或应继承人于死或虽未致死因而受刑之宣告者。(当然、绝对失权)

(2)以诈欺或胁迫使被继承人为关于继承之遗嘱,或使其撤回或变更之者。

(3)以诈欺或胁迫妨害被继承人为关于继承之遗嘱,或妨害其撤回或变更者。

(4)伪造、变造、隐匿或湮灭被继承人关于继承之遗嘱者。(第2—4款为相对失权)

(5)对于被继承人有重大之虐待或侮辱情事,经被继承人表示其不得继承者。(表示失权)

前项第2款至第4款之规定,如经被继承人宥恕者,其继承权不丧失。

应说明者有二:

(1)继承权的丧失可分为:① 当然失权,此又可分为绝对失权,即不得宥恕者(第1145条第1项第1款)。相对失权,即如经被继承人宥恕者,其继承权不丧失(第1145条第1项第2、3、4款)。此项宥恕不必以遗嘱为之。② 表示失权,其不得继承须经被继承人表示之(第1145条第1项第5款)。在此情形,其继承权亦得因被继承人的表示而恢复。

(2) 第 1145 条第 1 项第 5 款所谓对于被继承人有重大之虐待情事，系指以身体上或精神上之痛苦加诸于被继承人而言，凡对于被继承人施加殴打，或对之负有扶养义务而恶意不予扶养者，均属之。被继承人（父母）终年卧病在床，继承人无不能探视之正当理由，而至被继承人死亡为止，始终不予探视者，衡诸孝道固有伦理，足致被继承人感受精神上莫大痛苦之情节，亦应认有重大虐待之行为（1985 年台上字第 1870 号判决）。

三、代位继承

（一）代位继承

第 1140 条规定："第 1138 条所定第一顺序之继承人，有于继承开始前死亡或丧失继承权者，由其直系血亲卑亲属代位继承其应继份。"此种代位继承，不是代位继承人代位被代位继承人之权利而为继承（所谓的代位权说），而是代位继承人以自己固有的权利，直接承继被继承人的遗产（固有权说）。代位继承人本为次顺序的继承人，因有先顺位继承人的存在，致不能继承。是在先顺序的继承人有死亡或丧失继承权时，理应有代位继承权，以维持同一顺序应继份的公平。

（二）例题 149 的解说

前揭例题 149 旨在说明关于法定继承人、应继份、继承权丧失及代位继承的基本概念，兹先以下图表示其基本法律关系：

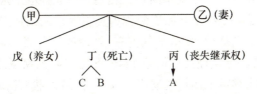

（1）因甲死亡，而开始继承，其法定继承人为直系血亲卑亲属，即丙、丁（第 1138 条）。戊为养女，为拟制血亲，其继承顺序及应继份同于婚生子（丙、丁）。乙为甲的配偶，为当然继承人（第 1144 条）。

（2）乙（配偶）系与第 1138 条所定第一顺序的继承人同为继承人，其应继份与他继承人平均（第 1144 条第 1 项第 1 款），各为 1/4。

（3）丙故意致丁死亡，不论动机如何（如谋夺遗产），不必经法院判决，丙当然丧失继承权（第 1145 条第 2 项第 1 款），无有怨余地。

（4）丙于继承前丧失继承权，于丙丧失继承权前出生的亲生女 A，本诸代位权系属固有权,得代位继承其父丙的应继份(第1140条)。

(5) 丁于继承开始前死亡,由其直系血亲卑亲属 B、C 代位继承其应继份(第1140条),平均之,各为1/8。

(6) 综上所述,甲的法定继承人及其应继份为 A 代位继承丙,应继份为1/4。B 及 C 代位继承丁,其应继份各为 1/8。戊(养女),应继份为1/4。乙(甲之配偶),应继份为 1/4。

第二节 继承恢复请求权

例题150:甲死亡,遗有妻乙,养女丙。有某丁于甲死亡后,僭称系甲的准婚生子(非婚生子,经甲自幼抚育,视为认领),而占有甲的遗产(A 屋、B 车及其他物品)而为管理。试问乙、丙得向丁行使何种权利?试就此例说明第1146条规定解释适用的基本问题。

第1146条规定:"继承权被侵害者,被害人或其法定代理人得请求恢复之。前项恢复请求权,自知悉被侵害之时起,二年间不行使而消灭。自继承开始时起逾十年者,亦同。""民法"以一个条文规定继承恢复请求权,解释适用上引起甚多疑义,系继承法上重要问题,分四点言之:

(1) 继承权是否被侵害,应以继承人继承原因发生后,有无被他人否认其继承资格并排除其对继承财产之占有、管理或处分为断。凡无继承权而于继承开始时或继承开始后僭称为真正继承人或真正继承人否认其他共同继承人之继承权,并排除其占有、管理或处分者,均属继承权之侵害,被害人或其法定代理人得依第1146条规定请求恢复之,初不限于继承开始时自命为继承人而行使遗产上权利者,始为继承权之侵害(大法官释字第437号解释)。例如,丧失继承权人,伪报户口自称为配偶,或自称系准婚生子者,排除真正继承人,而占有其遗产。

(2) 继承恢复请求权,系指正当继承人,请求确认其继承资格,及恢复继承标的之权利,应以与其争执继承资格之表见继承人为对象,向之诉请恢复。继承恢复请求权与个别物上返还请求权,系属真正继承人分别独立而并存之权利。

(3) 1951年台上字第730号判决认为:"继承恢复请求权,原系包括请求确认继承人资格,及恢复继承标的之一切权利,此项请求权如因时效完成而消灭，其原有继承权即已全部丧失，自应由表见继承人取得其继承权。"此项见解是否妥适，尚有争议。

（4）继承恢复请求权与因继承已取得之权利受侵害之恢复原状请求权或损害赔偿请求权二者法律关系不同，继承开始时，未自命为继承人，而在办理继承登记时，以不法手段，排除其他继承人之登记名义者，系侵害因继承所取得之财产权利，而非侵害继承权，无第1146条继承恢复请求权的适用（1999年台上字第695号判决）。

第三章　遗产的继承

第一节　继承的效力

一、继承的开始

继承,因被继承人死亡而开始(第 1147 条)。所谓死亡,除自然死亡外,尚包括失踪人经死亡宣告,以判决内确定死亡之时,推定其为死亡。

二、继承的标的

(一) 概括继承原则

第 1148 条第 1 项规定:"继承人自继承开始时,除本法另有规定外,承受被继承人财产上之一切权利、义务。但权利、义务专属于被继承人本身者,不在此限。"分两点言之:

(1) 本条系采"概括继承"(包括继承)原则,包括权利及义务。权利方面,例如物权、债权、智能财产权、占有等。义务方面,无论私法上或公法上债务,均属之。一身专属的权利或义务,则不得为继承的标的。其为一身专属权利的,例如,扶养请求权、慰抚金请求权,但已起诉或依契约承诺者,不在此限(第 195 条、第 999 条等)。其属一身专属债务的,例如雇佣契约的劳务(如歌剧演唱)、人事保证等。

(2) "本法另有规定",指第 1148 条第 2 项规定的"概括继承有限责任"及第 1174 条规定的"抛弃继承",立法目的旨在调整"概括继承"原则。

(二) 概括继承有限责任制度的创设

新增订第 1148 条第 2 项规定:"继承人对被继承人之债务,以因继承所得遗产为限,负清偿责任。"将现行概括继承及限定继承合并修正为概括继承有限责任制度,以下另立专节说明。

三、继承的费用

关于遗产管理、分割及执行遗嘱之费用,由遗产中支付之。但因继承人之过失而支付者,不在此限(第1150条)。遗产管理费用,指保管费用、诉讼费用、清偿费用及丧葬费用等。遗产分割费用,例如裁判分割所需的费用。遗嘱执行费用,包括遗嘱提示、开视的费用及遗嘱执行人的报酬。

四、遗产酌给请求权

被继承人生前继续扶养之人,应由亲属会议,依其所受扶养之程度,及其他关系,酌给遗产(第1149条)。此含有死后扶养的意思。请求酌给遗产之人,须为被继承人生前继续扶养之人,且须以不能维持生活而无谋生能力为限。若被继承人已依遗嘱,并依其生前继续扶养之人所受扶养之程度及其他关系,遗赠相当财产者,毋庸再由亲属会议酌给遗产。对亲属会议所为酌给之决议有不服时,受酌给人得依第1137条规定,向法院声诉,法院若认亲属会议之决议未允洽时,自可斟酌情形径予核定(1948年上字第7137号判决、1959年台上字第1532号判决)。

第二节 概括继承有限责任制度

例题151:甲经营某企业,政商关系良好,被认系绅士型富商。甲死亡后,其妻乙、子丙、女丁发现甲负债累累。试问:①乙、丙、丁应否继承甲的债务而为清偿?②何谓"概括继承有限责任",具有何种功能?如何规定继承人开具遗产清册陈报法院的义务,违反法定义务,有何法律效果?③丙依法开具遗产清册陈报法院者,其效力是否及于乙或丁?④乙、丙或丁不知法律规定的"概括继承有限责任",仍以固有财产清偿被继承人超过遗产的债务时,得否请求返还?

一、概括继承有限责任制度的创设

(一)立法意旨

继承编采当然继承主义,继承人如未于法定期间内办理限定继承或抛弃继承,原则上必须承受被继承人财产上之一切权利、义务。然因现今工商社会交易频繁复杂,家庭形态亦随之改变,亲人间之关系较以往疏远,继承人与被继承人间有因久未联系,或因继承人不了解法律规定,而未能于法定期间内主张限定继承或抛弃继承,导致终生背负继承债权之不合理现象。为处理上开社会问题,2008年1月2日公布的物权编修正条文增订两种"继承人对于被继承人债务之法定限定责任",包括继承人为无行为能力人或限制行为能力人的法定限定责任,以及继承人对于继承开始后始发生代履行责任的保证契约债务之法定限定责任;修正延长继承人主张限定继承及抛弃继承的期间,此项修正虽已落实保护弱势继承人的意旨,并防避免继承人于不知悉其得继承而莫名继承的情事发生,然目前社会上仍有许多具有完全行为能力的继承人因不知法律而承受继承债务致影响其生存权,复鉴于现代法律思潮以个人主义为趋势,个人应负担何种权利义务应由个人决定,则传统社会中"父债子还"之观念是否仍应成为现今社会继承之法则,确有检讨余地。为体现民情及因应社会需要,并鉴于继承法具有身份权与财产权的双重性质,除应确保继承人生存权及财产权,亦应同时兼顾债权人的财产权及社会交易安全,2009年6月10日再度公布"民法"物权编修正条文,将现行法以概括继承为原则、限定继承及抛弃继承为例外之继承制度,修正为以"继承人负限定责任"为原则、抛弃继承为例外。继承人除抛弃继承外,虽概括承受被继承人财产上一切权利、义务,但对于被继承人之债务,仅以所得遗产为限,负有限责任(第1184条第2项)。为建立此项概括继承有限责任制度,"民法"设有相关配套规定,特集中于本款加以说明。

(二) 继承人不得主张限定责任利益的情事

第1163条规定:继承人中有下列各款情事之一者,不得主张第1148条第2项所定之利益:① 隐匿遗产情节重大。② 在遗产清册为虚伪之记载情节重大。③ 意图诈害被继承人之债权人之权利而为遗产之处分。

关于本条应说明者有三:① 本条规定乃在遏制继承人的恶性行为,并兼顾被继承人债权人之权益。② 继承人如未于第1156条所定期间开具遗产清册陈报法院,并不当然丧失限定继承之利益(第1162条之1,第1162条之2)。③ 继承人中如有一人有本条各款情事之一之行为,自应由该继承人负责,其他继承人之限定责任不因而受影响。又继承人如为无行为能力人或限制行为能力人而由其法定代理人开具遗产清册,如其法定代理人在遗产清册为虚伪记载之情事,致债权人受有损害,而该无行为能力或限制行为能力人之继承人不知情,该继承人自不适用本条规定,而应由该法定代理人负损害赔偿责任。

(三) 新旧法的适用

为配合继承编新修正规定,2009年6月10日公布民法亲属编施行增订第1条之3,并修正第1条之1条文,敬请参阅。依第1条之3第2项、第3项及第4项规定,继承在继承编2009年5月22日修正前开始,继承人有下列情事,由其继承继续履行债务显失公平者,以所得遗产为限,负清偿责任:① 继承人对于继承开始以前已发生代负履行责任之保证契约债务。② 继承人已依第1140条规定代位继承。③ 继承人因不可归责于己之事由或未同居共财者,于继承开始时无法知悉继承债务之存在,致未能于修正施行前之法定期间为限定或抛弃继承。在此三项情形继承人依修正施行前之规定已清偿之债务,不得请求返还。解释适用上的难题,系如何认定"继承人继续履行债务显失公平",此应就个案的继承人与被继承人的关系,遗产与债务的比例,被继承人的年龄及生活上的需要等因素依公平正义原则加以判断。

二、负有限责任的遗产及继承人的连带责任

(1) 继承开始前的赠与增订第1148条之1规定:"继承人在继承开始前二年内,从被继承人受有财产之赠与者,该财产视为其所得遗产。前项财产如已移转或灭失,其价额,依赠与时之价值计算。"本条系为避免被继承人于生前将遗产赠与继承人,以减少继承开始时之继承人所得遗产,致影响被继承人债权人之权益。惟若被继承人生前所有赠与继承人之财产均视为所得遗产,恐亦与民众情感相违,且对继承人亦有失公允。故为兼顾继承人与债权人之权益,乃明定继承人于继承开始前两年内,从被继承人受有财产之赠与者,该财产始视为其所得遗产。

(2) 继承人的连带责任。第1153条规定:"继承人对于被继承人之债务,以因继承所得遗产为限,负连带责任。继承人相互间对于被继承人之债务,除法律另有规定或另有约定外,按其应继份比例负担之。"之所以规定"以因继承所得遗产为限",系为配合新增订第1148条第2项而设。

(3) 继承人对于被继承人的权利。第1154条规定:"继承人的对于被继承人的权利、义务,不因继承而消灭。"此系旧第1154条第3项规定。

该条文第1项及第2项因增设第1148条第2项规定,已无必要,而被删除。

三、继承人开具清册陈报法院的义务、公示催告、清偿债权

(一) 继承人的陈报义务

(1) 第1156条规定:"继承人应于知悉其得继承之时起三个月内开具遗产清册陈报法院。前项三个月期间,法院因继承人之声请,认为必要时,得延展之。继承人有数人时,其中一人已依第1项开具遗产清册陈报法院者,其他继承人视为已陈报。"关于本条,应说明的有三点:① 立法目的系一方面为避免被继承人生前法律关系因其死亡而陷入不明及不安定之状态;另一方面继承人亦可通过一次程序之进行,厘清确定所继承之法律关系,以免继承人因未进行清算程序,反致各债权人逐一分别求偿,不胜其扰。② 继承人有数人时,如其中一人已依第1项陈报,其他继承人原则上自无须再为陈报。③ 继承人如未于本条第1项所定期间开具遗产清册陈报法院,并不当然丧失限定继承之利益。

(2) 债权人的声请及法院职权。第1156条之1规定:"债权人得向法院声请命继承人于三个月内提出遗产清册。法院于知悉债权人以诉讼程序或非讼程序向继承人请求清偿继承债务时,得依职权命继承人于三个月内提出遗产清册。前条第2项及第3项规定,于第1项及第2项情形,准用之。"本条系属增订,立法意旨系鉴于本次修正施行后,继承人可能因不知继承债权人之存在而认为无依前条第1项所定期间开具遗产清册陈报法院之必要,故制度上宜使债权人有权向法院声请命继承人开具遗产清册,一方面可使原不知债权存在之继承人知悉,另一方面亦可使债权人及继承人尚有借由陈报法院进行清算程序之机会,使继承法律关系尽速确定。

又为求尽量通过清算遗产程序,一次解决纷争并利于当事人主张权利,制度上亦应让法院得于知悉债权人以诉讼程序或非讼程序向继承人请求清偿债务时,依职权命继承人提出遗产清册并为清算,俾利续行裁判程序。

(二) 公示催告程序及报明债权

第1157条规定:"继承人依前两条规定陈报法院时,法院应依公示催告程序公告,命被继承人之债权人于一定期限内报明其债权。前项一定

期限,不得在三个月以下。"继承人在第1157条所定之一定期限内,不得对于被继承人之任何债权人清偿债务(第1158条)。

(三) 清偿债务

第1159条规定:在第1157条所定之一定期限届满后,继承人对于在该一定期限内报明之债权及继承人所已知之债权,均应按其数额、比例计算,以遗产分别偿还。但不得害及有优先权人之利益。继承人对于继承开始时未届清偿期之债权,亦应依第1项规定予以清偿。前项未届清偿期之债权,于继承开始时,视为已到期。其无利息者,其债权额应扣除自第1157条所定之一定期限届满时起至到期时止之法定利息。关于本条应说明的有三点:

(1)第2项系新增订,立法理由系认被继承人债权人之债权如于被继承人死亡时(即继承开始时)尚未届清偿期,是否依第1项规定清偿,未有明文。但如未规范继承人于继承开始时为期前清偿,则遗产清算程序势将迟延,对于继承债权人、受遗赠人及继承人均造成不便,故明定继承人对于未届清偿期之债权亦应依第1项规定清偿,且该等债权于继承开始时即视为已到期,以利清算。

(2)第3项亦为新增订,立法理由系认未届清偿期之债权附有利息者,应合计其原本及至清偿时止之利息,以为债权额,尚无疑义;惟未附利息者,则不应使继承人丧失期限利益,故其债权额应扣除自第1157条所定之一定期限届满时起至到期时止之法定利息,始为公允,并利于继承人于第1项规定进行清算。

(3)至于附条件之债权或存续期间不确定之债权,其权利是否生效或其存续期间处于不确定之状态,情况各有不同,宜就个案情形予以认定,不宜概予规范,以免挂一漏万。

又第1160条规定继承人非依第1159条规定偿还债务后,不得对受遗赠人交付遗赠。被继承人之债权人,不于第1157条所定之一定期限内,报明债权,而又为继承人所不知者,仅得就剩余遗产,行使其权利(第1162条)。

四、继承人违反法定义务的责任

(一) 违反第1158条至1160条规定

第1161条规定:"继承人违反第1158条至第1160条规定,致被继承人之债权人受有损害者,应负赔偿之责(第1项)。前项受有损害之人,对于不当受领之债权人或受遗赠人,得请求返还其不当受领之数额(第2项)。继承人对于不当受领之债权人或受遗赠人,不得请求返还其不当受领之数额(第3项)。"本条第3项系新增订,立法理由系认为,继承人未依第1159条至第1160条规定为清偿,致债权人有受领逾比例数额之情形时,该债权人于其债权范围内受领,并非无法律上之原因,自无不当得利可言,故明定继承人对于不当受领之债权人或受遗赠人,不得请求返还其逾比例受领之数额,以期明确。

(二) 违反第1156条、第1156条之1规定

第1162条之1规定:"继承人未依第1156条、第1156条之1开具遗产清册陈报法院者,对于被继承人债权人之全部债权,仍应按其数额,比例计算,以遗产分别偿还。但不得害及有优先权人之利益(第1项)。前项继承人,非依前项规定偿还债务后,不得对受遗赠人交付遗赠(第2项)。继承人对于继承开始时未届清偿期之债权,亦应依第1项规定予以清偿(第3项)。前项未届清偿期之债权,于继承开始时,视为已到期。其无利息者,其债权额应扣除自清偿时起至到期时止之法定利息。"

本条系新增订,第1项旨在平衡债权人间的权益,第2项系参考第1160条规定而增设,第3项规定系为便利清算,第4项系出于公允的目的。

(三) 违反第1162条之1规定

第1162条之2规定:"继承人违反第1162条之1规定者,被继承人之债权人得应受清偿而未受偿之部分,对该继承人行使权利(第1项)。继承人对于前项债权人应受清偿而未受偿之部分之清偿责任,不以所得遗产为限。但继承人为无行为能力人或限制行为能力,不在此限(第2项)。继承人违反第1162条之1规定,至被继承人之债权人受有损害者,亦应负赔偿之责(第3项)。前项受有损害之人,对于不当受领之债权人或受遗赠人,得请求返还其不当受领之数额(第4项)。继承人对于不当受领之债权人或受遗赠人,不得请求返还其不当受领之数额(第5项)。"

本条系新增订,分五点加以说明:① 继承人不依第1156条、第1156条之1规定向法院陈报并进行清算程序,又违反第1162条之1规定,致债权人原得受清偿部分未能受偿额(例如,未应按比例受偿之差额或有优先权人未能受偿之部分),即应就该未能受偿之部分负清偿之责,始为公

允。②继承人之债权人未按比例或应受偿未受偿部分之清偿责任,即不应以所得遗产为限,以期继承人与债权人间权益之衡平。又此时继承人仅系就应受偿而未能受偿部分负清偿之责且不以所得遗产为限,该继承人对于其他非属本条第1项及第2项之继承债务,仍仅以所得遗产为限负清偿之责,乃在强调第2项但书规定,如继承人为无行为能力人或限制行为能力人,有致债权人未能依比例受偿之情形,仍仅以所得遗产为限负清偿责任,原保护无行为能力或限制行为能力人之立法原则并未改变。③ 第3项系参考第1161条第1项规定而增订。④ 第4项系参考第1161条第2项而规定。⑤ 第5项系参考第1161条第3项而规定。

第三节 共同继承与遗产分割

一、共同继承

继承人有数人时,在分割遗产前,各人对于遗产全部为共同共有(第1151条)。例如,甲死亡,继承人有其妻乙及其子丙,其遗产包括A地、B屋、C车、定期存款50万元、银行贷款100万元。在此情形,乙、丙因继承共同共有A地、B屋、C车(共同共有物)、债权50万元(共同共有债权)及债务100万元(共同共有债务)。兹以下图表示其基本法律关系:

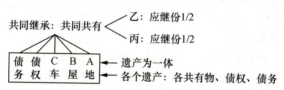

对于共同共有的遗产,继承人有所谓的应继份,此指各继承人对于遗产上的一切权利义务所得继承的比例,并非对于个别遗产之权利的比例。在分割前,应继份系属潜在,继承人不得自由处分其应继份(1989年台上字第412号判决)。

二、遗产分割

例题152:① 甲、乙为夫妻,有子丙、丁。甲死亡,遗有财产280万元。丙曾向甲借20万元未还(或甲于丙营业时赠与50万元)。试问:于遗产分割时,如何决定其应继份?试就此例说明遗产分割时的

"扣还"与"归扣"的意义及计算方法。②甲、乙二人继承其父遗产A地、B车、100万元债权。试问当事人如何分割遗产？得否仅分割A地？分割A地前须否先办理继承登记？办理A地继承登记时，得否登记为"分别共有"？

(一) 遗产分割自由及其限制

继承人得随时请求分割遗产，但法律另有规定或契约另有订定者，不在此限(第1164条)，是为遗产分割自由原则，以利物之使用，避免纠纷。

所谓"法律另有规定"，指第1166条第1项规定："胎儿为继承人时，非保留其应继份，他继承人不得分割遗产。"胎儿关于遗产之分割，以其母为代理人(第1166条第2项)。又须注意的是，胎儿为继承人时，应由其母以胎儿名义申请登记，俟其出生办理户籍登记后，再行办理更名登记。前项胎儿以将来非死产者为限。如将来为死产者，其经登记之权利，溯及继承开始时消灭，由其他继承人共同申请更正登记("土地登记规则"第121条)。

所谓"契约另有订定"，指继承人另有不分割的约定，惟该约定不得请求分割的期限不得逾5年，逾5年者，缩短为5年(第830条第2项，准用第823条第2项)。

又被继承人以遗嘱禁止遗产之分割者，其禁止之效力以十年为限(第1165条第2项)。

(二) 分割的方法

被继承人之遗嘱，定有分割遗产之方法，或托他人代定者，从其所定(第1165条第1项)。若遗嘱未定有遗产之分割时，应依关于共有物分割的规定(第830条第2项)，即适用第824条，依继承人相互间之协议，协议不成时，得请求法院裁判分割。

(三) 全部遗产分割与个别遗产分割

第1164条所定的遗产分割，系以遗产为一体，整个为分割，而非以遗产中各个财产的分割为对象，亦即遗产分割之目的在遗产共同共有关系全部的废止，而非个个财产共同共有关系的消灭。继承人欲就特定财产(如遗产中的某笔土地)为分割时，须经全体共同共有人同意始得为之。

(四) 遗产分割与继承登记

分割共有物既对于物之权利有所变动，即属处分行为的一种，凡因继承于登记前已取得不动产物权者,其取得虽受法律保护,不以其未经继承登记而否认其权利。但继承人如欲分割其因继承而取得共同共有的遗产,因属于处分行为,依第 759 条规定,自非先经继承登记,不得为之(参照"最高法院"1979 年第十三次民事庭会议决议)。

关于继承登记,土地登记规则第八章设有规定。继承人得申请为共同共有登记,其经继承人全体同意者,得申请为分别共有之登记("土地登记规则"第 120 条)。

(五) 遗产分割的效力

1. 单独取得所有权

遗产之分割,自分割时起,发生效力,各继承人就其分得之部分,单独取得所有权。

2. 共同继承人间之相互担保责任

(1) 出卖人之瑕疵担保责任。遗产分割后,各继承人按其所得部分,对于其他继承人因分割而得之遗产,负与出卖人同一之担保责任(第 1168 条)。

(2) 债务人资力之担保责任。遗产分割后,各继承人按其所得部分,对于他继承人因分割而得之债权,就遗产分割时债务人之支付能力,负担保之责(第 1169 条第 1 项)。此项债权,附有停止条件,或未届清偿期者,各继承人,就应清偿时债务人之支付能力,负担保之责(第 1169 第 2 项)。

依前两条规定负担保责任之继承人中,有无支付能力不能偿还其分担额者,其不能偿还之部分,由有请求权之继承人与其他继承人,按其所得部分,比例分担之。但其不能偿还,系由有请求权人之过失所致者,不得对于其他继承人,请求分担(第 1170 条)。

3. 连带债务之免除

遗产分割后,其未清偿之被继承人之债务,移归一定之人承受,或划归各继承人分担,如经债权人同意者,各继承人,免除连带责任。继承人之连带责任,自遗产分割时起,如债权清偿期在遗产分割后者,自清偿期届满时起,经过 5 年而免除(第 1171 条)。

(六) 分割的实行(扣还与归扣)

1. 扣还

第 1172 条规定:"继承人中,如对于被继承人负有债务者,于遗产分割时,应按其债务数额,由该继承人之应继份内扣还。"立法目的在于避免共同继承时发生混同的结果,以维持共同继承人间的公平。

兹举一例加以说明(参阅例题152):甲、乙系夫妻,有子丙、丁二人,丙对甲负有20万元债务,甲死亡时,遗有财产280万元。在此情形,甲的现存财产为280万元,丙的债务20万元,应继财产共计300万元。乙丙丁的法定应继份,各为1/3。就丙而言,于分割遗产时,应按其债务数额(20万元)由其应继份扣还,故得分配80万元。乙、丁则各分配100万元。此种扣还得依下列方式加以计算:

$$应继财产(遗产+继承人债务)\times 应继份比例=应继份$$

- 应继份超过债务人所负债务时,于扣除后再为分配。
- 应继份等于债务人所负债务时,不再分配。
- 应继份低于债务人所负债务时,返还其差额。
- 债务人抛弃继承的情形,因无应继份可以扣还,应偿还全部债务。

2. 归扣

第1173条规定:"继承人中有在继承开始前因结婚、分居或营业,已从被继承人受有财产之赠与者,应将该赠与价额加入继承开始时被继承人所有之财产中,为应继遗产。但被继承人于赠与时有反对之意思表示者,不在此限。前项赠与价额,应于遗产分割时,由该继承人之应继份中扣除。赠与价额依赠与时之价值计算。"此项规定的立法意旨系鉴于此等赠与寓有预付应继份的意思,而维持共同继承人间的公平。其得为归扣的主体,为该继承关系的继承人(包括限定继承),但不及于抛弃继承人。其得为归扣的标的,限于结婚、分居、或营业三项(特种赠与),其他赠与(如留学费用、生日礼物)不包括在内。

归扣计算方式为:① 先确定应继财产,此为被继承人的遗产(积极财产扣除消极财产),再加上生前特种赠与。② 依应继份比例算定其应继份。③ 依应继份的数额计算遗产的分配,兹以下列公式表示之:

$$应继财产(遗产+特种赠与)\times 应继份比例 = 应继份 \begin{cases} 多于特种赠与:分配其剩余 \\ 等于特种赠与:不分配 \\ 少于特种赠与:不必返还、不分配 \end{cases}$$

兹举一例加以说明(参阅例题152):甲、乙为夫妻,生子丙、丁,甲独钟爱丙,于丙营业时赠与50万元,甲死亡,留下遗产280万元。依上归扣计算公式:

应继财产(280+50)×1/3(应继份比例)=应继份(110)

据上计算,乙、丙、丁的法定应继份为各1/3,即各110万元。乙、丁各分得110万元。丙已自甲受赠与50万元,应继承60万元。

第四节 抛弃继承

例题153:甲、乙为夫妻,生子丙、丁二人,丙有A、B二子。丁未有子女。甲死亡,留下900万元遗产。丙自幼自力更生,反对继承制度,乃"抛弃继承"。① 试说明"抛弃继承"的意义,民法为何设此制度,其要件及效力(请比较其与限定继承的不同)。② 如何决定抛弃继承人其应继份的归属?③ 如丙、丁皆抛弃继承时,其应继份归属何人?

一、抛弃继承的意义及性质

"民法"系采当然继承原则,继承人当然承受被继承人的一切财产上的权利义务(第1147条、第1148条)。为尊重继承人的人格及意思自主,"民法"特设抛弃继承制度(第1174条第1项),使继承人得否认因继承开始当然为继承人的全部继承效力。抛弃继承系属身份行为(无相对人的单独行为),不得附条件或期限,不许代理,亦不得为部分抛弃(1978年台上字第3448号判决、1978年台上字第3788号判决)。

继承人得抛弃因继承所取得的财产,例如继承人不好读书,丢弃其父遗留的法律书籍,此种抛弃乃物权行为(处分行为),与抛弃继承不同,应予注意。

二、抛弃继承的程序及效力

(一) 抛弃继承的程序

抛弃继承,应于知悉其得继承之时起3个月内以书面向法院为之,并以书面通知因其抛弃而应为继承之人。但不能通知者,不在此限(第1174条第2项)。应说明者有三:

(1) 所以明定应以书面向法院为之,因其最为确实易行,且有案可查,可杜绝倒填年月日,伪造抛弃继承之证明文件等情事。

（2）抛弃继承期间，所以定为自知悉其得继承之时起3个月以内，乃为早日确定继承关系。所以应以书面通知其因其抛弃而应为继承之人，在使其得为抛弃继承或限定继承的选择。

（3）法院处理抛弃继承事件，性质上为非讼事件，基于形式确定抛弃继承人，次顺序继承人以及第三人的权利义务，并符合非讼事件程序的性质，法院应就继承权抛弃形式上的要件是否具备，依职权为调查，抛弃继承人如不能证明其于知悉得继承之时起未逾3个月内抛弃继承，法院即应以裁定驳回之。

（二）抛弃继承的效力

1. 溯及效力

继承之抛弃，溯及于继承开始时发生效力（第1175条）。

2. 对抛弃继承人的效力

继承人抛弃继承后，自始脱离继承关系，为避免遗产的遗失、毁损，第1176条之1乃规定，抛弃继承权者，就其所管理之遗产，于其他继承人或遗产管理人开始管理前，应与处理自己事务为同一之注意，继续管理之。

3. 抛弃继承与诈害债权

继承人抛弃继承，其债权人可否依第244条规定行使撤销诉权，而撤销之，此系实务及理论上重要争议问题。1984年度民事庭会议决议认为，债权人得依"民法"第244条规定行使撤销诉权者，以债务人所为非以其人格上之法益为基础之财产上之行为为限，继承权系以人格上之法益为基础，且抛弃之效果，不仅不承受被继承人之财产上权利，亦不承受被继承人财产上之义务，故继承权之抛弃，纵有害及债权，仍不许债权人撤销之。可资参照。

4. 对其他继承人的效力

继承人抛弃继承时，发生其"应继份归属何人"的问题。第1176条设七项规定：

（1）第1138条所定第一顺序之继承人中有抛弃继承权者，其应继份归属于其他同为继承之人。

（2）第二顺序至第四顺序之继承人中，有抛弃继承权者，其应继份归属于其他同一顺序之继承人。

（3）与配偶同为继承之同一顺序继承人均抛弃继承权，而无后顺序之继承人时，其应继份归属于配偶。

（4）配偶抛弃继承权者，其应继份归属于与其同为继承之人。

（5）第一顺序之继承人，其亲等近者均抛弃继承权者，由次亲等之直系血亲卑亲属继承。

（6）先顺序继承人均抛弃其继承权时，由次顺序之继承人继承。其次顺序继承人有无不明或第四顺序之继承人均抛弃其继承权者，准用关于无人承认继承之规定。

（7）因他人抛弃继承而应为继承之人，为抛弃继承时，应于知悉其得继承之日起 3 个月内为之。（按本项旧规定所定"限定继承或"等字，因新修正第 1148 条规定对于继承人对于继承债务仅负限定责任之规定，适用于所有继承人，且不待继承人主张，而被删除）。

兹举一例加以说明（参阅例题 153）：甲、乙为夫妻，生子丙、丁二人。丙有 A、B 二女。丁未有子女。甲死亡留下 900 万元遗产（参阅下图）：

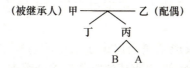

（1）丙抛弃继承权时，其应继份归属于同为继承之人乙、丁二人，各为 1/2，各得 450 万元遗产。丙的二女 A、B 不得代位继承（第 1176 条第 1 项）。

（2）如丙、丁二人均抛弃继承时，其应继承归属于同为继承人之乙，丙的应继份归属于其直系血亲 A、B 二人，此非代位继承，而系本于自己身份而继承（第 1176 条第 1、5 项），并与甲的配偶乙共同继承，乙、A、B 的应继份各为 1/3，即各分配甲的遗产 300 万元。

第五节　无人承认的继承

例题 154：甲未婚独居，节衣缩食，积蓄 500 万元，遭车祸死亡，继承人有无不明。试问于此种情形，法律应为如何规范，如何选定管理人，搜索继承人，清偿债权，及决定清偿债权后，其剩余财产的归属？

一、无人承认继承的意义

无人承认继承，指继承开始时，继承人之有无不明者而言（第 1177 条前段)。继承人有无不明与生死不明不同,若有继承人而其生死不明时,则非此所谓无人承认的继承。关于身份关系的存在,虽不以户籍登记为必要,但户籍簿上无法知其法定继承人时,可供认定继承人有无不明。

无人承认的继承,如何处理,攸关继承人、被继承人的债权人及社会公益,在法律规范上涉及四个问题:① 选定遗产管理人。② 搜索继承人。③ 清偿债权。④ 剩余遗产的归属。

大陆来台人员无人继承的财产,应如何处理,系实务上重要问题,请参阅"台湾地区与大陆地区人民关系条例"第68条以下规定。

二、遗产管理人

(一) 遗产管理人的选定

(1) 继承开始时,继承人之有无不明者,由亲属会议于1个月内选定遗产管理人,并将继承开始及选定遗产管理人之事由,向法院报明(第1177条)。

(2) 无亲属会议或亲属会议未于前条所定期限内选定遗产管理人者,利害关系人或检察官,得声请法院选任遗产管理人。

(二) 遗产管理人的职务

(1) 职务行为。遗产管理人的职务为(第1179条第1项):① 应于就职后3个月编制遗产清册。② 为保存遗产之必要处置。③ 声请催告命被继承人之债权人及受遗赠人报明债权,遗产管理人应声请法院依公示催告程序,限定1年以上之期间,公告被继承人之债权人及受遗赠人,命其于该期间内报明债权,及为愿受遗赠与否之声明,被继承人之债权人及受遗赠人为管理人所已知者,应分别通知。④ 清偿债权或交付遗赠物(详见后述)。⑤ 有继承人承认继承或遗产归属"国库"时,为遗产之移交。

(2) 视为继承人之代理。于第1178条所定公示催告之期限内,有继承人承认继承时,遗产管理人在继承人承认继承前所为之职务上行为,视为继承人之代理(第1184条)。

(三) 遗产管理人的义务及权利

(1) 遗产管理人,因亲属会议,被继承人之债权人或受遗赠人之请求,应报告或说明遗产之状况(第1180条)。

(2) 遗产管理人,得请求报酬,其数额由亲属会议按其劳力及其与被继承人之关系酌定之(第1183条)。

三、继承人的搜索

亲属会议于依第1177条规定向法院报明后,法院应依公示催告程序,定6个月以上之期限,公告继承人,命其于期限内承认继承(第1178条第1项)。在由利害关系人或检察官声请法院选任遗产管理人的情形,法院亦应依第1178条规定为"搜索继承人"的公示催告(第1178第2项)。

四、清偿债权

清偿债权或交付遗赠物,系遗产管理人的职责(第1179条第1项第4款)。应注意者有三:

(1) 遗产管理人非于第1179条第1项第3款所定期间届满后,不得对被继承人之任何债权人或受遗赠人,偿还债务或交付遗赠物(第1181条)。

(2) 被继承人之债权人或受遗赠人,不于第1179条第1项第3款所定期间内为报明或声明者,仅得就剩余遗产,行使其权利(第1182条)。

(3) 债权之清偿,应先于遗赠物之交付。为清偿债权或交付遗赠物之必要,管理人经亲属会议之同意得变卖遗产(第1179条第2项)。

五、剩余财产的归属

法院依第1178条所定公示催告所定期限届满,无继承人承认继承时,其遗产于清偿债权,并交付遗赠物后,如有剩余,归属"国库"(第1185条),而由遗产管理人移交之(第1179条第1项第5款)。

第四章 遗 嘱

例题155：在继承法为何要设"遗嘱制度"，使遗嘱人得自由处分其财产？遗嘱自由应受何种限制？遗嘱的方式的种类应否法定？为确保遗嘱的真实、正确及特殊情况的需要，应如何设计遗嘱的方式？

第一节 遗嘱制度

遗嘱与继承相伴而生，有继承，即有遗嘱制度，但其功能不同，时代亦历经变迁。在现行民法，遗嘱制度旨在肯定个人对其死后财产的自由处分，此系生前处分的延长，乃私法自治的体现。此外，将死之人亦可借遗嘱处理其生前不便处理之事（如表示曾自幼抚育某私生子，对长期同居者为遗赠）。惟遗嘱涉及继承人的利益，"遗嘱自由"亦应受合理必要的限制（第1187条）。

第二节 遗嘱的意义及遗嘱的内容

遗嘱，指遗嘱人为使一定事项于其死后发生，依法定方式而为的法律行为。此种法律行为并无相对人，因遗嘱人的一方意思表示而成立，为无相对人的单独行为。遗嘱不必对一定之人为表示，亦毋庸得任何人的承诺，但须遵守法定方式，始生效力。

"民法"对遗嘱的内容，未设规定，凡不违反公序良俗者，皆得依遗嘱为之。"民法"明定有得依遗嘱为之的事项，例如捐助行为（第60条），监护人的指定（第1093条）、继承权丧失的表示（第1145条第1项第5款）、继承权丧失的宥恕（第1145条第2项）、遗赠（第1200条以下）等。

第三节　遗嘱能力及遗嘱生效

一、遗嘱能力

第 1186 条规定："无行为能力人，不得为遗嘱。限制行为能力人，无须经法定代理人之允许，得为遗嘱，但未满十六岁者，不得为遗嘱。"应说明者有四：

（1）关于遗嘱能力，系以年龄为标准，满 16 岁者的未成年人有遗嘱能力，无须得其法定代理人的允许。其未满 16 岁者，无遗嘱能力，即使经其法定代理人同意，亦不得为之。

（2）所谓无行为能力人，指已满 16 岁而受监护宣告者而言。受监护宣告之人纵恢复正常状态亦不得为遗嘱。

（3）遗嘱不许他人代理。法定代理人不得代理未成年人或受监护宣告之人为遗嘱。

（4）遗嘱能力之有无，以遗嘱行为作成之时为准，纵日后丧失亦不影响其遗嘱能力。

二、遗嘱生效

遗嘱，自遗嘱人死亡时，发生效力（第 1199 条）。

第四节　遗嘱的方式、撤回及执行

一、遗嘱的方式

（一）遗嘱方式法定原则

"民法"虽肯定遗嘱自由原则，但对遗嘱的方式，则采法定原则，并采严格的要式行为，即遗嘱应依法律规定的方式为之，违反者，遗嘱无效。立法目的在确保遗嘱书的存在及真实性，节省费用，减少争议，以维持家庭的平和。

遗嘱分为两类：① 普通方式的遗嘱（第 1189 条）。② 特别方式的遗嘱（第 1195 条）。前者系于通常情形所立，一经成立，于遗嘱人死亡时，即生效力。后者系于紧急状态下所立，为求慎重，于遗嘱人死亡后须经认定程序,始生效力。

(二) 普通方式的遗嘱

普通方式遗嘱有四类:自书遗嘱、公证遗嘱、密封遗嘱及代笔遗嘱,具有不同的设计功能,分述如下:

(1) 自书遗嘱。自书遗嘱,应由遗嘱人自书遗嘱全文,记明年、月、日,并亲自签名。如有增减、涂改,应注明增减、涂改之处所及字数,另行签名(第1190条)。

(2) 公证遗嘱。公证遗嘱,应指定两人以上之见证人,在公证人前口述遗嘱意旨,由公证人笔记、宣读、讲解,经遗嘱人认可后,记明年、月、日,由公证人、见证人及遗嘱人同行签名。遗嘱人不能签名者,由公证人将其事由记明,使按指印代之。前项所定公证人之职务,在无公证人之地,得由法院书记官行之。侨民在台湾领事驻在地为遗嘱时,得由领事行之(第1191条)。

(3) 密封遗嘱。密封遗嘱,应于遗嘱上签名后,将其密封,于封缝处签名,指定两人以上之见证人,向公证人提出,陈述其为自己之遗嘱,如非本人自写并陈述缮写人之姓名住所,由公证人于封面记明该遗嘱提出之年、月、日及遗嘱人所为之陈述,与遗嘱人及见证人同行签名(第1192条第1项)。上述公证人之职务在无公证人之地,得由法院书记官行之(第1192条第2项,准用第1191条第1项)。又密封遗嘱,不具备上述之方式,而具备第1190条所定自书遗嘱之方式者,有自书遗嘱之效力(第1193条)。

(4) 代笔遗嘱。代笔遗嘱,由遗嘱人指定三人以上之见证人,由遗嘱人口述遗嘱意旨,使见证人中之一人笔记、宣读、讲解,经遗嘱人认可后,记明年、月、日及代笔人之姓名,由见证人全体及遗嘱人同行签名。遗嘱人不能签名者,应按指印代之(第1194条)。

(三) 特别方式的遗嘱

遗嘱人因生命危急或其他特殊情形,不能依其他方式为遗嘱者,得以口授方式为遗嘱。口授遗嘱的方式有二:

(1) 口授笔记遗嘱。由遗嘱人指定二人以上之见证人,并口授遗嘱意旨,由见证人中之一人,将该遗嘱意旨,据实作成笔记,并记明年、月、日,与其他见证人同行签名。

(2) 口授录音遗嘱。由遗嘱人指定二人以上之见证人,并口述遗嘱意旨、遗嘱人姓名及年、月、日,由见证人全体口述遗嘱之为真正及见证人姓名,全部予以录音,将录音带当场密封,并记明年、月、日,由见证人全体在封缝处同行签名(第1195条)。

为确保口授遗嘱的公正确实,"民法"设有两个规定:

(1) 口授遗嘱,自遗嘱人能依其他方式为遗嘱之时起,经过3个月而失其效力(第1196条)。

(2) 口授遗嘱,应由见证人中之一人或利害关系人,于为遗嘱人死亡后3个月内,提经亲属会议认定其真伪。对于亲属会议之认定如有异议,得声请法院判定之(第1197条)。口授遗嘱如无法组成亲属会议(如大陆来台人员),可径声请由法院代行亲属会议职权,判定口授遗嘱的真伪。

(四) 遗嘱见证人

公证遗嘱、密封遗嘱、代笔遗嘱或口授遗嘱,均须有见证人,以证明遗嘱系出自遗嘱人的真意。第1198条规定,下列之人,不得为遗嘱见证人:① 未成年人。② 受监护宣告之人。③ 继承人及其配偶或其直系血亲。④ 受遗赠人及其配偶或其直系血亲。⑤ 为公证人或代行公证职务人之同居人、助理人或受雇人。

二、遗嘱的撤回

遗嘱于遗嘱人死亡前,尚未发生效力(第1199条),而遗嘱制度之目的,本在尊重遗嘱人之意思,是遗嘱人不愿实现遗嘱之内容时,自应许其撤回其遗嘱。遗嘱撤回的方法有二:

(1) 表示撤回。遗嘱人得随时依遗嘱之方式,撤回遗嘱之全部或一部(第1219条)。

(2) 法定撤回。法律因一定事由的存在,而拟制遗嘱的撤回,其情形有三:① 前后遗嘱相抵触。前后遗嘱有相抵触者,其抵触之部分,前遗嘱视为撤回(第1220条)。② 遗嘱与后行为相抵触。遗嘱人于为遗嘱后所为之行为与遗嘱有相抵触者,其抵触部分,前遗嘱视为撤回(第1221条)。③ 遗嘱之废弃。遗嘱人故意破毁或涂销遗嘱,或在遗嘱上记明废弃之意思者,其遗嘱视为撤回(第1222条)。

三、遗嘱的执行

遗嘱内容的实现,有待执行,故须有遗嘱执行人,此外亦涉及遗嘱提示或开视。分述如下。

(一) 遗嘱执行人

1. 遗嘱执行人的产生

遗嘱执行人产生的方式有二：

(1) 遗嘱指定。遗嘱人得以遗嘱指定遗嘱执行人,或委托他人指定之,受委托指定遗嘱执行人之人,应即指定遗嘱执行人,并通知继承人(第1209条)。未成年人及受监护或辅助宣告之人,不得为遗嘱执行人(第1210条)。

(2) 亲属会议或法院选任。遗嘱未指定遗嘱执行人,并未委托他人指定者,得由亲属会议选定之。不能由亲属会议选定时,得由利害关系人声请法院指定之(第1211条)。

2. 遗嘱执行人的职务

遗嘱执行人就职后,于遗嘱有关之财产,如有编制清册之必要时,应即编制遗产清册,交付继承人(第1214条)。遗嘱执行人有管理遗产并为执行上必要行为之职务,遗嘱执行人因管理遗产职务所为之行为,视为继承人之代理(第1215条)。继承人于遗嘱执行人执行职务中,不得处分与遗嘱有关之遗产,并不得妨碍其职务之执行(第1216条)。

遗嘱执行人有数人时,其执行职务,以过半数决之。但遗嘱另有意思表示者,从其意思(第1217条)。

3. 遗嘱执行人的解任

遗嘱执行人怠于执行职务,或有其他重大事由时,利害关系人得请求亲属会议改选他人,其由法院指定者得声请法院另行指定(第1218条)。

(二) 遗嘱的提示或开视

遗嘱内容须公开于众,为确保遗嘱内容的真实性,"民法"特规定其提示及其开视的程序。

1. 无封缄遗嘱的提示

遗嘱保管人,知有继承开始之事实时,应即将遗嘱提示于亲属会议。无保管人而由继承人发现遗嘱者亦同(第1212条)。

2. 有封缄遗嘱的开视

有封缄之遗嘱,非在亲属会议当场或法院公证处,不得开视。遗嘱开视时,应制作记录,记明遗嘱之封缄有无毁损情形,或其他特别情事,并由在场之人同行签名(第1213条)。

第五节 遗赠与特留份

例题156：某甲出身寒门，获亲友协助，读完大学，考取公费留学。回国后经政府辅助创业有成。甲病逝之前，感念社会恩情，乃以其全部财产的十分之六赠与其母校乙大学；以遗嘱捐助其财产十分之二设立以其亡妻为名的丙爱心基金会，并以其财产十分之一给予丁植物人基金会。试问：甲的继承人得否以其"继承权"受侵害为理由，主张其得撤销赠与？得扣减遗赠？并说明"赠与"与"遗赠"的不同。

一、遗赠

(一) 遗赠的意义

遗赠，指遗嘱人以遗嘱将其财产无偿给予他人的法律行为(单独行为)。遗赠的"财产"得为特定的财产(如某车，某屋)，亦得为抽象部分(如财产的1/5)。

所谓"他人"，包括自然人及法人，胎儿亦得为遗赠的对象。所谓遗赠亦包括以遗嘱捐助设立财团法人。

(二) 遗赠与赠与的不同

遗赠与赠与不同，分四点言之：① 遗赠为单独行为，赠与为契约。② 遗赠为遗嘱人处分其死后财产的行为(死后行为)，赠与系赠与人处分其生前财产的行为(生前行为)。③ 遗赠须依遗嘱方式为之，系要式行为，赠与无须依一定之方式，乃不要式行为。④ 遗嘱不得侵害特留份，赠与则无此限制(参阅例题156)。所以有此区别，系为尊重赠与人的意思，并顾及法定继承人的利益。

(三) 遗赠的种类

(1) 附条件或附期限之遗赠。遗嘱所定遗赠，附停止条件者，自条件成就时，发生效力(第1200条)。若停止条件于遗嘱人死亡以前已成就者，仍自遗嘱人死亡时发生效力。附始期之遗赠，于始期届至时，发生效力。附解除条件之遗赠，遗嘱人死亡前已成就者，遗嘱无效，不成就已确定者，为无条件。

（2）代替遗赠。遗嘱人因遗赠物灭失、毁损、变造、或丧失物之占有，而对于他人取得权利时，推定以其权利，为遗赠。因遗赠物与他物附合或混合而对于所附合或混合之物，取得权利时亦同（第1203条）。

（3）用益遗赠。遗嘱人得以遗产之使用收益为遗赠，使受遗赠人仅取得遗产之使用收益权。此种遗赠若未定返还期限，并不能依遗赠之性质，定其期限者，以受遗赠人之终身为其期限（第1204条）。

（4）附负担的遗赠。此指遗嘱人课受遗赠人履行一定义务的遗赠。例如遗赠某屋，令受遗赠人以该屋部分供某基金会无偿使用。遗赠附有义务者，受遗赠人，以其所受利益为限，负履行之责（第1205条）。

（四）遗赠的要件

（1）遗赠人立遗嘱时，须有遗嘱能力，否则其遗赠无效。

（2）遗嘱须具备法定方式。

（3）受遗赠人于遗嘱发生效力时，须尚生存，其在遗嘱发生效力前死亡者，遗赠不生效力（第1201条）。

（4）遗嘱人以一定之财产为遗赠，而其财产在继承开始时，有一部分不属于遗产者，其一部分遗赠为无效。全部不属于遗产者，其全部遗赠为无效。但遗嘱另有意思表示者，从其意思（第1202条）。

（5）受遗赠权并未丧失。第1145条关于丧失继承权之规定，于受遗赠人准用之（第1188条）。

（6）不得违反特留份的规定。遗赠须不违反关于特留份之规定，侵害特留份之部分遗赠为无效，继承人得行使扣减权（第1225条）。

（五）遗赠的抛弃及遗赠的承认

受遗赠人在遗嘱人死亡后，得抛弃遗赠。遗赠之抛弃溯及遗嘱人死亡时，发生效力（第1206条）。继承人或其他利害关系人，得定相当期限，请求受遗赠人于期限内，为承认遗赠与否之表示。期限届满，尚无表示者，视为承认遗赠（第1207条）。

（六）遗赠无效或抛弃的效果

遗赠无效或抛弃时，其遗赠之财产仍属于遗产（第1208条）。

二、特留份

例题157：甲、乙为夫妻，长期失和，未有所出，收养丙女。甲甚钟爱丙，于丙结婚时，赠与50万元。甲死亡后，遗有财产100万元，债务 30 万元。甲遗赠 60 万元于其长期同居的女友丁,试问甲的遗产如何分配?

(一) 特留份的意义

特留份,指遗嘱人以遗嘱无偿处分遗产时,法律为法定继承人所保留的部分。特留份系存在于继承财产上的抽象比例。第 1187 条明定遗嘱人得以遗嘱自由处分遗产,但不得违反关于特留份的规定,以保障继承人的生活。

(二) 特留份的数额及计算

1. 特留份的数额

第 1223 条规定:继承人之特留份,依下列各款的规定:① 直系血亲卑亲属之特留份,为其应继份的 1/2。② 父母之特留份,为其应继份的 1/2。③ 配偶之特留份,为其应继份的 1/2。④ 兄弟姊妹之特留份,为其应继份的 1/3。⑤ 祖父母之特留份,为其应继份的 1/3。

2. 特留份的计算

特留份,由依第 1173 条算定之应继财产中除去债务额算定之(第 1224 条)。即继承人中有特种赠与时,须先依第 1173 条规定,加入继承开始时的财产(积极财产)中,为继承财产,除去债务额,再依法定比例加以计算。

(三) 扣减权的标的及行使

应得特留份之人,如因被继承人所为之遗赠,致其应得之数不足者,得按其不足之数由遗赠财产扣减之。受遗赠人有数人时,应按其所得遗赠价额比例扣减(第 1225 条)。应继份的指定,侵害特留份时,应类推本条规定,由特留份被侵害的继承人,行使扣减权。

死因赠与(即以赠与人死亡为条件的赠与)是否为特留份扣减的标的,尚有争议,但应采肯定说,其理由为生前赠与所以不得为扣减标的,旨在尊重受赠人的既得利益,及早日确定赠与行为,以维护交易安全。死因赠与性质虽不同于遗赠,即前者为契约,后者为单独行为,但均以赠与人或遗赠人死亡为发生效力的时期,不同于一般赠与,不致发生弊端,为贯彻保护法定继承人的立法意旨,应认死因赠与亦得为特留份扣减的标的。扣减权系属形成权,因扣减权人一方的意思表示而生效力。

(四) 实例解说

在例题 157,为算定甲的遗产的分配,应分两个层次为之:① 计算继承人的特留份。② 认定遗赠有无侵害各继承人的特留份。

1. 各继承人特留份的计算

各继承人的特留份依以下列方式加以计算：

$$\left[\text{积极财产} - \text{减少债务} + \text{加入归扣}\right] \to \text{应继份} \to \text{特留份} \begin{cases} \text{未因遗赠而受侵害} \\ \text{因遗赠而受侵害：扣减} \end{cases}$$

（1）甲的应继财产为：100万元（积极财产）-30万元（债务）+50万元（归扣）=120万元

（2）乙（配偶）、丙（直系血亲）的应继份各为1/2，其特留份各为：（120万元×1/2×1/2）=30万元

2. 遗赠对特留份的侵害

（1）甲现存积极财产为70万元（100万元-30万元），扣除遗赠的60万元，剩余10万元。

（2）丙因结婚特种赠与50万元，已超过其特留份30万元，其特留份未受侵害。

（3）乙的特留份为30万元，甲的遗产仅余10万元，其不足之数20万元，应由丁所受的遗赠60万元扣除之。

第五章　继承法的体系构成及实例解说

要了解继承法,一方面要把握其法律构造的基本原则,另一方面要能于继承个案中认定谁为法定继承人,如何分配遗产,此涉及继承法(及亲属法)规定的解释适用。兹综据前述,简要说明如下。

第一节　继承法的体系构成

继承法系建构在私的继承、亲属继承、当然、概括继承有限责任及遗嘱自由四个基本原则之上,前已提及,兹再参照相关部分的论述,列表如下,以便参照,期能以简驭繁,并彻底了解各个制度的关联,法律规范上的设计(务请自行查阅条文):

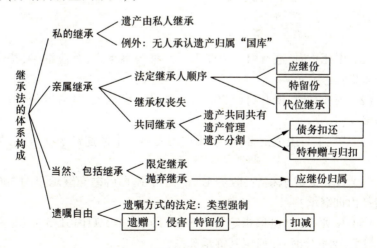

在上揭继承法的体系构成,特别标出应继份、特留份、代位继承、债务扣还、特种赠与、归扣(扣除)、遗赠扣减等。此等概念系用于计算遗产的分配,具技术性的功能,但实蕴涵继承制度上重要的利益衡量和价值判断。例如,丧失继承权后收养的子女得否代位继承,死因赠与或特种赠与得否为扣减的标的,均涉及被继承人意思的尊重,法定继承人既得利益的保护、公平原则及交易安全等诸种利益及价值的权衡及调和。

第二节 实 例 解 说

一、基本案例

甲男与乙女结婚,乙病故。甲再与丙女结婚。甲与乙生子丁、女戊。丁结婚生 A、B 二子。戊未婚。甲与丙未有所出,收养庚女,庚有非婚生子 C,复收养弃婴 D(参阅下图):

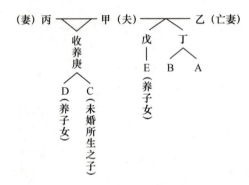

(1) 甲死亡时,遗有财产 300 万元。谁为继承人,其应继份、特留份各为多少?

(2) 丙死亡时,遗有财产 300 万元。谁为继承人,其应继份、特留份各为多少?

(3) 甲、丁与庚遭空难,不知死亡的先后。甲的遗产 300 万元,如何继承?

(4) 戊丧失继承权后,收养 E。丁于甲死亡后抛弃继承甲的 300 万元遗产由谁继承?

(5) 甲死亡,以遗嘱指定遗产 300 万元的 3/5 归丙,1/5 归庚,其余 1/5 归丁、戊平分时,如何定其继承关系?

(6) 甲死亡,遗有财产现值 300 万元。查丁向甲借款 60 万元未还。戊分居时,给予 30 万元,庚营业给予 210 万元,另遗赠其未认领的非婚生子辛 180 万元。试说明其继承关系(务请先自行研究,写成书面,再参照以下解说,分析讨论)。

二、案例解说

(一) 继承人、应继份、特留份与遗产的分配

(1) 丙为甲的配偶,丁、戊为甲与亡妻乙的婚生子女,系甲的直系血亲卑亲属。庚为甲的养女,乃拟制直系血亲卑亲属。依第 1138 条规定,丙、丁、戊、庚同属第一顺位继承人,共同继承甲的遗产 300 万元。

(2) 丙、丁、戊、庚系甲的继承人,其应继份依第 1144 条第 1 款规定,各为甲遗产 300 万元的 1/4,即各 75 万元,特留份依第 1223 条规定各为遗产 1/8,即各 37.5 万元。

(二) 继子女得否继承继母的遗产

(1) 甲为丙的配偶,庚为丙拟制直系血亲卑亲属,同属丙的继承人(第 1138 条第 1 项)。丁、戊为丙的继子女,乃丙的直系姻亲,而非其直系血亲卑亲属,非属丙的继承人。

(2) 甲、庚为丙的继承人,其应继份依第 1144 条第 1 款及第 1223 条规定,各为丙遗产 300 万元的 1/2,即各 150 万元,特留份各为遗产的 1/4,即各 75 万元。

(三) 同时死亡,同时存在原则,代位继承

(1) 甲、丁、庚遭遇空难,未知死亡先后,依第 11 条规定,推定三人同时死亡。第 1138 条规定采当然继承原则,通说认为,继承人应于继承开始时尚生存之人始得继承(同时存在原则)。甲与丁、庚有父子关系,既推定其遭遇空难,同时死亡,于继承开始之时,非属同时存在,相互间不发生继承。

(2) 甲死亡后,丙、戊依第 1138 条第 1 款规定为甲的继承人,丁不继承甲,已如上述,应由丁之子 A、B 代位继承之(第 1140 条)。庚亦不继承甲,亦由其子 C(非婚生子女与其生母之关系视为婚生子女,无须认领,第 1065 条第 2 项)及 D 代位继承之。是甲的遗产 300 万元的应继份,丙、戊各为 1/4,丁、庚亦各为 1/4,分由 A、B 及 C、D 代位继承之,各 1/8。丙、戊各分得遗产 75 万元,A、B、C、D 各分得遗产 37.5 万元。

(四) 抛弃继承、丧失继承权后收养子女与代位继承

(1) 在本题,应先认定的是,丁于甲死亡后,抛弃继承时,其应继份的归属。第1176条第1项明定第1138条所定第一顺序之继承人中有抛弃继承者,其应继份归属于同为继承之人。是亦可知于抛弃继承,不生代位继承问题。其与丁同为继承之人,系丙、戊、庚,取得丁的应继份,各为1/3。

(2) 戊系丁之其他同为继承之人,既已丧失继承权,不能取得丁的应继份,应由其子女代位继承之。丧失继承权者于失权后所生婚生子女,有代位继承权,系属通说。戊于丧失继承权后,收养E,E得否代位,则有争议。对此,学说上虽有采所谓的"区分说",认为应依收养的目的为断,若失权人尚有其他子女本可代位时,因对其他继承人不生影响,可采肯定见解;若失权人本无其他直系血亲卑亲属可代位继承,为免影响其他继承人利益与贯彻民法丧失继承权的立法意旨,则宜采否定说。惟以全面肯定养子女得代位继承较值赞同,其理由有二:① 代位继承系属固有权,养子女与婚生子女于现行法上地位相同,不应有区别的处置。② 收养子女应由法院认可(第1079第1项),被代位人失权后,收养子女是否"专以继承为目的",有违于公序良俗而无效(第72条),应由法院审查。既经法院审查而为收养的认可,该收养之子女之代位继承权自不容加以否定,是在本题,应认E得代位继承戊的应继份。

(3) 据上所述,甲的遗产300万元,由丙、庚继承,E代位戊继承之。丙、庚的应继份各为遗产1/3,即各应分配100万元。E代位继承戊的应继份为遗产1/3,即应分配100万元。

(五) 指定应继份侵害特留份与第1225条规定的类推适用

(1) 第1225条关于遗赠侵害特留份的规定,以被继承人所为的遗赠为适用对象。关于以遗嘱指定应继份分配遗产侵害特留份的效力,"民法"未设明文规定,衡诸特留份系保障继承人的立法意旨,应继份之指定侵害特留份时,应有第1225规定的类推适用。

(2) 甲的遗产为300万元,丙、丁、戊、庚的特留份各为遗产的1/8,即各37.5万元。甲以遗嘱将遗产3/5即180万元归丙,1/5即60万元归庚,其余60万元由丁、戊均分时,丁、戊所得各为30万,少于37.5万元,其特留份受有侵害。丁、戊得各就不足之数7.5万元向丙、庚得按其指定应继份的利益3/5与1/5的比例行使扣减权。丙的受扣减额为11.25万

元,庚的受扣减额为 3.75 万元。

(3) 就甲的遗产 300 万元,丙继承 168.75 万元,庚继承 56.25 万元,丁、戊各继承 37.5 万元。

(六) 侵害特留份与特种赠与的扣减

(1) 甲死亡时所有的财产为 300 万元,丁对甲负有债务 60 万元,依第 1172 条规定,应予扣还。又依第 1173 条规定,继承人有在继承开始前,因结婚、分居或营业已从被继承人受有财产之赠与者,应将该赠与价额加入继承开始时被继承人所有财产中,为应继遗产(归扣)。甲于戊分居时赠与 30 万元,庚营业时赠与 210 万元。此等所谓特种赠与均应加入甲所有遗产 300 万元中,作为应继财产,是甲的应继财产为 600 万元。

丙、丁、庚、戊四人为甲的继承人(第 1138 条第 1 款、第 1144 条),应继份各为应继财产 600 万元的 1/4,即各为 150 万元。特留份各为应继财产的 1/8,即各为 75 万元。

(2) 甲现存财产 300 万元,遗嘱赠与辛 180 万元后,剩余 120 万元。庚曾受生前特种赠与 210 万元,其赠与大于其应继份,庚不必返还,亦不再受分配。丙、丁、戊三人应得的特留份额计为 225 万元。丁应扣还对甲所负债务 60 万元,戊所受种赠与 30 万元应予扣除,丙、丁、戊应分配遗产 135 万元。然甲现存财产为 120 万元,尚不足 15 万元,侵害丙、丁、戊的特留份。丙、丁、戊得依第 1225 条规定向辛的遗赠行使扣减权。

庚所受特种赠与超过应继份是否应同受扣减?依第 1187 条、第 1225 条规定,特留份扣减之标的限于遗赠或指定应继份,不及于生前特种赠与。生前赠与仅为归扣之标的,非扣减之标的,不生应否扣减问题。丙、丁、戊三人不得向庚行使扣减权。

(3) 就甲的遗产,丙分得 75 万元。丁扣还对甲所负债务 60 万元后,分得 15 万元。戊扣除分居时特种赠与 30 万元后,分得 45 万元。庚不再受分配。辛扣减遗赠财产 15 万元后,取得 165 万元。